501

GERMAN VERBS

fully conjugated in all the tenses

Alphabetically arranged

by

Henry Strutz

Formerly Associate Professor of Languages
S.U.N.Y., Agricultural & Technical College
Alfred, New York

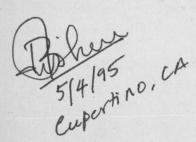

5/4/95
Cupertino, CA

BARRON'S EDUCATIONAL SERIES, INC.
Woodbury, New York / London / Toronto

CONTENTS

FOREWORD

The verb is a very important part of speech; it denotes action or state of being. The noted American historian and poet, Carl Sandburg, once declared that the Civil War was fought over a verb, namely whether it was correct to say "The United States *is*" or "The United States *are*."

For each of the 501 verbs listed in this book, the student will find the principal parts of each verb at the top of the page. The principal parts consist of:

1. the Infinitive
2. the third person singular of the Past Tense
3. the Past Participle (preceded by 'ist' for 'sein' verbs)
4. the third person singular of the Present Tense

EXAMPLE: ENGLISH: *to speak, spoke, spoken, speaks*
GERMAN: *sprechen, sprach, gesprochen, spricht*

These are the basic forms of the verb and should be memorized, especially in the case of the irregular or strong verbs, i.e., verbs which change the stem vowel of the Infinitive to form the Past Tense and whose Past Participle ends in 'en'. More than one-half the verbs in this book are strong or irregular verbs.

Weak or regular verbs do not change the stem vowel of the Infinitive to form the Past Tense but merely add the ending 'te' (plus personal endings in the second person singular and the three persons of the plural). Past Participles of weak verbs end in 't'.

EXAMPLE: ENGLISH: *to play, played, played, plays*
GERMAN: *spielen, spielte, gespielt, spielt*

Both English and German have strong and weak verbs.

With the exception of a small group of verbs called irregular weak verbs (in some texts called mixed verbs or 'hybrids'—see index), verbs in German are either weak or strong. The strong or irregular verbs are not as difficult to learn as it might seem, if it is remembered that most of them can be classified into seven major groups. For example, the verbs *bleiben, leihen, meiden, preisen, reiben, scheiden, scheinen, schreien, schweigen, steigen, treiben, verzeihen, weisen,* etc., all follow the same pattern as *schreiben* in their principal parts:

schreiben, schrieb, geschrieben, schreibt

There are six other major groupings (the "Ablautsreihen") of the strong verbs with which the student should familiarize himself from his textbook and classroom drill. He will then agree that the English author, H. H. Munro (Saki), exaggerated the difficulty of German verbs when, in his story "Tobermory," he told of a professor who had to flee England after a cat, which he had trained to talk, compromised the weekend guests at an English manor house by revealing their secrets which it (the cat) had overheard. A few weeks thereafter, the newspapers reported that the professor had been found dead in the Dresden Zoo in Germany. Upon hearing this news, one of the guests, who had been embarrassed by the activities of the professor and his remarkable cat, commented that it served the professor right if he was trying to teach the poor animals those horrible German irregular verbs.

Below the principal parts, the student will find the Imperative or Command Form. Since there are three ways of saying *you* in German (*du, ihr* and *Sie*), there are thus three ways of giving commands to people. The first form of the Imperative is the *du* or familiar singular form which ends in *e* in most cases, although this *e* is frequently dropped in colloquial speech. The second form is the *ihr* or Familiar Plural Imperative. It is exactly the same as the *ihr* form (second person plural) of the Present Tense. The polite or *Sie* Imperative (called in some texts the Conventional or Formal Imperative) is simply the infinitive plus *Sie*, except for the imper. of *sein*, which is *seien Sie!*

The fully conjugated forms of the six tenses of the Indicative will be found on the left hand side of each page. These six tenses state a fact, or, in their interrogative (question) form, ask a question about a fact. The student is referred to his grammar for more detailed information concerning the use of these tenses: the idiomatic use of the Present for the Future; the use of the Present Perfect in colloquial speech and in non-connected narratives where English uses the past; the Future and Future Perfect used idiomatically to express probability; the very important matter of '*sein*' and intransitive verbs, etc.

The rest of each page is devoted to the tenses of the Subjunctive mood, which is used to denote unreality, possibility, doubt in the mind of the speaker, etc. For information concerning the use of the

Subjunctive (indirect discourse; the use of the Past Subjunctive or Present Subjunctive II for the Conditional; etc.), the student is again referred to his grammar.

There are four "Times" in the Subjunctive: Present, Past, Future, and Future Perfect time. Each of these "Times" has a primary and a secondary form (indicated by I and II in many grammars). This more recent classification of the forms of the Subjunctive corresponds better to its actual use. However, since some grammars still use the traditional names for the tenses of the Subjunctive (which parallel the names for the tenses of the Indicative), they have been given in parentheses. The form *ginge*, for example, may be called the Imperfect or Past Subjunctive of *gehen* in some books. In most grammars published today, however, it will be called the Present Subjunctive Secondary (II). The student will find *ginge* listed in this book under Subjunctive, Present Time, Secondary. The alternate designation Imperfect Subjunctive is also given in parentheses.

The Present Participle of the verb (i.e., *dancing* dolls, *flying* saucers, *singing* dogs) has been omitted, since in almost all cases it merely adds a *d* to the infinitive. The student should remember that the Present Participle is used only adjectivally (as in the above examples) or adverbially. Verbal nouns are expressed in German by the infinitive: *das Tanzen*—dancing; *das Fliegen*—flying; *das Singen*—singing.

German verbs can often be combined with prefixes. The matter of prefixes is of great importance. The index therefore devotes considerable attention to them, although, of necessity, it is by no means complete in its listings of verbs which can be combined with prefixes. There are three groups of prefixes: the separable, inseparable and doubtful prefixes.

In the case of separable prefix verbs (see *sich an-ziehen*), the prefix is placed at the end of the clause in the Present and Past Tenses (except in subordinate clauses). The Past Participle is written as one word, with the prefix in front of the Past Participle of the verb itself (*angezogen*).

In the case of verbs beginning with an inseparable prefix (*be, ent, emp, er, ge, ver, zer*, etc.), the Past Participle does not begin with *ge*.

The third group, the doubtful prefixes, is infrequently encountered, except for a few verbs like *übersetzen* and *wiederholen*. See *wiederholen* (to repeat) and *wieder-holen* (bring again). These prefixes are: *durch, hinter, um, unter, über*, and *wieder*. They are called "doubtful" because when used literally (pronounced with the stress on the prefix) the prefix separates as with separable prefix verbs; when used figuratively, they are conjugated like inseparable prefix verbs.

Word order is an extremely important topic in German. The basic rule is that the verb is always the second unit of a simple declarative sentence. The student is again referred to his grammar for rules on Normal (subject-verb), Inverted (verb-subject) and Transposed (in subordinate clauses) Word Order. Infinitives dependent on modal-auxiliaries and when used in the Future Tense are placed at the end of the clause. For these and many other points concerning the use of German verbs, the pertinent chapters in the student's grammar must be consulted.

It is hoped that this book will prove a useful adjunct to the regular classroom text and thereby facilitate the study of German.

Henry Strutz

TENSES AND MOODS IN GERMAN, WITH ENGLISH EQUIVALENTS

German	English
Infinitiv (Nennform)	Infinitive
Imperativ (Befehlsform)	Imperative or Command
Präsens (Gegenwart)	Present Indicative
Imperfekt (Vergangenheit)	Past or Imperfect Indicative
Perfekt (vollendete Gegenwart)	Present Perfect Indicative
Plusquamperfekt (vollendete Vergangenheit)	Pluperfect or Past Perfect Indicative
Futur, I (Zukunft)	Future Indicative
Futur, II (vollendete Zukunft)	Future Perfect Indicative
Konjunktiv (Möglichkeitsform) Präsens	Present Subjunctive, primary (Pres. Subj.)
Konjunktiv Imperfekt	Present Subjunctive, secondary (Past Subjunctive)
Konjunktiv Perfekt	Past Subjunctive, primary (Perfect Subjunctive)
Konjunktiv Plusquamperfekt	Past Subjunctive, secondary (Pluperf. Subj.)
Konjunktiv Futur, I	Future Subjunctive, primary (Future Subjunctive)
Konjunktiv Futur, II	Future Perfect Subj., primary (Fut. Perf. Subj.)
Konditional (Bedingungsform)	Future Subjunctive, secondary (Pres. Conditional)
Konditional Perfekt	Future Perfect Subjunctive, secondary (Past Conditional)

SAMPLE ENGLISH VERB CONJUGATION

speak

PRINC. PARTS: to speak, spoke, spoken, speaks
IMPERATIVE: speak

	INDICATIVE	SUBJUNCTIVE	
		PRIMARY	**SECONDARY**
	Present	*Present Time*	
		(Pres. Subj.)	*(Imperf. Subj.)*
I	speak (am speaking, do speak)	speak (may speak)	spoke (might or would speak)
you	speak	speak	spoke
he (she, it)	speaks	speak	spoke
we	speak	speak	spoke
you	speak	speak	spoke
they	speak	speak	spoke
	Imperfect		
I	spoke (was speaking, did speak)		
you	spoke		
he (she, it)	spoke		
we	spoke		
you	spoke		
they	spoke		
	Perfect	*Past Time*	
		(Perf. Subj.)	*(Pluperf. Subj.)*
I	have spoken (spoke)	have spoken (may have spoken)	had spoken (might or would have spoken)
you	have spoken		
he (she, it)	has spoken	have spoken	had spoken
we	have spoken	have spoken	had spoken
you	have spoken	have spoken	had spoken
they	have spoken	have spoken	had spoken
		have spoken	had spoken
	Pluperfect		
I	had spoken		
you	had spoken		
he (she, it)	had spoken		
we	had spoken		
you	had spoken		
they	had spoken		
	Future	*Future Time*	
		(Fut. Subj.)	*(Pres. Conditional)*
I	shall speak	shall speak (may speak)	should speak
you	will speak	will speak	would speak
he (she, it)	will speak	will speak	would speak
we	shall speak	shall speak	should speak
you	will speak	will speak	would speak
they	will speak	will speak	would speak
	Future Perfect	*Future Perfect Time*	
		(Fut. Perf. Subj.)	*(Past Conditional)*
I	shall have spoken	shall (would, may) have spoken	should have spoken
you	will have spoken	will have spoken	would have spoken
he (she, it)	will have spoken	will have spoken	would have spoken
we	shall have spoken	shall have spoken	should have spoken
you	will have spoken	will have spoken	would have spoken
they	will have spoken	will have spoken	would have spoken

SAMPLE GERMAN VERB CONJUGATION

PRINC. PARTS: sprechen, sprach, gesprochen, spricht   **sprechen**
IMPERATIVE: sprich!, sprecht!, sprechen Sie!   *to speak, talk*

INDICATIVE		SUBJUNCTIVE			
		PRIMARY		SECONDARY	

Present Time

	Present		(*Pres. Subj.*)		(*Imperf. Subj.*)
ich	sprech E	sprech	E	spräch	E
du	sprich ST	sprech	EST	spräch	EST
er	sprich T	sprech	E	spräch	E
wir	sprech EN	sprech	EN	spräch	EN
ihr	sprech T	sprech	ET	spräch	ET
sie	sprech EN	sprech	EN	spräch	EN

	Imperfect
ich	sprach
du	sprach ST
er	sprach
wir	sprach EN
ihr	sprach T
sie	sprach EN

Past Time

	Perfect	(*Perf. Subj.*)	(*Pluperf. Subj.*)
ich	habe gesprochen	habe gesprochen	hätte gesprochen
du	hast gesprochen	habest gesprochen	hättest gesprochen
er	hat gesprochen	habe gesprochen	hätte gesprochen
wir	haben gesprochen	haben gesprochen	hätten gesprochen
ihr	habt gesprochen	habet gesprochen	hättet gesprochen
sie	haben gesprochen	haben gesprochen	hätten gesprochen

	Pluperfect
ich	hatte gesprochen
du	hattest gesprochen
er	hatte gesprochen
wir	hatten gesprochen
ihr	hattet gesprochen
sie	hatten gesprochen

Future Time

	Future	(*Fut. Subj.*)	(*Pres. Conditional*)
ich	werde sprechen	werde sprechen	würde sprechen
du	wirst sprechen	werdest sprechen	würdest sprechen
er	wird sprechen	werde sprechen	würde sprechen
wir	werden sprechen	werden sprechen	würden sprechen
ihr	werdet sprechen	werdet sprechen	würdet sprechen
sie	werden sprechen	werden sprechen	würden sprechen

Future Perfect Time

	Future Perfect	(*Fut. Perf. Subj.*)	(*Past Conditional*)
ich	werde gesprochen haben	werde gesprochen haben	würde gesprochen haben
du	wirst gesprochen haben	werdest gesprochen haben	würdest gesprochen haben
er	wird gesprochen haben	werde gesprochen haben	würde gesprochen haben
wir	werden gesprochen haben	werden gesprochen haben	würden gesprochen haben
ihr	werdet gesprochen haben	werdet gesprochen haben	würdet gesprochen haben
sie	werden gesprochen haben	werden gesprochen haben	würden gesprochen haben

to be loved PRINC. PARTS: to be loved, was loved, has been loved, is loved
IMPERATIVE: be loved

INDICATIVE		SUBJUNCTIVE	
		PRIMARY	SECONDARY
		Present Time	
	Present	*(Pres. Subj.)*	*(Imperf. Subj.)*
I	am loved	may be loved	were loved (might or would be loved)
you	are loved	may be loved	were loved
he (she, it)	is loved	may be loved	were loved
we	are loved	may be loved	were loved
you	are loved	may be loved	were loved
they	are loved	may be loved	were loved
	Imperfect		
I	was loved		
you	were loved		
he (she, it)	was loved		
we	were loved		
you	were loved		
they	were loved		
		Past Time	
	Perfect	*(Perf. Subj.)*	*(Pluperf. Subj.)*
I	have been loved (was loved)	may have been loved	had been loved (might or would have been loved)
you	have been loved	may have been loved	had been loved
he (she, it)	has been loved	may have been loved	had been loved
we	have been loved	may have been loved	had been loved
you	have been loved	may have been loved	had been loved
they	have been loved	may have been loved	had been loved
	Pluperfect		
I	had been loved		
you	had been loved		
he (she, it)	had been loved		
we	had been loved		
you	had been loved		
they	had been loved		
		Future Time	
	Future	*(Fut. Subj.)*	*(Pres. Conditional)*
I	shall be loved	shall be loved (may be loved)	should be loved
you	will be loved	will be loved	would be loved
he (she, it)	will be loved	will be loved	would be loved
we	shall be loved	shall be loved	should be loved
you	will be loved	will be loved	would be loved
they	will be loved	will be loved	would be loved
		Future Perfect Time	
	Future Perfect	*(Fut. Perf. Subj.)*	*(Past Conditional)*
I	shall have been loved	shall (may, would) have been loved	should have been loved
you	will have been loved	will have been loved	would have been loved
he (she, it)	will have been loved	will have been loved	would have been loved
we	shall have been loved	shall have been loved	should have been loved
you	will have been loved	will have been loved	would have been loved
they	will have been loved	will have been loved	would have been loved

SAMPLE GERMAN VERB CONJUGATION — PASSIVE VOICE

PRINC. PARTS: geliebt werden, wurde geliebt, ist geliebt
worden, wird geliebt

IMPERATIVE: werde geliebt!, werdet geliebt!,
werden Sie geliebt!

geliebt werden
to be loved

	INDICATIVE	PRIMARY	SECONDARY
		SUBJUNCTIVE	

	Present	*(Pres. Subj.)*	*Present Time* *(Imperf. Subj.)*
ich	werde geliebt	werde geliebt	würde geliebt
du	wirst geliebt	werdest geliebt	würdest geliebt
er	wird geliebt	werde geliebt	würde geliebt
wir	werden geliebt	werden geliebt	würden geliebt
ihr	werdet geliebt	werdet geliebt	würdet geliebt
sie	werden geliebt	werden geliebt	würden geliebt

	Imperfect
ich	wurde geliebt
du	wurdest geliebt
er	wurde geliebt
wir	wurden geliebt
ihr	wurdet geliebt
sie	wurden geliebt

	Perfect	*(Perf. Subj.)*	*Past Time* *(Pluperf. Subj.)*
ich	bin geliebt worden	sei geliebt worden	wäre geliebt worden
du	bist geliebt worden	seiest geliebt worden	wärest geliebt worden
er	ist geliebt worden	sei geliebt worden	wäre geliebt worden
wir	sind geliebt worden	seien geliebt worden	wären geliebt worden
ihr	seid geliebt worden	seiet geliebt worden	wäret geliebt worden
sie	sind geliebt worden	seien geliebt worden	wären geliebt worden

	Pluperfect
ich	war geliebt worden
du	warst geliebt worden
er	war geliebt worden
wir	waren geliebt worden
ihr	wart geliebt worden
sie	waren geliebt worden

	Future	*(Fut. Subj.)*	*Future Time* *(Pres. Conditional)*
ich	werde geliebt werden	werde geliebt werden	würde geliebt werden
du	wirst geliebt werden	werdest geliebt werden	würdest geliebt werden
er	wird geliebt werden	werde geliebt werden	würde geliebt werden
wir	werden geliebt werden	werden geliebt werden	würden geliebt werden
ihr	werdet geliebt werden	werdet geliebt werden	würdet geliebt werden
sie	werden geliebt werden	werden geliebt werden	würden geliebt werden

	Future Perfect	*(Fut. Perf. Subj.)*	*Future Perfect Time* *(Past Conditional)*
ich	werde geliebt worden sein	werde geliebt worden sein	würde geliebt worden sein
du	wirst geliebt worden sein	werdest geliebt worden sein	würdest geliebt worden sein
er	wird geliebt worden sein	werde geliebt worden sein	würde geliebt worden sein
wir	werden geliebt worden sein	werden geliebt worden sein	würden geliebt worden sein
ihr	werdet geliebt worden sein	werdet geliebt worden sein	würdet geliebt worden sein
sie	werden geliebt worden sein	werden geliebt worden sein	würden geliebt worden sein

PRINCIPAL PARTS OF
SOME STRONG VERBS

Most verbs, in Engl'sh and in German, are weak, i.e., they do not change their stem vowel but merely add a suffix to form the past tense. In English this suffix is "ed." In German it is "te."

EXAMPLE:

	Infinitive	Imperfect	Past Participle
English:	to play	played	played
German:	spielen	spielte	gespielt

Such verbs are called "weak" or regular because the verb itself does not do the "work" of showing the change to past time, but instead relies upon a suffix to do it.

In the case of strong verbs, however, in English and German, the verb itself accomplishes the change to past time by changing its stem vowel.

EXAMPLE:

	Infinitive	Imperfect	Past Participle
English:	to sing	sang	sung
German:	singen	sang	gesungen

The *Ablautsreihen* will not be discussed as such, since the subject is fraught with much philology with which the student need not be burdened. It will, nevertheless, aid in the learning of strong verbs to know that most of them can be classified according to their pattern of change.

PRINCIPAL PARTS OF SOME STRONG VERBS

Arranged According to Pattern of Change

I INFINITIVE	PAST (IMPERFECT)	PAST PARTICIPLE	3RD SINGULAR PRESENT
ei	**i**	**i**	**ei**
A beißen—*to cut*	biß	gebissen	beißt
gleichen—*to equal*	glich	geglichen	gleicht
gleiten*—*to glide*	glitt	ist geglitten	gleitet
greifen—*to seize*	griff	gegriffen	greift
kneifen—*to pinch*	kniff	gekniffen	kneift
leiden—*to suffer*	litt	gelitten	leidet
pfeifen—*to whistle*	pfiff	gepfiffen	pfeift
reißen—*to tear*	riß	gerissen	reißt
schleichen—*to sneak*	schlich	ist geschlichen	schleicht
schleifen—*to polish*	schliff	geschliffen	schleift
schmeißen—*to fling*	schmiß	geschmissen	schmeißt
schneiden—*to cut*	schnitt	geschnitten	schneidet
schreiten—*to stride*	schritt	ist geschritten	schreitet
streichen—*to stroke*	strich	gestrichen	streicht
streiten—*to quarrel*	stritt	gestritten	streitet
weichen—to yield	wich	ist gewichen	weicht

* THE WEAK FORMS: gleiten, gleitete, ist gegleitet, gleitet, are less frequently found

I INFINITIVE	PAST (IMPERFECT)	PAST PARTICIPLE	3RD SINGULAR PRESENT
ei	**ie**	**ie**	**ei**
B bleiben—*to remain*	blieb	ist geblieben	bleibt
gedeihen—*to thrive*	gedieh	ist gediehen	gedeiht
leihen—*to lend*	lieh	geliehen	leiht
meiden—*to avoid*	mied	gemieden	meidet
preisen—*to praise*	pries	gepriesen	preist
reiben—*to rub*	rieb	gerieben	reibt
scheiden—*to separate*	schied	geschieden	scheidet
scheinen—*to shine, seem*	schien	geschienen	scheint
schreiben—*to write*	schrieb	geschrieben	schreibt
schreien—*to scream*	schrie	geschrieen	schreit
schweigen—*to be silent*	schwieg	geschwiegen	schweigt
speien—*to spew*	spie	gespieen	speit
steigen—*to climb*	stieg	ist gestiegen	steigt
treiben—*to drive*	trieb	getrieben	treibt
weisen—*to point out*	wies	gewiesen	weist

II INFINITIVE	PAST (IMPERFECT)	PAST PARTICIPLE	3RD SINGULAR PRESENT
ie	**o***	**o***	**ie**
biegen—*to bend*	bog	gebogen	biegt
bieten—*to offer*	bot	geboten	bietet
fliegen—*to fly*	flog	ist geflogen	fliegt
fliehen—*to flee*	floh	ist geflohen	flieht
fließen—*to flow*	floß	ist geflossen	fließt
frieren—*to freeze*	fror	gefroren	friert
genießen—*to enjoy*	genoß	genossen	genießt
gießen—*to pour*	goß	gegossen	gießt
kriechen—*to creep*	kroch	ist gekrochen	kriecht
riechen—*to smell*	roch	gerochen	riecht
schieben—*to push*	schob	geschoben	schiebt
schießen—*to shoot*	schoß	geschossen	schießt
schließen—*to close*	schloß	geschlossen	schließt
wiegen—*to weigh*	wog	gewogen	wiegt
ziehen—*to pull*	zog **	gezogen **	zieht

** (Note change to g from h of infinitive in Past Tense and Past Participle)

* When one consonant follows o in the Past Tense and in the Past Participle, the o is a long o. When two consonants follow (ß is a double consonant), the o is short.

Other verbs which follow this pattern but do not have "ie" in the infinitive are:

saufen—*to drink*	soff	gesoffen	säuft
saugen—*to suck*	sog	gesogen	saugt
heben—*to lift*	hob	gehoben	hebt

Exception

liegen—*to lie*	lag	gelegen	liegt

III INFINITIVE	PAST (IMPERFECT)	PAST PARTICIPLE	3RD SINGULAR PRESENT
i	**a**	**u**	**i**
A binden—*to bind*	band	gebunden	bindet
dringen—*to urge*	drang	ist gedrungen	dringt
finden—*to find*	fand	gefunden	findet
gelingen—*to succeed*	gelang	ist gelungen	gelingt
klingen—*to ring*	klang	geklungen	klingt
ringen—*to struggle*	rang	gerungen	ringt
schwingen—*to swing*	schwang	geschwungen	schwingt
singen—*to sing*	sang	gesungen	singt
springen—*to jump*	sprang	ist gesprungen	springt
stinken—*to stink*	stank	gestunken	stinkt
trinken—*to drink*	trank	getrunken	trinkt
zwingen—*to force*	zwang	gezwungen	zwingt
i	**a**	**o**	**i**
B beginnen—*to begin*	begann	begonnen	beginnt
gewinnen—*to win*	gewann	gewonnen	gewinnt
rinnen—*to run*	rann	ist geronnen	rinnt
schwimmen—*to swim*	schwamm	ist geschwommen	schwimmt
sinnen—*to meditate*	sann	gesonnen	sinnt
spinnen—*to spin*	spann	gesponnen	spinnt

IV INFINITIVE	PAST (IMPERFECT)	PAST PARTICIPLE	3RD SINGULAR PRESENT
e	**a**	**e**	**i, ie, e**
A essen—*to eat*	aß	gegessen	ißt
geben—*to give*	gab	gegeben	gibt
genesen—*to recover*	genas	ist genesen	genest
geschehen—*to happen*	geschah	ist geschehen	geschieht
lesen—*to read*	las	gelesen	liest
messen—*to measure*	maß	gemessen	mißt
sehen—*to see*	sah	gesehen	sieht
treten—*to step*	trat	ist getreten	tritt
vergessen—*to forget*	vergaß	vergessen	vergißt
e	**a**	**o**	**i, ie**
B befehlen—*to order*	befahl	befohlen	befiehlt
bergen—*to save*	barg	geborgen	birgt
brechen—*to break*	brach	gebrochen	bricht
empfehlen—*to recommend*	empfahl	empfohlen	empfiehlt
helfen—*to help*	half	geholfen	hilft
nehmen—*to take*	nahm	genommen	nimmt
sprechen—*to speak*	sprach	gesprochen	spricht
stehlen—*to steal*	stahl	gestohlen	stiehlt
sterben—*to die*	starb	ist gestorben	stirbt
treffen—*to meet, hit*	traf	getroffen	trifft
verderben—*to spoil*	verdarb	verdorben	verdirbt
werben—*to solicit*	warb	geworben	wirbt
werfen—*to throw*	warf	geworfen	wirft

V INFINITIVE	PAST (IMPERFECT)	PAST PARTICIPLE	3RD SINGULAR PRESENT
a	**u**	**a**	**ä, a**
backen—*to bake*	buk	gebacken	bäckt
fahren—*to travel*	fuhr	ist gefahren	fährt
graben—*to dig*	grub	gegraben	gräbt
schaffen—*to create*	schuf	geschaffen	schafft
schlagen—*to beat*	schlug	geschlagen	schlägt
tragen—*to carry*	trug	getragen	trägt
wachsen—*to grow*	wuchs	ist gewachsen	wächst
waschen—*to wash*	wusch	gewaschen	wäscht

VI INFINITIVE	PAST (IMPERFECT)	PAST PARITCIPLE	3RD SINGULAR PRESENT
a	**ie**	**a**	**ä**
blasen—*to blow*	blies	geblasen	bläst
braten—*to roast*	briet	gebraten	brät
fallen—*to fall*	fiel	ist gefallen	fällt
halten—*to hold*	hielt	gehalten	hält
lassen—*to let*	ließ	gelassen	läßt
raten—*to advise*	riet	geraten	rät
schlafen—*to sleep*	schlief	geschlafen	schläft

The following verbs, because they have the same change in the Past, and show the same vowel in the infinitive and past participle, are also listed in Group VI:

heißen—*to be called*	hieß	geheißen	heißt
laufen—*to run*	lief	ist gelaufen	läuft
rufen—*to call*	rief	gerufen	ruft
stoßen—*to push*	stieß	gestoßen	stößt

Irregular Verbs Which Do Not Fit into the Other Patterns

VII INFINITIVE	PAST (IMPERFECT)	PAST PARTICIPLE	3RD SINGULAR PRESENT
gehen—*to go*	ging	ist gegangen	geht
haben—*to have*	hatte	gehabt	hat
kommen—*to come*	kam	ist gekommen	kommt
sein—*to be*	war	ist gewesen	ist
tun—*to do*	tat	getan	tut
werden—*to become*	wurde	ist geworden	wird

Principal Parts of Modal Auxiliaries

dürfen—*to be permitted*	durfte	gedurft, dürfen*	darf
können—*to be able*	konnte	gekonnt, können*	kann
mögen—*to like*	mochte	gemocht, mögen*	mag
müssen—*to have to*	mußte	gemußt, müssen*	muß
sollen—*to be supposed to*	sollte	gesollt, sollen*	soll
wollen—*to want*	wollte	gewollt, wollen*	will

* When immediately preceded by an infinitive.

Principal Parts of Irregular Mixed Verbs and *Wissen*

These verbs are called "mixed" because they have the characteristics of both weak and strong verbs. Like weak verbs, they add "te" endings to the past tense, and their past participles end in "t." They also, in the manner of strong verbs, change the stem vowel of the infinitive in the past tense and in the past participle.

INFINITIVE	PAST (IMPERFECT)	PAST PARTICIPLE	3RD SINGULAR PRESENT
brennen—*to burn*	brannte	gebrannt	brennt
bringen—*to bring*	brachte	gebracht	bringt
denken—*to think*	dachte	gedacht	denkt
kennen—*to know*	kannte	gekannt	kennt
nennen—*to name*	nannte	genannt	nennt
rennen—*to run*	rannte	gerannt	rennt
senden—*to send*	sandte	gesandt	sendet
wenden—*to turn*	wandte	gewandt	wendet
wissen—*to know* (*a fact*)	wußte	gewußt	weiß

501
GERMAN VERBS

achten

to pay attention to,
respect, heed

PRINC. PARTS: achten, achtete, geachtet, achtet
IMPERATIVE: achte!, achtet!, achten Sie!

	INDICATIVE	PRIMARY	SECONDARY

Present Time

	Present	*(Pres. Subj.)*	*(Imperf. Subj.)*
ich	achte	achte	achtete
du	achtest	achtest	achtetest
er	achtet	achte	achtete
wir	achten	achten	achteten
ihr	achtet	achtet	achtetet
sie	achten	achten	achteten

	Imperfect
ich	achtete
du	achtetest
er	achtete
wir	achteten
ihr	achtetet
sie	achteten

Past Time

	Perfect	*(Perf. Subj.)*	*(Pluperf. Subj.)*
ich	habe geachtet	habe geachtet	hätte geachtet
du	hast geachtet	habest geachtet	hättest geachtet
er	hat geachtet	habe geachtet	hätte geachtet
wir	haben geachtet	haben geachtet	hätten geachtet
ihr	habt geachtet	habet geachtet	hättet geachtet
sie	haben geachtet	haben geachtet	hätten geachtet

	Pluperfect
ich	hatte geachtet
du	hattest geachtet
er	hatte geachtet
wir	hatten geachtet
ihr	hattet geachtet
sie	hatten geachtet

Future Time

	Future	*(Fut. Subj.)*	*(Pres. Conditional)*
ich	werde achten	werde achten	würde achten
du	wirst achten	werdest achten	würdest achten
er	wird achten	werde achten	würde achten
wir	werden achten	werden achten	würden achten
ihr	werdet achten	werdet achten	würdet achten
sie	werden achten	werden achten	würden achten

Future Perfect Time

	Future Perfect	*(Fut. Perf. Subj.)*	*(Past Conditional)*
ich	werde geachtet haben	werde geachtet haben	würde geachtet haben
du	wirst geachtet haben	werdest geachtet haben	würdest geachtet haben
er	wird geachtet haben	werde geachtet haben	würde geachtet haben
wir	werden geachtet haben	werden geachtet haben	würden geachtet haben
ihr	werdet geachtet haben	werdet geachtet haben	würdet geachtet haben
sie	werden geachtet haben	werden geachtet haben	würden geachtet haben

1

ächzen

to groan, moan

PRINC. PARTS: ächzen, ächzte, geächzt, ächzt
IMPERATIVE: ächze!, ächzt!, ächzen Sie!

INDICATIVE		SUBJUNCTIVE	
		PRIMARY	SECONDARY
		Present Time	
Present		*(Pres. Subj.)*	*(Imperf. Subj.*
ich	ächze	ächze	ächzte
du	ächzt	ächzest	ächztest
er	ächzt	ächze	ächzte
wir	ächzen	ächzen	ächzten
ihr	ächzt	ächzet	ächztet
sie	ächzen	ächzen	ächzten

Imperfect	
ich	ächzte
du	ächztest
er	ächzte
wir	ächzten
ihr	ächztet
sie	ächzten

Past Time

Perfect		*(Perf. Subj.)*	*(Pluperf. Subj.)*
ich	habe geächzt	habe geächzt	hätte geächzt
du	hast geächzt	habest geächzt	hättest geächzt
er	hat geächzt	habe geächzt	hätte geächzt
wir	haben geächzt	haben geächzt	hätten geächzt
ihr	habt geächzt	habet geächzt	hättet geächzt
sie	haben geächzt	haben geächzt	hätten geächzt

Pluperfect	
ich	hatte geächzt
du	hattest geächzt
er	hatte geächzt
wir	hatten geächzt
ihr	hattet geächzt
sie	hatten geächzt

Future Time

Future		*(Fut. Subj.)*	*(Pres. Conditional)*
ich	werde ächzen	werde ächzen	würde ächzen
du	wirst ächzen	werdest ächzen	würdest ächzen
er	wird ächzen	werde ächzen	würde ächzen
wir	werden ächzen	werden ächzen	würden ächzen
ihr	werdet ächzen	werdet ächzen	würdet ächzen
sie	werden ächzen	werden ächzen	würden ächzen

Future Perfect Time

Future Perfect		*(Fut. Perf. Subj.)*	*(Past Conditional)*
ich	werde geächzt haben	werde geächzt haben	würde geächzt haben
du	wirst geächzt haben	werdest geächzt haben	würdest geächzt haben
er	wird geächzt haben	werde geächzt haben	würde geächzt haben
wir	werden geächzt haben	werden geächzt haben	würden geächzt haben
ihr	werdet geächzt haben	werdet geächzt haben	würdet geächzt haben
sie	werden geächzt haben	werden geächzt haben	würden geächzt haben

PRINC. PARTS: anfangen, fing an, angefangen, fängt an
IMPERATIVE: fange an!, fangt an!, fangen Sie an!

INDICATIVE	SUBJUNCTIVE	
	PRIMARY	SECONDARY

Present Time

	Present	*(Pres. Subj.)*	*(Imperf. Subj.)*
ich	fange an	fange an	finge an
du	fängst an	fangest an	fingest an
er	fängt an	fange an	finge an
wir	fangen an	fangen an	fingen an
ihr	fangt an	fanget an	finget an
sie	fangen an	fangen an	fingen an

	Imperfect
ich	fing an
du	fingst an
er	fing an
wir	fingen an
ihr	fingt an
sie	fingen an

Past Time

	Perfect	*(Perf. Subj.)*	*(Pluperf. Subj.)*
ich	habe angefangen	habe angefangen	hätte angefangen
du	hast angefangen	habest angefangen	hättest angefangen
er	hat angefangen	habe angefangen	hätte angefangen
wir	haben angefangen	haben angefangen	hätten angefangen
ihr	habt angefangen	habet angefangen	hättet angefangen
sie	haben angefangen	haben angefangen	hätten angefangen

	Pluperfect
ich	hatte angefangen
du	hattest angefangen
er	hatte angefangen
wir	hatten angefangen
ihr	hattet angefangen
sie	hatten angefangen

Future Time

	Future	*(Fut. Subj.)*	*(Pres. Conditional)*
ich	werde anfangen	werde anfangen	würde anfangen
du	wirst anfangen	werdest anfangen	würdest anfangen
er	wird anfangen	werde anfangen	würde anfangen
wir	werden anfangen	werden anfangen	würden anfangen
ihr	werdet anfangen	werdet anfangen	würdet anfangen
sie	werden anfangen	werden anfangen	würden anfangen

Future Perfect Time

	Future Perfect	*(Fut. Perf. Subj.)*	*(Past Conditional)*
ich	werde angefangen haben	werde angefangen haben	würde angefangen haben
du	wirst angefangen haben	werdest angefangen haben	würdest angefangen haben
er	wird angefangen haben	werde angefangen haben	würde angefangen haben
wir	werden angefangen haben	werden angefangen haben	würden angefangen haben
ihr	werdet angefangen haben	werdet angefangen haben	würdet angefangen haben
sie	werden angefangen haben	werden angefangen haben	würden angefangen haben

3

ankommen

to arrive; succeed; matter

PRINC. PARTS: ankommen, kam an, ist angekommen, kommt an

IMPERATIVE: komme an!, kommt an!, kommen Sie an!

INDICATIVE	SUBJUNCTIVE	
	PRIMARY	SECONDARY

Present Time

	Present	*(Pres. Subj.)*	*(Imperf. Subj.)*
ich	komme an	komme an	käme an
du	kommst an	kommest an	kämest an
er	kommt an	komme an	käme an
wir	kommen an	kommen an	kämen an
ihr	kommt an	kommet an	kämet an
sie	kommen an	kommen an	kämen an

	Imperfect
ich	kam an
du	kamst an
er	kam an
wir	kamen an
ihr	kamt an
sie	kamen an

Past Time

	Perfect	*(Perf. Subj.)*	*(Pluperf. Subj.)*
ich	bin angekommen	sei angekommen	wäre angekommen
du	bist angekommen	seiest angekommen	wärest angekommen
er	ist angekommen	sei angekommen	wäre angekommen
wir	sind angekommen	seien angekommen	wären angekommen
ihr	seid angekommen	seiet angekommen	wäret angekommen
sie	sind angekommen	seien angekommen	wären angekommen

	Pluperfect
ich	war angekommen
du	warst angekommen
er	war angekommen
wir	waren angekommen
ihr	wart angekommen
sie	waren angekommen

Future Time

	Future	*(Fut. Subj.)*	*(Pres. Conditional)*
ich	werde ankommen	werde ankommen	würde ankommen
du	wirst ankommen	werdest ankommen	würdest ankommen
er	wird ankommen	werde ankommen	würde ankommen
wir	werden ankommen	werden ankommen	würden ankommen
ihr	werdet ankommen	werdet ankommen	würdet ankommen
sie	werden ankommen	werden ankommen	würden ankommen

Future Perfect Time

	Future Perfect	*(Fut. Perf. Subj.)*	*(Past Conditional)*
ich	werde angekommen sein	werde angekommen sein	würde angekommen sein
du	wirst angekommen sein	werdest angekommen sein	würdest angekommen sein
er	wird angekommen sein	werde angekommen sein	würde angekommen sein
wir	werden angekommen sein	werden angekommen sein	würden angekommen sein
ihr	werdet angekommen sein	werdet angekommen sein	würdet angekommen sein
sie	werden angekommen sein	werden angekommen sein	würden angekommen sein

PRINC. PARTS: antworten, antwortete, geantwortet, antwortet
IMPERATIVE: antworte!, antwortet!, antworten Sie!

to answer, reply

	INDICATIVE	SUBJUNCTIVE	
		PRIMARY	SECONDARY

Present Time

	Present	*(Pres. Subj.)*	*(Imperf. Subj.)*
ich	antworte	antworte	antwortete
du	antwortest	antwortest	antwortetest
er	antwortet	antworte	antwortete
wir	antworten	antworten	antworteten
ihr	antwortet	antwortet	antwortetet
sie	antworten	antworten	antworteten

	Imperfect
ich	antwortete
du	antwortetest
er	antwortete
wir	antworteten
ihr	antwortetet
sie	antworteten

Past Time

	Perfect	*(Perf. Subj.)*	*(Pluperf. Subj.)*
ich	habe geantwortet	habe geantwortet	hätte geantwortet
du	hast geantwortet	habest geantwortet	hättest geantwortet
er	hat geantwortet	habe geantwortet	hätte geantwortet
wir	haben geantwortet	haben geantwortet	hätten geantwortet
ihr	habt geantwortet	habet geantwortet	hättet geantwortet
sie	haben geantwortet	haben geantwortet	hätten geantwortet

	Pluperfect
ich	hatte geantwortet
du	hattest geantwortet
er	hatte geantwortet
wir	hatten geantwortet
ihr	hattet geantwortet
sie	hatten geantwortet

Future Time

	Future	*(Fut. Subj.)*	*(Pres. Conditional)*
ich	werde antworten	werde antworten	würde antworten
du	wirst antworten	werdest antworten	würdest antworten
er	wird antworten	werde antworten	würde antworten
wir	werden antworten	werden antworten	würden antworten
ihr	werdet antworten	werdet antworten	würdet antworten
sie	werden antworten	werden antworten	würden antworten

Future Perfect Time

	Future Perfect	*(Fut. Perf. Subj.)*	*(Past Conditional)*
ich	werde geantwortet haben	werde geantwortet haben	würde geantwortet haben
du	wirst geantwortet haben	werdest geantwortet haben	würdest geantwortet haben
er	wird geantwortet haben	werde geantwortet haben	würde geantwortet haben
wir	werden geantwortet haben	werden geantwortet haben	würden geantwortet haben
ihr	werdet geantwortet haben	werdet geantwortet haben	würdet geantwortet haben
sie	werden geantwortet haben	werden geantwortet haben	würden geantwortet haben

5

sich anziehen

to get dressed

PRINC. PARTS: sich anziehen, zog sich an, sich angezogen, zieht sich an

IMPERATIVE: ziehe dich an!, zieht euch an!, ziehen Sie sich an!

	INDICATIVE	SUBJUNCTIVE	
		PRIMARY	SECONDARY
	Present	*(Pres. Subj.)* **Present Time**	*(Imperf. Subj.)*
ich	ziehe mich an	ziehe mich an	zöge mich an
du	ziehst dich an	ziehest dich an	zögest dich an
er	zieht sich an	ziehe sich an	zöge sich an
wir	ziehen uns an	ziehen uns an	zögen uns an
ihr	zieht euch an	ziehet euch an	zöget euch an
sie	ziehen sich an	ziehen sich an	zögen sich an
	Imperfect		
ich	zog mich an		
du	zogst dich an		
er	zog sich an		
wir	zogen uns an		
ihr	zogt euch an		
sie	zogen sich an		
	Perfect	*(Perf. Subj.)* **Past Time**	*(Pluperf. Subj.)*
ich	habe mich angezogen	habe mich angezogen	hätte mich angezogen
du	hast dich angezogen	habest dich angezogen	hättest dich angezogen
er	hat sich angezogen	habe sich angezogen	hätte sich angezogen
wir	haben uns angezogen	haben uns angezogen	hätten uns angezogen
ihr	habt euch angezogen	habet euch angezogen	hättet euch angezogen
sie	haben sich angezogen	haben sich angezogen	hätten sich angezogen
	Pluperfect		
ich	hatte mich angezogen		
du	hattest dich angezogen		
er	hatte sich angezogen		
wir	hatten uns angezogen		
ihr	hattet euch angezogen		
sie	hatten sich angezogen		
	Future	*(Fut. Subj.)* **Future Time**	*(Pres. Conditional)*
ich	werde mich anziehen	werde mich anziehen	würde mich anziehen
du	wirst dich anziehen	werdest dich anziehen	würdest dich anziehen
er	wird sich anziehen	werde sich anziehen	würde sich anziehen
wir	werden uns anziehen	werden uns anziehen	würden uns anziehen
ihr	werdet euch anziehen	werdet euch anziehen	würdet euch anziehen
sie	werden sich anziehen	werden sich anziehen	würden sich anziehen
	Future Perfect	*(Fut. Perf. Subj.)* **Future Perfect Time**	*(Past Conditional)*
ich	werde mich angezogen haben	werde mich angezogen haben	würde mich angezogen haben
du	wirst dich angezogen haben	werdest dich angezogen haben	würdest dich angezogen haben
er	wird sich angezogen haben	werde sich angezogen haben	würde sich angezogen haben
wir	werden uns angezogen haben	werden uns angezogen haben	würden uns angezogen haben
ihr	werdet euch angezogen haben	werdet euch angezogen haben	würdet euch angezogen haben
sie	werden sich angezogen haben	werden sich angezogen haben	würden sich angezogen haben

PRINC. PARTS: arbeiten, arbeitete, gearbeitet, arbeitet
IMPERATIVE: arbeite!, arbeitet!, arbeiten Sie!

INDICATIVE	SUBJUNCTIVE	
	PRIMARY	SECONDARY

Present Time

	Present	*(Pres. Subj.)*	*(Imperf. Subj.)*
ich	arbeite	arbeite	arbeitete
du	arbeitest	arbeitest	arbeitetest
er	arbeitet	arbeite	arbeitete
wir	arbeiten	arbeiten	arbeiteten
ihr	arbeitet	arbeitet	arbeitetet
sie	arbeiten	arbeiten	arbeiteten

	Imperfect
ich	arbeitete
du	arbeitetest
er	arbeitete
wir	arbeiteten
ihr	arbeitetet
sie	arbeiteten

Past Time

	Perfect	*(Perf. Subj.)*	*(Pluperf. Subj.)*
ich	habe gearbeitet	habe gearbeitet	hätte gearbeitet
du	hast gearbeitet	habest gearbeitet	hättest gearbeitet
er	hat gearbeitet	habe gearbeitet	hätte gearbeitet
wir	haben gearbeitet	haben gearbeitet	hätten gearbeitet
ihr	habt gearbeitet	habet gearbeitet	hättet gearbeitet
sie	haben gearbeitet	haben gearbeitet	hätten gearbeitet

	Pluperfect
ich	hatte gearbeitet
du	hattest gearbeitet
er	hatte gearbeitet
wir	hatten gearbeitet
ihr	hattet gearbeitet
sie	hatten gearbeitet

Future Time

	Future	*(Fut. Subj.)*	*(Pres. Conditional)*
ich	werde arbeiten	werde arbeiten	würde arbeiten
du	wirst arbeiten	werdest arbeiten	würdest arbeiten
er	wird arbeiten	werde arbeiten	würde arbeiten
wir	werden arbeiten	werden arbeiten	würden arbeiten
ihr	werdet arbeiten	werdet arbeiten	würdet arbeiten
sie	werden arbeiten	werden arbeiten	würden arbeiten

Future Perfect Time

	Future Perfect	*(Fut. Perf. Subj.)*	*(Past Conditional)*
ich	werde gearbeitet haben	werde gearbeitet haben	würde gearbeitet haben
du	wirst gearbeitet haben	werdest gearbeitet haben	würdest gearbeitet haben
er	wird gearbeitet haben	werde gearbeitet haben	würde gearbeitet haben
wir	werden gearbeitet haben	werden gearbeitet haben	würden gearbeitet haben
ihr	werdet gearbeitet haben	werdet gearbeitet haben	würdet gearbeitet haben
sie	werden gearbeitet haben	werden gearbeitet haben	würden gearbeitet haben

atmen

to breathe

PRINC. PARTS: atmen, atmete, geatmet, atmet
IMPERATIVE: atme!, atmet!, atmen Sie!

INDICATIVE	SUBJUNCTIVE	
	PRIMARY	SECONDARY
	Present Time	
Present	*(Pres. Subj.)*	*(Imperf. Subj.)*
ich atme	atme	atmete
du atmest	atmest	atmetest
er atmet	atme	atmete
wir atmen	atmen	atmeten
ihr atmet	atmet	atmetet
sie atmen	atmen	atmeten

Imperfect

ich	atmete
du	atmetest
er	atmete
wir	atmeten
ihr	atmetet
sie	atmeten

		Past Time	
Perfect	*(Perf. Subj.)*	*(Pluperf. Subj.)*	
ich habe geatmet	habe geatmet	hätte geatmet	
du hast geatmet	habest geatmet	hättest geatmet	
er hat geatmet	habe geatmet	hätte geatmet	
wir haben geatmet	haben geatmet	hätten geatmet	
ihr habt geatmet	habet geatmet	hättet geatmet	
sie haben geatmet	haben geatmet	hätten geatmet	

Pluperfect

ich	hatte geatmet
du	hattest geatmet
er	hatte geatmet
wir	hatten geatmet
ihr	hattet geatmet
sie	hatten geatmet

		Future Time	
Future	*(Fut. Subj.)*	*(Pres. Conditional)*	
ich werde atmen	werde atmen	würde atmen	
du wirst atmen	werdest atmen	würdest atmen	
er wird atmen	werde atmen	würde atmen	
wir werden atmen	werden atmen	würden atmen	
ihr werdet atmen	werdet atmen	würdet atmen	
sie werden atmen	werden atmen	würden atmen	

		Future Perfect Time	
Future Perfect	*(Fut. Perf. Subj.)*	*(Past Conditional)*	
ich werde geatmet haben	werde geatmet haben	würde geatmet haben	
du wirst geatmet haben	werdest geatmet haben	würdest geatmet haben	
er wird geatmet haben	werde geatmet haben	würde geatmet haben	
wir werden geatmet haben	werden geatmet haben	würden geatmet haben	
ihr werdet geatmet haben	werdet geatmet haben	würdet geatmet haben	
sie werden geatmet haben	werden geatmet haben	würden geatmet haben	

PRINC. PARTS: aufhalten, hielt auf, aufgehalten,   **aufhalten**
         hält auf
IMPERATIVE: halte auf!, haltet auf!, halten Sie auf!   *to stop, delay, arrest*

	INDICATIVE	SUBJUNCTIVE	
		PRIMARY	SECONDARY
		Present Time	
	Present	*(Pres. Subj.)*	*(Imperf. Subj.)*
ich	halte auf	halte auf	hielte auf
du	hältst auf	haltest auf	hieltest auf
er	hält auf	halte auf	hielte auf
wir	halten auf	halten auf	hielten auf
ihr	haltet auf	haltet auf	hieltet auf
sie	halten auf	halten auf	hielten auf
	Imperfect		
ich	hielt auf		
du	hieltest auf		
er	hielt auf		
wir	hielten auf		
ihr	hieltet auf		
sie	hielten auf	*Past Time*	
	Perfect	*(Perf. Subj.)*	*(Pluperf. Subj.)*
ich	habe aufgehalten	habe aufgehalten	hätte aufgehalten
du	hast aufgehalten	habest aufgehalten	hättest aufgehalten
er	hat aufgehalten	habe aufgehalten	hätte aufgehalten
wir	haben aufgehalten	haben aufgehalten	hätten aufgehalten
ihr	habt aufgehalten	habet aufgehalten	hättet aufgehalten
sie	haben aufgehalten	haben aufgehalten	hätten aufgehalten
	Pluperfect		
ich	hatte aufgehalten		
du	hattest aufgehalten		
er	hatte aufgehalten		
wir	hatten aufgehalten		
ihr	hattet aufgehalten		
sie	hatten aufgehalten	*Future Time*	
	Future	*(Fut. Subj.)*	*(Pres. Conditional)*
ich	werde aufhalten	werde aufhalten	würde aufhalten
du	wirst aufhalten	werdest aufhalten	würdest aufhalten
er	wird aufhalten	werde aufhalten	würde aufhalten
wir	werden aufhalten	werden aufhalten	würden aufhalten
ihr	werdet aufhalten	werdet aufhalten	würdet aufhalten
sie	werden aufhalten	werden aufhalten	würden aufhalten
		Future Perfect Time	
	Future Perfect	*(Fut. Perf. Subj.)*	*(Past Conditional)*
ich	werde aufgehalten haben	werde aufgehalten haben	würde aufgehalten haben
du	wirst aufgehalten haben	werdest aufgehalten haben	würdest aufgehalten haben
er	wird aufgehalten haben	werde aufgehalten haben	würde aufgehalten haben
wir	werden aufgehalten haben	werden aufgehalten haben	würden aufgehalten haben
ihr	werdet aufgehalten haben	werdet aufgehalten haben	würdet aufgehalten haben
sie	werden aufgehalten haben	werden aufgehalten haben	würden aufgehalten haben

auskommen

to come out; have enough of,
make do; get along with

PRINC. PARTS: auskommen, kam aus, ist
ausgekommen, kommt aus
IMPERATIVE: komme aus!, kommt aus!,
kommen Sie aus!

INDICATIVE	SUBJUNCTIVE	
	PRIMARY	SECONDARY
	Present Time	
Present	(*Pres. Subj.*)	(*Imperf. Subj.*)
ich komme aus	komme aus	käme aus
du kommst aus	kommest aus	kämest aus
er kommt aus	komme aus	käme aus
wir kommen aus	kommen aus	kämen aus
ihr kommt aus	kommet aus	kämet aus
sie kommen aus	kommen aus	kämen aus
Imperfect		
ich kam aus		
du kamst aus		
er kam aus		
wir kamen aus		
ihr kamt aus		
sie kamen aus		
	Past Time	
Perfect	(*Perf. Subj.*)	(*Pluperf. Subj.*)
ich bin ausgekommen	sei ausgekommen	wäre ausgekommen
du bist ausgekommen	seiest ausgekommen	wärest ausgekommen
er ist ausgekommen	sei ausgekommen	wäre ausgekommen
wir sind ausgekommen	seien ausgekommen	wären ausgekommen
ihr seid ausgekommen	seiet ausgekommen	wäret ausgekommen
sie sind ausgekommen	seien ausgekommen	wären ausgekommen
Pluperfect		
ich war ausgekommen		
du warst ausgekommen		
er war ausgekommen		
wir waren ausgekommen		
ihr wart ausgekommen		
sie waren ausgekommen		
	Future Time	
Future	(*Fut. Subj.*)	(*Pres. Conditional*)
ich werde auskommen	werde auskommen	würde auskommen
du wirst auskommen	werdest auskommen	würdest auskommen
er wird auskommen	werde auskommen	würde auskommen
wir werden auskommen	werden auskommen	würden auskommen
ihr werdet auskommen	werdet auskommen	würdet auskommen
sie werden auskommen	werden auskommen	würden auskommen
	Future Perfect Time	
Future Perfect	(*Fut. Perf. Subj.*)	(*Past Conditional*)
ich werde ausgekommen sein	werde ausgekommen sein	würde ausgekommen sein
du wirst ausgekommen sein	werdest ausgekommen sein	würdest ausgekommen sein
er wird ausgekommen sein	werde ausgekommen sein	würde ausgekommen sein
wir werden ausgekommen sein	werden ausgekommen sein	würden ausgekommen sein
ihr werdet ausgekommen sein	werdet ausgekommen sein	würdet ausgekommen sein
sie werden ausgekommen sein	werden ausgekommen sein	würden ausgekommen sein

PRINC. PARTS: ausstellen, stellte aus, ausgestellt,
stellt aus
IMPERATIVE: stelle aus!, stellt aus!, stellen Sie aus!

to exhibit, expose;
write out

	INDICATIVE	SUBJUNCTIVE	
		PRIMARY	SECONDARY
		Present Time	
	Present	(*Pres. Subj.*)	(*Imperf. Subj.*)
ich	stelle aus	stelle aus	stellte aus
du	stellst aus	stellest aus	stelltest aus
er	stellt aus	stelle aus	stellte aus
wir	stellen aus	stellen aus	stellten aus
ihr	stellt aus	stellet aus	stelltet aus
sie	stellen aus	stellen aus	stellten aus
	Imperfect		
ich	stellte aus		
du	stelltest aus		
er	stellte aus		
wir	stellten aus		
ihr	stelltet aus		
sie	stellten aus	*Past Time*	
	Perfect	(*Perf. Subj.*)	(*Pluperf. Subj.*)
ich	habe ausgestellt	habe ausgestellt	hätte ausgestellt
du	hast ausgestellt	habest ausgestellt	hättest ausgestellt
er	hat ausgestellt	habe ausgestellt	hätte ausgestellt
wir	haben ausgestellt	haben ausgestellt	hätten ausgestellt
ihr	habt ausgestellt	habet ausgestellt	hättet ausgestellt
sie	haben ausgestellt	haben ausgestellt	hätten ausgestellt
	Pluperfect		
ich	hatte ausgestellt		
du	hattest ausgestellt		
er	hatte ausgestellt		
wir	hatten ausgestellt		
ihr	hattet ausgestellt		
sie	hatten ausgestellt	*Future Time*	
	Future	(*Fut. Subj.*)	(*Pres. Conditional*)
ich	werde ausstellen	werde ausstellen	würde ausstellen
du	wirst ausstellen	werdest ausstellen	würdest ausstellen
er	wird ausstellen	werde ausstellen	würde ausstellen
wir	werden ausstellen	werden ausstellen	würden ausstellen
ihr	werdet ausstellen	werdet ausstellen	würdet ausstellen
sie	werden ausstellen	werden ausstellen	würden ausstellen
		Future Perfect Time	
	Future Perfect	(*Fut. Perf. Subj.*)	(*Past Conditional*)
ich	werde ausgestellt haben	werde ausgestellt haben	würde ausgestellt haben
du	wirst ausgestellt haben	werdest ausgestellt haben	würdest ausgestellt haben
er	wird ausgestellt haben	werde ausgestellt haben	würde ausgestellt haben
wir	werden ausgestellt haben	werden ausgestellt haben	würden ausgestellt haben
ihr	werdet ausgestellt haben	werdet ausgestellt haben	würdet ausgestellt haben
sie	werden ausgestellt haben	werden ausgestellt haben	würden ausgestellt haben

11

sich ausziehen

to get undressed

PRINC. PARTS: sich ausziehen, zog sich aus, hat sich aus-
gezogen, zieht sich aus
IMPERATIVE: ziehe dich aus!, zieht euch aus! ziehen Sie
sich aus!

	INDICATIVE	SUBJUNCTIVE	
		PRIMARY	SECONDARY
		Present Time	
	Present	(*Pres. Subj.*)	(*Imperf. Subj.*)
ich	ziehe mich aus	ziehe mich aus	zöge mich aus
du	ziehst dich aus	ziehest dich aus	zögest dich aus
er	zieht sich aus	ziehe sich aus	zöge sich aus
wir	ziehen uns aus	ziehen uns aus	zögen uns aus
ihr	zieht euch aus	ziehet euch aus	zöget euch aus
sie	ziehen sich aus	ziehen sich aus	zögen sich aus
	Imperfect		
ich	zog mich aus		
du	zogst dich aus		
er	zog sich aus		
wir	zogen uns aus		
ihr	zogt euch aus		
sie	zogen sich aus		
		Past Time	
	Perfect	(*Perf. Subj.*)	(*Pluperf. Subj.*)
ich	habe mich ausgezogen	habe mich ausgezogen	hätte mich ausgezogen
du	hast dich ausgezogen	habest dich ausgezogen	hättest dich ausgezogen
er	hat sich ausgezogen	habe sich ausgezogen	hätte sich ausgezogen
wir	haben uns ausgezogen	haben uns ausgezogen	hätten uns ausgezogen
ihr	habt euch ausgezogen	habet euch ausgezogen	hättet euch ausgezogen
sie	haben sich ausgezogen	haben sich ausgezogen	hätten sich ausgezogen
	Pluperfect		
ich	hatte mich ausgezogen		
du	hattest dich ausgezogen		
er	hatte sich ausgezogen		
wir	hatten uns ausgezogen		
ihr	hattet euch ausgezogen		
sie	hatten sich ausgezogen		
		Future Time	
	Future	(*Fut. Subj.*)	(*Pres. Conditional*)
ich	werde mich ausziehen	werde mich ausziehen	würde mich ausziehen
du	wirst dich ausziehen	werdest dich ausziehen	würdest dich ausziehen
er	wird sich ausziehen	werde sich ausziehen	würde sich ausziehen
wir	werden uns ausziehen	werden uns ausziehen	würden uns ausziehen
ihr	werdet euch ausziehen	werdet euch ausziehen	würdet euch ausziehen
sie	werden sich ausziehen	werden sich ausziehen	würden sich ausziehen
		Future Perfect Time	
	Future Perfect	(*Fut. Perf. Subj.*)	(*Past Conditional*)
ich	werde mich ausgezogen haben	werde mich ausgezogen haben	würde mich ausgezogen haben
du	wirst dich ausgezogen haben	werdest dich ausgezogen haben	würdest dich ausgezogen haben
er	wird sich ausgezogen haben	werde sich ausgezogen haben	würde sich ausgezogen haben
wir	werden uns ausgezogen haben	werden uns ausgezogen haben	würden uns ausgezogen haben
ihr	werdet euch ausgezogen haben	werdet euch ausgezogen haben	würdet euch ausgezogen haben
sie	werden sich ausgezogen haben	werden sich ausgezogen haben	würden sich ausgezogen haben

PRINC. PARTS: backen, buk (backte), bäckt
IMPERATIVE: backe!, backt!, backen Sie!

INDICATIVE	SUBJUNCTIVE	
	PRIMARY	SECONDARY

Present Time

Present	(*Pres. Subj.*)	(*Imperf. Subj.*)	
ich backe	backe	büke	backte
du bäckst	backest	bükest	backtest
er bäckt	backe	büke *or* backte	
wir backen	backen	büken	backten
ihr backt	backet	büket	backtet
sie backen	backen	büken	backten

Imperfect		
ich	buk	backte
du	bukst	backtest
er	buk *or* backte	
wir	buken	backten
ihr	bukt	backtet
sie	buken	backten

Past Time

Perfect	(*Perf. Subj.*)	(*Pluperf. Subj.*)
ich habe gebacken	habe gebacken	hätte gebacken
du hast gebacken	habest gebacken	hättest gebacken
er hat gebacken	habe gebacken	hätte gebacken
wir haben gebacken	haben gebacken	hätten gebacken
ihr habt gebacken	habet gebacken	hättet gebacken
sie haben gebacken	haben gebacken	hätten gebacken

Pluperfect	
ich	hatte gebacken
du	hattest gebacken
er	hatte gebacken
wir	hatten gebacken
ihr	hattet gebacken
sie	hatten gebacken

Future Time

Future	(*Fut. Subj.*)	(*Pres. Conditional*)
ich werde backen	werde backen	würde backen
du wirst backen	werdest backen	würdest backen
er wird backen	werde backen	würde backen
wir werden backen	werden backen	würden backen
ihr werdet backen	werdet backen	würdet backen
sie werden backen	werden backen	würden backen

Future Perfect Time

Future Perfect	(*Fut. Perf. Subj.*)	(*Past Conditional*)
ich werde gebacken haben	werde gebacken haben	würde gebacken haben
du wirst gebacken haben	werdest gebacken haben	würdest gebacken haben
er wird gebacken haben	werde gebacken haben	würde gebacken haben
wir werden gebacken haben	werden gebacken haben	würden gebacken haben
ihr werdet gebacken haben	werdet gebacken haben	würdet gebacken haben
sie werden gebacken haben	werden gebacken haben	würden gebacken haben

baden

to bathe

PRINC. PARTS: baden, badete, gebadet, badet
IMPERATIVE: bade!, badet!, baden Sie!

	INDICATIVE	SUBJUNCTIVE	
		PRIMARY	SECONDARY
		Present Time	
	Present	*(Pres. Subj.)*	*(Imperf. Subj.)*
ich	bade	bade	badete
du	badest	badest	badetest
er	badet	bade	badete
wir	baden	baden	badeten
ihr	badet	badet	badetet
sie	baden	baden	badeten

	Imperfect
ich	badete
du	badetest
er	badete
wir	badeten
ihr	badetet
sie	badeten

			Past Time	
	Perfect	*(Perf. Subj.)*		*(Pluperf. Subj.)*
ich	habe gebadet	habe gebadet		hätte gebadet
du	hast gebadet	habest gebadet		hättest gebadet
er	hat gebadet	habe gebadet		hätte gebadet
wir	haben gebadet	haben gebadet		hätten gebadet
ihr	habt gebadet	habet gebadet		hättet gebadet
sie	haben gebadet	haben gebadet		hätten gebadet

	Pluperfect
ich	hatte gebadet
du	hattest gebadet
er	hatte gebadet
wir	hatten gebadet
ihr	hattet gebadet
sie	hatten gebadet

			Future Time	
	Future	*(Fut. Subj.)*		*(Pres. Conditional)*
ich	werde baden	werde baden		würde baden
du	wirst baden	werdest baden		würdest baden
er	wird baden	werde baden		würde baden
wir	werden baden	werden baden		würden baden
ihr	werdet baden	werdet baden		würdet baden
sie	werden baden	werden baden		würden baden

			Future Perfect Time	
	Future Perfect	*(Fut. Perf. Subj.)*		*(Past Conditional)*
ich	werde gebadet haben	werde gebadet haben		würde gebadet haben
du	wirst gebadet haben	werdest gebadet haben		würdest gebadet haben
er	wird gebadet haben	werde gebadet haben		würde gebadet haben
wir	werden gebadet haben	werden gebadet haben		würden gebadet haben
ihr	werdet gebadet haben	werdet gebadet haben		würdet gebadet haben
sie	werden gebadet haben	werden gebadet haben		würden gebadet haben

14

bauen

to build, construct, cultivate,
mine

INDICATIVE	SUBJUNCTIVE	
	PRIMARY	SECONDARY
		Present Time

	Present	(Pres. Subj.)	(Imperf. Subj.)
ich	baue	baue	baute
du	baust	bauest	bautest
er	baut	baue	baute
wir	bauen	bauen	bauten
ihr	baut	bauet	bautet
sie	bauen	bauen	bauten

	Imperfect
ich	baute
du	bautest
er	baute
wir	bauten
ihr	bautet
sie	bauten

Past Time

	Perfect	(Perf. Subj.)	(Pluperf. Subj.)
ich	habe gebaut	habe gebaut	hätte gebaut
du	hast gebaut	habest gebaut	hättest gebaut
er	hat gebaut	habe gebaut	hätte gebaut
wir	haben gebaut	haben gebaut	hätten gebaut
ihr	habt gebaut	habet gebaut	hättet gebaut
sie	haben geabut	haben gebaut	hätten gebaut

	Pluperfect
ich	hatte gebaut
du	hattest gebaut
er	hatte gebaut
wir	hatten gebaut
ihr	hattet gebaut
sie	hatten gebaut

Future Time

	Future	(Fut. Subj.)	(Pres. Conditional)
ich	werde bauen	werde bauen	würde bauen
du	wirst bauen	werdest bauen	würdest bauen
er	wird bauen	werde bauen	würde bauen
wir	werden bauen	werden bauen	würden bauen
ihr	werdet bauen	werdet bauen	würdet bauen
sie	werden bauen	werden bauen	würden bauen

Future Perfect Time

	Future Perfect	(Fut. Perf. Subj.)	(Past Conditional)
ich	werde gebaut haben	werde gebaut haben	würde gebaut haben
du	wirst gebaut haben	werdest gebaut haben	würdest gebaut haben
er	wird gebaut haben	werde gebaut haben	würde gebaut haben
wir	werden gebaut haben	werden gebaut haben	würden gebaut haben
ihr	werdet gebaut haben	werdet gebaut haben	würdet gebaut haben
sie	werden gebaut haben	werden gebaut haben	würden gebaut haben

15

beben

to tremble, quake

PRINC. PARTS: beben, bebte, gebebt, bebt
IMPERATIVE: bebe!, bebt!, beben Sie!

	INDICATIVE	SUBJUNCTIVE	
		PRIMARY	SECONDARY
		Present Time	
	Present	*(Pres. Subj.)*	*(Imperf. Subj.)*
ich	bebe	bebe	bebte
du	bebst	bebest	bebtest
er	bebt	bebe	bebte
wir	beben	beben	bebten
ihr	bebt	bebet	bebtet
sie	beben	beben	bebten

	Imperfect
ich	bebte
du	bebtest
er	bebte
wir	bebten
ihr	bebtet
sie	bebten

		Past Time	
	Perfect	*(Perf. Subj.)*	*(Pluperf. Subj.)*
ich	habe gebebt	habe gebebt	hätte gebebt
du	hast gebebt	habest gebebt	hättest gebebt
er	hat gebebt	habe gebebt	hätte gebebt
wir	haben gebebt	haben gebebt	hätten gebebt
ihr	habt gebebt	habet gebebt	hättet gebebt
sie	haben gebebt	haben gebebt	hätten gebebt

	Pluperfect
ich	hatte gebebt
du	hattest gebebt
er	hatte gebebt
wir	hatten gebebt
ihr	hattet gebebt
sie	hatten gebebt

		Future Time	
	Future	*(Fut. Subj.)*	*(Pres. Conditional)*
ich	werde beben	werde beben	würde beben
du	wirst beben	werdest beben	würdest beben
er	wird beben	werde beben	würde beben
wir	werden beben	werden beben	würden beben
ihr	werdet beben	werdet beben	würdet beben
sie	werden beben	werden beben	würden beben

		Future Perfect Time	
	Future Perfect	*(Fut. Perf. Subj.)*	*(Past Conditional)*
ich	werde gebebt haben	werde gebebt haben	würde gebebt haben
du	wirst gebebt haben	werdest gebebt haben	würdest gebebt haben
er	wird gebebt haben	werde gebebt haben	würde gebebt haben
wir	werden gebebt haben	werden gebebt haben	würden gebebt haben
ihr	werdet gebebt haben	werdet gebebt haben	würdet gebebt haben
sie	werden gebebt haben	werden gebebt haben	würden gebebt haben

PRINC. PARTS: bedeuten, bedeutete, bedeutet, bedeutet
IMPERATIVE: bedeute!, bedeutet!, bedeuten Sie!

to mean, signify

	INDICATIVE		SUBJUNCTIVE	
			PRIMARY	SECONDARY
				Present Time
	Present		(*Pres. Subj.*)	(*Imperf. Subj.*)
ich	bedeute		bedeute	bedeutete
du	bedeutest		bedeutest	bedeutetest
er	bedeutet		bedeute	bedeutete
wir	bedeuten		bedeuten	bedeuteten
ihr	bedeutet		bedeutet	bedeutetet
sie	bedeuten		bedeuten	bedeuteten
	Imperfect			
ich	bedeutete			
du	bedeutetest			
er	bedeutete			
wir	bedeuteten			
ihr	bedeutetet			
sie	bedeuteten			
				Past Time
	Perfect		(*Perf. Subj.*)	(*Pluperf. Subj.*)
ich	habe bedeutet		habe bedeutet	hätte bedeutet
du	hast bedeutet		habest bedeutet	hättest bedeutet
er	hat bedeutet		habe bedeutet	hätte bedeutet
wir	haben bedeutet		haben bedeutet	hätten bedeutet
ihr	habt bedeutet		habet bedeutet	hättet bedeutet
sie	haben bedeutet		haben bedeutet	hätten bedeutet
	Pluperfect			
ich	hatte bedeutet			
du	hattest bedeutet			
er	hatte bedeutet			
wir	hatten bedeutet			
ihr	hattet bedeutet			
sie	hatten bedeutet			
				Future Time
	Future		(*Fut. Subj.*)	(*Pres. Conditional*)
ich	werde bedeuten		werde bedeuten	würde bedeuten
du	wirst bedeuten		werdest bedeuten	würdest bedeuten
er	wird bedeuten		werde bedeuten	würde bedeuten
wir	werden bedeuten		werden bedeuten	würden bedeuten
ihr	werdet bedeuten		werdet bedeuten	würdet bedeuten
sie	werden bedeuten		werden bedeuten	würden bedeuten
				Future Perfect Time
	Future Perfect		(*Fut. Perf. Subj.*)	(*Past Conditional*)
ich	werde bedeutet haben		werde bedeutet haben	würde bedeutet haben
du	wirst bedeutet haben		werdest bedeutet haben	würdest bedeutet haben
er	wird bedeutet haben		werde bedeutet haben	würde bedeutet haben
wir	werden bedeutet haben		werden bedeutet haben	würden bedeutet haben
ihr	werdet bedeutet haben		werdet bedeutet haben	würdet bedeutet haben
sie	werden bedeutet haben		werden bedeutet haben	würden bedeutet haben

sich bedienen

to help one's-self; make use of something

PRINC. PARTS: sich bedienen, bediente sich, hat sich bedient, bedient sich
IMPERATIVE: bediene dich!, bedient euch!, bedienen Sie sich!

	INDICATIVE	SUBJUNCTIVE	
		PRIMARY	SECONDARY
		Present Time	
	Present	*(Pres. Subj.)*	*(Imperf. Subj.)*
ich	bediene mich	bediene mich	bediente mich
du	bedienst dich	bedienest dich	bedientest dich
er	bedient sich	bediene sich	bediente sich
wir	bedienen uns	bedienen uns	bedienten uns
ihr	bedient euch	bedienet euch	bedientet euch
sie	bedienen sich	bedienen sich	bedienten sich
	Imperfect		
ich	bediente mich		
du	bedientest dich		
er	bediente sich		
wir	bedienten uns		
ihr	bedientet euch		
sie	bedienten sich	*Past Time*	
	Perfect	*(Perf. Subj.)*	*(Pluperf. Subj.)*
ich	habe mich bedient	habe mich bedient	hätte mich bedient
du	hast dich bedient	habest dich bedient	hättest dich bedient
er	hat sich bedient	habe sich bedient	hätte sich bedient
wir	haben uns bedient	haben uns bedient	hätten uns bedient
ihr	habt euch bedient	habet euch bedient	hättet euch bedient
sie	haben sich bedient	haben sich bedient	hätten sich bedient
	Pluperfect		
ich	hatte mich bedient		
du	hattest dich bedient		
er	hatte sich bedient		
wir	hatten uns bedient		
ihr	hattet euch bedient		
sie	hatten sich bedient	*Future Time*	
	Future	*(Fut. Subj.)*	*(Pres. Conditional)*
ich	werde mich bedienen	werde mich bedienen	würde mich bedienen
du	wirst dich bedienen	werdest dich bedienen	würdest dich bedienen
er	wird sich bedienen	werde sich bedienen	würde sich bedienen
wir	werden uns bedienen	werden uns bedienen	würden uns bedienen
ihr	werdet euch bedienen	werdet euch bedienen	würdet euch bedienen
sie	werden sich bedienen	werden sich bedienen	würden sich bedienen
		Future Perfect Time	
	Future Perfect	*(Fut. Perf. Subj.)*	*(Past Conditional)*
ich	werde mich bedient haben	werde mich bedient haben	würde mich bedient haben
du	wirst dich bedient haben	werdest dich bedient haben	würdest dich bedient haben
er	wird sich bedient haben	werde sich bedient haben	würde sich bedient haben
wir	werden uns bedient haben	werden uns bedient haben	würden uns bedient haben
ihr	werdet euch bedient haben	werdet euch bedient haben	würdet euch bedient haben
sie	werden sich bedient haben	werden sich bedient haben	würden sich bedient haben

18

PRINC. PARTS: bedingen, bedingte, bedungen, bedingt
IMPERATIVE: bedinge!, bedingt!, bedingen Sie!

to stipulate, limit

INDICATIVE	SUBJUNCTIVE	
	PRIMARY	SECONDARY
	Present Time	
Present	(*Pres. Subj.*)	(*Imperf. Subj.*)
ich bedinge	bedinge	bedünge
du bedingst	bedingest	bedüngest
er bedingt	bedinge	bedünge
wir bedingen	bedingen	bedüngen
ihr bedingt	bedinget	bedünget
sie bedingen	bedingen	bedüngen

Imperfect
ich bedingte
du bedingtest
er bedingte
wir bedingten
ihr bedingtet
sie bedingten

| | | *Past Time* | |
Perfect	(*Perf. Subj.*)	(*Pluperf. Subj.*)
ich habe bedungen	habe bedungen	hätte bedungen
du hast bedungen	habest bedungen	hättest bedungen
er hat bedungen	habe bedungen	hätte bedungen
wir haben bedungen	haben bedungen	hätten bedungen
ihr habt bedungen	habet bedungen	hättet bedungen
sie haben bedungen	haben bedungen	hätten bedungen

Pluperfect
ich hatte bedungen
du hattest bedungen
er hatte bedungen
wir hatten bedungen
ihr hattet bedungen
sie hatten bedungen

| | | *Future Time* | |
Future	(*Fut. Subj.*)	(*Pres. Conditional*)
ich werde bedingen	werde bedingen	würde bedingen
du wirst bedingen	werdest bedingen	würdest bedingen
er wird bedingen	werde bedingen	würde bedingen
wir werden bedingen	werden bedingen	würden bedingen
ihr werdet bedingen	werdet bedingen	würdet bedingen
sie werden bedingen	werden bedingen	würden bedingen

| | | *Future Perfect Time* | |
Future Perfect	(*Fut. Perf. Subj.*)	(*Past Conditional*)
ich werde bedungen haben	werde bedungen haben	würde bedungen haben
du wirst bedungen haben	werdest bedungen haben	würdest bedungen haben
er wird bedungen haben	werde bedungen haben	würde bedungen haben
wir werden bedungen haben	werden bedungen haben	würden bedungen haben
ihr werdet bedungen haben	werdet bedungen haben	würdet bedungen haben
sie werden bedungen haben	werden bedungen haben	würden bedungen haben

sich beeilen

to hurry

PRINC. PARTS: sich beeilen, beeilte sich, hat sich beeilt, beeilt sich
IMPERATIVE: beeile dich!, beeilt euch!, beeilen Sie sich!

INDICATIVE	SUBJUNCTIVE	
	PRIMARY	SECONDARY

Present Time

	Present	*(Pres. Subj.)*	*(Imperf. Subj.)*
ich	beeile mich	beeile mich	beeilte mich
du	beeilst dich	beeilest dich	beeiltest dich
er	beeilt sich	beeile sich	beeilte sich
wir	beeilen uns	beeilen uns	beeilten uns
ihr	beeilt euch	beeilet euch	beeiltet euch
sie	beeilen sich	beeilen sich	beeilten sich

	Imperfect
ich	beeilte mich
du	beeiltest dich
er	beeilte sich
wir	beeilten uns
ihr	beeiltet euch
sie	beeilten sich

Past Time

	Perfect	*(Perf. Subj.)*	*(Pluperf. Subj.)*
ich	habe mich beeilt	habe mich beeilt	hätte mich beeilt
du	hast dich beeilt	habest dich beeilt	hättest dich beeilt
er	hat sich beeilt	habe sich beeilt	hätte sich beeilt
wir	haben uns beeilt	haben uns beeilt	hätten uns beeilt
ihr	habt euch beeilt	habet euch beeilt	hättet euch beeilt
sie	haben sich beeilt	haben sich beeilt	hätten sich beeilt

	Pluperfect
ich	hatte mich beeilt
du	hattest dich beeilt
er	hatte sich beeilt
wir	hatten uns beeilt
ihr	hattet euch beeilt
sie	hatten sich beeilt

Future Time

	Future	*(Fut. Subj.)*	*(Pres. Conditional)*
ich	werde mich beeilen	werde mich beeilen	würde mich beeilen
du	wirst dich beeilen	werdest dich beeilen	würdest dich beeilen
er	wird sich beeilen	werde sich beeilen	würde sich beeilen
wir	werden uns beeilen	werden uns beeilen	würden uns beeilen
ihr	werdet euch beeilen	werdet euch beeilen	würdet euch beeilen
sie	werden sich beeilen	werden sich beeilen	würden sich beeilen

Future Perfect Time

	Future Perfect	*(Fut. Perf. Subj.)*	*(Past Conditional)*
ich	werde mich beeilt haben	werde mich beeilt haben	würde mich beeilt haben
du	wirst dich beeilt haben	werdest dich beeilt haben	würdest dich beeilt haben
er	wird sich beeilt haben	werde sich beeilt haben	würde sich beeilt haben
wir	werden uns beeilt haben	werden uns beeilt haben	würden uns beeilt haben
ihr	werdet euch beeilt haben	werdet euch beeilt haben	würdet euch beeilt haben
sie	werden sich beeilt haben	werden sich beeilt haben	würden sich beeilt haben

PRINC. PARTS: befehlen, befahl, befohlen, befiehlt
IMPERATIVE: befiehl!, befehlt!, befehlen Sie!

to order, command

INDICATIVE	SUBJUNCTIVE	
	PRIMARY	SECONDARY

Present Time

	Present	*(Pres. Subj.)*	*(Imperf. Subj.)*
ich	befehle	befehle	beföhle
du	befiehlst	befehlest	beföhlest
er	befiehlt	befehle	beföhle
wir	befehlen	befehlen	beföhlen
ihr	befehlt	befehlet	beföhlet
sie	befehlen	befehlen	beföhlen

	Imperfect
ich	befahl
du	befahlst
er	befahl
wir	befahlen
ihr	befahlt
sie	befahlen

Past Time

	Perfect	*(Perf. Subj.)*	*(Pluperf. Subj.)*
ich	habe befohlen	habe befohlen	hätte befohlen
du	hast befohlen	habest befohlen	hättest befohlen
er	hat befohlen	habe befohlen	hätte befohlen
wir	haben befohlen	haben befohlen	hätten befohlen
ihr	habt befohlen	habet befohlen	hättet befohlen
sie	haben befohlen	haben befohlen	hätten befohlen

	Pluperfect
ich	hatte befohlen
du	hattest befohlen
er	hatte befohlen
wir	hatten befohlen
ihr	hattet befohlen
sie	hatten befohlen

Future Time

	Future	*(Fut. Subj.)*	*(Pres. Conditional)*
ich	werde befehlen	werde befehlen	würde befehlen
du	wirst befehlen	werdest befehlen	würdest befehlen
er	wird befehlen	werde befehlen	würde befehlen
wir	werden befehlen	werden befehlen	würden befehlen
ihr	werdet befehlen	werdet befehlen	würdet befehlen
sie	werden befehlen	werden befehlen	würden befehlen

Future Perfect Time

	Future Perfect	*(Fut. Perf. Subj.)*	*(Past Conditional)*
ich	werde befohlen haben	werde befohlen haben	würde befohlen haben
du	wirst befohlen haben	werdest befohlen haben	würdest befohlen haben
er	wird befohlen haben	werde befohlen haben	würde befohlen haben
wir	werden befohlen haben	werden befohlen haben	würden befohlen haben
ihr	werdet befohlen haben	werdet befohlen haben	würdet befohlen haben
sie	werden befohlen haben	werden befohlen haben	würden befohlen haben

sich befinden

*to be, find
oneself, feel*

PRINC. PARTS: **sich befinden, befand sich, hat sich befunden,
befindet sich**

IMPERATIVE: **befinde dich!, befindet euch!, befinden Sie sich!**

	INDICATIVE	SUBJUNCTIVE	
		PRIMARY	SECONDARY
		Present Time	
	Present	*(Pres. Subj.)*	*(Imperf. Subj.)*
ich	befinde mich	befinde mich	befände mich
du	befindest dich	befindest dich	befändest dich
er	befindet sich	befinde sich	befände sich
wir	befinden uns	befinden uns	befänden uns
ihr	befindet euch	befindet euch	befändet euch
sie	befinden sich	befinden sich	befänden sich
	Imperfect		
ich	befand mich		
du	befandest dich		
er	befand sich		
wir	befanden uns		
ihr	befandet euch		
sie	befanden sich	*Past Time*	
	Perfect	*(Perf. Subj.)*	*(Pluperf. Subj.)*
ich	habe mich befunden	habe mich befunden	hätte mich befunden
du	hast dich befunden	habest dich befunden	hättest dich befunden
er	hat sich befunden	habe sich befunden	hätte sich befunden
wir	haben uns befunden	haben uns befunden	hätten uns befunden
ihr	habt euch befunden	habet euch befunden	hättet euch befunden
sie	haben sich befunden	haben sich befunden	hätten sich befunden
	Pluperfect		
ich	hatte mich befunden		
du	hattest dich befunden		
er	hatte sich befunden		
wir	hatten uns befunden		
ihr	hattet euch befunden		
sie	hatten sich befunden		
		Future Time	
	Future	*(Fut. Subj.)*	*(Pres. Conditional)*
ich	werde mich befinden	werde mich befinden	würde mich befinden
du	wirst dich befinden	werdest dich befinden	würdest dich befinden
er	wird sich befinden	werde sich befinden	würde sich befinden
wir	werden uns befinden	werden uns befinden	würden uns befinden
ihr	werdet euch befinden	werdet euch befinden	würdet euch befinden
sie	werden sich befinden	werden sich befinden	würden sich befinden
		Future Perfect Time	
	Future Perfect	*(Fut. Perf. Subj.)*	*(Past Conditional)*
ich	werde mich befunden haben	werde mich befunden haben	würde mich befunden haben
du	wirst dich befunden haben	werdest dich befunden haben	würdest dich befunden haben
er	wird sich befunden haben	werde sich befunden haben	würde sich befunden haben
wir	werden uns befunden haben	werden uns befunden haben	würden uns befunden haben
ihr	werdet euch befunden haben	werdet euch befunden haben	würdet euch befunden haben
sie	werden sich befunden haben	werden sich befunden haben	würden sich befunden haben

PRINC. PARTS: befreien, befreite, befreit, befreit
IMPERATIVE: befreie!, befreit!, befreien Sie!

to liberate, set free; exempt

INDICATIVE		SUBJUNCTIVE	
		PRIMARY	SECONDARY
		Present Time	
Present		*(Pres. Subj.)*	*(Imperf. Subj.)*
ich	befreie	befreie	befreite
du	befreist	befreiest	befreitest
er	befreit	befreie	befreite
wir	befreien	befreien	befreiten
ihr	befreit	befreiet	befreitet
sie	befreien	befreien	befreiten

	Imperfect
ich	befreite
du	befreitest
er	befreite
wir	befreiten
ihr	befreitet
sie	befreiten

			Past Time	
	Perfect		*(Perf. Subj.)*	*(Pluperf. Subj.)*
ich	habe befreit		habe befreit	hätte befreit
du	hast befreit		habest befreit	hättest befreit
er	hat befreit		habe befreit	hätte befreit
wir	haben befreit		haben befreit	hätten befreit
ihr	habt befreit		habet befreit	hättet befreit
sie	haben befreit		haben befreit	hätten betreit

	Pluperfect
ich	hatte befreit
du	hattest befreit
er	hatte befreit
wir	hatten befreit
ihr	hattet befreit
sie	hatten befreit

			Future Time	
	Future		*(Fut. Subj.)*	*(Pres. Conditional)*
ich	werde befreien		werde befreien	würde befreien
du	wirst befreien		werdest befreien	würdest befreien
er	wird befreien		werde befreien	würde befreien
wir	werden befreien		werden befreien	würden befreien
ihr	werdet befreien		werdet befreien	würdet befreien
sie	werden befreien		werden befreien	würden befreien

			Future Perfect Time	
	Future Perfect		*(Fut. Perf. Subj.)*	*(Past Conditional)*
ich	werde befreit haben		werde befreit haben	würde befreit haben
du	wirst befreit haben		werdest befreit haben	würdest befreit haben
er	wird befreit haben		werde befreit haben	würde befreit haben
wir	werden befreit haben		werden befreit haben	würden befreit haben
ihr	werdet befreit haben		werdet befreit haben	würdet befreit haben
sie	werden befreit haben		werden befreit haben	würden befreit haben

23

begegnen

to meet

PRINC. PARTS: begegnen, begegnete, ist begegnet, begegnet
IMPERATIVE: begegne!, begegnet!, begegnen Sie!

	INDICATIVE	SUBJUNCTIVE	
		PRIMARY	SECONDARY

Present Time

	Present	*(Pres. Subj.)*	*(Imperf. Subj.)*
ich	begegne	begegne	begegnete
du	begegnest	begegnest	begegnetest
er	begegnet	begegne	begegnete
wir	begegnen	begegnen	begegneten
ihr	begegnet	begegnet	begegnetet
sie	begegnen	begegnen	begegneten

	Imperfect
ich	begegnete
du	begegnetest
er	begegnete
wir	begegneten
ihr	begegnetet
sie	begegneten

Past Time

	Perfect	*(Perf. Subj.)*	*(Pluperf. Subj.)*
ich	bin begegnet	sei begegnet	wäre begegnet
du	bist begegnet	seiest begegnet	wärest begegnet
er	ist begegnet	sei begegnet	wäre begegnet
wir	sind begegnet	seien begegnet	wären begegnet
ihr	seid begegnet	seiet begegnet	wäret begegnet
sie	sind begegnet	seien begegnet	wären begegnet

	Pluperfect
ich	war begegnet
du	warst begegnet
er	war begegnet
wir	waren begegnet
ihr	wart begegnet
sie	waren begegnet

Future Time

	Future	*(Fut. Subj.)*	*(Pres. Conditional)*
ich	werde begegnen	werde begegnen	würde begegnen
du	wirst begegnen	werdest begegnen	würdest begegnen
er	wird begegnen	werde begegnen	würde begegnen
wir	werden begegnen	werden begegnen	würden begegnen
ihr	werdet begegnen	werdet begegnen	würdet begegnen
sie	werden begegnen	werden begegnen	würden begegnen

Future Perfect Time

	Future Perfect	*(Fut. Perf. Subj.)*	*(Past Conditional)*
ich	werde begegnet sein	werde begegnet sein	würde begegnet sein
du	wirst begegnet sein	werdest begegnet sein	würdest begegnet sein
er	wird begegnet sein	werde begegnet sein	würde begegnet sein
wir	werden begegnet sein	werden begegnet sein	würden begegnet sein
ihr	werdet begegnet sein	werdet begegnet sein	würdet begegnet sein
sie	werden begegnet sein	werden begegnet sein	würden begegnet sein

begehren

to desire, demand

INDICATIVE	SUBJUNCTIVE	
	PRIMARY	SECONDARY

Present Time

	Present	*(Pres. Subj.)*	*(Imperf. Subj.)*
ich	begehre	begehre	begehrte
du	begehrst	begehrest	begehrtest
er	begehrt	begehre	begehrte
wir	begehren	begehren	begehrten
ihr	begehrt	begehret	begehrtet
sie	begehren	begehren	begehrten

	Imperfect
ich	begehrte
du	begehrtest
er	begehrte
wir	begehrten
ihr	begehrtet
sie	begehrten

Past Time

	Perfect	*(Perf. Subj.)*	*(Pluperf. Subj.)*
ich	habe begehrt	habe begehrt	hätte begehrt
du	hast begehrt	habest begehrt	hättest begehrt
er	hat begehrt	habe begehrt	hätte begehrt
wir	haben begehrt	haben begehrt	hätten begehrt
ihr	habt begehrt	habet begehrt	hättet begehrt
sie	haben begehrt	haben begehrt	hätten begehrt

	Pluperfect
ich	hatte begehrt
du	hattest begehrt
er	hatte begehrt
wir	hatten begehrt
ihr	hattet begehrt
sie	hatten begehrt

Future Time

	Future	*(Fut. Subj.)*	*(Pres. Conditional)*
ich	werde begehren	werde begehren	würde begehren
du	wirst begehren	werdest begehren	würdest begehren
er	wird begehren	werde begehren	würde begehren
wir	werden begehren	werden begehren	würden begehren
ihr	werdet begehren	werdet begehren	würdet begehren
sie	werden begehren	werden begehren	würden begehren

Future Perfect Time

	Future Perfect	*(Fut. Perf. Subj.)*	*(Past Conditional)*
ich	werde begehrt haben	werde begehrt haben	würde begehrt haben
du	wirst begehrt haben	werdest begehrt haben	würdest begehrt haben
er	wird begehrt haben	werde begehrt haben	würde begehrt haben
wir	werden begehrt haben	werden begehrt haben	würden begehrt haben
ihr	werdet begehrt haben	werdet begehrt haben	würdet begehrt haben
sie	werden begehrt haben	werden begehrt haben	würden begehrt haben

25

beginnen
to begin

PRINC. PARTS: beginnen, begann, begonnen, beginnt
IMPERATIVE: beginne!, beginnt! beginnen Sie!

INDICATIVE	SUBJUNCTIVE	
	PRIMARY	SECONDARY
	Present Time	
Present	*(Pres. Subj.)*	*(Imperf. Subj.)*
ich beginne	beginne	begönne *
du beginnst	beginnest	begönnest
er beginnt	beginne	begönne
wir beginnen	beginnen	begönnen
ihr beginnt	beginnet	begönnet
sie beginnen	beginnen	begönnen

Imperfect
ich begann
du begannst
er begann
wir begannen
ihr begannt
sie begannen

	Past Time	
Perfect	*(Perf. Subj.)*	*(Pluperf. Subj.)*
ich habe begonnen	habe begonnen	hätte begonnen
du hast begonnen	habest begonnen	hättest begonnen
er hat begonnen	habe begonnen	hätte begonnen
wir haben begonnen	haben begonnen	hätten begonnen
ihr habt begonnen	habet begonnen	hättet begonnen
sie haben begonnen	haben begonnen	hätten begonnen

Pluperfect
ich hatte begonnen
du hattest begonnen
er hatte begonnen
wir hatten begonnen
ihr hattet begonnen
sie hatten begonnen

	Future Time	
Future	*(Fut. Subj.)*	*(Pres. Conditional)*
ich werde beginnen	werde beginnen	würde beginnen
du wirst beginnen	werdest beginnen	würdest beginnen
er wird beginnen	werde beginnen	würde beginnen
wir werden beginnen	werden beginnen	würden beginnen
ihr werdet beginnen	werdet beginnen	würdet beginnen
sie werden beginnen	werden beginnen	würden beginnen

	Future Perfect Time	
Future Perfect	*(Fut. Perf. Subj.)*	*(Past Conditional)*
ich werde begonnen haben	werde begonnen haben	würde begonnen haben
du wirst begonnen haben	werdest begonnen haben	würdest begonnen haben
er wird begonnen haben	werde begonnen haben	würde begonnen haben
wir werden begonnen haben	werden begonnen haben	würden begonnen haben
ihr werdet begonnen haben	werdet begonnen haben	würdet begonnen haben
sie werden begonnen haben	werden begonnen haben	würden begonnen haben

26

*The forms begänne, begännest, etc. are less frequently found.

PRINC. PARTS: begleiten, begleitete, begleitet, begleitet
IMPERATIVE: begleite!, begleitet!, begleiten Sie!

	INDICATIVE	SUBJUNCTIVE	
		PRIMARY	SECONDARY
			Present Time
	Present	*(Pres. Subj.)*	*(Imperf. Subj.)*
ich	begleite	begleite	begleitete
du	begleitest	begleitest	begleitetest
er	begleitet	begleite	begleitete
wir	begleiten	begleiten	begleiteten
ihr	begleitet	begleitet	begleitetet
sie	begleiten	begleiten	begleiteten

	Imperfect
ich	begleitete
du	begleitetest
er	begleitete
wir	begleiteten
ihr	begleitetet
sie	begleiteten

			Past Time
	Perfect	*(Perf. Subj.)*	*(Pluperf. Subj.)*
ich	habe begleitet	habe begleitet	hätte begleitet
du	hast begleitet	habest begleitet	hättest begleitet
er	hat begleitet	habe begleitet	hätte begleitet
wir	haben begleitet	haben begleitet	hätten begleitet
ihr	habt begleitet	habet begleitet	hättet begleitet
sie	haben begleitet	haben begleitet	hätten begleitet

	Pluperfect
ich	hatte begleitet
du	hattest begleitet
er	hatte begleitet
wir	hatten begleitet
ihr	hattet begleitet
sie	hatten begleitet

			Future Time
	Future	*(Fut. Subj.)*	*(Pres. Conditional)*
ich	werde begleiten	werde begleiten	würde begleiten
du	wirst begleiten	werdest begleiten	würdest begleiten
er	wird begleiten	werde begleiten	würde begleiten
wir	werden begleiten	werden begleiten	würden begleiten
ihr	werdet begleiten	werdet begleiten	würdet begleiten
sie	werden begleiten	werden begleiten	würden begleiten

			Future Perfect Time
	Future Perfect	*(Fut. Perf. Subj.)*	*(Past Conditional)*
ich	werde begleitet haben	werde begleitet haben	würde begleitet haben
du	wirst begleitet haben	werdest begleitet haben	würdest begleitet haben
er	wird begleitet haben	werde begleitet haben	würde begleitet haben
wir	werden begleitet haben	werden begleitet haben	würden begleitet haben
ihr	werdet begleitet haben	werdet begleitet haben	würdet begleitet haben
sie	werden begleitet haben	werden begleitet haben	würden begleitet haben

27

beglücken

to make happy,
bless

PRINC. PARTS: beglücken, beglückte, beglückt, beglückt
IMPERATIVE: beglücke!, beglückt!, beglücken Sie!

INDICATIVE		SUBJUNCTIVE	
		PRIMARY	SECONDARY
		Present Time	
	Present	*(Pres. Subj.)*	*(Imperf. Subj.)*
ich	beglücke	beglücke	beglückte
du	beglückst	beglückest	beglücktest
er	beglückt	beglücke	beglückte
wir	beglücken	beglücken	beglückten
ihr	beglückt	beglücket	beglücktet
sie	beglücken	beglücken	beglückten
	Imperfect		
ich	beglückte		
du	beglücktest		
er	beglückte		
wir	beglückten		
ihr	beglücktet		
sie	beglückten		
		Past Time	
	Perfect	*(Perf. Subj.)*	*(Pluperf. Subj.)*
ich	habe beglückt	habe beglückt	hätte beglückt
du	hast beglückt	habest beglückt	hättest beglückt
er	hat beglückt	habe beglückt	hätte beglückt
wir	haben beglückt	haben beglückt	hätten beglückt
ihr	habt beglückt	habet beglückt	hättet beglückt
sie	haben beglückt	haben beglückt	hätten beglückt
	Pluperfect		
ich	hatte beglückt		
du	hattest beglückt		
er	hatte beglückt		
wir	hatten beglückt		
ihr	hattet beglückt		
sie	hatten beglückt		
		Future Time	
	Future	*(Fut. Subj.)*	*(Pres. Conditional)*
ich	werde beglücken	werde beglücken	würde beglücken
du	wirst beglücken	werdest beglücken	würdest beglücken
er	wird beglücken	werde beglücken	würde beglücken
wir	werden beglücken	werden beglücken	würden beglücken
ihr	werdet beglücken	werdet beglücken	würdet beglücken
sie	werden beglücken	werden beglücken	würden beglücken
		Future Perfect Time	
	Future Perfect	*(Fut. Perf. Subj.)*	*(Past Conditional)*
ich	werde beglückt haben	werde beglückt haben	würde beglückt haben
du	wirst beglückt haben	werdest beglückt haben	würdest beglückt haben
er	wird beglückt haben	werde beglückt haben	würde beglückt haben
wir	werden beglückt haben	werden beglückt haben	würden beglückt haben
ihr	werdet beglückt haben	werdet beglückt haben	würdet beglückt haben
sie	werden beglückt haben	werden beglückt haben	würden beglückt haben

28

PRINC. PARTS: behalten, behielt, behalten, behält
IMPERATIVE: behalte!, behaltet!, behalten Sie!

to retain, keep

	INDICATIVE		SUBJUNCTIVE	
			PRIMARY	SECONDARY

Present Time

	Present	(*Pres. Subj.*)	(*Imperf. Subj.*)
ich	behalte	behalte	behielte
du	behältst	behaltest	behieltest
er	behält	behalte	behielte
wir	behalten	behalten	behielten
ihr	behaltet	behaltet	behieltet
sie	behalten	behalten	behielten

	Imperfect
ich	behielt
du	behieltest
er	behielt
wir	behielten
ihr	behieltet
sie	behielten

Past Time

	Perfect	(*Perf. Subj.*)	(*Pluperf. Subj.*)
ich	habe behalten	habe behalten	hätte behalten
du	hast behalten	habest behalten	hättest behalten
er	hat behalten	habe behalten	hätte behalten
wir	haben behalten	haben behalten	hätten behalten
ihr	habt behalten	habet behalten	hättet behalten
sie	haben behalten	haben behalten	hätten behalten

	Pluperfect
ich	hatte behalten
du	hattest behalten
er	hatte behalten
wir	hatten behalten
ihr	hattet behalten
sie	hatten behalten

Future Time

	Future	(*Fut. Subj.*)	(*Pres. Conditional*)
ich	werde behalten	werde behalten	würde behalten
du	wirst behalten	werdest behalten	würdest behalten
er	wird behalten	werde behalten	würde behalten
wir	werden behalten	werden behalten	würden behalten
ihr	werdet behalten	werdet behalten	würdet behalten
sie	werden behalten	werden behalten	würden behalten

Future Perfect Time

	Future Perfect	(*Fut. Perf. Subj.*)	(*Past Conditional*)
ich	werde behalten haben	werde behalten haben	würde behalten haben
du	wirst behalten haben	werdest behalten haben	würdest behalten haben
er	wird behalten haben	werde behalten haben	würde behalten haben
wir	werden behalten haben	werden behalten haben	würden behalten haben
ihr	werdet behalten haben	werdet behalten haben	würdet behalten haben
sie	werden behalten haben	werden behalten haben	würden behalten haben

beißen
to bite

PRINC. PARTS: beißen, biß, gebissen, beißt
IMPERATIVE: beiße!, beißt!, beißen Sie!

INDICATIVE	SUBJUNCTIVE	
	PRIMARY	SECONDARY
	Present Time	
Present	*(Pres. Subj.)*	*(Imperf. Subj.)*
ich beiße	beiße	bisse
du beißt	beißest	bissest
er beißt	beiße	bisse
wir beißen	beißen	bissen
ihr beißt	beißet	bisset
sie beißen	beißen	bissen

Imperfect

ich biß		
du bissest		
er biß		
wir bissen		
ihr bißt		
sie bissen		

Past Time

Perfect	*(Perf. Subj.)*	*(Pluperf. Subj.)*
ich habe gebissen	habe gebissen	hätte gebissen
du hast gebissen	habest gebissen	hättest gebissen
er hat gebissen	habe gebissen	hätte gebissen
wir haben gebissen	haben gebissen	hätten gebissen
ihr habt gebissen	habet gebissen	hättet gebissen
sie haben gebissen	haben gebissen	hätten gebissen

Pluperfect

ich hatte gebissen		
du hattest gebissen		
er hatte gebissen		
wir hatten gebissen		
ihr hattet gebissen		
sie hatten gebissen		

Future Time

Future	*(Fut. Subj.)*	*(Pres. Conditional)*
ich werde beißen	werde beißen	würde beißen
du wirst beißen	werdest beißen	würdest beißen
er wird beißen	werde beißen	würde beißen
wir werden beißen	werden beißen	würden beißen
ihr werdet beißen	werdet beißen	würdet beißen
sie werden beißen	werden beißen	würden beißen

Future Perfect Time

Future Perfect	*(Fut. Perf. Subj.)*	*(Past Conditional)*
ich werde gebissen haben	werde gebissen haben	würde gebissen haben
du wirst gebissen haben	werdest gebissen haben	würdest gebissen haben
er wird gebissen haben	werde gebissen haben	würde gebissen haben
wir werden gebissen haben	werden gebissen haben	würden gebissen haben
ihr werdet gebissen haben	werdet gebissen haben	würdet gebissen haben
sie werden gebissen haben	werden gebissen haben	würden gebissen haben

bejahen

to answer in the affirmative,
agree, assent

INDICATIVE	SUBJUNCTIVE	
	PRIMARY	SECONDARY

Present Time

	Present	*(Pres. Subj.)*	*(Imperf. Subj.)*
ich	bejahe	bejahe	bejahte
du	bejahst	bejahest	bejahtest
er	bejaht	bejahe	bejahte
wir	bejahen	bejahen	bejahten
ihr	bejaht	bejahet	bejahtet
sie	bejahen	bejahen	bejahten

	Imperfect
ich	bejahte
du	bejahtest
er	bejahte
wir	bejahten
ihr	bejahtet
sie	bejahten

Past Time

	Perfect	*(Perf. Subj.)*	*(Pluperf. Subj.)*
ich	habe bejaht	habe bejaht	hätte bejaht
du	hast bejaht	habest bejaht	hättest bejaht
er	hat bejaht	habe bejaht	hätte bejaht
wir	haben bejaht	haben bejaht	hätten bejaht
ihr	habt bejaht	habet bejaht	hättet bejaht
sie	haben bejaht	haben bejaht	hätten bejaht

	Pluperfect
ich	hatte bejaht
du	hattest bejaht
er	hatte bejaht
wir	hatten bejaht
ihr	hattet bejaht
sie	hatten bejaht

Future Time

	Future	*(Fut. Subj.)*	*(Pres. Conditional)*
ich	werde bejahen	werde bejahen	würde bejahen
du	wirst bejahen	werdest bejahen	würdest bejahen
er	wird bejahen	werde bejahen	würde bejahen
wir	werden bejahen	werden bejahen	würden bejahen
ihr	werdet bejahen	werdet bejahen	würdet bejahen
sie	werden bejahen	werden bejahen	würden bejahen

Future Perfect Time

	Future Perfect	*(Fut. Perf. Subj.)*	*(Past Conditional)*
ich	werde bejaht haben	werde bejaht haben	würde bejaht haben
du	wirst bejaht haben	werdest bejaht haben	würdest bejaht haben
er	wird bejaht haben	werde bejaht haben	würde bejaht haben
wir	werden bejaht haben	werden bejaht haben	würden bejaht haben
ihr	werdet bejaht haben	werdet bejaht haben	würdet bejaht haben
sie	werden bejaht haben	werden bejaht haben	würden bejaht haben

31

bekehren

to convert

PRINC. PARTS: bekehren, bekehrte, bekehrt, bekehrt
IMPERATIVE: bekehre!, bekehrt!, bekehren Sie!

INDICATIVE	SUBJUNCTIVE	
	PRIMARY	SECONDARY

Present Time

	Present	(Pres. Subj.)	(Imperf. Subj.)
ich	bekehre	bekehre	bekehrte
du	bekehrst	bekehrest	bekehrtest
er	bekehrt	bekehre	bekehrte
wir	bekehren	bekehren	bekehrten
ihr	bekehrt	bekehret	bekehrtet
sie	bekehren	bekehren	bekehrten

	Imperfect
ich	bekehrte
du	bekehrtest
er	bekehrte
wir	bekehrten
ihr	bekehrtet
sie	bekehrten

Past Time

	Perfect	(Perf. Subj.)	(Pluperf. Subj.)
ich	habe bekehrt	habe bekehrt	hätte bekehrt
du	hast bekehrt	habest bekehrt	hättest bekehrt
er	hat bekehrt	habe bekehrt	hätte bekehrt
wir	haben bekehrt	haben bekehrt	hätten bekehrt
ihr	habt bekehrt	habet bekehrt	hättet bekehrt
sie	haben bekehrt	haben bekehrt	hätten bekehrt

	Pluperfect
ich	hatte bekehrt
du	hattest bekehrt
er	hatte bekehrt
wir	hatten bekehrt
ihr	hattet bekehrt
sie	hatten bekehrt

Future Time

	Future	(Fut. Subj.)	(Pres. Conditional)
ich	werde bekehren	werde bekehren	würde bekehren
du	wirst bekehren	werdest bekehren	würdest bekehren
er	wird bekehren	werde bekehren	würde bekehren
wir	werden bekehren	werden bekehren	würden bekehren
ihr	werdet bekehren	werdet bekehren	würdet bekehren
sie	werden bekehren	werden bekehren	würden bekehren

Future Perfect Time

	Future Perfect	(Fut. Perf. Subj.)	(Past Conditional)
ich	werde bekehrt haben	werde bekehrt haben	würde bekehrt haben
du	wirst bekehrt haben	werdest bekehrt haben	würdest bekehrt haben
er	wird bekehrt haben	werde bekehrt haben	würde bekehrt hapen
wir	werden bekehrt haben	werden bekehrt haben	würden bekehrt haben
ihr	werdet bekehrt haben	werdet bekehrt haben	würdet bekehrt haben
sie	werden bekehrt haben	werden bekehrt haben	würden bekehrt haben

bekommen

PRINC. PARTS: bekommen, bekam, bekommen, bekommt
IMPERATIVE: bekomme!, bekommt!, bekommen Sie!

1. to get, receive;
2. to agree with, suit*

INDICATIVE		SUBJUNCTIVE	
		PRIMARY	SECONDARY
		Present Time	
	Present	*(Pres. Subj.)*	*(Imperf. Subj.)*
ich	bekomme	bekomme	bekäme
du	bekommst	bekommest	bekämest
er	bekommt	bekomme	bekäme
wir	bekommen	bekommen	bekämen
ihr	bekommt	bekommet	bekämet
sie	bekommen	bekommen	bekämen
	Imperfect		
ich	bekam		
du	bekamst		
er	bekam		
wir	bekamen		
ihr	bekamt		
sie	bekamen		*Past Time*
	Perfect	*(Perf. Subj.)*	*(Pluperf. Subj.)*
ich	habe bekommen	habe bekommen	hätte bekommen
du	hast bekommen	habest bekommen	hättest bekommen
er	hat bekommen	habe bekommen	hätte bekommen
wir	haben bekommen	haben bekommen	hätten bekommen
ihr	habt bekommen	habet bekommen	hättet bekommen
sie	haben bekommen	haben bekommen	hätten bekommen
	Pluperfect		
ich	hatte bekommen		
du	hattest bekommen		
er	hatte bekommen		
wir	hatten bekommen		
ihr	hattet bekommen		
sie	hatten bekommen		*Future Time*
	Future	*(Fut. Subj.)*	*(Pres. Conditional)*
ich	werde bekommen	werde bekommen	würde bekommen
du	wirst bekommen	werdest bekommen	würdest bekommen
er	wird bekommen	werde bekommen	würde bekommen
wir	werden bekommen	werden bekommen	würden bekommen
ihr	werdet bekommen	werdet bekommen	würdet bekommen
sie	werden bekommen	werden bekommen	würden bekommen
		Future Perfect Time	
	Future Perfect	*(Fut. Perf. Subj.)*	*(Past Conditional)*
ich	werde bekommen haben	werde bekommen haben	würde bekommen haben
du	wirst bekommen haben	werdest bekommen haben	würdest bekommen haben
er	wird bekommen haben	werde bekommen haben	würde bekommen haben
wir	werden bekommen haben	werden bekommen haben	würden bekommen haben
ihr	werdet bekommen haben	werdet bekommen haben	würdet bekommen haben
sie	werden bekommen haben	werden bekommen haben	würden bekommen haben

* In this meaning *bekommen* is conjugated with *sein*, usually impersonally.
EXAMPLE: *Das ist ihm gut bekommen.*

33

beleben

to enliven, animate; cheer,
brighten

PRINC. PARTS: beleben, belebte, belebt, belebt
IMPERATIVE: belebe!, belebt!, beleben Sie!

INDICATIVE	SUBJUNCTIVE	
	PRIMARY	SECONDARY
Present	*(Pres. Subj.)*	*(Imperf. Subj.)*
ich belebe	belebe	belebte
du belebst	belebest	belebtest
er belebt	belebe	belebte
wir beleben	beleben	belebten
ihr belebt	belebet	belebtet
sie beleben	beleben	belebten

Imperfect
ich belebte
du belebtest
er belebte
wir belebten
ihr belebtet
sie belebten

		Past Time	
Perfect	*(Perf. Subj.)*		*(Pluperf. Subj.)*
ich habe belebt	habe belebt		hätte belebt
du hast belebt	habest belebt		hättest belebt
er hat belebt	habe belebt		hätte belebt
wir haben belebt	haben belebt		hätten belebt
ihr habt belebt	habet belebt		hättet belebt
sie haben belebt	haben belebt		hätten belebt

Pluperfect
ich hatte belebt
du hattest belebt
er hatte belebt
wir hatten belebt
ihr hattet belebt
sie hatten belebt

		Future Time	
Future	*(Fut. Subj.)*		*(Pres. Conditional)*
ich werde beleben	werde beleben		würde beleben
du wirst beleben	werdest beleben		würdest beleben
er wird beleben	werde beleben		würde beleben
wir werden beleben	werden beleben		würden beleben
ihr werdet beleben	werdet beleben		würdet beleben
sie werden beleben	werden beleben		würden beleben

		Future Perfect Time	
Future Perfect	*(Fut. Perf. Subj.)*		*(Past Conditional)*
ich werde belebt haben	werde belebt haben		würde belebt haben
du wirst belebt haben	werdest belebt haben		würdest belebt haben
er wird belebt haben	werde belebt haben		würde belebt haben
wir werden belebt haben	werden belebt haben		würden belebt haben
ihr werdet belebt haben	werdet belebt haben		würdet belebt haben
sie werden belebt haben	werden belebt haben		würden belebt haben

34

PRINC. PARTS: beleidigen, beleidigte, beleidigt, beleidigt
IMPERATIVE: beleidige!, beleidigt!, beleidigen Sie!

to insult, offend

INDICATIVE	SUBJUNCTIVE	
	PRIMARY	SECONDARY

Present Time

	Present	(*Pres. Subj.*)	(*Imperf. Subj.*)
ich	beleidige	beleidige	beleidigte
du	beleidigst	beleidigest	beleidigtest
er	beleidigt	beleidige	beleidigte
wir	beleidigen	beleidigen	beleidigten
ihr	beleidigt	beleidiget	beleidigtet
sie	beleidigen	beleidigen	beleidigten

	Imperfect
ich	beleidigte
du	beleidigtest
er	beleidigte
wir	beleidigten
ihr	beleidigtet
sie	beleidigten

Past Time

	Perfect	(*Perf. Subj.*)	(*Pluperf. Subj.*)
ich	habe beleidigt	habe beleidigt	hätte beleidigt
du	hast beleidigt	habest beleidigt	hättest beleidigt
er	hat beleidigt	habe beleidigt	hätte beleidigt
wir	haben beleidigt	haben beleidigt	hätten beleidigt
ihr	habt beleidigt	habet beleidigt	hättet beleidigt
sie	haben beleidigt	haben beleidigt	hätten beleidigt

	Pluperfect
ich	hatte beleidigt
du	hattest beleidigt
er	hatte beleidigt
wir	hatten beleidigt
ihr	hattet beleidigt
sie	hatten beleidigt

Future Time

	Future	(*Fut. Subj.*)	(*Pres. Conditional*)
ich	werde beleidigen	werde beleidigen	würde beleidigen
du	wirst beleidigen	werdest beleidigen	würdest beleidigen
er	wird beleidigen	werde beleidigen	würde beleidigen
wir	werden beleidigen	werden beleidigen	würden beleidigen
ihr	werdet beleidigen	werdet beleidigen	würdet beleidigen
sie	werden beleidigen	werden beleidigen	würden beleidigen

Future Perfect Time

	Future Perfect	(*Fut. Perf. Subj.*)	(*Past Conditional*)
ich	werde beleidigt haben	werde beleidigt haben	würde beleidigt haben
du	wirst beleidigt haben	werdest beleidigt haben	würdest beleidigt haben
er	wird beleidigt haben	werde beleidigt haben	würde beleidigt haben
wir	werden beleidigt haben	werden beleidigt haben	würden beleidigt haben
ihr	werdet beleidigt haben	werdet beleidigt haben	würdet beleidigt haben
sie	werden beleidigt haben	werden beleidigt haben	würden beleidigt haben

bellen

to bark, bay

PRINC. PARTS: bellen, bellte, gebellt, bellt
IMPERATIVE: belle!, bellt!, bellen Sie!

INDICATIVE	SUBJUNCTIVE	
	PRIMARY	SECONDARY
	Present Time	
Present	*(Pres. Subj.)*	*(Imperf. Subj.)*

ich	belle	belle	bellte
du	bellst	bellest	belltest
er	bellt	belle	bellte
wir	bellen	bellen	bellten
ihr	bellt	bellet	belltest
sie	bellen	bellen	bellten

Imperfect

ich	bellte
du	belltest
er	bellte
wir	bellten
ihr	belltet
sie	bellten

Past Time

Perfect	*(Perf. Subj.)*	*(Pluperf. Subj.)*
ich habe gebellt	habe gebellt	hätte gebellt
du hast gebellt	habest gebellt	hättest gebellt
er hat gebellt	habe gebellt	hätte gebellt
wir haben gebellt	haben gebellt	hätten gebellt
ihr habt gebellt	habet gebellt	hättet gebellt
sie haben gebellt	haben gebellt	hätten gebellt

Pluperfect

ich	hatte gebellt
du	hattest gebellt
er	hatte gebellt
wir	hatten gebellt
ihr	hattet gebellt
sie	hatten gebellt

Future Time

Future	*(Fut. Subj.)*	*(Pres. Conditional)*
ich werde bellen	werde bellen	würde bellen
du wirst bellen	werdest bellen	würdest bellen
er wird bellen	werde bellen	würde bellen
wir werden bellen	werden bellen	würden bellen
ihr werdet bellen	werdet bellen	würdet bellen
sie werden bellen	werden bellen	würden bellen

Future Perfect Time

Future Perfect	*(Fut. Perf. Subj.)*	*(Past Conditional)*
ich werde gebellt haben	werde gebellt haben	würde gebellt haben
du wirst gebellt haben	werdest gebellt haben	würdest gebellt haben
er wird gebellt haben	werde gebellt haben	würde gebellt haben
wir werden gebellt haben	werden gebellt haben	würden gebellt haben
ihr werdet gebellt haben	werdet gebellt haben	würdet gebellt haben
sie werden gebellt haben	werden gebellt haben	würden gebellt haben

PRINC. PARTS: bergen, barg, geborgen, birgt
IMPERATIVE: birg!, bergt!, bergen Sie!

bergen
to save, salvage,
recover, conceal

INDICATIVE	SUBJUNCTIVE	
	PRIMARY	SECONDARY

Present Time

	Present	*(Pres. Subj.)*	*(Imperf. Subj.)*	
ich	berge	berge	bürge	bärge
du	birgst	bergest	bürgest	bärgest
er	birgt	berge	bürge *or*	bärge
wir	bergen	bergen	bürgen	bärgen
ihr	bergt	berget	bürget	bärget
sie	bergen	bergen	bürgen	bärgen

	Imperfect
ich	barg
du	bargst
er	barg
wir	bargen
ihr	bargt
sie	bargen

Past Time

	Perfect	*(Perf. Subj.)*	*(Pluperf. Subj.)*
ich	habe geborgen	habe geborgen	hätte geborgen
du	hast geborgen	habest geborgen	hättest geborgen
er	hat geborgen	habe geborgen	hätte geborgen
wir	haben geborgen	haben geborgen	hätten geborgen
ihr	habt geborgen	habet geborgen	hättet geborgen
sie	haben geborgen	haben geborgen	hätten geborgen

	Pluperfect
ich	hatte geborgen
du	hattest geborgen
er	hatte geborgen
wir	hatten geborgen
ihr	hattet geborgen
sie	hatten geborgen

Future Time

	Future	*(Fut. Subj.)*	*(Pres. Conditional)*
ich	werde bergen	werde bergen	würde bergen
du	wirst bergen	werdest bergen	würdest bergen
er	wird bergen	werde bergen	würde bergen
wir	werden bergen	werden bergen	würden bergen
ihr	werdet bergen	werdet bergen	würdet bergen
sie	werden bergen	werden bergen	würden bergen

Future Perfect Time

	Future Perfect	*(Fut. Perf. Subj.)*	*(Past Conditional)*
ich	werde geborgen haben	werde geborgen haben	würde geborgen haben
du	wirst geborgen haben	werdest geborgen haben	würdest geborgen haben
er	wird geborgen haben	werde geborgen haben	würde geborgen haben
wir	werden geborgen haben	werden geborgen haben	würden geborgen haben
ihr	werdet geborgen haben	werdet geborgen haben	würdet geborgen haben
sie	werden geborgen haben	werden geborgen haben	würden geborgen haben

37

berichten

to report

PRINC. PARTS: berichten, berichtete, berichtet, berichtet
IMPERATIVE: berichte!, berichtet!, berichten Sie!

	INDICATIVE	SUBJUNCTIVE	
		PRIMARY	SECONDARY
			Present Time
	Present	*(Pres. Subj.)*	*(Imperf. Subj.)*
ich	berichte	berichte	berichtete
du	berichtest	berichtest	berichtetest
er	berichtet	berichte	berichtete
wir	berichten	berichten	berichteten
ihr	berichtet	berichtet	berichtetet
sie	berichten	berichten	berichteten
	Imperfect		
ich	berichtete		
du	berichtetest		
er	berichtete		
wir	berichteten		
ihr	berichtetet		
sie	berichteten		
			Past Time
	Perfect	*(Perf. Subj.)*	*(Pluperf. Subj.)*
ich	habe berichtet	habe berichtet	hätte berichtet
du	hast berichtet	habest berichtet	hättest berichtet
er	hat berichtet	habe berichtet	hätte berichtet
wir	haben berichtet	haben berichtet	hätten berichtet
ihr	habt berichtet	habet berichtet	hättet berichtet
sie	haben berichtet	haben berichtet	hätten berichtet
	Pluperfect		
ich	hatte berichtet		
du	hattest berichtet		
er	hatte berichtet		
wir	hatten berichtet		
ihr	hattet berichtet		
sie	hatten berichtet		
			Future Time
	Future	*(Fut. Subj.)*	*(Pres. Conditional)*
ich	werde berichten	werde berichten	würde berichten
du	wirst berichten	werdest berichten	würdest berichten
er	wird berichten	werde berichten	würde berichten
wir	werden berichten	werden berichten	würden berichten
ihr	werdet berichten	werdet berichten	würdet berichten
sie	werden berichten	werden berichten	würden berichten
			Future Perfect Time
	Future Perfect	*(Fut. Perf. Subj.)*	*(Past Conditional)*
ich	werde berichtet haben	werde berichtet haben	würde berichtet haben
du	wirst berichtet haben	werdest berichtet haben	würdest berichtet haben
er	wird berichtet haben	werde berichtet haben	würde berichtet haben
wir	werden berichtet haben	werden berichtet haben	würden berichtet haben
ihr	werdet berichtet haben	werdet berichtet haben	würdet berichtet haben
sie	werden berichtet haben	werden berichtet haben	würden berichtet haben

PRINC. PARTS: bersten,* barst, ist geborsten, birst
IMPERATIVE: birst!, berstet!, bersten Sie!**

INDICATIVE	SUBJUNCTIVE		
	PRIMARY	SECONDARY	
		Present Time	
Present	*(Pres. Subj.)*	*(Imperf. Subj.)*	
ich berste	berste	bärste	börste
du birst	berstest	bärstest	börstest
er birst	berste	bärste *or* börste	
wir bersten	bersten	bärsten	börsten
ihr berstet	berstet	bärstet	börstet
sie bersten	bersten	bärsten	börsten

Imperfect
ich	barst
du	barstest
er	barst
wir	barsten
ihr	barstet
sie	barsten

		Past Time	
Perfect	*(Perf. Subj.)*	*(Pluperf. Subj.)*	
ich bin geborsten	sei geborsten	wäre geborsten	
du bist geborsten	seiest geborsten	wärest geborsten	
er ist geborsten	sei geborsten	wäre geborsten	
wir sind geborsten	seien geborsten	wären geborsten	
ihr seid geborsten	seiet geborsten	wäret geborsten	
sie sind geborsten	seien geborsten	wären geborsten	

Pluperfect
ich	war geborsten
du	warst geborsten
er	war geborsten
wir	waren geborsten
ihr	wart geborsten
sie	waren geborsten

		Future Time	
Future	*(Fut. Subj.)*	*(Pres. Conditional)*	
ich werde bersten	werde bersten	würde bersten	
du wirst bersten	werdest bersten	würdest bersten	
er wird bersten	werde bersten	würde bersten	
wir werden bersten	werden bersten	würden bersten	
ihr werdet bersten	werdet bersten	würdet bersten	
sie werden bersten	werden bersten	würden bersten	

		Future Perfect Time	
Future Perfect	*(Fut. Perf. Subj.)*	*(Past Conditional)*	
ich werde geborsten sein	werde geborsten sein	würde geborsten sein	
du wirst geborsten sein	werdest geborsten sein	würdest geborsten sein	
er wird geborsten sein	werde geborsten sein	würde geborsten sein	
wir werden geborsten sein	werden geborsten sein	würden geborsten sein	
ihr werdet geborsten sein	werdet geborsten sein	würdet geborsten sein	
sie werden geborsten sein	werden geborsten sein	würden geborsten sein	

* Forms other than the third person are infrequently found.
** The imperative is unusual.

beschuldigen

to accuse, charge (with)

PRINC. PARTS: beschuldigen, beschuldigte, beschuldigt, beschuldigt
IMPERATIVE: beschuldige!, beschuldigt!, beschuldigen Sie!

INDICATIVE		SUBJUNCTIVE	
		PRIMARY	SECONDARY
		Present Time	
	Present	(*Pres. Subj.*)	(*Imperf. Subj.*)
ich	beschuldige	beschuldige	beschuldigte
du	beschuldigst	beschuldigest	beschuldigtest
er	beschuldigt	beschuldige	beschuldigte
wir	beschuldigen	beschuldigen	beschuldigten
ihr	beschuldigt	beschuldiget	beschuldigtet
sie	beschuldigen	beschuldigen	beschuldigten
	Imperfect		
ich	beschuldigte		
du	beschuldigtest		
er	beschuldigte		
wir	beschuldigten		
ihr	beschuldigtet		
sie	beschuldigten		
		Past Time	
	Perfect	(*Perf. Subj.*)	(*Pluperf. Subj.*)
ich	habe beschuldigt	habe beschuldigt	hätte beschuldigt
du	hast beschuldigt	habest beschuldigt	hättest beschuldigt
er	hat beschuldigt	habe beschuldigt	hätte beschuldigt
wir	haben beschuldigt	haben beschuldigt	hätten beschuldigt
ihr	habt beschuldigt	habet beschuldigt	hättet beschuldigt
sie	haben beschuldigt	haben beschuldigt	hätten beschuldigt
	Pluperfect		
ich	hatte beschuldigt		
du	hattest beschuldigt		
er	hatte beschuldigt		
wir	hatten beschuldigt		
ihr	hattet beschuldigt		
sie	hatten beschuldigt		
		Future Time	
	Future	(*Fut. Subj.*)	(*Pres. Conditional*)
ich	werde beschuldigen	werde beschuldigen	würde beschuldigen
du	wirst beschuldigen	werdest beschuldigen	würdest beschuldigen
er	wird beschuldigen	werde beschuldigen	würde beschuldigen
wir	werden beschuldigen	werden beschuldigen	würden beschuldigen
ihr	werdet beschuldigen	werdet beschuldigen	würdet beschuldigen
sie	werden beschuldigen	werden beschuldigen	würden beschuldigen
		Future Perfect Time	
	Future Perfect	(*Fut. Perf. Subj.*)	(*Past Conditional*)
ich	werde beschuldigt haben	werde beschuldigt haben	würde beschuldigt haben
du	wirst beschuldigt haben	werdest beschuldigt haben	würdest beschuldigt haben
er	wird beschuldigt haben	werde beschuldigt haben	würde beschuldigt haben
wir	werden beschuldigt haben	werden beschuldigt haben	würden beschuldigt haben
ihr	werdet beschuldigt haben	werdet beschuldigt haben	würdet beschuldigt haben
sie	werden beschuldigt haben	werden beschuldigt haben	würden beschuldigt haben

PRINC. PARTS: beseelen, beseelte, beseelt, beseelt
IMPERATIVE: beseele!, beseelt!, beseelen Sie!

INDICATIVE	SUBJUNCTIVE	
	PRIMARY	SECONDARY

Present Time

	Present	*(Pres. Subj.)*	*(Imperf. Subj.)*
ich	beseele	beseele	beseelte
du	beseelst	beseelest	beseeltest
er	beseelt	beseele	beseelte
wir	beseelen	beseelen	beseelten
ihr	beseelt	beseelet	beseeltet
sie	beseelen	beseelen	beseelten

	Imperfect
ich	beseelte
du	beseeltest
er	beseelte
wir	beseelten
ihr	beseeltet
sie	beseelten

Past Time

	Perfect	*(Perf. Subj.)*	*(Pluperf. Subj.)*
ich	habe beseelt	habe beseelt	hätte beseelt
du	hast beseelt	habest beseelt	hättest beseelt
er	hat beseelt	habe beseelt	hätte beseelt
wir	haben beseelt	haben beseelt	hätten beseelt
ihr	habt beseelt	habet beseelt	hättet beseelt
sie	haben beseelt	haben beseelt	hätten beseelt

	Pluperfect
ich	hatte beseelt
du	hattest beseelt
er	hatte beseelt
wir	hatten beseelt
ihr	hattet beseelt
sie	hatten beseelt

Future Time

	Future	*(Fut. Subj.)*	*(Pres. Conditional)*
ich	werde beseelen	werde beseelen	würde beseelen
du	wirst beseelen	werdest beseelen	würdest beseelen
er	wird beseelen	werde beseelen	würde beseelen
wir	werden beseelen	werden beseelen	würden beseelen
ihr	werdet beseelen	werdet beseelen	würdet beseelen
sie	werden beseelen	werden beseelen	würden beseelen

Future Perfect Time

	Future Perfect	*(Fut. Perf. Subj.)*	*(Past Conditional)*
ich	werde beseelt haben	werde beseelt haben	würde beseelt haben
du	wirst beseelt haben	werdest beseelt haben	würdest beseelt haben
er	wird beseelt haben	werde beseelt haben	würde beseelt haben
wir	werden beseelt haben	werden beseelt haben	würden beseelt haben
ihr	werdet beseelt haben	werdet beseelt haben	würdet beseelt haben
sie	werden beseelt haben	werden beseelt haben	würden beseelt haben

41

besitzen

to possess, own

PRINC. PARTS: besitzen, besaß, besessen, besitzt
IMPERATIVE: besitze!, besitzt!, besitzen Sie!

INDICATIVE	SUBJUNCTIVE	
	PRIMARY	SECONDARY
	Present Time	
Present	*(Pres. Subj.)*	*(Imperf. Subj.)*
ich besitze	besitze	besäße
du besitzt	besitzest	besäßest
er besitzt	besitze	besäße
wir besitzen	besitzen	besäßen
ihr besitzt	besitzet	besäßet
sie besitzen	besitzen	besäßen

Imperfect	
ich besaß	
du besaßest	
er besaß	
wir besaßen	
ihr besaßt	
sie besaßen	

	Past Time	
Perfect	*(Perf. Subj.)*	*(Pluperf. Subj.)*
ich habe besessen	habe besessen	hätte besessen
du hast besessen	habest besessen	hättest besessen
er hat besessen	habe besessen	hätte besessen
wir haben besessen	haben besessen	hätten besessen
ihr habt besessen	habet besessen	hättet besessen
sie haben besessen	haben besessen	hätten besessen

Pluperfect
ich hatte besessen
du hattest besessen
er hatte besessen
wir hatten besessen
ihr hattet besessen
sie hatten besessen

	Future Time	
Future	*(Fut. Subj.)*	*(Pres. Conditional)*
ich werde besitzen	werde besitzen	würde besitzen
du wirst besitzen	werdest besitzen	würdest besitzen
er wird besitzen	werde besitzen	würde besitzen
wir werden besitzen	werden besitzen	würden besitzen
ihr werdet besitzen	werdet besitzen	würdet besitzen
sie werden besitzen	werden besitzen	würden besitzen

	Future Perfect Time	
Future Perfect	*(Fut. Perf. Subj.)*	*(Past Conditional)*
ich werde besessen haben	werde besessen haben	würde besessen haben
du wirst besessen haben	werdest besessen haben	würdest besessen haben
er wird besessen haben	werde besessen haben	würde besessen haben
wir werden besessen haben	werden besessen haben	würden besessen haben
ihr werdet besessen haben	werdet besessen haben	würdet besessen haben
sie werden besessen haben	werden besessen haben	würden besessen haben

PRINC. PARTS: bestellen, bestellte, bestellt,
bestellt
IMPERATIVE: bestelle!, bestellt!, bestellen Sie!

to order (goods); arrange;
deliver

	INDICATIVE	SUBJUNCTIVE	
		PRIMARY	SECONDARY
		Present Time	
	Present	*(Pres. Subj.)*	*(Imperf. Subj.)*
ich	bestelle	bestelle	bestellte
du	bestellst	bestellest	bestelltest
er	bestellt	bestelle	bestellte
wir	bestellen	bestellen	bestellten
ihr	bestellt	bestellet	bestelltet
sie	bestellen	bestellen	bestellten

	Imperfect
ich	bestellte
du	bestelltest
er	bestellte
wir	bestellten
ihr	bestelltet
sie	bestellten

			Past Time	
	Perfect	*(Perf. Subj.)*	*(Pluperf. Subj.)*
ich	habe bestellt	habe bestellt	hätte bestellt
du	hast bestellt	habest bestellt	hättest bestellt
er	hat bestellt	habe bestellt	hätte bestellt
wir	haben bestellt	haben bestellt	hätten bestellt
ihr	habt bestellt	habet bestellt	hättet bestellt
sie	haben bestellt	haben bestellt	hätten bestellt

	Pluperfect
ich	hatte bestellt
du	hattest bestellt
er	hatte bestellt
wir	hatten bestellt
ihr	hattet bestellt
sie	hatten bestellt

			Future Time	
	Future	*(Fut. Subj.)*	*(Pres. Conditional)*
ich	werde bestellen	werde bestellen	würde bestellen
du	wirst bestellen	werdest bestellen	würdest bestellen
er	wird bestellen	werde bestellen	würde bestellen
wir	werden bestellen	werden bestellen	würden bestellen
ihr	werdet bestellen	werdet bestellen	würdet bestellen
sie	werden bestellen	werden bestellen	würden bestellen

			Future Perfect Time	
	Future Perfect	*(Fut. Perf. Subj.)*	*(Past Conditional)*
ich	werde bestellt haben	werde bestellt haben	würde bestellt haben
du	wirst bestellt haben	werdest bestellt haben	würdest bestellt haben
er	wird bestellt haben	werde bestellt haben	würde bestellt haben
wir	werden bestellt haben	werden bestellt haben	würden bestellt haben
ihr	werdet bestellt haben	werdet bestellt haben	würdet bestellt haben
sie	werden bestellt haben	werden bestellt haben	würden bestellt haben

besuchen

to visit, attend

PRINC. PARTS: besuchen, besuchte, besucht, besucht
IMPERATIVE: besuche!, besucht!, besuchen Sie!

INDICATIVE		SUBJUNCTIVE	
		PRIMARY	SECONDARY
		Present Time	
	Present	*(Pres. Subj.)*	*(Imperf. Subj.)*
ich	besuche	besuche	besuchte
du	besuchst	besuchest	besuchtest
er	besucht	besuche	besuchte
wir	besuchen	besuchen	besuchten
ihr	besucht	besuchet	besuchtet
sie	besuchen	besuchen	besuchten
	Imperfect		
ich	besuchte		
du	besuchtest		
er	besuchte		
wir	besuchten		
ihr	besuchtet		
sie	besuchten		
		Past Time	
	Perfect	*(Perf. Subj.)*	*(Pluperf. Subj.)*
ich	habe besucht	habe besucht	hätte besucht
du	hast besucht	habest besucht	hättest besucht
er	hat besucht	habe besucht	hätte besucht
wir	haben besucht	haben besucht	hätten besucht
ihr	habt besucht	habet besucht	hättet besucht
sie	haben besucht	haben besucht	hätten besucht
	Pluperfect		
ich	hatte besucht		
du	hattest besucht		
er	hatte besucht		
wir	hatten besucht		
ihr	hattet besucht		
sie	hatten besucht		
		Future Time	
	Future	*(Fut. Subj.)*	*(Pres. Conditional)*
ich	werde besuchen	werde besuchen	würde besuchen
du	wirst besuchen	werdest besuchen	würdest besuchen
er	wird besuchen	werde besuchen	würde besuchen
wir	werden besuchen	werden besuchen	würden besuchen
ihr	werdet besuchen	werdet besuchen	würdet besuchen
sie	werden besuchen	werden besuchen	würden besuchen
		Future Perfect Time	
	Future Perfect	*(Fut. Perf. Subj.)*	*(Past Conditional)*
ich	werde besucht haben	werde besucht haben	würde besucht haben
du	wirst besucht haben	werdest besucht haben	würdest besucht haben
er	wird besucht haben	werde besucht haben	würde besucht haben
wir	werden besucht haben	werden besucht haben	würden besucht haben
ihr	werdet besucht haben	werdet besucht haben	würdet besucht haben
sie	werden besucht haben	werden besucht haben	würden besucht haben

PRINC. PARTS: beten, betete, gebetet, betet
IMPERATIVE: bete!, betet!, beten Sie!

INDICATIVE	SUBJUNCTIVE	
	PRIMARY	SECONDARY

Present Time

	Present	*(Pres. Subj.)*	*(Imperf. Subj.)*
ich	bete	bete	betete
du	betest	betest	betetest
er	betet	bete	betete
wir	beten	beten	beteten
ihr	betet	betet	betetet
sie	beten	beten	beteten

	Imperfect
ich	betete
du	betetest
er	betete
wir	beteten
ihr	betetet
sie	beteten

Past Time

	Perfect	*(Perf. Subj.)*	*(Pluperf. Subj.)*
ich	habe gebetet	habe gebetet	hätte gebetet
du	hast gebetet	habest gebetet	hättest gebetet
er	hat gebetet	habe gebetet	hätte gebetet
wir	haben gebetet	haben gebetet	hätten gebetet
ihr	habet gebetet	habet gebetet	hättet gebetet
sie	haben gebetet	haben gebetet	hätten gebetet

	Pluperfect
ich	hatte gebetet
du	hattest gebetet
er	hatte gebetet
wir	hatten gebetet
ihr	hattet gebetet
sie	hatten gebetet

Future Time

	Future	*(Fut. Subj.)*	*(Pres. Conditional)*
ich	werde beten	werde beten	würde beten
du	wirst beten	werdest beten	würdest beten
er	wird beten	werde beten	würde beten
wir	werden beten	werden beten	würden beten
ihr	werdet beten	werdet beten	würdet beten
sie	werden beten	werden beten	würden beten

Future Perfect Time

	Future Perfect	*(Fut. Perf. Subj.)*	*(Past Conditional)*
ich	werde gebetet haben	werde gebetet haben	würde gebetet haben
du	wirst gebetet haben	werdest gebetet haben	würdest gebetet haben
er	wird gebetet haben	werde gebetet haben	würde gebetet haben
wir	werden gebetet haben	werden gebetet haben	würden gebetet haben
ihr	werdet gebetet haben	werdet gebetet haben	würdet gebetet haben
sie	werden gebetet haben	werden gebetet haben	würden gebetet haben

betrügen

to deceive, cheat

PRINC. PARTS: betrügen, betrog, betrogen, betrügt
IMPERATIVE: betrüge!, betrügt!, betrügen Sie!

	INDICATIVE	SUBJUNCTIVE	
		PRIMARY	SECONDARY
		Present Time	
	Present	(*Pres. Subj.*)	(*Imperf. Subj.*)
ich	betrüge	betrüge	betröge
du	betrügst	betrügest	betrögest
er	betrügt	betrüge	betröge
wir	betrügen	betrügen	betrögen
ihr	betrügt	betrüget	betröget
sie	betrügen	betrügen	betrögen

	Imperfect
ich	betrog
du	betrogst
er	betrog
wir	betrogen
ihr	betrogt
sie	betrogen

			Past Time	
	Perfect	(*Perf. Subj.*)	(*Pluperf. Subj.*)
ich	habe betrogen	habe betrogen	hätte betrogen
du	hast betrogen	habest betrogen	hättest betrogen
er	hat betrogen	habe betrogen	hätte betrogen
wir	haben betrogen	haben betrogen	hätten betrogen
ihr	habt betrogen	habet betrogen	hättet betrogen
sie	haben betrogen	haben betrogen	hätten betrogen

	Pluperfect
ich	hatte betrogen
du	hattest betrogen
er	hatte betrogen
wir	hatten betrogen
ihr	hattet betrogen
sie	hatten betrogen

			Future Time	
	Future	(*Fut. Subj.*)	(*Pres. Conditional*)
ich	werde betrügen	werde betrügen	würde betrügen
du	wirst betrügen	werdest betrügen	würdest betrügen
er	wird betrügen	werde betrügen	würde betrügen
wir	werden betrügen	werden betrügen	würden betrügen
ihr	werdet betrügen	werdet betrügen	würdet betrügen
sie	werden betrügen	werden betrügen	würden betrügen

			Future Perfect Time	
	Future Perfect	(*Fut. Perf. Subj.*)	(*Past Conditional*)
ich	werde betrogen haben	werde betrogen haben	würde betrogen haben
du	wirst betrogen haben	werdest betrogen haben	würdest betrogen haben
er	wird betrogen haben	werde betrogen haben	würde betrogen haben
wir	werden betrogen haben	werden betrogen haben	würden betrogen haben
ihr	werdet betrogen haben	werdet betrogen haben	würdet betrogen haben
sie	werden betrogen haben	werden betrogen haben	würden betrogen haben

PRINC. PARTS: bewegen, bewegte, bewegt, bewegt
IMPERATIVE: bewege!, bewegt!, bewegen Sie!

to move, agitate, shake

INDICATIVE	SUBJUNCTIVE	
	PRIMARY	SECONDARY

Present Time

	Present	*(Pres. Subj.)*	*(Imperf. Subj.)*
ich	bewege	bewege	bewegte
du	bewegst	bewegest	bewegtest
er	bewegt	bewege	bewegte
wir	bewegen	bewegen	bewegten
ihr	bewegt	beweget	bewegtet
sie	bewegen	bewegen	bewegten

	Imperfect
ich	bewegte
du	bewegtest
er	bewegte
wir	bewegten
ihr	bewegtet
sie	bewegten

Past Time

	Perfect	*(Perf. Subj.)*	*(Pluperf. Subj.)*
ich	habe bewegt	habe bewegt	hätte bewegt
du	hast bewegt	habest bewegt	hättest bewegt
er	hat bewegt	habe bewegt	hätte bewegt
wir	haben bewegt	haben bewegt	hätten bewegt
ihr	habt bewegt	habet bewegt	hättet bewegt
sie	haben bewegt	haben bewegt	hätten bewegt

	Pluperfect
ich	hatte bewegt
du	hattest bewegt
er	hatte bewegt
wir	hatten bewegt
ihr	hattet bewegt
sie	hatten bewegt

Future Time

	Future	*(Fut. Subj.)*	*(Pres. Conditional)*
ich	werde bewegen	werde bewegen	würde bewegen
du	wirst bewegen	werdest bewegen	würdest bewegen
er	wird bewegen	werde bewegen	würde bewegen
wir	werden bewegen	werden bewegen	würden bewegen
ihr	werdet bewegen	werdet bewegen	würdet bewegen
sie	werden bewegen	werden bewegen	würden bewegen

Future Perfect Time

	Future Perfect	*(Fut. Perf. Subj.)*	*(Past Conditional)*
ich	werde bewegt haben	werde bewegt haben	würde bewegt haben
du	wirst bewegt haben	werdest bewegt haben	würdest bewegt haben
er	wird bewegt haben	werde bewegt haben	würde bewegt haben
wir	werden bewegt haben	werden bewegt haben	würden bewegt haben
ihr	werdet bewegt haben	werdet bewegt haben	würdet bewegt haben
sie	werden bewegt haben	werden bewegt haben	würden bewegt haben

bewegen
to induce, persuade,
prevail upon

PRINC. PARTS: bewegen, bewog, bewogen, bewegt
IMPERATIVE: bewege!, bewegt!, bewegen Sie!

	INDICATIVE	SUBJUNCTIVE	
		PRIMARY	SECONDARY
		Present Time	
	Present	*(Pres. Subj.)*	*(Imperf. Subj.)*
ich	bewege	bewege	bewöge
du	bewegst	bewegest	bewögest
er	bewegt	bewege	bewöge
wir	bewegen	bewegen	bewögen
ihr	bewegt	beweget	bewöget
sie	bewegen	bewegen	bewögen

	Imperfect
ich	bewog
du	bewogst
er	bewog
wir	bewogen
ihr	bewogt
sie	bewogen

			Past Time	
	Perfect	*(Perf. Subj.)*	*(Pluperf. Subj.)*
ich	habe bewogen	habe bewogen	hätte bewogen
du	hast bewogen	habest bewogen	hättest bewogen
er	hat bewogen	habe bewogen	hätte bewogen
wir	haben bewogen	haben bewogen	hätten bewogen
ihr	habt bewogen	habet bewogen	hättet bewogen
sie	haben bewogen	haben bewogen	hätten bewogen

	Pluperfect
ich	hatte bewogen
du	hattest bewogen
er	hatte bewogen
wir	hatten bewogen
ihr	hattet bewogen
sie	hatten bewogen

			Future Time	
	Future	*(Fut. Subj.)*	*(Pres. Conditional)*
ich	werde bewegen	werde bewegen	würde bewegen
du	wirst bewegen	werdest bewegen	würdest bewegen
er	wird bewegen	werde bewegen	würde bewegen
wir	werden bewegen	werden bewegen	würden bewegen
ihr	werdet bewegen	werdet bewegen	würdet bewegen
sie	werden bewegen	werden bewegen	würden bewegen

			Future Perfect Time	
	Future Perfect	*(Fut. Perf. Subj.)*	*(Past Conditional)*
ich	werde bewogen haben	werde bewogen haben	würde bewogen haben
du	wirst bewogen haben	werdest bewogen haben	würdest bewogen haben
er	wird bewogen haben	werde bewogen haben	würde bewogen haben
wir	werden bewogen haben	werden bewogen haben	würden bewogen haben
ihr	werdet bewogen haben	werdet bewogen haben	würdet bewogen haben
sie	werden bewogen haben	werden bewogen haben	würden bewogen haben

PRINC. PARTS: bezeichnen, bezeichnete, bezeichnet, bezeichnet

IMPERATIVE: bezeichne!, bezeichnet!, bezeichnen Sie!

to designate,
mark, label

	PRIMARY	SECONDARY

Present Time

	Present	*(Pres. Subj.)*	*(Imperf. Subj.)*
ich	bezeichne	bezeichne	bezeichnete
du	bezeichnest	bezeichnest	bezeichnetest
er	bezeichnet	bezeichne	bezeichnete
wir	bezeichnen	bezeichnen	bezeichneten
ihr	bezeichnet	bezeichnet	bezeichnetet
sie	bezeichnen	bezeichnen	bezeichneten

	Imperfect
ich	bezeichnete
du	bezeichnetest
er	bezeichnete
wir	bezeichneten
ihr	bezeichnetet
sie	bezeichneten

Past Time

	Perfect	*(Perf. Subj.)*	*(Pluperf. Subj.)*
ich	habe bezeichnet	habe bezeichnet	hätte bezeichnet
du	hast bezeichnet	habest bezeichnet	hättest bezeichnet
er	hat bezeichnet	habe bezeichnet	hätte bezeichnet
wir	haben bezeichnet	haben bezeichnet	hätten bezeichnet
ihr	habt bezeichnet	habet bezeichnet	hättet bezeichnet
sie	haben bezeichnet	haben bezeichnet	hätten bezeichnet

	Pluperfect
ich	hatte bezeichnet
du	hattest bezeichnet
er	hatte bezeichnet
wir	hatten bezeichnet
ihr	hattet bezeichnet
sie	hatten bezeichnet

Future Time

	Future	*(Fut. Subj.)*	*(Pres. Conditional)*
ich	werde bezeichnen	werde bezeichnen	würde bezeichnen
du	wirst bezeichnen	werdest bezeichnen	würdest bezeichnen
er	wird bezeichnen	werde bezeichnen	würde bezeichnen
wir	werden bezeichnen	werden bezeichnen	würden bezeichnen
ihr	werdet bezeichnen	werdet bezeichnen	würdet bezeichnen
sie	werden bezeichnen	werden bezeichnen	würden bezeichnen

Future Perfect Time

	Future Perfect	*(Fut. Perf. Subj.)*	*(Past Conditional)*
ich	werde bezeichnet haben	werde bezeichnet haben	würde bezeichnet haben
du	wirst bezeichnet haben	werdest bezeichnet haben	würdest bezeichnet haben
er	wird bezeichnet haben	werde bezeichnet haben	würde bezeichnet haben
wir	werden bezeichnet haben	werden bezeichnet haben	würden bezeichnet haben
ihr	werdet bezeichnet haben	werdet bezeichnet haben	würdet bezeichnet haben
sie	werden bezeichnet haben	werden bezeichnet haben	würden bezeichnet haben

49

biegen

to bend

PRINC. PARTS: biegen, bog, gebogen, biegt
IMPERATIVE: biege!, biegt!, biegen Sie!

INDICATIVE	SUBJUNCTIVE	
	PRIMARY	SECONDARY

		Present Time	
	Present	*(Pres. Subj.)*	*(Imperf. Subj.)*
ich	biege	biege	böge
du	biegst	biegest	bögest
er	biegt	biege	böge
wir	biegen	biegen	bögen
ihr	biegt	bieget	böget
sie	biegen	biegen	bögen

	Imperfect
ich	bog
du	bogst
er	bog
wir	bogen
ihr	bogt
sie	bogen

		Past Time	
	Perfect	*(Perf. Subj.)*	*(Pluperf. Subj.)*
ich	habe gebogen	habe gebogen	hätte gebogen
du	hast gebogen	habest gebogen	hättest gebogen
er	hat gebogen	habe gebogen	hätte gebogen
wir	haben gebogen	haben gebogen	hätten gebogen
ihr	habt gebogen	habet gebogen	hättet gebogen
sie	haben gebogen	haben gebogen	hätten gebogen

	Pluperfect
ich	hatte gebogen
du	hattest gebogen
er	hatte gebogen
wir	hatten gebogen
ihr	hattet gebogen
sie	hatten gebogen

		Future Time	
	Future	*(Fut. Subj.)*	*(Pres. Conditional)*
ich	werde biegen	werde biegen	würde biegen
du	wirst biegen	werdest biegen	würdest biegen
er	wird biegen	werde biegen	würde biegen
wir	werden biegen	werden biegen	würden biegen
ihr	werdet biegen	werdet biegen	würdet biegen
sie	werden biegen	werden biegen	würden biegen

		Future Perfect Time	
	Future Perfect	*(Fut. Perf. Subj.)*	*(Past Conditional)*
ich	werde gebogen haben	werde gebogen haben	würde gebogen haben
du	wirst gebogen haben	werdest gebogen haben	würdest gebogen haben
er	wird gebogen haben	werde gebogen haben	würde gebogen haben
wir	werden gebogen haben	werden gebogen haben	würden gebogen haben
ihr	werdet gebogen haben	werdet gebogen haben	würdet gebogen haben
sie	werden gebogen haben	werden gebogen haben	würden gebogen haben

PRINC. PARTS: bieten, bot, geboten, bietet
IMPERATIVE: biete!, bietet!, bieten Sie!

INDICATIVE		SUBJUNCTIVE	
		PRIMARY	SECONDARY
		Present Time	
	Present	*(Pres. Subj.)*	*(Imperf. Subj.)*
ich	biete	biete	böte
du	bietest	bietest	bötest
er	bietet	biete	bötet
wir	bieten	bieten	böten
ihr	bietet	bietet	bötet
sie	bieten	bieten	böten

	Imperfect
ich	bot
du	botest
er	bot
wir	boten
ihr	botet
sie	boten

			Past Time	
	Perfect	*(Perf. Subj.)*	*(Pluperf. Subj.)*
ich	habe geboten	habe geboten	hätte geboten
du	hast geboten	habest geboten	hättest geboten
er	hat geboten	habe geboten	hätte geboten
wir	haben geboten	haben geboten	hätten geboten
ihr	habt geboten	habet geboten	hättet geboten
sie	haben geboten	haben geboten	hätten geboten

	Pluperfect
ich	hatte geboten
du	hattest geboten
er	hatte geboten
wir	hatten geboten
ihr	hattet geboten
sie	hatten geboten

			Future Time	
	Future	*(Fut. Subj.)*	*(Pres. Conditional)*
ich	werde bieten	werde bieten	würde bieten
du	wirst bieten	werdest bieten	würdest bieten
er	wird bieten	werde bieten	würde bieten
wir	werden bieten	werden bieten	würden bieten
ihr	werdet bieten	werdet bieten	würdet bieten
sie	werden bieten	werden bieten	würden bieten

			Future Perfect Time	
	Future Perfect	*(Fut. Perf. Subj.)*	*(Past Conditional)*
ich	werde geboten haben	werde geboten haben	würde geboten haben
du	wirst geboten haben	werdest geboten haben	würdest geboten haben
er	wird geboten haben	werde geboten haben	würde geboten haben
wir	werden geboten haben	werden geboten haben	würden geboten haben
ihr	werdet geboten haben	werdet geboten haben	würdet geboten haben
sie	werden geboten haben	werden geboten haben	würden geboten haben

binden
to bind, tie

PRINC. PARTS: binden, band, gebunden, bindet
IMPERATIVE: binde!, bindet!, binden Sie!

INDICATIVE	SUBJUNCTIVE	
	PRIMARY	SECONDARY

Present Time

	Present	*(Pres. Subj.)*	*(Imperf. Subj.)*
ich	binde	binde	bände
du	bindest	bindest	bändest
er	bindet	binde	bände
wir	binden	binden	bänden
ihr	bindet	bindet	bändet
sie	binden	binden	bänden

	Imperfect
ich	band
du	bandest
er	band
wir	banden
ihr	bandet
sie	banden

Past Time

	Perfect	*(Perf. Subj.)*	*(Pluperf. Subj.)*
ich	habe gebunden	habe gebunden	hätte gebunden
du	hast gebunden	habest gebunden	hättest gebunden
er	hat gebunden	habe gebunden	hätte gebunden
wir	haben gebunden	haben gebunden	hätten gebunden
ihr	habt gebunden	habet gebunden	hättet gebunden
sie	haben gebunden	haben gebunden	hätten gebunden

	Pluperfect
ich	hatte gebunden
du	hattest gebunden
er	hatte gebunden
wir	hatten gebunden
ihr	hattet gebunden
sie	hatten gebunden

Future Time

	Future	*(Fut. Subj.)*	*(Pres. Conditional)*
ich	werde binden	werde binden	würde binden
du	wirst binden	werdest binden	würdest binden
er	wird binden	werde binden	würde binden
wir	werden binden	werden binden	würden binden
ihr	werdet binden	werdet binden	würdet binden
sie	werden binden	werden binden	würden binden

Future Perfect Time

	Future Perfect	*(Fut. Perf. Subj.)*	*(Past Conditional)*
ich	werde gebunden haben	werde gebunden haben	würde gebunden haben
du	wirst gebunden haben	werdest gebunden haben	würdest gebunden haben
er	wird gebunden haben	werde gebunden haben	würde gebunden haben
wir	werden gebunden haben	werden gebunden haben	würden gebunden haben
ihr	werdet gebunden haben	werdet gebunden haben	würdet gebunden haben
sie	werden gebunden haben	werden gebunden haben	würden gebunden haben

PRINC. PARTS: bitten, bat, gebeten, bittet
IMPERATIVE: bitte!, bittet!, bitten Sie!   *to ask (for), request, beg, intercede*

	INDICATIVE	PRIMARY	SUBJUNCTIVE	SECONDARY

	Present	(Pres. Subj.)	Present Time	(Imperf. Subj.)
ich	bitte	bitte		bäte
du	bittest	bittest		bätest
er	bittet	bitte		bäte
wir	bitten	bitten		bäten
ihr	bittet	bittet		bätet
sie	bitten	bitten		bäten

	Imperfect
ich	bat
du	batest
er	bat
wir	baten
ihr	batet
sie	baten

	Perfect	(Perf. Subj.)	Past Time	(Pluperf. Subj.)
ich	habe gebeten	habe gebeten		hätte gebeten
du	hast gebeten	habest gebeten		hättest gebeten
er	hat gebeten	habe gebeten		hätte gebeten
wir	haben gebeten	haben gebeten		hätten gebeten
ihr	habt gebeten	habet gebeten		hättet gebeten
sie	haben gebeten	haben gebeten		hätten gebeten

	Pluperfect
ich	hatte gebeten
du	hattest gebeten
er	hatte gebeten
wir	hatten gebeten
ihr	hattet gebeten
sie	hatten gebeten

	Future	(Fut. Subj.)	Future Time	(Pres. Conditional)
ich	werde bitten	werde bitten		würde bitten
du	wirst bitten	werdest bitten		würdest bitten
er	wird bitten	werde bitten		würde bitten
wir	werden bitten	werden bitten		würden bitten
ihr	werdet bitten	werdet bitten		würdet bitten
sie	werden bitten	werden bitten		würden bitten

	Future Perfect	(Fut. Perf. Subj.)	Future Perfect Time	(Past Conditional)
ich	werde gebeten haben	werde gebeten haben		würde gebeten haben
du	wirst gebeten haben	werdest gebeten haben		würdest gebeten haben
er	wird gebeten haben	werde gebeten haben		würde gebeten haben
wir	werden gebeten haben	werden gebeten haben		würden gebeten haben
ihr	werdet gebeten haben	werdet gebeten haben		würdet gebeten haben
sie	werden gebeten haben	werden gebeten haben		würden gebeten haben

53

blasen

to blow, *to play a wind or*
brass instrument

PRINC. PARTS: blasen, blies, geblasen, bläst
IMPERATIVE: blase!, blast!, blasen Sie!

	INDICATIVE		SUBJUNCTIVE	
			PRIMARY	SECONDARY
	Present		*Present Time*	
			(Pres. Subj.)	*(Imperf. Subj.)*
ich	blase		blase	bliese
du	bläst		blasest	bliesest
er	bläst		blase	bliese
wir	blasen		blasen	bliesen
ihr	blast		blaset	blieset
sie	blasen		blasen	bliesen
	Imperfect			
ich	blies			
du	bliesest			
er	blies			
wir	bliesen			
ihr	bliest			
sie	bliesen			
	Perfect		*Past Time*	
			(Perf. Subj.)	*(Pluperf. Subj.)*
ich	habe geblasen		habe geblasen	hätte geblasen
du	hast geblasen		habest geblasen	hättest geblasen
er	hat geblasen		habe geblasen	hätte geblasen
wir	haben geblasen		haben geblasen	hätten geblasen
ihr	habt geblasen		habet geblasen	hättet geblasen
sie	haben geblasen		haben geblasen	hätten geblasen
	Pluperfect			
ich	hatte geblasen			
du	hattest geblasen			
er	hatte geblasen			
wir	hatten geblasen			
ihr	hattet geblasen			
sie	hatten geblasen			
	Future		*Future Time*	
			(Fut. Subj.)	*(Pres. Conditional)*
ich	werde blasen		werde blasen	würde blasen
du	wirst blasen		werdest blasen	würdest blasen
er	wird blasen		werde blasen	würde blasen
wir	werden blasen		werden blasen	würden blasen
ihr	werdet blasen		werdet blasen	würdet blasen
sie	werden blasen		werden blasen	würden blasen
	Future Perfect		*Future Perfect Time*	
			(Fut. Perf. Subj.)	*(Past Conditional)*
ich	werde geblasen haben		werde geblasen haben	würde geblasen haben
du	wirst geblasen haben		werdest geblasen haben	würdest geblasen haben
er	wird geblasen haben		werde geblasen haben	würde geblasen haben
wir	werden geblasen haben		werden geblasen haben	würden geblasen haben
ihr	werdet geblasen haben		werdet geblasen haben	würdet geblasen haben
sie	werden geblasen haben		werden geblasen haben	würden geblasen haben

54

PRINC. PARTS: bleiben, blieb, ist geblieben, bleibt
IMPERATIVE: bleibe!, bleibt!, bleiben Sie!

	INDICATIVE	SUBJUNCTIVE	
		PRIMARY	SECONDARY
		Present Time	
	Present	(*Pres. Subj.*)	(*Imperf. Subj.*)
ich	bleibe	bleibe	bliebe
du	bleibst	bleibest	bliebest
er	bleibt	bleibe	bliebe
wir	bleiben	bleiben	blieben
ihr	bleibt	bleibet	bliebet
sie	bleiben	bleiben	blieben

	Imperfect
ich	blieb
du	bliebst
er	blieb
wir	blieben
ihr	bliebt
sie	blieben

			Past Time	
	Perfect	(*Perf. Subj.*)	(*Pluperf. Subj.*)
ich	bin geblieben	sei geblieben	wäre geblieben
du	bist geblieben	seiest geblieben	wärest geblieben
er	ist geblieben	sei geblieben	wäre geblieben
wir	sind geblieben	seien geblieben	wären geblieben
ihr	seid geblieben	seiet geblieben	wäret geblieben
sie	sind geblieben	seien geblieben	wären geblieben

	Pluperfect
ich	war geblieben
du	warst geblieben
er	war geblieben
wir	waren geblieben
ihr	wart geblieben
sie	waren geblieben

			Future Time	
	Future	(*Fut. Subj.*)	(*Pres. Conditional*)
ich	werde bleiben	werde bleiben	würde bleiben
du	wirst bleiben	werdest bleiben	würdest bleiben
er	wird bleiben	werde bleiben	würde bleiben
wir	werden bleiben	werden bleiben	würden bleiben
ihr	werdet bleiben	werdet bleiben	würdet bleiben
sie	werden bleiben	werden bleiben	würden bleiben

			Future Perfect Time	
	Future Perfect	(*Fut. Perf. Subj.*)	(*Past Conditional*)
ich	werde geblieben sein	werde geblieben sein	würde geblieben sein
du	wirst geblieben sein	werdest geblieben sein	würdest geblieben sein
er	wird geblieben sein	werde geblieben sein	würde geblieben sein
wir	werden geblieben sein	werden geblieben sein	würden geblieben sein
ihr	werdet geblieben sein	werdet geblieben sein	würdet geblieben sein
sie	werden geblieben sein	werden geblieben sein	würden geblieben sein

blicken

to look, glance

PRINC. PARTS: blicken, blickte, geblickt, blickt
IMPERATIVE: blicke!, blickt!, blicken Sie!

	INDICATIVE	SUBJUNCTIVE	
		PRIMARY	SECONDARY
		Present Time	
	Present	*(Pres. Subj.)*	*(Imperf. Subj.)*
ich	blicke	blicke	blickte
du	blickst	blickest	blicktest
er	blickt	blicke	blickte
wir	blicken	blicken	blickten
ihr	blickt	blicket	blicktet
sie	blicken	blicken	blickten

	Imperfect
ich	blickte
du	blicktest
er	blickte
wir	blickten
ihr	blicktet
sie	blickten

			Past Time	
	Perfect	*(Perf. Subj.)*	*(Pluperf. Subj.)*
ich	habe geblickt	habe geblickt	hätte geblickt
du	hast geblickt	habest geblickt	hättest geblickt
er	hat geblickt	habe geblickt	hätte geblickt
wir	haben geblickt	haben geblickt	hätten geblickt
ihr	habt geblickt	habet geblickt	hättet geblickt
sie	haben geblickt	haben geblickt	hätten geblickt

	Pluperfect
ich	hatte geblickt
du	hattest geblickt
er	hatte geblickt
wir	hatten geblickt
ihr	hattet geblickt
sie	hatten geblickt

			Future Time	
	Future	*(Fut. Subj.)*	*(Pres. Conditional)*
ich	werde blicken	werde blicken	würde blicken
du	wirst blicken	werdest blicken	würdest blicken
er	wird blicken	werde blicken	würde blicken
wir	werden blicken	werden blicken	würden blicken
ihr	werdet blicken	werdet blicken	würdet blicken
sie	werden blicken	werden blicken	würden blicken

			Future Perfect Time	
	Future Perfect	*(Fut. Perf. Subj.)*	*(Past Conditional)*
ich	werde geblickt haben	werde geblickt haben	würde geblickt haben
du	wirst geblickt haben	werdest geblickt haben	würdest geblickt haben
er	wird geblickt haben	werde geblickt haben	würde geblickt haben
wir	werden geblickt haben	werden geblickt haben	würden geblickt haben
ihr	werdet geblickt haben	werdet geblickt haben	würdet geblickt haben
sie	werden geblickt haben	werden geblickt haben	würden geblickt haben

blitzen

PRINC. PARTS: blitzen*, blitzte, geblitzt, blitzt
IMPERATIVE: blitze!, blitzt!, blitzen Sie!

	INDICATIVE	SUBJUNCTIVE	
		PRIMARY	SECONDARY
		Present Time	
	Present	*(Pres. Subj.)*	*(Imperf. Subj.)*
ich	blitze	blitze	blitzte
du	blitzt	blitzest	blitztest
er	blitzt	blitze	blitzte
wir	blitzen	blitzen	blitzten
ihr	blitzt	blitzet	blitztet
sie	blitzen	blitzen	blitzten

	Imperfect
ich	blitzte
du	blitztest
er	blitzte
wir	blitzten
ihr	blitztet
sie	blitzten

			Past Time	
	Perfect		*(Perf. Subj.)*	*(Pluperf. Subj.)*
ich	habe geblitzt		habe geblitzt	hätte geblitzt
du	hast geblitzt		habest geblitzt	hättest geblitzt
er	hat geblitzt		habe geblitzt	hätte geblitzt
wir	haben geblitzt		haben geblitzt	hätten geblitzt
ihr	habt geblitzt		habet geblitzt	hättet geblitzt
sie	haben geblitzt		haben geblitzt	hätten geblitzt

	Pluperfect
ich	hatte geblitzt
du	hattest geblitzt
er	hatte geblitzt
wir	hatten geblitzt
ihr	hattet geblitzt
sie	hatten geblitzt

			Future Time	
	Future		*(Fut. Subj.)*	*(Pres. Conditional)*
ich	werde blitzen		werde blitzen	würde blitzen
du	wirst blitzen		werdest blitzen	würdest blitzen
er	wird blitzen		werde blitzen	würde blitzen
wir	werden blitzen		werden blitzen	würden blitzen
ihr	werdet blitzen		werdet blitzen	würdet blitzen
sie	werden blitzen		werden blitzen	würden blitzen

			Future Perfect Time	
	Future Perfect		*(Fut. Perf. Subj.)*	*(Past Conditional)*
ich	werde geblitzt haben		werde geblitzt haben	würde geblitzt haben
du	wirst geblitzt haben		werdest geblitzt haben	würdest geblitzt haben
er	wird geblitzt haben		werde geblitzt haben	würde geblitzt haben
wir	werden geblitzt haben		werden geblitzt haben	würden geblitzt haben
ihr	werdet geblitzt haben		werdet geblitzt haben	würdet geblitzt haben
sie	werden geblitzt haben		werden geblitzt haben	würden geblitzt haben

* Third person forms are most frequently found. **EXAMPLE:** *Es blitzt.* There is lightning.

blühen

to bloom, flower, flourish

PRINC. PARTS: blühen, blühte, geblüht, blüht
IMPERATIVE: blühe!, blüht!, blühen Sie!

INDICATIVE	SUBJUNCTIVE	
	PRIMARY	SECONDARY

Present Time

	Present	(Pres. Subj.)	(Imperf. Subj.)
ich	blühe	blühe	blühte
du	blühst	blühest	blühtest
er	blüht	blühe	blühte
wir	blühen	blühen	blühten
ihr	blüht	blühet	blühtet
sie	blühen	blühen	blühten

	Imperfect
ich	blühte
du	blühtest
er	blühte
wir	blühten
ihr	blühtet
sie	blühten

Past Time

	Perfect	(Perf. Subj.)	(Pluperf. Subj.)
ich	habe geblüht	habe geblüht	hätte geblüht
du	hast geblüht	habest geblüht	hättest geblüht
er	hat geblüht	habe geblüht	hätte geblüht
wir	haben geblüht	haben geblüht	hätten geblüht
ihr	habt geblüht	habet geblüht	hättet geblüht
sie	haben geblüht	haben geblüht	hätten geblüht

	Pluperfect
ich	hatte geblüht
du	hattest geblüht
er	hatte geblüht
wir	hatten geblüht
ihr	hattet geblüht
sie	hatten geblüht

Future Time

	Future	(Fut. Subj.)	(Pres. Conditional)
ich	werde blühen	werde blühen	würde blühen
du	wirst blühen	werdest blühen	würdest blühen
er	wird blühen	werde blühen	würde blühen
wir	werden blühen	werden blühen	würden blühen
ihr	werdet blühen	werdet blühen	würdet blühen
sie	werden blühen	werden blühen	würden blühen

Future Perfect Time

	Future Perfect	(Fut. Perf. Subj.)	(Past Conditional)
ich	werde geblüht haben	werde geblüht haben	würde geblüht haben
du	wirst geblüht haben	werdest geblüht haben	würdest geblüht haben
er	wird geblüht haben	werde geblüht haben	würde geblüht haben
wir	werden geblüht haben	werden geblüht haben	würden geblüht haben
ihr	werdet geblüht haben	werdet geblüht haben	würdet geblüht haben
sie	werden geblüht haben	werden geblüht haben	würden geblüht haben

PRINC. PARTS: bluten, blutete, geblutet, blutet
IMPERATIVE: blute!, blutet!, bluten Sie!

to bleed

INDICATIVE	SUBJUNCTIVE	
	PRIMARY	SECONDARY
	Present Time	
Present	*(Pres. Subj.)*	*(Imperf. Subj.)*
ich blute	blute	blutete
du blutest	blutest	blutetest
er blutet	blute	blutete
wir bluten	bluten	bluteten
ihr blutet	blutet	blutetet
sie bluten	bluten	bluteten

Imperfect

ich	blutete
du	blutetest
er	blutete
wir	bluteten
ihr	blutetet
sie	bluteten

Past Time

Perfect	*(Perf. Subj.)*	*(Pluperf. Subj.)*
ich habe geblutet	habe geblutet	hätte geblutet
du hast geblutet	habest geblutet	hättest geblutet
er hat geblutet	habe geblutet	hätte geblutet
wir haben geblutet	haben geblutet	hätten geblutet
ihr habt geblutet	habet geblutet	hättet geblutet
sie haben geblutet	haben geblutet	hätten geblutet

Pluperfect

ich	hatte geblutet
du	hattest geblutet
er	hatte geblutet
wir	hatten geblutet
ihr	hattet geblutet
sie	hatten geblutet

Future Time

Future	*(Fut. Subj.)*	*(Pres. Conditional)*
ich werde bluten	werde bluten	würde bluten
du wirst bluten	werdest bluten	würdest bluten
er wird bluten	werde bluten	würde bluten
wir werden bluten	werden bluten	würden bluten
ihr werdet bluten	werdet bluten	würdet bluten
sie werden bluten	werden bluten	würden bluten

Future Perfect Time

Future Perfect	*(Fut. Perf. Subj.)*	*(Past Conditional)*
ich werde geblutet haben	werde geblutet haben	würde geblutet haben
du wirst geblutet haben	werdest geblutet haben	würdest geblutet haben
er wird geblutet haben	werde geblutet haben	würde geblutet haben
wir werden geblutet haben	werden geblutet haben	würden geblutet haben
ihr werdet geblutet haben	werdet geblutet haben	würdet geblutet hapen
sie werden geblutet haben	werden geblutet haben	würden geblutet haben

braten

to roast

PRINC. PARTS: braten, briet, gebraten, brät
IMPERATIVE: brate!, bratet!, braten Sie!

	INDICATIVE	SUBJUNCTIVE	
		PRIMARY	SECONDARY

Present Time

	Present	*(Pres. Subj.)*	*(Imperf. Subj.)*
ich	brate	brate	briete
du	brätst	bratest	brietest
er	brät	brate	briete
wir	braten	braten	brieten
ihr	bratet	bratet	brietet
sie	braten	braten	brieten

	Imperfect
ich	briet
du	brietst
er	briet
wir	brieten
ihr	brietet
sie	brieten

Past Time

	Perfect	*(Perf. Subj.)*	*(Pluperf. Subj.)*
ich	habe gebraten	habe gebraten	hätte gebraten
du	hast gebraten	habest gebraten	hättest gebraten
er	hat gebraten	habe gebraten	hätte gebraten
wir	haben gebraten	haben gebraten	hätten gebraten
ihr	habt gebraten	habet gebraten	hättet gebraten
sie	haben gebraten	haben gebraten	hätten gebraten

	Pluperfect
ich	hatte gebraten
du	hattest gebraten
er	hatte gebraten
wir	hatten gebraten
ihr	hattet gebraten
sie	hatten gebraten

Future Time

	Future	*(Fut. Subj.)*	*(Pres. Conditional)*
ich	werde braten	werde braten	würde braten
du	wirst braten	werdest braten	würdest braten
er	wird braten	werde braten	würde braten
wir	werden braten	werden braten	würden braten
ihr	werdet braten	werdet braten	würdet braten
sie	werden braten	werden braten	würden braten

Future Perfect Time

	Future Perfect	*(Fut. Perf. Subj.)*	*(Past Conditional)*
ich	werde gebraten haben	werde gebraten haben	würde gebraten haben
du	wirst gebraten haben	werdest gebraten haben	würdest gebraten haben
er	wird gebraten haben	werde gebraten haben	würde gebraten haben
wir	werden gebraten haben	werden gebraten haben	würden gebraten haben
ihr	werdet gebraten haben	werdet gebraten haben	würdet gebraten haben
sie	werden gebraten haben	werden gebraten haben	würden gebraten haben

PRINC. PARTS: brauchen, brauchte, gebraucht, braucht
IMPERATIVE: brauche!, braucht!, brauchen Sie!

INDICATIVE	SUBJUNCTIVE	
	PRIMARY	SECONDARY

Present Time

	Present	*(Pres. Subj.)*	*(Imperf. Subj.)*
ich	brauche	brauche	brauchte
du	brauchst	brauchest	brauchtest
er	braucht	brauche	brauchte
wir	brauchen	brauchen	brauchten
ihr	braucht	brauchet	brauchtet
sie	brauchen	brauchen	brauchten

	Imperfect
ich	brauchte
du	brauchtest
er	brauchte
wir	brauchten
ihr	brauchtet
sie	brauchten

Past Time

	Perfect	*(Perf. Subj.)*	*(Pluperf. Subj.)*
ich	habe gebraucht	habe gebraucht	hätte gebraucht
du	hast gebraucht	habest gebraucht	hättest gebraucht
er	hat gebraucht	habe gebraucht	hätte gebraucht
wir	haben gebraucht	haben gebraucht	hätten gebraucht
ihr	habt gebraucht	habet gebraucht	hättet gebraucht
sie	haben gebraucht	haben gebraucht	hätten gebraucht

	Pluperfect
ich	hatte gebraucht
du	hattest gebraucht
er	hatte gebraucht
wir	hatten gebraucht
ihr	hattet gebraucht
sie	hatten gebraucht

Future Time

	Future	*(Fut. Subj.)*	*(Pres. Conditional)*
ich	werde brauchen	werde brauchen	würde brauchen
du	wirst brauchen	werdest brauchen	würdest brauchen
er	wird brauchen	werde brauchen	würde brauchen
wir	werden brauchen	werden brauchen	würden brauchen
ihr	werdet brauchen	werdet brauchen	würdet brauchen
sie	werden brauchen	werden brauchen	würden brauchen

Future Perfect Time

	Future Perfect	*(Fut. Perf. Subj.)*	*(Past Conditional)*
ich	werde gebraucht haben	werde gebraucht haben	würde gebraucht haben
du	wirst gebraucht haben	werdest gebraucht haben	würdest gebraucht haben
er	wird gebraucht haben	werde gebraucht haben	würde gebraucht haben
wir	werden gebraucht haben	werden gebraucht haben	würden gebraucht haben
ihr	werdet gebraucht haben	werdet gebraucht haben	würdet gebraucht haben
sie	werden gebraucht haben	werden gebraucht haben	würden gebraucht haben

61

brauen

to brew

PRINC. PARTS: brauen, braute, gebraut, braut
IMPERATIVE: braue!, braut!, brauen Sie!

	INDICATIVE	SUBJUNCTIVE	
		PRIMARY	SECONDARY
		Present Time	
	Present	(*Pres. Subj.*)	(*Imperf. Subj.*)
ich	braue	braue	braute
du	braust	brauest	brautest
er	braut	braue	braute
wir	brauen	brauen	brauten
ihr	braut	brauet	brautet
sie	brauen	brauen	brauten

	Imperfect
ich	braute
du	brautest
er	braute
wir	brauten
ihr	brautet
sie	brauten

			Past Time	
	Perfect	(*Perf. Subj.*)	(*Pluperf. Subj.*)
ich	habe gebraut	habe gebraut	hätte gebraut
du	hast gebraut	habest gebraut	hättest gebraut
er	hat gebraut	habe gebraut	hätte gebraut
wir	haben gebraut	haben gebraut	hätten gebraut
ihr	habt gebraut	habet gebraut	hättet gebraut
sie	haben gebraut	haben gebraut	hätten gebraut

	Pluperfect
ich	hatte gebraut
du	hattest gebraut
er	hatte gebraut
wir	hatten gebraut
ihr	hattet gebraut
sie	hatten gebraut

			Future Time	
	Future	(*Fut. Subj.*)	(*Pres. Conditional*)
ich	werde brauen	werde brauen	würde brauen
du	wirst brauen	werdest brauen	würdest brauen
er	wird brauen	werde brauen	würde brauen
wir	werden brauen	werden brauen	würden brauen
ihr	werdet brauen	werdet brauen	würdet brauen
sie	werden brauen	werden brauen	würden brauen

			Future Perfect Time	
	Future Perfect	(*Fut. Perf. Subj.*)	(*Past Conditional*)
ich	werde gebraut haben	werde gebraut haben	würde gebraut haben
du	wirst gebraut haben	werdest gebraut haben	würdest gebraut haben
er	wird gebraut haben	werde gebraut haben	würde gebraut haben
wir	werden gebraut haben	werden gebraut haben	würden gebraut haben
ihr	werdet gebraut haben	werdet gebraut haben	würdet gebraut haben
sie	werden gebraut haben	werden gebraut haben	würden gebraut haben

brausen

PRINC. PARTS: brausen, brauste, gebraust, braust
IMPERATIVE: brause!, braust!, brausen Sie!

to storm, roar;
take a shower

INDICATIVE	SUBJUNCTIVE	
	PRIMARY	SECONDARY
	Present Time	
Present	*(Pres. Subj.)*	*(Imperf. Subj.)*
ich brause	brause	brauste
du braust	brausest	braustest
er braust	brause	brauste
wir brausen	brausen	brausten
ihr braust	brauset	braustet
sie brausen	brausen	brausten

Imperfect	
ich brauste	
du braustest	
er brauste	
wir brausten	
ihr braustet	
sie brausten	

	Past Time	
Perfect	*(Perf. Subj.)*	*(Pluperf. Subj.)*
ich habe gebraust	habe gebraust	hätte gebraust
du hast gebraust	habest gebraust	hättest gebraust
er hat gebraust	habe gebraust	hätte gebraust
wir haben gebraust	haben gebraust	hätten gebraust
ihr habt gebraust	habet gebraust	hättet gebraust
sie haben gebraust	haben gebraust	hätten gebraust

Pluperfect
ich hatte gebraust
du hattest gebraust
er hatte gebraust
wir hatten gebraust
ihr hattet gebraust
sie hatten gebraust

	Future Time	
Future	*(Fut. Subj.)*	*(Pres. Conditional)*
ich werde brausen	werde brausen	würde brausen
du wirst brausen	werdest brausen	würdest brausen
er wird brausen	werde brausen	würde brausen
wir werden brausen	werden brausen	würden brausen
ihr werdet brausen	werdet brausen	würdet brausen
sie werden brausen	werden brausen	würden brausen

	Future Perfect Time	
Future Perfect	*(Fut. Perf. Subj.)*	*(Past Conditional)*
ich werde gebraust haben	werde gebraust haben	würde gebraust haben
du wirst gebraust haben	werdest gebraust haben	würdest gebraust haben
er wird gebraust haben	werde gebraust haben	würde gebraust haben
wir werden gebraust haben	werden gebraust haben	würden gebraust haben
ihr werdet gebraust haben	werdet gebraust haben	würdet gebraust haben
sie werden gebraust haben	werden gebraust haben	würden gebraust haben

brechen
to break

PRINC. PARTS: brechen, brach, gebrochen, bricht
IMPERATIVE: brich!, brecht!, brechen Sie!

	INDICATIVE	SUBJUNCTIVE	
		PRIMARY	SECONDARY

	Present	Present Time (*Pres. Subj.*)	(*Imperf. Subj.*)
ich	breche	breche	bräche
du	brichst	brechest	brächest
er	bricht	breche	bräche
wir	brechen	brechen	brächen
ihr	brecht	brechet	brächet
sie	brechen	brechen	brächen

	Imperfect		
ich	brach		
du	brachst		
er	brach		
wir	brachen		
ihr	bracht		
sie	brachen		

	Perfect	Past Time (*Perf. Subj.*)	(*Pluperf. Subj.*)
ich	habe gebrochen	habe gebrochen	hätte gebrochen
du	hast gebrochen	habest gebrochen	hättest gebrochen
er	hat gebrochen	habe gebrochen	hätte gebrochen
wir	haben gebrochen	haben gebrochen	hätten gebrochen
ihr	habt gebrochen	habet gebrochen	hättet gebrochen
sie	haben gebrochen	haben gebrochen	hätten gebrochen

	Pluperfect		
ich	hatte gebrochen		
du	hattest gebrochen		
er	hatte gebrochen		
wir	hatten gebrochen		
ihr	hattet gebrochen		
sie	hatten gebrochen		

	Future	Future Time (*Fut. Subj.*)	(*Pres. Conditional*)
ich	werde brechen	werde brechen	würde brechen
du	wirst brechen	werdest brechen	würdest brechen
er	wird brechen	werde brechen	würde brechen
wir	werden brechen	werden brechen	würden brechen
ihr	werdet brechen	werdet brechen	würdet brechen
sie	werden brechen	werden brechen	würden brechen

	Future Perfect	Future Perfect Time (*Fut. Perf. Subj.*)	(*Past Conditional*)
ich	werde gebrochen haben	werde gebrochen haben	würde gebrochen haben
du	wirst gebrochen haben	werdest gebrochen haben	würdest gebrochen haben
er	wird gebrochen haben	werde gebrochen haben	würde gebrochen haben
wir	werden gebrochen haben	werden gebrochen haben	würden gebrochen haben
ihr	werdet gebrochen haben	werdet gebrochen haben	würdet gebrochen haben
sie	werden gebrochen haben	werden gebrochen haben	würden gebrochen haben

PRINC. PARTS: brennen, brannte, gebrannt, brennt
IMPERATIVE: brenne!, brennt!, brennen Sie!

INDICATIVE	SUBJUNCTIVE	
	PRIMARY	SECONDARY
	Present Time	
Present	*(Pres. Subj.)*	*(Imperf. Subj.)*
ich brenne	brenne	brennte
du brennst	brennest	brenntest
er brennt	brenne	brennte
wir brennen	brennen	brennten
ihr brennt	brennet	brenntet
sie brennen	brennen	brennten

Imperfect
ich brannte
du branntest
er brannte
wir brannten
ihr branntet
sie brannten

		Past Time	
Perfect	*(Perf. Subj.)*	*(Pluperf. Subj.)*
ich habe gebrannt	habe gebrannt	hätte gebrannt
du hast gebrannt	habest gebrannt	hättest gebrannt
er hat gebrannt	habe gebrannt	hätte gebrannt
wir haben gebrannt	haben gebrannt	hätten gebrannt
ihr habt gebrannt	habet gebrannt	hättet gebrannt
sie haben gebrannt	haben gebrannt	hätten gebrannt

Pluperfect
ich hatte gebrannt
du hattest gebrannt
er hatte gebrannt
wir hatten gebrannt
ihr hattet gebrannt
sie hatten gebrannt

		Future Time	
Future	*(Fut. Subj.)*	*(Pres. Conditional)*
ich werde brennen	werde brennen	würde brennen
du wirst brennen	werdest brennen	würdest brennen
er wird brennen	werde brennen	würde brennen
wir werden brennen	werden brennen	würden brennen
ihr werdet brennen	werdet brennen	würdet brennen
sie werden brennen	werden brennen	würden brennen

		Future Perfect Time	
Future Perfect	*(Fut. Perf. Subj.)*	*(Past Conditional)*
ich werde gebrannt haben	werde gebrannt haben	würde gebrannt haben
du wirst gebrannt haben	werdest gebrannt haben	würdest gebrannt haben
er wird gebrannt haben	werde gebrannt haben	würde gebrannt haben
wir werden gebrannt haben	werden gebrannt haben	würden gebrannt haben
ihr werdet gebrannt haben	werdet gebrannt haben	würdet gebrannt haben
sie werden gebrannt haben	werden gebrannt haben	würden gebrannt haben

bringen

to bring, convey

PRINC. PARTS: bringen, brachte, gebracht, bringt
IMPERATIVE: bringe!, bringt!, bringen Sie!

INDICATIVE	SUBJUNCTIVE	
	PRIMARY	SECONDARY
	Present Time	
Present	*(Pres. Subj.)*	*(Imperf. Subj.)*
ich bringe	bringe	brächte
du bringst	bringest	brächtest
er bringt	bringe	brächte
wir bringen	bringen	brächten
ihr bringt	bringet	brächtet
sie bringen	bringen	brächten

Imperfect
ich brachte
du brachtest
er brachte
wir brachten
ihr brachtet
sie brachten

	Past Time	
Perfect	*(Perf. Subj.)*	*(Pluperf. Subj.)*
ich habe gebracht	habe gebracht	hätte gebracht
du hast gebracht	habest gebracht	hättest gebracht
er hat gebracht	habe gebracht	hätte gebracht
wir haben gebracht	haben gebracht	hätten gebracht
ihr habt gebracht	habet gebracht	hättet gebracht
sie haben gebracht	haben gebracht	hätten gebracht

Pluperfect
ich hatte gebracht
du hattest gebracht
er hatte gebracht
wir hatten gebracht
ihr hattet gebracht
sie hatten gebracht

	Future Time	
Future	*(Fut. Subj.)*	*(Pres. Conditional)*
ich werde bringen	werde bringen	würde bringen
du wirst bringen	werdest bringen	würdest bringen
er wird bringen	werde bringen	würde bringen
wir werden bringen	werden bringen	würden bringen
ihr werdet bringen	werdet bringen	würdet bringen
sie werden bringen	werden bringen	würden bringen

	Future Perfect Time	
Future Perfect	*(Fut. Perf. Subj.)*	*(Past Conditional)*
ich werde gebracht haben	werde gebracht haben	würde gebracht haben
du wirst gebracht haben	werdest gebracht haben	würdest gebracht haben
er wird gebracht haben	werde gebracht haben	würde gebracht haben
wir werden gebracht haben	werden gebracht haben	würden gebracht haben
ihr werdet gebracht haben	werdet gebracht haben	würdet gebracht haben
sie werden gebracht haben	werden gebracht haben	würden gebracht haben

PRINC. PARTS: brüllen, brüllte, gebrüllt, brüllt
IMPERATIVE: brülle!, brüllt!, brüllen Sie!

to roar, shout

	INDICATIVE		SUBJUNCTIVE	
			PRIMARY	SECONDARY

Present Time

	Present	*(Pres. Subj.)*	*(Imperf. Subj.)*
ich	brülle	brülle	brüllte
du	brüllst	brüllest	brülltest
er	brüllt	brülle	brüllte
wir	brüllen	brüllen	brüllten
ihr	brüllt	brüllet	brülltet
sie	brüllen	brüllen	brüllten

	Imperfect
ich	brüllte
du	brülltest
er	brüllte
wir	brüllten
ihr	brülltet
sie	brüllten

Past Time

	Perfect	*(Perf. Subj.)*	*(Pluperf. Subj.)*
ich	habe gebrüllt	habe gebrüllt	hätte gebrüllt
du	hast gebrüllt	habest gebrüllt	hättest gebrüllt
er	hat gebrüllt	habe gebrüllt	hätte gebrüllt
wir	haben gebrüllt	haben gebrüllt	hätten gebrüllt
ihr	habt gebrüllt	habet gebrüllt	hättet gebrüllt
sie	haben gebrüllt	haben gebrüllt	hätten gebrüllt

	Pluperfect
ich	hatte gebrüllt
du	hattest gebrüllt
er	hatte gebrüllt
wir	hatten gebrüllt
ihr	hattet gebrüllt
sie	hatten gebrüllt

Future Time

	Future	*(Fut. Subj.)*	*(Pres. Conditional)*
ich	werde brüllen	werde brüllen	würde brüllen
du	wirst brüllen	werdest brüllen	würdest brüllen
er	wird brüllen	werde brüllen	würde brüllen
wir	werden brüllen	werden brüllen	würden brüllen
ihr	werdet brüllen	werdet brüllen	würdet brüllen
sie	werden brüllen	werden brüllen	würden brüllen

Future Perfect Time

	Future Perfect	*(Fut. Perf. Subj.)*	*(Past Conditional)*
ich	werde gebrüllt haben	werde gebrüllt haben	würde gebrüllt haben
du	wirst gebrüllt haben	werdest gebrüllt haben	würdest gebrüllt haben
er	wird gebrüllt haben	werde gebrüllt haben	würde gebrüllt haben
wir	werden gebrüllt haben	werden gebrüllt haben	würden gebrüllt haben
ihr	werdet gebrüllt haben	werdet gebrüllt haben	würdet gebrüllt haben
sie	werden gebrüllt haben	werden gebrüllt haben	würden gebrüllt haben

67

sich brüsten

PRINC. PARTS: sich brüsten, brüstete sich, hat sich gebrüstet, brüstet sich

to boast, brag

IMPERATIVE: brüste dich!, brüstet euch!, brüsten Sie sich!

INDICATIVE	SUBJUNCTIVE	
	PRIMARY	SECONDARY

Present Time

	Present	*(Pres. Subj.)*	*(Imperf. Subj.)*
ich	brüste mich	brüste mich	brüstete mich
du	brüstest dich	brüstest dich	brüstetest dich
er	brüstet sich	brüste sich	brüstete sich
wir	brüsten uns	brüsten uns	brüsteten uns
ihr	brüstet euch	brüstet euch	brüstetet euch
sie	brüsten sich	brüsten sich	brüsteten sich

	Imperfect
ich	brüstete mich
du	brüstetest dich
er	brüstete sich
wir	brüsteten uns
ihr	brüstetet euch
sie	brüsteten sich

Past Time

	Perfect	*(Perf. Subj.)*	*(Pluperf. Subj.)*
ich	habe mich gebrüstet	habe mich gebrüstet	hätte mich gebrüstet
du	hast dich gebrüstet	habest dich gebrüstet	hättest dich gebrüstet
er	hat sich gebrüstet	habe sich gebrüstet	hätte sich gebrüstet
wir	haben uns gebrüstet	haben uns gebrüstet	hätten uns gebrüstet
ihr	habt euch gebrüstet	habet euch gebrüstet	hättet euch gebrüstet
sie	haben sich gebrüstet	haben sich gebrüstet	hätten sich gebrüstet

	Pluperfect
ich	hatte mich gebrüstet
du	hattest dich gebrüstet
er	hatte sich gebrüstet
wir	hatten uns gebrüstet
ihr	hattet euch gebrüstet
sie	hatten sich gebrüstet

Future Time

	Future	*(Fut. Subj.)*	*(Pres. Conditional)*
ich	werde mich brüsten	werde mich brüsten	würde mich brüsten
du	wirst dich brüsten	werdest dich brüsten	würdest dich brüsten
er	wird sich brüsten	werde sich brüsten	würde sich brüsten
wir	werden uns brüsten	werden uns brüsten	würden uns brüsten
ihr	werdet euch brüsten	werdet euch brüsten	würdet euch brüsten
sie	werden sich brüsten	werden sich brüsten	würden sich brüsten

Future Perfect Time

	Future Perfect	*(Fut. Perf. Subj.)*	*(Past Conditional)*
ich	werde mich gebrüstet haben	werde mich gebrüstet haben	würde mich gebrüstet haben
du	wirst dich gebrüstet haben	werdest dich gebrüstet haben	würdest dich gebrüstet haben
er	wird sich gebrüstet haben	werde sich gebrüstet haben	würde sich gebrüstet haben
wir	werden uns gebrüstet haben	werden uns gebrüstet haben	würden uns gebrüstet haben
ihr	werdet euch gebrüstet haben	werdet euch gebrüstet haben	würdet euch gebrüstet haben
sie	werden sich gebrüstet haben	werden sich gebrüstet haben	würden sich gebrüstet haben

PRINC. PARTS: buchen, buchte, gebucht, bucht
IMPERATIVE: buche!, bucht!, buchen Sie!

to book, enter

INDICATIVE	SUBJUNCTIVE	
	PRIMARY	SECONDARY
	Present Time	
Present	*(Pres. Subj.)*	*(Imperf. Subj.)*
ich buche	buche	buchte
du buchst	buchest	buchtest
er bucht	buche	buchte
wir buchen	buchen	buchten
ihr bucht	buchet	buchtet
sie buchen	buchen	buchten

Imperfect		
ich buchte		
du buchtest		
er buchte		
wir buchten		
ihr buchtet		
sie buchten		

	Past Time	
Perfect	*(Perf. Subj.)*	*(Pluperf. Subj.)*
ich habe gebucht	habe gebucht	hätte gebucht
du hast gebucht	habest gebucht	hättest gebucht
er hat gebucht	habe gebucht	hätte gebucht
wir haben gebucht	haben gebucht	hätten gebucht
ihr habt gebucht	habet gebucht	hättet gebucht
sie haben gebucht	haben gebucht	hatten gebucht

Pluperfect		
ich hatte gebucht		
du hattest gebucht		
er hatte gebucht		
wir hatten gebucht		
ihr hattet gebucht		
sie hatten gebucht		

	Future Time	
Future	*(Fut. Subj.)*	*(Pres. Conditional)*
ich werde buchen	werde buchen	würde buchen
du wirst buchen	werdest buchen	würdest buchen
er wird buchen	werde buchen	würde buchen
wir werden buchen	werden buchen	würden buchen
ihr werdet buchen	werdet buchen	würdet buchen
sie werden buchen	werden buchen	würden buchen

	Future Perfect Time	
Future Perfect	*(Fut. Perf. Subj.)*	*(Past Conditional)*
ich werde gebucht haben	werde gebucht haben	würde gebucht haben
du wirst gebucht haben	werdest gebucht haben	würdest gebucht haben
er wird gebucht haben	werde gebucht haben	würde gebucht haben
wir werden gebucht haben	werden gebucht haben	würden gebucht haben
ihr werdet gebucht haben	werdet gebucht haben	würdet gebucht haben
sie werden gebucht haben	werden gebucht haben	würden gebucht haben

sich bücken

to stoop, bend

PRINC. PARTS: sich bücken, bückte sich, hat sich gebückt, bückt sich

IMPERATIVE: bücke dich!, bückt euch!, bücken Sie sich!

INDICATIVE	SUBJUNCTIVE	
	PRIMARY	SECONDARY

Present Time

	Present	(Pres. Subj.)	(Imperf. Subj.)
ich	bücke mich	bücke mich	bückte mich
du	bückst dich	bückest dich	bücktest dich
er	bückt sich	bücke sich	bückte sich
wir	bücken uns	bücken uns	bückten uns
ihr	bückt euch	bücket euch	bücktet euch
sie	bücken sich	bücken sich	bückten sich

	Imperfect
ich	bückte mich
du	bücktest dich
er	bückte sich
wir	bückten uns
ihr	bücktet euch
sie	bückten sich

Past Time

	Perfect	(Perf. Subj.)	(Pluperf. Subj.)
ich	habe mich gebückt	habe mich gebückt	hätte mich gebückt
du	hast dich gebückt	habest dich gebückt	hättest dich gebückt
er	hat sich gebückt	habe sich gebückt	hätte sich gebückt
wir	haben uns gebückt	haben uns gebückt	hätten uns gebückt
ihr	habt euch gebückt	habet euch gebückt	hättet euch gebückt
sie	haben sich gebückt	haben sich gebückt	hätten sich gebückt

	Pluperfect
ich	hatte mich gebückt
du	hattest dich gebückt
er	hatte sich gebückt
wir	hatten uns gebückt
ihr	hattet euch gebückt
sie	hatten sich gebückt

Future Time

	Future	(Fut. Subj.)	(Pres. Conditional)
ich	werde mich bücken	werde mich bücken	würde mich bücken
du	wirst dich bücken	werdest dich bücken	würdest dich bücken
er	wird sich bücken	werde sich bücken	würde sich bücken
wir	werden uns bücken	werden uns bücken	würden uns bücken
ihr	werdet euch bücken	werdet euch bücken	würdet euch bücken
sie	werden sich bücken	werden sich bücken	würden sich bücken

Future Perfect Time

	Future Perfect	(Fut. Perf. Subj.)	(Past Conditional)
ich	werde mich gebückt haben	werde mich gebückt haben	würde mich gebückt haben
du	wirst dich gebückt haben	werdest dich gebückt haben	würdest dich gebückt haben
er	wird sich gebückt haben	werde sich gebückt haben	würde sich gebückt haben
wir	werden uns gebückt haben	werden uns gebückt haben	würden uns gebückt haben
ihr	werdet euch gebückt haben	werdet euch gebückt haben	würdet euch gebückt haben
sie	werden sich gebückt haben	werden sich gebückt haben	würden sich gebückt haben

buhlen

PRINC. PARTS: buhlen, buhlte, gebuhlt, buhlt
IMPERATIVE: buhle!, buhlt!, buhlen Sie!

to make love to, woo;
strive, vie

	INDICATIVE	SUBJUNCTIVE	
		PRIMARY	SECONDARY

Present Time

	Present	*(Pres. Subj.)*	*(Imperf. Subj.)*
ich	buhle	buhle	buhlte
du	buhlst	buhlest	buhltest
er	buhlt	buhle	buhlte
wir	buhlen	buhlen	buhlten
ihr	buhlt	buhlet	buhltet
sie	buhlen	buhlen	buhlten

	Imperfect
ich	buhlte
du	buhltest
er	buhlte
wir	buhlten
ihr	buhltet
sie	buhlten

Past Time

	Perfect	*(Perf. Subj.)*	*(Pluperf. Subj.)*
ich	habe gebuhlt	habe gebuhlt	hätte gebuhlt
du	hast gebuhlt	habest gebuhlt	hättest gebuhlt
er	hat gebuhlt	habe gebuhlt	hätte gebuhlt
wir	haben gebuhlt	haben gebuhlt	hätten gebuhlt
ihr	habt gebuhlt	habet gebuhlt	hättet gebuhlt
sie	haben gebuhlt	haben gebuhlt	hätten gebuhlt

	Pluperfect
ich	hatte gebuhlt
du	hattest gebuhlt
er	hatte gebuhlt
wir	hatten gebuhlt
ihr	hattet gebuhlt
sie	hatten gebuhlt

Future Time

	Future	*(Fut. Subj.)*	*(Pres. Conditional)*
ich	werde buhlen	werde buhlen	würde buhlen
du	wirst buhlen	werdest buhlen	würdest buhlen
er	wird buhlen	werde buhlen	würde buhlen
wir	werden buhlen	werden buhlen	würden buhlen
ihr	werdet buhlen	werdet buhlen	würdet buhlen
sie	werden buhlen	werden buhlen	würden buhlen

Future Perfect Time

	Future Perfect	*(Fut. Perf. Subj.)*	*(Past Conditional)*
ich	werde gebuhlt haben	werde gebuhlt haben	würde gebuhlt haben
du	wirst gebuhlt haben	werdest gebuhlt haben	würdest gebuhlt haben
er	wird gebuhlt haben	werde gebuhlt haben	würde gebuhlt haben
wir	werden gebuhlt haben	werden gebuhlt haben	würden gebuhlt haben
ihr	werdet gebuhlt haben	werdet gebuhlt haben	würdet gebuhlt haben
sie	werden gebuhlt haben	werden gebuhlt haben	würden gebuhlt haben

bürsten

to brush

PRINC. PARTS: bürsten, bürstete, gebürstet, bürstet
IMPERATIVE: bürste!, bürstet!, bürsten Sie!

INDICATIVE	SUBJUNCTIVE	
	PRIMARY	SECONDARY

	Present	(*Pres. Subj.*)	*Present Time* (*Imperf. Subj.*)
ich	bürste	bürste	bürstete
du	bürstest	bürstest	bürstetest
er	bürstet	bürste	bürstete
wir	bürsten	bürsten	bürsteten
ihr	bürstet	bürstet	bürstetet
sie	bürsten	bürsten	bürsteten

	Imperfect
ich	bürstete
du	bürstetest
er	bürstete
wir	bürsteten
ihr	bürstetet
sie	bürsteten

	Perfect	(*Perf. Subj.*)	*Past Time* (*Pluperf. Subj.*)
ich	habe gebürstet	habe gebürstet	hätte gebürstet
du	hast gebürstet	habest gebürstet	hättest gebürstet
er	hat gebürstet	habe gebürstet	hätte gebürstet
wir	haben gebürstet	haben gebürstet	hätten gebürstet
ihr	habt gebürstet	habet gebürstet	hättet gebürstet
sie	haben gebürstet	haben gebürstet	hätten gebürstet

	Pluperfect
ich	hatte gebürstet
du	hattest gebürstet
er	hatte gebürstet
wir	hatten gebürstet
ihr	hattet gebürstet
sie	hatten gebürstet

	Future	(*Fut. Subj.*)	*Future Time* (*Pres. Conditional*)
ich	werde bürsten	werde bürsten	würde bürsten
du	wirst bürsten	werdest bürsten	würdest bürsten
er	wird bürsten	werde bürsten	würde bürsten
wir	werden bürsten	werden bürsten	würden bürsten
ihr	werdet bürsten	werdet bürsten	würdet bürsten
sie	werden bürsten	werden bürsten	würden bürsten

	Future Perfect	(*Fut. Perf. Subj.*)	*Future Perfect Time* (*Past Conditional*)
ich	werde gebürstet haben	werde gebürstet haben	würde gebürstet haben
du	wirst gebürstet haben	werdest gebürstet haben	würdest gebürstet haben
er	wird gebürstet haben	werde gebürstet haben	würde gebürstet haben
wir	werden gebürstet haben	werden gebürstet haben	würden gebürstet haben
ihr	werdet gebürstet haben	werdet gebürstet haben	würdet gebürstet haben
sie	werden gebürstet haben	werden gebürstet haben	würden gebürstet haben

dämpfen

PRINC. PARTS: dämpfen, dämpfte, gedämpft, dämpft
IMPERATIVE: dämpfe!, dämpft!, dämpfen Sie!

to muffle, damp,
quench, attenuate, smother

INDICATIVE	SUBJUNCTIVE	
	PRIMARY	SECONDARY

Present Time

	Present	(Pres. Subj.)	(Imperf. Subj.)
ich	dämpfe	dämpfe	dämpfte
du	dämpfst	dämpfest	dämpftest
er	dämpft	dämpfe	dämpfte
wir	dämpfen	dämpfen	dämpften
ihr	dämpft	dämpfet	dämpftet
sie	dämpfen	dämpfen	dämpften

	Imperfect
ich	dämpfte
du	dämpftest
er	dämpfte
wir	dämpften
ihr	dämpftet
sie	dämpften

Past Time

	Perfect	(Perf. Subj.)	(Pluperf. Subj.)
ich	habe gedämpft	habe gedämpft	hätte gedämpft
du	hast gedämpft	habest gedämpft	hättest gedämpft
er	hat gedämpft	habe gedämpft	hätte gedämpft
wir	haben gedämpft	haben gedämpft	hätten gedämpft
ihr	habt gedämpft	habet gedämpft	hättet gedämpft
sie	haben gedämpft	haben gedämpft	hätten gedämpft

	Pluperfect
ich	hatte gedämpft
du	hattest gedämpft
er	hatte gedämpft
wir	hatten gedämpft
ihr	hattet gedämpft
sie	hatten gedämpft

Future Time

	Future	(Fut. Subj.)	(Pres. Conditional)
ich	werde dämpfen	werde dämpfen	würde dämpfen
du	wirst dämpfen	werdest dämpfen	würdest dämpfen
er	wird dämpfen	werde dämpfen	würde dämpfen
wir	werden dämpfen	werden dämpfen	würden dämpfen
ihr	werdet dämpfen	werdet dämpfen	würdet dämpfen
sie	werden dämpfen	werden dämpfen	würden dämpfen

Future Perfect Time

	Future Perfect	(Fut. Perf. Subj.)	(Past Conditional)
ich	werde gedämpft haben	werde gedämpft haben	würde gedämpft haben
du	wirst gedämpft haben	werdest gedämpft haben	würdest gedämpft haben
er	wird gedämpft haben	werde gedämpft haben	würde gedämpft haben
wir	werden gedämpft haben	werden gedämpft haben	würden gedämpft haben
ihr	werdet gedämpft haben	werdet gedämpft haben	würdet gedämpft haben
sie	werden gedämpft haben	werden gedämpft haben	würden gedämpft haben

73

danken

to thank

PRINC. PARTS: danken, dankte, gedankt, dankt
IMPERATIVE: danke!, dankt!, danken Sie!

INDICATIVE	SUBJUNCTIVE	
	PRIMARY	SECONDARY

Present Time

Present	*(Pres. Subj.)*	*(Imperf. Subj.)*
ich danke	danke	dankte
du dankst	dankest	danktest
er dankt	danke	dankte
wir danken	danken	dankten
ihr dankt	danket	danktet
sie danken	danken	dankten

Imperfect
ich dankte
du danktest
er dankte
wir dankten
ihr danktet
sie dankten

Past Time

Perfect	*(Perf. Subj.)*	*(Pluperf. Subj.)*
ich habe gedankt	habe gedankt	hätte gedankt
du hast gedankt	habest gedankt	hättest gedankt
er hat gedankt	habe gedankt	hätte gedankt
wir haben gedankt	haben gedankt	hätten gedankt
ihr habt gedankt	habet gedankt	hättet gedankt
sie haben gedankt	haben gedankt	hätten gedankt

Pluperfect
ich hatte gedankt
du hattest gedankt
er hatte gedankt
wir hatten gedankt
ihr hattet gedankt
sie hatten gedankt

Future Time

Future	*(Fut. Subj.)*	*(Pres. Conditional)*
ich werde danken	werde danken	würde danken
du wirst danken	werdest danken	würdest danken
er wird danken	werde danken	würde danken
wir werden danken	werden danken	würden danken
ihr werdet danken	werdet danken	würdet danken
sie werden danken	werden danken	würden danken

Future Perfect Time

Future Perfect	*(Fut. Perf. Subj.)*	*(Past Conditional)*
ich werde gedankt haben	werde gedankt haben	würde gedankt haben
du wirst gedankt haben	werdest gedankt haben	würdest gedankt haben
er wird gedankt haben	werde gedankt haben	würde gedankt haben
wir werden gedankt haben	werden gedankt haben	würden gedankt haben
ihr werdet gedankt haben	werdet gedankt haben	würdet gedankt haben
sie werden gedankt haben	werden gedankt haben	würden gedankt haben

PRINC. PARTS: decken, deckte, gedeckt, deckt
IMPERATIVE: decke!, deckt!, decken Sie!

to cover, set (a table)

INDICATIVE	SUBJUNCTIVE	
	PRIMARY	SECONDARY

Present Time

Present	*(Pres. Subj.)*	*(Imperf. Subj.)*
ich decke	decke	deckte
du deckst	deckest	decktest
er deckt	decke	deckte
wir decken	decken	deckten
ihr deckt	decket	decktet
sie decken	decken	deckten

Imperfect
ich deckte
du decktest
er deckte
wir deckten
ihr decktet
sie deckten

Past Time

Perfect	*(Perf. Subj.)*	*(Pluperf. Subj.)*
ich habe gedeckt	habe gedeckt	hätte gedeckt
du hast gedeckt	habest gedeckt	hättest gedeckt
er hat gedeckt	habe gedeckt	hätte gedeckt
wir haben gedeckt	haben gedeckt	hätten gedeckt
ihr habt gedeckt	habet gedeckt	hättet gedeckt
sie haben gedeckt	haben gedeckt	hätten gedeckt

Pluperfect
ich hatte gedeckt
du hattest gedeckt
er hatte gedeckt
wir hatten gedeckt
ihr hattet gedeckt
sie hatten gedeckt

Future Time

Future	*(Fut. Subj.)*	*(Pres. Conditional)*
ich werde decken	werde decken	würde decken
du wirst decken	werdest decken	würdest decken
er wird decken	werde decken	würde decken
wir werden decken	werden decken	würden decken
ihr werdet decken	werdet decken	würdet decken
sie werden decken	werden decken	würden decken

Future Perfect Time

Future Perfect	*(Fut. Perf. Subj.)*	*(Past Conditional)*
ich werde gedeckt haben	werde gedeckt haben	würde gedeckt haben
du wirst gedeckt haben	werdest gedeckt haben	würdest gedeckt haben
er wird gedeckt haben	werde gedeckt haben	würde gedeckt haben
wir werden gedeckt haben	werden gedeckt haben	würden gedeckt haben
ihr werdet gedeckt haben	werdet gedeckt haben	würdet gedeckt haben
sie werden gedeckt haben	werden gedeckt haben	würden gedeckt haben

denken

to think

PRINC. PARTS: denken, dachte, gedacht, denkt
IMPERATIVE: denke!, denkt!, denken Sie!

	INDICATIVE		SUBJUNCTIVE	
			PRIMARY	SECONDARY
			Present Time	
	Present		*(Pres. Subj.)*	*(Imperf. Subj.)*
ich	denke		denke	dächte
du	denkst		denkest	dächtest
er	denkt		denke	dächte
wir	denken		denken	dächten
ihr	denkt		denket	dächtet
sie	denken		denken	dächten
	Imperfect			
ich	dachte			
du	dachtest			
er	dachte			
wir	dachten			
ihr	dachtet			
sie	dachten			
			Past Time	
	Perfect		*(Perf. Subj.)*	*(Pluperf. Subj.)*
ich	habe gedacht		habe gedacht	hätte gedacht
du	hast gedacht		habest gedacht	hättest gedacht
er	hat gedacht		habe gedacht	hätte gedacht
wir	haben gedacht		haben gedacht	hätten gedacht
ihr	habt gedacht		habet gedacht	hättet gedacht
sie	haben gedacht		haben gedacht	hätten gedacht
	Pluperfect			
ich	hatte gedacht			
du	hattest gedacht			
er	hatte gedacht			
wir	hatten gedacht			
ihr	hattet gedacht			
sie	hatten gedacht			
			Future Time	
	Future		*(Fut. Subj.)*	*(Pres. Conditional)*
ich	werde denken		werde denken	würde denken
du	wirst denken		werdest denken	würdest denken
er	wird denken		werde denken	würde denken
wir	werden denken		werden denken	würden denken
ihr	werdet denken		werdet denken	würdet denken
sie	werden denken		werden denken	würden denken
			Future Perfect Time	
	Future Perfect		*(Fut. Perf. Subj.)*	*(Past Conditional)*
ich	werde gedacht haben		werde gedacht haben	würde gedacht haben
du	wirst gedacht haben		werdest gedacht haben	würdest gedacht haben
er	wird gedacht haben		werde gedacht haben	würde gedacht haben
wir	werden gedacht haben		werden gedacht haben	würden gedacht haben
ihr	werdet gedacht haben		werdet gedacht haben	würdet gedacht haben
sie	werden gedacht haben		werden gedacht haben	würden gedacht haben

PRINC. PARTS: dichten, dichtete, gedichtet, dichtet

IMPERATIVE: dichte!, dichtet!, dichten Sie!

to write poetry, invent;
to tighten, caulk

	INDICATIVE	SUBJUNCTIVE	
		PRIMARY	SECONDARY
		Present Time	
	Present	(*Pres. Subj.*)	(*Imperf. Subj.*)
ich	dichte	dichte	dichtete
du	dichtest	dichtest	dichtetest
er	dichtet	dichte	dichtete
wir	dichten	dichten	dichteten
ihr	dichtet	dichtet	dichtetet
sie	dichten	dichten	dichteten
	Imperfect		
ich	dichtete		
du	dichtetest		
er	dichtete		
wir	dichteten		
ihr	dichtetet		
sie	dichteten		
		Past Time	
	Perfect	(*Perf. Subj.*)	(*Pluperf. Subj.*)
ich	habe gedichtet	habe gedichtet	hätte gedichtet
du	hast gedichtet	habest gedichtet	hättest gedichtet
er	hat gedichtet	habe gedichtet	hätte gedichtet
wir	haben gedichtet	haben gedichtet	hätten gedichtet
ihr	habt gedichtet	habet gedichtet	hättet gedichtet
sie	haben gedichtet	haben gedichtet	hätten gedichtet
	Pluperfect		
ich	hatte gedichtet		
du	hattest gedichtet		
er	hatte gedichtet		
wir	hatten gedichtet		
ihr	hattet gedichtet		
sie	hatten gedichtet		
		Future Time	
	Future	(*Fut. Subj.*)	(*Pres. Conditional*)
ich	werde dichten	werde dichten	würde dichten
du	wirst dichten	werdest dichten	würdest dichten
er	wird dichten	werde dichten	würde dichten
wir	werden dichten	werden dichten	würden dichten
ihr	werdet dichten	werdet dichten	würdet dichten
sie	werden dichten	werden dichten	würden dichten
		Future Perfect Time	
	Future Perfect	(*Fut. Perf. Subj.*)	(*Past Conditional*)
ich	werde gedichtet haben	werde gedichtet haben	würde gedichtet haben
du	wirst gedichtet haben	werdest gedichtet haben	würdest gedichtet haben
er	wird gedichtet haben	werde gedichtet haben	würde gedichtet haben
wir	werden gedichtet haben	werden gedichtet haben	würden gedichtet haben
ihr	werdet gedichtet haben	werdet gedichtet haben	würdet gedichtet haben
sie	werden gedichtet haben	werden gedichtet haben	würden gedichtet haben

dienen

to serve

PRINC. PARTS: dienen, diente, gedient, dient
IMPERATIVE: diene!, dient!, dienen Sie!

INDICATIVE	SUBJUNCTIVE	
	PRIMARY	SECONDARY
	Present Time	
Present	*(Pres. Subj.)*	*(Imperf. Subj.)*
ich diene	diene	diente
du dienst	dienest	dientest
er dient	diene	diente
wir dienen	dienen	dienten
ihr dient	dienet	dientet
sie dienen	dienen	dienten

Imperfect

ich	diente	
du	dientest	
er	diente	
wir	dienten	
ihr	dientet	
sie	dienten	

	Past Time	
Perfect	*(Perf. Subj.)*	*(Pluperf. Subj.)*
ich habe gedient	habe gedient	hätte gedient
du hast gedient	habest gedient	hättest gedient
er hat gedient	habe gedient	hätte gedient
wir haben gedient	haben gedient	hätten gedient
ihr habt gedient	habet gedient	hättet gedient
sie haben gedient	haben gedient	hätten gedient

Pluperfect

ich	hatte gedient	
du	hattest gedient	
er	hatte gedient	
wir	hatten gedient	
ihr	hattet gedient	
sie	hatten gedient	

	Future Time	
Future	*(Fut. Subj.)*	*(Pres. Conditional)*
ich werde dienen	werde dienen	würde dienen
du wirst dienen	werdest dienen	würdest dienen
er wird dienen	werde dienen	würde dienen
wir werden dienen	werden dienen	würden dienen
ihr werdet dienen	werdet dienen	würdet dienen
sie werden dienen	werden dienen	würden dienen

	Future Perfect Time	
Future Perfect	*(Fut. Perf. Subj.)*	*(Past Conditional)*
ich werde gedient haben	werde gedient haben	würde gedient haben
du wirst gedient haben	werdest gedient haben	würdest gedient haben
er wird gedient haben	werde gedient haben	würde gedient haben
wir werden gedient haben	werden gedient haben	würden gedient haben
ihr werdet gedient haben	werdet gedient haben	würdet gedient haben
sie werden gedient haben	werden gedient haben	würden gedient haben

dringen

PRINC. PARTS: dringen, drang, ist gedrungen, dringt
IMPERATIVE: dringe!, dringt!, dringen Sie!

to urge, press forward,
rush, pierce, penetrate

	INDICATIVE		SUBJUNCTIVE	
			PRIMARY	SECONDARY
			Present Time	
	Present		*(Pres. Subj.)*	*(Imperf. Subj.)*
ich	dringe		dringe	dränge
du	dringst		dringest	drängest
er	dringt		dringe	dränge
wir	dringen		dringen	drängen
ihr	dringt		dringet	dränget
sie	dringen		dringen	drängen

	Imperfect
ich	drang
du	drangst
er	drang
wir	drangen
ihr	drangt
sie	drangen

				Past Time	
	Perfect		*(Perf. Subj.)*	*(Pluperf. Subj.)*
ich	bin gedrungen		sei gedrungen	wäre gedrungen
du	bist gedrungen		seiest gedrungen	wärest gedrungen
er	ist gedrungen		sei gedrungen	wäre gedrungen
wir	sind gedrungen		seien gedrungen	wären gedrungen
ihr	seid gedrungen		seiet gedrungen	wäret gedrungen
sie	sind gedrungen		seien gedrungen	wären gedrungen

	Pluperfect
ich	war gedrungen
du	warst gedrungen
er	war gedrungen
wir	waren gedrungen
ihr	wart gedrungen
sie	waren gedrungen

			Future Time	
	Future		*(Fut. Subj.)*	*(Pres. Conditional)*
ich	werde dringen		werde dringen	würde dringen
du	wirst dringen		werdest dringen	würdest dringen
er	wird dringen		werde dringen	würde dringen
wir	werden dringen		werden dringen	würden dringen
ihr	werdet dringen		werdet dringen	würdet dringen
sie	werden dringen		werden dringen	würden dringen

			Future Perfect Time	
	Future Perfect		*(Fut. Perf. Subj.)*	*(Past Conditional)*
ich	werde gedrungen sein		werde gedrungen sein	würde gedrungen sein
du	wirst gedrungen sein		werdest gedrungen sein	würdest gedrungen sein
er	wird gedrungen sein		werde gedrungen sein	würde gedrungen sein
wir	werden gedrungen sein		werden gedrungen sein	würden gedrungen sein
ihr	werdet gedrungen sein		werdet gedrungen sein	würdet gedrungen sein
sie	werden gedrungen sein		werden gedrungen sein	würden gedrungen sein

79

drucken

to print

PRINC. PARTS: drucken, druckte, gedruckt, druckt
IMPERATIVE: drucke!, druckt!, drucken Sie!

INDICATIVE		SUBJUNCTIVE	
		PRIMARY	SECONDARY
		Present Time	
	Present	*(Pres. Subj.)*	*(Imperf. Subj.)*
ich	drucke	drucke	druckte
du	druckst	druckest	drucktest
er	druckt	drucke	druckte
wir	drucken	drucken	druckten
ihr	druckt	drucket	drucktet
sie	drucken	drucken	druckten

	Imperfect
ich	druckte
du	drucktest
er	druckte
wir	druckten
ihr	drucktet
sie	druckten

			Past Time	
	Perfect	*(Perf. Subj.)*	*(Pluperf. Subj.)*
ich	habe gedruckt	habe gedruckt	hätte gedruckt
du	hast gedruckt	habest gedruckt	hättest gedruckt
er	hat gedruckt	habe gedruckt	hätte gedruckt
wir	haben gedruckt	haben gedruckt	hätten gedruckt
ihr	habt gedruckt	habet gedruckt	hättet gedruckt
sie	haben gedruckt	haben gedruckt	hätten gedruckt

	Pluperfect
ich	hatte gedruckt
du	hattest gedruckt
er	hatte gedruckt
wir	hatten gedruckt
ihr	hattet gedruckt
sie	hatten gedruckt

			Future Time	
	Future	*(Fut. Subj.)*	*(Pres. Conditional)*
ich	werde drucken	werde drucken	würde drucken
du	wirst drucken	werdest drucken	würdest drucken
er	wird drucken	werde drucken	würde drucken
wir	werden drucken	werden drucken	würden drucken
ihr	werdet drucken	werdet drucken	würdet drucken
sie	werden drucken	werden drucken	würden drucken

			Future Perfect Time	
	Future Perfect	*(Fut. Perf. Subj.)*	*(Past Conditional)*
ich	werde gedruckt haben	werde gedruckt haben	würde gedruckt haben
du	wirst gedruckt haben	werdest gedruckt haben	würdest gedruckt haben
er	wird gedruckt haben	werde gedruckt haben	würde gedruckt haben
wir	werden gedruckt haben	werden gedruckt haben	würden gedruckt haben
ihr	werdet gedruckt haben	werdet gedruckt haben	würdet gedruckt haben
sie	werden gedruckt haben	werden gedruckt haben	würden gedruckt haben

drücken

PRINC. PARTS: drücken, drückte, gedrückt, drückt
IMPERATIVE: drücke!, drückt!, drücken Sie!

to squeeze, push, press;
oppress

INDICATIVE	SUBJUNCTIVE	
	PRIMARY	SECONDARY

Present Time

	Present	*(Pres. Subj.)*	*(Imperf. Subj.)*
ich	drücke	drücke	drückte
du	drückst	drückest	drücktest
er	drückt	drücke	drückte
wir	drücken	drücken	drückten
ihr	drückt	drücket	drücktet
sie	drücken	drücken	drückten

	Imperfect
ich	drückte
du	drücktest
er	drückte
wir	drückten
ihr	drücktet
sie	drückten

Past Time

	Perfect	*(Perf. Subj.)*	*(Pluperf. Subj.)*
ich	habe gedrückt	habe gedrückt	hätte gedrückt
du	hast gedrückt	habest gedrückt	hättest gedrückt
er	hat gedrückt	habe gedrückt	hätte gedrückt
wir	haben gedrückt	haben gedrückt	hätten gedrückt
ihr	habt gedrückt	habet gedrückt	hättet gedrückt
sie	haben gedrückt	haben gedrückt	hätten gedrückt

	Pluperfect
ich	hatte gedrückt
du	hattest gedrückt
er	hatte gedrückt
wir	hatten gedrückt
ihr	hattet gedrückt
sie	hatten gedrückt

Future Time

	Future	*(Fut. Subj.)*	*(Pres. Conditional)*
ich	werde drücken	werde drücken	würde drücken
du	wirst drücken	werdest drücken	würdest drücken
er	wird drücken	werde drücken	würde drücken
wir	werden drücken	werden drücken	würden drücken
ihr	werdet drücken	werdet drücken	würdet drücken
sie	werden drücken	werden drücken	würden drücken

Future Perfect Time

	Future Perfect	*(Fut. Perf. Subj.)*	*(Past Conditional)*
ich	werde gedrückt haben	werde gedrückt haben	würde gedrückt haben
du	wirst gedrückt haben	werdest gedrückt haben	würdest gedrückt haben
er	wird gedrückt haben	werde gedrückt haben	würde gedrückt haben
wir	werden gedrückt haben	werden gedrückt haben	würden gedrückt haben
ihr	werdet gedrückt haben	werdet gedrückt haben	würdet gedrückt haben
sie	werden gedrückt haben	werden gedrückt haben	würden gedrückt haben

ducken

*to stoop, duck, humble,
bring down*

PRINC. PARTS: ducken, duckte, geduckt, duckt
IMPERATIVE: ducke!, duckt!, ducken Sie!

INDICATIVE		SUBJUNCTIVE	
		PRIMARY	SECONDARY
		Present Time	
	Present	*(Pres. Subj.)*	*(Imperf. Subj.)*
ich	ducke	ducke	duckte
du	duckst	duckest	ducktest
er	duckt	ducke	duckte
wir	ducken	ducken	duckten
ihr	duckt	ducket	ducktet
sie	ducken	ducken	duckten

	Imperfect
ich	duckte
du	ducktest
er	duckte
wir	duckten
ihr	ducktet
sie	duckten

			Past Time	
	Perfect	*(Perf. Subj.)*	*(Pluperf. Subj.)*
ich	habe geduckt	habe geduckt	hätte geduckt
du	hast geduckt	habest geduckt	hättest geduckt
er	hat geduckt	habe geduckt	hätte geduckt
wir	haben geduckt	haben geduckt	hätten geduckt
ihr	habt geduckt	habet geduckt	hättet geduckt
sie	haben geduckt	haben geduckt	hätten geduckt

	Pluperfect
ich	hatte geduckt
du	hattest geduckt
er	hatte geduckt
wir	hatten geduckt
ihr	hattet geduckt
sie	hatten geduckt

			Future Time	
	Future	*(Fut. Subj.)*	*(Pres. Conditional)*
ich	werde ducken	werde ducken	würde ducken
du	wirst ducken	werdest ducken	würdest ducken
er	wird ducken	werde ducken	würde ducken
wir	werden ducken	werden ducken	würden ducken
ihr	werdet ducken	werdet ducken	würdet ducken
sie	werden ducken	werden ducken	würden ducken

			Future Perfect Time	
	Future Perfect	*(Fut. Perf. Subj.)*	*(Past Conditional)*
ich	werde geduckt haben	werde geduckt haben	würde geduckt haben
du	wirst geduckt haben	werdest geduckt haben	würdest geduckt haben
er	wird geduckt haben	werde geduckt haben	würde geduckt haben
wir	werden geduckt haben	werden geduckt haben	würden geduckt haben
ihr	werdet geduckt haben	werdet geduckt haben	würdet geduckt haben
sie	werden geduckt haben	werden geduckt haben	würden geduckt haben

INDICATIVE	SUBJUNCTIVE	
	PRIMARY	SECONDARY

		Present Time	
	Present	*(Pres. Subj.)*	*(Imperf. Subj.)*
ich	darf	dürfe	dürfte
du	darfst	dürfest	dürftest
er	darf	dürfe	dürfte
wir	dürfen	dürfen	dürften
ihr	dürft	dürfet	dürftet
sie	dürfen	dürfen	dürften

	Imperfect
ich	durfte
du	durftest
er	durfte
wir	durften
ihr	durftet
sie	durften

		Past Time	
	Perfect	*(Perf. Subj.)*	*(Pluperf. Subj.)*
ich	habe gedurft	habe gedurft	hätte gedurft
du	hast gedurft	habest gedurft	hättest gedurft
er	hat gedurft	habe gedurft	hätte gedurft
wir	haben gedurft	haben gedurft	hätten gedurft
ihr	habt gedurft	habet gedurft	hättet gedurft
sie	haben gedurft	haben gedurft	hätten gedurft

	Pluperfect
ich	hatte gedurft
du	hattest gedurft
er	hatte gedurft
wir	hatten gedurft
ihr	hattet gedurft
sie	hatten gedurft

		Future Time	
	Future	*(Fut. Subj.)*	*(Pres. Conditional)*
ich	werde dürfen	werde dürfen	würde dürfen
du	wirst dürfen	werdest dürfen	würdest dürfen
er	wird dürfen	werde dürfen	würde dürfen
wir	werden dürfen	werden dürfen	würden dürfen
ihr	werdet dürfen	werdet dürfen	würdet dürfen
sie	werden dürfen	werden dürfen	würden dürfen

		Future Perfect Time	
	Future Perfect	*(Fut. Perf. Subj.)*	*(Past Conditional)*
ich	werde gedurft haben	werde gedurft haben	würde gedurft haben
du	wirst gedurft haben	werdest gedurft haben	würdest gedurft haben
er	wird gedurft haben	werde gedurft haben	würde gedurft haben
wir	werden gedurft haben	werden gedurft haben	würden gedurft haben
ihr	werdet gedurft haben	werdet gedurft haben	würdet gedurft haben
sie	werden gedurft haben	werden gedurft haben	würden gedurft haben

* **Dürfen** when preceded by an infinitive. See sprechen dürfen.

dürsten*

to thirst, be thirsty

PRINC. PARTS: dürsten, dürstete, gedürstet, dürstet
IMPERATIVE: dürste!, dürstet!, dürsten Sie!

	INDICATIVE	SUBJUNCTIVE	
		PRIMARY	SECONDARY
		Present Time	
	Present	*(Pres. Subj.)*	*(Imperf. Subj.)*
ich	dürste	dürste	dürstete
du	dürstest	dürstest	dürstetest
er	dürstet	dürste	dürstete
wir	dürsten	dürsten	dürsteten
ihr	dürstet	dürstet	dürstetet
sie	dürsten	dürsten	dürsteten
	Imperfect		
ich	dürstete		
du	dürstetest		
er	dürstete		
wir	dürsteten		
ihr	dürstetet		
sie	dürsteten	*Past Time*	
	Perfect	*(Perf. Subj.)*	*(Pluperf. Subj.)*
ich	habe gedürstet	habe gedürstet	hätte gedürstet
du	hast gedürstet	habest gedürstet	hättest gedürstet
er	hat gedürstet	habe gedürstet	hätte gedürstet
wir	haben gedürstet	haben gedürstet	hätten gedürstet
ihr	habt gedürstet	habet gedürstet	hättet gedürstet
sie	haben gedürstet	haben gedürstet	hätten gedürstet
	Pluperfect		
ich	hatte gedürstet		
du	hattest gedürstet		
er	hatte gedürstet		
wir	hatten gedürstet		
ihr	hattet gedürstet		
sie	hatten gedürstet	*Future Time*	
	Future	*(Fut. Subj.)*	*(Pres. Conditional)*
ich	werde dürsten	werde dürsten	würde dürsten
du	wirst dürsten	werdest dürsten	würdest dürsten
er	wird dürsten	werde dürsten	würde dürsten
wir	werden dürsten	werden dürsten	würden dürsten
ihr	werdet dürsten	werdet dürsten	würdet dürsten
sie	werden dürsten	werden dürsten	würden dürsten
		Future Perfect Time	
	Future Perfect	*(Fut. Perf. Subj.)*	*(Past Conditional)*
ich	werde gedürstet haben	werde gedürstet haben	würde gedürstet haben
du	wirst gedürstet haben	werdest gedürstet haben	würdest gedürstet haben
er	wird gedürstet haben	werde gedürstet haben	würde gedürstet haben
wir	werden gedürstet haben	werden gedürstet haben	würden gedürstet haben
ihr	werdet gedürstet haben	werdet gedürstet haben	würdet gedürstet haben
sie	werden gedürstet haben	werden gedürstet haben	würden gedürstet haben

* The unumlauted forms **dursten, durstete, gedurstet, durstet,** are less frequently encountered.

ehren

PRINC. PARTS: ehren, ehrte, geehrt, ehrt
IMPERATIVE: ehre!, ehrt!, ehren Sie!

to honor; esteem

	INDICATIVE	SUBJUNCTIVE	
		PRIMARY	SECONDARY
		Present Time	
	Present	(*Pres. Subj.*)	(*Imperf. Subj.*)
ich	ehre	ehre	ehrte
du	ehrst	ehrest	ehrtest
er	ehrt	ehre	ehrte
wir	ehren	ehren	ehrten
ihr	ehrt	ehret	ehrtet
sie	ehren	ehren	ehrten

	Imperfect
ich	ehrte
du	ehrtest
er	ehrte
wir	ehrten
ihr	ehrtet
sie	ehrten

			Past Time	
	Perfect	(*Perf. Subj.*)	(*Pluperf. Subj.*)
ich	habe geehrt	habe geehrt	hätte geehrt
du	hast geehrt	habest geehrt	hättest geehrt
er	hat geehrt	habe geehrt	hätte geehrt
wir	haben geehrt	haben geehrt	hätten geehrt
ihr	habt geehrt	habet geehrt	hättet geehrt
sie	haben geehrt	haben geehrt	hätten geehrt

	Pluperfect
ich	hatte geehrt
du	hattest geehrt
er	hatte geehrt
wir	hatten geehrt
ihr	hattet geehrt
sie	hatten geehrt

			Future Time	
	Future	(*Fut. Subj.*)	(*Pres. Conditional*)
ich	werde ehren	werde ehren	würde ehren
du	wirst ehren	werdest ehren	würdest ehren
er	wird ehren	werde ehren	würde ehren
wir	werden ehren	werden ehren	würden ehren
ihr	werdet ehren	werdet ehren	würdet ehren
sie	werden ehren	werden ehren	würden ehren

			Future Perfect Time	
	Future Perfect	(*Fut. Perf. Subj.*)	(*Past Conditional*)
ich	werde geehrt haben	werde geehrt haben	würde geehrt haben
du	wirst geehrt haben	werdest geehrt haben	würdest geehrt haben
er	wird geehrt haben	werde geehrt haben	würde geehrt haben
wir	werden geehrt haben	werden geehrt haben	würden geehrt haben
ihr	werdet geehrt haben	werdet geehrt haben	würdet geehrt haben
sie	werden geehrt haben	werden geehrt haben	würden geehrt haben

85

empfangen

to receive

PRINC. PARTS: empfangen, empfing, empfangen, empfängt
IMPERATIVE: empfange!, empfangt!, empfangen Sie!

	INDICATIVE	SUBJUNCTIVE	
		PRIMARY	SECONDARY

	Present	(*Pres. Subj.*)	(*Imperf. Subj.*)
ich	empfange	empfange	empfinge
du	empfängst	empfangest	empfingest
er	empfängt	empfange	empfinge
wir	empfangen	empfangen	empfingen
ihr	empfangt	empfanget	empfinget
sie	empfangen	empfangen	empfingen

Present Time

	Imperfect
ich	empfing
du	empfingst
er	empfing
wir	empfingen
ihr	empfingt
sie	empfingen

Past Time

	Perfect	(*Perf. Subj.*)	(*Pluperf. Subj.*)
ich	habe empfangen	habe empfangen	hätte empfangen
du	hast empfangen	habest empfangen	hättest empfangen
er	hat empfangen	habe empfangen	hätte empfangen
wir	haben empfangen	haben empfangen	hätten empfangen
ihr	habt empfangen	habet empfangen	hättet empfangen
sie	haben empfangen	haben empfangen	hätten empfangen

	Pluperfect
ich	hatte empfangen
du	hattest empfangen
er	hatte empfangen
wir	hatten empfangen
ihr	hattet empfangen
sie	hatten empfangen

Future Time

	Future	(*Fut. Subj.*)	(*Pres. Conditional*)
ich	werde empfangen	werde empfangen	würde empfangen
du	wirst empfangen	werdest empfangen	würdest empfangen
er	wird empfangen	werde empfangen	würde empfangen
wir	werden empfangen	werden empfangen	würden empfangen
ihr	werdet empfangen	werdet empfangen	würdet empfangen
sie	werden empfangen	werden empfangen	würden empfangen

Future Perfect Time

	Future Perfect	(*Fut. Perf. Subj.*)	(*Past Conditional*)
ich	werde empfangen haben	werde empfangen haben	würde empfangen haben
du	wirst empfangen haben	werdest empfangen haben	würdest empfangen haben
er	wird empfangen haben	werde empfangen haben	würde empfangen haben
wir	werden empfangen haben	werden empfangen haben	würden empfangen haben
ihr	werdet empfangen haben	werdet empfangen haben	würdet empfangen haben
sie	werden empfangen haben	werden empfangen haben	würden empfangen haben

PRINC. PARTS: empfehlen, empfahl, empfohlen, empfiehlt
IMPERATIVE: empfiehl!, empfehlt!, empfehlen Sie!

to recommend

	INDICATIVE		SUBJUNCTIVE		
			PRIMARY	SECONDARY	
				Present Time	
	Present		*(Pres. Subj.)*	*(Imperf. Subj.)*	
ich	empfehle		empfehle	empföhle	empfähle
du	empfiehlst		empfehlest	empföhlest	empfählest
er	empfiehlt		empfehle	empföhle *or* empfähle	
wir	empfehlen		empfehlen	empföhlen *or* empfählen	
ihr	empfehlt		empfehlet	empföhlet	empfählet
sie	empfehlen		empfehlen	empföhlen	empfählen

	Imperfect
ich	empfahl
du	empfahlst
er	empfahl
wir	empfahlen
ihr	empfahlt
sie	empfahlen

				Past Time	
	Perfect		*(Perf. Subj.)*	*(Pluperf. Subj.)*	
ich	habe empfohlen		habe empfohlen	hätte empfohlen	
du	hast empfohlen		habest empfohlen	hättest empfohlen	
er	hat empfohlen		habe empfohlen	hätte empfohlen	
wir	haben empfohlen		haben empfohlen	hätten empfohlen	
ihr	habt empfohlen		habet empfohlen	hättet empfohlen	
sie	haben empfohlen		haben empfohlen	hätten empfohlen	

	Pluperfect
ich	hatte empfohlen
du	hattest empfohlen
er	hatte empfohlen
wir	hatten empfohlen
ihr	hattet empfohlen
sie	hatten empfohlen

				Future Time	
	Future		*(Fut. Subj.)*	*(Pres. Conditional)*	
ich	werde empfehlen		werde empfehlen	würde empfehlen	
du	wirst empfehlen		werdest empfehlen	würdest empfehlen	
er	wird empfehlen		werde empfehlen	würde empfehlen	
wir	werden empfehlen		werden empfehlen	würden empfehlen	
ihr	werdet empfehlen		werdet empfehlen	würdet empfehlen	
sie	werden empfehlen		werden empfehlen	würden empfehlen	

				Future Perfect Time	
	Future Perfect		*(Fut. Perf. Subj.)*	*(Past Conditional)*	
ich	werde empfohlen haben		werde empfohlen haben	würde empfohlen haben	
du	wirst empfohlen haben		werdest empfohlen haben	würdest empfohlen haben	
er	wird empfohlen haben		werde empfohlen haben	würde empfohlen haben	
wir	werden empfohlen haben		werden empfohlen haben	würden empfohlen haben	
ihr	werdet empfohlen haben		werdet empfohlen haben	würdet empfohlen haben	
sie	werden empfohlen haben		werden empfohlen haben	würden empfohlen haben	

87

entbehren

to do without; lack,
miss

PRINC. PARTS: entbehren, entbehrte, entbehrt, entbehrt
IMPERATIVE: entbehre!, entbehrt!, entbehren Sie!

INDICATIVE	SUBJUNCTIVE	
	PRIMARY	SECONDARY
	Present Time	
Present	*(Pres. Subj.)*	*(Imperf. Subj.)*
ich entbehre	entbehre	entbehrte
du entbehrst	entbehrest	entbehrtest
er entbehrt	entbehre	entbehrte
wir entbehren	entbehren	entbehrten
ihr entbehrt	entbehret	entbehrtet
sie entbehren	entbehren	entbehrten
Imperfect		
ich entbehrte		
du entbehrtest		
er entbehrte		
wir entbehrten		
ihr entbehrtet		
sie entbehrten		
	Past Time	
Perfect	*(Perf. Subj.)*	*(Pluperf. Subj.)*
ich habe entbehrt	habe entbehrt	hätte entbehrt
du hast entbehrt	habest entbehrt	hättest entbehrt
er hat entbehrt	habe entbehrt	hätte entbehrt
wir haben entbehrt	haben entbehrt	hätten entbehrt
ihr habt entbehrt	habet entbehrt	hättet entbehrt
sie haben entbehrt	haben entbehrt	hätten entbehrt
Pluperfect		
ich hatte entbehrt		
du hattest entbehrt		
er hatte entbehrt		
wir hatten entbehrt		
ihr hattet entbehrt		
sie hatten entbehrt		
	Future Time	
Future	*(Fut. Subj.)*	*(Pres. Conditional)*
ich werde entbehren	werde entbehren	würde entbehren
du wirst entbehren	werdest entbehren	würdest entbehren
er wird entbehren	werde entbehren	würde entbehren
wir werden entbehren	werden entbehren	würden entbehren
ihr werdet entbehren	werdet entbehren	würdet entbehren
sie werden entbehren	werden entbehren	würden entbehren
	Future Perfect Time	
Future Perfect	*(Fut. Perf. Subj.)*	*(Past Conditional)*
ich werde entbehrt haben	werde entbehrt haben	würde entbehrt haben
du wirst entbehrt haben	werdest entbehrt haben	würdest entbehrt haben
er wird entbehrt haben	werde entbehrt haben	würde entbehrt haben
wir werden entbehrt haben	werden entbehrt haben	würden entbehrt haben
ihr werdet entbehrt haben	werdet entbehrt haben	würdet entbehrt haben
sie werden entbehrt haben	werden entbehrt haben	würden entbehrt haben

entfernen

PRINC. PARTS: entfernen, entfernte, entfernt, entfernt
IMPERATIVE: entferne!, entfernt!, entfernen Sie!

to remove, make distant

	INDICATIVE	SUBJUNCTIVE	
		PRIMARY	SECONDARY

Present Time

	Present	*(Pres. Subj.)*	*(Imperf. Subj.)*
ich	entferne	entferne	entfernte
du	entfernst	entfernest	entferntest
er	entfernt	entferne	entfernte
wir	entfernen	entfernen	entfernten
ihr	entfernt	entfernet	entferntet
sie	entfernen	entfernen	entfernten

	Imperfect
ich	entfernte
du	entferntest
er	entfernte
wir	entfernten
ihr	entferntet
sie	entfernten

Past Time

	Perfect	*(Perf. Subj.)*	*(Pluperf. Subj.)*
ich	habe entfernt	habe entfernt	hätte entfernt
du	hast entfernt	habest entfernt	hättest entfernt
er	hat entfernt	habe entfernt	hätte entfernt
wir	haben entfernt	haben entfernt	hätten entfernt
ihr	habt entfernt	habet entfernt	hättet entfernt
sie	haben entfernt	haben entfernt	hätten entfernt

	Pluperfect
ich	hatte entfernt
du	hattest entfernt
er	hatte entfernt
wir	hatten entfernt
ihr	hattet entfernt
sie	hatten entfernt

Future Time

	Future	*(Fut. Subj.)*	*(Pres. Conditional)*
ich	werde entfernen	werde entfernen	würde entfernen
du	wirst entfernen	werdest entfernen	würdest entfernen
er	wird entfernen	werde entfernen	würde entfernen
wir	werden entfernen	werden entfernen	würden entfernen
ihr	werdet entfernen	werdet entfernen	würdet entfernen
sie	werden entfernen	werden entfernen	würden entfernen

Future Perfect Time

	Future Perfect	*(Fut. Perf. Subj.)*	*(Past Conditional)*
ich	werde entfernt haben	werde entfernt haben	würde entfernt haben
du	wirst entfernt haben	werdest entfernt haben	würdest entfernt haben
er	wird entfernt haben	werde entfernt haben	würde entfernt haben
wir	werden entfernt haben	werden entfernt haben	würden entfernt haben
ihr	werdet entfernt haben	werdet entfernt haben	würdet entfernt haben
sie	werden entfernt haben	werden entfernt haben	würden entfernt haben

entführen

to carry off,
abduct, kidnap

PRINC. PARTS: entführen, entführte, entführt, entführt
IMPERATIVE: entführe!, entführt!, entführen Sie!

INDICATIVE	SUBJUNCTIVE	
	PRIMARY	SECONDARY
	Present Time	
Present	*(Pres. Subj.)*	*(Imperf. Subj.)*
ich entführe	entführe	entführte
du entführst	entführest	entführtest
er entführt	entführe	entführte
wir entführen	entführen	entführten
ihr entführt	entführet	entführtet
sie entführen	entführen	entführten

Imperfect
ich entführte
du entführtest
er entführte
wir entführten
ihr entführtet
sie entführten

	Past Time	
Perfect	*(Perf. Subj.)*	*(Pluperf. Subj.)*
ich habe entführt	habe entführt	hätte entführt
du hast entführt	habest entführt	hättest entführt
er hat entführt	habe entführt	hätte entführt
wir haben entführt	haben entführt	hätten entführt
ihr habt entführt	habet entführt	hättet entführt
sie haben entführt	haben entführt	hätten entführt

Pluperfect
ich hatte entführt
du hattest entführt
er hatte entführt
wir hatten entführt
ihr hattet entführt
sie hatten entführt

	Future Time	
Future	*(Fut. Subj.)*	*(Pres. Conditional)*
ich werde entführen	werde entführen	würde entführen
du wirst entführen	werdest entführen	würdest entführen
er wird entführen	werde entführen	würde entführen
wir werden entführen	werden entführen	würden entführen
ihr werdet entführen	werdet entführen	würdet entführen
sie werden entführen	werden entführen	würden entführen

	Future Perfect Time	
Future Perfect	*(Fut. Perf. Subj.)*	*(Past Conditional)*
ich werde entführt haben	werde entführt haben	würde entführt haben
du wirst entführt haben	werdest entführt haben	würdest entführt haben
er wird entführt haben	werde entführt haben	würde entführt haben
wir werden entführt haben	werden entführt haben	würden entführt haben
ihr werdet entführt haben	werdet entführt haben	würdet entführt haben
sie werden entführt haben	werden entführt haben	würden entführt haben

90

entgegnen

PRINC. PARTS: entgegnen, entgegnete, entgegnet, entgegnet
IMPERATIVE: entgegne!, entgegnet!, entgegnen Sie!

to reply, retort,
answer

	INDICATIVE	SUBJUNCTIVE	
		PRIMARY	SECONDARY
		Present Time	
	Present	*(Pres. Subj.)*	*(Imperf. Subj.)*
ich	entgegne	entgegne	entgegnete
du	entgegnest	entgegnest	entgegnetest
er	entgegnet	entgegne	entgegnete
wir	entgegnen	entgegnen	entgegneten
ihr	entgegnet	entgegnet	entgegnetet
sie	entgegnen	entgegnen	entgegneten
	Imperfect		
ich	entgegnete		
du	entgegnetest		
er	entgegnete		
wir	entgegneten		
ihr	entgegnetet		
sie	entgegneten		
		Past Time	
	Perfect	*(Perf. Subj.)*	*(Pluperf. Subj.)*
ich	habe entgegnet	habe entgegnet	hätte entgegnet
du	hast entgegnet	habest entgegnet	hättest entgegnet
er	hat entgegnet	habe entgegnet	hätte entgegnet
wir	haben entgegnet	haben entgegnet	hätten entgegnet
ihr	habt entgegnet	habet entgegnet	hättet entgegnet
sie	haben entgegnet	haben entgegnet	hätten entgegnet
	Pluperfect		
ich	hatte entgegnet		
du	hattest entgegnet		
er	hatte entgegnet		
wir	hatten entgegnet		
ihr	hattet entgegnet		
sie	hatten entgegnet		
		Future Time	
	Future	*(Fut. Subj.)*	*(Pres. Conditional)*
ich	werde entgegnen	werde entgegnen	würde entgegnen
du	wirst entgegnen	werdest entgegnen	würdest entgegnen
er	wird entgegnen	werde entgegnen	würde entgegnen
wir	werden entgegnen	werden entgegnen	würden entgegnen
ihr	werdet entgegnen	werdet entgegnen	würdet entgegnen
sie	werden entgegnen	werden entgegnen	würden entgegnen
		Future Perfect Time	
	Future Perfect	*(Fut. Perf. Subj.)*	*(Past Conditional)*
ich	werde entgegnet haben	werde entgegnet haben	würde entgegnet haben
du	wirst entgegnet haben	werdest entgegnet haben	würdest entgegnet haben
er	wird entgegnet haben	werde entgegnet haben	würde entgegnet haben
wir	werden entgegnet haben	werden entgegnet haben	würden entgegnet haben
ihr	werdet entgegnet haben	werdet entgegnet haben	würdet entgegnet haben
sie	werden entgegnet haben	werden entgegnet haben	würden entgegnet haben

enthalten

to contain, hold

PRINC. PARTS: enthalten,* enthielt, enthalten, enthält
IMPERATIVE: enthalte!, enthaltet!, enthalten Sie!

INDICATIVE	SUBJUNCTIVE	
	PRIMARY	SECONDARY
	Present Time	
Present	*(Pres. Subj.)*	*(Imperf. Subj.)*
ich enthalte	enthalte	enthielte
du enthältst	enthaltest	enthieltest
er enthält	enthalte	enthielte
wir enthalten	enthalten	enthielten
ihr enthaltet	enthaltet	enthieltet
sie enthalten	enthalten	enthielten
Imperfect		
ich enthielt		
du enthieltest		
er enthielt		
wir enthielten		
ihr enthieltet		
sie enthielten		
	Past Time	
Perfect	*(Perf. Subj.)*	*(Pluperf. Subj.)*
ich habe enthalten	habe enthalten	hätte enthalten
du hast enthalten	habest enthalten	hättest enthalten
er hat enthalten	habe enthalten	hätte enthalten
wir haben enthalten	haben enthalten	hätten enthalten
ihr habt enthalten	habet enthalten	hättet enthalten
sie haben enthalten	haben enthalten	hätten enthalten
Pluperfect		
ich hatte enthalten		
du hattest enthalten		
er hatte enthalten		
wir hatten enthalten		
ihr hattet enthalten		
sie hatten enthalten		
	Future Time	
Future	*(Fut. Subj.)*	*(Pres. Conditional)*
ich werde enthalten	werde enthalten	würde enthalten
du wirst enthalten	werdest enthalten	würdest enthalten
er wird enthalten	werde enthalten	würde enthalten
wir werden enthalten	werden enthalten	würden enthalten
ihr werdet enthalten	werdet enthalten	würdet enthalten
sie werden enthalten	werden enthalten	würden enthalten
	Future Perfect Time	
Future Perfect	*(Fut. Perf. Subj.)*	*(Past Conditional)*
ich werde enthalten haben	werde enthalten haben	würde enthalten haben
du wirst enthalten haben	werdest enthalten haben	würdest enthalten haben
er wird enthalten haben	werde enthalten haben	würde enthalten haben
wir werden enthalten haben	werden enthalten haben	würden enthalten haben
ihr werdet enthalten haben	werdet enthalten haben	würdet enthalten haben
sie werden enthalten haben	werden enthalten haben	würden enthalten haben

* the reflexive verb sich enthalten, enthielt sich, hat sich enthalten, enthält sich, means to abstain from

PRINC. PARTS: entkommen, entkam, ist entkommen, entkommt

IMPERATIVE: entkomme!, entkommt!, entkommen Sie! *to escape, get away*

	INDICATIVE		SUBJUNCTIVE	
			PRIMARY	SECONDARY
			Present Time	
	Present		(*Pres. Subj.*)	(*Imperf. Subj.*)
ich	entkomme		entkomme	entkäme
du	entkommst		entkommest	entkämest
er	entkommt		entkomme	entkäme
wir	entkommen		entkommen	entkämen
ihr	entkommt		entkommet	entkämet
sie	entkommen		entkommen	entkämen
	Imperfect			
ich	entkam			
du	entkamst			
er	entkam			
wir	entkamen			
ihr	entkamt			
sie	entkamen		*Past Time*	
	Perfect		(*Perf. Subj.*)	(*Pluperf. Subj.*)
ich	bin entkommen		sei entkommen	wäre entkommen
du	bist entkommen		seiest entkommen	wärest entkommen
er	ist entkommen		sei entkommen	wäre entkommen
wir	sind entkommen		seien entkommen	wären entkommen
ihr	seid entkommen		seiet entkommen	wäret entkommen
sie	sind entkommen		seien entkommen	wären entkommen
	Pluperfect			
ich	war entkommen			
du	warst entkommen			
er	war entkommen			
wir	waren entkommen			
ihr	wart entkommen			
sie	waren entkommen		*Future Time*	
	Future		(*Fut. Subj.*)	(*Pres. Conditional*)
ich	werde entkommen		werde entkommen	würde entkommen
du	wirst entkommen		werdest entkommen	würdest entkommen
er	wird entkommen		werde entkommen	würde entkommen
wir	werden entkommen		werden entkommen	würden entkommen
ihr	werdet entkommen		werdet entkommen	würdet entkommen
sie	werden entkommen		werden entkommen	würden entkommen
			Future Perfect Time	
	Future Perfect		(*Fut. Perf. Subj.*)	(*Past Conditional*)
ich	werde entkommen sein		werde entkommen sein	würde entkommen sein
du	wirst entkommen sein		werdest entkommen sein	würdest entkommen sein
er	wird entkommen sein		werde entkommen sein	würde entkommen sein
wir	werden entkommen sein		werden entkommen sein	würden entkommen sein
ihr	werdet entkommen sein		werdet entkommen sein	würdet entkommen sein
sie	werden entkommen sein		werden entkommen sein	würden entkommen sein

entschuldigen

to excuse, apologize

	PRINC. PARTS:	entschuldigen, entschuldigte, entschuldigt, entschuldigt
	IMPERATIVE:	entschuldige!, entschuldigt!, entschuldigen Sie!

	INDICATIVE		SUBJUNCTIVE	
			PRIMARY	SECONDARY
			Present Time	
	Present		(*Pres. Subj.*)	(*Imperf. Subj.*)
ich	entschuldige		entschuldige	entschuldigte
du	entschuldigst		entschuldigest	entschuldigtest
er	entschuldigt		entschuldige	entschuldigte
wir	entschuldigen		entschuldigen	entschuldigten
ihr	entschuldigt		entschuldiget	entschuldigtet
sie	entschuldigen		entschuldigen	entschuldigten
	Imperfect			
ich	entschuldigte			
du	entschuldigtest			
er	entschuldigte			
wir	entschuldigten			
ihr	entschuldigtet			
sie	entschuldigten			
			Past Time	
	Perfect		(*Perf. Subj.*)	(*Pluperf. Subj.*)
ich	habe entschuldigt		habe entschuldigt	hätte entschuldigt
du	hast entschuldigt		habest entschuldigt	hättest entschuldigt
er	hat entschuldigt		habe entschuldigt	hätte entschuldigt
wir	haben entschuldigt		haben entschuldigt	hätten entschuldigt
ihr	habt entschuldigt		habet entschuldigt	hättet entschuldigt
sie	haben entschuldigt		haben entschuldigt	hätten entschuldigt
	Pluperfect			
ich	hatte entschuldigt			
du	hattest entschuldigt			
er	hatte entschuldigt			
wir	hatten entschuldigt			
ihr	hattet entschuldigt			
sie	hatten entschuldigt			
			Future Time	
	Future		(*Fut. Subj.*)	(*Pres. Conditional*)
ich	werde entschuldigen		werde entschuldigen	würde entschuldigen
du	wirst entschuldigen		werdest entschuldigen	würdest entschuldigen
er	wird entschuldigen		werde entschuldigen	würde entschuldigen
wir	werden entschuldigen		werden entschuldigen	würden entschuldigen
ihr	werdet entschuldigen		werdet entschuldigen	würdet entschuldigen
sie	werden entschuldigen		werden entschuldigen	würden entschuldigen
			Future Perfect Time	
	Future Perfect		(*Fut. Perf. Subj.*)	(*Past Conditional*)
ich	werde entschuldigt haben		werde entschuldigt haben	würde entschuldigt haben
du	wirst entschuldigt haben		werdest entschuldigt haben	würdest entschuldigt haben
er	wird entschuldigt haben		werde entschuldigt haben	würde entschuldigt haben
wir	werden entschuldigt haben		werden entschuldigt haben	würden entschuldigt haben
ihr	werdet entschuldigt haben		werdet entschuldigt haben	würdet entschuldigt haben
sie	werden entschuldigt haben		werden entschuldigt haben	würden entschuldigt haben

PRINC. PARTS: entstellen, entstellte, entstellt, entstellt
IMPERATIVE: entstelle!, entstellt!, entstellen Sie!

to disfigure, deform

INDICATIVE	SUBJUNCTIVE	
	PRIMARY	SECONDARY
	Present Time	
Present	*(Pres. Subj.)*	*(Imperf. Subj.)*
ich entstelle	entstelle	entstellte
du entstellst	entstellest	entstelltest
er entstellt	entstelle	entstellte
wir entstellen	entstellen	entstellten
ihr entstellt	entstellet	entstelltet
sie entstellen	entstellen	entstellten

Imperfect

ich entstellte
du entstelltest
er entstellte
wir entstellten
ihr entstelltet
sie entstellten

	Past Time	
Perfect	*(Perf. Subj.)*	*(Pluperf. Subj.)*
ich habe entstellt	habe entstellt	hätte entstellt
du hast entstellt	habest entstellt	hättest entstellt
er hat entstellt	habe entstellt	hätte entstellt
wir haben entstellt	haben entstellt	hätten entstellt
ihr habt entstellt	habet entstellt	hättet entstellt
sie haben entstellt	haben entstellt	hätten entstellt

Pluperfect

ich hatte entstellt
du hattest entstellt
er hatte entstellt
wir hatten entstellt
ihr hattet entstellt
sie hatten entstellt

	Future Time	
Future	*(Fut. Subj.)*	*(Pres. Conditional)*
ich werde entstellen	werde entstellen	würde entstellen
du wirst entstellen	werdest entstellen	würdest entstellen
er wird entstellen	werde entstellen	würde entstellen
wir werden entstellen	werden entstellen	würden entstellen
ihr werdet entstellen	werdet entstellen	würdet entstellen
sie werden entstellen	werden entstellen	würden entstellen

	Future Perfect Time	
Future Perfect	*(Fut. Perf. Subj.)*	*(Past Conditional)*
ich werde entstellt haben	werde entstellt haben	würde entstellt haben
du wirst entstellt haben	werdest entstellt haben	würdest entstellt haben
er wird entstellt haben	werde entstellt haben	würde entstellt haben
wir werden entstellt haben	werden entstellt haben	würden entstellt haben
ihr werdet entstellt haben	werdet entstellt haben	würdet entstellt haben
sie werden entstellt haben	werden entstellt haben	würden entstellt haben

erfinden

to invent, discover,
find out

PRINC. PARTS: erfinden, erfand, erfunden, erfindet
IMPERATIVE: erfinde!, erfindet!, erfinden Sie!

	INDICATIVE		SUBJUNCTIVE	
			PRIMARY	SECONDARY
			Present Time	
	Present		*(Pres. Subj.)*	*(Imperf. Subj.)*
ich	erfinde		erfinde	erfände
du	erfindest		erfindest	erfändest
er	erfindet		erfinde	erfände
wir	erfinden		erfinden	erfänden
ihr	erfindet		erfindet	erfändet
sie	erfinden		erfinden	erfänden
	Imperfect			
ich	erfand			
du	erfandst			
er	erfand			
wir	erfanden			
ihr	erfandet			
sie	erfanden			
			Past Time	
	Perfect		*(Perf. Subj.)*	*(Pluperf. Subj.)*
ich	habe erfunden		habe erfunden	hätte erfunden
du	hast erfunden		habest erfunden	hättest erfunden
er	hat erfunden		habe erfunden	hätte erfunden
wir	haben erfunden		haben erfunden	hätten erfunden
ihr	habt erfunden		habet erfunden	hättet erfunden
sie	haben erfunden		haben erfunden	hätten erfunden
	Pluperfect			
ich	hatte erfunden			
du	hattest erfunden			
er	hatte erfunden			
wir	hatten erfunden			
ihr	hattet erfunden			
sie	hatten erfunden			
			Future Time	
	Future		*(Fut. Subj.)*	*(Pres. Conditional)*
ich	werde erfinden		werde erfinden	würde erfinden
du	wirst erfinden		werdest erfinden	würdest erfinden
er	wird erfinden		werde erfinden	würde erfinden
wir	werden erfinden		werden erfinden	würden erfinden
ihr	werdet erfinden		werdet erfinden	würdet erfinden
sie	werden erfinden		werden erfinden	würden erfinden
			Future Perfect Time	
	Future Perfect		*(Fut. Perf. Subj.)*	*(Past Conditional)*
ich	werde erfunden haben		werde erfunden haben	würde erfunden haben
du	wirst erfunden haben		werdest erfunden haben	würdest erfunden haben
er	wird erfunden haben		werde erfunden haben	würde erfunden haben
wir	werden erfunden haben		werden erfunden haben	würden erfunden haben
ihr	werdet erfunden haben		werdet erfunden haben	würdet erfunden haben
sie	werden erfunden haben		werden erfunden haben	würden erfunden haben

PRINC. PARTS: erhalten, erhielt, erhalten, erhält
IMPERATIVE: erhalte!, erhaltet!, erhalten Sie!   *to obtain, receive, preserve*

INDICATIVE	SUBJUNCTIVE	
	PRIMARY	SECONDARY

Present Time

	Present	*(Pres. Subj.)*	*(Imperf. Subj.)*
ich	erhalte	erhalte	erhielte
du	erhältst	erhaltest	erhieltest
er	erhält	erhalte	erhielte
wir	erhalten	erhalten	erhielten
ihr	erhaltet	erhaltet	erhieltet
sie	erhalten	erhalten	erhielten

	Imperfect
ich	erhielt
du	erhieltest
er	erhielt
wir	erhielten
ihr	erhieltet
sie	erhielten

Past Time

	Perfect	*(Perf. Subj.)*	*(Pluperf. Subj.)*
ich	habe erhalten	habe erhalten	hätte erhalten
du	hast erhalten	habest erhalten	hättest erhalten
er	hat erhalten	habe erhalten	hätte erhalten
wir	haben erhalten	haben erhalten	hätten erhalten
ihr	habt erhalten	habet erhalten	hättet erhalten
sie	haben erhalten	haben erhalten	hätten erhalten

	Pluperfect
ich	hatte erhalten
du	hattest erhalten
er	hatte erhalten
wir	hatten erhalten
ihr	hattet erhalten
sie	hatten erhalten

Future Time

	Future	*(Fut. Subj.)*	*(Pres. Conditional)*
ich	werde erhalten	werde erhalten	würde erhalten
du	wirst erhalten	werdest erhalten	würdest erhalten
er	wird erhalten	werde erhalten	würde erhalten
wir	werden erhalten	werden erhalten	würden erhalten
ihr	werdet erhalten	werdet erhalten	würdet erhalten
sie	werden erhalten	werden erhalten	würden erhalten

Future Perfect Time

	Future Perfect	*(Fut. Perf. Subj.)*	*(Past Conditional)*
ich	werde erhalten haben	werde erhalten haben	würde erhalten haben
du	wirst erhalten haben	werdest erhalten haben	würdest erhalten haben
er	wird erhalten haben	werde erhalten haben	würde erhalten haben
wir	werden erhalten haben	werden erhalten haben	würden erhalten haben
ihr	werdet erhalten haben	werdet erhalten haben	würdet erhalten haben
sie	werden erhalten haben	werden erhalten haben	würden erhalten haben

sich erkälten

to catch a cold

PRINC. PARTS: sich erkälten, erkältete sich, hat sich erkältet, erkältet sich

IMPERATIVE: erkälte dich!, erkältet euch!, erkälten Sie sich!

	INDICATIVE		SUBJUNCTIVE	
			PRIMARY	SECONDARY
			Present Time	
	Present		*(Pres. Subj.)*	*(Imperf. Subj.)*
ich	erkälte mich		erkälte mich	erkältete mich
du	erkältest dich		erkältest dich	erkältetest dich
er	erkältet sich		erkälte sich	erkältete sich
wir	erkälten uns		erkälten uns	erkälteten uns
ihr	erkältet euch		erkältet euch	erkältetet euch
sie	erkälten sich		erkälten sich	erkälteten sich
	Imperfect			
ich	erkältete mich			
du	erkältetest dich			
er	erkältete sich			
wir	erkälteten uns			
ihr	erkältetet euch			
sie	erkälteten sich		*Past Time*	
	Perfect		*(Perf. Subj.)*	*(Pluperf. Subj.)*
ich	habe mich erkältet		habe mich erkältet	hätte mich erkältet
du	hast dich erkältet		habest dich erkältet	hättest dich erkältet
er	hat sich erkältet		habe sich erkältet	hätte sich erkältet
wir	haben uns erkältet		haben uns erkältet	hätten uns erkältet
ihr	habt euch erkältet		habet euch erkältet	hättet euch erkältet
sie	haben sich erkältet		haben sich erkältet	hätten sich erkältet
	Pluperfect			
ich	hatte mich erkältet			
du	hattest dich erkältet			
er	hatte sich erkältet			
wir	hatten uns erkältet			
ihr	hattet euch erkältet			
sie	hatten sich erkältet		*Future Time*	
	Future		*(Fut. Subj.)*	*(Pres. Conditional)*
ich	werde mich erkälten		werde mich erkälten	würde mich erkälten
du	wirst dich erkälten		werdest dich erkälten	würdest dich erkälten
er	wird sich erkälten		werde sich erkälten	würde sich erkälten
wir	werden uns erkälten		werden uns erkälten	würden uns erkälten
ihr	werdet euch erkälten		werdet euch erkälten	würdet euch erkälten
sie	werden sich erkälten		werden sich erkälten	würden sich erkälten
	Future Perfect		*Future Perfect Time*	
			(Fut. Perf. Subj.)	*(Past Conditional)*
ich	werde mich erkältet haben		werde mich erkältet haben	würde mich erkältet haben
du	wirst dich erkältet haben		werdest dich erkältet haben	würdest dich erkältet haben
er	wird sich erkältet haben		werde sich erkältet haben	würde sich erkältet haben
wir	werden uns erkältet haben		werden uns erkältet haben	würden uns erkältet haben
ihr	werdet euch erkältet haben		werdet euch erkältet haben	würdet euch erkältet haben
sie	werden sich erkältet haben		werden sich erkältet haben	würden sich erkältet haben

erklären

PRINC. PARTS: erklären, erklärte, erklärt, erklärt
IMPERATIVE: erkläre!, erklärt!, erklären Sie!

to explain, declare,
announce

	INDICATIVE	SUBJUNCTIVE	
		PRIMARY	SECONDARY
		Present Time	
	Present	(*Pres. Subj.*)	(*Imperf. Subj.*)
ich	erkläre	erkläre	erklärte
du	erklärst	erklärest	erklärtest
er	erklärt	erkläre	erklärte
wir	erklären	erklären	erklärten
ihr	erklärt	erkläret	erklärtet
sie	erklären	erklären	erklärten

	Imperfect
ich	erklärte
du	erklärtest
er	erklärte
wir	erklärten
ihr	erklärtet
sie	erklärten

		Past Time	
	Perfect	(*Perf. Subj.*)	(*Pluperf. Subj.*)
ich	habe erklärt	habe erklärt	hätte erklärt
du	hast erklärt	habest erklärt	hättest erklärt
er	hat erklärt	habe erklärt	hätte erklärt
wir	haben erklärt	haben erklärt	hätten erklärt
ihr	habt erklärt	habet erklärt	hättet erklärt
sie	haben erklärt	haben erklärt	hätten erklärt

	Pluperfect
ich	hatte erklärt
du	hattest erklärt
er	hatte erklärt
wir	hatten erklärt
ihr	hattet erklärt
sie	hatten erklärt

		Future Time	
	Future	(*Fut. Subj.*)	(*Pres. Conditional*)
ich	werde erklären	werde erklären	würde erklären
du	wirst erklären	werdest erklären	würdest erklären
er	wird erklären	werde erklären	würde erklären
wir	werden erklären	werden erklären	würden erklären
ihr	werdet erklären	werdet erklären	würdet erklären
sie	werden erklären	werden erklären	würden erklären

		Future Perfect Time	
	Future Perfect	(*Fut. Perf. Subj.*)	(*Past Conditional*)
ich	werde erklärt haben	werde erklärt haben	würde erklärt haben
du	wirst erklärt haben	werdest erklärt haben	würdest erklärt haben
er	wird erklärt haben	werde erklärt haben	würde erklärt haben
wir	werden erklärt haben	werden erklärt haben	würden erklärt haben
ihr	werdet erklärt haben	werdet erklärt haben	würdet erklärt haben
sie	werden erklärt haben	werden erklärt haben	würden erklärt haben

erlöschen

to become extinguished,
dim, go out

PRINC. PARTS: erlöschen,* erlosch, ist erloschen, erlischt
IMPERATIVE: erlisch!, erlöscht!, erlöschen Sie!**

	INDICATIVE	SUBJUNCTIVE	
		PRIMARY	SECONDARY
		Present Time	
	Present	*(Pres. Subj.)*	*(Imperf. Subj.)*
ich	erlösche	erlösche	erlösche
du	erlischst	erlöschest	erlöschest
er	erlischt	erlösche	erlösche
wir	erlöschen	erlöschen	erlöschen
ihr	erlöscht	erlöschet	erlöschet
sie	erlöschen	erlöschen	erlöschen
	Imperfect		
ich	erlosch		
du	erloschest		
er	erlosch		
wir	erloschen		
ihr	erloscht		
sie	erloschen		
		Past Time	
	Perfect	*(Perf. Subj.)*	*(Pluperf. Subj.)*
ich	bin erloschen	sei erloschen	wäre erloschen
du	bist erloschen	seiest erloschen	wärest erloschen
er	ist erloschen	sei erloschen	wäre erloschen
wir	sind erloschen	seien erloschen	wären erloschen
ihr	seid erloschen	seiet erloschen	wäret erloschen
sie	sind erloschen	seien erloschen	wären erloschen
	Pluperfect		
ich	war erloschen		
du	warst erloschen		
er	war erloschen		
wir	waren erloschen		
ihr	wart erloschen		
sie	waren erloschen		
		Future Time	
	Future	*(Fut. Subj.)*	*(Pres. Conditional)*
ich	werde erlöschen	werde erlöschen	würde erlöschen
du	wirst erlöschen	werdest erlöschen	würdest erlöschen
er	wird erlöschen	werde erlöschen	würde erlöschen
wir	werden erlöschen	werden erlöschen	würden erlöschen
ihr	werdet erlöschen	werdet erlöschen	würdet erlöschen
sie	werden erlöschen	werden erlöschen	würden erlöschen
		Future Perfect Time	
	Future Perfect	*(Fut. Perf. Subj.)*	*(Past Conditional)*
ich	werde erloschen sein	werde erloschen sein	würde erloschen sein
du	wirst erloschen sein	werdest erloschen sein	würdest erloschen sein
er	wird erloschen sein	werde erloschen sein	würde erloschen sein
wir	werden erloschen sein	werden erloschen sein	würden erloschen sein
ihr	werdet erloschen sein	werdet erloschen sein	würdet erloschen sein
sie	werden erloschen sein	werden erloschen sein	würden erloschen sein

* Forms other than the third person are infrequently found.
** The imperative is unusual.

PRINC. PARTS: errichten, errichtete, errichtet, errichtet
IMPERATIVE: errichte!, errichtet!, errichten Sie!

to erect, establish

INDICATIVE	SUBJUNCTIVE	
	PRIMARY	SECONDARY
	Present Time	
Present	*(Pres. Subj.)*	*(Imperf. Subj.)*
ich errichte	errichte	errichtete
du errichtest	errichtest	errichtetest
er errichtet	errichte	errichtete
wir errichten	errichten	errichteten
ihr errichtet	errichtet	errichtetet
sie errichten	errichten	errichteten

Imperfect
ich errichtete
du errichtetest
er errichtete
wir errichteten
ihr errichtetet
sie errichteten

Past Time

Perfect	*(Perf. Subj.)*	*(Pluperf. Subj.)*
ich habe errichtet	habe errichtet	hätte errichtet
du hast errichtet	habest errichtet	hättest errichtet
er hat errichtet	habe errichtet	hätte errichtet
wir haben errichtet	haben errichtet	hätten errichtet
ihr habt errichtet	habet errichtet	hättet errichtet
sie haben errichtet	haben errichtet	hätten errichtet

Pluperfect
ich hatte errichtet
du hattest errichtet
er hatte errichtet
wir hatten errichtet
ihr hattet errichtet
sie hatten errichtet

Future Time

Future	*(Fut. Subj.)*	*(Pres. Conditional)*
ich werde errichten	werde errichten	würde errichten
du wirst errichten	werdest errichten	würdest errichten
er wird errichten	werde errichten	würde errichten
wir werden errichten	werden errichten	würden errichten
ihr werdet errichten	werdet errichten	würdet errichten
sie werden errichten	werden errichten	würden errichten

Future Perfect Time

Future Perfect	*(Fut. Perf. Subj.)*	*(Past Conditional)*
ich werde errichtet haben	werde errichtet haben	würde errichtet haben
du wirst errichtet haben	werdest errichtet haben	würdest errichtet haben
er wird errichtet haben	werde errichtet haben	würde errichtet haben
wir werden errichtet haben	werden errichtet haben	würden errichtet haben
ihr werdet errichtet haben	werdet errichtet haben	würdet errichtet haben
sie werden errichtet haben	werden errichtet haben	würden errichtet haben

erschöpfen

to exhaust, drain

PRINC. PARTS: erschöpfen, erschöpfte, erschöpft, erschöpft
IMPERATIVE: erschöpfe!, erschöpft!, erschöpfen Sie!

	INDICATIVE	SUBJUNCTIVE	
		PRIMARY	SECONDARY

Present Time

	Present	*(Pres. Subj.)*	*(Imperf. Subj.)*
ich	erschöpfe	erschöpfe	erschöpfte
du	erschöpfst	erschöpfest	erschöpftest
er	erschöpft	erschöpfe	erschöpfte
wir	erschöpfen	erschöpfen	erschöpften
ihr	erschöpft	erschöpfet	erschöpftet
sie	erschöpfen	erschöpfen	erschöpften

	Imperfect
ich	erschöpfte
du	erschöpftest
er	erschöpfte
wir	erschöpften
ihr	erschöpftet
sie	erschöpften

Past Time

	Perfect	*(Perf. Subj.)*	*(Pluperf. Subj.)*
ich	habe erschöpft	habe erschöpft	hätte erschöpft
du	hast erschöpft	habest erschöpft	hättest erschöpft
er	hat erschöpft	habe erschöpft	hätte erschöpft
wir	haben erschöpft	haben erschöpft	hätten erschöpft
ihr	habt erschöpft	habet erschöpft	hättet erschöpft
sie	haben erschöpft	haben erschöpft	hätten erschöpft

	Pluperfect
ich	hatte erschöpft
du	hattest erschöpft
er	hatte erschöpft
wir	hatten erschöpft
ihr	hattet erschöpft
sie	hatten erschöpft

Future Time

	Future	*(Fut. Subj.)*	*(Pres. Conditional)*
ich	werde erschöpfen	werde erschöpfen	würde erschöpfen
du	wirst erschöpfen	werdest erschöpfen	würdest erschöpfen
er	wird erschöpfen	werde erschöpfen	würde erschöpfen
wir	werden erschöpfen	werden erschöpfen	würden erschöpfen
ihr	werdet erschöpfen	werdet erschöpfen	würdet erschöpfen
sie	werden erschöpfen	werden erschöpfen	würden erschöpfen

Future Perfect Time

	Future Perfect	*(Fut. Perf. Subj.)*	*(Past Conditional)*
ich	werde erschöpft haben	werde erschöpft haben	würde erschöpft haben
du	wirst erschöpft haben	werdest erschöpft haben	würdest erschöpft haben
er	wird erschöpft haben	werde erschöpft haben	würde erschöpft haben
wir	werden erschöpft haben	werden erschöpft haben	würden erschöpft haben
ihr	werdet erschöpft haben	werdet erschöpft haben	würdet erschöpft haben
sie	werden erschöpft haben	werden erschöpft haben	würden erschöpft haben

PRINC. PARTS: erschrecken,* erschrak, ist erschrocken,
erschrickt
IMPERATIVE: erschrick!, erschreckt!, erschrecken Sie!

erschrecken
to be frightened

	INDICATIVE	PRIMARY	SECONDARY
			SUBJUNCTIVE
			Present Time
	Present	*(Pres. Subj.)*	*(Imperf. Subj.)*
ich	erschrecke	erschrecke	erschräke
du	erschrickst	erschreckest	erschräkest
er	erschrickt	erschrecke	erschräke
wir	erschrecken	erschrecken	erschräken
ihr	erschreckt	erschrecket	erschräket
sie	erschrecken	erschrecken	erschräken

	Imperfect
ich	erschrak
du	erschrakst
er	erschrak
wir	erschraken
ihr	erschrakt
sie	erschraken

Past Time

	Perfect	*(Perf. Subj.)*	*(Pluperf. Subj.)*
ich	bin erschrocken	sei erschrocken	wäre erschrocken
du	bist erschrocken	seiest erschrocken	wärest erschrocken
er	ist erschrocken	sei erschrocken	wäre erschrocken
wir	sind erschrocken	seien erschrocken	wären erschrocken
ihr	seid erschrocken	seiet erschrocken	wäret erschrocken
sie	sind erschrocken	seien erschrocken	wären erschrocken

	Pluperfect
ich	war erschrocken
du	warst erschrocken
er	war erschrocken
wir	waren erschrocken
ihr	wart erschrocken
sie	waren erschrocken

Future Time

	Future	*(Fut. Subj.)*	*(Pres. Conditional)*
ich	werde erschrecken	werde erschrecken	würde erschrecken
du	wirst erschrecken	werdest erschrecken	würdest erschrecken
er	wird erschrecken	werde erschrecken	würde erschrecken
wir	werden erschrecken	werden erschrecken	würden erschrecken
ihr	werdet erschrecken	werdet erschrecken	würdet erschrecken
sie	werden erschrecken	werden erschrecken	würden erschrecken

Future Perfect Time

	Future Perfect	*(Fut. Perf. Subj.)*	*(Past Conditional)*
ich	werde erschrocken sein	werde erschrocken sein	würde erschrocken sein
du	wirst erschrocken sein	werdest erschrocken sein	würdest erschrocken sein
er	wird erschrocken sein	werde erschrocken sein	würde erschrocken sein
wir	werden erschrocken sein	werden erschrocken sein	würden erschrocken sein
ihr	werdet erschrocken sein	werdet erschrocken sein	würdet erschrocken sein
sie	werden erschrocken sein	werden erschrocken sein	würden erschrocken sein

* **Erschrecken** meaning "to frighten" is a weak verb. PRINC. PARTS: erschrecken, erschreckte, erschreckt, erschreckt.

ersticken

to choke, stifle

PRINC. PARTS: ersticken, erstickte, erstickt, erstickt
IMPERATIVE: ersticke!, erstickt!, ersticken Sie!

	INDICATIVE	SUBJUNCTIVE	
		PRIMARY	SECONDARY
		Present Time	
	Present	*(Pres. Subj.)*	*(Imperf. Subj.)*
ich	ersticke	ersticke	erstickte
du	erstickst	erstickest	ersticktest
er	erstickt	ersticke	erstickte
wir	ersticken	ersticken	erstickten
ihr	erstickt	ersticket	ersticktet
sie	ersticken	ersticken	erstickten

	Imperfect
ich	erstickte
du	ersticktest
er	erstickte
wir	erstickten
ihr	ersticktet
sie	erstickten

			Past Time	
	Perfect	*(Perf. Subj.)*	*(Pluperf. Subj.)*
ich	habe erstickt	habe erstickt	hätte erstickt
du	hast erstickt	habest erstickt	hättest erstickt
er	hat erstickt	habe erstickt	hätte erstickt
wir	haben erstickt	haben erstickt	hätten erstickt
ihr	habt erstickt	habet erstickt	hättet erstickt
sie	haben erstickt	haben erstickt	hätten erstickt

	Pluperfect
ich	hatte erstickt
du	hattest erstickt
er	hatte erstickt
wir	hatten erstickt
ihr	hattet erstickt
sie	hatten erstickt

			Future Time	
	Future	*(Fut. Subj.)*	*(Pres. Conditional)*
ich	werde ersticken	werde ersticken	würde ersticken
du	wirst ersticken	werdest ersticken	würdest ersticken
er	wird ersticken	werde ersticken	würde ersticken
wir	werden ersticken	werden ersticken	würden ersticken
ihr	werdet ersticken	werdet ersticken	würdet ersticken
sie	werden ersticken	werden ersticken	würden ersticken

			Future Perfect Time	
	Future Perfect	*(Fut. Perf. Subj.)*	*(Past Conditional)*
ich	werde erstickt haben	werde erstickt haben	würde erstickt haben
du	wirst erstickt haben	werdest erstickt haben	würdest erstickt haben
er	wird erstickt haben	werde erstickt haben	würde erstickt haben
wir	werden erstickt haben	werden erstickt haben	würden erstickt haben
ihr	werdet erstickt haben	werdet erstickt haben	würdet erstickt haben
sie	werden erstickt haben	werden erstickt haben	würden erstickt haben

PRINC. PARTS: erwägen, erwog, erwogen, erwägt
IMPERATIVE: erwäge!, erwägt!, erwägen Sie!

to consider, ponder

INDICATIVE	SUBJUNCTIVE	
	PRIMARY	SECONDARY
	Present Time	
Present	*(Pres. Subj.)*	*(Imperf. Subj.)*
ich erwäge	erwäge	erwöge
du erwägst	erwägest	erwögest
er erwägt	erwäge	erwöge
wir erwägen	erwägen	erwögen
ihr erwägt	erwäget	erwöget
sie erwägen	erwägen	erwögen

Imperfect

ich erwog
du erwogst
er erwog
wir erwogen
ihr erwogt
sie erwogen

	Past Time	
Perfect	*(Perf. Subj.)*	*(Pluperf. Subj.)*
ich habe erwogen	habe erwogen	hätte erwogen
du hast erwogen	habest erwogen	hättest erwogen
er hat erwogen	habe erwogen	hätte erwogen
wir haben erwogen	haben erwogen	hätten erwogen
ihr habt erwogen	habet erwogen	hättet erwogen
sie haben erwogen	haben erwogen	hätten erwogen

Pluperfect

ich hatte erwogen
du hattest erwogen
er hatte erwogen
wir hatten erwogen
ihr hattet erwogen
sie hatten erwogen

	Future Time	
Future	*(Fut. Subj.)*	*(Pres. Conditional)*
ich werde erwägen	werde erwägen	würde erwägen
du wirst erwägen	werdest erwägen	würdest erwägen
er wird erwägen	werde erwägen	würde erwägen
wir werden erwägen	werden erwägen	würden erwägen
ihr werdet erwägen	werdet erwägen	würdet erwägen
sie werden erwägen	werden erwägen	würden erwägen

	Future Perfect Time	
Future Perfect	*(Fut. Perf. Subj.)*	*(Past Conditional)*
ich werde erwogen haben	werde erwogen haben	würde erwogen haben
du wirst erwogen haben	werdest erwogen haben	würdest erwogen haben
er wird erwogen haben	werde erwogen haben	würde erwogen haben
wir werden erwogen haben	werden erwogen haben	würden erwogen haben
ihr werdet erwogen haben	werdet erwogen haben	würdet erwogen haben
sie werden erwogen haben	werden erwogen haben	würden erwogen haben

105

erwähnen

to mention

PRINC. PARTS: erwähnen, erwähnte, erwähnt, erwähnt
IMPERATIVE: erwähne!, erwähnt!, erwähnen Sie!

	INDICATIVE	SUBJUNCTIVE	
		PRIMARY	SECONDARY
		Present Time	
	Present	*(Pres. Subj.)*	*(Imperf. Subj.)*
ich	erwähne	erwähne	erwähnte
du	erwähnst	erwähnest	erwähntest
er	erwähnt	erwähne	erwähnte
wir	erwähnen	erwähnen	erwähnten
ihr	erwähnt	erwähnet	erwähntet
sie	erwähnen	erwähnen	erwähnten

	Imperfect
ich	erwähnte
du	erwähntest
er	erwähnte
wir	erwähnten
ihr	erwähntet
sie	erwähnten

			Past Time	
	Perfect	*(Perf. Subj.)*	*(Pluperf. Subj.)*
ich	habe erwähnt	habe erwähnt	hätte erwähnt
du	hast erwähnt	habest erwähnt	hättest erwähnt
er	hat erwähnt	habe erwähnt	hätte erwähnt
wir	haben erwähnt	haben erwähnt	hätten erwähnt
ihr	habt erwähnt	habet erwähnt	hättet erwähnt
sie	haben erwähnt	haben erwähnt	hätten erwähnt

	Pluperfect
ich	hatte erwähnt
du	hattest erwähnt
er	hatte erwähnt
wir	hatten erwähnt
ihr	hattet erwähnt
sie	hatten erwähnt

			Future Time	
	Future	*(Fut. Subj.)*	*(Pres. Conditional)*
ich	werde erwähnen	werde erwähnen	würde erwähnen
du	wirst erwähnen	werdest erwähnen	würdest erwähnen
er	wird erwähnen	werde erwähnen	würde erwähnen
wir	werden erwähnen	werden erwähnen	würden erwähnen
ihr	werdet erwähnen	werdet erwähnen	würdet erwähnen
sie	werden erwähnen	werden erwähnen	würden erwähnen

			Future Perfect Time	
	Future Perfect	*(Fut. Perf. Subj.)*	*(Past Conditional)*
ich	werde erwähnt haben	werde erwähnt haben	würde erwähnt haben
du	wirst erwähnt haben	werdest erwähnt haben	würdest erwähnt haben
er	wird erwähnt haben	werde erwähnt haben	würde erwähnt haben
wir	werden erwähnt haben	werden erwähnt haben	würden erwähnt haben
ihr	werdet erwähnt haben	werdet erwähnt haben	würdet erwähnt haben
sie	werden erwähnt haben	werden erwähnt haben	würden erwähnt haben

106

PRINC. PARTS: erzählen, erzählte, erzählt, erzählt
IMPERATIVE: erzähle!, erzählt!, erzählen Sie!

to tell, relate

INDICATIVE	SUBJUNCTIVE	
	PRIMARY	SECONDARY
	Present Time	
Present	(*Pres. Subj.*)	(*Imperf. Subj.*)
ich erzähle	erzähle	erzählte
du erzählst	erzählest	erzähltest
er erzählt	erzähle	erzählte
wir erzählen	erzählen	erzählten
ihr erzählt	erzählet	erzähltet
sie erzählen	erzählen	erzählten

Imperfect
ich erzählte
du erzähltest
er erzählte
wir erzählten
ihr erzähltet
sie erzählten

	Past Time	
Perfect	(*Perf. Subj.*)	(*Pluperf. Subj.*)
ich habe erzählt	habe erzählt	hätte erzählt
du hast erzählt	habest erzählt	hättest erzählt
er hat erzählt	habe erzählt	hätte erzählt
wir haben erzählt	haben erzählt	hätten erzählt
ihr habt erzählt	habet erzählt	hättet erzählt
sie haben erzählt	haben erzählt	hätten erzählt

Pluperfect
ich hatte erzählt
du hattest erzählt
er hatte erzählt
wir hatten erzählt
ihr hattet erzählt
sie hatten erzählt

	Future Time	
Future	(*Fut. Subj.*)	(*Pres. Conditional*)
ich werde erzählen	werde erzählen	würde erzählen
du wirst erzählen	werdest erzählen	würdest erzählen
er wird erzählen	werde erzählen	würde erzählen
wir werden erzählen	werden erzählen	würden erzählen
ihr werdet erzählen	werdet erzählen	würdet erzählen
sie werden erzählen	werden erzählen	würden erzählen

	Future Perfect Time	
Future Perfect	(*Fut. Perf. Subj.*)	(*Past Conditional*)
ich werde erzählt haben	werde erzählt haben	würde erzählt haben
du wirst erzählt haben	werdest erzählt haben	würdest erzählt haben
er wird erzählt haben	werde erzählt haben	würde erzählt haben
wir werden erzählt haben	werden erzählt haben	würden erzählt haben
ihr werdet erzählt haben	werdet erzählt haben	würdet erzählt haben
sie werden erzählt haben	werden erzählt haben	würden erzählt haben

essen

to eat

PRINC. PARTS: essen, aß, gegessen, ißt
IMPERATIVE: iß!, eßt!, essen Sie!

INDICATIVE	SUBJUNCTIVE	
	PRIMARY	SECONDARY
	Present Time	
Present	*(Pres. Subj.)*	*(Imperf. Subj.)*
ich esse	esse	äße
du ißt	essest	äßest
er ißt	esse	äße
wir essen	essen	äßen
ihr eßt	esset	äßet
sie essen	essen	äßen

Imperfect

ich	aß
du	aßest
er	aß
wir	aßen
ihr	aßt
sie	aßen

		Past Time	
Perfect	*(Perf. Subj.)*	*(Pluperf. Subj.)*
ich habe gegessen	habe gegessen	hätte gegessen
du hast gegessen	habest gegessen	hättest gegessen
er hat gegessen	habe gegessen	hätte gegessen
wir haben gegessen	haben gegessen	hätten gegessen
ihr habt gegessen	habet gegessen	hättet gegessen
sie haben gegessen	haben gegessen	hätten gegessen

Pluperfect

ich	hatte gegessen
du	hattest gegessen
er	hatte gegessen
wir	hatten gegessen
ihr	hattet gegessen
sie	hatten gegessen

	Future Time	
Future	*(Fut. Subj.)*	*(Pres. Conditional)*
ich werde essen	werde essen	würde essen
du wirst essen	werdest essen	würdest essen
er wird essen	werde essen	würde essen
wir werden essen	werden essen	würden essen
ihr werdet essen	werdet essen	würdet essen
sie werden essen	werden essen	würden essen

	Future Perfect Time	
Future Perfect	*(Fut. Perf. Subj.)*	*(Past Conditional)*
ich werde gegessen haben	werde gegessen haben	würde gegessen haben
du wirst gegessen haben	werdest gegessen haben	würdest gegessen haben
er wird gegessen haben	werde gegessen haben	würde gegessen haben
wir werden gegessen haben	werden gegessen haben	würden gegessen haben
ihr werdet gegessen haben	werdet gegessen haben	würdet gegessen haben
sie werden gegessen haben	werden gegessen haben	würden gegessen haben

PRINC. PARTS: fahren, fuhr, ist gefahren, fährt
IMPERATIVE: fahre!, fahrt!, fahren Sie!

to travel, drive, ride, go

INDICATIVE	SUBJUNCTIVE	
	PRIMARY	SECONDARY

Present Time

	Present	(Pres. Subj.)	(Imperf. Subj.)
ich	fahre	fahre	führe
du	fährst	fahrest	führest
er	fährt	fahre	führe
wir	fahren	fahren	führen
ihr	fahrt	fahret	führet
sie	fahren	fahren	führen

	Imperfect
ich	fuhr
du	fuhrst
er	fuhr
wir	fuhren
ihr	fuhrt
sie	fuhren

Past Time

	Perfect	(Perf. Subj.)	(Pluperf. Subj.)
ich	bin gefahren	sei gefahren	wäre gefahren
du	bist gefahren	seiest gefahren	wärest gefahren
er	ist gefahren	sei gefahren	wäre gefahren
wir	sind gefahren	seien gefahren	wären gefahren
ihr	seid gefahren	seiet gefahren	wäret gefahren
sie	sind gefahren	seien gefahren	wären gefahren

	Pluperfect
ich	war gefahren
du	warst gefahren
er	war gefahren
wir	waren gefahren
ihr	wart gefahren
sie	waren gefahren

Future Time

	Future	(Fut. Subj.)	(Pres. Conditional)
ich	werde fahren	werde fahren	würde fahren
du	wirst fahren	werdest fahren	würdest fahren
er	wird fahren	werde fahren	würde fahren
wir	werden fahren	werden fahren	würden fahren
ihr	werdet fahren	werdet fahren	würdet fahren
sie	werden fahren	werden fahren	würden fahren

Future Perfect Time

	Future Perfect	(Fut. Perf. Subj.)	(Past Conditional)
ich	werde gefahren sein	werde gefahren sein	würde gefahren sein
du	wirst gefahren sein	werdest gefahren sein	würdest gefahren sein
er	wird gefahren sein	werde gefahren sein	würde gefahren sein
wir	werden gefahren sein	werden gefahren sein	würden gefahren sein
ihr	werdet gefahren sein	werdet gefahren sein	würdet gefahren sein
sie	werden gefahren sein	werden gefahren sein	würden gefahren sein

fallen
to fall

PRINC. PARTS: fallen, fiel, ist gefallen, fällt
IMPERATIVE: falle!, fallt!, fallen Sie!

INDICATIVE	SUBJUNCTIVE	
	PRIMARY	SECONDARY

Present Time

	Present	(Pres. Subj.)	(Imperf. Subj.)
ich	falle	falle	fiele
du	fällst	fallest	fielest
er	fällt	falle	fiele
wir	fallen	fallen	fielen
ihr	fallt	fallet	fielet
sie	fallen	fallen	fielen

	Imperfect
ich	fiel
du	fielst
er	fiel
wir	fielen
ihr	fielt
sie	fielen

Past Time

	Perfect	(Perf. Subj.)	(Pluperf. Subj.)
ich	bin gefallen	sei gefallen	wäre gefallen
du	bist gefallen	seiest gefallen	wärest gefallen
er	ist gefallen	sei gefallen	wäre gefallen
wir	sind gefallen	seien gefallen	wären gefallen
ihr	seid gefallen	seiet gefallen	wäret gefallen
sie	sind gefallen	seien gefallen	wären gefallen

	Pluperfect
ich	war gefallen
du	warst gefallen
er	war gefallen
wir	waren gefallen
ihr	wart gefallen
sie	waren gefallen

Future Time

	Future	(Fut. Subj.)	(Pres. Conditional)
ich	werde fallen	werde fallen	würde fallen
du	wirst fallen	werdest fallen	würdest fallen
er	wird fallen	werde fallen	würde fallen
wir	werden fallen	werden fallen	würden fallen
ihr	werdet fallen	werdet fallen	würdet fallen
sie	werden fallen	werden fallen	würden fallen

Future Perfect Time

	Future Perfect	(Fut. Perf. Subj.)	(Past Conditional)
ich	werde gefallen sein	werde gefallen sein	würde gefallen sein
du	wirst gefallen sein	werdest gefallen sein	würdest gefallen sein
er	wird gefallen sein	werde gefallen sein	würde gefallen sein
wir	werden gefallen sein	werden gefallen sein	würden gefallen sein
ihr	werdet gefallen sein	werdet gefallen sein	würdet gefallen sein
sie	werden gefallen sein	werden gefallen sein	würden gefallen sein

PRINC. PARTS: falten, faltete, gefaltet, faltet
IMPERATIVE: falte!, faltet!, falten Sie!

INDICATIVE	SUBJUNCTIVE	
	PRIMARY	SECONDARY
	Present Time	
Present	*(Pres. Subj.)*	*(Imperf. Subj.)*
ich falte	falte	faltete
du faltest	faltest	faltetest
er faltet	falte	faltete
wir falten	falten	falteten
ihr faltet	faltet	faltetet
sie falten	falten	falteten

Imperfect

ich faltete
du faltetest
er faltete
wir falteten
ihr faltetet
sie falteten

	Past Time	
Perfect	*(Perf. Subj.)*	*(Pluperf. Subj.)*
ich habe gefaltet	habe gefaltet	hätte gefaltet
du hast gefaltet	habest gefaltet	hättest gefaltet
er hat gefaltet	habe gefaltet	hätte gefaltet
wir haben gefaltet	haben gefaltet	hätten gefaltet
ihr habt gefaltet	habet gefaltet	hättet gefaltet
sie haben gefaltet	haben gefaltet	hätten gefaltet

Pluperfect

ich hatte gefaltet
du hattest gefaltet
er hatte gefaltet
wir hatten gefaltet
ihr hattet gefaltet
sie hatten gefaltet

	Future Time	
Future	*(Fut. Subj.)*	*(Pres. Conditional)*
ich werde falten	werde falten	würde falten
du wird falten	werdest falten	würdest falten
er wirst falten	werde falten	würde falten
wir werden falten	werden falten	würden falten
ihr werdet falten	werdet falten	würdet falten
sie werden falten	werden falten	würden falten

	Future Perfect Time	
Future Perfect	*(Fut. Perf. Subj.)*	*(Past Conditional)*
ich werde gefaltet haben	werde gefaltet haben	würde gefaltet haben
du wird gefaltet haben	werdest gefaltet haben	würdest gefaltet haben
er wirst gefaltet haben	werde gefaltet haben	würde gefaltet haben
wir werden gefaltet haben	werden gefaltet haben	würden gefaltet haben
ihr werdet gefaltet haben	werdet gefaltet haben	würdet gefaltet haben
sie werden gefaltet haben	werden gefaltet haben	würden gefaltet haben

fangen

to catch, capture

PRINC. PARTS: fangen, fing, gefangen, fängt
IMPERATIVE: fange!, fangt!, fangen Sie!

INDICATIVE	SUBJUNCTIVE	
	PRIMARY	SECONDARY

Present Time

	Present	(Pres. Subj.)	(Imperf. Subj.)
ich	fange	fange	finge
du	fängst	fangest	fingest
er	fängt	fange	finge
wir	fangen	fangen	fingen
ihr	fangt	fanget	finget
sie	fangen	fangen	fingen

	Imperfect
ich	fing
du	fingst
er	fing
wir	fingen
ihr	fingt
sie	fingen

Past Time

	Perfect	(Perf. Subj.)	(Pluperf. Subj.)
ich	habe gefangen	habe gefangen	hätte gefangen
du	hast gefangen	habest gefangen	hättest gefangen
er	hat gefangen	habe gefangen	hätte gefangen
wir	haben gefangen	haben gefangen	hätten gefangen
ihr	habt gefangen	habet gefangen	hättet gefangen
sie	haben gefangen	haben gefangen	hätten gefangen

	Pluperfect
ich	hatte gefangen
du	hattest gefangen
er	hatte gefangen
wir	hatten gefangen
ihr	hattet gefangen
sie	hatten gefangen

Future Time

	Future	(Fut. Subj.)	(Pres. Conditional)
ich	werde fangen	werde fangen	würde fangen
du	wirst fangen	werdest fangen	würdest fangen
er	wird fangen	werde fangen	würde fangen
wir	werden fangen	werden fangen	würden fangen
ihr	werdet fangen	werdet fangen	würdet fangen
sie	werden fangen	werden fangen	würden fangen

Future Perfect Time

	Future Perfect	(Fut. Perf. Subj.)	(Past Conditional)
ich	werde gefangen haben	werde gefangen haben	würde gefangen haben
du	wirst gefangen haben	werdest gefangen haben	würdest gefangen haben
er	wird gefangen haben	werde gefangen haben	würde gefangen haben
wir	werden gefangen haben	werden gefangen haben	würden gefangen haben
ihr	werdet gefangen haben	werdet gefangen haben	würdet gefangen haben
sie	werden gefangen haben	werden gefangen haben	würden gefangen haben

fassen

PRINC. PARTS: fassen, faßte, gefaßt, faßt
IMPERATIVE: fasse!, faßt!, fassen Sie!

to grasp, seize, contain, conceive

	INDICATIVE		SUBJUNCTIVE	
			PRIMARY	SECONDARY
			Present Time	
	Present		*(Pres. Subj.)*	*(Imperf. Subj.)*
ich	fasse		fasse	faßte
du	faßt		fassest	faßtest
er	faßt		fasse	faßte
wir	fassen		fassen	faßten
ihr	faßt		fasset	faßtet
sie	fassen		fassen	faßten

	Imperfect
ich	faßte
du	faßtest
er	faßte
wir	faßten
ihr	faßtet
sie	faßten

				Past Time	
	Perfect		*(Perf. Subj.)*	*(Pluperf. Subj.)*
ich	habe gefaßt		habe gefaßt	hätte gefaßt
du	hast gefaßt		habest gefaßt	hättest gefaßt
er	hat gefaßt		habe gefaßt	hätte gefaßt
wir	haben gefaßt		haben gefaßt	hätten gefaßt
ihr	habt gefaßt		habet gefaßt	hättet gefaßt
sie	haben gefaßt		haben gefaßt	hätten gefaßt

	Pluperfect
ich	hatte gefaßt
du	hattest gefaßt
er	hatte gefaßt
wir	hatten gefaßt
ihr	hattet gefaßt
sie	hatten gefaßt

			Future Time	
	Future		*(Fut. Subj.)*	*(Pres. Conditional)*
ich	werde fassen		werde fassen	würde fassen
du	wirst fassen		werdest fassen	würdest fassen
er	wird fassen		werde fassen	würde fassen
wir	werden fassen		werden fassen	würden fassen
ihr	werdet fassen		werdet fassen	würdet fassen
sie	werden fassen		werden fassen	würden fassen

			Future Perfect Time	
	Future Perfect		*(Fut. Perf. Subj.)*	*(Past Conditional)*
ich	werde gefaßt haben		werde gefaßt haben	würde gefaßt haben
du	wirst gefaßt haben		werdest gefaßt haben	würdest gefaßt haben
er	wird gefaßt haben		werde gefaßt haben	würde gefaßt haben
wir	werden gefaßt haben		werden gefaßt haben	würden gefaßt haben
ihr	werdet gefaßt haben		werdet gefaßt haben	würdet gefaßt haben
sie	werden gefaßt haben		werden gefaßt haben	würden gefaßt haben

113

fechten
to fight, fence

PRINC. PARTS: fechten, focht, gefochten, ficht
IMPERATIVE: ficht!, fechtet!, fechten Sie!

	INDICATIVE	SUBJUNCTIVE	
		PRIMARY	SECONDARY
	Present	*(Pres. Subj.)*	*(Imperf. Subj.)*
		Present Time	
ich	fechte	fechte	föchte
du	fichtst	fechtest	föchtest
er	ficht	fechte	föchte
wir	fechten	fechten	föchten
ihr	fechtet	fechtet	föchtet
sie	fechten	fechten	föchten

	Imperfect
ich	focht
du	fochtest
er	focht
wir	fochten
ihr	fochtet
sie	fochten

		Past Time	
	Perfect	*(Perf. Subj.)*	*(Pluperf. Subj.)*
ich	habe gefochten	habe gefochten	hätte gefochten
du	hast gefochten	habest gefochten	hättest gefochten
er	hat gefochten	habe gefochten	hätte gefochten
wir	haben gefochten	haben gefochten	hätten gefochten
ihr	habt gefochten	habet gefochten	hättet gefochten
sie	haben gefochten	haben gefochten	hätten gefochten

	Pluperfect
ich	hatte gefochten
du	hattest gefochten
er	hatte gefochten
wir	hatten gefochten
ihr	hattet gefochten
sie	hatten gefochten

		Future Time	
	Future	*(Fut. Subj.)*	*(Pres. Conditional)*
ich	werde fechten	werde gefochten	würde fechten
du	wirst fechten	werdest gefochten	würdest fechten
er	wird fechten	werde gefochten	würde fechten
wir	werden fechten	werden gefochten	würden fechten
ihr	werdet fechten	werdet gefochten	würdet fechten
sie	werden fechten	werden gefochten	würden fechten

		Future Perfect Time	
	Future Perfect	*(Fut. Perf. Subj.)*	*(Past Conditional)*
ich	werde gefochten haben	werde gefochten haben	würde gefochten haben
du	wirst gefochten haben	werdest gefochten haben	würdest gefochten haben
er	wird gefochten haben	werde gefochten haben	würde gefochten haben
wir	werden gefochten haben	werden gefochten haben	würden gefochten haben
ihr	werdet gefochten haben	werdet gefochten haben	würdet gefochten haben
sie	werden gefochten haben	werden gefochten haben	würden gefochten haben

PRINC. PARTS: feststellen, stellte fest, festgestellt, stellt
fest **feststellen**
IMPERATIVE: stelle fest!, stellt fest!, stellen Sie fest! *to ascertain, establish*

INDICATIVE		SUBJUNCTIVE	
		PRIMARY	SECONDARY

Present Time

Present		(*Pres. Subj.*)	(*Imperf. Subj.*)
ich	stelle fest	stelle fest	stellte fest
du	stellst fest	stellest fest	stelltest fest
er	stellt fest	stelle fest	stellte fest
wir	stellen fest	stellen fest	stellten fest
ihr	stellt fest	stellet fest	stelltet fest
sie	stellen fest	stellen fest	stellten fest

Imperfect

ich	stellte fest
du	stelltest fest
er	stellte fest
wir	stellten fest
ihr	stelltet fest
sie	stellten fest

Past Time

Perfect		(*Perf. Subj.*)	(*Pluperf. Subj.*)
ich	habe festgestellt	habe festgestellt	hätte festgestellt
du	hast festgestellt	habest festgestellt	hättest festgestellt
er	hat festgestellt	habe festgestellt	hätte festgestellt
wir	haben festgestellt	haben festgestellt	hätten festgestellt
ihr	habt festgestellt	habet festgestellt	hättet festgestellt
sie	haben festgestellt	haben festgestellt	hätten festgestellt

Pluperfect

ich	hatte festgestellt
du	hattest festgestellt
er	hatte festgestellt
wir	hatten festgestellt
ihr	hattet festgestellt
sie	hatten festgestellt

Future Time

Future		(*Fut. Subj.*)	(*Pres. Conditional*)
ich	werde feststellen	werde feststellen	würde feststellen
du	wirst feststellen	werdest feststellen	würdest feststellen
er	wird feststellen	werde feststellen	würde feststellen
wir	werden feststellen	werden feststellen	würden feststellen
ihr	werdet feststellen	werdet feststellen	würdet feststellen
sie	werden feststellen	werden feststellen	würden feststellen

Future Perfect Time

Future Perfect		(*Fut. Perf. Subj.*)	(*Past Conditional*)
ich	werde festgestellt haben	werde festgestellt haben	würde festgestellt haben
du	wirst festgestellt haben	werdest festgestellt haben	würdest festgestellt haben
er	wird festgestellt haben	werde festgestellt haben	würde festgestellt haben
wir	werden festgestellt haben	werden festgestellt haben	würden festgestellt haben
ihr	werdet festgestellt haben	werdet festgestellt haben	würdet festgestellt haben
sie	werden festgestellt haben	werden festgestellt haben	würden festgestellt haben

finden

to find

PRINC. PARTS: finden, fand, gefunden, findet
IMPERATIVE: finde!, findet!, finden Sie!

INDICATIVE	SUBJUNCTIVE	
	PRIMARY	SECONDARY

Present Time

	Present	*(Pres. Subj.)*	*(Imperf. Subj.)*
ich	finde	finde	fände
du	findest	findest	fändest
er	findet	finde	fände
wir	finden	finden	fänden
ihr	findet	findet	fändet
sie	finden	finden	fänden

	Imperfect
ich	fand
du	fandst
er	fand
wir	fanden
ihr	fandet
sie	fanden

Past Time

	Perfect	*(Perf. Subj.)*	*(Pluperf. Subj.)*
ich	habe gefunden	habe gefunden	hätte gefunden
du	hast gefunden	habest gefunden	hättest gefunden
er	hat gefunden	habe gefunden	hätte gefunden
wir	haben gefunden	haben gefunden	hätten gefunden
ihr	habt gefunden	habet gefunden	hättet gefunden
sie	haben gefunden	haben gefunden	hätten gefunden

	Pluperfect
ich	hatte gefunden
du	hattest gefunden
er	hatte gefunden
wir	hatten gefunden
ihr	hattet gefunden
sie	hatten gefunden

Future Time

	Future	*(Fut. Subj.)*	*(Pres. Conditional)*
ich	werde finden	werde finden	würde finden
du	wirst finden	werdest finden	würdest finden
er	wird finden	werde finden	würde finden
wir	werden finden	werden finden	würden finden
ihr	werdet finden	werdet finden	würdet finden
sie	werden finden	werden finden	würden finden

Future Perfect Time

	Future Perfect	*(Fut. Perf. Subj.)*	*(Past Conditional)*
ich	werde gefunden haben	werde gefunden haben	würde gefunden haben
du	wirst gefunden haben	werdest gefunden haben	würdest gefunden haben
er	wird gefunden haben	werde gefunden haben	würde gefunden haben
wir	werden gefunden haben	werden gefunden haben	würden gefunden haben
ihr	werdet gefunden haben	werdet gefunden haben	würdet gefunden haben
sie	werden gefunden haben	werden gefunden haben	würden gefunden haben

to patch, repair

	INDICATIVE		SUBJUNCTIVE	
			PRIMARY	SECONDARY
				Present Time
	Present		*(Pres. Subj.)*	*(Imperf. Subj.)*
ich	flicke		flicke	flickte
du	flickst		flickest	flicktest
er	flickt		flicke	flickte
wir	flicken		flicken	flickten
ihr	flickt		flicket	flicktet
sie	flicken		flicken	flickten

	Imperfect
ich	flickte
du	flicktest
er	flickte
wir	flickten
ihr	flicktet
sie	flickten

	Perfect		*(Perf. Subj.)*	*Past Time* *(Pluperf. Subj.)*
ich	habe geflickt		habe geflickt	hätte geflickt
du	hast geflickt		habest geflickt	hättest geflickt
er	hat geflickt		habe geflickt	hätte geflickt
wir	haben geflickt		haben geflickt	hätten geflickt
ihr	habt geflickt		habet geflickt	hättet geflickt
sie	haben geflickt		haben geflickt	hätten geflickt

	Pluperfect
ich	hatte geflickt
du	hattest geflickt
er	hatte geflickt
wir	hatten geflickt
ihr	hattet geflickt
sie	hatten geflickt

	Future		*(Fut. Subj.)*	*Future Time* *(Pres. Conditional)*
ich	werde flicken		werde flicken	würde flicken
du	wirst flicken		werdest flicken	würdest flicken
er	wird flicken		werde flicken	würde flicken
wir	werden flicken		werden flicken	würden flicken
ihr	werdet flicken		werdet flicken	würdet flicken
sie	werden flicken		werden flicken	würden flicken

	Future Perfect		*(Fut. Perf. Subj.)*	*Future Perfect Time* *(Past Conditional)*
ich	werde geflickt haben		werde geflickt haben	würde geflickt haben
du	wirst geflickt haben		werdest geflickt haben	würdest geflickt haben
er	wird geflickt haben		werde geflickt haben	würde geflickt haben
wir	werden geflickt haben		werden geflickt haben	würden geflickt haben
ihr	werdet geflickt haben		werdet geflickt haben	würdet geflickt haben
sie	werden geflickt haben		werden geflickt haben	würden geflickt haben

fliegen
to fly

PRINC. PARTS: fliegen, flog, ist geflogen, fliegt
IMPERATIVE: fliege!, fliegt!, fliegen Sie!

INDICATIVE	SUBJUNCTIVE	
	PRIMARY	SECONDARY

Present Time

	Present	*(Pres. Subj.)*	*(Imperf. Subj.)*
ich	fliege	fliege	flöge
du	fliegst	fliegest	flögest
er	fliegt	fliege	flöge
wir	fliegen	fliegen	flögen
ihr	fliegt	flieget	flöget
sie	fliegen	fliegen	flögen

	Imperfect
ich	flog
du	flogst
er	flog
wir	flogen
ihr	flogt
sie	flogen

Past Time

	Perfect	*(Perf. Subj.)*	*(Pluperf. Subj.)*
ich	bin geflogen	sei geflogen	wäre geflogen
du	bist geflogen	seiest geflogen	wärest geflogen
er	ist geflogen	sei geflogen	wäre geflogen
wir	sind geflogen	seien geflogen	wären geflogen
ihr	seid geflogen	seiet geflogen	wäret geflogen
sie	sind geflogen	seien geflogen	wären geflogen

	Pluperfect
ich	war geflogen
du	warst geflogen
er	war geflogen
wir	waren geflogen
ihr	wart geflogen
sie	waren geflogen

Future Time

	Future	*(Fut. Subj.)*	*(Pres. Conditional)*
ich	werde fliegen	werde fliegen	würde fliegen
du	wirst fliegen	werdest fliegen	würdest fliegen
er	wird fliegen	werde fliegen	würde fliegen
wir	werden fliegen	werden fliegen	würden fliegen
ihr	werdet fliegen	werdet fliegen	würdet fliegen
sie	werden fliegen	werden fliegen	würden fliegen

Future Perfect Time

	Future Perfect	*(Fut. Perf. Subj.)*	*(Past Conditional)*
ich	werde geflogen sein	werde geflogen sein	würde geflogen sein
du	wirst geflogen sein	werdest geflogen sein	würdest geflogen sein
er	wird geflogen sein	werde geflogen sein	würde geflogen sein
wir	werden geflogen sein	werden geflogen sein	würden geflogen sein
ihr	werdet geflogen sein	werdet geflogen sein	würdet geflogen sein
sie	werden geflogen sein	werden geflogen sein	würden geflogen sein

PRINC. PARTS: fliehen, floh, ist geflohen, flieht
IMPERATIVE: fliehe!, flieht!, fliehen Sie!

to flee, shun, avoid

INDICATIVE	SUBJUNCTIVE	
	PRIMARY	SECONDARY

Present Time

	Present	*(Pres. Subj.)*	*(Imperf. Subj.)*
ich	fliehe	fliehe	flöhe
du	fliehst	fliehest	flöhest
er	flieht	fliehe	flöhe
wir	fliehen	fliehen	flöhen
ihr	flieht	fliehet	flöhet
sie	fliehen	fliehen	flöhen

	Imperfect
ich	floh
du	flohst
er	floh
wir	flohen
ihr	floht
sie	flohen

Past Time

	Perfect	*(Perf. Subj.)*	*(Pluperf. Subj.)*
ich	bin geflohen	sei geflohen	wäre geflohen
du	bist geflohen	seiest geflohen	wärest geflohen
er	ist geflohen	sei geflohen	wäre geflohen
wir	sind geflohen	seien geflohen	wären geflohen
ihr	seid geflohen	seiet geflohen	wäret geflohen
sie	sind geflohen	seien geflohen	wären geflohen

	Pluperfect
ich	war geflohen
du	warst geflohen
er	war geflohen
wir	waren geflohen
ihr	wart geflohen
sie	waren geflohen

Future Time

	Future	*(Fut. Subj.)*	*(Pres. Conditional)*
ich	werde fliehen	werde fliehen	würde fliehen
du	wirst fliehen	werdest fliehen	würdest fliehen
er	wird fliehen	werde fliehen	würde fliehen
wir	werden fliehen	werden fliehen	würden fliehen
ihr	werdet fliehen	werdet fliehen	würdet fliehen
sie	werden fliehen	werden fliehen	würden fliehen

Future Perfect Time

	Future Perfect	*(Fut. Perf. Subj.)*	*(Past Conditional)*
ich	werde geflohen sein	werde geflohen sein	würde geflohen sein
du	wirst geflohen sein	werdest geflohen sein	würdest geflohen sein
er	wird geflohen sein	werde geflohen sein	würde geflohen sein
wir	werden geflohen sein	werden geflohen sein	würden geflohen sein
ihr	werdet geflohen sein	werdet geflohen sein	würdet geflohen sein
sie	werden geflohen sein	werden geflohen sein	würden geflohen sein

119

fließen

to flow

PRINC. PARTS: fließen,* floß, ist geflossen, fließt
IMPERATIVE: fließe!, fließt!, fließen Sie!**

	INDICATIVE	SUBJUNCTIVE	
		PRIMARY	SECONDARY
		Present Time	
	Present	*(Pres. Subj.)*	*(Imperf. Subj.)*
ich	fließe	fließe	flösse
du	fließt	fließest	flössest
er	fließt	fließe	flösse
wir	fließen	fließen	flössen
ihr	fließt	fließet	flösset
sie	fließen	fließen	flössen

	Imperfect
ich	floß
du	flossest
er	floß
wir	flossen
ihr	floßt
sie	flossen

			Past Time	
	Perfect	*(Perf. Subj.)*	*(Pluperf. Subj.)*
ich	bin geflossen	sei geflossen	wäre geflossen
du	bist geflossen	seiest geflossen	wärest geflossen
er	ist geflossen	sei geflossen	wäre geflossen
wir	sind geflossen	seien geflossen	wären geflossen
ihr	seid geflossen	seiet geflossen	wäret geflossen
sie	sind geflossen	seien geflossen	wären geflossen

	Pluperfect
ich	war geflossen
du	warst geflossen
er	war geflossen
wir	waren geflossen
ihr	wart geflossen
sie	waren geflossen

			Future Time	
	Future	*(Fut. Subj.)*	*(Pres. Conditional)*
ich	werde fließen	werde fließen	würde fließen
du	wirst fließen	werdest fließen	würdest fließen
er	wird fließen	werde fließen	würde fließen
wir	werden fließen	werden fließen	würden fließen
ihr	werdet fließen	werdet fließen	würdet fließen
sie	werden fließen	werden fließen	würden fließen

			Future Perfect Time	
	Future Perfect	*(Fut. Perf. Subj.)*	*(Past Conditional)*
ich	werde geflossen sein	werde geflossen sein	würde geflossen sein
du	wirst geflossen sein	werdest geflossen sein	würdest geflossen sein
er	wird geflossen sein	werde geflossen sein	würde geflossen sein
wir	werden geflossen sein	werden geflossen sein	würden geflossen sein
ihr	werdet geflossen sein	werdet geflossen sein	würdet geflossen sein
sie	werden geflossen sein	werden geflossen sein	würden geflossen sein

* Forms other than the third person are infrequently found.
** The imperative is unusual.

PRINC. PARTS: fluchen, fluchte, geflucht, flucht
IMPERATIVE: fluche!, flucht!, fluchen Sie!

to curse, swear

INDICATIVE	SUBJUNCTIVE	
	PRIMARY	SECONDARY

Present Time

	Present	*(Pres. Subj.)*	*(Imperf. Subj.)*
ich	fluche	fluche	fluchte
du	fluchst	fluchest	fluchtest
er	flucht	fluche	fluchte
wir	fluchen	fluchen	fluchten
ihr	flucht	fluchet	fluchtet
sie	fluchen	fluchen	fluchten

	Imperfect
ich	fluchte
du	fluchtest
er	fluchte
wir	fluchten
ihr	fluchtet
sie	fluchten

Past Time

	Perfect	*(Perf. Subj.)*	*(Pluperf. Subj.)*
ich	habe geflucht	habe geflucht	hätte geflucht
du	hast geflucht	habest geflucht	hättest geflucht
er	hat geflucht	habe geflucht	hätte geflucht
wir	haben geflucht	haben geflucht	hätten geflucht
ihr	habt geflucht	habet geflucht	hättet geflucht
sie	haben geflucht	haben geflucht	hätten geflucht

	Pluperfect
ich	hatte geflucht
du	hattest geflucht
er	hatte geflucht
wir	hatten geflucht
ihr	hattet geflucht
sie	hatten geflucht

Future Time

	Future	*(Fut. Subj.)*	*(Pres. Conditional)*
ich	werde fluchen	werde fluchen	würde fluchen
du	wirst fluchen	werdest fluchen	würdest fluchen
er	wird fluchen	werde fluchen	würde fluchen
wir	werden fluchen	werden fluchen	würden fluchen
ihr	werdet fluchen	werdet fluchen	würdet fluchen
sie	werden fluchen	werden fluchen	würden fluchen

Future Perfect Time

	Future Perfect	*(Fut. Perf. Subj.)*	*(Past Conditional)*
ich	werde geflucht haben	werde geflucht haben	würde geflucht haben
du	wirst geflucht haben	werdest geflucht haben	würdest geflucht haben
er	wird geflucht haben	werde geflucht haben	würde geflucht haben
wir	werden geflucht haben	werden geflucht haben	würden geflucht haben
ihr	werdet geflucht haben	werdet geflucht haben	würdet geflucht haben
sie	werden geflucht haben	werden geflucht haben	würden geflucht haben

121

fluten

to flood, surge

PRINC. PARTS: **fluten*, flutete, geflutet, flutet**
IMPERATIVE: **flute!, flutet!, fluten Sie!**

INDICATIVE	SUBJUNCTIVE	
	PRIMARY	SECONDARY

Present Time

	Present	*(Pres. Subj.)*	*(Imperf. Subj.)*
ich	flute	flute	flutete
du	flutest	flutest	flutetest
er	flutet	flute	flutete
wir	fluten	fluten	fluteten
ihr	flutet	flutet	flutetet
sie	fluten	fluten	fluteten

Imperfect

ich	flutete
du	flutetest
er	flutete
wir	fluteten
ihr	flutetet
sie	fluteten

Past Time

	Perfect	*(Perf. Subj.)*	*(Pluperf. Subj.)*
ich	habe geflutet	habe geflutet	hätte geflutet
du	hast geflutet	habest geflutet	hättest geflutet
er	hat geflutet	habe geflutet	hätte geflutet
wir	haben geflutet	haben geflutet	hätten geflutet
ihr	habt geflutet	habet geflutet	hättet geflutet
sie	haben geflutet	haben geflutet	hätten geflutet

Pluperfect

ich	hatte geflutet
du	hattest geflutet
er	hatte geflutet
wir	hatten geflutet
ihr	hattet geflutet
sie	hatten geflutet

Future Time

	Future	*(Fut. Subj.)*	*(Pres. Conditional)*
ich	werde fluten	werde fluten	würde fluten
du	wirst fluten	werdest fluten	würdest fluten
er	wird fluten	werde fluten	würde fluten
wir	werden fluten	werden fluten	würden fluten
ihr	werdet fluten	werdet fluten	würdet fluten
sie	werden fluten	werden fluten	würden fluten

Future Perfect Time

	Future Perfect	*(Fut. Perf. Subj.)*	*(Past Conditional)*
ich	werde geflutet haben	werde geflutet haben	würde geflutet haben
du	wirst geflutet haben	werdest geflutet haben	würdest geflutet haben
er	wird geflutet haben	werde geflutet haben	würde geflutet haben
wir	werden geflutet haben	werden geflutet haben	würden geflutet haben
ihr	werdet geflutet haben	werdet geflutet haben	würdet geflutet haben
sie	werden geflutet haben	werden geflutet haben	würden geflutet haben

* Forms other than the third person are infrequently found.

PRINC. PARTS: folgen, folgte, ist gefolgt, folgt
IMPERATIVE: folge!, folgt!, folgen Sie!

INDICATIVE	SUBJUNCTIVE	
	PRIMARY	SECONDARY
	Present Time	
Present	(*Pres. Subj.*)	(*Imperf. Subj.*)
ich folge	folge	folgte
du folgst	folgest	folgtest
er folgt	folge	folgte
wir folgen	folgen	folgten
ihr folgt	folget	folgtet
sie folgen	folgen	folgten

Imperfect
ich folgte
du folgtest
er folgte
wir folgten
ihr folgtet
sie folgten

Perfect	*Past Time*	
	(*Perf. Subj.*)	(*Pluperf. Subj.*)
ich bin gefolgt	sei gefolgt	wäre gefolgt
du bist gefolgt	seiest gefolgt	wärest gefolgt
er ist gefolgt	sei gefolgt	wäre gefolgt
wir sind gefolgt	seien gefolgt	wären gefolgt
ihr seid gefolgt	seiet gefolgt	wäret gefolgt
sie sind gefolgt	seien gefolgt	wären gefoigt

Pluperfect
ich war gefolgt
du warst gefolgt
er war gefolgt
wir waren gefolgt
ihr wart gefolgt
sie waren gefolgt

Future	*Future Time*	
	(*Fut. Subj.*)	(*Pres. Conditional*)
ich werde folgen	werde folgen	würde folgen
du wirst folgen	werdest folgen	würdest folgen
er wird folgen	werde folgen	würde folgen
wir werden folgen	werden folgen	würden folgen
ihr werdet folgen	werdet folgen	würdet folgen
sie werden folgen	werden folgen	würden folgen

Future Perfect	*Future Perfect Time*	
	(*Fut. Perf. Subj.*)	(*Past Conditional*)
ich werde gefolgt sein	werde gefolgt sein	würde gefolgt sein
du wirst gefolgt sein	werdest gefolgt sein	würdest gefolgt sein
er wird gefolgt sein	werde gefolgt sein	würde gefolgt sein
wir werden gefolgt sein	werden gefolgt sein	würden gefolgt sein
ihr werdet gefolgt sein	werdet gefolgt sein	würdet gefolgt sein
sie werden gefolgt sein	werden gefolgt sein	würden gefolgt sein

frachten

to load; carry (freight), ship

PRINC. PARTS: frachten, frachtete, gefrachtet, frachtet

IMPERATIVE: frachte!, frachtet!, frachten Sie!

	INDICATIVE		SUBJUNCTIVE	
			PRIMARY	SECONDARY
			Present Time	
	Present		(*Pres. Subj.*)	(*Imperf. Subj.*)
ich	frachte		frachte	frachtete
du	frachtest		frachtest	frachtetest
er	frachtet		frachte	frachtete
wir	frachten		frachten	frachteten
ihr	frachtet		frachtet	frachtetet
sie	frachten		frachten	frachteten
	Imperfect			
ich	frachtete			
du	frachtetest			
er	frachtete			
wir	frachteten			
ihr	frachtetet			
sie	frachteten		*Past Time*	
	Perfect		(*Perf. Subj.*)	(*Pluperf. Subj.*)
ich	habe gefrachtet		habe gefrachtet	hätte gefrachtet
du	hast gefrachtet		habest gefrachtet	hättest gefrachtet
er	hat gefrachtet		habe gefrachtet	hätte gefrachtet
wir	haben gefrachtet		haben gefrachtet	hätten gefrachtet
ihr	habt gefrachtet		habet gefrachtet	hättet gefrachtet
sie	haben gefrachtet		haben gefrachtet	hätten gefrachtet
	Pluperfect			
ich	hatte gefrachtet			
du	hattest gefrachtet			
er	hatte gefrachtet			
wir	hatten gefrachtet			
ihr	hattet gefrachtet			
sie	hatten gefrachtet		*Future Time*	
	Future		(*Fut. Subj.*)	(*Pres. Conditional*)
ich	werde frachten		werde frachten	würde frachten
du	wirst frachten		werdest frachten	würdest frachten
er	wird frachten		werde frachten	würde frachten
wir	werden frachten		werden frachten	würden frachten
ihr	werdet frachten		werdet frachten	würdet frachten
sie	werden frachten		werden frachten	würden frachten
			Future Perfect Time	
	Future Perfect		(*Fut. Perf. Subj.*)	(*Past Conditional*)
ich	werde gefrachtet haben		werde gefrachtet haben	würde gefrachtet haben
du	wirst gefrachtet haben		werdest gefrachtet haben	würdest gefrachtet haben
er	wird gefrachtet haben		werde gefrachtet haben	würde gefrachtet haben
wir	werden gefrachtet haben		werden gefrachtet haben	würden gefrachtet haben
ihr	werdet gefrachtet haben		werdet gefrachtet haben	würdet gefrachtet haben
sie	werden gefrachtet haben		werden gefrachtet haben	würden gefrachtet haben

PRINC. PARTS: fragen, fragte, gefragt, fragt
IMPERATIVE: frage!, fragt!, fragen Sie!

to ask (a question)

INDICATIVE	SUBJUNCTIVE	
	PRIMARY	SECONDARY

Present Time

Present	(Pres. Subj.)	(Imperf. Subj.)
ich frage	frage	fragte
du fragst	fragest	fragtest
er fragt	frage	fragte
wir fragen	fragen	fragten
ihr fragt	fraget	fragtet
sie fragen	fragen	fragten

Imperfect
ich fragte
du fragtest
er fragte
wir fragten
ihr fragtet
sie fragten

Past Time

Perfect	(Perf. Subj.)	(Pluperf. Subj.)
ich habe gefragt	habe gefragt	hätte gefragt
du hast gefragt	habest gefragt	hättest gefragt
er hat gefragt	habe gefragt	hätte gefragt
wir haben gefragt	haben gefragt	hätten gefragt
ihr habt gefragt	habet gefragt	hättet gefragt
sie haben gefragt	haben gefragt	hätten gefragt

Pluperfect
ich hatte gefragt
du hattest gefragt
er hatte gefragt
wir hatten gefragt
ihr hattet gefragt
sie hatten gefragt

Future Time

Future	(Fut. Subj.)	(Pres. Conditional)
ich werde fragen	werde fragen	würde fragen
du wirst fragen	werdest fragen	würdest fragen
er wird fragen	werde fragen	würde fragen
wir werden fragen	werden fragen	würden fragen
ihr werdet fragen	werdet fragen	würdet fragen
sie werden fragen	werden fragen	würden fragen

Future Perfect Time

Future Perfect	(Fut. Perf. Subj.)	(Past Conditional)
ich werde gefragt haben	werde gefragt haben	würde gefragt haben
du wirst gefragt haben	werdest gefragt haben	würdest gefragt haben
er wird gefragt haben	werde gefragt haben	würde gefragt haben
wir werden gefragt haben	werden gefragt haben	würden gefragt haben
ihr werdet gefragt haben	werdet gefragt haben	würdet gefragt haben
sie werden gefragt haben	werden gefragt haben	würden gefragt haben

freien

to woo, court

PRINC. PARTS: freien, freite, gefreit, freit
IMPERATIVE: freie!, freit!, freien Sie!

INDICATIVE	SUBJUNCTIVE	
	PRIMARY	SECONDARY

Present Time

	Present	*(Pres. Subj.)*	*(Imperf. Subj.)*
ich	freie	freie	freite
du	freist	freiest	freitest
er	freit	freie	freite
wir	freien	freien	freiten
ihr	freit	freiet	freitet
sie	freien	freien	freiten

	Imperfect
ich	freite
du	freitest
er	freite
wir	freiten
ihr	freitet
sie	freiten

Past Time

	Perfect	*(Perf. Subj.)*	*(Pluperf. Subj.)*
ich	habe gefreit	habe gefreit	hätte gefreit
du	hast gefreit	habest gefreit	hättest gefreit
er	hat gefreit	habe gefreit	hätte gefreit
wir	haben gefreit	haben gefreit	hätten gefreit
ihr	habt gefreit	habet gefreit	hättet gefreit
sie	haben gefreit	haben gefreit	hätten gefreit

	Pluperfect
ich	hatte gefreit
du	hattest gefreit
er	hatte gefreit
wir	hatten gefreit
ihr	hattet gefreit
sie	hatten gefreit

Future Time

	Future	*(Fut. Subj.)*	*(Pres. Conditional)*
ich	werde freien	werde freien	würde freien
du	wirst freien	werdest freien	würdest freien
er	wird freien	werde freien	würde freien
wir	werden freien	werden freien	würden freien
ihr	werdet freien	werdet freien	würdet freien
sie	werden freien	werden freien	würden freien

Future Perfect Time

	Future Perfect	*(Fut. Perf. Subj.)*	*(Past Conditional)*
ich	werde gefreit haben	werde gefreit haben	würde gefreit haben
du	wirst gefreit haben	werdest gefreit haben	würdest gefreit haben
er	wird gefreit haben	werde gefreit haben	würde gefreit haben
wir	werden gefreit haben	werden gefreit haben	würden gefreit haben
ihr	werdet gefreit haben	werdet gefreit haben	würdet gefreit haben
sie	werden gefreit haben	werden gefreit haben	würden gefreit haben

PRINC. PARTS: fressen, fraß, gefressen, frißt
IMPERATIVE: friß!, freßt!, fressen Sie!

to eat, feed, devour

INDICATIVE		SUBJUNCTIVE	
		PRIMARY	SECONDARY
		Present Time	
	Present	*(Pres. Subj.)*	*(Imperf. Subj.)*
ich	fresse	fresse	fräße
du	frißt	fressest	fräßest
er	frißt	fresse	fräße
wir	fressen	fressen	fräßen
ihr	freßt	fresset	fräßet
sie	fressen	fressen	fräßen

	Imperfect
ich	fraß
du	fraßest
er	fraß
wir	fraßen
ihr	fraßt
sie	fraßen

			Past Time	
	Perfect	*(Perf. Subj.)*	*(Pluperf. Subj.)*
ich	habe gefressen	habe gefressen	hätte gefressen
du	hast gefressen	habest gefressen	hättest gefressen
er	hat gefressen	habe gefressen	hätte gefressen
wir	haben gefressen	haben gefressen	hätten gefressen
ihr	habt gefressen	habet gefressen	hättet gefressen
sie	haben gefressen	haben gefressen	hätten gefressen

	Pluperfect
ich	hatte gefressen
du	hattest gefressen
er	hatte gefressen
wir	hatten gefressen
ihr	hattet gefressen
sie	hatten gefressen

			Future Time	
	Future	*(Fut. Subj.)*	*(Pres. Conditional)*
ich	werde fressen	werde fressen	würde fressen
du	wirst fressen	werdest fressen	würdest fressen
er	wird fressen	werde fressen	würde fressen
wir	werden fressen	werden fressen	würden fressen
ihr	werdet fressen	werdet fressen	würdet fressen
sie	werden fressen	werden fressen	würden fressen

			Future Perfect Time	
	Future Perfect	*(Fut. Perf. Subj.)*	*(Past Conditional)*
ich	werde gefressen haben	werde gefressen haben	würde gefressen haben
du	wirst gefressen haben	werdest gefressen haben	würdest gefressen haben
er	wird gefressen haben	werde gefressen haben	würde gefressen haben
wir	werden gefressen haben	werden gefressen haben	würden gefressen haben
ihr	werdet gefressen haben	werdet gefressen haben	würdet gefressen haben
sie	werden gefressen haben	werden gefressen haben	würden gefressen haben

* Used for animals and humans who eat ravenously.

127

sich freuen*

to be glad or pleased, rejoice

PRINC. PARTS: sich freuen, freute sich, hat sich gefreut, freut sich

IMPERATIVE: freue dich!, freut euch!, freuen Sie sich!

INDICATIVE	SUBJUNCTIVE	
	PRIMARY	SECONDARY
	Present Time	
Present	(*Pres. Subj.*)	(*Imperf. Subj.*)
ich freue mich	freue mich	freute mich
du freust dich	freuest dich	freutest dich
er freut sich	freue sich	freute sich
wir freuen uns	freuen uns	freuten uns
ihr freut euch	freuet euch	freutet euch
sie freuen sich	freuen sich	freuten sich
Imperfect		
ich freute mich		
du freutest dich		
er freute sich		
wir freuten uns		
ihr freutet euch		
sie freuten sich		
	Past Time	
Perfect	(*Perf. Subj.*)	(*Pluperf. Subj.*)
ich habe mich gefreut	habe mich gefreut	hätte mich gefreut
du hast dich gefreut	habest dich gefreut	hättest dich gefreut
er hat sich gefreut	habe sich gefreut	hätte sich gefreut
wir haben uns gefreut	haben uns gefreut	hätten uns gefreut
ihr habt euch gefreut	habet euch gefreut	hättet euch gefreut
sie haben sich gefreut	haben sich gefreut	hätten sich gefreut
Pluperfect		
ich hatte mich gefreut		
du hattest dich gefreut		
er hatte sich gefreut		
wir hatten uns gefreut		
ihr hattet euch gefreut		
sie hatten sich gefreut		
	Future Time	
Future	(*Fut. Subj.*)	(*Pres. Conditional*)
ich werde mich freuen	werde mich freuen	würde mich freuen
du wirst dich freuen	werdest dich freuen	würdest dich freuen
er wird sich freuen	werde sich freuen	würde sich freuen
wir werden uns freuen	werden uns freuen	würden uns freuen
ihr werdet euch freuen	werdet euch freuen	würdet euch freuen
sie werden sich freuen	werden sich freuen	würden sich freuen
	Future Perfect Time	
Future Perfect	(*Fut. Perf. Subj.*)	(*Past Conditional*)
ich werde mich gefreut haben	werde mich gefreut haben	würde mich gefreut haben
du wirst dich gefreut haben	werdest dich gefreut haben	würdest dich gefreut haben
er wird sich gefreut haben	werde sich gefreut haben	würde sich gefreut haben
wir werden uns gefreut haben	werden uns gefreut haben	würden uns gefreut haben
ihr werdet euch gefreut haben	werdet euch gefreut haben	würdet euch gefreut haben
sie werden sich gefreut haben	werden sich gefreut haben	würden sich gefreut haben

* The impersonal construction, **es freut mich** (**dich etc.**) is also frequently used. Thus, the English sentence, "I am glad that you are here," may be rendered into German either as **1. Ich freue mich, daß Sie hier sind.**, or **2. Es freut mich, daß Sie hier sind.**

PRINC. PARTS: frieren, fror, gefroren, friert
IMPERATIVE: friere!, friert!, frieren Sie!

to freeze, feel cold

	INDICATIVE	SUBJUNCTIVE	
		PRIMARY	SECONDARY
		Present Time	
	Present	*(Pres. Subj.)*	*(Imperf. Subj.)*
ich	friere	friere	fröre
du	frierst	frierest	frörest
er	friert	friere	fröre
wir	frieren	frieren	frören
ihr	friert	frieret	fröret
sie	frieren	frieren	frören

	Imperfect
ich	fror
du	frorst
er	fror
wir	froren
ihr	frort
sie	froren

			Past Time	
	Perfect	*(Perf. Subj.)*	*(Pluperf. Subj.)*
ich	habe gefroren	habe gefroren	hätte gefroren
du	hast gefroren	habest gefroren	hättest gefroren
er	hat gefroren	habe gefroren	hätte gefroren
wir	haben gefroren	haben gefroren	hätten gefroren
ihr	habt gefroren	habet gefroren	hättet gefroren
sie	haben gefroren	haben gefroren	hätten gefroren

	Pluperfect
ich	hatte gefroren
du	hattest gefroren
er	hatte gefroren
wir	hatten gefroren
ihr	hattet gefroren
sie	hatten gefroren

			Future Time	
	Future	*(Fut. Subj.)*	*(Pres. Conditional)*
ich	werde frieren	werde frieren	würde frieren
du	wirst frieren	werdest frieren	würdest frieren
er	wird frieren	werde frieren	würde frieren
wir	werden frieren	werden frieren	würden frieren
ihr	werdet frieren	werdet frieren	würdet frieren
sie	werden frieren	werden frieren	würden frieren

			Future Perfect Time	
	Future Perfect	*(Fut. Perf. Subj.)*	*(Past Conditional)*
ich	werde gefroren haben	werde gefroren haben	würde gefroren haben
du	wirst gefroren haben	werdest gefroren haben	würdest gefroren haben
er	wird gefroren haben	werde gefroren haben	würde gefroren haben
wir	werden gefroren haben	werden gefroren haben	würden gefroren haben
ihr	werdet gefroren haben	werdet gefroren haben	würdet gefroren haben
sie	werden gefroren haben	werden gefroren haben	würden gefroren haben

129

frohlocken

to rejoice, triumph,
shout for joy

PRINC. PARTS: frohlocken, frohlockte, frohlockt,
                 frohlockt
IMPERATIVE: frohlocke!, frohlockt!, frohlocken Sie!

	INDICATIVE	PRIMARY SUBJUNCTIVE	SECONDARY
	Present	(*Pres. Subj.*)	**Present Time** (*Imperf. Subj.*)
ich	frohlocke	frohlocke	frohlockte
du	frohlockst	frohlockest	frohlocktest
er	frohlockt	frohlocke	frohlockte
wir	frohlocken	frohlocken	frohlockten
ihr	frohlockt	frohlocket	frohlocktet
sie	frohlocken	frohlocken	frohlockten
	Imperfect		
ich	frohlockte		
du	frohlocktest		
er	frohlockte		
wir	frohlockten		
ihr	frohlocktet		
sie	frohlockten		**Past Time**
	Perfect	(*Perf. Subj.*)	(*Pluperf. Subj.*)
ich	habe frohlockt	habe frohlockt	hätte frohlockt
du	hast frohlockt	habest frohlockt	hättest frohlockt
er	hat frohlockt	habe frohlockt	hätte frohlockt
wir	haben frohlockt	haben frohlockt	hätten frohlockt
ihr	habt frohlockt	habet frohlockt	hättet frohlockt
sie	haben frohlockt	haben frohlockt	hätten frohlockt
	Pluperfect		
ich	hatte frohlockt		
du	hattest frohlockt		
er	hatte frohlockt		
wir	hatten frohlockt		
ihr	hattet frohlockt		
sie	hatten frohlockt		**Future Time**
	Future	(*Fut. Subj.*)	(*Pres. Conditional*)
ich	werde frohlocken	werde frohlocken	würde frohlocken
du	wirst frohlocken	werdest frohlocken	würdest frohlocken
er	wird frohlocken	werde frohlocken	würde frohlocken
wir	werden frohlocken	werden frohlocken	würden frohlocken
ihr	werdet frohlocken	werdet frohlocken	würdet frohlocken
sie	werden frohlocken	werden frohlocken	würden frohlocken
	Future Perfect	**Future Perfect Time** (*Fut. Perf. Subj.*)	(*Past Conditional*)
ich	werde frohlockt haben	werde frohlockt haben	würde frohlockt haben
du	wirst frohlockt haben	werdest frohlockt haben	würdest frohlockt haben
er	wird frohlockt haben	werde frohlockt haben	würde frohlockt haben
wir	werden frohlockt haben	werden frohlockt haben	würden frohlockt haben
ihr	werdet frohlockt haben	werdet frohlockt haben	würdet frohlockt haben
sie	werden frohlockt haben	werden frohlockt haben	würden frohlockt haben

130

PRINC. PARTS: frühstücken, frühstückte, gefrühstückt,   **frühstücken**
frühstückt
IMPERATIVE: frühstücke!, frühstückt!, frühstücken Sie!   *to eat breakfast*

INDICATIVE		SUBJUNCTIVE	
		PRIMARY	SECONDARY
		Present Time	
	Present	(*Pres. Subj.*)	(*Imperf. Subj.*)
ich	frühstücke	frühstücke	frühstückte
du	frühstückst	frühstückest	frühstücktest
er	frühstückt	frühstücke	frühstückte
wir	frühstücken	frühstücken	frühstückten
ihr	frühstückt	frühstücket	frühstücktet
sie	frühstücken	frühstücken	frühstückten
	Imperfect		
ich	frühstückte		
du	frühstücktest		
er	frühstückte		
wir	frühstückten		
ihr	frühstücktet		
sie	frühstückten	*Past Time*	
	Perfect	(*Perf. Subj.*)	(*Pluperf. Subj.*)
ich	habe gefrühstückt	habe gefrühstückt	hätte gefrühstückt
du	hast gefrühstückt	habest gefrühstückt	hättest gefrühstückt
er	hat gefrühstückt	habe gefrühstückt	hätte gefrühstückt
wir	haben gefrühstückt	haben gefrühstückt	hätten gefrühstückt
ihr	habt gefrühstückt	habet gefrühstückt	hättet gefrühstückt
sie	haben gefrühstückt	haben gefrühstückt	hätten gefrühstückt
	Pluperfect		
ich	hatte gefrühstückt		
du	hattest gefrühstückt		
er	hatte gefrühstückt		
wir	hatten gefrühstückt		
ihr	hattet gefrühstückt		
sie	hatten gefrühstückt	*Future Time*	
	Future	(*Fut. Subj.*)	(*Pres. Conditional*)
ich	werde frühstücken	werde frühstücken	würde frühstücken
du	wirst frühstücken	werdest frühstücken	würdest frühstücken
er	wird frühstücken	werde frühstücken	würde frühstücken
wir	werden frühstücken	werden frühstücken	würden frühstücken
ihr	werdet frühstücken	werdet frühstücken	würdet frühstücken
sie	werden frühstücken	werden frühstücken	würden frühstücken
		Future Perfect Time	
	Future Perfect	(*Fut. Perf. Subj.*)	(*Past Conditional*)
ich	werde gefrühstückt haben	werde gefrühstückt haben	würde gefrühstückt haben
du	wirst gefrühstückt haben	werdest gefrühstückt haben	würdest gefrühstückt haben
er	wird gefrühstückt haben	werde gefrühstückt haben	würde gefrühstückt haben
wir	werden gefrühstückt haben	werden gefrühstückt haben	würden gefrühstückt haben
ihr	werdet gefrühstückt haben	werdet gefrühstückt haben	würdet gefrühstückt haben
sie	werden gefrühstückt haben	werden gefrühstückt haben	würden gefrühstückt haben

fühlen

to feel, perceive

PRINC. PARTS: fühlen, fühlte, gefühlt, fühlt
IMPERATIVE: fühle!, fühlt!, fühlen Sie!

INDICATIVE		SUBJUNCTIVE	
		PRIMARY	SECONDARY
		Present Time	
	Present	*(Pres. Subj.)*	*(Imperf. Subj.)*
ich	fühle	fühle	fühlte
du	fühlst	fühlest	fühltest
er	fühlt	fühle	fühlte
wir	fühlen	fühlen	fühlten
ihr	fühlt	fühlet	fühltet
sie	fühlen	fühlen	fühlten
	Imperfect		
ich	fühlte		
du	fühltest		
er	fühlte		
wir	fühlten		
ihr	fühltet		
sie	fühlten		
		Past Time	
	Perfect	*(Perf. Subj.)*	*(Pluperf. Subj.)*
ich	habe gefühlt	habe gefühlt	hätte gefühlt
du	hast gefühlt	habest gefühlt	hättest gefühlt
er	hat gefühlt	habe gefühlt	hätte gefühlt
wir	haben gefühlt	haben gefühlt	hätten gefühlt
ihr	habt gefühlt	habet gefühlt	hättet gefühlt
sie	haben gefühlt	haben gefühlt	hätten gefühlt
	Pluperfect		
ich	hatte gefühlt		
du	hattest gefühlt		
er	hatte gefühlt		
wir	hatten gefühlt		
ihr	hattet gefühlt		
sie	hatten gefühlt		
		Future Time	
	Future	*(Fut. Subj.)*	*(Pres. Conditional)*
ich	werde fühlen	werde fühlen	würde fühlen
du	wirst fühlen	werdest fühlen	würdest fühlen
er	wird fühlen	werde fühlen	würde fühlen
wir	werden fühlen	werden fühlen	würden fühlen
ihr	werdet fühlen	werdet fühlen	würdet fühlen
sie	werden fühlen	werden fühlen	würden fühlen
		Future Perfect Time	
	Future Perfect	*(Fut. Perf. Subj.)*	*(Past Conditional)*
ich	werde gefühlt haben	werde gefühlt haben	würde gefühlt haben
du	wirst gefühlt haben	werdest gefühlt haben	würdest gefühlt haben
er	wird gefühlt haben	werde gefühlt haben	würde gefühlt haben
wir	werden gefühlt haben	werden gefühlt haben	würden gefühlt haben
ihr	werdet gefühlt haben	werdet gefühlt haben	würdet gefühlt haben
sie	werden gefühlt haben	werden gefühlt haben	würden gefühlt haben

132

PRINC. PARTS: führen, führte, geführt, führt
IMPERATIVE: führe!, führt!, führen Sie!

INDICATIVE	SUBJUNCTIVE	
	PRIMARY	SECONDARY

Present Time

	Present	*(Pres. Subj.)*	*(Imperf. Subj.)*
ich	führe	führe	führte
du	führst	führest	führtest
er	führt	führe	führte
wir	führen	führen	führten
ihr	führt	führet	führtet
sie	führen	führen	führten

	Imperfect
ich	führte
du	führtest
er	führte
wir	führten
ihr	führtet
sie	führten

Past Time

	Perfect	*(Perf. Subj.)*	*(Pluperf. Subj.)*
ich	habe geführt	habe geführt	hätte geführt
du	hast geführt	habest geführt	hättest geführt
er	hat geführt	habe geführt	hätte geführt
wir	haben geführt	haben geführt	hätten geführt
ihr	habt gebührt	habet geführt	hättet geführt
sie	haben geführt	haben geführt	hätten geführt

	Pluperfect
ich	hatte geführt
du	hattest geführt
er	hatte geführt
wir	hatten geführt
ihr	hattet geführt
sie	hatten geführt

Future Time

	Future	*(Fut. Subj.)*	*(Pres. Conditional)*
ich	werde führen	werde führen	würde führen
du	wirst führen	werdest führen	würdest führen
er	wird führen	werde führen	würde führen
wir	werden führen	werden führen	würden führen
ihr	werdet führen	werdet führen	würdet führen
sie	werden führen	werden führen	würden führen

Future Perfect Time

	Future Perfect	*(Fut. Perf. Subj.)*	*(Past Conditional)*
ich	werde geführt haben	werde geführt haben	würde geführt haben
du	wirst geführt haben	werdest geführt haben	würdest geführt haben
er	wird geführt haben	werde geführt haben	würde geführt haben
wir	werden geführt haben	werden geführt haben	würden geführt haben
ihr	werdet geführt haben	werdet geführt haben	würdet geführt haben
sie	werden geführt haben	werden geführt haben	würden geführt haben

füllen

to fill

INDICATIVE	SUBJUNCTIVE	
	PRIMARY	SECONDARY
	Present Time	
Present	*(Pres. Subj.)*	*(Imperf. Subj.)*
ich fülle	fülle	füllte
du füllst	füllest	fülltest
er füllt	fülle	füllte
wir füllen	füllen	füllten
ihr füllt	füllet	fülltet
sie füllen	füllen	füllten

Imperfect
ich füllte
du fülltest
er füllte
wir füllten
ihr fülltet
sie füllten

	Past Time	
Perfect	*(Perf. Subj.)*	*(Pluperf. Subj.)*
ich habe gefüllt	habe gefüllt	hätte gefüllt
du hast gefüllt	habest gefüllt	hättest gefüllt
er hat gefüllt	habe gefüllt	hätte gefüllt
wir haben gefüllt	haben gefüllt	hätten gefüllt
ihr habt gefüllt	habet gefüllt	hättet gefüllt
sie haben gefüllt	haben gefüllt	hätten gefüllt

Pluperfect
ich hatte gefüllt
du hattest gefüllt
er hatte gefüllt
wir hatten gefüllt
ihr hattet gefüllt
sie hatten gefüllt

	Future Time	
Future	*(Fut. Subj.)*	*(Pres. Conditional)*
ich werde füllen	werde füllen	würde füllen
du wirst füllen	werdest füllen	würdest füllen
er wird füllen	werde füllen	würde füllen
wir werden füllen	werden füllen	würden füllen
ihr werdet füllen	werdet füllen	würdet füllen
sie werden füllen	werden füllen	würden füllen

	Future Perfect Time	
Future Perfect	*(Fut. Perf. Subj.)*	*(Past Conditional)*
ich werde gefüllt haben	werde gefüllt haben	würde gefüllt haben
du wirst gefüllt haben	werdest gefüllt haben	würdest gefüllt haben
er wird gefüllt haben	werde gefüllt haben	würde gefüllt haben
wir werden gefüllt haben	werden gefüllt haben	würden gefüllt haben
ihr werdet gefüllt haben	werdet gefüllt haben	würdet gefüllt haben
sie werden gefüllt haben	werden gefüllt haben	würden gefüllt haben

PRINC. PARTS: fürchten, fürchtete, gefürchtet, fürchtet
IMPERATIVE: fürchte!, fürchtet!, fürchten Sie!

INDICATIVE	SUBJUNCTIVE	
	PRIMARY	SECONDARY
	Present Time	
Present	*(Pres. Subj.)*	*(Imperf. Subj.)*
ich fürchte	fürchte	fürchtete
du fürchtest	fürchtest	fürchtetest
er fürchtet	fürchte	fürchtete
wir fürchten	fürchten	fürchteten
ihr fürchtet	fürchtet	fürchtetet
sie fürchten	fürchten	fürchteten
Imperfect		
ich fürchtete		
du fürchtetest		
er fürchtete		
wir fürchteten		
ihr fürchtetet		
sie fürchteten		
	Past Time	
Perfect	*(Perf. Subj.)*	*(Pluperf. Subj.)*
ich habe gefürchtet	habe gefürchtet	hätte gefürchtet
du hast gefürchtet	habest gefürchtet	hättest gefürchtet
er hat gefürchtet	habe gefürchtet	hätte gefürchtet
wir haben gefürchtet	haben gefürchtet	hätten gefürchtet
ihr habt gefürchtet	habet gefürchtet	hättet gefürchtet
sie haben gefürchtet	haben gefürchtet	hätten gefürchtet
Pluperfect		
ich hatte gefürchtet		
du hattest gefürchtet		
er hatte gefürchtet		
wir hatten gefürchtet		
ihr hattet gefürchtet		
sie hatten gefürchtet		
	Future Time	
Future	*(Fut. Subj.)*	*(Pres. Conditional)*
ich werde fürchten	werde fürchten	würde fürchten
du wirst fürchten	werdest fürchten	würdest fürchten
er wird fürchten	werde fürchten	würde fürchten
wir werden fürchten	werden fürchten	würden fürchten
ihr werdet fürchten	werdet fürchten	würdet fürchten
sie werden fürchten	werden fürchten	würden fürchten
	Future Perfect Time	
Future Perfect	*(Fut. Perf. Subj.)*	*(Past Conditional)*
ich werde gefürchtet haben	werde gefürchtet haben	würde gefürchtet haben
du wirst gefürchtet haben	werdest gefürchtet haben	würdest gefürchtet haben
er wird gefürchtet haben	werde gefürchtet haben	würde gefürchtet haben
wir werden gefürchtet haben	werden gefürchtet haben	würden gefürchtet haben
ihr werdet gefürchtet haben	werdet gefürchtet haben	würdet gefürchtet haben
sie werden gefürchtet haben	werden gefürchtet haben	würden gefürchtet haben

135

gähnen

to yawn, gape

PRINC. PARTS: gähnen, gähnte, gegähnt, gähnt
IMPERATIVE: gähne!, gähnt!, gähnen Sie!

	INDICATIVE	SUBJUNCTIVE	
		PRIMARY	SECONDARY
		Present Time	
	Present	*(Pres. Subj.)*	*(Imperf. Subj.)*
ich	gähne	gähne	gähnte
du	gähnst	gähnest	gähntest
er	gähnt	gähne	gähnte
wir	gähnen	gähnen	gähnten
ihr	gähnt	gähnet	gähntet
sie	gähnen	gähnen	gähnten

	Imperfect
ich	gähnte
du	gähntest
er	gähnte
wir	gähnten
ihr	gähntet
sie	gähnten

			Past Time	
	Perfect	*(Perf. Subj.)*	*(Pluperf. Subj.)*
ich	habe gegähnt	habe gegähnt	hätte gegähnt
du	hast gegähnt	habest gegähnt	hättest gegähnt
er	hat gegähnt	habe gegähnt	hätte gegähnt
wir	haben gegähnt	haben gegähnt	hätten gegähnt
ihr	habt gegähnt	habet gegähnt	hättet gcgähnt
sie	haben gegähnt	haben gegähnt	hätten gegähnt

	Pluperfect
ich	hatte gegähnt
du	hattest gegähnt
er	hatte gegähnt
wir	hatten gegähnt
ihr	hattet gegähnt
sie	hatten gegähnt

			Future Time	
	Future	*(Fut. Subj.)*	*(Pres. Conditional)*
ich	werde gähnen	werde gähnen	würde gähnen
du	wirst gähnen	werdest gähnen	würdest gähnen
er	wird gähnen	werde gähnen	würde gähnen
wir	werden gähnen	werden gähnen	würden gähnen
ihr	werdet gähnen	werdet gähnen	würdet gähnen
sie	werden gähnen	werden gähnen	würden gähnen

			Future Perfect Time	
	Future Perfect	*(Fut. Perf. Subj.)*	*(Past Conditional)*
ich	werde gegähnt haben	werde gegähnt haben	würde gegähnt haben
du	wirst gegähnt haben	werdest gegähnt haben	würdest gegähnt haben
er	wird gegähnt haben	werde gegähnt haben	würde gegähnt haben
wir	werden gegähnt haben	werden gegähnt haben	würden gegähnt haben
ihr	werdet gegähnt haben	werdet gegähnt haben	würdet gegähnt haben
sie	werden gegähnt haben	werden gegähnt haben	würden gegähnt haben

gären

PRINC. PARTS: gären,* gor,** gegoren, gärt
IMPERATIVE: gäre!, gärt!, gären Sie!†

INDICATIVE		SUBJUNCTIVE	
		PRIMARY	SECONDARY

Present Time

	Present	(Pres. Subj.)	(Imperf. Subj.)
ich	gäre	gäre	göre
du	gärst	gärest	görest
er	gärt	gäre	göre
wir	gären	gären	gören
ihr	gärt	gäret	göret
sie	gären	gären	gören

	Imperfect
ich	gor
du	gorst
er	gor
wir	goren
ihr	gort
sie	goren

Past Time

	Perfect	(Perf. Subj.)	(Pluperf. Subj.)
ich	habe gegoren	habe gegoren	hätte gegoren
du	hast gegoren	habest gegoren	hättest gegoren
er	hat gegoren	habe gegoren	hätte gegoren
wir	haben gegoren	haben gegoren	hätten gegoren
ihr	habt gegoren	habet gegoren	hättet gegoren
sie	haben gegoren	haben gegoren	hätten gegoren

	Pluperfect
ich	hatte gegoren
du	hattest gegoren
er	hatte gegoren
wir	hatten gegoren
ihr	hattet gegoren
sie	hatten gegoren

Future Time

	Future	(Fut. Subj.)	(Pres. Conditional)
ich	werde gären	werde gären	würde gären
du	wirst gären	werdest gären	würdest gären
er	wird gären	werde gären	würde gären
wir	werden gären	werden gären	würden gären
ihr	werdet gären	werdet gären	würdet gären
sie	werden gären	werden gären	würden gären

Future Perfect Time

	Future Perfect	(Fut. Perf. Subj.)	(Past Conditional)
ich	werde gegoren haben	werde gegoren haben	würde gegoren haben
du	wirst gegoren haben	werdest gegoren haben	würdest gegoren haben
er	wird gegoren haben	werde gegoren haben	würde gegoren haben
wir	werden gegoren haben	werden gegoren haben	würden gegoren haben
ihr	werdet gegoren haben	werdet gegoren haben	würdet gegoren haben
sie	werden gegoren haben	werden gegoren haben	würden gegoren haben

* Forms other than the third person are infrequently found.
** When used figuratively, gären is weak. PRINC. PARTS: gären, gärte, gegärt, gärt.
† The imperative is unusual.

137

gebären
to give birth to

PRINC. PARTS: gebären, gebar, hat geboren,* gebiert
IMPERATIVE: gebier!, gebiert!, gebären Sie!

	INDICATIVE	SUBJUNCTIVE	
		PRIMARY	SECONDARY
		Present Time	
	Present	*(Pres. Subj.)*	*(Imperf. Subj.)*
ich	gebäre	gebäre	gebäre
du	gebierst	gebärest	gebärest
er	gebiert	gebäre	gebäre
wir	gebären	gebären	gebären
ihr	gebärt	gebäret	gebäret
sie	gebären	gebären	gebären
	Imperfect		
ich	gebar		
du	gebarst		
er	gebar		
wir	gebaren		
ihr	gebart		
sie	gebaren		
		Past Time	
	Perfect	*(Perf. Subj.)*	*(Pluperf. Subj.)*
ich	habe geboren	habe geboren	hätte geboren
du	hast geboren	habest geboren	hättest geboren
er	hat geboren	habe geboren	hätte geboren
wir	haben geboren	haben geboren	hätten geboren
ihr	habt geboren	habet geboren	hättet geboren
sie	haben geboren	haben geboren	hätten geboren
	Pluperfect		
ich	hatte geboren		
du	hattest geboren		
er	hatte geboren		
wir	hatten geboren		
ihr	hattet geboren		
sie	hatten geboren		
		Future Time	
	Future	*(Fut. Subj.)*	*(Pres. Conditional)*
ich	werde gebären	werde gebären	würde gebären
du	wirst gebären	werdest gebären	würdest gebären
er	wird gebären	werde gebären	würde gebären
wir	werden gebären	werden gebären	würden gebären
ihr	werdet gebären	werdet gebären	würdet gebären
sie	werden gebären	werden gebären	würden gebären
		Future Perfect Time	
	Future Perfect	*(Fut. Perf. Subj.)*	*(Past Conditional)*
ich	werde geboren haben	werde geboren haben	würde geboren haben
du	wirst geboren haben	werdest geboren haben	würdest geboren haben
er	wird geboren haben	werde geboren haben	würde geboren haben
wir	werden geboren haben	werden geboren haben	würden geboren haben
ihr	werdet geboren haben	werdet geboren haben	würdet geboren haben
sie	werden geboren haben	werden geboren haben	würden geboren haben

*The active perfect forms of this verb, which in the first person, can only be used by a mother, are given above. The passive perfect forms (I was born, etc.), use *sein* (for living persons) or *werden* (for persons no longer living), not *haben*, as the auxiliary verb and will be more commonly found.

PRINC. PARTS: geben, gab, gegeben, gibt
IMPERATIVE: gib!, gebt!, geben Sie!

geben

to give

INDICATIVE	SUBJUNCTIVE	
	PRIMARY	SECONDARY

Present Time

Present	*(Pres. Subj.)*	*(Imperf. Subj.)*
ich gebe	gebe	gäbe
du gibst	gebest	gäbest
er gibt	gebe	gäbe
wir geben	geben	gäben
ihr gebt	gebet	gäbet
sie geben	geben	gäben

Imperfect

ich	gab
du	gabst
er	gab
wir	gaben
ihr	gabt
sie	gaben

Past Time

Perfect	*(Perf. Subj.)*	*(Pluperf. Subj.)*
ich habe gegeben	habe gegeben	hätte gegeben
du hast gegeben	habest gegeben	hättest gegeben
er hat gegeben	habe gegeben	hätte gegeben
wir haben gegeben	haben gegeben	hätten gegeben
ihr habt gegeben	habet gegeben	hättet gegeben
sie haben gegeben	haben gegeben	hätten gegeben

Pluperfect

ich	hatte gegeben
du	hattest gegeben
er	hatte gegeben
wir	hatten gegeben
ihr	hattet gegeben
sie	hatten gegeben

Future Time

Future	*(Fut. Subj.)*	*(Pres. Conditional)*
ich werde geben	werde geben	würde geben
du wirst geben	werdest geben	würdest geben
er wird geben	werde geben	würde geben
wir werden geben	werden geben	würden geben
ihr werdet geben	werdet geben	würdet geben
sie werden geben	werden geben	würden geben

Future Perfect Time

Future Perfect	*(Fut. Perf. Subj.)*	*(Past Conditional)*
ich werde gegeben haben	werde gegeben haben	würde gegeben haben
du wirst gegeben haben	werdest gegeben haben	würdest gegeben haben
er wird gegeben haben	werde gegeben haben	würde gegeben haben
wir werden gegeben haben	werden gegeben haben	würden gegeben haben
ihr werdet gegeben haben	werdet gegeben haben	würdet gegeben haben
sie werden gegeben haben	werden gegeben haben	würden gegeben haben

gebrauchen

to use

PRINC. PARTS: gebrauchen, gebrauchte, gebraucht, gebraucht
IMPERATIVE: gebrauche!, gebraucht!, gebrauchen Sie!

	INDICATIVE	SUBJUNCTIVE	
		PRIMARY	SECONDARY
		Present Time	
	Present	*(Pres. Subj.)*	*(Imperf. Subj.)*
ich	gebrauche	gebrauche	gebrauchte
du	gebrauchst	gebrauchest	gebrauchtest
er	gebraucht	gebrauche	gebrauchte
wir	gebrauchen	gebrauchen	gebrauchten
ihr	gebraucht	gebrauchet	gebrauchtet
sie	gebrauchen	gebrauchen	gebrauchten
	Imperfect		
ich	gebrauchte		
du	gebrauchtest		
er	gebrauchte		
wir	gebrauchten		
ihr	gebrauchtet		
sie	gebrauchten		
		Past Time	
	Perfect	*(Perf. Subj.)*	*(Pluperf. Subj.)*
ich	habe gebraucht	habe gebraucht	hätte gebraucht
du	hast gebraucht	habest gebraucht	hättest gebraucht
er	hat gebraucht	habe gebraucht	hätte gebraucht
wir	haben gebraucht	haben gebraucht	hätten gebraucht
ihr	habt gebraucht	habet gebraucht	hättet gebraucht
sie	haben gebraucht	haben gebraucht	hätten gebraucht
	Pluperfect		
ich	hatte gebraucht		
du	hattest gebraucht		
er	hatte gebraucht		
wir	hatten gebraucht		
ihr	hattet gebraucht		
sie	hatten gebraucht		
		Future Time	
	Future	*(Fut. Subj.)*	*(Pres. Conditional)*
ich	werde gebrauchen	werde gebrauchen	würde gebrauchen
du	wirst gebrauchen	werdest gebrauchen	würdest gebrauchen
er	wird gebrauchen	werde gebrauchen	würde gebrauchen
wir	werden gebrauchen	werden gebrauchen	würden gebrauchen
ihr	werdet gebrauchen	werdet gebrauchen	würdet gebrauchen
sie	werden gebrauchen	werden gebrauchen	würden gebrauchen
		Future Perfect Time	
	Future Perfect	*(Fut. Perf. Subj.)*	*(Past Conditional)*
ich	werde gebraucht haben	werde gebraucht haben	würde gebraucht haben
du	wirst gebraucht haben	werdest gebraucht haben	würdest gebraucht haben
er	wird gebraucht haben	werde gebraucht haben	würde gebraucht haben
wir	werden gebraucht haben	werden gebraucht haben	würden gebraucht haben
ihr	werdet gebraucht haben	werdet gebraucht haben	würdet gebraucht haben
sie	werden gebraucht haben	werden gebraucht haben	würden gebraucht haben

140

PRINC. PARTS: gedeihen, gedieh, ist gediehen, gedeiht
IMPERATIVE: gedeihe!, gedeiht!, gedeihen Sie!

	INDICATIVE	SUBJUNCTIVE	
		PRIMARY	SECONDARY
		Present Time	
	Present	_(Pres. Subj.)_	_(Imperf. Subj.)_
ich	gedeihe	gedeihe	gediehe
du	gedeihst	gedeihest	gediehest
er	gedeiht	gedeihe	gediehe
wir	gedeihen	gedeihen	gediehen
ihr	gedeiht	gedeihet	gediehet
sie	gedeihen	gedeihen	gediehen

	Imperfect
ich	gedieh
du	gediehst
er	gedieh
wir	gediehen
ihr	gedieht
sie	gediehen

		Past Time	
	Perfect	_(Perf. Subj.)_	_(Pluperf. Subj.)_
ich	bin gediehen	sei gediehen	wäre gediehen
du	bist gediehen	seiest gediehen	wärest gediehen
er	ist gediehen	sei gediehen	wäre gediehen
wir	sind gediehen	seien gediehen	wären gediehen
ihr	seid gediehen	seiet gediehen	wäret gediehen
sie	sind gediehen	seien gediehen	wären gediehen

	Pluperfect
ich	war gediehen
du	warst gediehen
er	war gediehen
wir	waren gediehen
ihr	wart gediehen
sie	waren gediehen

		Future Time	
	Future	_(Fut. Subj.)_	_(Pres. Conditional)_
ich	werde gediehen	werde gediehen	würde gediehen
du	wirst gediehen	werdest gediehen	würdest gediehen
er	wird gediehen	werde gediehen	würde gediehen
wir	werden gediehen	werden gediehen	würden gediehen
ihr	werdet gediehen	werdet gediehen	würdet gediehen
sie	werden gediehen	werden gediehen	würden gediehen

		Future Perfect Time	
	Future Perfect	_(Fut. Perf. Subj.)_	_(Past Conditional)_
ich	werde gediehen sein	werde gediehen sein	würde gediehen sein
du	wirst gediehen sein	werdest gediehen sein	würdest gediehen sein
er	wird gediehen sein	werde gediehen sein	würde gediehen sein
wir	werden gediehen sein	werden gediehen sein	würden gediehen sein
ihr	werdet gediehen sein	werdet gediehen sein	würdet gediehen sein
sie	werden gediehen sein	werden gediehen sein	würden gediehen sein

gefallen

to be pleasing, like

PRINC. PARTS: gefallen, gefiel, gefallen, gefällt
IMPERATIVE: gefalle!, gefallt!, gefallen Sie!

INDICATIVE	SUBJUNCTIVE	
	PRIMARY	SECONDARY

Present Time

	Present	*(Pres. Subj.)*	*(Imperf. Subj.)*
ich	gefalle	gefalle	gefiele
du	gefällst	gefallest	gefielest
er	gefällt	gefalle	gefiele
wir	gefallen	gefallen	gefielen
ihr	gefallt	gefallet	gefielet
sie	gefallen	gefallen	gefielen

	Imperfect
ich	gefiel
du	gefielst
er	gefiel
wir	gefielen
ihr	gefielt
sie	gefielen

Past Time

	Perfect	*(Perf. Subj.)*	*(Pluperf. Subj.)*
ich	habe gefallen	habe gefallen	hätte gefallen
du	hast gefallen	habest gefallen	hättest gefallen
er	hat gefallen	habe gefallen	hätte gefallen
wir	haben gefallen	haben gefallen	hätten gefallen
ihr	habt gefallen	habet gefallen	hättet gefallen
sie	haben gefallen	haben gefallen	hätten gefallen

	Pluperfect
ich	hatte gefallen
du	hattest gefallen
er	hatte gefallen
wir	hatten gefallen
ihr	hattet gefallen
sie	hatten gefallen

Future Time

	Future	*(Fut. Subj.)*	*(Pres. Conditional)*
ich	werde gefallen	werde gefallen	würde gefallen
du	wirst gefallen	werdest gefallen	würdest gefallen
er	wird gefallen	werde gefallen	würde gefallen
wir	werden gefallen	werden gefallen	würden gefallen
ihr	werdet gefallen	werdet gefallen	würdet gefallen
sie	werden gefallen	werden gefallen	würden gefallen

Future Perfect Time

	Future Perfect	*(Fut. Perf. Subj.)*	*(Past Conditional)*
ich	werde gefallen haben	werde gefallen haben	würde gefallen haben
du	wirst gefallen haben	werdest gefallen haben	würdest gefallen haben
er	wird gefallen haben	werde gefallen haben	würde gefallen haben
wir	werden gefallen haben	werden gefallen haben	würden gefallen haben
ihr	werdet gefallen haben	werdet gefallen haben	würdet gefallen haben
sie	werden gefallen haben	werden gefallen haben	würden gefallen haben

PRINC. PARTS: gehen, ging, ist gegangen, geht
IMPERATIVE: gehe!, geht!, gehen Sie!

gehen

to go, walk

INDICATIVE		SUBJUNCTIVE	
		PRIMARY	SECONDARY
		Present Time	
Present		*(Pres. Subj.)*	*(Imperf. Subj.)*
ich	gehe	gehe	ginge
du	gehst	gehest	gingest
er	geht	gehe	ginge
wir	gehen	gehen	gingen
ihr	geht	gehet	ginget
sie	gehen	gehen	gingen

Imperfect	
ich	ging
du	gingst
er	ging
wir	gingen
ihr	gingt
sie	gingen

		Past Time	
Perfect		*(Perf. Subj.)*	*(Pluperf. Subj.)*
ich	bin gegangen	sei gegangen	wäre gegangen
du	bist gegangen	seiest gegangen	wärest gegangen
er	ist gegangen	sei gegangen	wäre gegangen
wir	sind gegangen	seien gegangen	wären gegangen
ihr	seid gegangen	seiet gegangen	wäret gegangen
sie	sind gegangen	seien gegangen	wären gegangen

Pluperfect	
ich	war gegangen
du	warst gegangen
er	war gegangen
wir	waren gegangen
ihr	wart gegangen
sie	waren gegangen

		Future Time	
Future		*(Fut. Subj.)*	*(Pres. Conditional)*
ich	werde gehen	werde gehen	würde gehen
du	wirst gehen	werdest gehen	würdest gehen
er	wird gehen	werde gehen	würde gehen
wir	werden gehen	werden gehen	würden gehen
ihr	werdet gehen	werdet gehen	würdet gehen
sie	werden gehen	werden gehen	würden gehen

		Future Perfect Time	
Future Perfect		*(Fut. Perf. Subj.)*	*(Past Conditional)*
ich	werde gegangen sein	werde gegangen sein	würde gegangen sein
du	wirst gegangen sein	werdest gegangen sein	würdest gegangen sein
er	wird gegangen sein	werde gegangen sein	würde gegangen sein
wir	werden gegangen sein	werden gegangen sein	würden gegangen sein
ihr	werdet gegangen sein	werdet gegangen sein	würdet gegangen sein
sie	werden gegangen sein	werden gegangen sein	würden gegangen sein

143

geliebt werden

to be loved

PRINC. PARTS: geliebt werden, wurde geliebt, ist geliebt worden, wird geliebt
IMPERATIVE: werde geliebt!, werdet geliebt!, werden Sie geliebt!

	INDICATIVE	SUBJUNCTIVE	
		PRIMARY	SECONDARY
			Present Time
	Present	*(Pres. Subj.)*	*(Imperf. Subj.)*
ich	werde geliebt	werde geliebt	würde geliebt
du	wirst geliebt	werdest geliebt	würdest geliebt
er	wird geliebt	werde geliebt	würde geliebt
wir	werden geliebt	werden geliebt	würden geliebt
ihr	werdet geliebt	werdet geliebt	würdet geliebt
sie	werden geliebt	werden geliebt	würden geliebt
	Imperfect		
ich	wurde geliebt		
du	wurdest geliebt		
er	wurde geliebt		
wir	wurden geliebt		
ihr	wurdet geliebt		
sie	wurden geliebt		
			Past Time
	Perfect	*(Perf. Subj.)*	*(Pluperf. Subj.)*
ich	bin geliebt worden	sei geliebt worden	wäre geliebt worden
du	bist geliebt worden	seiest geliebt worden	wärest geliebt worden
er	ist geliebt worden	sei geliebt worden	wäre geliebt worden
wir	sind geliebt worden	seien geliebt worden	wären geliebt worden
ihr	seid geliebt worden	seiet geliebt worden	wäret geliebt worden
sie	sind geliebt worden	seien geliebt worden	wären geliebt worden
	Pluperfect		
ich	war geliebt worden		
du	warst geliebt worden		
er	war geliebt worden		
wir	waren geliebt worden		
ihr	wart geliebt worden		
sie	waren geliebt worden		
			Future Time
	Future	*(Fut. Subj.)*	*(Pres. Conditional)*
ich	werde geliebt werden	werde geliebt werden	würde geliebt werden
du	wirst geliebt werden	werdest geliebt werden	würdest geliebt werden
er	wird geliebt werden	werde geliebt werden	würde geliebt werden
wir	werden geliebt werden	werden geliebt werden	würden geliebt werden
ihr	werdet geliebt werden	werdet geliebt werden	würdet geliebt werden
sie	werden geliebt werden	werden geliebt werden	würden geliebt werden
			Future Perfect Time
	Future Perfect	*(Fut. Perf. Subj.)*	*(Past Conditional)*
ich	werde geliebt worden sein	werde geliebt worden sein	würde geliebt worden sein
du	wirst geliebt worden sein	werdest geliebt worden sein	würdest geliebt worden sein
er	wird geliebt worden sein	werde geliebt worden sein	würde geliebt worden sein
wir	werden geliebt worden sein	werden geliebt worden sein	würden geliebt worden sein
ihr	werdet geliebt worden sein	werdet geliebt worden sein	würdet geliebt worden sein
sie	werden geliebt worden sein	werden geliebt worden sein	würden geliebt worden sein

PRINC. PARTS: gelingen, gelang, ist gelungen, gelingt
IMPERATIVE: gelinge!, gelingt!, gelingen Sie!

gelingen*

to succeed

INDICATIVE	SUBJUNCTIVE	
	PRIMARY	SECONDARY
	Present Time	
Present	*(Pres. Subj.)*	*(Imperf. Subj.)*
ich		
du		
es gelingt (mir, dir, ihm, ihr, ihm, uns, euch, ihnen, Ihnen)	gelinge	gelänge
wir		
ihr		
sie gelingen	gelingen	gelängen
Imperfect		
ich		
du		
es gelang		
wir		
ihr		
sie gelangen		
	Past Time	
Perfect	*(Perf. Subj.)*	*(Pluperf. Subj.)*
ich		
du		
es ist gelungen	sei gelungen	wäre gelungen
wir		
ihr		
sie sind gelungen	seien gelungen	wären gelungen
Pluperfect		
ich		
du		
es war gelungen		
wir		
ihr		
sie waren gelungen		
	Future Time	
Future	*(Fut. Subj.)*	*(Pres. Conditional)*
ich		
du		
es wird gelingen	werde gelingen	würde gelingen
wir		
ihr		
sie werden gelingen	werden gelingen	würden gelingen
	Future Perfect Time	
Future Perfect	*(Fut. Perf. Subj.)*	*(Past Conditional)*
ich		
du		
es wird gelungen sein	werde gelungen sein	würde gelungen sein
wir		
ihr		
sie werden gelungen sein	werden gelungen sein	würden gelungen sein

* impersonal verb—only third person forms are used

145

gelten

to be valid, be worth, hold good

PRINC. PARTS: gelten,* galt, gegolten, gilt
IMPERATIVE: gilt!, geltet!, gelten Sie!**

	INDICATIVE		SUBJUNCTIVE	
			PRIMARY	SECONDARY
			Present Time	
	Present		*(Pres. Subj.)*	*(Imperf. Subj.)*
ich	gelte		gelte	gölte gälte
du	giltst		geltest	göltest gältest
er	gilt		gelte	gölte *or* gälte
wir	gelten		gelten	gölten gälten
ihr	geltet		geltet	göltet gältet
sie	gelten		gelten	gölten gälten

	Imperfect
ich	galt
du	galtest
er	galt
wir	galten
ihr	galtet
sie	galten

				Past Time	
	Perfect		*(Perf. Subj.)*	*(Pluperf. Subj.)*
ich	habe gegolten		habe gegolten	hätte gegolten
du	hast gegolten		habest gegolten	hättest gegolten
er	hat gegolten		habe gegolten	hätte gegolten
wir	haben gegolten		haben gegolten	hätten gegolten
ihr	habt gegolten		habet gegolten	hättet gegolten
sie	haben gegolten		haben gegolten	hätten gegolten

	Pluperfect
ich	hatte gegolten
du	hattest gegolten
er	hatte gegolten
wir	hatten gegolten
ihr	hattet gegolten
sie	hatten gegolten

			Future Time	
	Future		*(Fut. Subj.)*	*(Pres. Conditional)*
ich	werde gelten		werde gelten	würde gelten
du	wirst gelten		werdest gelten	würdest gelten
er	wird gelten		werde gelten	würde gelten
wir	werden gelten		werden gelten	würden gelten
ihr	werdet gelten		werdet gelten	würdet gelten
sie	werden gelten		werden gelten	würden gelten

			Future Perfect Time	
	Future Perfect		*(Fut. Perf. Subj.)*	*(Past Conditional)*
ich	werde gegolten haben		werde gegolten haben	würde gegolten haben
du	wirst gegolten haben		werdest gegolten haben	würdest gegolten haben
er	wird gegolten haben		werde gegolten haben	würde gegolten haben
wir	werden gegolten haben		werden gegolten haben	würden gegolten haben
ihr	werdet gegolten haben		werdet gegolten haben	würdet gegolten haben
sie	werden gegolten haben		werden gegolten haben	würden gegolten haben

*Forms other than the third person are infrequently found.
**The imperative is unusual.

PRINC. PARTS: genesen, genas, ist genesen, genest
IMPERATIVE: genese!, genest!, genesen Sie!

	INDICATIVE	SUBJUNCTIVE	
		PRIMARY	SECONDARY
		Present Time	
	Present	*(Pres. Subj.)*	*(Imperf. Subj.)*
ich	genese	genese	genäse
du	genest	genesest	genäsest
er	genest	genese	genäse
wir	genesen	genesen	genäsen
ihr	genest	geneset	genäset
sie	genesen	genesen	genäsen

	Imperfect
ich	genas
du	genasest
er	genas
wir	genasen
ihr	genast
sie	genasen

			Past Time	
	Perfect	*(Perf. Subj.)*	*(Pluperf. Subj.)*
ich	bin genesen	sei genesen	wäre genesen
du	bist genesen	seiest genesen	wärest genesen
er	ist genesen	sei genesen	wäre genesen
wir	sind genesen	seien genesen	wären genesen
ihr	seid genesen	seiet genesen	wäret genesen
sie	sind genesen	seien genesen	wären genesen

	Pluperfect
ich	war genesen
du	warst genesen
er	war genesen
wir	waren genesen
ihr	wart genesen
sie	waren genesen

			Future Time	
	Future	*(Fut. Subj.)*	*(Pres. Conditional)*
ich	werde genesen	werde genesen	würde genesen
du	wirst genesen	werdest genesen	würdest genesen
er	wird genesen	werde genesen	würde genesen
wir	werden genesen	werden genesen	würden genesen
ihr	werdet genesen	werdet genesen	würdet genesen
sie	werden genesen	werden genesen	würden genesen

			Future Perfect Time	
	Future Perfect	*(Fut. Perf. Subj.)*	*(Past Conditional)*
ich	werde genesen sein	werde genesen sein	würde genesen sein
du	wirst genesen sein	werdest genesen sein	würdest genesen sein
er	wird genesen sein	werde genesen sein	würde genesen sein
wir	werden genesen sein	werden genesen sein	würden genesen sein
ihr	werdet genesen sein	werdet genesen sein	würdet genesen sein
sie	werden genesen sein	werden genesen sein	würden genesen sein

sich genieren

to feel embarrassed or awkward

PRINC. PARTS: sich genieren, genierte sich, hat sich geniert, geniert sich

IMPERATIVE: geniere dich!, geniert euch!, genieren Sie sich!

INDICATIVE	SUBJUNCTIVE	
	PRIMARY	SECONDARY

Present Time

	Present	*(Pres. Subj.)*	*(Imperf. Subj.)*
ich	geniere mich	geniere mich	genierte mich
du	genierst dich	genierest dich	geniertest dich
er	geniert sich	geniere sich	genierte sich
wir	genieren uns	genieren uns	genierten uns
ihr	geniert euch	genieret euch	geniertet euch
sie	genieren sich	genieren sich	genierten sich

	Imperfect
ich	genierte mich
du	geniertest dich
er	genierte sich
wir	genierten uns
ihr	geniertet euch
sie	genierten sich

Past Time

	Perfect	*(Perf. Subj.)*	*(Pluperf. Subj.)*
ich	habe mich geniert	habe mich geniert	hätte mich geniert
du	hast dich geniert	habest dich geniert	hättest dich geniert
er	hat sich geniert	habe sich geniert	hätte sich geniert
wir	haben uns geniert	haben uns geniert	hätten uns geniert
ihr	habt euch geniert	habet euch geniert	hättet euch geniert
sie	haben sich geniert	haben sich geniert	hätten sich geniert

	Pluperfect
ich	hatte mich geniert
du	hattest dich geniert
er	hatte sich geniert
wir	hatten uns geniert
ihr	hattet euch geniert
sie	hatten sich geniert

Future Time

	Future	*(Fut. Subj.)*	*(Pres. Conditional)*
ich	werde mich genieren	werde mich genieren	würde mich genieren
du	wirst dich genieren	werdest dich genieren	würdest dich genieren
er	wird sich genieren	werde sich genieren	würde sich genieren
wir	werden uns genieren	werden uns genieren	würden uns genieren
ihr	werdet euch genieren	werdet euch genieren	würdet euch genieren
sie	werden sich genieren	werden sich genieren	würden sich genieren

Future Perfect Time

	Future Perfect	*(Fut. Perf. Subj.)*	*(Past Conditional)*
ich	werde mich geniert haben	werde mich geniert haben	würde mich geniert haben
du	wirst dich geniert haben	werdest dich genicrt haben	würdest dich geniert haben
er	wird sich geniert haben	werde sich geniert haben	würde sich geniert haben
wir	werden uns geniert haben	werden uns geniert haben	würden uns geniert haben
ihr	werdet euch geniert haben	werdet euch geniert haben	würdet euch geniert haben
sie	werden sich geniert haben	werden sich geniert haben	würden sich geniert haben

PRINC. PARTS: genießen, genoß, genossen, genießt
IMPERATIVE: genieße!, genießt!, genießen Sie!

genießen
to enjoy

INDICATIVE		SUBJUNCTIVE	
		PRIMARY	SECONDARY
		Present Time	
	Present	*(Pres. Subj.)*	*(Imperf. Subj.)*
ich	genieße	genieße	genösse
du	genießt	genießest	genössest
er	genießt	genieße	genösse
wir	genießen	genießen	genössen
ihr	genießt	genießet	genösset
sie	genießen	genießen	genössen

	Imperfect
ich	genoß
du	genossest
er	genoß
wir	genossen
ihr	genoßt
sie	genossen

			Past Time	
	Perfect	*(Perf. Subj.)*	*(Pluperf. Subj.)*
ich	habe genossen	habe genossen	hätte genossen
du	hast genossen	habest genossen	hättest genossen
er	hat genossen	habe genossen	hätte genossen
wir	haben genossen	haben genossen	hätten genossen
ihr	habt genossen	habet genossen	hättet genossen
sie	haben genossen	haben genossen	hätten genossen

	Pluperfect
ich	hatte genossen
du	hattest genossen
er	hatte genossen
wir	hatten genossen
ihr	hattet genossen
sie	hatten genossen

			Future Time	
	Future	*(Fut. Subj.)*	*(Pres. Conditional)*
ich	werde genießen	werde genießen	würde genießen
du	wirst genießen	werdest genießen	würdest genießen
er	wird genießen	werde genießen	würde genießen
wir	werden genießen	werden genießen	würden genießen
ihr	werdet genießen	werdet genießen	würdet genießen
sie	werden genießen	werden genießen	würden genießen

			Future Perfect Time	
	Future Perfect	*(Fut. Perf. Subj.)*	*(Past Conditional)*
ich	werde genossen haben	werde genossen haben	würde genossen haben
du	wirst genossen haben	werdest genossen haben	würdest genossen haben
er	wird genossen haben	werde genossen haben	würde genossen haben
wir	werden genossen haben	werden genossen haben	würden genossen haben
ihr	werdet genossen haben	werdet genossen haben	würdet genossen haben
sie	werden genossen haben	werden genossen haben	würden genossen haben

geraten

to get into, fall into or
upon, turn out, prosper

PRINC. PARTS: geraten, geriet, ist geraten, gerät
IMPERATIVE: gerate!, geratet!, geraten Sie!

INDICATIVE	SUBJUNCTIVE	
	PRIMARY	SECONDARY
	Present Time	
Present	*(Pres. Subj.)*	*(Imperf. Subj.)*
ich gerate	gerate	geriete
du gerätst	geratest	gerietest
er gerät	gerate	geriete
wir geraten	geraten	gerieten
ihr geratet	geratet	gerietet
sie geraten	geraten	gerieten

Imperfect
ich geriet
du gerietest
er geriet
wir gerieten
ihr gerietet
sie gerieten

	Past Time	
Perfect	*(Perf. Subj.)*	*(Pluperf. Subj.)*
ich bin geraten	sei geraten	wäre geraten
du bist geraten	seiest geraten	wärest geraten
er ist geraten	sei geraten	wäre geraten
wir sind geraten	seien geraten	wären geraten
ihr seid geraten	seiet geraten	wäret geraten
sie sind geraten	seien geraten	wären geraten

Pluperfect
ich war geraten
du warst geraten
er war geraten
wir waren geraten
ihr wart geraten
sie waren geraten

	Future Time	
Future	*(Fut. Subj.)*	*(Pres. Conditional)*
ich werde geraten	werde geraten	würde geraten
du wirst geraten	werdest geraten	würdest geraten
er wird geraten	werde geraten	würde geraten
wir werden geraten	werden geraten	würden geraten
ihr werdet geraten	werdet geraten	würdet geraten
sie werden geraten	werden geraten	würden geraten

	Future Perfect Time	
Future Perfect	*(Fut. Perf. Subj.)*	*(Past Conditional)*
ich werde geraten sein	werde geraten sein	würde geraten sein
du wirst geraten sein	werdest geraten sein	würdest geraten sein
er wird geraten sein	werde geraten sein	würde geraten sein
wir werden geraten sein	werden geraten sein	würden geraten sein
ihr werdet geraten sein	werdet geraten sein	würdet geraten sein
sie werden geraten sein	werden geraten sein	würden geraten sein

geschehen*

*to happen, to take place,
to come to pass*

	INDICATIVE	SUBJUNCTIVE	
		PRIMARY	SECONDARY
		Present Time	
	Present	*(Pres. Subj.)*	*(Imperf. Subj.)*
ich			
du			
es	geschieht	geschehe	geschähe
wir			
ihr			
sie	geschehen	geschehen	geschähen
	Imperfect		
ich			
du			
es	geschah		
wir			
ihr			
sie	geschahen		
		Past Time	
	Perfect	*(Perf. Subj.)*	*(Pluperf. Subj.)*
ich			
du			
es	ist geschehen	sei geschehen	wäre geschehen
wir			
ihr			
sie	sind geschehen	seien geschehen	wären geschehen
	Pluperfect		
ich			
du			
es	war geschehen		
wir			
ihr			
sie	waren geschehen		
		Future Time	
	Future	*(Fut. Subj.)*	*(Pres. Conditional)*
ich			
du			
es	wird geschehen	werde geschehen	würde geschehen
wir			
ihr			
sie	werden geschehen	werden geschehen	würden geschehen
		Future Perfect Time	
	Future Perfect	*(Fut. Perf. Subj.)*	*(Past Conditional)*
ich			
du			
es	wird geschehen sein	werde geschehen sein	würde geschehen sein
wir			
ihr			
sie	werden geschehen sein	werden geschehen sein	würden geschehen sein

* impersonal verb—only third person singular and plural are used

151

gewinnen

to win, gain

PRINC. PARTS: gewinnen, gewann, gewonnen, gewinnt
IMPERATIVE: gewinne!, gewinnt!, gewinnen Sie!

INDICATIVE	SUBJUNCTIVE		
	PRIMARY	SECONDARY	
		Present Time	
Present	*(Pres. Subj.)*	*(Imperf. Subj.)*	
ich gewinne	gewinne	gewönne	gewänne
du gewinnst	gewinnest	gewönnest	gewännest
er gewinnt	gewinne	gewönne *or*	gewänne
wir gewinnen	gewinnen	gewönnen	gewännen
ihr gewinnt	gewinnet	gewönnet	gewännet
sie gewinnen	gewinnen	gewönnen	gewännen
Imperfect			
ich gewann			
du gewannst			
er gewann			
wir gewannen			
ihr gewannt			
sie gewannen			
		Past Time	
Perfect	*(Perf. Subj.)*	*(Pluperf. Subj.)*	
ich habe gewonnen	habe gewonnen	hätte gewonnen	
du hast gewonnen	habest gewonnen	hättest gewonnen	
er hat gewonnen	habe gewonnen	hätte gewonnen	
wir haben gewonnen	haben gewonnen	hätten gewonnen	
ihr habt gewonnen	habet gewonnen	hättet gewonnen	
sie haben gewonnen	haben gewonnen	hätten gewonnen	
Pluperfect			
ich hatte gewonnen			
du hattest gewonnen			
er hatte gewonnen			
wir hatten gewonnen			
ihr hattet gewonnen			
sie hatten gewonnen			
		Future Time	
Future	*(Fut. Subj.)*	*(Pres. Conditional)*	
ich werde gewinnen	werde gewinnen	würde gewinnen	
du wirst gewinnen	werdest gewinnen	würdest gewinnen	
er wird gewinnen	werde gewinnen	würde gewinnen	
wir werden gewinnen	werden gewinnen	würden gewinnen	
ihr werdet gewinnen	werdet gewinnen	würdet gewinnen	
sie werden gewinnen	werden gewinnen	würden gewinnen	
		Future Perfect Time	
Future Perfect	*(Fut. Perf. Subj.)*	*(Past Conditional)*	
ich werde gewonnen haben	werde gewonnen haben	würde gewonnen haben	
du wirst gewonnen haben	werdest gewonnen haben	würdest gewonnen haben	
er wird gewonnen haben	werde gewonnen haben	würde gewonnen haben	
wir werden gewonnen haben	werden gewonnen haben	würden gewonnen haben	
ihr werdet gewonnen haben	werdet gewonnen haben	würdet gewonnen haben	
sie werden gewonnen haben	werden gewonnen haben	würden gewonnen haben	

PRINC. PARTS: sich gewöhnen, gewöhnte sich,
hat sich gewöhnt, gewöhnt sich
IMPERATIVE: gewöhne dich!, gewöhnt euch!,
gewöhnen Sie sich!

sich gewöhnen

to become accustomed

INDICATIVE	SUBJUNCTIVE	
	PRIMARY	SECONDARY
	Present Time	
Present	*(Pres. Subj.)*	*(Imperf. Subj.)*
ich gewöhne mich	gewöhne mich	gewöhnte mich
du gewöhnst dich	gewöhnest dich	gewöhntest dich
er gewöhnt sich	gewöhne sich	gewöhnte sich
wir gewöhnen uns	gewöhnen uns	gewöhnten uns
ihr gewöhnt euch	gewöhnet euch	gewöhntet euch
sie gewöhnen sich	gewöhnen sich	gewöhnten sich
Imperfect		
ich gewöhnte mich		
du gewöhntest dich		
er gewöhnte sich		
wir gewöhnten uns		
ihr gewöhntet euch		
sie gewöhnten sich	*Past Time*	
Perfect	*(Perf. Subj.)*	*(Pluperf. Subj.)*
ich habe mich gewöhnt	habe mich gewöhnt	hätte mich gewöhnt
du hast dich gewöhnt	habest dich gewöhnt	hättest dich gewöhnt
er hat sich gewöhnt	habe sich gewöhnt	hätte sich gewöhnt
wir haben uns gewöhnt	haben uns gewöhnt	hätten uns gewöhnt
ihr habt euch gewöhnt	habet euch gewöhnt	hättet euch gewöhnt
sie haben sich gewöhnt	haben sich gewöhnt	hätten sich gewöhnt
Pluperfect		
ich hatte mich gewöhnt		
du hattest dich gewöhnt		
er hatte sich gewöhnt		
wir hatten uns gewöhnt		
ihr hattet euch gewöhnt		
sie hatten sich gewöhnt	*Future Time*	
Future	*(Fut. Subj.)*	*(Pres. Conditional)*
ich werde mich gewöhnen	werde mich gewöhnen	würde mich gewöhnen
du wirst dich gewöhnen	werdest dich gewöhnen	würdest dich gewöhnen
er wird sich gewöhnen	werde sich gewöhnen	würde sich gewöhnen
wir werden uns gewöhnen	werden uns gewöhnen	würden uns gewöhnen
ihr werdet euch gewöhnen	werdet euch gewöhnen	würdet euch gewöhnen
sie werden sich gewöhnen	werden sich gewöhnen	würden sich gewöhnen
	Future Perfect Time	
Future Perfect	*(Fut. Perf. Subj.)*	*(Past Conditional)*
ich werde mich gewöhnt haben	werde mich gewöhnt haben	würde mich gewöhnt haben
du wirst dich gewöhnt haben	werdest dich gewöhnt haben	würdest dich gewöhnt haben
er wird sich gewöhnt haben	werde sich gewöhnt haben	würde sich gewöhnt haben
wir werden uns gewöhnt haben	werden uns gewöhnt haben	würden uns gewöhnt haben
ihr werdet euch gewöhnt haben	werdet euch gewöhnt haben	würdet euch gewöhnt haben
sie werden sich gewöhnt haben	werden sich gewöhnt haben	würden sich gewöhnt haben

gießen

to pour, cast (metal)

PRINC. PARTS: gießen, goß, gegossen, gießt
IMPERATIVE: gieße!, gießt!, gießen Sie!

INDICATIVE		SUBJUNCTIVE	
		PRIMARY	SECONDARY

	Present	(Pres. Subj.)	(Imperf. Subj.)
		Present Time	
ich	gieße	gieße	gösse
du	gießt	gießest	gössest
er	gießt	gieße	gösse
wir	gießen	gießen	gössen
ihr	gießt	gießet	gösset
sie	gießen	gießen	gössen

	Imperfect
ich	goß
du	gossest
er	goß
wir	gossen
ihr	goßt
sie	gossen

	Perfect	(Perf. Subj.)	(Pluperf. Subj.)
		Past Time	
ich	habe gegossen	habe gegossen	hätte gegossen
du	hast gegossen	habest gegossen	hättest gegossen
er	hat gegossen	habe gegossen	hätte gegossen
wir	haben gegossen	haben gegossen	hätten gegossen
ihr	habt gegossen	habet gegossen	hättet gegossen
sie	haben gegossen	haben gegossen	hätten gegossen

	Pluperfect
ich	hatte gegossen
du	hattest gegossen
er	hatte gegossen
wir	hatten gegossen
ihr	hattet gegossen
sie	hatten gegossen

	Future	(Fut. Subj.)	(Pres. Conditional)
		Future Time	
ich	werde gießen	werde gießen	würde gießen
du	wirst gießen	werdest gießen	würdest gießen
er	wird gießen	werde gießen	würde gießen
wir	werden gießen	werden gießen	würden gießen
ihr	werdet gießen	werdet gießen	würdet gießen
sie	werden gießen	werden gießen	würden gießen

	Future Perfect	(Fut. Perf. Subj.)	(Past Conditional)
		Future Perfect Time	
ich	werde gegossen haben	werde gegossen haben	würde gegossen haben
du	wirst gegossen haben	werdest gegossen haben	würdest gegossen haben
er	wird gegossen haben	werde gegossen haben	würde gegossen haben
wir	werden gegossen haben	werden gegossen haben	würden gegossen haben
ihr	werdet gegossen haben	werdet gegossen haben	würdet gegossen haben
sie	werden gegossen haben	werden gegossen haben	würden gegossen haben

glänzen

PRINC. PARTS: glänzen, glänzte, geglänzt, glänzt
IMPERATIVE: glänze!, glänzt!, glänzen Sie!

to glitter,
shine; be brilliant

INDICATIVE	SUBJUNCTIVE	
	PRIMARY	SECONDARY
	Present Time	
Present	*(Pres. Subj.)*	*(Imperf. Subj.)*
ich glänze	glänze	glänzte
du glänzt	glänzest	glänztest
er glänzt	glänze	glänzte
wir glänzen	glänzen	glänzten
ihr glänzt	glänzet	glänztet
sie glänzen	glänzen	glänzten

Imperfect
ich glänzte
du glänztest
er glänzte
wir glänzten
ihr glänztet
sie glänzten

	Past Time	
Perfect	*(Perf. Subj.)*	*(Pluperf. Subj.)*
ich habe geglänzt	habe geglänzt	hätte geglänzt
du hast geglänzt	habest geglänzt	hättest geglänzt
er hat geglänzt	habe geglänzt	hätte geglänzt
wir haben geglänzt	haben geglänzt	hätten geglänzt
ihr habt geglänzt	habet geglänzt	hättet geglänzt
sie haben geglänzt	haben geglänzt	hätten geglänzt

Pluperfect
ich hatte geglänzt
du hattest geglänzt
er hatte geglänzt
wir hatten geglänzt
ihr hattet geglänzt
sie hatten geglänzt

	Future Time	
Future	*(Fut. Subj.)*	*(Pres. Conditional)*
ich werde glänzen	werde glänzen	würde glänzen
du wirst glänzen	werdest glänzen	würdest glänzen
er wird glänzen	werde glänzen	würde glänzen
wir werden glänzen	werden glänzen	würden glänzen
ihr werdet glänzen	werdet glänzen	würdet glänzen
sie werden glänzen	werden glänzen	würden glänzen

	Future Perfect Time	
Future Perfect	*(Fut. Perf. Subj.)*	*(Past Conditional)*
ich werde geglänzt haben	werde geglänzt haben	würde geglänzt haben
du wirst geglänzt haben	werdest geglänzt haben	würdest geglänzt haben
er wird geglänzt haben	werde geglänzt haben	würde geglänzt haben
wir werden geglänzt haben	werden geglänzt haben	würden geglänzt haben
ihr werdet geglänzt haben	werdet geglänzt haben	würdet geglänzt haben
sie werden geglänzt haben	werden geglänzt haben	würden geglänzt haben

155

glauben

to believe

PRINC. PARTS: glauben, glaubte, geglaubt, glaubt
IMPERATIVE: glaube!, glaubt!, glauben Sie!

	INDICATIVE	SUBJUNCTIVE	
		PRIMARY	SECONDARY
	Present	*Present Time* (*Pres. Subj.*)	(*Imperf. Subj.*)
ich	glaube	glaube	glaubte
du	glaubst	glaubest	glaubtest
er	glaubt	glaube	glaubte
wir	glauben	glauben	glaubten
ihr	glaubt	glaubet	glaubtet
sie	glauben	glauben	glaubten

	Imperfect
ich	glaubte
du	glaubtest
er	glaubte
wir	glaubten
ihr	glaubtet
sie	glaubten

	Perfect	*Past Time* (*Perf. Subj.*)	(*Pluperf. Subj.*)
ich	habe geglaubt	habe geglaubt	hätte geglaubt
du	hast geglaubt	habest geglaubt	hättest geglaubt
er	hat geglaubt	habe geglaubt	hätte geglaubt
wir	haben geglaubt	haben geglaubt	hätten geglaubt
ihr	habt geglaubt	habet geglaubt	hättet geglaubt
sie	haben geglaubt	haben geglaubt	hätten geglaubt

	Pluperfect
ich	hatte geglaubt
du	hattest geglaubt
er	hatte geglaubt
wir	hatten geglaubt
ihr	hattet geglaubt
sie	hatten geglaubt

	Future	*Future Time* (*Fut. Subj.*)	(*Pres. Conditional*)
ich	werde glauben	werde glauben	würde glauben
du	wirst glauben	werdest glauben	würdest glauben
er	wird glauben	werde glauben	würde glauben
wir	werden glauben	werden glauben	würden glauben
ihr	werdet glauben	werdet glauben	würdet glauben
sie	werden glauben	werden glauben	würden glauben

	Future Perfect	*Future Perfect Time* (*Fut. Perf. Subj.*)	(*Past Conditional*)
ich	werde geglaubt haben	werde geglaubt haben	würde geglaubt haben
du	wirst geglaubt haben	werdest geglaubt haben	würdest geglaubt haben
er	wird geglaubt haben	werde geglaubt haben	würde geglaubt haben
wir	werden geglaubt haben	werden geglaubt haben	würden geglaubt haben
ihr	werdet geglaubt haben	werdet geglaubt haben	würdet geglaubt haben
sie	werden geglaubt haben	werden geglaubt haben	würden geglaubt haben

PRINC. PARTS: gleichen, glich, geglichen, gleicht
IMPERATIVE: gleiche!, gleicht!, gleichen Sie!

be like, resemble, equal

	INDICATIVE	SUBJUNCTIVE	
		PRIMARY	SECONDARY

Present Time

	Present	*(Pres. Subj.)*	*(Imperf. Subj.)*
ich	gleiche	gleiche	gliche
du	gleichst	gleichest	glichest
er	gleicht	gleiche	gliche
wir	gleichen	gleichen	glichen
ihr	gleicht	gleichet	glichet
sie	gleichen	gleichen	glichen

	Imperfect
ich	glich
du	glichst
er	glich
wir	glichen
ihr	glicht
sie	glichen

Past Time

	Perfect	*(Perf. Subj.)*	*(Pluperf. Subj.)*
ich	habe geglichen	habe geglichen	hätte geglichen
du	hast geglichen	habest geglichen	hättest geglichen
er	hat geglichen	habe geglichen	hätte geglichen
wir	haben geglichen	haben geglichen	hätten geglichen
ihr	habt geglichen	habet geglichen	hättet geglichen
sie	haben geglichen	haben geglichen	hatten geglichen

	Pluperfect
ich	hatte geglichen
du	hattest geglichen
er	hatte geglichen
wir	hatten geglichen
ihr	hattet geglichen
sie	hatten geglichen

Future Time

	Future	*(Fut. Subj.)*	*(Pres. Conditional)*
ich	werde gleichen	werde gleichen	würde gleichen
du	wirst gleichen	werdest gleichen	würdest gleichen
er	wird gleichen	werde gleichen	würde gleichen
wir	werden gleichen	werden gleichen	würden gleichen
ihr	werdet gleichen	werdet gleichen	würdet gleichen
sie	werden gleichen	werden gleichen	würden gleichen

Future Perfect Time

	Future Perfect	*(Fut. Perf. Subj.)*	*(Past Conditional)*
ich	werde geglichen haben	werde geglichen haben	würde geglichen haben
du	wirst geglichen haben	werdest geglichen haben	würdest geglichen haben
er	wird geglichen haben	werde geglichen haben	würde geglichen haben
wir	werden geglichen haben	werden geglichen haben	würden geglichen haben
ihr	werdet geglichen haben	werdet geglichen haben	würdet geglichen haben
sie	werden geglichen haben	werden geglichen haben	würden geglichen haben

157

gleiten

to slide, glide

PRINC. PARTS: gleiten, glitt, ist geglitten, gleitet
IMPERATIVE: gleite!, gleitet!, gleiten Sie!

INDICATIVE		SUBJUNCTIVE	
		PRIMARY	SECONDARY
		Present Time	
	Present	*(Pres. Subj.)*	*(Imperf. Subj.)*
ich	gleite	gleite	glitte
du	gleitest	gleitest	glittest
er	gleitet	gleite	glitte
wir	gleiten	gleiten	glitten
ihr	gleitet	gleitet	glittet
sie	gleiten	gleiten	glitten

	Imperfect
ich	glitt
du	glittest
er	glitt
wir	glitten
ihr	glittet
sie	glitten

	Perfect	*(Perf. Subj.)*	*(Pluperf. Subj.)*
		Past Time	
ich	bin geglitten	sei geglitten	wäre geglitten
du	bist geglitten	seiest geglitten	wärest geglitten
er	ist geglitten	sei geglitten	wäre geglitten
wir	sind geglitten	seien geglitten	wären geglitten
ihr	seid geglitten	seiet geglitten	wäret geglitten
sie	sind geglitten	seien geglitten	wären geglitten

	Pluperfect
ich	war geglitten
du	warst geglitten
er	war geglitten
wir	waren geglitten
ihr	wart geglitten
sie	waren geglitten

	Future	*(Fut. Subj.)*	*(Pres. Conditional)*
		Future Time	
ich	werde gleiten	werde gleiten	würde gleiten
du	wirst gleiten	werdest gleiten	würdest gleiten
er	wird gleiten	werde gleiten	würde gleiten
wir	werden gleiten	werden gleiten	würden gleiten
ihr	werdet gleiten	werdet gleiten	würdet gleiten
sie	werden gleiten	werden gleiten	würden gleiten

	Future Perfect	*(Fut. Perf. Subj.)*	*(Past Conditional)*
		Future Perfect Time	
ich	werde geglitten sein	werde geglitten sein	würde geglitten sein
du	wirst geglitten sein	werdest geglitten sein	würdest geglitten sein
er	wird geglitten sein	werde geglitten sein	würde geglitten sein
wir	werden geglitten sein	werden geglitten sein	würden geglitten sein
ihr	werdet geglitten sein	werdet geglitten sein	würdet geglitten sein
sie	werden geglitten sein	werden geglitten sein	würden geglitten sein

PRINC. PARTS: glotzen, glotzte, geglotzt, glotzt
IMPERATIVE: glotze!, glotzt!, glotzen Sie!

to gape, stare

INDICATIVE	SUBJUNCTIVE	
	PRIMARY	SECONDARY
	Present Time	
Present	*(Pres. Subj.)*	*(Imperf. Subj.)*
ich glotze	glotze	glotzte
du glotzt	glotzest	glotztest
er glotzt	glotze	glotzte
wir glotzen	glotzen	glotzten
ihr glotzt	glotzet	glotztet
sie glotzen	glotzen	glotzten

Imperfect
ich glotzte
du glotztest
er glotzte
wir glotzten
ihr glotztet
sie glotzten

		Past Time	
Perfect	*(Perf. Subj.)*	*(Pluperf. Subj.)*
ich habe geglotzt	habe geglotzt	hätte geglotzt
du hast geglotzt	habest geglotzt	hättest geglotzt
er hat geglotzt	habe geglotzt	hätte geglotzt
wir haben geglotzt	haben geglotzt	hätten geglotzt
ihr habt geglotzt	habet geglotzt	hättet geglotzt
sie haben geglotzt	haben geglotzt	hätten geglotzt

Pluperfect
ich hatte geglotzt
du hattest geglotzt
er hatte geglotzt
wir hatten geglotzt
ihr hattet geglotzt
sie hatten geglotzt

		Future Time	
Future	*(Fut. Subj.)*	*(Pres. Conditional)*
ich werde glotzen	werde glotzen	würde glotzen
du wirst glotzen	werdest glotzen	würdest glotzen
er wird glotzen	werde glotzen	würde glotzen
wir werden glotzen	werden glotzen	würden glotzen
ihr werdet glotzen	werdet glotzen	würdet glotzen
sie werden glotzen	werden glotzen	würden glotzen

		Future Perfect Time	
Future Perfect	*(Fut. Perf. Subj.)*	*(Past Conditional)*
ich werde geglotzt haben	werde geglotzt haben	würde geglotzt haben
du wirst geglotzt haben	werdest geglotzt haben	würdest geglotzt haben
er wird geglotzt haben	werde geglotzt haben	würde geglotzt haben
wir werden geglotzt haben	werden geglotzt haben	würden geglotzt haben
ihr werdet geglotzt haben	werdet geglotzt haben	würdet geglotzt haben
sie werden geglotzt haben	werden geglotzt haben	würden geglotzt haben

glühen

to glow, burn

PRINC. PARTS: glühen, glühte, geglüht, glüht
IMPERATIVE: glühe!, glüht!, glühen Sie!

	INDICATIVE	SUBJUNCTIVE	
		PRIMARY	SECONDARY
		Present Time	
	Present	*(Pres. Subj.)*	*(Imperf. Subj.)*
ich	glühe	glühe	glühte
du	glühst	glühest	glühtest
er	glüht	glühe	glühte
wir	glühen	glühen	glühten
ihr	glüht	glühet	glühtet
sie	glühen	glühen	glühten

	Imperfect
ich	glühte
du	glühtest
er	glühte
wir	glühten
ihr	glühtet
sie	glühten

			Past Time	
	Perfect	*(Perf. Subj.)*	*(Pluperf. Subj.)*
ich	habe geglüht	habe geglüht	hätte geglüht
du	hast geglüht	habest geglüht	hättest geglüht
er	hat geglüht	habe geglüht	hätte geglüht
wir	haben geglüht	haben geglüht	hätten geglüht
ihr	habt geglüht	habet geglüht	hättet geglüht
sie	haben geglüht	haben geglüht	hätten geglüht

	Pluperfect
ich	hatte geglüht
du	hattest geglüht
er	hatte geglüht
wir	hatten geglüht
ihr	hattet geglüht
sie	hatten geglüht

			Future Time	
	Future	*(Fut. Subj.)*	*(Pres. Conditional)*
ich	werde glühen	werde glühen	würde glühen
du	wirst glühen	werdest glühen	würdest glühen
er	wird glühen	werde glühen	würde glühen
wir	werden glühen	werden glühen	würden glühen
ihr	werdet glühen	werdet glühen	würdet glühen
sie	werden glühen	werden glühen	würden glühen

			Future Perfect Time	
	Future Perfect	*(Fut. Perf. Subj.)*	*(Past Conditional)*
ich	werde geglüht haben	werde geglüht haben	würde geglüht haben
du	wirst geglüht haben	werdest geglüht haben	würdest geglüht haben
er	wird geglüht haben	werde geglüht haben	würde geglüht haben
wir	werden geglüht haben	werden geglüht haben	würden geglüht haben
ihr	werdet geglüht haben	werdet geglüht haben	würdet geglüht haben
sie	werden geglüht haben	werden geglüht haben	würden geglüht haben

PRINC. PARTS: graben, grub, gegraben, gräbt
IMPERATIVE: grabe!, grabt!, graben Sie!

INDICATIVE	SUBJUNCTIVE	
	PRIMARY	SECONDARY

			Present Time	
	Present	*(Pres. Subj.)*	*(Imperf. Subj.)*
ich	grabe	grabe	grübe
du	gräbst	grabest	grübest
er	gräbt	grabe	grübe
wir	graben	graben	grüben
ihr	grabt	grabet	grübet
sie	graben	graben	grüben

	Imperfect
ich	grub
du	grubst
er	grub
wir	gruben
ihr	grubt
sie	gruben

			Past Time	
	Perfect	*(Perf. Subj.)*	*(Pluperf. Subj.)*
ich	habe gegraben	habe gegraben	hätte gegraben
du	hast gegraben	habest gegraben	hättest gegraben
er	hat gegraben	habe gegraben	hätte gegraben
wir	haben gegraben	haben gegraben	hätten gegraben
ihr	habt gegraben	habet gegraben	hättet gegraben
sie	haben gegraben	haben gegraben	hätten gegraben

	Pluperfect
ich	hatte gegraben
du	hattest gegraben
er	hatte gegraben
wir	hatten gegraben
ihr	hattet gegraben
sie	hatten gegraben

			Future Time	
	Future	*(Fut. Subj.)*	*(Pres. Conditional)*
ich	werde graben	werde graben	würde graben
du	wirst graben	werdest graben	würdest graben
er	wird graben	werde graben	würde graben
wir	werden graben	werden graben	würden graben
ihr	werdet graben	werdet graben	würdet graben
sie	werden graben	werden graben	würden graben

			Future Perfect Time	
	Future Perfect	*(Fut. Perf. Subj.)*	*(Past Conditional)*
ich	werde gegraben haben	werde gegraben haben	würde gegraben haben
du	wirst gegraben haben	werdest gegraben haben	würdest gegraben haben
er	wird gegraben haben	werde gegraben haben	würde gegraben haben
wir	werden gegraben haben	werden gegraben haben	würden gegraben haben
ihr	werdet gegraben haben	werdet gegraben haben	würdet gegraben haben
sie	werden gegraben haben	werden gegraben haben	würden gegraben haben

161

greifen
to seize, grasp, grab

PRINC. PARTS: greifen, griff, gegriffen, greift
IMPERATIVE: greife!, greift!, greifen Sie!

INDICATIVE		SUBJUNCTIVE	
		PRIMARY	SECONDARY
		Present Time	
	Present	*(Pres. Subj.)*	*(Imperf. Subj.)*
ich	greife	greife	griffe
du	greifst	greifest	griffest
er	greift	greife	griffe
wir	greifen	greifen	griffen
ihr	greift	greifet	griffet
sie	greifen	greifen	griffen

	Imperfect
ich	griff
du	griffst
er	griff
wir	griffen
ihr	grifft
sie	griffen

			Past Time	
	Perfect	*(Perf. Subj.)*	*(Pluperf. Subj.)*
ich	habe gegriffen	habe gegriffen	hätte gegriffen
du	hast gegriffen	habest gegriffen	hättest gegriffen
er	hat gegriffen	habe gegriffen	hätte gegriffen
wir	haben gegriffen	haben gegriffen	hätten gegriffen
ihr	habt gegriffen	habet gegriffen	hättet gegriffen
sie	haben gegriffen	haben gegriffen	hätten gegriffen

	Pluperfect
ich	hatte gegriffen
du	hattest gegriffen
er	hatte gegriffen
wir	hatten gegriffen
ihr	hattet gegriffen
sie	hatten gegriffen

			Future Time	
	Future	*(Fut. Subj.)*	*(Pres. Conditional)*
ich	werde greifen	werde greifen	würde greifen
du	wirst greifen	werdest greifen	würdest greifen
er	wird greifen	werde greifen	würde greifen
wir	werden greifen	werden greifen	würden greifen
ihr	werdet greifen	werdet greifen	würdet greifen
sie	werden greifen	werden greifen	würden greifen

			Future Perfect Time	
	Future Perfect	*(Fut. Perf. Subj.)*	*(Past Conditional)*
ich	werde gegriffen haben	werde gegriffen haben	würde gegriffen haben
du	wirst gegriffen haben	werdest gegriffen haben	würdest gegriffen haben
er	wird gegriffen haben	werde gegriffen haben	würde gegriffen haben
wir	werden gegriffen haben	werden gegriffen haben	würden gegriffen haben
ihr	werdet gegriffen haben	werdet gegriffen haben	würdet gegriffen haben
sie	werden gegriffen haben	werden gegriffen haben	würden gegriffen haben

PRINC. PARTS: grollen, grollte, gegrollt, grollt
IMPERATIVE: grolle!, grollt!, grollen Sie!

INDICATIVE	SUBJUNCTIVE	
	PRIMARY	SECONDARY
	Present Time	
Present	*(Pres. Subj.)*	*(Imperf. Subj.)*
ich grolle	grolle	grollte
du grollst	grollest	grolltest
er grollt	grolle	grollte
wir grollen	grollen	grollten
ihr grollt	grollet	grolltet
sie grollen	grollen	grollten

Imperfect		
ich grollte		
du grolltest		
er grollte		
wir grollten		
ihr grolltet		
sie grollten		

		Past Time	
Perfect	*(Perf. Subj.)*	*(Pluperf. Subj.)*
ich habe gegrollt	habe gegrollt	hätte gegrollt
du hast gegrollt	habest gegrollt	hättest gegrollt
er hat gegrollt	habe gegrollt	hätte gegrollt
wir haben gegrollt	haben gegrollt	hätten gegrollt
ihr habt gegrollt	habet gegrollt	hättet gegrollt
sie haben gegrollt	haben gegrollt	hätten gegrollt

Pluperfect		
ich hatte gegrollt		
du hattest gegrollt		
er hatte gegrollt		
wir hatten gegrollt		
ihr hattet gegrollt		
sie hatten gegrollt		

		Future Time	
Future	*(Fut. Subj.)*	*(Pres. Conditional)*
ich werde grollen	werde grollen	würde grollen
du wirst grollen	werdest grollen	würdest grollen
er wird grollen	werde grollen	würde grollen
wir werden grollen	werden grollen	würden grollen
ihr werdet grollen	werdet grollen	würdet grollen
sie werden grollen	werden grollen	würden grollen

Future Perfect	*(Fut. Perf. Subj.)*	*(Past Conditional)*
ich werde gegrollt haben	werde gegrollt haben	würde gegrollt haben
du wirst gegrollt haben	werdest gegrollt haben	würdest gegrollt haben
er wird gegrollt haben	werde gegrollt haben	würde gegrollt haben
wir werden gegrollt haben	werden gegrollt haben	würden gegrollt haben
ihr werdet gegrollt haben	werdet gegrollt haben	würdet gegrollt haben
sie werden gegrollt haben	werden gegrollt haben	würden gegrollt haben

grüßen

to greet, salute, send regards
or compliments

PRINC. PARTS: grüßen, grüßte, gegrüßt, grüßt
IMPERATIVE: grüße!, grüßt!, grüßen Sie!

	INDICATIVE		SUBJUNCTIVE	
			PRIMARY	SECONDARY
			Present Time	
	Present		*(Pres. Subj.)*	*(Imperf. Subj.)*
ich	grüße		grüße	grüßte
du	grüßt		grüßest	grüßtest
er	grüßt		grüße	grüßte
wir	grüßen		grüßen	grüßten
ihr	grüßt		grüßet	grüßtet
sie	grüßen		grüßen	grüßten
	Imperfect			
ich	grüßte			
du	grüßtest			
er	grüßte			
wir	grüßten			
ihr	grüßtet			
sie	grüßten			
			Past Time	
	Perfect		*(Perf. Subj.)*	*(Pluperf. Subj.)*
ich	habe gegrüßt		habe gegrüßt	hätte gegrüßt
du	hast gegrüßt		habest gegrüßt	hättest gegrüßt
er	hat gegrüßt		habe gegrüßt	hätte gegrüßt
wir	haben gegrüßt		haben gegrüßt	hätten gegrüßt
ihr	habt gegrüßt		habet gegrüßt	hättet gegrüßt
sie	haben gegrüßt		haben gegrüßt	hätten gegrüßt
	Pluperfect			
ich	hatte gegrüßt			
du	hattest gegrüßt			
er	hatte gegrüßt			
wir	hatten gegrüßt			
ihr	hattet gegrüßt			
sie	hatten gegrüßt			
			Future Time	
	Future		*(Fut. Subj.)*	*(Pres. Conditional)*
ich	werde grüßen		werde grüßen	würde grüßen
du	wirst grüßen		werdest grüßen	würdest grüßen
er	wird grüßen		werde grüßen	würde grüßen
wir	werden grüßen		werden grüßen	würden grüßen
ihr	werdet grüßen		werdet grüßen	würdet grüßen
sie	werden grüßen		werden grüßen	würden grüßen
			Future Perfect Time	
	Future Perfect		*(Fut. Perf. Subj.)*	*(Past Conditional)*
ich	werde gegrüßt		werde gegrüßt haben	würde gegrüßt haben
du	wirst gegrüßt haben		werdest gegrüßt haben	würdest gegrüßt haben
er	wird gegrüßt haben		werde gegrüßt haben	würde gegrüßt haben
wir	werden gegrüßt haben		werden gegrüßt haben	würden gegrüßt haben
ihr	werdet gegrüßt haben		werdet gegrüßt haben	würdet gegrüßt haben
sie	werden gegrüßt haben		werden gegrüßt haben	würden gegrüßt haben

PRINC. PARTS: gucken, guckte, geguckt, guckt
IMPERATIVE: gucke!, guckt!, gucken Sie!

INDICATIVE	SUBJUNCTIVE	
	PRIMARY	SECONDARY
	Present Time	
Present	(*Pres. Subj.*)	(*Imperf. Subj.*)
ich gucke	gucke	guckte
du guckst	guckest	gucktest
er guckt	gucke	guckte
wir gucken	gucken	guckten
ihr guckt	gucket	gucktest
sie gucken	gucken	guckten

Imperfect
ich guckte
du gucktest
er guckte
wir guckten
ihr gucktet
sie guckten

		Past Time	
Perfect	(*Perf. Subj.*)	(*Pluperf. Subj.*)
ich habe geguckt	habe geguckt	hätte geguckt
du hast geguckt	habest geguckt	hättest geguckt
er hat geguckt	habe geguckt	hätte geguckt
wir haben geguckt	haben geguckt	hätten geguckt
ihr habt geguckt	habet geguckt	hättet geguckt
sie haben geguckt	haben geguckt	hätten geguckt

Pluperfect
ich hatte geguckt
du hattest geguckt
er hatte geguckt
wir hatten geguckt
ihr hattet geguckt
sie hatten geguckt

		Future Time	
Future	(*Fut. Subj.*)	(*Pres. Conditional*)
ich werde gucken	werde gucken	würde gucken
du wirst gucken	werdest gucken	würdest gucken
er wird gucken	werde gucken	würde gucken
wir werden gucken	werden gucken	würden gucken
ihr werdet gucken	werdet gucken	würdet gucken
sie werden gucken	werden gucken	würden gucken

		Future Perfect Time	
Future Perfect	(*Fut. Perf. Subj.*)	(*Past Conditional*)
ich werde geguckt haben	werde geguckt haben	würde geguckt haben
du wirst geguckt haben	werdest geguckt haben	würdest geguckt haben
er wird geguckt haben	werde geguckt haben	würde geguckt haben
wir werden geguckt haben	werden geguckt haben	würden geguckt haben
ihr werdet geguckt haben	werdet geguckt haben	würdet geguckt haben
sie werden geguckt haben	werden geguckt haben	würden geguckt haben

165

haben

to have

PRINC. PARTS: haben, hatte, gehabt, hat
IMPERATIVE: habe!, habt!, haben Sie!

INDICATIVE	SUBJUNCTIVE	
	PRIMARY	SECONDARY

Present Time

	Present	*(Pres. Subj.)*	*(Imperf. Subj.)*
ich	habe	habe	hätte
du	hast	habest	hättest
er	hat	habe	hätte
wir	haben	haben	hätten
ihr	habt	habet	hättet
sie	haben	haben	hätten

	Imperfect
ich	hatte
du	hattest
er	hatte
wir	hatten
ihr	hattet
sie	hatten

Past Time

	Perfect	*(Perf. Subj.)*	*(Pluperf. Subj.)*
ich	habe gehabt	habe gehabt	hätte gehabt
du	hast gehabt	habest gehabt	hättest gehabt
er	hat gehabt	habe gehabt	hätte gehabt
wir	haben gehabt	haben gehabt	hätten gehabt
ihr	habt gehabt	habet gehabt	hättet gehabt
sie	haben gehabt	haben gehabt	hätten gehabt

	Pluperfect
ich	hatte gehabt
du	hattest gehabt
er	hatte gehabt
wir	hatten gehabt
ihr	hattet gehabt
sie	hatten gehabt

Future Time

	Future	*(Fut. Subj.)*	*(Pres. Conditional)*
ich	werde haben	werde haben	würde haben
du	wirst haben	werdest haben	würdest haben
er	wird haben	werde haben	würde haben
wir	werden haben	werden haben	würden haben
ihr	werdet haben	werdet haben	würdet haben
sie	werden haben	werden haben	würden haben

Future Perfect Time

	Future Perfect	*(Fut. Perf. Subj.)*	*(Past Conditional)*
ich	werde gehabt haben	werde gehabt haben	würde gehabt haben
du	wirst gehabt haben	werdest gehabt haben	würdest gehabt haben
er	wird gehabt haben	werde gehabt haben	würde gehabt haben
wir	werden gehabt haben	werden gehabt haben	würden gehabt haben
ihr	werdet gehabt haben	werdet gehabt haben	würdet gehabt haben
sie	werden gehabt haben	werden gehabt haben	würden gehabt haben

PRINC. PARTS: halten, hielt, gehalten, hält
IMPERATIVE: halte!, haltet!, halten Sie!

to hold, stop, keep, consider

INDICATIVE	SUBJUNCTIVE	
	PRIMARY	SECONDARY
	Present Time	
Present	*(Pres. Subj.)*	*(Imperf. Subj.)*
ich halte	halte	hielte
du hältst	haltest	hieltest
er hält	halte	hielte
wir halten	halten	hielten
ihr haltet	haltet	hieltet
sie halten	halten	hielten

Imperfect
ich hielt
du hieltest
er hielt
wir hielten
ihr hieltet
sie hielten

		Past Time	
Perfect	*(Perf. Subj.)*	*(Pluperf. Subj.)*
ich habe gehalten	habe gehalten	hätte gehalten
du hast gehalten	habest gehalten	hättest gehalten
er hat gehalten	habe gehalten	hätte gehalten
wir haben gehalten	haben gehalten	hätten gehalten
ihr habt gehalten	habet gehalten	hättet gehalten
sie haben gehalten	haben gehalten	hätten gehalten

Pluperfect
ich hatte gehalten
du hattest gehalten
er hatte gehalten
wir hatten gehalten
ihr hattet gehalten
sie hatten gehalten

		Future Time	
Future	*(Fut. Subj.)*	*(Pres. Conditional)*
ich werde halten	werde halten	würde halten
du wirst halten	werdest halten	würdest halten
er wird halten	werde halten	würde halten
wir werden halten	werden halten	würden halten
ihr werdet halten	werdet halten	würdet halten
sie werden halten	werden halten	würden halten

		Future Perfect Time	
Future Perfect	*(Fut. Perf. Subj.)*	*(Past Conditional)*
ich werde gehalten haben	werde gehalten haben	würde gehalten haben
du wirst gehalten haben	werdest gehalten haben	würdest gehalten haben
er wird gehalten haben	werde gehalten haben	würde gehalten haben
wir werden gehalten haben	werden gehalten haben	würden gehalten haben
ihr werdet gehalten haben	werdet gehalten haben	würdet gehalten haben
sie werden gehalten haben	werden gehalten haben	würden gehalten haben

167

handeln

to act; trade, traffic, deal
(in goods)

PRINC. PARTS: handeln, handelte, gehandelt, handelt
IMPERATIVE: handle!, handelt!, handeln Sie!

	INDICATIVE	SUBJUNCTIVE	
		PRIMARY	SECONDARY
		Present Time	
	Present	*(Pres. Subj.)*	*(Imperf. Subj.)*
ich	handele*	handele*	handelte
du	handelst	handelst	handeltest
er	handelt	handele*	handelte
wir	handeln	handeln	handelten
ihr	handelt	handelt	handeltet
sie	handeln	handeln	handelten
	Imperfect		
ich	handelte		
du	handeltest		
er	handelte		
wir	handelten		
ihr	handeltet		
sie	handelten		
		Past Time	
	Perfect	*(Perf. Subj.)*	*(Pluperf. Subj.)*
ich	habe gehandelt	habe gehandelt	hätte gehandelt
du	hast gehandelt	habest gehandelt	hättest gehandelt
er	hat gehandelt	habe gehandelt	hätte gehandelt
wir	haben gehandelt	haben gehandelt	hätten gehandelt
ihr	habt gehandelt	habet gehandelt	hättet gehandelt
sie	haben gehandelt	haben gehandelt	hätten gehandelt
	Pluperfect		
ich	hatte gehandelt		
du	hattest gehandelt		
er	hatte gehandelt		
wir	hatten gehandelt		
ihr	hattet gehandelt		
sie	hatten gehandelt		
		Future Time	
	Future	*(Fut. Subj.)*	*(Pres. Conditional)*
ich	werde handeln	werde handeln	würde handeln
du	wirst handeln	werdest handeln	würdest handeln
er	wird handeln	werde handeln	würde handeln
wir	werden handeln	werden handeln	würden handeln
ihr	werdet handeln	werdet handeln	würdet handeln
sie	werden handeln	werden handeln	würden handeln
		Future Perfect Time	
	Future Perfect	*(Fut. Perf. Subj.)*	*(Past Conditional)*
ich	werde gehandelt haben	werde gehandelt haben	würde gehandelt haben
du	wirst gehandelt haben	werdest gehandelt haben	würdest gehandelt haben
er	wird gehandelt haben	werde gehandelt haben	würde gehandelt haben
wir	werden gehandelt haben	werden gehandelt haben	würden gehandelt haben
ihr	werdet gehandelt haben	werdet gehandelt haben	würdet gehandelt haben
sie	werden gehandelt haben	werden gehandelt haben	würden gehandelt haben

* 'e' preceding 'l' in these forms is usually omitted in colloquial speech. Some authorities, however, (*Duden: Rechtschreibung* v.g.) say it should be retained.

PRINC. PARTS: hängen, hing, gehangen, hängt
IMPERATIVE: hänge!, hängt!, hängen Sie!

hängen
to hang

INDICATIVE	SUBJUNCTIVE	
	PRIMARY	SECONDARY
		Present Time
Present	*(Pres. Subj.)*	*(Imperf. Subj.)*
ich hänge	hänge	hinge
du hängst	hängest	hingest
er hängt	hänge	hinge
wir hängen	hängen	hingen
ihr hängt	hänget	hinget
sie hängen	hängen	hingen

Imperfect
| ich hing |
| du hingst |
| er hing |
| wir hingen |
| ihr hingt |
| sie hingen |

Past Time

Perfect	*(Perf. Subj.)*	*(Pluperf. Subj.)*
ich habe gehangen	habe gehangen	hätte gehangen
du hast gehangen	habest gehangen	hättest gehangen
er hat gehangen	habe gehangen	hätte gehangen
wir haben gehangen	haben gehangen	hätten gehangen
ihr habt gehangen	habet gehangen	hättet gehangen
sie haben gehangen	haben gehangen	hätten gehangen

Pluperfect
| ich hatte gehangen |
| du hattest gehangen |
| er hatte gehangen |
| wir hatten gehangen |
| ihr hattet gehangen |
| sie hatten gehangen |

Future Time

Future	*(Fut. Subj.)*	*(Pres. Conditional)*
ich werde hängen	werde hängen	würde hängen
du wirst hängen	werdest hängen	würdest hängen
er wird hängen	werde hängen	würde hängen
wir werden hängen	werden hängen	würden hängen
ihr werdet hängen	werdet hängen	würdet hängen
sie werden hängen	werden hängen	würden hängen

Future Perfect Time

Future Perfect	*(Fut. Perf. Subj.)*	*(Past Conditional)*
ich werde gehangen haben	werde gehangen haben	würde gehangen haben
du wirst gehangen haben	werdest gehangen haben	würdest gehangen haben
er wird gehangen haben	werde gehangen haben	würde gehangen haben
wir werden gehangen haben	werden gehangen haben	würden gehangen haben
ihr werdet gehangen haben	werdet gehangen haben	würdet gehangen haben
sie werden gehangen haben	werden gehangen haben	würden gehangen haben

169

haschen

to snatch, seize

PRINC. PARTS: haschen, haschte, gehascht, hascht
IMPERATIVE: hasche!, hascht!, haschen Sie!

	INDICATIVE	PRIMARY SUBJUNCTIVE	SECONDARY

	Present	*Present Time* (Pres. Subj.)	(Imperf. Subj.)
ich	hasche	hasche	haschte
du	haschst	haschest	haschtest
er	hascht	hasche	haschte
wir	haschen	haschen	haschten
ihr	hascht	haschet	haschtet
sie	haschen	haschen	haschten

	Imperfect
ich	haschte
du	haschtest
er	haschte
wir	haschten
ihr	haschtet
sie	haschten

	Perfect	*Past Time* (Perf. Subj.)	(Pluperf. Subj.)
ich	habe gehascht	habe gehascht	hätte gehascht
du	hast gehascht	habest gehascht	hättest gehascht
er	hat gehascht	habe gehascht	hätte gehascht
wir	haben gehascht	haben gehascht	hätten gehascht
ihr	habt gehascht	habet gehascht	hättet gehascht
sie	haben gehascht	haben gehascht	hätten gehascht

	Pluperfect
ich	hatte gehascht
du	hattest gehascht
er	hatte gehascht
wir	hatten gehascht
ihr	hattet gehascht
sie	hatten gehascht

	Future	*Future Time* (Fut. Subj.)	(Pres. Conditional)
ich	werde haschen	werde haschen	würde haschen
du	wirst haschen	werdest haschen	würdest haschen
er	wird haschen	werde haschen	würde haschen
wir	werden haschen	werden haschen	würden haschen
ihr	werdet haschen	werdet haschen	würdet haschen
sie	werden haschen	werden haschen	würden haschen

	Future Perfect	*Future Perfect Time* (Fut. Perf. Subj.)	(Past Conditional)
ich	werde gehascht haben	werde gehascht haben	würde gehascht haben
du	wirst gehascht haben	werdest gehascht haben	würdest gehascht haben
er	wird gehascht haben	werde gehascht haben	würde gehascht haben
wir	werden gehascht haben	werden gehascht haben	würden gehascht haben
ihr	werdet gehascht haben	werdet gehascht haben	würdet gehascht haben
sie	werden gehascht haben	werden gehascht haben	würden gehascht haben

PRINC. PARTS: hassen, haßte, gehaßt, haßt
IMPERATIVE: hasse!, haßt!, hassen Sie!

to hate

INDICATIVE	SUBJUNCTIVE	
	PRIMARY	SECONDARY

Present Time

Present	(*Pres. Subj.*)	(*Imperf. Subj.*)
ich hasse	hasse	haßte
du haßt	hassest	haßtest
er haßt	hasse	haßte
wir hassen	hassen	haßten
ihr haßt	hasset	haßtet
sie hassen	hassen	haßten

Imperfect
ich haßte
du haßtest
er haßte
wir haßten
ihr haßtet
sie haßten

Past Time

Perfect	(*Perf. Subj.*)	(*Pluperf. Subj.*)
ich habe gehaßt	habe gehaßt	hätte gehaßt
du hast gehaßt	habest gehaßt	hättest gehaßt
er hat gehaßt	habe gehaßt	hätte gehaßt
wir haben gehaßt	haben gehaßt	hätten gehaßt
ihr habt gehaßt	habet gehaßt	hättet gehaßt
sie haben gehaßt	haben gehaßt	hätten gehaßt

Pluperfect
ich hatte gehaßt
du hattest gehaßt
er hatte gehaßt
wir hatten gehaßt
ihr hattet gehaßt
sie hatten gehaßt

Future Time

Future	(*Fut. Subj.*)	(*Pres. Conditional*)
ich werde hassen	werde hassen	würde hassen
du wirst hassen	werdest hassen	würdest hassen
er wird hassen	werde hassen	würde hassen
wir werden hassen	werden hassen	würden hassen
ihr werdet hassen	werdet hassen	würdet hassen
sie werden hassen	werden hassen	würden hassen

Future Perfect Time

Future Perfect	(*Fut. Perf. Subj.*)	(*Past Conditional*)
ich werde gehaßt haben	werde gehaßt haben	würde gehaßt haben
du wirst gehaßt haben	werdest gehaßt haben	würdest gehaßt haben
er wird gehaßt haben	werde gehaßt haben	würde gehaßt haben
wir werden gehaßt haben	werden gehaßt haben	würden gehaßt haben
ihr werdet gehaßt haben	werdet gehaßt haben	würdet gehaßt haben
sie werden gehaßt haben	werden gehaßt haben	würden gehaßt haben

hauen

to strike, hew, cut, chop, beat

PRINC. PARTS: hauen, hieb,* gehauen, haut
IMPERATIVE: haue!, haut!, hauen Sie!

INDICATIVE		SUBJUNCTIVE	
		PRIMARY	SECONDARY
		Present Time	
	Present	*(Pres. Subj.)*	*(Imperf. Subj.)*
ich	haue	haue	hiebe
du	haust	hauest	hiebest
er	haut	haue	hiebe
wir	hauen	hauen	hieben
ihr	haut	hauet	hiebet
sie	hauen	hauen	hieben

	Imperfect
ich	hieb
du	hiebst
er	hieb
wir	hieben
ihr	hiebt
sie	hieben

			Past Time	
	Perfect	*(Perf. Subj.)*	*(Pluperf. Subj.)*
ich	habe gehauen	habe gehauen	hätte gehauen
du	hast gehauen	habest gehauen	hättest gehauen
er	hat gehauen	habe gehauen	hätte gehauen
wir	haben gehauen	haben gehauen	hätten gehauen
ihr	habt gehauen	habet gehauen	hättet gehauen
sie	haben gehauen	haben gehauen	hätten gehauen

	Pluperfect
ich	hatte gehauen
du	hattest gehauen
er	hatte gehauen
wir	hatten gehauen
ihr	hattet gehauen
sie	hatten gehauen

			Future Time	
	Future	*(Fut. Subj.)*	*(Pres. Conditional)*
ich	werde hauen	werde hauen	würde hauen
du	wirst hauen	werdest hauen	würdest hauen
er	wird hauen	werde hauen	würde hauen
wir	werden hauen	werden hauen	würden hauen
ihr	werdet hauen	werdet hauen	würdet hauen
sie	werden hauen	werden hauen	würden hauen

			Future Perfect Time	
	Future Perfect	*(Fut. Perf. Subj.)*	*(Past Conditional)*
ich	werde gehauen haben	werde gehauen haben	würde gehauen haben
du	wirst gehauen haben	werdest gehauen haben	würdest gehauen haben
er	wird gehauen haben	werde gehauen haben	würde gehauen haben
wir	werden gehauen haben	werden gehauen haben	würden gehauen haben
ihr	werdet gehauen haben	werdet gehauen haben	würdet gehauen haben
sie	werden gehauen haben	werden gehauen haben	würden gehauen haben

172 * The weak forms, haute, etc., are frequently used in the Imperfect.

PRINC. PARTS: heben, hob, gehoben, hebt
IMPERATIVE: hebe!, hebt!, heben Sie!

to lift, raise, heave

INDICATIVE		SUBJUNCTIVE	
		PRIMARY	SECONDARY

Present Time

	Present	*(Pres. Subj.)*	*(Imperf. Subj.)*
ich	hebe	hebe	höbe
du	hebst	hebest	höbest
er	hebt	hebe	höbe
wir	heben	heben	höben
ihr	hebt	hebet	höbet
sie	heben	heben	höben

	Imperfect
ich	hob
du	hobst
er	hob
wir	hoben
ihr	hobt
sie	hoben

Past Time

	Perfect	*(Perf. Subj.)*	*(Pluperf. Subj.)*
ich	habe gehoben	habe gehoben	hätte gehoben
du	hast gehoben	habest gehoben	hättest gehoben
er	hat gehoben	habe gehoben	hätte gehoben
wir	haben gehoben	haben gehoben	hätten gehoben
ihr	habt gehoben	habet gehoben	hättet gehoben
sie	haben gehoben	haben gehoben	hätten gehoben

	Pluperfect
ich	hatte gehoben
du	hattest gehoben
er	hatte gehoben
wir	hatten gehoben
ihr	hattet gehoben
sie	hatten gehoben

Future Time

	Future	*(Fut. Subj.)*	*(Pres. Conditional)*
ich	werde heben	werde heben	würde heben
du	wirst heben	werdest heben	würdest heben
er	wird heben	werde heben	würde heben
wir	werden heben	werden heben	würden heben
ihr	werdet heben	werdet heben	würdet heben
sie	werden heben	werden heben	würden heben

Future Perfect Time

	Future Perfect	*(Fut. Perf. Subj.)*	*(Past Conditional)*
ich	werde gehoben haben	werde gehoben haben	würde gehoben haben
du	wirst gehoben haben	werdest gehoben haben	würdest gehoben haben
er	wird gehoben haben	werde gehoben haben	würde gehoben haben
wir	werden gehoben haben	werden gehoben haben	würden gehoben haben
ihr	werdet gehoben haben	werdet gehoben haben	würdet gehoben haben
sie	werden gehoben haben	werden gehoben haben	würden gehoben haben

heiraten

to marry

PRINC. PARTS: heiraten, heiratete, geheiratet, heiratet
IMPERATIVE: heirate!, heiratet!, heiraten Sie!

INDICATIVE	SUBJUNCTIVE	
	PRIMARY	SECONDARY
	Present Time	
Present	*(Pres. Subj.)*	*(Imperf. Subj.)*
ich heirate	heirate	heiratete
du heiratest	heiratest	heiratetest
er heiratet	heirate	heiratete
wir heiraten	heiraten	heirateten
ihr heiratet	heiratet	heiratetet
sie heiraten	heiraten	heirateten
Imperfect		
ich heiratete		
du heiratetest		
er heiratete		
wir heirateten		
ihr heiratetet		
sie heirateten	**Past Time**	
Perfect	*(Perf. Subj.)*	*(Pluperf. Subj.)*
ich habe geheiratet	habe geheiratet	hätte geheiratet
du hast geheiratet	habest geheiratet	hättest geheiratet
er hat geheiratet	habe geheiratet	hätte geheiratet
wir haben geheiratet	haben geheiratet	hätten geheiratet
ihr habt geheiratet	habet geheiratet	hättet geheiratet
sie haben geheiratet	haben geheiratet	hätten geheiratet
Pluperfect		
ich hatte geheiratet		
du hattest geheiratet		
er hatte geheiratet		
wir hatten geheiratet		
ihr hattet geheiratet		
sie hatten geheiratet	**Future Time**	
Future	*(Fut. Subj.)*	*(Pres. Conditional)*
ich werde heiraten	werde heiraten	würde heiraten
du wirst heiraten	werdest heiraten	würdest heiraten
er wird heiraten	werde heiraten	würde heiraten
wir werden heiraten	werden heiraten	würden heiraten
ihr werdet heiraten	werdet heiraten	würdet heiraten
sie werden heiraten	werden heiraten	würden heiraten
	Future Perfect Time	
Future Perfect	*(Fut. Perf. Subj.)*	*(Past Conditional)*
ich werde geheiratet haben	werde geheiratet haben	würde geheiratet haben
du wirst geheiratet haben	werdest geheiratet haben	würdest geheiratet haben
er wird geheiratet haben	werde geheiratet haben	würde geheiratet haben
wir werden geheiratet haben	werden geheiratet haben	würden geheiratet haben
ihr werdet geheiratet haben	werdet geheiratet haben	würdet geheiratet haben
sie werden geheiratet haben	werden geheiratet haben	würden geheiratet haben

PRINC. PARTS: heißen, hieß, geheißen, heißt
IMPERATIVE: heiße!, heißt!, heißen Sie!   *to be called or named, command*

INDICATIVE	SUBJUNCTIVE	
	PRIMARY	SECONDARY

	Present	(*Pres. Subj.*)	(*Imperf. Subj.*)
ich	heiße	heiße	hieße
du	heißt	heißest	hießest
er	heißt	heiße	hieße
wir	heißen	heißen	hießen
ihr	heißt	heißet	hießet
sie	heißen	heißen	hießen

Present Time

	Imperfect
ich	hieß
du	hießest
er	hieß
wir	hießen
ihr	hießt
sie	hießen

Past Time

	Perfect	(*Perf. Subj.*)	(*Pluperf. Subj.*)
ich	habe geheißen	habe geheißen	hätte geheißen
du	hast geheißen	habest geheißen	hättest geheißen
er	hat geheißen	habe geheißen	hätte geheißen
wir	haben geheißen	haben geheißen	hätten geheißen
ihr	habt geheißen	habet geheißen	hättet geheißen
sie	haben geheißen	haben geheißen	hätten geheißen

	Pluperfect
ich	hatte geheißen
du	hattest geheißen
er	hatte geheißen
wir	hatten geheißen
ihr	hattet geheißen
sie	hatten geheißen

Future Time

	Future	(*Fut. Subj.*)	(*Pres. Conditional*)
ich	werde heißen	werde heißen	würde heißen
du	wirst heißen	werdest heißen	würdest heißen
er	wird heißen	werde heißen	würde heißen
wir	werden heißen	werden heißen	würden heißen
ihr	werdet heißen	werdet heißen	würdet heißen
sie	werden heißen	werden heißen	würden heißen

Future Perfect Time

	Future Perfect	(*Fut. Perf. Subj.*)	(*Past Conditional*)
ich	werde geheißen haben	werde geheißen haben	würde geheißen haben
du	wirst geheißen haben	werdest geheißen haben	würdest geheißen haben
er	wird geheißen haben	werde geheißen haben	würde geheißen haben
wir	werden geheißen haben	werden geheißen haben	würden geheißen haben
ihr	werdet geheißen haben	werdet geheißen haben	würdet geheißen haben
sie	werden geheißen haben	werden geheißen haben	würden geheißen haben

heizen

to heat

PRINC. PARTS: heizen, heizte, geheizt, heizt
IMPERATIVE: heize!, heizt!, heizen Sie!

INDICATIVE	SUBJUNCTIVE	
	PRIMARY	SECONDARY

Present Time

	Present	*(Pres. Subj.)*	*(Imperf. Subj.)*
ich	heize	heize	heizte
du	heizt	heizest	heiztest
er	heizt	heize	heizte
wir	heizen	heizen	heizten
ihr	heizt	heizet	heiztet
sie	heizen	heizen	heizten

	Imperfect
ich	heizte
du	heiztest
er	heizte
wir	heizten
ihr	heiztet
sie	heizten

Past Time

	Perfect	*(Perf. Subj.)*	*(Pluperf. Subj.)*
ich	habe geheizt	habe geheizt	hätte geheizt
du	hast geheizt	habest geheizt	hättest geheizt
er	hat geheizt	habe geheizt	hätte geheizt
wir	haben geheizt	haben geheizt	hätten geheizt
ihr	habt geheizt	habet geheizt	hättet geheizt
sie	haben geheizt	haben geheizt	hätten geheizt

	Pluperfect
ich	hatte geheizt
du	hattest geheizt
er	hatte geheizt
wir	hatten geheizt
ihr	hattet geheizt
sie	hatten geheizt

Future Time

	Future	*(Fut. Subj.)*	*(Pres. Conditional)*
ich	werde heizen	werde heizen	würde heizen
du	wirst heizen	werdest heizen	würdest heizen
er	wird heizen	werde heizen	würde heizen
wir	werden heizen	werden heizen	würden heizen
ihr	werdet heizen	werdet heizen	würdet heizen
sie	werden heizen	werden heizen	würden heizen

Future Perfect Time

	Future Perfect	*(Fut. Perf. Subj.)*	*(Past Conditional)*
ich	werde geheizt haben	werde geheizt haben	würde geheizt haben
du	wirst geheizt haben	werdest geheizt haben	würdest geheizt haben
er	wird geheizt haben	werde geheizt haben	würde geheizt haben
wir	werden geheizt haben	werden geheizt haben	würden geheizt haben
ihr	werdet geheizt haben	werdet geheizt haben	würdet geheizt haben
sie	werden geheizt haben	werden geheizt haben	würden geheizt haben

helfen

to help, aid, assist

INDICATIVE		SUBJUNCTIVE	
		PRIMARY	SECONDARY
		Present Time	
	Present	*(Pres. Subj.)*	*(Imperf. Subj.)*
ich	helfe	helfe	hülfe
du	hilfst	helfest	hülfest
er	hilft	helfe	hülfe
wir	helfen	helfen	hülfen
ihr	helft	helfet	hülfet
sie	helfen	helfen	hülfen

	Imperfect
ich	half
du	halfst
er	half
wir	halfen
ihr	halft
sie	halfen

			Past Time	
	Perfect	*(Perf. Subj.)*	*(Pluperf. Subj.)*
ich	habe geholfen	habe geholfen	hätte geholfen
du	hast geholfen	habest geholfen	hättest geholfen
er	hat geholfen	habe geholfen	hätte geholfen
wir	haben geholfen	haben geholfen	hätten geholfen
ihr	habt geholfen	habet geholfen	hättet geholfen
sie	haben geholfen	haben geholfen	hätten geholfen

	Pluperfect
ich	hatte geholfen
du	hattest geholfen
er	hatte geholfen
wir	hatten geholfen
ihr	hattet geholfen
sie	hatten geholfen

			Future Time	
	Future	*(Fut. Subj.)*	*(Pres. Conditional)*
ich	werde helfen	werde helfen	würde helfen
du	wirst helfen	werdest helfen	würdest helfen
er	wird helfen	werde helfen	würde helfen
wir	werden helfen	werden helfen	würden helfen
ihr	werdet helfen	werdet helfen	würdet helfen
sie	werden helfen	werden helfen	würden helfen

			Future Perfect Time	
	Future Perfect	*(Fut. Perf. Subj.)*	*(Past Conditional)*
ich	werde geholfen haben	werde geholfen haben	würde geholfen haben
du	wirst geholfen haben	werdest geholfen haben	würdest geholfen haben
er	wird geholfen haben	werde geholfen haben	würde geholfen haben
wir	werden geholfen haben	werden geholfen haben	würden geholfen haben
ihr	werdet geholfen haben	werdet geholfen haben	würdet geholfen haben
sie	werden geholfen haben	werden geholfen haben	würden geholfen haben

herzen

*to hug, embrace; press to
one's heart*

PRINC. PARTS: herzen, herzte, geherzt. herzt
IMPERATIVE: herze!, herzt!, herzen Sie!

INDICATIVE	SUBJUNCTIVE	
	PRIMARY	SECONDARY
	Present Time	
Present	*(Pres. Subj.)*	*(Imperf. Subj.)*
ich herze	herze	herzte
du herzt	herzest	herztest
er herzt	herze	herzte
wir herzen	herzen	herzten
ihr herzt	herzet	herztet
sie herzen	herzen	herzten

Imperfect
ich herzte
du herztest
er herzte
wir herzten
ihr herztet
sie herzten

	Past Time	
Perfect	*(Perf. Subj.)*	*(Pluperf. Subj.)*
ich habe geherzt	habe geherzt	hätte geherzt
du hast geherzt	habest geherzt	hättest geherzt
er hat geherzt	habe geherzt	hätte geherzt
wir haben geherzt	haben geherzt	hätten geherzt
ihr habt geherzt	habet geherzt	hättet geherzt
sie haben geherzt	haben geherzt	hätten geherzt

Pluperfect
ich hatte geherzt
du hattest geherzt
er hatte geherzt
wir hatten geherzt
ihr hattet geherzt
sie hatten geherzt

	Future Time	
Future	*(Fut. Subj.)*	*(Pres. Conditional)*
ich werde herzen	werde herzen	würde herzen
du wirst herzen	werdest herzen	würdest herzen
er wird herzen	werde herzen	würde herzen
wir werden herzen	werden herzen	würden herzen
ihr werdet herzen	werdet herzen	würdet herzen
sie werden herzen	werden herzen	würden herzen

	Future Perfect Time	
Future Perfect	*(Fut. Perf. Subj.)*	*(Past Conditional)*
ich werde geherzt haben	werde geherzt haben	würde geherzt haben
du wirst geherzt haben	werdest geherzt haben	würdest geherzt haben
er wird geherzt haben	werde geherzt haben	würde geherzt haben
wir werden geherzt haben	werden geherzt haben	würden geherzt haben
ihr werdet geherzt haben	werdet geherzt haben	würdet geherzt haben
sie werden geherzt haben	werden geherzt haben	würden geherzt haben

PRINC. PARTS: hetzen, hetzte, gehetzt, hetzt
IMPERATIVE: hetze!, hetzt!, hetzen Sie!

to hunt, rush about, incite

	INDICATIVE	SUBJUNCTIVE	
		PRIMARY	SECONDARY
		Present Time	
	Present	*(Pres. Subj.)*	*(Imperf. Subj.)*
ich	hetze	hetze	hetzte
du	hetzt	hetzest	hetztest
er	hetzt	hetze	hetzte
wir	hetzen	hetzen	hetzten
ihr	hetzt	hetzet	hetztet
sie	hetzen	hetzen	hetzten

	Imperfect
ich	hetzte
du	hetztest
er	hetzte
wir	hetzten
ihr	hetztet
sie	hetzten

			Past Time	
	Perfect	*(Perf. Subj.)*	*(Pluperf. Subj.)*
ich	habe gehetzt	habe gehetzt	hätte gehetzt
du	hast gehetzt	habest gehetzt	hättest gehetzt
er	hat gehetzt	habe gehetzt	hätte gehetzt
wir	haben gehetzt	haben gehetzt	hätten gehetzt
ihr	habt gehetzt	habet gehetzt	hättet gehetzt
sie	haben gehetzt	haben gehetzt	hätten gehetzt

	Pluperfect
ich	hatte gehetzt
du	hattest gehetzt
er	hatte gehetzt
wir	hatten gehetzt
ihr	hattet gehetzt
sie	hatten gehetzt

			Future Time	
	Future	*(Fut. Subj.)*	*(Pres. Conditional)*
ich	werde hetzen	werde hetzen	würde hetzen
du	wirst hetzen	werdest hetzen	würdest hetzen
er	wird hetzen	werde hetzen	würde hetzen
wir	werden hetzen	werden hetzen	würden hetzen
ihr	werdet hetzen	werdet hetzen	würdet hetzen
sie	werden hetzen	werden hetzen	würden hetzen

			Future Perfect Time	
	Future Perfect	*(Fut. Perf. Subj.)*	*(Past Conditional)*
ich	werde gehetzt haben	werde gehetzt haben	würde gehetzt haben
du	wirst gehetzt haben	werdest gehetzt haben	würdest gehetzt haben
er	wird gehetzt haben	werde gehetzt haben	würde gehetzt haben
wir	werden gehetzt haben	werden gehetzt haben	würden gehetzt haben
ihr	werdet gehetzt haben	werdet gehetzt haben	würdet gehetzt haben
sie	werden gehetzt haben	werden gehetzt haben	würden gehetzt haben

179

hoffen

to hope, expect

PRINC. PARTS: hoffen, hoffte, gehofft, hofft
IMPERATIVE: hoffe!, hofft!, hoffen Sie!

INDICATIVE	SUBJUNCTIVE	
	PRIMARY	SECONDARY
	Present Time	
Present	*(Pres. Subj.)*	*(Imperf. Subj.)*
ich hoffe	hoffe	hoffte
du hoffst	hoffest	hofftest
er hofft	hoffe	hoffte
wir hoffen	hoffen	hofften
ihr hofft	hoffet	hofftet
sie hoffen	hoffen	hofften
Imperfect		
ich hoffte		
du hofftest		
er hoffte		
wir hofften		
ihr hofftet		
sie hofften		
	Past Time	
Perfect	*(Perf. Subj.)*	*(Pluperf. Subj.)*
ich habe gehofft	habe gehofft	hätte gehofft
du hast gehofft	habest gehofft	hättest gehofft
er hat gehofft	habe gehofft	hätte gehofft
wir haben gehofft	haben gehofft	hätten gehofft
ihr habt gehofft	habet gehofft	hättet gehofft
sie haben gehofft	haben gehofft	hätten gehofft
Pluperfect		
ich hatte gehofft		
du hattest gehofft		
er hatte gehofft		
wir hatten gehofft		
ihr hattet gehofft		
sie hatten gehofft		
	Future Time	
Future	*(Fut. Subj.)*	*(Pres. Conditional)*
ich werde hoffen	werde hoffen	würde hoffen
du wirst hoffen	werdest hoffen	würdest hoffen
er wird hoffen	werde hoffen	würde hoffen
wir werden hoffen	werden hoffen	würden hoffen
ihr werdet hoffen	werdet hoffen	würdet hoffen
sie werden hoffen	werden hoffen	würden hoffen
	Future Perfect Time	
Future Perfect	*(Fut. Perf. Subj.)*	*(Past Conditional)*
ich werde gehofft haben	werde gehofft haben	würde gehofft haben
du wirst gehofft haben	werdest gehofft haben	würdest gehofft haben
er wird gehofft haben	werde gehofft haben	würde gehofft haben
wir werden gehofft haben	werden gehofft haben	würden gehofft haben
ihr werdet gehofft haben	werdet gehofft haben	würdet gehofft haben
sie werden gehofft haben	werden gehofft haben	würden gehofft haben

PRINC. PARTS: hören, hörte, gehört, hört
IMPERATIVE: höre!, hört!, hören Sie!

INDICATIVE	SUBJUNCTIVE	
	PRIMARY	SECONDARY

Present Time

	Present	(*Pres. Subj.*)	(*Imperf. Subj.*)
ich	höre	höre	hörte
du	hörst	hörest	hörtest
er	hört	höre	hörte
wir	hören	hören	hörten
ihr	hört	höret	hörtet
sie	hören	hören	hörten

	Imperfect
ich	hörte
du	hörtest
er	hörte
wir	hörten
ihr	hörtet
sie	hörten

Past Time

	Perfect	(*Perf. Subj.*)	(*Pluperf. Subj.*)
ich	habe gehört	habe gehört	hätte gehört
du	hast gehört	habest gehört	hättest gehört
er	hat gehört	habe gehört	hätte gehört
wir	haben gehört	haben gehört	hätten gehört
ihr	habt gehört	habet gehört	hättet gehört
sie	haben gehört	haben gehört	hätten gehört

	Pluperfect
ich	hatte gehört
du	hattest gehört
er	hatte gehört
wir	hatten gehört
ihr	hattet gehört
sie	hatten gehört

Future Time

	Future	(*Fut. Subj.*)	(*Pres. Conditional*)
ich	werde hören	werde hören	würde hören
du	wirst hören	werdest hören	würdest hören
er	wird hören	werde hören	würde hören
wir	werden hören	werden hören	würden hören
ihr	werdet hören	werdet hören	würdet hören
sie	werden hören	werden hören	würden hören

Future Perfect Time

	Future Perfect	(*Fut. Perf. Subj.*)	(*Past Conditional*)
ich	werde gehört haben	werde gehört haben	würde gehört haben
du	wirst gehört haben	werdest gehört haben	würdest gehört haben
er	wird gehört haben	werde gehört haben	würde gehört haben
wir	werden gehört haben	werden gehört haben	würden gehört haben
ihr	werdet gehört haben	werdet gehört haben	würdet gehört haben
sie	werden gehört haben	werden gehört haben	würden gehört haben

181

hüpfen

to hop, jump

PRINC. PARTS: hüpfen, hüpfte, gehüpft, hüpft
IMPERATIVE: hüpfe!, hüpft!, hüpfen Sie!

INDICATIVE		SUBJUNCTIVE	
		PRIMARY	SECONDARY
		Present Time	
	Present	*(Pres. Subj.)*	*(Imperf. Subj.)*
ich	hüpfe	hüpfe	hüpfte
du	hüpfst	hüpfest	hüpftest
er	hüpft	hüpfe	hüpfte
wir	hüpfen	hüpfen	hüpften
ihr	hüpft	hüpfet	hüpftet
sie	hüpfen	hüpfen	hüpften
	Imperfect		
ich	hüpfte		
du	hüpftest		
er	hüpfte		
wir	hüpften		
ihr	hüpftet		
sie	hüpften		
		Past Time	
	Perfect	*(Perf. Subj.)*	*(Pluperf. Subj.)*
ich	habe gehüpft	habe gehüpft	hätte gehüpft
du	hast gehüpft	habest gehüpft	hättest gehüpft
er	hat gehüpft	habe gehüpft	hätte gehüpft
wir	haben gehüpft	haben gehüpft	hätten gehüpft
ihr	habt gehüpft	habet gehüpft	hättet gehüpft
sie	haben gehüpft	haben gehüpft	hätten gehüpft
	Pluperfect		
ich	hatte gehüpft		
du	hattest gehüpft		
er	hatte gehüpft		
wir	hatten gehüpft		
ihr	hattet gehüpft		
sie	hatten gehüpft		
		Future Time	
	Future	*(Fut. Subj.)*	*(Pres. Conditional)*
ich	werde hüpfen	werde hüpfen	würde hüpfen
du	wirst hüpfen	werdest hüpfen	würdest hüpfen
er	wird hüpfen	werde hüpfen	würde hüpfen
wir	werden hüpfen	werden hüpfen	würden hüpfen
ihr	werdet hüpfen	werdet hüpfen	würdet hüpfen
sie	werden hüpfen	werden hüpfen	würden hüpfen
		Future Perfect Time	
	Future Perfect	*(Fut. Perf. Subj.)*	*(Past Conditional)*
ich	werde gehüpft haben	werde gehüpft haben	würde gehüpft haben
du	wirst gehüpft haben	werdest gehüpft haben	würdest gehüpft haben
er	wird gehüpft haben	werde gehüpft haben	würde gehüpft haben
wir	werden gehüpft haben	werden gehüpft haben	würden gehüpft haben
ihr	werdet gehüpft haben	werdet gehüpft haben	würdet gehüpft haben
sie	werden gehüpft haben	werden gehüpft haben	würden gehüpft haben

INDICATIVE	SUBJUNCTIVE	
	PRIMARY	SECONDARY

Present Time

Present	(*Pres. Subj.*)	(*Imperf. Subj.*)
ich interessiere mich	interessiere mich	interessierte mich
du interessierst dich	interessierest dich	interessiertest dich
er interessiert sich	interessiere sich	interessierte sich
wir interessieren uns	interessieren uns	interessierten uns
ihr interessiert euch	interessieret euch	interessiertet euch
sie interessieren sich	interessieren sich	interessierten sich

Imperfect

ich interessierte mich
du interessiertest dich
er interessierte sich
wir interessierten uns
ihr interessiertet euch
sie interessierten sich

Past Time

Perfect	(*Perf. Subj.*)	(*Pluperf. Subj.*)
ich habe mich interessiert	habe mich interessiert	hätte mich interessiert
du hast dich interessiert	habest dich interessiert	hättest dich interessiert
er hat sich interessiert	habe sich interessiert	hätte sich interessiert
wir haben uns interessiert	haben uns interessiert	hätten uns interessiert
ihr habt euch interessiert	habet euch interessiert	hättet euch interessiert
sie haben sich interessiert	haben sich interessiert	hätten sich interessiert

Pluperfect

ich hatte mich interessiert
du hattest dich interessiert
er hatte sich interessiert
wir hatten uns interessiert
ihr hattet euch interessiert
sie hatten sich interessiert

Future Time

Future	(*Fut. Subj.*)	(*Pres. Conditional*)
ich werde mich interessieren	werde mich interessieren	würde mich interessieren
du wirst dich interessieren	werdest dich interessieren	würdest dich interessieren
er wird sich interessieren	werde sich interessieren	würde sich interessieren
wir werden uns interessieren	werden uns interessieren	würden uns interessieren
ihr werdet euch interessieren	werdet euch interessieren	würdet euch interessieren
sie werden sich interessieren	werden sich interessieren	würden sich interessieren

Future Perfect Time

Future Perfect	(*Fut. Perf. Subj.*)	(*Past Conditional*)
ich werde mich interessiert haben	werde mich interessiert haben	würde mich interessiert haben
du wirst dich interessiert haben	werdest dich interessiert haben	würdest dich interessiert haben
er wird sich interessiert haben	werde sich interessiert haben	würde sich interessiert haben
wir werden uns interessiert haben	werden uns interessiert haben	würden uns interessiert haben
ihr werdet euch interessiert haben	werdet euch interessiert haben	würdet euch interessiert haben
sie werden sich interessiert haben	werden sich interessiert haben	würden sich interessiert haben

interpretieren

to interpret

PRINC. PARTS: interpretieren, interpretierte, interpretiert, interpretiert

IMPERATIVE: interpretiere!, interpretiert!, interpretieren Sie!

INDICATIVE	SUBJUNCTIVE	
	PRIMARY	SECONDARY

Present Time

	Present	*(Pres. Subj.)*	*(Imperf. Subj.)*
ich	interpretiere	interpretiere	interpretierte
du	interpretierst	interpretierest	interpretiertest
er	interpretiert	interpretiere	interpretierte
wir	interpretieren	interpretieren	interpretierten
ihr	interpretiert	interpretieret	interpretiertet
sie	interpretieren	interpretieren	interpretierten

	Imperfect
ich	interpretierte
du	interpretiertest
er	interpretierte
wir	interpretierten
ihr	interpretiertet
sie	interpretierten

Past Time

	Perfect	*(Perf. Subj.)*	*(Pluperf. Subj.)*
ich	habe interpretiert	habe interpretiert	hätte interpretiert
du	hast interpretiert	habest interpretiert	hättest interpretiert
er	hat interpretiert	habe interpretiert	hätte interpretiert
wir	haben interpretiert	haben interpretiert	hätten interpretiert
ihr	habt interpretiert	habet interpretiert	hättet interpretiert
sie	haben interpretiert	haben interpretiert	hätten interpretiert

	Pluperfect
ich	hatte interpretiert
du	hattest interpretiert
er	hatte interpretiert
wir	hatten interpretiert
ihr	hattet interpretiert
sie	hatten interpretiert

Future Time

	Future	*(Fut. Subj.)*	*(Pres. Conditional)*
ich	werde interpretieren	werde interpretieren	würde interpretieren
du	wirst interpretieren	werdest interpretieren	würdest interpretieren
er	wird interpretieren	werde interpretieren	würde interpretieren
wir	werden interpretieren	werden interpretieren	würden interpretieren
ihr	werdet interpretieren	werdet interpretieren	würdet interpretieren
sie	werden interpretieren	werden interpretieren	würden interpretieren

Future Perfect Time

	Future Perfect	*(Fut. Perf. Subj.)*	*(Past Conditional)*
ich	werde interpretiert haben	werde interpretiert haben	würde interpretiert haben
du	wirst interpretiert haben	werdest interpretiert haben	würdest interpretiert haben
er	wird interpretiert haben	werde interpretiert haben	würde interpretiert haben
wir	werden interpretiert haben	werden interpretiert haben	würden interpretiert haben
ihr	werdet interpretiert haben	werdet interpretiert haben	würdet interpretiert haben
sie	werden interpretiert haben	werden interpretiert haben	würden interpretiert haben

PRINC. PARTS: kämpfen, kämpfte, gekämpft, kämpft
IMPERATIVE: kämpfe!, kämpft!, kämpfen Sie!

to fight, struggle

INDICATIVE	SUBJUNCTIVE	
	PRIMARY	SECONDARY
	Present Time	
Present	*(Pres. Subj.)*	*(Imperf. Subj.)*
ich kämpfe	kämpfe	kämpfte
du kämpfst	kämpfest	kämpftest
er kämpft	kämpfe	kämpfte
wir kämpfen	kämpfen	kämpften
ihr kämpft	kämpfet	kämpftet
sie kämpfen	kämpfen	kämpften

Imperfect
ich kämpfte
du kämpftest
er kämpfte
wir kämpften
ihr kämpftet
sie kämpften

	Past Time	
Perfect	*(Perf. Subj.)*	*(Pluperf. Subj.)*
ich habe gekämpft	habe gekämpft	hätte gekämpft
du hast gekämpft	habest gekämpft	hättest gekämpft
er hat gekämpft	habe gekämpft	hätte gekämpft
wir haben gekämpft	haben gekämpft	hätten gekämpft
ihr habt gekämpft	habet gekämpft	hättet gekämpft
sie haben gekämpft	haben gekämpft	hätten gekämpft

Pluperfect
ich hatte gekämpft
du hattest gekämpft
er hatte gekämpft
wir hatten gekämpft
ihr hattet gekämpft
sie hatten gekämpft

	Future Time	
Future	*(Fut. Subj.)*	*(Pres. Conditional)*
ich werde kämpfen	werde kämpfen	würde kämpfen
du wirst kämpfen	werdest kämpfen	würdest kämpfen
er wird kämpfen	werde kämpfen	würde kämpfen
wir werden kämpfen	werden kämpfen	würden kämpfen
ihr werdet kämpfen	werdet kämpfen	würdet kämpfen
sie werden kämpfen	werden kämpfen	würden kämpfen

	Future Perfect Time	
Future Perfect	*(Fut. Perf. Subj.)*	*(Past Conditional)*
ich werde gekämpft haben	werde gekämpft haben	würde gekämpft haben
du wirst gekämpft haben	werdest gekämpft haben	würdest gekämpft haben
er wird gekämpft haben	werde gekämpft haben	würde gekämpft haben
wir werden gekämpft haben	werden gekämpft haben	würden gekämpft haben
ihr werdet gekämpft haben	werdet gekämpft haben	würdet gekämpft haben
sie werden gekämpft haben	werden gekämpft haben	würden gekämpft haben

kauen

to chew

PRINC. PARTS: kauen, kaute, gekaut, kaut
IMPERATIVE: kaue!, kaut!, kauen Sie!

INDICATIVE		SUBJUNCTIVE	
		PRIMARY	SECONDARY
		Present Time	
	Present	*(Pres. Subj.)*	*(Imperf. Subj.)*
ich	kaue	kaue	kaute
du	kaust	kauest	kautest
er	kaut	kaue	kaute
wir	kauen	kauen	kauten
ihr	kaut	kauet	kautet
sie	kauen	kauen	kauten

	Imperfect
ich	kaute
du	kautest
er	kaute
wir	kauten
ihr	kautet
sie	kauten

		Past Time	
	Perfect	*(Perf. Subj.)*	*(Pluperf. Subj.)*
ich	habe gekaut	habe gekaut	hätte gekaut
du	hast gekaut	habest gekaut	hättest gekaut
er	hat gekaut	habe gekaut	hätte gekaut
wir	haben gekaut	haben gekaut	hätten gekaut
ihr	habt gekaut	habet gekaut	hättet gekaut
sie	haben gekaut	haben gekaut	hätten gekaut

	Pluperfect
ich	hatte gekaut
du	hattest gekaut
er	hatte gekaut
wir	hatten gekaut
ihr	hattet gekaut
sie	hatten gekaut

		Future Time	
	Future	*(Fut. Subj.)*	*(Pres. Conditional)*
ich	werde kauen	werde kauen	würde kauen
du	wirst kauen	werdest kauen	würdest kauen
er	wird kauen	werde kauen	würde kauen
wir	werden kauen	werden kauen	würden kauen
ihr	werdet kauen	werdet kauen	würdet kauen
sie	werden kauen	werden kauen	würden kauen

		Future Perfect Time	
	Future Perfect	*(Fut. Perf. Subj.)*	*(Past Conditional)*
ich	werde gekaut haben	werde gekaut haben	würde gekaut haben
du	wirst gekaut haben	werdest gekaut haben	würdest gekaut haben
er	wird gekaut haben	werde gekaut haben	würde gekaut haben
wir	werden gekaut haben	werden gekaut haben	würden gekaut haben
ihr	werdet gekaut haben	werdet gekaut haben	würdet gekaut haben
sie	werden gekaut haben	werden gekaut haben	würden gekaut haben

PRINC. PARTS: kaufen, kaufte, gekauft, kauft
IMPERATIVE: kaufe!, kauft!, kaufen Sie!

	INDICATIVE	SUBJUNCTIVE	
		PRIMARY	SECONDARY
		Present Time	
	Present	*(Pres. Subj.)*	*(Imperf. Subj.)*
ich	kaufe	kaufe	kaufte
du	kaufst	kaufest	kauftest
er	kauft	kaufe	kaufte
wir	kaufen	kaufen	kauften
ihr	kauft	kaufet	kauftet
sie	kaufen	kaufen	kauften

	Imperfect
ich	kaufte
du	kauftest
er	kaufte
wir	kauften
ihr	kauftet
sie	kauften

			Past Time	
	Perfect	*(Perf. Subj.)*	*(Pluperf. Subj.)*
ich	habe gekauft	habe gekauft	hätte gekauft
du	hast gekauft	habest gekauft	hättest gekauft
er	hat gekauft	habe gekauft	hätte gekauft
wir	haben gekauft	haben gekauft	hätten gekauft
ihr	habt gekauft	habet gekauft	hättet gekauft
sie	haben gekauft	haben gekauft	hätten gekauft

	Pluperfect
ich	hatte gekauft
du	hattest gekauft
er	hatte gekauft
wir	hatten gekauft
ihr	hattet gekauft
sie	hatten gekauft

		Future Time	
	Future	*(Fut. Subj.)*	*(Pres. Conditional)*
ich	werde kaufen	werde kaufen	würde kaufen
du	wirst kaufen	werdest kaufen	würdest kaufen
er	wird kaufen	werde kaufen	würde kaufen
wir	werden kaufen	werden kaufen	würden kaufen
ihr	werdet kaufen	werdet kaufen	würdet kaufen
sie	werden kaufen	werden kaufen	würden kaufen

		Future Perfect Time	
	Future Perfect	*(Fut. Perf. Subj.)*	*(Past Conditional)*
ich	werde gekauft haben	werde gekauft haben	würde gekauft haben
du	wirst gekauft haben	werdest gekauft haben	würdest gekauft haben
er	wird gekauft haben	werde gekauft haben	würde gekauft haben
wir	werden gekauft haben	werden gekauft haben	würden gekauft haben
ihr	werdet gekauft haben	werdet gekauft haben	würdet gekauft haben
sie	werden gekauft haben	werden gekauft haben	würden gekauft haben

187

kehren

to turn; sweep

PRINC. PARTS: kehren, kehrte, gekehrt, kehrt
IMPERATIVE: kehre!, kehrt!, kehren Sie!

	INDICATIVE	SUBJUNCTIVE	
		PRIMARY	SECONDARY
			Present Time
	Present	*(Pres. Subj.)*	*(Imperf. Subj.)*
ich	kehre	kehre	kehrte
du	kehrst	kehrest	kehrtest
er	kehrt	kehre	kehrte
wir	kehren	kehren	kehrten
ihr	kehrt	kehret	kehrtet
sie	kehren	kehren	kehrten

	Imperfect
ich	kehrte
du	kehrtest
er	kehrte
wir	kehrten
ihr	kehrtet
sie	kehrten

			Past Time	
	Perfect	*(Perf. Subj.)*	*(Pluperf. Subj.)*
ich	habe gekehrt	habe gekehrt	hätte gekehrt
du	hast gekehrt	habest gekehrt	hättest gekehrt
er	hat gekehrt	habe gekehrt	hätte gekehrt
wir	haben gekehrt	haben gekehrt	hätten gekehrt
ihr	habt gekehrt	habet gekehrt	hättet gekehrt
sie	haben gekehrt	haben gekehrt	hätten gekehrt

	Pluperfect
ich	hatte gekehrt
du	hattest gekehrt
er	hatte gekehrt
wir	hatten gekehrt
ihr	hattet gekehrt
sie	hatten gekehrt

			Future Time	
	Future	*(Fut. Subj.)*	*(Pres. Conditional)*
ich	werde kehren	werde kehren	würde kehren
du	wirst kehren	werdest kehren	würdest kehren
er	wird kehren	werde kehren	würde kehren
wir	werden kehren	werden kehren	würden kehren
ihr	werdet kehren	werdet kehren	würdet kehren
sie	werden kehren	werden kehren	würden kehren

			Future Perfect Time	
	Future Perfect	*(Fut. Perf. Subj.)*	*(Past Conditional)*
ich	werde gekehrt haben	werde gekehrt haben	würde gekehrt haben
du	wirst gekehrt haben	werdest gekehrt haben	würdest gekehrt haben
er	wird gekehrt haben	werde gekehrt haben	würde gekehrt haben
wir	werden gekehrt haben	werden gekehrt haben	würden gekehrt haben
ihr	werdet gekehrt haben	werdet gekehrt haben	würdet gekehrt haben
sie	werden gekehrt haben	werden gekehrt haben	würden gekehrt haben

kennen

PRINC. PARTS: kennen, kannte, gekannt, kennt
IMPERATIVE: kenne!, kennt!, kennen Sie!

to know (by acquaintance),
be familiar with

	INDICATIVE		SUBJUNCTIVE	
			PRIMARY	SECONDARY
			Present Time	
	Present		*(Pres. Subj.)*	*(Imperf. Subj.)*
ich	kenne		kenne	kennte
du	kennst		kennest	kenntest
er	kennt		kenne	kennte
wir	kennen		kennen	kennten
ihr	kennt		kennet	kenntet
sie	kennen		kennen	kennten

	Imperfect
ich	kannte
du	kanntest
er	kannte
wir	kannten
ihr	kanntet
sie	kannten

			Past Time	
	Perfect		*(Perf. Subj.)*	*(Pluperf. Subj.)*
ich	habe gekannt		habe gekannt	hätte gekannt
du	hast gekannt		habest gekannt	hättest gekannt
er	hat gekannt		habe gekannt	hätte gekannt
wir	haben gekannt		haben gekannt	hätten gekannt
ihr	habt gekannt		habet gekannt	hättet gekannt
sie	haben gekannt		haben gekannt	hätten gekannt

	Pluperfect
ich	hatte gekannt
du	hattest gekannt
er	hatte gekannt
wir	hatten gekannt
ihr	hattet gekannt
sie	hatten gekannt

			Future Time	
	Future		*(Fut. Subj.)*	*(Pres. Conditional)*
ich	werde kennen		werde kennen	würde kennen
du	wirst kennen		werdest kennen	würdest kennen
er	wird kennen		werde kennen	würde kennen
wir	werden kennen		werden kennen	würden kennen
ihr	werdet kennen		werdet kennen	würdet kennen
sie	werden kennen		werden kennen	würden kennen

			Future Perfect Time	
	Future Perfect		*(Fut. Perf. Subj.)*	*(Past Conditional)*
ich	werde gekannt haben		werde gekannt haben	würde gekannt haben
du	wirst gekannt haben		werdest gekannt haben	würdest gekannt haben
er	wird gekannt haben		werde gekannt haben	würde gekannt haben
wir	werden gekannt haben		werden gekannt haben	würden gekannt haben
ihr	werdet gekannt haben		werdet gekannt haben	würdet gekannt haben
sie	werden gekannt haben		werden gekannt haben	würden gekannt haben

189

kennenlernen

*to get to know, meet,
become acquainted with*

PRINC. PARTS: kennenlernen, lernte kennen,
kennengelernt, lernt kennen
IMPERATIVE: lerne kennen!, lernt kennen!,
lernen Sie kennen!

	INDICATIVE		SUBJUNCTIVE	
			PRIMARY	SECONDARY
			Present Time	
	Present		*(Pres. Subj.)*	*(Imperf. Subj.)*
ich	lerne kennen		lerne kennen	lernte kennen
du	lernst kennen		lernest kennen	lerntest kennen
er	lernt kennen		lerne kennen	lernte kennen
wir	lernen kennen		lernen kennen	lernten kennen
ihr	lernt kennen		lernet kennen	lerntet kennen
sie	lernen kennen		lernen kennen	lernten kennen
	Imperfect			
ich	lernte kennen			
du	lerntest kennen			
er	lernte kennen			
wir	lernten kennen			
ihr	lerntet kennen			
sie	lernten kennen		*Past Time*	
	Perfect		*(Perf. Subj.)*	*(Pluperf. Subj.)*
ich	habe kennengelernt		habe kennengelernt	hätte kennengelernt
du	hast kennengelernt		habest kennengelernt	hättest kennengelernt
er	hat kennengelernt		habe kennengelernt	hätte kennengelernt
wir	haben kennengelernt		haben kennengelernt	hätten kennengelernt
ihr	habt kennengelernt		habet kennengelernt	hättet kennengelernt
sie	haben kennengelernt		haben kennengelernt	hätten kennengelernt
	Pluperfect			
ich	hatte kennengelernt			
du	hattest kennengelernt			
er	hatte kennengelernt			
wir	hatten kennengelernt			
ihr	hattet kennengelernt			
sie	hatten kennengelernt		*Future Time*	
	Future		*(Fut. Subj.)*	*(Pres. Conditional)*
ich	werde kennenlernen		werde kennenlernen	würde kennenlernen
du	wirst kennenlernen		werdest kennenlernen	würdest kennenlernen
er	wird kennenlernen		werde kennenlernen	würde kennenlernen
wir	werden kennenlernen		werden kennenlernen	würden kennenlernen
ihr	werdet kennenlernen		werdet kennenlernen	würdet kennenlernen
sie	werden kennenlernen		werden kennenlernen	würden kennenlernen
			Future Perfect Time	
	Future Perfect		*(Fut. Perf. Subj.)*	*(Past Conditional)*
ich	werde kennengelernt haben		werde kennengelernt haben	würde kennengelernt haben
du	wirst kennengelernt haben		werdest kennengelernt haben	würdest kennengelernt haben
er	wird kennengelernt haben		werde kennengelernt haben	würde kennengelernt haben
wir	werden kennengelernt haben		werden kennengelernt haben	würden kennengelernt haben
ihr	werdet kennengelernt haben		werdet kennengelernt haben	würdet kennengelernt haben
sie	werden kennengelernt haben		werden kennengelernt haben	würden kennengelernt haben

PRINC. PARTS: klagen, klagte, geklagt, klagt
IMPERATIVE: klage!, klagt!, klagen Sie!

INDICATIVE	SUBJUNCTIVE	
	PRIMARY	SECONDARY
	Present Time	
Present	(*Pres. Subj.*)	(*Imperf. Subj.*)
ich klage	klage	klagte
du klagst	klagest	klagtest
er klagt	klage	klagte
wir klagen	klagen	klagten
ihr klagt	klaget	klagtet
sie klagen	klagen	klagten

Imperfect
ich klagte
du klagtest
er klagte
wir klagten
ihr klagtet
sie klagten

	Past Time	
Perfect	(*Perf. Subj.*)	(*Pluperf. Subj.*)
ich habe geklagt	habe geklagt	hätte geklagt
du hast geklagt	habest geklagt	hättest geklagt
er hat geklagt	habe geklagt	hätte geklagt
wir haben geklagt	haben geklagt	hätten geklagt
ihr habt geklagt	habet geklagt	hättet geklagt
sie haben geklagt	haben geklagt	hätten geklagt

Pluperfect
ich hatte geklagt
du hattest geklagt
er hatte geklagt
wir hatten geklagt
ihr hattet geklagt
sie hatten geklagt

	Future Time	
Future	(*Fut. Subj.*)	(*Pres. Conditional*)
ich werde klagen	werde klagen	würde klagen
du wirst klagen	werdest klagen	würdest klagen
er wird klagen	werde klagen	würde klagen
wir werden klagen	werden klagen	würden klagen
ihr werdet klagen	werdet klagen	würdet klagen
sie werden klagen	werden klagen	würden klagen

	Future Perfect Time	
Future Perfect	(*Fut. Perf. Subj.*)	(*Past Conditional*)
ich werde geklagt haben	werde geklagt haben	würde geklagt haben
du wirst geklagt haben	werdest geklagt haben	würdest geklagt haben
er wird geklagt haben	werde geklagt haben	würde geklagt haben
wir werden geklagt haben	werden geklagt haben	würden geklagt haben
ihr werdet geklagt haben	werdet geklagt haben	würdet geklagt haben
sie werden geklagt haben	werden geklagt haben	würden geklagt haben

kleben

to paste, stick

PRINC. PARTS: kleben, klebte, geklebt, klebt
IMPERATIVE: klebe!, klebt!, kleben Sie!

	INDICATIVE	SUBJUNCTIVE	
		PRIMARY	SECONDARY
		Present Time	
	Present	*(Pres. Subj.)*	*(Imperf. Subj.)*
ich	klebe	klebe	klebte
du	klebst	klebest	klebtest
er	klebt	klebe	klebte
wir	kleben	kleben	klebten
ihr	klebt	klebet	klebtet
sie	kleben	kleben	klebten

	Imperfect
ich	klebte
du	klebtest
er	klebte
wir	klebten
ihr	klebtet
sie	klebten

	Perfect	*(Perf. Subj.)*	*(Pluperf. Subj.)*
		Past Time	
ich	habe geklebt	habe geklebt	hätte geklebt
du	hast geklebt	habest geklebt	hättest geklebt
er	hat geklebt	habe geklebt	hätte geklebt
wir	haben geklebt	haben geklebt	hätten geklebt
ihr	habt geklebt	habet geklebt	hättet geklebt
sie	haben geklebt	haben geklebt	hätten geklebt

	Pluperfect
ich	hatte geklebt
du	hattest geklebt
er	hatte geklebt
wir	hatten geklebt
ihr	hattet geklebt
sie	hatten geklebt

	Future	*(Fut. Subj.)*	*(Pres. Conditional)*
		Future Time	
ich	werde kleben	werde kleben	würde kleben
du	wirst kleben	werdest kleben	würdest kleben
er	wird kleben	werde kleben	würde kleben
wir	werden kleben	werden kleben	würden kleben
ihr	werdet kleben	werdet kleben	würdet kleben
sie	werden kleben	werden kleben	würden kleben

	Future Perfect	*(Fut. Perf. Subj.)*	*(Past Conditional)*
		Future Perfect Time	
ich	werde geklebt haben	werde geklebt haben	würde geklebt haben
du	wirst geklebt haben	werdest geklebt haben	würdest geklebt haben
er	wird geklebt haben	werde geklebt haben	würde geklebt haben
wir	werden geklebt haben	werden geklebt haben	würden geklebt haben
ihr	werdet geklebt haben	werdet geklebt haben	würdet geklebt haben
sie	werden geklebt haben	werden geklebt haben	würden geklebt haben

PRINC. PARTS: klingen,* klang, geklungen, klingt
IMPERATIVE: klinge!, klingt!, klingen Sie!**

to ring, sound

INDICATIVE	SUBJUNCTIVE	
	PRIMARY	SECONDARY
	Present Time	
Present	*(Pres. Subj.)*	*(Imperf. Subj.)*
ich klinge	klinge	klänge
du klingst	klingest	klängest
er klingt	klinge	klänge
wir klingen	klingen	klängen
ihr klingt	klinget	klänget
sie klingen	klingen	klängen
Imperfect		
ich klang		
du klangst		
er klang		
wir klangen		
ihr klangt		
sie klangen	*Past Time*	
Perfect	*(Perf. Subj.)*	*(Pluperf. Subj.)*
ich habe geklungen	habe geklungen	hätte geklungen
du hast geklungen	habest geklungen	hättest geklungen
er hat geklungen	habe geklungen	hätte geklungen
wir haben geklungen	haben geklungen	hätten geklungen
ihr habt geklungen	habet geklungen	hättet geklungen
sie haben geklungen	haben geklungen	hätten geklungen
Pluperfect		
ich hatte geklungen		
du hattest geklungen		
er hatte geklungen		
wir hatten geklungen		
ihr hattet geklungen		
sie hatten geklungen	*Future Time*	
Future	*(Fut. Subj.)*	*(Pres. Conditional)*
ich werde klingen	werde klingen	würde klingen
du wirst klingen	werdest klingen	würdest klingen
er wird klingen	werde klingen	würde klingen
wir werden klingen	werden klingen	würden klingen
ihr werdet klingen	werdet klingen	würdet klingen
sie werden klingen	werden klingen	würden klingen
	Future Perfect Time	
Future Perfect	*(Fut. Perf. Subj.)*	*(Past Conditional)*
ich werde geklungen haben	werde geklungen haben	würde geklungen haben
du wirst geklungen haben	werdest geklungen haben	würdest geklungen haben
er wird geklungen haben	werde geklungen haben	würde geklungen haben
wir werden geklungen haben	werden geklungen haben	würden geklungen haben
ihr werdet geklungen haben	werdet geklungen haben	würdet geklungen haben
sie werden geklungen haben	werden geklungen haben	würden geklungen haben

* Forms other than the third person are infrequently found.
** The imperative is unusual.

klopfen

to knock, beat

PRINC. PARTS: klopfen, klopfte, geklopft, klopft
IMPERATIVE: klopfe!, klopft!, klopfen Sie!

INDICATIVE		SUBJUNCTIVE	
		PRIMARY	SECONDARY
		Present Time	
Present		*(Pres. Subj.)*	*(Imperf. Subj.)*
ich	klopfe	klopfe	klopfte
du	klopfst	klopfest	klopftest
er	klopft	klopfe	klopfte
wir	klopfen	klopfen	klopften
ihr	klopft	klopfet	klopftet
sie	klopfen	klopfen	klopften

Imperfect	
ich	klopfte
du	klopftest
er	klopfte
wir	klopften
ihr	klopftet
sie	klopften

		Past Time	
Perfect		*(Perf. Subj.)*	*(Pluperf. Subj.)*
ich	habe geklopft	habe geklopft	hätte geklopft
du	hast geklopft	habest geklopft	hättest geklopft
er	hat geklopft	habe geklopft	hätte geklopft
wir	haben geklopft	haben geklopft	hätten geklopft
ihr	habt geklopft	habet geklopft	hättet geklopft
sie	haben geklopft	haben geklopft	hätten geklopft

Pluperfect	
ich	hatte geklopft
du	hattest geklopft
er	hatte geklopft
wir	hatten geklopft
ihr	hattet geklopft
sie	hatten geklopft

		Future Time	
Future		*(Fut. Subj.)*	*(Pres. Conditional)*
ich	werde klopfen	werde klopfen	würde klopfen
du	wirst klopfen	werdest klopfen	würdest klopfen
er	wird klopfen	werde klopfen	würde klopfen
wir	werden klopfen	werden klopfen	würden klopfen
ihr	werdet klopfen	werdet klopfen	würdet klopfen
sie	werden klopfen	werden klopfen	würden klopfen

		Future Perfect Time	
Future Perfect		*(Fut. Perf. Subj.)*	*(Past Conditional)*
ich	werde geklopft haben	werde geklopft haben	würde geklopft haben
du	wirst geklopft haben	werdest geklopft haben	würdest geklopft haben
er	wird geklopft haben	werde geklopft haben	würde geklopft haben
wir	werden geklopft haben	werden geklopft haben	würden geklopft haben
ihr	werdet geklopft haben	werdet geklopft haben	würdet geklopft haben
sie	werden geklopft haben	werden geklopft haben	würden geklopft haben

PRINC. PARTS: kneifen, kniff, gekniffen, kneift
IMPERATIVE: kneife!, kneift!, kneifen Sie!

to pinch, squeeze; shirk

INDICATIVE	SUBJUNCTIVE	
	PRIMARY	SECONDARY

	Present	*(Pres. Subj.)*	*(Imperf. Subj.)*
		Present Time	
ich	kneife	kneife	kniffe
du	kneifst	kneifest	kniffest
er	kneift	kneife	kniffe
wir	kneifen	kneifen	kniffen
ihr	kneift	kneifet	kniffet
sie	kneifen	kneifen	kniffen

	Imperfect
ich	kniff
du	kniffst
er	kniff
wir	kniffen
ihr	knifft
sie	kniffen

	Perfect	*(Perf. Subj.)*	*(Pluperf. Subj.)*
		Past Time	
ich	habe gekniffen	habe gekniffen	hätte gekniffen
du	hast gekniffen	habest gekniffen	hättest gekniffen
er	hat gekniffen	habe gekniffen	hätte gekniffen
wir	haben gekniffen	haben gekniffen	hätten gekniffen
ihr	habt gekniffen	habet gekniffen	hättet gekniffen
sie	haben gekniffen	haben gekniffen	hätten gekniffen

	Pluperfect
ich	hatte gekniffen
du	hattest gekniffen
er	hatte gekniffen
wir	hatten gekniffen
ihr	hattet gekniffen
sie	hatten gekniffen

	Future	*(Fut. Subj.)*	*(Pres. Conditional)*
		Future Time	
ich	werde kneifen	werde kneifen	würde kneifen
du	wirst kneifen	werdest kneifen	würdest kneifen
er	wird kneifen	werde kneifen	würde kneifen
wir	werden kneifen	werden kneifen	würden kneifen
ihr	werdet kneifen	werdet kneifen	würdet kneifen
sie	werden kneifen	werden kneifen	würden kneifen

	Future Perfect	*(Fut. Perf. Subj.)*	*(Past Conditional)*
		Future Perfect Time	
ich	werde gekniffen haben	werde gekniffen haben	würde gekniffen haben
du	wirst gekniffen haben	werdest gekniffen haben	würdest gekniffen haben
er	wird gekniffen haben	werde gekniffen haben	würde gekniffen haben
wir	werden gekniffen haben	werden gekniffen haben	würden gekniffen haben
ihr	werdet gekniffen haben	werdet gekniffen haben	würdet gekniffen haben
sie	werden gekniffen haben	werden gekniffen haben	würden gekniffen haben

195

knüpfen

to tie, knot, fasten together

PRINC. PARTS: knüpfen, knüpfte, geknüpft, knüpft
IMPERATIVE: knüpfe!, knüpft!, knüpfen Sie!

INDICATIVE	SUBJUNCTIVE	
	PRIMARY	SECONDARY
	Present Time	
Present	*(Pres. Subj.)*	*(Imperf. Subj.)*
ich knüpfe	knüpfe	knüpfte
du knüpfst	knüpfest	knüpftest
er knüpft	knüpfe	knüpfte
wir knüpfen	knüpfen	knüpften
ihr knüpft	knüpfet	knüpftet
sie knüpfen	knüpfen	knüpften

Imperfect
ich knüpfte
du knüpftest
er knüpfte
wir knüpften
ihr knüpftet
sie knüpften

	Past Time	
Perfect	*(Perf. Subj.)*	*(Pluperf. Subj.)*
ich habe geknüpft	habe geknüpft	hätte geknüpft
du hast geknüpft	habest geknüpft	hättest geknüpft
er hat geknüpft	habe geknüpft	hätte geknüpft
wir haben geknüpft	haben geknüpft	hätten geknüpft
ihr habt geknüpft	habet geknüpft	hättet geknüpft
sie haben geknüpft	haben geknüpft	hätten geknüpft

Pluperfect
ich hatte geknüpft
du hattest geknüpft
er hatte geknüpft
wir hatten geknüpft
ihr hattet geknüpft
sie hatten geknüpft

	Future Time	
Future	*(Fut. Subj.)*	*(Pres. Conditional)*
ich werde knüpfen	werde knüpfen	würde knüpfen
du wirst knüpfen	werdest knüpfen	würdest knüpfen
er wird knüpfen	werde knüpfen	würde knüpfen
wir werden knüpfen	werden knüpfen	würden knüpfen
ihr werdet knüpfen	werdet knüpfen	würdet knüpfen
sie werden knüpfen	werden knüpfen	würden knüpfen

	Future Perfect Time	
Future Perfect	*(Fut. Perf. Subj.)*	*(Past Conditional)*
ich werde geknüpft haben	werde geknüpft haben	würde geknüpft haben
du wirst geknüpft haben	werdest geknüpft haben	würdest geknüpft haben
er wird geknüpft haben	werde geknüpft haben	würde geknüpft haben
wir werden geknüpft haben	werden geknüpft haben	würden geknüpft haben
ihr werdet geknüpft haben	werdet geknüpft haben	würdet geknüpft haben
sie werden geknüpft haben	werden geknüpft haben	würden geknüpft haben

kochen

to cook, boil, seethe

INDICATIVE	SUBJUNCTIVE	
	PRIMARY	SECONDARY
	Present Time	
Present	*(Pres. Subj.)*	*(Imperf. Subj.)*
ich koche	koche	kochte
du kochst	kochest	kochtest
er kocht	koche	kochte
wir kochen	kochen	kochten
ihr kocht	kochet	kochtet
sie kochen	kochen	kochten

Imperfect
ich	kochte
du	kochtest
er	kochte
wir	kochten
ihr	kochtet
sie	kochten

	Past Time	
Perfect	*(Perf. Subj.)*	*(Pluperf. Subj.)*
ich habe gekocht	habe gekocht	hätte gekocht
du hast gekocht	habest gekocht	hättest gekocht
er hat gekocht	habe gekocht	hätte gekocht
wir haben gekocht	haben gekocht	hätten gekocht
ihr habt gekocht	habet gekocht	hättet gekocht
sie haben gekocht	haben gekocht	hätten gekocht

Pluperfect
ich	hatte gekocht
du	hattest gekocht
er	hatte gekocht
wir	hatten gekocht
ihr	hattet gekocht
sie	hatten gekocht

	Future Time	
Future	*(Fut. Subj.)*	*(Pres. Conditional)*
ich werde kochen	werde kochen	würde kochen
du wirst kochen	werdest kochen	würdest kochen
er wird kochen	werde kochen	würde kochen
wir werden kochen	werden kochen	würden kochen
ihr werdet kochen	werdet kochen	würdet kochen
sie werden kochen	werden kochen	würden kochen

	Future Perfect Time	
Future Perfect	*(Fut. Perf. Subj.)*	*(Past Conditional)*
ich werde gekocht haben	werde gekocht haben	würde gekocht haben
du wirst gekocht haben	werdest gekocht haben	würdest gekocht haben
er wird gekocht haben	werde gekocht haben	würde gekocht haben
wir werden gekocht haben	werden gekocht haben	würden gekocht haben
ihr werdet gekocht haben	werdet gekocht haben	würdet gekocht haben
sie werden gekocht haben	werden gekocht haben	würden gekocht haben

kommen

to come

PRINC. PARTS: kommen, kam, ist gekommen, kommt
IMPERATIVE: komme!, kommt!, kommen Sie!

	INDICATIVE	SUBJUNCTIVE	
		PRIMARY	SECONDARY
		Present Time	
	Present	*(Pres. Subj.)*	*(Imperf. Subj.)*
ich	komme	komme	käme
du	kommst	kommest	kämest
er	kommt	komme	käme
wir	kommen	kommen	kämen
ihr	kommt	kommet	kämet
sie	kommen	kommen	kämen

Imperfect

ich	kam
du	kamst
er	kam
wir	kamen
ihr	kamt
sie	kamen

Past Time

	Perfect	*(Perf. Subj.)*	*(Pluperf. Subj.)*
ich	bin gekommen	sei gekommen	wäre gekommen
du	bist gekommen	seiest gekommen	wärest gekommen
er	ist gekommen	sei gekommen	wäre gekommen
wir	sind gekommen	seien gekommen	wären gekommen
ihr	seid gekommen	seiet gekommen	wäret gekommen
sie	sind gekommen	seien gekommen	wären gekommen

Pluperfect

ich	war gekommen
du	warst gekommen
er	war gekommen
wir	waren gekommen
ihr	wart gekommen
sie	waren gekommen

Future Time

	Future	*(Fut. Subj.)*	*(Pres. Conditional)*
ich	werde kommen	werde kommen	würde kommen
du	wirst kommen	werdest kommen	würdest kommen
er	wird kommen	werde kommen	würde kommen
wir	werden kommen	werden kommen	würden kommen
ihr	werdet kommen	werdet kommen	würdet kommen
sie	werden kommen	werden kommen	würden kommen

Future Perfect Time

	Future Perfect	*(Fut. Perf. Subj.)*	*(Past Conditional)*
ich	werde gekommen sein	werde gekommen sein	würde gekommen sein
du	wirst gekommen sein	werdest gekommen sein	würdest gekommen sein
er	wird gekommen sein	werde gekommen sein	würde gekommen sein
wir	werden gekommen sein	werden gekommen sein	würden gekommen sein
ihr	werdet gekommen sein	werdet gekommen sein	würdet gekommen sein
sie	werden gekommen sein	werden gekommen sein	würden gekommen sein

PRINC. PARTS: können, konnte, gekonnt (können
   when immediately preceded by a
   infinitive—see 'sprechen dürfen'), kann
IMPERATIVE: not used

to be able (can),
to know (a language
or how to do something)

	INDICATIVE	SUBJUNCTIVE	
		PRIMARY	SECONDARY
		Present Time	
	Present	*(Pres. Subj.)*	*(Imperf. Subj.)*
ich	kann	könne	könnte
du	kannst	könnest	könntest
er	kann	könne	könnte
wir	können	können	könnten
ihr	könnt	könnet	könntet
sie	können	können	könnten

	Imperfect
ich	konnte
du	konntest
er	konnte
wir	konnten
ihr	konntet
sie	konnten

			Past Time	
	Perfect	*(Perf. Subj.)*	*(Pluperf. Subj.)*
ich	habe gekonnt	habe gekonnt	hätte gekonnt
du	hast gekonnt	habest gekonnt	hättest gekonnt
er	hat gekonnt	habe gekonnt	hätte gekonnt
wir	haben gekonnt	haben gekonnt	hätten gekonnt
ihr	habt gekonnt	habet gekonnt	hättet gekonnt
sie	haben gekonnt	haben gekonnt	hätten gekonnt

	Pluperfect
ich	hatte gekonnt
du	hattest gekonnt
er	hatte gekonnt
wir	hatten gekonnt
ihr	hattet gekonnt
sie	hatten gekonnt

			Future Time	
	Future	*(Fut. Subj.)*	*(Pres. Conditional)*
ich	werde können	werde können	würde können
du	wirst können	werdest können	würdest können
er	wird können	werde können	würde können
wir	werden können	werden können	würden können
ihr	werdet können	werdet können	würdet können
sie	werden können	werden können	würden können

			Future Perfect Time	
	Future Perfect	*(Fut. Perf. Subj.)*	*(Past Conditional)*
ich	werde gekonnt haben	werde gekonnt haben	würde gekonnt haben
du	wirst gekonnt haben	werdest gekonnt haben	würdest gekonnt haben
er	wird gekonnt haben	werde gekonnt haben	würde gekonnt haben
wir	werden gekonnt haben	werden gekonnt haben	würden gekonnt haben
ihr	werdet gekonnt haben	werdet gekonnt haben	würdet gekonnt haben
sie	werden gekonnt haben	werden gekonnt haben	würden gekonnt haben

199

kosen

to caress, fondle

PRINC. PARTS: kosen, koste, gekost, kost
IMPERATIVE: kose!, kost!, kosen Sie!

INDICATIVE	SUBJUNCTIVE	
	PRIMARY	SECONDARY
	Present Time	
Present	*(Pres. Subj.)*	*(Imperf. Subj.)*
ich kose	kose	koste
du kost	kosest	kostest
er kost	kose	koste
wir kosen	kosen	kosten
ihr kost	koset	kostet
sie kosen	kosen	kosten

Imperfect
ich koste
du kostest
er koste
wir kosten
ihr kostet
sie kosten

	Past Time	
Perfect	*(Perf. Subj.)*	*(Pluperf. Subj.)*
ich habe gekost	habe gekost	hätte gekost
du hast gekost	habest gekost	hättest gekost
er hat gekost	habe gekost	hätte gekost
wir haben gekost	haben gekost	hätten gekost
ihr habt gekost	habet gekost	hättet gekost
sie haben gekost	haben gekost	hätten gekost

Pluperfect
ich hatte gekost
du hattest gekost
er hatte gekost
wir hatten gekost
ihr hattet gekost
sie hatten gekost

	Future Time	
Future	*(Fut. Subj.)*	*(Pres. Conditional)*
ich werde kosen	werde kosen	würde kosen
du wirst kosen	werdest kosen	würdest kosen
er wird kosen	werde kosen	würde kosen
wir werden kosen	werden kosen	würden kosen
ihr werdet kosen	werdet kosen	würdet kosen
sie werden kosen	werden kosen	würden kosen

	Future Perfect Time	
Future Perfect	*(Fut. Perf. Subj.)*	*(Past Conditional)*
ich werde gekost haben	werde gekost haben	würde gekost haben
du wirst gekost haben	werdest gekost haben	würdest gekost haben
er wird gekost haben	werde gekost haben	würde gekost haben
wir werden gekost haben	werden gekost haben	würden gekost haben
ihr werdet gekost haben	werdet gekost haben	würdet gekost haben
sie werden gekost haben	werden gekost haben	würden gekost haben

kosten

to cost; taste, try

INDICATIVE	SUBJUNCTIVE	
	PRIMARY	SECONDARY
	Present Time	
Present	*(Pres. Subj.)*	*(Imperf. Subj.)*
ich koste	koste	kostete
du kostest	kostest	kostetest
er kostet	koste	kostete
wir kosten	kosten	kosteten
ihr kostet	kostet	kostetet
sie kosten	kosten	kosteten

Imperfect

ich	kostete
du	kostetest
er	kostete
wir	kosteten
ihr	kostetet
sie	kosteten

	Past Time	
Perfect	*(Perf. Subj.)*	*(Pluperf. Subj.)*
ich habe gekostet	habe gekostet	hätte gekostet
du hast gekostet	habest gekostet	hättest gekostet
er hat gekostet	habe gekostet	hätte gekostet
wir haben gekostet	haben gekostet	hätten gekostet
ihr habt gekostet	habet gekostet	hättet gekostet
sie haben gekostet	haben gekostet	hätten gekostet

Pluperfect

ich	hatte gekostet
du	hattest gekostet
er	hatte gekostet
wir	hatten gekostet
ihr	hattet gekostet
sie	hatten gekostet

	Future Time	
Future	*(Fut. Subj.)*	*(Pres. Conditional)*
ich werde kosten	werde kosten	würde kosten
du wirst kosten	werdest kosten	würdest kosten
er wird kosten	werde kosten	würde kosten
wir werden kosten	werden kosten	würden kosten
ihr werdet kosten	werdet kosten	würdet kosten
sie werden kosten	werden kosten	würden kosten

	Future Perfect Time	
Future Perfect	*(Fut. Perf. Subj.)*	*(Past Conditional)*
ich werde gekostet haben	werde gekostet haben	würde gekostet haben
du wirst gekostet haben	werdest gekostet haben	würdest gekostet haben
er wird gekostet haben	werde gekostet haben	würde gekostet haben
wir werden gekostet haben	werden gekostet haben	würden gekostet haben
ihr werdet gekostet haben	werdet gekostet haben	würdet gekostet haben
sie werden gekostet haben	werden gekostet haben	würden gekostet haben

201

kotzen

to vomit, puke

PRINC. PARTS: kotzen, kotzte, gekotzt, kotzt
IMPERATIVE: kotze!, kotzt!, kotzen Sie!

INDICATIVE		SUBJUNCTIVE	
		PRIMARY	SECONDARY
		Present Time	
Present		*(Pres. Subj.)*	*(Imperf. Subj.)*
ich	kotze	kotze	kotzte
du	kotzt	kotzest	kotztest
er	kotzt	kotze	kotzte
wir	kotzen	kotzen	kotzten
ihr	kotzt	kotzet	kotztet
sie	kotzen	kotzen	kotzten

	Imperfect
ich	kotzte
du	kotztest
er	kotzte
wir	kotzten
ihr	kotztet
sie	kotzten

			Past Time	
	Perfect		*(Perf. Subj.)*	*(Pluperf. Subj.)*
ich	habe gekotzt	habe gekotzt	hätte gekotzt
du	hast gekotzt	habest gekotzt	hättest gekotzt
er	hat gekotzt	habe gekotzt	hätte gekotzt
wir	haben gekotzt	haben gekotzt	hätten gekotzt
ihr	habt gekotzt	habet gekotzt	hättet gekotzt
sie	haben gekotzt	haben gekotzt	hätten gekotzt

	Pluperfect
ich	hatte gekotzt
du	hattest gekotzt
er	hatte gekotzt
wir	hatten gekotzt
ihr	hattet gekotzt
sie	hatten gekotzt

			Future Time	
	Future		*(Fut. Subj.)*	*(Pres. Conditional)*
ich	werde kotzen	werde kotzen	würde kotzen
du	wirst kotzen	werdest kotzen	würdest kotzen
er	wird kotzen	werde kotzen	würde kotzen
wir	werden kotzen	werden kotzen	würden kotzen
ihr	werdet kotzen	werdet kotzen	würdet kotzen
sie	werden kotzen	werden kotzen	würden kotzen

			Future Perfect Time	
	Future Perfect		*(Fut. Perf. Subj.)*	*(Past Conditional)*
ich	werde gekotzt haben	werde gekotzt haben	würde gekotzt haben
du	wirst gekotzt haben	werdest gekotzt haben	würdest gekotzt haben
er	wird gekotzt haben	werde gekotzt haben	würde gekotzt haben
wir	werden gekotzt haben	werden gekotzt haben	würden gekotzt haben
ihr	werdet gekotzt haben	werdet gekotzt haben	würdet gekotzt haben
sie	werden gekotzt haben	werden gekotzt haben	würden gekotzt haben

krächzen

to caw, croak

	INDICATIVE	SUBJUNCTIVE	
		PRIMARY	SECONDARY
		Present Time	
	Present	(*Pres. Subj.*)	(*Imperf. Subj.*)
ich	krächze	krächze	krächzte
du	krächzt	krächzest	krächztest
er	krächzt	krächze	krächzte
wir	krächzen	krächzen	krächzten
ihr	krächzt	krächzet	krächztet
sie	krächzen	krächzen	krächzten
	Imperfect		
ich	krächzte		
du	krächztest		
er	krächzte		
wir	krächzten		
ihr	krächztet		
sie	krächzten		
		Past Time	
	Perfect	(*Perf. Subj.*)	(*Pluperf. Subj.*)
ich	habe gekrächzt	habe gekrächzt	hätte gekrächzt
du	hast gekrächzt	habest gekrächzt	hättest gekrächzt
er	hat gekrächzt	habe gekrächzt	hätte gekrächzt
wir	haben gekrächzt	haben gekrächzt	hätten gekrächzt
ihr	habt gekrächzt	habet gekrächzt	hättet gekrächzt
sie	haben gekrächzt	haben gekrächzt	hätten gekrächzt
	Pluperfect		
ich	hatte gekrächzt		
du	hattest gekrächzt		
er	hatte gekrächzt		
wir	hatten gekrächzt		
ihr	hattet gekrächzt		
sie	hatten gekrächzt		
		Future Time	
	Future	(*Fut. Subj.*)	(*Pres. Conditional*)
ich	werde krächzen	werde krächzen	würde krächzen
du	wirst krächzen	werdest krächzen	würdest krächzen
er	wird krächzen	werde krächzen	würde krächzen
wir	werden krächzen	werden krächzen	würden krächzen
ihr	werdet krächzen	werdet krächzen	würdet krächzen
sie	werden krächzen	werden krächzen	würden krächzen
		Future Perfect Time	
	Future Perfect	(*Fut. Perf. Subj.*)	(*Past Conditional*)
ich	werde gekrächzt haben	werde gekrächzt haben	würde gekrächzt haben
du	wirst gekrächzt haben	werdest gekrächzt haben	würdest gekrächzt haben
er	wird gekrächzt haben	werde gekrächzt haben	würde gekrächzt haben
wir	werden gekrächzt haben	werden gekrächzt haben	würden gekrächzt haben
ihr	werdet gekrächzt haben	werdet gekrächzt haben	würdet gekrächzt haben
sie	werden gekrächzt haben	werden gekrächzt haben	würden gekrächzt haben

203

kratzen

to scratch, scrape

PRINC. PARTS: kratzen, kratzte, gekratzt, kratzt
IMPERATIVE: kratze!, kratzt!, kratzen Sie!

INDICATIVE	SUBJUNCTIVE	
	PRIMARY	SECONDARY

Present Time

	Present	*(Pres. Subj.)*	*(Imperf. Subj.)*
ich	kratze	kratze	kratzte
du	kratzt	kratzest	kratztest
er	kratzt	kratze	kratzte
wir	kratzen	kratzen	kratzten
ihr	kratzt	kratzet	kratztet
sie	kratzen	kratzen	kratzten

	Imperfect
ich	kratzte
du	kratztest
er	kratzte
wir	kratzten
ihr	kratztet
sie	kratzten

Past Time

	Perfect	*(Perf. Subj.)*	*(Pluperf. Subj.)*
ich	habe gekratzt	habe gekratzt	hätte gekratzt
du	hast gekratzt	habest gekratzt	hättest gekratzt
er	hat gekratzt	habe gekratzt	hätte gekratzt
wir	haben gekratzt	haben gekratzt	hätten gekratzt
ihr	habt gekratzt	habet gekratzt	hättet gekratzt
sie	haben gekratzt	haben gekratzt	hätten gekratzt

	Pluperfect
ich	hatte gekratzt
du	hattest gekratzt
er	hatte gekratzt
wir	hatten gekratzt
ihr	hattet gekratzt
sie	hatten gekratzt

Future Time

	Future	*(Fut. Subj.)*	*(Pres. Conditional)*
ich	werde kratzen	werde kratzen	würde kratzen
du	wirst kratzen	werdest kratzen	würdest kratzen
er	wird kratzen	werde kratzen	würde kratzen
wir	werden kratzen	werden kratzen	würden kratzen
ihr	werdet kratzen	werdet kratzen	würdet kratzen
sie	werden kratzen	werden kratzen	würden kratzen

Future Perfect Time

	Future Perfect	*(Fut. Perf. Subj.)*	*(Past Conditional)*
ich	werde gekratzt haben	werde gekratzt haben	würde gekratzt haben
du	wirst gekratzt haben	werdest gekratzt haben	würdest gekratzt haben
er	wird gekratzt haben	werde gekratzt haben	würde gekratzt haben
wir	werden gekratzt haben	werden gekratzt haben	würden gekratzt haben
ihr	werdet gekratzt haben	werdet gekratzt haben	würdet gekratzt haben
sie	werden gekratzt haben	werden gekratzt haben	würden gekratzt haben

PRINC. PARTS: kriechen, kroch, ist gekrochen, kriecht
IMPERATIVE: krieche!, kriecht!, kriechen Sie!

kriechen

to creep, crawl

INDICATIVE	SUBJUNCTIVE	
	PRIMARY	SECONDARY

Present Time

	Present	*(Pres. Subj.)*	*(Imperf. Subj.)*
ich	krieche	krieche	kröche
du	kriechst	kriechest	kröchest
er	kriecht	krieche	kröche
wir	kriechen	kriechen	kröchen
ihr	kriecht	kriechet	kröchet
sie	kriechen	kriechen	kröchen

	Imperfect
ich	kroch
du	krochst
er	kroch
wir	krochen
ihr	krocht
sie	krochen

Past Time

	Perfect	*(Perf. Subj.)*	*(Pluperf. Subj.)*
ich	bin gekrochen	sei gekrochen	wäre gekrochen
du	bist gekrochen	seiest gekrochen	wärest gekrochen
er	ist gekrochen	sei gekrochen	wäre gekrochen
wir	sind gekrochen	seien gekrochen	wären gekrochen
ihr	seid gekrochen	seiet gekrochen	wäret gekrochen
sie	sind gekrochen	seien gekrochen	wären gekrochen

	Pluperfect
ich	war gekrochen
du	warst gekrochen
er	war gekrochen
wir	waren gekrochen
ihr	wart gekrochen
sie	waren gekrochen

Future Time

	Future	*(Fut. Subj.)*	*(Pres. Conditional)*
ich	werde kriechen	werde kriechen	würde kriechen
du	wirst kriechen	werdest kriechen	würdest kriechen
er	wird kriechen	werde kriechen	würde kriechen
wir	werden kriechen	werden kriechen	würden kriechen
ihr	werdet kriechen	werdet kriechen	würdet kriechen
sie	werden kriechen	werden kriechen	würden kriechen

Future Perfect Time

	Future Perfect	*(Fut. Perf. Subj.)*	*(Past Conditional)*
ich	werde gekrochen sein	werde gekrochen sein	würde gekrochen sein
du	wirst gekrochen sein	werdest gekrochen sein	würdest gekrochen sein
er	wird gekrochen sein	werde gekrochen sein	würde gekrochen sein
wir	werden gekrochen sein	werden gekrochen sein	würden gekrochen sein
ihr	werdet gekrochen sein	werdet gekrochen sein	würdet gekrochen sein
sie	werden gekrochen sein	werden gekrochen sein	würden gekrochen sein

kriegen

to get, obtain

PRINC. PARTS: kriegen, kriegte, gekriegt, kriegt
IMPERATIVE: kriege!, kriegt!, kriegen Sie!

INDICATIVE		SUBJUNCTIVE	
		PRIMARY	SECONDARY
		Present Time	
	Present	*(Pres. Subj.)*	*(Imperf. Subj.)*
ich	kriege	kriege	kriegte
du	kriegst	kriegest	kriegtest
er	kriegt	kriege	kriegte
wir	kriegen	kriegen	kriegten
ihr	kriegt	krieget	kriegtet
sie	kriegen	kriegen	kriegten

	Imperfect
ich	kriegte
du	kriegtest
er	kriegte
wir	kriegten
ihr	kriegtet
sie	kriegten

INDICATIVE		*Past Time*	
	Perfect	*(Perf. Subj.)*	*(Pluperf. Subj.)*
ich	habe gekriegt	habe gekriegt	hätte gekriegt
du	hast gekriegt	habest gekriegt	hättest gekriegt
er	hat gekriegt	habe gekriegt	hätte gekriegt
wir	haben gekriegt	haben gekriegt	hätten gekriegt
ihr	habt gekriegt	habet gekriegt	hättet gekriegt
sie	haben gekriegt	haben gekriegt	hätten gekriegt

	Pluperfect
ich	hatte gekriegt
du	hattest gekriegt
er	hatte gekriegt
wir	hatten gekriegt
ihr	hattet gekriegt
sie	hatten gekriegt

		Future Time	
	Future	*(Fut. Subj.)*	*(Pres. Conditional)*
ich	werde kriegen	werde kriegen	würde kriegen
du	wirst kriegen	werdest kriegen	würdest kriegen
er	wird kriegen	werde kriegen	würde kriegen
wir	werden kriegen	werden kriegen	würden kriegen
ihr	werdet kriegen	werdet kriegen	würdet kriegen
sie	werden kriegen	werden kriegen	würden kriegen

		Future Perfect Time	
	Future Perfect	*(Fut. Perf. Subj.)*	*(Past Conditional)*
ich	werde gekriegt haben	werde gekriegt haben	würde gekriegt haben
du	wirst gekriegt haben	werdest gekriegt haben	würdest gekriegt haben
er	wird gekriegt haben	werde gekriegt haben	würde gekriegt haben
wir	werden gekriegt haben	werden gekriegt haben	würden gekriegt haben
ihr	werdet gekriegt haben	werdet gekriegt haben	würdet gekriegt haben
sie	werden gekriegt haben	werden gekriegt haben	würden gekriegt haben

kühlen

to cool, refresh, refrigerate

	INDICATIVE		SUBJUNCTIVE	
			PRIMARY	SECONDARY
			Present Time	
	Present		(*Pres. Subj.*)	(*Imperf. Subj.*)
ich	kühle		kühle	kühlte
du	kühlst		kühlest	kühltest
er	kühlt		kühle	kühlte
wir	kühlen		kühlen	kühlten
ihr	kühlt		kühlet	kühltet
sie	kühlen		kühlen	kühlten

	Imperfect
ich	kühlte
du	kühltest
er	kühlte
wir	kühlten
ihr	kühltet
sie	kühlten

			Past Time	
	Perfect		(*Perf. Subj.*)	(*Pluperf. Subj.*)
ich	habe gekühlt		habe gekühlt	hätte kühlt
du	hast gekühlt		habest gekühlt	hättest gekühlt
er	hat gekühlt		habe gekühlt	hätte gekühlt
wir	haben gekühlt		haben gekühlt	hätten gekühlt
ihr	habt gekühlt		habet gekühlt	hättet gekühlt
sie	haben gekühlt		haben gekühlt	hätten gekühlt

	Pluperfect
ich	hatte gekühlt
du	hattest gekühlt
er	hatte gekühlt
wir	hatten gekühlt
ihr	hattet gekühlt
sie	hatten gekühlt

			Future Time	
	Future		(*Fut. Subj.*)	(*Pres. Conditional*)
ich	werde kühlen		werde kühlen	würde kühlen
du	wirst kühlen		werdest kühlen	würdest kühlen
er	wird kühlen		werde kühlen	würde kühlen
wir	werden kühlen		werden kühlen	würden kühlen
ihr	werdet kühlen		werdet kühlen	würdet kühlen
sie	werden kühlen		werden kühlen	würden kühlen

			Future Perfect Time	
	Future Perfect		(*Fut. Perf. Sujb.*)	(*Past Conditional*)
ich	werde gekühlt haben		werde gekühlt haben	würde gekühlt haben
du	wirst gekühlt haben		werdest gekühlt haben	würdest gekühlt haben
er	wird gekühlt haben		werde gekühlt haben	würde gekühlt haben
wir	werden gekühlt haben		werden gekühlt haben	würden gekühlt haben
ihr	werdet gekühlt haben		werdet gekühlt haben	würdet gekühlt haben
sie	werden gekühlt haben		werden gekühlt haben	würden gekühlt haben

207

kürzen

to shorten, abbreviate

PRINC. PARTS: kürzen, kürzte, gekürzt, kürzt
IMPERATIVE: kürze!, kürzt, kürzen Sie!

	INDICATIVE		SUBJUNCTIVE	
			PRIMARY	SECONDARY
			Present Time	
	Present		*(Pres. Subj.)*	*(Imperf. Subj.)*
ich	kürze		kürze	kürzte
du	kürzt		kürzest	kürztest
er	kürzt		kürze	kürzte
wir	kürzen		kürzen	kürzten
ihr	kürzt		kürzet	kürztet
sie	kürzen		kürzen	kürzten

	Imperfect
ich	kürzte
du	kürztest
er	kürzte
wir	kürzten
ihr	kürztet
sie	kürzten

			Past Time	
	Perfect		*(Perf. Subj.)*	*(Pluperf. Subj.)*
ich	habe gekürzt		habe gekürzt	hätte gekürzt
du	hast gekürzt		habest gekürzt	hättest gekürzt
er	hat gekürzt		habe gekürzt	hätte gekürzt
wir	haben gekürzt		haben gekürzt	hätten gekürzt
ihr	habt gekürzt		habet gekürzt	hättet gekürzt
sie	haben gekürzt		haben gekürzt	hätten gekürzt

	Pluperfect
ich	hatte gekürzt
du	hattest gekürzt
er	hatte gekürzt
wir	hatten gekürzt
ihr	hattet gekürzt
sie	hatten gekürzt

			Future Time	
	Future		*(Fut. Subj.)*	*(Pres. Conditional)*
ich	werde kürzen		werde kürzen	würde kürzen
du	wirst kürzen		werdest kürzen	würdest kürzen
er	wird kürzen		werde kürzen	würde kürzen
wir	werden kürzen		werden kürzen	würden kürzen
ihr	werdet kürzen		werdet kürzen	würdet kürzen
sie	werden kürzen		werden kürzen	würden kürzen

			Future Perfect Time	
	Future Perfect		*(Fut. Perf. Subj.)*	*(Past Conditional)*
ich	werde gekürzt haben		werde gekürzt haben	würde gekürzt haben
du	wirst gekürzt haben		werdest gekürzt haben	würdest gekürzt haben
er	wird gekürzt haben		werde gekürzt haben	würde gekürzt haben
wir	werden gekürzt haben		werden gekürzt haben	würden gekürzt haben
ihr	werdet gekürzt haben		werdet gekürzt haben	würdet gekürzt haben
sie	werden gekürzt haben		werden gekürzt haben	würden gekürzt haben

laben

to refresh, restore, delight

INDICATIVE	SUBJUNCTIVE	
	PRIMARY	SECONDARY

Present Time

	Present	(*Pres. Subj.*)	(*Imperf. Subj.*)
ich	labe	labe	labte
du	labst	labest	labtest
er	labt	labe	labte
wir	laben	laben	labten
ihr	labt	labet	labtet
sie	laben	laben	labten

	Imperfect
ich	labte
du	labtest
er	labte
wir	labten
ihr	labtet
sie	labten

Past Time

	Perfect	(*Perf. Subj.*)	(*Pluperf. Subj.*)
ich	habe gelabt	habe gelabt	hätte gelabt
du	hast gelabt	habest gelabt	hättest gelabt
er	hat gelabt	habe gelabt	hätte gelabt
wir	haben gelabt	haben gelabt	hätten gelabt
ihr	habt gelabt	habet gelabt	hättet gelabt
sie	haben gelabt	haben gelabt	hätten gelabt

	Pluperfect
ich	hatte gelabt
du	hattest gelabt
er	hatte gelabt
wir	hatten gelabt
ihr	hattet gelabt
sie	hatten gelabt

Future Time

	Future	(*Fut. Subj.*)	(*Pres. Conditional*)
ich	werden laben	werde laben	würde laben
du	wirst laben	werdest laben	würdest laben
er	wird laben	werde laben	würde laben
wir	werden laben	werden laben	würden laben
ihr	werdet laben	werdet laben	würdet laben
sie	werden laben	werden laben	würden laben

Future Perfect Time

	Future Perfect	(*Fut. Perf. Subj.*)	(*Past Conditional*)
ich	werde gelabt haben	werde gelabt haben	würde gelabt haben
du	wirst gelabt haben	werdest gelabt haben	würdest gelabt haben
er	wird gelabt haben	werde gelabt haben	würde gelabt haben
wir	werden gelabt haben	werden gelabt haben	würden gelabt haben
ihr	werdet gelabt haben	werdet gelabt haben	würdet gelabt haben
sie	werden gelabt haben	werden gelabt haben	würden gelabt haben

lächeln
to smile

PRINC. PARTS: lächeln, lächelte, gelächelt, lächelt
IMPERATIVE: lächele!, lächelt!, lächeln Sie!

	INDICATIVE		SUBJUNCTIVE	
			PRIMARY	SECONDARY
			Present Time	
	Present		*(Pres. Subj.)*	*(Imperf. Subj.)*
ich	lächele *		lächlele *	lächelte
du	lächelst		lächlest	lächeltest
er	lächelt		lächele *	lächelte
wir	lächeln		lächeln	lächelten
ihr	lächelt		lächlet	lächeltet
sie	lächeln		lächeln	lächelten

	Imperfect
ich	lächelte
du	lächeltest
er	lächelte
wir	lächelten
ihr	lächeltet
sie	lächelten

			Past Time	
	Perfect		*(Perf. Subj.)*	*(Pluperf. Subj.)*
ich	habe gelächelt		habe gelächelt	hätte gelächelt
du	hast gelächelt		habest gelächelt	hättest gelächelt
er	hat gelächelt		habe gelächelt	hätte gelächelt
wir	haben gelächelt		haben gelächelt	hätten gelächelt
ihr	habt gelächelt		habet gelächelt	hättet gelächelt
sie	haben gelächelt		haben gelächelt	hätten gelächelt

	Pluperfect
ich	hatte gelächelt
du	hattest gelächelt
er	hatte gelächelt
wir	hatten gelächelt
ihr	hattet gelächelt
sie	hatten gelächelt

			Future Time	
	Future		*(Fut. Subj.)*	*(Pres. Conditional)*
ich	werde lächeln		werde lächeln	würde lächeln
du	wirst lächeln		werdest lächeln	würdest lächeln
er	wird lächeln		werde lächeln	würde lächeln
wir	werden lächeln		werden lächeln	würden lächeln
ihr	werdet lächeln		werdet lächeln	würdet lächeln
sie	werden lächeln		werden lächeln	würden lächeln

			Future Perfect Time	
	Future Perfect		*(Fut. Perf. Subj.)*	*(Past Conditional)*
ich	werde gelächelt haben		werde gelächelt haben	würde gelächelt haben
du	wirst gelächelt haben		werdest gelächelt haben	würdest gelächelt haben
er	wird gelächelt haben		werde gelächelt haben	würde gelächelt haben
wir	werden gelächelt haben		werden gelächelt haben	würden gelächelt haben
ihr	werdet gelächelt haben		werdet gelächelt haben	würdet gelächelt haben
sie	werden gelächelt haben		werden gelächelt haben	würden gelächelt haben

210 * 'e' preceding 'l' in these forms is usually omitted in colloquial speech. Some authorities, however, (*Duden: Rechtschreibung* v.g.) say it should be retained.

PRINC. PARTS: lachen, lachte, gelacht, lacht
IMPERATIVE: lache!. lacht!, lachen Sie!

INDICATIVE	SUBJUNCTIVE	
	PRIMARY	SECONDARY

Present Time

	Present	*(Pres. Subj.)*	*(Imperf. Subj.)*
ich	lache	lache	lachte
du	lachst	lachest	lachtest
er	lacht	lache	lachte
wir	lachen	lachen	lachten
ihr	lacht	lachet	lachtet
sie	lachen	lachen	lachten

	Imperfect
ich	lachte
du	lachtest
er	lachte
wir	lachten
ihr	lachtet
sie	lachten

Past Time

	Perfect	*(Perf. Subj.)*	*(Pluperf. Subj.)*
ich	habe gelacht	habe gelacht	hätte gelacht
du	hast gelacht	habest gelacht	hättest gelacht
er	hat gelacht	habe gelacht	hätte gelacht
wir	haben gelacht	haben gelacht	hätten gelacht
ihr	habt gelacht	habet gelacht	hättet gelacht
sie	haben gelacht	haben gelacht	hätten gelacht

	Pluperfect
ich	hatte gelacht
du	hattest gelacht
er	hatte gelacht
wir	hatten gelacht
ihr	hattet gelacht
sie	hatten gelacht

Future Time

	Future	*(Fut. Subj.)*	*(Pres. Conditional)*
ich	werde lachen	werde lachen	würde lachen
du	wirst lachen	werdest lachen	würdest lachen
er	wird lachen	werde lachen	würde lachen
wir	werden lachen	werden lachen	würden lachen
ihr	werdet lachen	werdet lachen	würdet lachen
sie	werden lachen	werden lachen	würden lachen

Future Perfect Time

	Future Perfect	*(Fut. Perf. Subj.)*	*(Past Conditional)*
ich	werde gelacht haben	werde gelacht haben	würde gelacht haben
du	wirst gelacht haben	werdest gelacht haben	würdest gelacht haben
er	wird gelacht haben	werde gelacht haben	würde gelacht haben
wir	werden gelacht haben	werden gelacht haben	würden gelacht haben
ihr	werdet gelacht haben	werdet gelacht haben	würdet gelacht haben
sie	werden gelacht haben	werden gelacht haben	würden gelacht haben

laden

to invite; cite, summon, load

PRINC. PARTS: laden, lud (ladete), geladen, lädt (ladet)
IMPERATIVE: lade!, ladet!, laden Sie!

	INDICATIVE		SUBJUNCTIVE	
			PRIMARY	SECONDARY

	Present	(*Pres. Subj.*)		(*Imperf. Subj.*)
ich	lade	lade	lüde	ladete
du	lädst (ladest)	ladest	lüdest	ladetest
er	lädt (ladet)	lade	lüde *or*	ladete
wir	laden	laden	lüden	ladeten
ihr	ladet	ladet	lüdet	ladetet
sie	laden	laden	lüden	ladeten

	Imperfect	
ich	lud	ladete
du	ludst	ladetest
er	lud *or*	ladete
wir	luden	ladeten
ihr	ludet	ladetet
sie	luden	ladeten

Past Time

	Perfect	(*Perf. Subj.*)	(*Pluperf. Subj.*)
ich	habe geladen	habe geladen	hätte geladen
du	hast geladen	habest geladen	hättest geladen
er	hat geladen	habe geladen	hätte geladen
wir	haben geladen	haben geladen	hätten geladen
ihr	habt geladen	habet geladen	hättet geladen
sie	haben geladen	haben geladen	hätten geladen

	Pluperfect
ich	hatte geladen
du	hattest geladen
er	hatte geladen
wir	hatten geladen
ihr	hattet geladen
sie	hatten geladen

Future Time

	Future	(*Fut. Subj.*)	(*Pres. Conditional*)
ich	werde laden	werde laden	würde laden
du	wirst laden	werdest laden	würdest laden
er	wird laden	werde laden	würde laden
wir	werden laden	werden laden	würden laden
ihr	werdet laden	werdet laden	würdet laden
sie	werden laden	werden laden	würden laden

	Future Perfect	(*Fut. Perf. Subj.*)	(*Past Conditional*)
ich	werde geladen haben	werde geladen haben	würde geladen haben
du	wirst geladen haben	werdest geladen haben	würdest geladen haben
er	wird geladen haben	werde geladen haben	würde geladen haben
wir	werden geladen haben	werden geladen haben	würden geladen haben
ihr	werdet geladen haben	werdet geladen haben	würdet geladen haben
sie	werden geladen haben	werden geladen haben	würden geladen haben

PRINC. PARTS: lassen, ließ,
              gelassen, läßt
IMPERATIVE: laß!, laßt!, lassen Sie!

*to let, leave, allow, abandon
have something done (with infinitive)*

INDICATIVE	SUBJUNCTIVE	
	PRIMARY	SECONDARY

Present Time

Present	(*Pres. Subj.*)	(*Imperf. Subj.*)
ich lasse	lasse	ließe
du läßt	lassest	ließest
er läßt	lasse	ließe
wir lassen	lassen	ließen
ihr laßt	lasset	ließet
sie lassen	lassen	ließen

Imperfect

ich ließ
du ließest
er ließ
wir ließen
ihr ließt
sie ließen

Past Time

Perfect	(*Perf. Subj.*)	(*Pluperf. Subj.*)
ich habe gelassen	habe gelassen	hätte gelassen
du hast gelassen	habest gelassen	hättest gelassen
er hat gelassen	habe gelassen	hätte gelassen
wir haben gelassen	haben gelassen	hätten gelassen
ihr habt gelassen	habet gelassen	hättet gelassen
sie haben gelassen	haben gelassen	hätten gelassen

Pluperfect

ich hatte gelassen
du hattest gelassen
er hatte gelassen
wir hatten gelassen
ihr hattet gelassen
sie hatten gelassen

Future Time

Future	(*Fut. Subj.*)	(*Pres. Conditional*)
ich werde lassen	werde lassen	würde lassen
du wirst lassen	werdest lassen	würdest lassen
er wird lassen	werde lassen	würde lassen
wir werden lassen	werden lassen	würden lassen
ihr werdet lassen	werdet lassen	würdet lassen
sie werden lassen	werden lassen	würden lassen

Future Perfect Time

Future Perfect	(*Fut. Perf. Subj.*)	(*Past Conditional*)
ich werde gelassen haben	werde gelassen haben	würde gelassen haben
du wirst gelassen haben	werdest gelassen haben	würdest gelassen haben
er wird gelassen haben	werde gelassen haben	würde gelassen haben
wir werden gelassen haben	werden gelassen haben	würden gelassen haben
ihr werdet gelassen haben	werdet gelassen haben	würdet gelassen haben
sie werden gelassen haben	werden gelassen haben	würden gelassen haben

213

laufen

to run, walk

PRINC. PARTS: laufen, lief, ist gelaufen, läuft
IMPERATIVE: laufe!, lauft!, laufen Sie!

INDICATIVE		SUBJUNCTIVE	
		PRIMARY	SECONDARY
		Present Time	
	Present	*(Pres. Subj.)*	*(Imperf. Subj.)*
ich	laufe	laufe	liefe
du	läufst	laufest	liefest
er	läuft	laufe	liefe
wir	laufen	laufen	liefen
ihr	lauft	laufet	liefet
sie	laufen	laufen	liefen

	Imperfect
ich	lief
du	liefst
er	lief
wir	liefen
ihr	lieft
sie	liefen

			Past Time	
	Perfect	*(Perf. Subj.)*		*(Pluperf. Subj.)*
ich	bin gelaufen	sei gelaufen		wäre gelaufen
du	bist gelaufen	seiest gelaufen		wärest gelaufen
er	ist gelaufen	sei gelaufen		wäre gelaufen
wir	sind gelaufen	seien gelaufen		wären gelaufen
ihr	seid gelaufen	seiet gelaufen		wäret gelaufen
sie	sind gelaufen	seien gelaufen		wären gelaufen

	Pluperfect
ich	war gelaufen
du	warst gelaufen
er	war gelaufen
wir	waren gelaufen
ihr	wart gelaufen
sie	waren gelaufen

			Future Time	
	Future	*(Fut. Subj.)*		*(Pres. Conditional)*
ich	werde laufen	werde laufen		würde laufen
du	wirst laufen	werdest laufen		würdest laufen
er	wird laufen	werde laufen		würde laufen
wir	werden laufen	werden laufen		würden laufen
ihr	werdet laufen	werdet laufen		würdet laufen
sie	werden laufen	werden laufen		würden laufen

			Future Perfect Time	
	Future Perfect	*(Fut. Perf. Subj.)*		*(Past Conditional)*
ich	werde gelaufen sein	werde gelaufen sein		würde gelaufen sein
du	wirst gelaufen sein	werdest gelaufen sein		würdest gelaufen sein
er	wird gelaufen sein	werde gelaufen sein		würde gelaufen sein
wir	werden gelaufen sein	werden gelaufen sein		würden gelaufen sein
ihr	werdet gelaufen sein	werdet gelaufen sein		würdet gelaufen sein
sie	werden gelaufen sein	werden gelaufen sein		würden gelaufen sein

PRINC. PARTS: lauschen, lauschte, gelauscht,
lauscht
IMPERATIVE: lausche!, lauscht!, lauschen Sie!

lauschen

to listen to, eavesdrop

	INDICATIVE		SUBJUNCTIVE	
			PRIMARY	SECONDARY
			Present Time	
	Present		(*Pres. Subj.*)	(*Imperf. Subj.*)
ich	lausche		lausche	lauschte
du	lauschst		lauschest	lauschtest
er	lauscht		lausche	lauschte
wir	lauschen		lauschen	lauschten
ihr	lauscht		lauschet	lauschtet
sie	lauschen		lauschen	lauschten

	Imperfect
ich	lauschte
du	lauschtest
er	lauschte
wir	lauschten
ihr	lauschtet
sie	lauschten

			Past Time	
	Perfect		(*Perf. Subj.*)	(*Pluperf. Subj.*)
ich	habe gelauscht		habe gelauscht	hätte gelauscht
du	hast gelauscht		habest gelauscht	hättest gelauscht
er	hat gelauscht		habe gelauscht	hätte gelauscht
wir	haben gelauscht		haben gelauscht	hätten gelauscht
ihr	habt gelauscht		habet gelauscht	hättet gelauscht
sie	haben gelauscht		haben gelauscht	hätten gelauscht

	Pluperfect
ich	hatte gelauscht
du	hattest gelauscht
er	hatte gelauscht
wir	hatten gelauscht
ihr	hattet gelauscht
sie	hatten gelauscht

			Future Time	
	Future		(*Fut. Subj.*)	(*Pres. Conditional*)
ich	werde lauschen		werde lauschen	würde lauschen
du	wirst lauschen		werdest lauschen	würdest lauschen
er	wird lauschen		werde lauschen	würde lauschen
wir	werden lauschen		werden lauschen	würden lauschen
ihr	werdet lauschen		werdet lauschen	würdet lauschen
sie	werden lauschen		werden lauschen	würden lauschen

			Future Perfect Time	
	Future Perfect		(*Fut. Perf. Subj.*)	(*Past Conditional*)
ich	werde gelauscht haben		werde gelauscht haben	würde gelauscht haben
du	wirst gelauscht haben		werdest gelauscht haben	würdest gelauscht haben
er	wird gelauscht haben		werde gelauscht haben	würde gelauscht haben
wir	werden gelauscht haben		werden gelauscht haben	würden gelauscht haben
ihr	werdet gelauscht haben		werdet gelauscht haben	würdet gelauscht haben
sie	werden gelauscht haben		werden gelauscht haben	würden gelauscht haben

215

leben

to live

PRINC. PARTS: leben, lebte, gelebt, lebt
IMPERATIVE: lebe!, lebt!, leben Sie!

INDICATIVE	SUBJUNCTIVE	
	PRIMARY	SECONDARY

Present Time

	Present	*(Pres. Subj.)*	*(Imperf. Subj.)*
ich	lebe	lebe	lebte
du	lebst	lebest	lebtest
er	lebt	lebe	lebte
wir	leben	leben	lebten
ihr	lebt	lebet	lebtet
sie	leben	leben	lebten

	Imperfect
ich	lebte
du	lebtest
er	lebte
wir	lebten
ihr	lebtet
sie	lebten

Past Time

	Perfect	*(Perf. Subj.)*	*(Pluperf. Subj.)*
ich	habe gelebt	habe gelebt	hätte gelebt
du	hast gelebt	habest gelebt	hättest gelebt
er	hat gelebt	habe gelebt	hätte gelebt
wir	haben gelebt	haben gelebt	hätten gelebt
ihr	habt gelebt	habet gelebt	hättet gelebt
sie	haben gelebt	haben gelebt	hätten gelebt

	Pluperfect
ich	hatte gelebt
du	hattest gelebt
er	hatte gelebt
wir	hatten gelebt
ihr	hattet gelebt
sie	hatten gelebt

Future Time

	Future	*(Fut. Subj.)*	*(Pres. Conditional)*
ich	werde leben	werde leben	würde leben
du	wirst leben	werdest leben	würdest leben
er	wird leben	werde leben	würde leben
wir	werden leben	werden leben	würden leben
ihr	werdet leben	werdet leben	würdet leben
sie	werden leben	werden leben	würden leben

Future Perfect Time

	Future Perfect	*(Fut. Perf. Subj.)*	*(Past Conditional)*
ich	werde gelebt haben	werde gelebt haben	würde gelebt haben
du	wirst gelebt haben	werdest gelebt haben	würdest gelebt haben
er	wird gelebt haben	werde gelebt haben	würde gelebt haben
wir	werden gelebt haben	werden gelebt haben	würden gelebt haben
ihr	werdet gelebt haben	werdet gelebt haben	würdet gelebt haben
sie	werden gelebt haben	werden gelebt haben	würden gelebt haben

PRINC. PARTS: lechzen, lechzte, gelechzt, lechzt
IMPERATIVE: lechze!, lechzt!, lechzen Sie!

to languish, long for, thirst

	INDICATIVE	SUBJUNCTIVE	
		PRIMARY	SECONDARY
		Present Time	
	Present	*(Pres. Subj.)*	*(Imperf. Subj.)*
ich	lechze	lechze	lechzte
du	lechzt	lechzest	lechztest
er	lechzt	lechze	lechzte
wir	lechzen	lechzen	lechzten
ihr	lechzt	lechzet	lechztet
sie	lechzen	lechzen	lechzten

	Imperfect
ich	lechzte
du	lechztest
er	lechzte
wir	lechzten
ihr	lechztet
sie	lechzten

			Past Time	
	Perfect	*(Perf. Subj.)*	*(Pluperf. Subj.)*
ich	habe gelechzt	habe gelechzt	hätte gelechzt
du	hast gelechzt	habest gelechzt	hättest gelechzt
er	hat gelechzt	habe gelechzt	hätte gelechzt
wir	haben gelechzt	haben gelechzt	hätten gelechzt
ihr	habt gelechzt	habet gelechzt	hättet gelechzt
sie	haben gelechzt	haben gelechzt	hätten gelechzt

	Pluperfect
ich	hatte gelechzt
du	hattest gelechzt
er	hatte gelechzt
wir	hatten gelechzt
ihr	hattet gelechzt
sie	hatten gelechzt

			Future Time	
	Future	*(Fut. Subj.)*	*(Pres. Conditional)*
ich	werde lechzen	werde lechzen	würde lechzen
du	wirst lechzen	werdest lechzen	würdest lechzen
er	wird lechzen	werde lechzen	würde lechzen
wir	werden lechzen	werden lechzen	würden lechzen
ihr	werdet lechzen	werdet lechzen	würdet lechzen
sie	werden lechzen	werden lechzen	würden lechzen

			Future Perfect Time	
	Future Perfect	*(Fut. Perf. Subj.)*	*(Past Conditional)*
ich	werde gelechzt haben	werde gelechzt haben	würde gelechzt haben
du	wirst gelechzt haben	werdest gelechzt haben	würdest gelechzt haben
er	wird gelechzt haben	werde gelechzt haben	würde gelechzt haben
wir	werden gelechzt haben	werden gelechzt haben	würden gelechzt haben
ihr	werdet gelechzt haben	werdet gelechzt haben	würdet gelechzt haben
sie	werden gelechzt haben	werden gelechzt haben	würden gelechzt haben

lecken

to lick; leak

PRINC. PARTS: lecken, leckte, geleckt, leckt
IMPERATIVE: lecke!, leckt!, lecken Sie!

INDICATIVE	SUBJUNCTIVE	
	PRIMARY	SECONDARY
	Present Time	
Present	*(Pres. Subj.)*	*(Imperf. Subj.)*
ich lecke	lecke	leckte
du leckst	leckest	lecktest
er leckt	lecke	leckte
wir lecken	lecken	leckten
ihr leckt	lecket	lecktet
sie lecken	lecken	leckten

Imperfect
ich leckte
du lecktest
er leckte
wir leckten
ihr lecktet
sie leckten

Past Time		
Perfect	*(Perf. Subj.)*	*(Pluperf. Subj.)*
ich habe geleckt	habe geleckt	hätte geleckt
du hast geleckt	habest geleckt	hättest geleckt
er hat geleckt	habe geleckt	hätte geleckt
wir haben geleckt	haben geleckt	hätten geleckt
ihr habt geleckt	habet geleckt	hättet geleckt
sie haben geleckt	haben geleckt	hätten geleckt

Pluperfect
ich hatte geleckt
du hattest geleckt
er hatte geleckt
wir hatten geleckt
ihr hattet geleckt
sie hatten geleckt

Future Time		
Future	*(Fut. Subj.)*	*(Pres. Conditional)*
ich werde lecken	werde lecken	würde lecken
du wirst lecken	werdest lecken	würdest lecken
er wird lecken	werde lecken	würde lecken
wir werden lecken	werden lecken	würden lecken
ihr werdet lecken	werdet lecken	würdet lecken
sie werden lecken	werden lecken	würden lecken

Future Perfect Time		
Future Perfect	*(Fut. Perf. Subj.)*	*(Past Conditional)*
ich werde geleckt haben	werde geleckt haben	würde geleckt haben
du wirst geleckt haben	werdest geleckt haben	würdest geleckt haben
er wird geleckt haben	werde geleckt haben	würde geleckt haben
wir werden geleckt haben	werden geleckt haben	würden geleckt haben
ihr werdet geleckt haben	werdet geleckt haben	würdet geleckt haben
sie werden geleckt haben	werden geleckt haben	würden geleckt haben

legen

to lay, put, place, deposit

INDICATIVE	SUBJUNCTIVE	
	PRIMARY	SECONDARY
	Present Time	
Present	*(Pres. Subj.)*	*(Imperf. Subj.)*
ich lege	lege	legte
du legst	legest	legtest
er legt	lege	legte
wir legen	legen	legten
ihr legt	leget	legtet
sie legen	legen	legten

Imperfect
ich legte
du legtest
er legte
wir legten
ihr legtet
sie legten

	Past Time	
Perfect	*(Perf. Subj.)*	*(Pluperf. Subj.)*
ich habe gelegt	habe gelegt	hätte gelegt
du hast gelegt	habest gelegt	hättest gelegt
er hat gelegt	habe gelegt	hätte gelegt
wir haben gelegt	haben gelegt	hätten gelegt
ihr habt gelegt	habet gelegt	hättet gelegt
sie haben gelegt	haben gelegt	hätten gelegt

Pluperfect
ich hatte gelegt
du hattest gelegt
er hatte gelegt
wir hatten gelegt
ihr hattet gelegt
sie hatten gelegt

	Future Time	
Future	*(Fut. Subj.)*	*(Pres. Conditional)*
ich werde legen	werde legen	würde legen
du wirst legen	werdest legen	würdest legen
er wird legen	werde legen	würde legen
wir werden legen	werden legen	würden legen
ihr werdet legen	werdet legen	würdet legen
sie werden legen	werden legen	würden legen

	Future Perfect Time	
Future Perfect	*(Fut. Perf. Subj.)*	*(Past Conditional)*
ich werde gelegt haben	werde gelegt haben	würde gelegt haben
du wirst gelegt haben	werdest gelegt haben	würdest gelegt haben
er wird gelegt haben	werde gelegt haben	würde gelegt haben
wir werden gelegt haben	werden gelegt haben	würden gelegt haben
ihr werdet gelegt haben	werdet gelegt haben	würdet gelegt haben
sie werden gelegt haben	werden gelegt haben	würden gelegt haben

lehren

to teach

PRINC. PARTS: lehren, lehrte, gelehrt, lehrt
IMPERATIVE: lehre!, lehrt!, lehren Sie!

INDICATIVE	SUBJUNCTIVE	
	PRIMARY	SECONDARY
	Present Time	
Present	*(Pres. Subj.)*	*(Imperf. Subj.)*
ich lehre	lehre	lehrte
du lehrst	lehrest	lehrtest
er lehrt	lehre	lehrte
wir lehren	lehren	lehrten
ihr lehrt	lehret	lehrtet
sie lehren	lehren	lehrten

Imperfect
ich lehrte
du lehrtest
er lehrte
wir lehrten
ihr lehrtet
sie lehrten

	Past Time	
Perfect	*(Perf. Subj.)*	*(Pluperf. Subj.)*
ich habe gelehrt	habe gelehrt	hätte gelehrt
du hast gelehrt	habest gelehrt	hättest gelehrt
er hat gelehrt	habe gelehrt	hätte gelehrt
wir haben gelehrt	haben gelehrt	hätten gelehrt
ihr habt gelehrt	habet gelehrt	hättet gelehrt
sie haben gelehrt	haben gelehrt	hätten gelehrt

Pluperfect
ich hatte gelehrt
du hattest gelehrt
er hatte gelehrt
wir hatten gelehrt
ihr hattet gelehrt
sie hatten gelehrt

	Future Time	
Future	*(Fut. Subj.)*	*(Pres. Conditional)*
ich werde lehren	werde lehren	würde lehren
du wirst lehren	werdest lehren	würdest lehren
er wird lehren	werde lehren	würde lehren
wir werden lehren	werden lehren	würden lehren
ihr werdet lehren	werdet lehren	würdet lehren
sie werden lehren	werden lehren	würden lehren

	Future Perfect Time	
Future Perfect	*(Fut. Perf. Subj.)*	*(Past Conditional)*
ich werde gelehrt haben	werde gelehrt haben	würde gelehrt haben
du wirst gelehrt haben	werdest gelehrt haben	würdest gelehrt haben
er wird gelehrt haben	werde gelehrt haben	würde gelehrt haben
wir werden gelehrt haben	werden gelehrt haben	würden gelehrt haben
ihr werdet gelehrt haben	werdet gelehrt haben	würdet gelehrt haben
sie werden gelehrt haben	werden gelehrt haben	würden gelehrt haben

PRINC. PARTS: leiden, litt, gelitten, leidet
IMPERATIVE: leide!, leidet!, leiden Sie!

leiden
to suffer

INDICATIVE	SUBJUNCTIVE	
	PRIMARY	SECONDARY

	Present	*Present Time* (*Pres. Subj.*)	(*Imperf. Subj.*)
ich	leide	leide	litte
du	leidest	leidest	littest
er	leidet	leide	litte
wir	leiden	leiden	litten
ihr	leidet	leidet	littet
sie	leiden	leiden	litten

	Imperfect
ich	litt
du	littst
er	litt
wir	litten
ihr	littet
sie	litten

	Perfect	*Past Time* (*Perf. Subj.*)	(*Pluperf. Subj.*)
ich	habe gelitten	habe gelitten	hätte gelitten
du	hast gelitten	habest gelitten	hättest gelitten
er	hat gelitten	habe gelitten	hätte gelitten
wir	haben gelitten	haben gelitten	hätten gelitten
ihr	habt gelitten	habet gelitten	hättet gelitten
sie	haben gelitten	haben gelitten	hätten gelitten

	Pluperfect
ich	hatte gelitten
du	hattest gelitten
er	hatte gelitten
wir	hatten gelitten
ihr	hattet gelitten
sie	hatten gelitten

	Future	*Future Time* (*Fut. Subj.*)	(*Pres. Conditional*)
ich	werde leiden	werde leiden	würde leiden
du	wirst leiden	werdest leiden	würdest leiden
er	wird leiden	werde leiden	würde leiden
wir	werden leiden	werden leiden	würden leiden
ihr	werdet leiden	werdet leiden	würdet leiden
sie	werden leiden	werden leiden	würden leiden

	Future Perfect	*Future Perfect Time* (*Fut. Perf. Subj.*)	(*Past Conditional*)
ich	werde gelitten haben	werde gelitten haben	würde gelitten haben
du	wirst gelitten haben	werdest gelitten haben	würdest gelitten haben
er	wird gelitten haben	werde gelitten haben	würde gelitten haben
wir	werden gelitten haben	werden gelitten haben	würden gelitten haben
ihr	werdet gelitten haben	werdet gelitten haben	würdet gelitten haben
sie	werden gelitten haben	werden gelitten haben	würden gelitten haben

leihen

to lend, borrow from, hire

PRINC. PARTS: leihen, lieh, geliehen, leiht
IMPERATIVE: leihe!, leiht!, leihen Sie!

INDICATIVE		SUBJUNCTIVE	
		PRIMARY	SECONDARY
		Present Time	
	Present	*(Pres. Subj.)*	*(Imperf. Subj.)*
ich	leihe	leihe	liehe
du	leihst	leihest	liehest
er	leiht	leihe	liehe
wir	leihen	leihen	liehen
ihr	leiht	leihet	liehet
sie	leihen	leihen	liehen

	Imperfect
ich	lieh
du	liehst
er	lieh
wir	liehen
ihr	lieht
sie	liehen

		Past Time	
	Perfect	*(Perf. Subj.)*	*(Pluperf. Subj.)*
ich	habe geliehen	habe geliehen	hätte geliehen
du	hast geliehen	habest geliehen	hättest geliehen
er	hat geliehen	habe geliehen	hätte geliehen
wir	haben geliehen	haben geliehen	hätten geliehen
ihr	habt geliehen	habet geliehen	hättet geliehen
sie	haben geliehen	haben geliehen	hätten geliehen

	Pluperfect
ich	hatte geliehen
du	hattest geliehen
er	hatte geliehen
wir	hatten geliehen
ihr	hattet geliehen
sie	hatten geliehen

		Future Time	
	Future	*(Fut. Subj.)*	*(Pres. Conditional)*
ich	werde leihen	werde leihen	würde leihen
du	wirst leihen	werdest leihen	würdest leihen
er	wird leihen	werde leihen	würde leihen
wir	werden leihen	werden leihen	würden leihen
ihr	werdet leihen	werdet leihen	würdet leihen
sie	werden leihen	werden leihen	würden leihen

		Future Perfect Time	
	Future Perfect	*(Fut. Perf. Subj.)*	*(Past Conditional)*
ich	werde geliehen haben	werde geliehen haben	würde geliehen haben
du	wirst geliehen haben	werdest geliehen haben	würdest geliehen haben
er	wird geliehen haben	werde geliehen haben	würde geliehen haben
wir	werden geliehen haben	werden geliehen haben	würden geliehen haben
ihr	werdet geliehen haben	werdet geliehen haben	würdet geliehen haben
sie	werden geliehen haben	werden geliehen haben	würden geliehen haben

PRINC. PARTS: lernen, lernte, gelernt, lernt
IMPERATIVE: lerne!, lernt!, lernen Sie!

to learn, study

INDICATIVE	SUBJUNCTIVE	
	PRIMARY	SECONDARY
		Present Time
Present	(Pres. Subj.)	(Imperf. Subj.)
ich lerne	lerne	lernte
du lernst	lernest	lerntest
er lernt	lerne	lernte
wir lernen	lernen	lernten
ihr lernt	lernet	lerntet
sie lernen	lernen	lernten

Imperfect
ich lernte
du lerntest
er lernte
wir lernten
ihr lerntet
sie lernten

		Past Time
Perfect	(Perf. Subj.)	(Pluperf. Subj.)
ich habe gelernt	habe gelernt	hätte gelernt
du hast gelernt	habest gelernt	hättest gelernt
er hat gelernt	habe gelernt	hätte gelernt
wir haben gelernt	haben gelernt	hätten gelernt
ihr habt gelernt	habet gelernt	hättet gelernt
sie haben gelernt	haben gelernt	hätten gelernt

Pluperfect
ich hatte gelernt
du hattest gelernt
er hatte gelernt
wir hatten gelernt
ihr hattet gelernt
sie hatten gelernt

		Future Time
Future	(Fut. Subj.)	(Pres. Conditional)
ich werde lernen	werde lernen	würde lernen
du wirst lernen	werdest lernen	würdest lernen
er wird lernen	werde lernen	würde lernen
wir werden lernen	werden lernen	würden lernen
ihr werdet lernen	werdet lernen	würdet lernen
sie werden lernen	werden lernen	würden lernen

		Future Perfect Time
Future Perfect	(Fut. Perf. Subj.)	(Past Conditional)
ich werde gelernt haben	werde gelernt haben	würde gelernt haben
du wirst gelernt haben	werdest gelernt haben	würdest gelernt haben
er wird gelernt haben	werde gelernt haben	würde gelernt haben
wir werden gelernt haben	werden gelernt haben	würden gelernt haben
ihr werdet gelernt haben	werdet gelernt haben	würdet gelernt haben
sie werden gelernt haben	werden gelernt haben	würden gelernt haben

lesen

to read, gather

PRINC. PARTS: lesen, las, gelesen, liest
IMPERATIVE: lies!, lest!, lesen Sie!

	INDICATIVE	SUBJUNCTIVE	
		PRIMARY	SECONDARY
		Present Time	
	Present	*(Pres. Subj.)*	*(Imperf. Subj.)*
ich	lese	lese	läse
du	liest	lesest	läsest
er	liest	lese	läse
wir	lesen	lesen	läsen
ihr	lest	leset	läset
sie	lesen	lesen	läsen

	Imperfect
ich	las
du	lasest
er	las
wir	lasen
ihr	last
sie	lasen

			Past Time	
	Perfect	*(Perf. Subj.)*	*(Pluperf. Subj.)*
ich	habe gelesen	habe gelesen	hätte gelesen
du	hast gelesen	habest gelesen	hättest gelesen
er	hat gelesen	habe gelesen	hätte gelesen
wir	haben gelesen	haben gelesen	hätten gelesen
ihr	habt gelesen	habet gelesen	hättet gelesen
sie	haben gelesen	haben gelesen	hätten gelesen

	Pluperfect
ich	hatte gelesen
du	hattest gelesen
er	hatte gelesen
wir	hatten gelesen
ihr	hattet gelesen
sie	hatten gelesen

			Future Time	
	Future	*(Fut. Subj.)*	*(Pres. Conditional)*
ich	werde lesen	werde lesen	würde lesen
du	wirst lesen	werdest lesen	würdest lesen
er	wird lesen	werde lesen	würde lesen
wir	werden lesen	werden lesen	würden lesen
ihr	werdet lesen	werdet lesen	würdet lesen
sie	werden lesen	werden lesen	würden lesen

			Future Perfect Time	
	Future Perfect	*(Fut. Perf. Subj.)*	*(Past Conditional)*
ich	werde gelesen haben	werde gelesen haben	würde gelesen haben
du	wirst gelesen haben	werdest gelesen haben	würdest gelesen haben
er	wird gelesen haben	werde gelesen haben	würde gelesen haben
wir	werden gelesen haben	werden gelesen haben	würden gelesen haben
ihr	werdet gelesen haben	werdet gelesen haben	würdet gelesen haben
sie	werden gelesen haben	werden gelesen haben	würden gelesen haben

PRINC. PARTS: leuchten, leuchtete, geleuchtet, leuchtet
IMPERATIVE: leuchte!, leuchtet!, leuchten Sie!

to shine, gleam

	INDICATIVE		SUBJUNCTIVE	
			PRIMARY	SECONDARY
			Present Time	
	Present		(*Pres. Subj.*)	(*Imperf. Subj.*)
ich	leuchte		leuchte	leuchtete
du	leuchtest		leuchtest	leuchtetest
er	leuchtet		leuchte	leuchtete
wir	leuchten		leuchten	leuchteten
ihr	leuchtet		leuchtet	leuchtetet
sie	leuchten		leuchten	leuchteten
	Imperfect			
ich	leuchtete			
du	leuchtetest			
er	leuchtete			
wir	leuchteten			
ihr	leuchtetet			
sie	leuchteten		*Past Time*	
	Perfect		(*Perf. Subj.*)	(*Pluperf. Subj.*)
ich	habe geleuchtet		habe geleuchtet	hätte geleuchtet
du	hast geleuchtet		habest geleuchtet	hättest geleuchtet
er	hat geleuchtet		habe geleuchtet	hätte geleuchtet
wir	haben geleuchtet		haben geleuchtet	hätten geleuchtet
ihr	habt geleuchtet		habet geleuchtet	hättet geleuchtet
sie	haben geleuchtet		haben geleuchtet	hätten geleuchtet
	Pluperfect			
ich	hatte geleuchtet			
du	hattest geleuchtet			
er	hatte geleuchtet			
wir	hatten geleuchtet			
ihr	hattet geleuchtet			
sie	hatten geleuchtet		*Future Time*	
	Future		(*Fut. Subj.*)	(*Pres. Conditional*)
ich	werde leuchten		werde leuchten	würde leuchten
du	wirst leuchten		werdest leuchten	würdest leuchten
er	wird leuchten		werde leuchten	würde leuchten
wir	werden leuchten		werden leuchten	würden leuchten
ihr	werdet leuchten		werdet leuchten	würdet leuchten
sie	werden leuchten		werden leuchten	würden leuchten
			Future Perfect Time	
	Future Perfect		(*Fut. Perf. Subj.*)	(*Past Conditional*)
ich	werde geleuchtet haben		werde geleuchtet haben	würde geleuchtet haben
du	wirst geleuchtet haben		werdest geleuchtet haben	würdest geleuchtet haben
er	wird geleuchtet haben		werde geleuchtet haben	würde geleuchtet haben
wir	werden geleuchtet haben		werden geleuchtet haben	würden geleuchtet haben
ihr	werdet geleuchtet haben		werdet geleuchtet haben	würdet geleuchtet haben
sie	werden geleuchtet haben		werden geleuchtet haben	würden geleuchtet haben

225

lichten

to thin out, lighten

PRINC. PARTS: lichten, lichtete, gelichtet, lichtet
IMPERATIVE: lichte!, lichtet!, lichten Sie!

	INDICATIVE	SUBJUNCTIVE	
		PRIMARY	SECONDARY
		Present Time	
	Present	*(Pres. Subj.)*	*(Imperf. Subj.)*
ich	lichte	lichte	lichtete
du	lichtest	lichtest	lichtetest
er	lichtet	lichte	lichtete
wir	lichten	lichten	lichteten
ihr	lichtet	lichtet	lichtetet
sie	lichten	lichten	lichteten

	Imperfect
ich	lichtete
du	lichtetest
er	lichtete
wir	lichteten
ihr	lichtetet
sie	lichteten

			Past Time	
	Perfect	*(Perf. Subj.)*	*(Pluperf. Subj.)*
ich	habe gelichtet	habe gelichtet	hätte gelichtet
du	hast gelichtet	habest gelichtet	hättest gelichtet
er	hat gelichtet	habe gelichtet	hätte gelichtet
wir	haben gelichtet	haben gelichtet	hätten gelichtet
ihr	habt gelichtet	habet gelichtet	hättet gelichtet
sie	haben gelichtet	haben gelichtet	hätten gelichtet

	Pluperfect
ich	hatte gelichtet
du	hattest gelichtet
er	hatte gelichtet
wir	hatten gelichtet
ihr	hattet gelichtet
sie	hatten gelichtet

			Future Time	
	Future	*(Fut. Subj.)*	*(Pres. Conditional)*
ich	werde lichten	werde lichten	würde lichten
du	wirst lichten	werdest lichten	würdest lichten
er	wird lichten	werde lichten	würde lichten
wir	werden lichten	werden lichten	würden lichten
ihr	werdet lichten	werdet lichten	würdet lichten
sie	werden lichten	werden lichten	würden lichten

			Future Perfect Time	
	Future Perfect	*(Fut. Perf. Subj.)*	*(Past Conditional)*
ich	werde gelichtet haben	werde gelichtet haben	würde gelichtet haben
du	wirst gelichtet haben	werdest gelichtet haben	würdest gelichtet haben
er	wird gelichtet haben	werde gelichtet haben	würde gelichtet haben
wir	werden gelichtet haben	werden gelichtet haben	würden gelichtet haben
ihr	werdet gelichtet haben	werdet gelichtet haben	würdet gelichtet haben
sie	werden gelichtet haben	werden gelichtet haben	würden gelichtet haben

226

PRINC. PARTS: lieben, liebte, geliebt, liebt
IMPERATIVE: liebe!, liebt!, lieben Sie!

INDICATIVE	SUBJUNCTIVE	
	PRIMARY	SECONDARY
	Present Time	
Present	*(Pres. Subj.)*	*(Imperf. Subj.)*
ich liebe	liebe	liebte
du liebst	liebest	liebtest
er liebt	liebe	liebte
wir lieben	lieben	liebten
ihr liebt	liebet	liebtet
sie lieben	lieben	liebten

Imperfect

ich liebte
du liebtest
er liebte
wir liebten
ihr liebtet
sie liebten

		Past Time	
Perfect	*(Perf. Subj.)*	*(Pluperf. Subj.)*
ich habe geliebt	habe geliebt	hätte geliebt
du hast geliebt	habest geliebt	hättest geliebt
er hat geliebt	habe geliebt	hätte geliebt
wir haben geliebt	haben geliebt	hätten geliebt
ihr habt geliebt	habet geliebt	hättet geliebt
sie haben geliebt	haben geliebt	hätten geliebt

Pluperfect

ich hatte geliebt
du hattest geliebt
er hatte geliebt
wir hatten geliebt
ihr hattet geliebt
sie hatten geliebt

	Future Time	
Future	*(Fut. Subj.)*	*(Pres. Conditional)*
ich werde lieben	werde lieben	würde lieben
du wirst lieben	werdest lieben	würdest lieben
er wird lieben	werde lieben	würde lieben
wir werden lieben	werden lieben	würden lieben
ihr werdet lieben	werdet lieben	würdet lieben
sie werden lieben	werden lieben	würden lieben

	Future Perfect Time	
Future Perfect	*(Fut. Perf. Subj.)*	*(Past Conditional)*
ich werde geliebt haben	werde geliebt haben	würde geliebt haben
du wirst geliebt haben	werdest geliebt haben	würdest geliebt haben
er wird geliebt haben	werde geliebt haben	würde geliebt haben
wir werden geliebt haben	werden geliebt haben	würden geliebt haben
ihr werdet geliebt haben	werdet geliebt haben	würdet geliebt haben
sie werden geliebt haben	werden geliebt haben	würden geliebt haben

liegen

to lie, rest, be situated

PRINC. PARTS: liegen, lag, gelegen, liegt
IMPERATIVE: liege!, liegt!, liegen Sie!

	INDICATIVE	SUBJUNCTIVE	
		PRIMARY	SECONDARY
		Present Time	
	Present	*(Pres. Subj.)*	*(Imperf. Subj.)*
ich	liege	liege	läge
du	liegst	liegest	lägest
er	liegt	liege	läge
wir	liegen	liegen	lägen
ihr	liegt	lieget	läget
sie	liegen	liegen	lägen

	Imperfect
ich	lag
du	lagst
er	lag
wir	lagen
ihr	lagt
sie	lagen

			Past Time	
	Perfect	*(Perf. Subj.)*		*(Pluperf. Subj.)*
ich	habe gelegen	habe gelegen		hätte gelegen
du	hast gelegen	habest gelegen		hättest gelegen
er	hat gelegen	habe gelegen		hätte gelegen
wir	haben gelegen	haben gelegen		hätten gelegen
ihr	habt gelegen	habet gelegen		hättet gelegen
sie	haben gelegen	haben gelegen		hätten gelegen

	Pluperfect
ich	hatte gelegen
du	hattest gelegen
er	hatte gelegen
wir	hatten gelegen
ihr	hattet gelegen
sie	hatten gelegen

			Future Time	
	Future	*(Fut. Subj.)*		*(Pres. Conditional)*
ich	werde liegen	werde liegen		würde liegen
du	wirst liegen	werdest liegen		würdest liegen
er	wird liegen	werde liegen		würde liegen
wir	werden liegen	werden liegen		würden liegen
ihr	werdet liegen	werdet liegen		würdet liegen
sie	werden liegen	werden liegen		würden liegen

			Future Perfect Time	
	Future Perfect	*(Fut. Perf. Subj.)*		*(Past Conditional)*
ich	werde gelegen haben	werde gelegen haben		würde gelegen haben
du	wirst gelegen haben	werdest gelegen haben		würdest gelegen haben
er	wird gelegen haben	werde gelegen haben		würde gelegen haben
wir	werden gelegen haben	werden gelegen haben		würden gelegen haben
ihr	werdet gelegen haben	werdet gelegen haben		würdet gelegen haben
sie	werden gelegen haben	werden gelegen haben		würden gelegen haben

PRINC. PARTS: loben, lobte, gelobt, lobt
IMPERATIVE: lobe!, lobt!, loben Sie!

INDICATIVE	SUBJUNCTIVE	
	PRIMARY	SECONDARY

Present Time

	Present	*(Pres. Subj.)*	*(Imperf. Subj.)*
ich	lobe	lobe	lobte
du	lobst	lobest	lobtest
er	lobt	lobe	lobte
wir	loben	loben	lobten
ihr	lobt	lobet	lobtet
sie	loben	loben	lobten

	Imperfect
ich	lobte
du	lobtest
er	lobte
wir	lobten
ihr	lobtet
sie	lobten

Past Time

	Perfect	*(Perf. Subj.)*	*(Pluperf. Subj.)*
ich	habe gelobt	habe gelobt	hätte gelobt
du	hast gelobt	habest gelobt	hättest gelobt
er	hat gelobt	habe gelobt	hätte gelobt
wir	haben gelobt	haben gelobt	hätten gelobt
ihr	habt gelobt	habet gelobt	hättet gelobt
sie	haben gelobt	haben gelobt	hätten gelobt

	Pluperfect
ich	hatte gelobt
du	hattest gelobt
er	hatte gelobt
wir	hatten gelobt
ihr	hattet gelobt
sie	hatten gelobt

Future Time

	Future	*(Fut. Subj.)*	*(Pres. Conditional)*
ich	werde loben	werde loben	würde loben
du	wirst loben	werdest loben	würdest loben
er	wird loben	werde loben	würde loben
wir	werden loben	werden loben	würden loben
ihr	werdet loben	werdet loben	würdet loben
sie	werden loben	werden loben	würden loben

Future Perfect Time

	Future Perfect	*(Fut. Perf. Subj.)*	*(Past Conditional)*
ich	werde gelobt haben	werde gelobt haben	würde gelobt haben
du	wirst gelobt haben	werdest gelobt haben	würdest gelobt haben
er	wird gelobt haben	werde gelobt haben	würde gelobt haben
wir	werden gelobt haben	werden gelobt haben	würden gelobt haben
ihr	werdet gelobt haben	werdet gelobt haben	würdet gelobt haben
sie	werden gelobt haben	werden gelobt haben	würden gelobt haben

229

locken

to entice, allure, bait

PRINC. PARTS: locken, lockte, gelockt, lockt
IMPERATIVE: locke!, lockt!, locken Sie!

	INDICATIVE		SUBJUNCTIVE	
			PRIMARY	SECONDARY
				Present Time
	Present		*(Pres. Subj.)*	*(Imperf. Subj.)*
ich	locke		locke	lockte
du	lockst		lockest	locktest
er	lockt		locke	lockte
wir	locken		locken	lockten
ihr	lockt		locket	locktet
sie	locken		locken	lockten
	Imperfect			
ich	lockte			
du	locktest			
er	lockte			
wir	lockten			
ihr	locktet			
sie	lockten			
				Past Time
	Perfect		*(Perf. Subj.)*	*(Pluperf. Subj.)*
ich	habe gelockt		habe gelockt	hätte gelockt
du	hast gelockt		habest gelockt	hättest gelockt
er	hat gelockt		habe gelockt	hätte gelockt
wir	haben gelockt		haben gelockt	hätten gelockt
ihr	habt gelockt		habet gelockt	hättet gelockt
sie	haben gelockt		haben gelockt	hätten gelockt
	Pluperfect			
ich	hatte gelockt			
du	hattest gelockt			
er	hatte gelockt			
wir	hatten gelockt			
ihr	hattet gelockt			
sie	hatten gelockt			
				Future Time
	Future		*(Fut. Subj.)*	*(Pres. Conditional)*
ich	werde locken		werde locken	würde locken
du	wirst locken		werdest locken	würdest locken
er	wird locken		werde locken	würde locken
wir	werden locken		werden locken	würden locken
ihr	werdet locken		werdet locken	würdet locken
sie	werden locken		werden locken	würden locken
				Future Perfect Time
	Future Perfect		*(Fut. Perf. Subj.)*	*(Past Conditional)*
ich	werde gelockt haben		werde gelockt haben	würde gelockt haben
du	wirst gelockt haben		werdest gelockt haben	würdest gelockt haben
er	wird gelockt haben		werde gelockt haben	würde gelockt haben
wir	werden gelockt haben		werden gelockt haben	würden gelockt haben
ihr	werdet gelockt haben		werdet gelockt haben	würdet gelockt haben
sie	werden gelockt haben		werden gelockt haben	würden gelockt haben

PRINC. PARTS: lohnen, lohnte, gelohnt, lohnt
IMPERATIVE: lohne!, lohnt!, lohnen Sie!

to reward, recompense

	INDICATIVE	SUBJUNCTIVE	
		PRIMARY	SECONDARY
		Present Time	
	Present	*(Pres. Subj.)*	*(Imperf. Subj.)*
ich	lohne	lohne	lohnte
du	lohnst	lohnest	lohntest
er	lohnt	lohne	lohnte
wir	lohnen	lohnen	lohnten
ihr	lohnt	lohnet	lohntet
sie	lohnen	lohnen	lohnten

	Imperfect
ich	lohnte
du	lohntest
er	lohnte
wir	lohnten
ihr	lohntet
sie	lohnten

			Past Time	
	Perfect	*(Perf. Subj.)*	*(Pluperf. Subj.)*
ich	habe gelohnt	habe gelohnt	hätte gelohnt
du	hast gelohnt	habest gelohnt	hättest gelohnt
er	hat gelohnt	habe gelohnt	hätte gelohnt
wir	haben gelohnt	haben gelohnt	hätten gelohnt
ihr	habt gelohnt	habet gelohnt	hättet gelohnt
sie	haben gelohnt	haben gelohnt	hätten gelohnt

	Pluperfect
ich	hatte gelohnt
du	hattest gelohnt
er	hatte gelohnt
wir	hatten gelohnt
ihr	hattet gelohnt
sie	hatten gelohnt

			Future Time	
	Future	*(Fut. Subj.)*	*(Pres. Conditional)*
ich	werde lohnen	werde lohnen	würde lohnen
du	wirst lohnen	werdest lohnen	würdest lohnen
er	wird lohnen	werde lohnen	würde lohnen
wir	werden lohnen	werden lohnen	würden lohnen
ihr	werdet lohnen	werdet lohnen	würdet lohnen
sie	werden lohnen	werden lohnen	würden lohnen

			Future Perfect Time	
	Future Perfect	*(Fut. Perf. Subj.)*	*(Past Conditional)*
ich	werde gelohnt haben	werde gelohnt haben	würde gelohnt haben
du	wirst gelohnt haben	werdest gelohnt haben	würdest gelohnt haben
er	wird gelohnt haben	werde gelohnt haben	würde gelohnt haben
wir	werden gelohnt haben	werden gelohnt haben	würden gelohnt haben
ihr	werdet gelohnt haben	werdet gelohnt haben	würdet gelohnt haben
sie	werden gelohnt haben	werden gelohnt haben	würden gelohnt haben

lösen

to loosen, dissolve

PRINC. PARTS: lösen, löste, gelöst, löst
IMPERATIVE: löse!, löst!, lösen Sie!

INDICATIVE	SUBJUNCTIVE	
	PRIMARY	SECONDARY

Present Time

	Present	(Pres. Subj.)	(Imperf. Subj.)
ich	löse	löse	löste
du	löst	lösest	löstest
er	löst	löse	löste
wir	lösen	lösen	lösten
ihr	löst	löset	löstet
sie	lösen	lösen	lösten

	Imperfect
ich	löste
du	löstest
er	löste
wir	lösten
ihr	löstet
sie	lösten

Past Time

	Perfect	(Perf. Subj.)	(Pluperf. Subj.)
ich	habe gelöst	habe gelöst	hätte gelöst
du	hast gelöst	habest gelöst	hättest gelöst
er	hat gelöst	habe gelöst	hätte gelöst
wir	haben gelöst	haben gelöst	hätten gelöst
ihr	habt gelöst	habet gelöst	hättet gelöst
sie	haben gelöst	haben gelöst	hätten gelöst

	Pluperfect
ich	hatte gelöst
du	hattest gelöst
er	hatte gelöst
wir	hatten gelöst
ihr	hattet gelöst
sie	hatten gelöst

Future Time

	Future	(Fut. Subj.)	(Pres. Conditional)
ich	werde lösen	werde lösen	würde lösen
du	wirst lösen	werdest lösen	würdest lösen
er	wird lösen	werde lösen	würde lösen
wir	werden lösen	werden lösen	würden lösen
ihr	werdet lösen	werdet lösen	würdet lösen
sie	werden lösen	werden lösen	würden lösen

Future Perfect Time

	Future Perfect	(Fut. Perf. Subj.)	(Past Conditional)
ich	werde gelöst haben	werde gelöst haben	würde gelöst haben
du	wirst gelöst haben	werdest gelöst haben	würdest gelöst haben
er	wird gelöst haben	werde gelöst haben	würde gelöst haben
wir	werden gelöst haben	werden gelöst haben	würden gelöst haben
ihr	werdet gelöst haben	werdet gelöst haben	würdet gelöst haben
sie	werden gelöst haben	werden gelöst haben	würden gelöst haben

INDICATIVE	SUBJUNCTIVE	
	PRIMARY	SECONDARY
	Present Time	
Present	*(Pres. Subj.)*	*(Imperf. Subj.)*
ich luge	lüge	löge
du lügst	lügest	lögest
er lügt	lüge	löge
wir lügen	lügen	lögen
ihr lügt	lüget	löget
sie lügen	lügen	lögen

Imperfect
ich log
du logst
er log
wir logen
ihr logt
sie logen

	Past Time	
Perfect	*(Perf. Subj.)*	*(Pluperf. Subj.)*
ich habe gelogen	habe gelogen	hätte gelogen
du hast gelogen	habest gelogen	hättest gelogen
er hat gelogen	habe gelogen	hätte gelogen
wir haben gelogen	haben gelogen	hätten gelogen
ihr habt gelogen	habet gelogen	hättet gelogen
sie haben gelogen	haben gelogen	hätten gelogen

Pluperfect
ich hatte gelogen
du hattest gelogen
er hatte gelogen
wir hatten gelogen
ihr hattet gelogen
sie hatten gelogen

	Future Time	
Future	*(Fut. Subj.)*	*(Pres. Conditional)*
ich werde lügen	werde lügen	würde lügen
du wirst lügen	werdest lügen	würdest lügen
er wird lügen	werde lügen	würde lügen
wir werden lügen	werden lügen	würden lügen
ihr werdet lügen	werdet lügen	würdet lügen
sie werden lügen	werden lügen	würden lügen

	Future Perfect Time	
Future Perfect	*(Fut. Perf. Subj.)*	*(Past Conditional)*
ich werde gelogen haben	werde gelogen haben	würde gelogen haben
du wirst gelogen haben	werdest gelogen haben	würdest gelogen haben
er wird gelogen haben	werde gelogen haben	würde gelogen haben
wir werden gelogen haben	werden gelogen haben	würden gelogen haben
ihr werdet gelogen haben	werdet gelogen haben	würdet gelogen haben
sie werden gelogen haben	werden gelogen haben	würden gelogen haben

lutschen

to suck

PRINC. PARTS: lutschen, lutschte, gelutscht, lutscht
IMPERATIVE: lutsche!, lutscht!, lutschen Sie!

	INDICATIVE	SUBJUNCTIVE	
		PRIMARY	SECONDARY

Present Time

	Present	*(Pres. Subj.)*	*(Imperf. Subj.)*
ich	lutsche	lutsche	lutschte
du	lutschst	lutschest	lutschtest
er	lutscht	lutsche	lutschte
wir	lutschen	lutschen	lutschten
ihr	lutscht	lutschet	lutschtet
sie	lutschen	lutschen	lutschten

	Imperfect
ich	lutschte
du	lutschtest
er	lutschte
wir	lutschten
ihr	lutschtet
sie	lutschten

Past Time

	Perfect	*(Perf. Subj.)*	*(Pluperf. Subj.)*
ich	habe gelutscht	habe gelutscht	hätte gelutscht
du	hast gelutscht	habest gelutscht	hättest gelutscht
er	hat gelutscht	habe gelutscht	hätte gelutscht
wir	haben gelutscht	haben gelutscht	hätten gelutscht
ihr	habt gelutscht	habet gelutscht	hättet gelutscht
sie	haben gelutscht	haben gelutscht	hätten gelutscht

	Pluperfect
ich	hatte gelutscht
du	hattest gelutscht
er	hatte gelutscht
wir	hatten gelutscht
ihr	hattet gelutscht
sie	hatten gelutscht

Future Time

	Future	*(Fut. Subj.)*	*(Pres. Conditional)*
ich	werde lutschen	werde lutschen	würde lutschen
du	wirst lutschen	werdest lutschen	würdest lutschen
er	wird lutschen	werde lutschen	würde lutschen
wir	werden lutschen	werden lutschen	würden lutschen
ihr	werdet lutschen	werdet lutschen	würdet lutschen
sie	werden lutschen	werden lutschen	würden lutschen

Future Perfect Time

	Future Perfect	*(Fut. Perf. Subj.)*	*(Past Conditional)*
ich	werde gelutscht haben	werde gelutscht haben	würde gelutscht haben
du	wirst gelutscht haben	werdest gelutscht haben	würdest gelutscht haben
er	wird gelutscht haben	werde gelutscht haben	würde gelutscht haben
wir	werden gelutscht haben	werden gelutscht haben	würden gelutscht haben
ihr	werdet gelutscht haben	werdet gelutscht haben	würdet gelutscht haben
sie	werden gelutscht haben	werden gelutscht haben	würden gelutscht haben

PRINC. PARTS: machen, machte, gemacht, macht
IMPERATIVE: mache!, macht!, machen Sie!

INDICATIVE	SUBJUNCTIVE	
	PRIMARY	SECONDARY

Present Time

Present	(*Pres. Subj.*)	(*Imperf. Subj.*)
ich mache	mache	machte
du machst	machest	machtest
er macht	mache	machte
wir machen	machen	machten
ihr macht	machet	machtet
sie machen	machen	machten

Imperfect		
ich machte		
du machtest		
er machte		
wir machten		
ihr machtet		
sie machten		

Past Time

Perfect	(*Perf. Subj.*)	(*Pluperf. Subj.*)
ich habe gemacht	habe gemacht	hätte gemacht
du hast gemacht	habest gemacht	hättest gemacht
er hat gemacht	habe gemacht	hätte gemacht
wir haben gemacht	haben gemacht	hätten gemacht
ihr habt gemacht	habet gemacht	hättet gemacht
sie haben gemacht	haben gemacht	hätten gemacht

Pluperfect		
ich hatte gemacht		
du hattest gemacht		
er hatte gemacht		
wir hatten gemacht		
ihr hattet gemacht		
sie hatten gemacht		

Future Time

Future	(*Fut. Subj.*)	(*Pres. Conditional*)
ich werde machen	werde machen	würde machen
du wirst machen	werdest machen	würdest machen
er wird machen	werde machen	würde machen
wir werden machen	werden machen	würden machen
ihr werdet machen	werdet machen	würdet machen
sie werden machen	werden machen	würden machen

Future Perfect Time

Future Perfect	(*Fut. Perf. Subj.*)	(*Past Conditional*)
ich werde gemacht haben	werde gemacht haben	würde gemacht haben
du wirst gemacht haben	werdest gemacht haben	würdest gemacht haben
er wird gemacht haben	werde gemacht haben	würde gemacht haben
wir werden gemacht haben	werden gemacht haben	würden gemacht haben
ihr werdet gemacht haben	werdet gemacht haben	würdet gemacht haben
sie werden gemacht haben	werden gemacht haben	würden gemacht haben

mahlen

to mill, grind

PRINC. PARTS: mahlen, mahlte, gemahlen, mahlt
IMPERATIVE: mahle!, mahlt!, mahlen Sie!

	INDICATIVE	SUBJUNCTIVE	
		PRIMARY	SECONDARY
		Present Time	
	Present	*(Pres. Subj.)*	*(Imperf. Subj.)*
ich	mahle	mahle	mahlte
du	mahlst	mahlest	mahltest
er	mahlt	mahle	mahlte
wir	mahlen	mahlen	mahlten
ihr	mahlt	mahlet	mahltet
sie	mahlen	mahlen	mahlten

	Imperfect
ich	mahlte
du	mahltest
er	mahlte
wir	mahlten
ihr	mahltet
sie	mahlten

		Past Time	
	Perfect	*(Perf. Subj.)*	*(Pluperf. Subj.)*
ich	habe gemahlen	habe gemahlen	hätte gemahlen
du	hast gemahlen	habest gemahlen	hättest gemahlen
er	hat gemahlen	habe gemahlen	hätte gemahlen
wir	haben gemahlen	haben gemahlen	hätten gemahlen
ihr	habt gemahlen	habet gemahlen	hättet gemahlen
sie	haben gemahlen	haben gemahlen	hätten gemahlen

	Pluperfect
ich	hatte gemahlen
du	hattest gemahlen
er	hatte gemahlen
wir	hatten gemahlen
ihr	hattet gemahlen
sie	hatten gemahlen

		Future Time	
	Future	*(Fut. Subj.)*	*(Pres. Conditional)*
ich	werde mahlen	werde mahlen	würde mahlen
du	wirst mahlen	werdest mahlen	würdest mahlen
er	wird mahlen	werde mahlen	würde mahlen
wir	werden mahlen	werden mahlen	würden mahlen
ihr	werdet mahlen	werdet mahlen	würdet mahlen
sie	werden mahlen	werden mahlen	würden mahlen

		Future Perfect Time	
	Future Perfect	*(Fut. Perf. Subj.)*	*(Past Conditional)*
ich	werde gemahlen haben	werde gemahlen haben	würde gemahlen haben
du	wirst gemahlen haben	werdest gemahlen haben	würdest gemahlen haben
er	wird gemahlen haben	werde gemahlen haben	würde gemahlen haben
wir	werden gemahlen haben	werden gemahlen haben	würden gemahlen haben
ihr	werdet gemahlen haben	werdet gemahlen haben	würdet gemahlen haben
sie	werden gemahlen haben	werden gemahlen haben	würden gemahlen haben

PRINC. PARTS. malen, malte, gemalt, malt
IMPERATIVE: male!, malt!, malen Sie!

to paint, portray

	INDICATIVE		SUBJUNCTIVE	
			PRIMARY	SECONDARY
			Present Time	
	Present		*(Pres. Subj.)*	*(Imperf. Subj.)*
ich	male		male	malte
du	malst		malest	maltest
er	malt		male	malte
wir	malen		malen	malten
ihr	malt		malet	maltet
sie	malen		malen	malten
	Imperfect			
ich	malte			
du	maltest			
er	malte			
wir	malen			
ihr	maltet			
sie	malten			
			Past Time	
	Perfect		*(Perf. Subj.)*	*(Pluperf. Subj.)*
ich	habe gemalt		habe gemalt	hätte gemalt
du	hast gemalt		habest gemalt	hättest gemalt
er	hat gemalt		habe gemalt	hätte gemalt
wir	haben gemalt		haben gemalt	hätten gemalt
ihr	habt gemalt		habet gemalt	hättet gemalt
sie	haben gemalt		haben gemalt	hätten gemalt
	Pluperfect			
ich	hatte gemalt			
du	hattest gemalt			
er	hatte gemalt			
wir	hatten gemalt			
ihr	hattet gemalt			
sie	hatten gemalt			
			Future Time	
	Future		*(Fut. Subj.)*	*(Pres. Conditional)*
ich	werde malen		werde malen	würde malen
du	wirst malen		werdest malen	würdest malen
er	wird malen		werde malen	würde malen
wir	werden malen		werden malen	würden malen
ihr	werdet malen		werdet malen	würdet malen
sie	werden malen		werden malen	würden malen
			Future Perfect Time	
	Future Perfect		*(Fut. Perf. Subj.)*	*(Past Conditional)*
ich	werde gemalt haben		werde gemalt haben	würde gemalt haben
du	wirst gemalt haben		werdest gemalt haben	würdest gemalt haben
er	wird gemalt haben		werde gemalt haben	würde gemalt haben
wir	werden gemalt haben		werden gemalt haben	würden gemalt haben
ihr	werdet gemalt haben		werdet gemalt haben	würdet gemalt haben
sie	werden gemalt haben		werden gemalt haben	würden gemalt haben

meiden

to avoid, shun

PRINC. PARTS: meiden, mied, gemieden, meidet
IMPERATIVE: meide!, meidet!, meiden Sie!

	INDICATIVE	SUBJUNCTIVE	
		PRIMARY	SECONDARY
	Present	*Present Time*	
		(*Pres. Subj.*)	(*Imperf. Subj.*)
ich	meide	meide	miede
du	meidest	meidest	miedest
er	meidet	meide	miede
wir	meiden	meiden	mieden
ihr	meidet	meidet	miedet
sie	meiden	meiden	mieden

	Imperfect
ich	mied
du	miedest
er	mied
wir	mieden
ihr	miedet
sie	mieden

	Perfect	*Past Time*	
		(*Perf. Subj.*)	(*Pluperf. Subj.*)
ich	habe gemieden	habe gemieden	hätte gemieden
du	hast gemieden	habest gemieden	hättest gemieden
er	hat gemieden	habe gemieden	hätte gemieden
wir	haben gemieden	haben gemieden	hätten gemieden
ihr	habt gemieden	habet gemieden	hättet gemieden
sie	haben gemieden	haben gemieden	hätten gemieden

	Pluperfect
ich	hatte gemieden
du	hattest gemieden
er	hatte gemieden
wir	hatten gemieden
ihr	hattet gemieden
sie	hatten gemieden

	Future	*Future Time*	
		(*Fut. Subj.*)	(*Pres. Conditional*)
ich	werde meiden	werde meiden	würde meiden
du	wirst meiden	werdest meiden	würdest meiden
er	wird meiden	werde meiden	würde meiden
wir	werden meiden	werden meiden	würden meiden
ihr	werdet meiden	werdet meiden	würdet meiden
sie	werden meiden	werden meiden	würden meiden

	Future Perfect	*Future Perfect Time*	
		(*Fut. Perf. Subj.*)	(*Past Conditional*)
ich	werde gemieden haben	werde gemieden haben	würde gemieden haben
du	wirst gemieden haben	werdest gemieden haben	würdest gemieden haben
er	wird gemieden haben	werde gemieden haben	würde gemieden haben
wir	werden gemieden haben	werden gemieden haben	würden gemieden haben
ihr	werdet gemieden haben	werdet gemieden haben	würdet gemieden haben
sie	werden gemieden haben	werden gemieden haben	würden gemieden haben

238

PRINC. PARTS: meinen, meinte, gemeint, meint
IMPERATIVE: meine!, meint!, meinen Sie!

to be of the opinion,
think, mean

	INDICATIVE	SUBJUNCTIVE	
		PRIMARY	SECONDARY
		Present Time	
	Present	*(Pres. Subj.)*	*(Imperf. Subj.)*
ich	meine	meine	meinte
du	meinst	meinest	meintest
er	meint	meine	meinte
wir	meinen	meinen	meinten
ihr	meint	meinet	meintet
sie	meinen	meinen	meinten
	Imperfect		
ich	meinte		
du	meintest		
er	meinte		
wir	meinten		
ihr	meintet		
sie	meinten		
		Past Time	
	Perfect	*(Perf. Subj.)*	*(Pluperf. Subj.)*
ich	habe gemeint	habe gemeint	hätte gemeint
du	hast gemeint	habest gemeint	hättest gemeint
er	hat gemeint	habe gemeint	hätte gemeint
wir	haben gemeint	haben gemeint	hätten gemeint
ihr	habt gemeint	habet gemeint	hättet gemeint
sie	haben gemeint	haben gemeint	hätten gemeint
	Pluperfect		
ich	hatte gemeint		
du	hattest gemeint		
er	hatte gemeint		
wir	hatten gemeint		
ihr	hattet gemeint		
sie	hatten gemeint		
		Future Time	
	Future	*(Fut. Subj.)*	*(Pres. Conditional)*
ich	werde meinen	werde meinen	würde meinen
du	wirst meinen	werdest meinen	würdest meinen
er	wird meinen	werde meinen	würde meinen
wir	werden meinen	werden meinen	würden meinen
ihr	werdet meinen	werdet meinen	würdet meinen
sie	werden meinen	werden meinen	würden meinen
		Future Perfect Time	
	Future Perfect	*(Fut. Perf. Subj.)*	*(Past Conditional)*
ich	werde gemeint haben	werde gemeint haben	würde gemeint haben
du	wirst gemeint haben	werdest gemeint haben	würdest gemeint haben
er	wird gemeint haben	werde gemeint haben	würde gemeint haben
wir	werden gemeint haben	werden gemeint haben	würden gemeint haben
ihr	werdet gemeint haben	werdet gemeint haben	würdet gemeint haben
sie	werden gemeint haben	werden gemeint haben	würden gemeint haben

239

merken

to mark, note, perceive

PRINC. PARTS: merken, merkte, gemerkt, merkt
IMPERATIVE: merke!, merkt!, merken Sie!

INDICATIVE	SUBJUNCTIVE	
	PRIMARY	SECONDARY

Present Time

	Present	*(Pres. Subj.)*	*(Imperf. Subj.)*
ich	merke	merke	merkte
du	merkst	merkest	merktest
er	merkt	merke	merkte
wir	merken	merken	merkten
ihr	merkt	merket	merktet
sie	merken	merken	merkten

	Imperfect
ich	merkte
du	merktest
er	merkte
wir	merkten
ihr	merktet
sie	merkten

Past Time

	Perfect	*(Perf. Subj.)*	*(Pluperf. Subj.)*
ich	habe gemerkt	habe gemerkt	hätte gemerkt
du	hast gemerkt	habest gemerkt	hättest gemerkt
er	hat gemerkt	habe gemerkt	hätte gemerkt
wir	haben gemerkt	haben gemerkt	hätten gemerkt
ihr	habt gemerkt	habet gemerkt	hättet gemerkt
sie	haben gemerkt	haben gemerkt	hätten gemerkt

	Pluperfect
ich	hatte gemerkt
du	hattest gemerkt
er	hatte gemerkt
wir	hatten gemerkt
ihr	hattet gemerkt
sie	hatten gemerkt

Future Time

	Future	*(Fut. Subj.)*	*(Pres. Conditional)*
ich	werde merken	werde merken	würde merken
du	wirst merken	werdest merken	würdest merken
er	wird merken	werde merken	würde merken
wir	werden merken	werden merken	würden merken
ihr	werdet merken	werdet merken	würdet merken
sie	werden merken	werden merken	würden merken

Future Perfect Time

	Future Perfect	*(Fut. Perf. Subj.)*	*(Past Conditional)*
ich	werde gemerkt haben	werde gemerkt haben	würde gemerkt haben
du	wirst gemerkt haben	werdest gemerkt haben	würdest gemerkt haben
er	wird gemerkt haben	werde gemerkt haben	würde gemerkt haben
wir	werden gemerkt haben	werden gemerkt haben	würden gemerkt haben
ihr	werdet gemerkt haben	werdet gemerkt haben	würdet gemerkt haben
sie	werden gemerkt haben	werden gemerkt haben	würden gemerkt haben

messen
to measure

INDICATIVE	SUBJUNCTIVE	
	PRIMARY	SECONDARY

Present Time

	Present	*(Pres. Subj.)*	*(Imperf. Subj.)*
ich	messe	messe	mäße
du	mißt	messest	mäßest
er	mißt	messe	mäße
wir	messen	messen	mäßen
ihr	meßt	messet	mäßet
sie	messen	messen	mäßen

	Imperfect
ich	maß
du	maßest
er	maß
wir	maßen
ihr	maßt
sie	maßen

Past Time

	Perfect	*(Perf. Subj.)*	*(Pluperf. Subj.)*
ich	habe gemessen	habe gemessen	hätte gemessen
du	hast gemessen	habest gemessen	hättest gemessen
er	hat gemessen	habe gemessen	hätte gemessen
wir	haben gemessen	haben gemessen	hätten gemessen
ihr	habt gemessen	habet gemessen	hättet gemessen
sie	haben gemessen	haben gemessen	hätten gemessen

	Pluperfect
ich	hatte gemessen
du	hattest gemessen
er	hatte gemessen
wir	hatten gemessen
ihr	hattet gemessen
sie	hatten gemessen

Future Time

	Future	*(Fut. Subj.)*	*(Pres. Conditional)*
ich	werde messen	werde messen	würde messen
du	wirst messen	werdest messen	würdest messen
er	wird messen	werde messen	würde messen
wir	werden messen	werden messen	würden messen
ihr	werdet messen	werdet messen	würdet messen
sie	werden messen	werden messen	würden messen

Future Perfect Time

	Future Perfect	*(Fut. Perf. Subj.)*	*(Past Conditional)*
ich	werde gemessen haben	werde gemessen haben	würde gemessen haben
du	wirst gemessen haben	werdest gemessen haben	würdest gemessen haben
er	wird gemessen haben	werde gemessen haben	würde gemessen haben
wir	werden gemessen haben	werden gemessen haben	würden gemessen haben
ihr	werdet gemessen haben	werdet gemessen haben	würdet gemessen haben
sie	werden gemessen haben	werden gemessen haben	würden gemessen haben

mieten

to rent, hire

PRINC. PARTS: mieten, mietete, gemietet, mietet
IMPERATIVE: miete!, mietet!, mieten Sie!

	INDICATIVE		SUBJUNCTIVE	
			PRIMARY	SECONDARY
			Present Time	
	Present		*(Pres. Subj.)*	*(Imperf. Subj.)*
ich	miete		miete	mietete
du	mietest		mietest	mietetest
er	mietet		miete	mietete
wir	mieten		mieten	mieteten
ihr	mietet		mietet	mietetet
sie	mieten		mieten	mieteten

	Imperfect
ich	mietete
du	mietetest
er	mietete
wir	mieteten
ihr	mietetet
sie	mieteten

			Past Time	
	Perfect		*(Perf. Subj.)*	*(Pluperf. Subj.)*
ich	habe gemietet		habe gemietet	hätte gemietet
du	hast gemietet		habest gemietet	hättest gemietet
er	hat gemietet		habe gemietet	hätte gemietet
wir	haben gemietet		haben gemietet	hätten gemietet
ihr	habt gemietet		habet gemietet	hättet gemietet
sie	haben gemietet		haben gemietet	hätten gemietet

	Pluperfect
ich	hatte gemietet
du	hattest gemietet
er	hatte gemietet
wir	hatten gemietet
ihr	hattet gemietet
sie	hatten gemietet

			Future Time	
	Future		*(Fut. Subj.)*	*(Pres. Conditional)*
ich	werde mieten		werde mieten	würde mieten
du	wirst mieten		werdest mieten	würdest mieten
er	wird mieten		werde mieten	würde mieten
wir	werden mieten		werden mieten	würden mieten
ihr	werdet mieten		werdet mieten	würdet mieten
sie	werden mieten		werden mieten	würden mieten

			Future Perfect Time	
	Future Perfect		*(Fut. Perf. Subj.)*	*(Past Conditional)*
ich	werde gemietet haben		werde gemietet haben	würde gemietet haben
du	wirst gemietet haben		werdest gemietet haben	würdest gemietet haben
er	wird gemietet haben		werde gemietet haben	würde gemietet haben
wir	werden gemietet haben		werden gemietet haben	würden gemietet haben
ihr	werdet gemietet haben		werdet gemietet haben	würdet gemietet haben
sie	werden gemietet haben		werden gemietet haben	würden gemietet haben

PRINC. PARTS: mögen, mochte, gemocht (mögen, when immediately preceded by an infinitive; see
'sprechen dürfen') mag

mögen

IMPERATIVE: not used

to like, want, may

	INDICATIVE	SUBJUNCTIVE	
		PRIMARY	SECONDARY
		Present Time	
	Present	*(Pres. Subj.)*	*(Imperf. Subj.)*
ich	mag	möge	möchte
du	magst	mögest	möchtest
er	mag	möge	möchte
wir	mögen	mögen	möchten
ihr	mögt	möget	möchtet
sie	mögen	mögen	möchten

	Imperfect
ich	mochte
du	mochtest
er	mochte
wir	mochten
ihr	mochtet
sie	mochten

			Past Time	
	Perfect	*(Perf. Subj.)*	*(Pluperf. Subj.)*
ich	habe gemocht	habe gemocht	hätte gemocht
du	hast gemocht	habest gemocht	hättest gemocht
er	hat gemocht	habe gemocht	hätte gemocht
wir	haben gemocht	haben gemocht	hätten gemocht
ihr	habt gemocht	habet gemocht	hättet gemocht
sie	haben gemocht	haben gemocht	hätten gemocht

	Pluperfect
ich	hatte gemocht
du	hattest gemocht
er	hatte gemocht
wir	hatten gemocht
ihr	hattet gemocht
sie	hatten gemocht

			Future Time	
	Future	*(Fut. Subj.)*	*(Pres. Conditional)*
ich	werde mögen	werde mögen	würde mögen
du	wirst mögen	werdest mögen	würdest mögen
er	wird mögen	werde mögen	würde mögen
wir	werden mögen	werden mögen	würden mögen
ihr	werdet mögen	werdet mögen	würdet mögen
sie	werden mögen	werden mögen	würden mögen

			Future Perfect Time	
	Future Perfect	*(Fut. Perf. Subj.)*	*(Past Conditional)*
ich	werde gemocht haben	werde gemocht haben	würde gemocht haben
du	wirst gemocht haben	werdest gemocht haben	würdest gemocht haben
er	wird gemocht haben	werde gemocht haben	würde gemocht haben
wir	werden gemocht haben	werden gemocht haben	würden gemocht haben
ihr	werdet gemocht haben	werdet gemocht haben	würdet gemocht haben
sie	werden gemocht haben	werden gemocht haben	würden gemocht haben

243

müssen

to have to, must

PRINC. PARTS: müssen, mußte, gemußt (müssen when immediately preceded by an infinitive; see sprechen dürfen), muß

IMPERATIVE: not used

	INDICATIVE	PRIMARY	SUBJUNCTIVE SECONDARY
	Present	*Present Time* *(Pres. Subj.)*	*(Imperf. Subj.)*
ich	muß	müsse	müßte
du	mußt	müssest	müßtest
er	muß	müsse	müßte
wir	müssen	müssen	müßten
ihr	müßt	müsset	müßtet
sie	müssen	müssen	müßten

	Imperfect
ich	mußte
du	mußtest
er	mußte
wir	mußten
ihr	mußtet
sie	mußten

	Perfect	*Past Time* *(Perf. Subj.)*	*(Pluperf. Subj.)*
ich	habe gemußt	habe gemußt	hätte gemußt
du	hast gemußt	habest gemußt	hättest gemußt
er	hat gemußt	habe gemußt	hätte gemußt
wir	haben gemußt	haben gemußt	hätten gemußt
ihr	habt gemußt	habet gemußt	hättet gemußt
sie	haben gemußt	haben gemußt	hätten gemußt

	Pluperfect
ich	hatte gemußt
du	hattest gemußt
er	hatte gemußt
wir	hatten gemußt
ihr	hattet gemußt
sie	hatten gemußt

	Future	*Future Time* *(Fut. Subj.)*	*(Pres. Conditional)*
ich	werde müssen	werde müssen	würde müssen
du	wirst müssen	werdest müssen	würdest müssen
er	wird müssen	werde müssen	würde müssen
wir	werden müssen	werden müssen	würden müssen
ihr	werdet müssen	werdet müssen	würdet müssen
sie	werden müssen	werden müssen	würden müssen

	Future Perfect	*Future Perfect Time* *(Fut. Perf. Subj.)*	*(Past Conditional)*
ich	werde gemußt haben	werde gemußt haben	würde gemußt haben
du	wirst gemußt haben	werdest gemußt haben	würdest gemußt haben
er	wird gemußt haben	werde gemußt haben	würde gemußt haben
wir	werden gemußt haben	werden gemußt haben	würden gemußt haben
ihr	werdet gemußt haben	werdet gemußt haben	würdet gemußt haben
sie	werden gemußt haben	werden gemußt haben	würden gemußt haben

244

PRINC. PARTS: nagen, nagte, genagt, nagt
IMPERATIVE: nage!, nagt!, nagen Sie!

to gnaw, nibble

INDICATIVE	SUBJUNCTIVE	
	PRIMARY	SECONDARY
	Present Time	
Present	*(Pres. Subj.)*	*(Imperf. Subj.)*
ich nage	nage	nagte
du nagst	nagest	nagtest
er nagt	nage	nagte
wir nagen	nagen	nagten
ihr nagt	naget	nagtet
sie nagen	nagen	nagten

Imperfect
ich	nagte
du	nagtest
er	nagte
wir	nagten
ihr	nagtet
sie	nagten

	Past Time	
Perfect	*(Perf. Subj.)*	*(Pluperf. Subj.)*
ich habe genagt	habe genagt	hätte genagt
du hast genagt	habest genagt	hättest genagt
er hat genagt	habe genagt	hätte genagt
wir haben genagt	haben genagt	hätten genagt
ihr habt genagt	habet genagt	hättet genagt
sie haben genagt	haben genagt	hätten genagt

Pluperfect
ich	hatte genagt
du	hattest genagt
er	hatte genagt
wir	hatten genagt
ihr	hattet genagt
sie	hatten genagt

	Future Time	
Future	*(Fut. Subj.)*	*(Pres. Conditional)*
ich werde nagen	werde nagen	würde nagen
du wirst nagen	werdest nagen	würdest nagen
er wird nagen	werde nagen	würde nagen
wir werden nagen	werden nagen	würden nagen
ihr werdet nagen	werdet nagen	würdet nagen
sie werden nagen	werden nagen	würden nagen

	Future Perfect Time	
Future Perfect	*(Fut. Perf. Subj.)*	*(Past Conditional)*
ich werde genagt haben	werde genagt haben	würde genagt haben
du wirst genagt haben	werdest genagt haben	würdest genagt haben
er wird genagt haben	werde genagt haben	würde genagt haben
wir werden genagt haben	werden genagt haben	würden genagt haben
ihr werdet genagt haben	werdet genagt haben	würdet genagt haben
sie werden genagt haben	werden genagt haben	würden genagt haben

245

nähren

to nourish; suckle

PRINC. PARTS: nähren, nährte, genährt, nährt
IMPERATIVE: nähre!, nährt!, nähren Sie!

	INDICATIVE		SUBJUNCTIVE	
			PRIMARY	SECONDARY
			Present Time	
	Present		*(Pres. Subj.)*	*(Imperf. Subj.)*
ich	nähre		nähre	nährte
du	nährst		nährest	nährtest
er	nährt		nähre	nährte
wir	nähren		nähren	nährten
ihr	nährt		nähret	nährtet
sie	nähren		nähren	nährten

	Imperfect
ich	nährte
du	nährtest
er	nährte
wir	nährten
ihr	nährtet
sie	nährten

	Perfect		*(Perf. Subj.)*	*Past Time* *(Pluperf. Subj.)*
ich	habe genährt		habe genährt	hätte genährt
du	hast genährt		habest genährt	hättest genährt
er	hat genährt		habe genährt	hätte genährt
wir	haben genährt		haben genährt	hätten genährt
ihr	habt genährt		habet genährt	hättet genährt
sie	haben genährt		haben genährt	hätten genährt

	Pluperfect
ich	hatte genährt
du	hattest genährt
er	hatte genährt
wir	hatten genährt
ihr	hattet genährt
sie	hatten genährt

	Future		*(Fut. Subj.)*	*Future Time* *(Pres. Conditional)*
ich	werde nähren		werde nähren	würde nähren
du	wirst nähren		werdest nähren	würdest nähren
er	wird nähren		werde nähren	würde nähren
wir	werden nähren		werden nähren	würden nähren
ihr	werdet nähren		werdet nähren	würdet nähren
sie	werden nähren		werden nähren	würden nähren

	Future Perfect		*(Fut. Perf. Subj.)*	*Future Perfect Time* *(Past Conditional)*
ich	werde genährt haben		werde genährt haben	würde genährt haben
du	wirst genährt haben		werdest genährt haben	würdest genährt haben
er	wird genährt haben		werde genährt haben	würde genährt haben
wir	werden genährt haben		werden genährt haben	würden genährt haben
ihr	werdet genährt haben		werdet genährt haben	würdet genährt haben
sie	werden genährt haben		werden genährt haben	würden genährt haben

naschen

PRINC. PARTS: naschen, naschte, genascht, nascht
IMPERATIVE: nasche!, nascht!, naschen Sie!

*to nibble, eat sweets
(on the sly), "nosh"*

	INDICATIVE	SUBJUNCTIVE	
		PRIMARY	SECONDARY
		Present Time	
	Present	*(Pres. Subj.)*	*(Imperf. Subj.)*
ich	nasche	nasche	naschte
du	naschst	naschest	naschtest
er	nascht	nasche	naschte
wir	naschen	naschen	naschten
ihr	nascht	naschet	naschtet
sie	naschen	naschen	naschten

	Imperfect
ich	naschte
du	naschtest
er	naschte
wir	naschten
ihr	naschtet
sie	naschten

			Past Time	
	Perfect	*(Perf. Subj.)*	*(Pluperf. Subj.)*
ich	habe genascht	habe genascht	hätte genascht
du	hast genascht	habest genascht	hättest genascht
er	hat genascht	habe genascht	hätte genascht
wir	haben genascht	haben genascht	hätten genascht
ihr	habt genascht	habet genascht	hättet genascht
sie	haben genascht	haben genascht	hätten genascht

	Pluperfect
ich	hatte genascht
du	hattest genascht
er	hatte genascht
wir	hatten genascht
ihr	hattet genascht
sie	hatten genascht

			Future Time	
	Future	*(Fut. Subj.)*	*(Pres. Conditional)*
ich	werde naschen	werde naschen	würde naschen
du	wirst naschen	werdest naschen	würdest naschen
er	wird naschen	werde naschen	würde naschen
wir	werden naschen	werden naschen	würden naschen
ihr	werdet naschen	werdet naschen	würdet naschen
sie	werden naschen	werden naschen	würden naschen

			Future Perfect Time	
	Future Perfect	*(Fut. Perf. Subj.)*	*(Past Conditional)*
ich	werde genascht haben	werde genascht haben	würde genascht haben
du	wirst genascht haben	werdest genascht haben	würdest genascht haben
er	wird genascht haben	werde genascht haben	würde genascht haben
wir	werden genascht haben	werden genascht haben	würden genascht haben
ihr	werdet genascht haben	werdet genascht haben	würdet genascht haben
sie	werden genascht haben	werden genascht haben	würden genascht haben

247

necken

to tease

PRINC. PARTS: necken, neckte, geneckt, neckt
IMPERATIVE: necke!, neckt!, necken Sie!

	INDICATIVE	SUBJUNCTIVE	
		PRIMARY	SECONDARY
		Present Time	
	Present	*(Pres. Subj.)*	*(Imperf. Subj.)*
ich	necke	necke	neckte
du	neckst	neckest	necktest
er	neckt	necke	neckte
wir	necken	necken	neckten
ihr	neckt	necket	necktet
sie	necken	necken	neckten

	Imperfect
ich	neckte
du	necktest
er	neckte
wir	neckten
ihr	necktet
sie	neckten

			Past Time	
	Perfect	*(Perf. Subj.)*	*(Pluperf. Subj.)*
ich	habe geneckt	habe geneckt	hätte geneckt
du	hast geneckt	habest geneckt	hättest geneckt
er	hat geneckt	habe geneckt	hätte geneckt
wir	haben geneckt	haben geneckt	hätten geneckt
ihr	habt geneckt	habet geneckt	hättet geneckt
sie	haben geneckt	haben geneckt	hätten geneckt

	Pluperfect
ich	hatte geneckt
du	hattest geneckt
er	hatte geneckt
wir	hatten geneckt
ihr	hattet geneckt
sie	hatten geneckt

			Future Time	
	Future	*(Fut. Subj.)*	*(Pres. Conditional)*
ich	werde necken	werde necken	würde necken
du	wirst necken	werdest necken	würdest necken
er	wird necken	werde necken	würde necken
wir	werden necken	werden necken	würden necken
ihr	werdet necken	werdet necken	würdet necken
sie	werden necken	werden necken	würden necken

			Future Perfect Time	
	Future Perfect	*(Fut. Perf. Subj.)*	*(Past Conditional)*
ich	werde geneckt haben	werde geneckt haben	würde geneckt haben
du	wirst geneckt haben	werdest geneckt haben	würdest geneckt haben
er	wird geneckt haben	werde geneckt haben	würde geneckt haben
wir	werden geneckt haben	werden geneckt haben	würden geneckt haben
ihr	werdet geneckt haben	werdet geneckt haben	würdet geneckt haben
sie	werden geneckt haben	werden geneckt haben	würden geneckt haben

PRINC. PARTS: nehmen, nahm, genommen, nimmt
IMPERATIVE: nimm!, nehmt!, nehmen Sie!

INDICATIVE	SUBJUNCTIVE	
	PRIMARY	SECONDARY

Present Time

	Present	(*Pres. Subj.*)	(*Imperf. Subj.*)
ich	nehme	nehme	nähme
du	nimmst	nehmest	nähmest
er	nimmt	nehme	nähme
wir	nehmen	nehmen	nähmen
ihr	nehmt	nehmet	nähmet
sie	nehmen	nehmen	nähmen

	Imperfect
ich	nahm
du	nahmst
er	nahm
wir	nahmen
ihr	nahmt
sie	nahmen

Past Time

	Perfect	(*Perf. Subj.*)	(*Pluperf. Subj.*)
ich	habe genommen	habe genommen	hätte genommen
du	hast genommen	habest genommen	hättest genommen
er	hat genommen	habe genommen	hätte genommen
wir	haben genommen	haben genommen	hätten genommen
ihr	habt genommen	habet genommen	hättet genommen
sie	haben genommen	haben genommen	hätten genommen

	Pluperfect
ich	hatte genommen
du	hattest genommen
er	hatte genommen
wir	hatten genommen
ihr	hattet genommen
sie	hatten genommen

Future Time

	Future	(*Fut. Subj.*)	(*Pres. Conditional*)
ich	werde nehmen	werde nehmen	würde nehmen
du	wirst nehmen	werdest nehmen	würdest nehmen
er	wird nehmen	werde nehmen	würde nehmen
wir	werden nehmen	werden nehmen	würden nehmen
ihr	werdet nehmen	werdet nehmen	würdet nehmen
sie	werden nehmen	werden nehmen	würden nehmen

Future Perfect Time

	Future Perfect	(*Fut. Perf. Subj.*)	(*Past Conditional*)
ich	werde genommen haben	werde genommen haben	würde genommen haben
du	wirst genommen haben	werdest genommen haben	würdest genommen haben
er	wird genommen haben	werde genommen haben	würde genommen haben
wir	werden genommen haben	werden genommen haben	würden genommen haben
ihr	werdet genommen haben	werdet genommen haben	würdet genommen haben
sie	werden genommen haben	werden genommen haben	würden genommen haben

nennen

to name, call

PRINC. PARTS: nennen, nannte, genannt, nennt
IMPERATIVE: nenne!, nennt!, nennen Sie!

INDICATIVE	SUBJUNCTIVE	
	PRIMARY	SECONDARY

Present Time

	Present	*(Pres. Subj.)*	*(Imperf. Subj.)*
ich	nenne	nenne	nennte
du	nennst	nennest	nenntest
er	nennt	nenne	nennte
wir	nennen	nennen	nennten
ihr	nennt	nennet	nenntet
sie	nennen	nennen	nennten

	Imperfect
ich	nannte
du	nanntest
er	nannte
wir	nannten
ihr	nanntet
sie	nannten

Past Time

	Perfect	*(Perf. Subj.)*	*(Pluperf. Subj.)*
ich	habe genannt	habe gennant	hätte genannt
du	hast genannt	habest genannt	hättest genannt
er	hat genannt	habe genannt	hätte genannt
wir	haben genannt	haben genannt	hätten genannt
ihr	habt genannt	habet genannt	hättet genannt
sie	haben genannt	haben genannt	hätten genannt

	Pluperfect
ich	hatte genannt
du	hattest genannt
er	hatte genannt
wir	hatten genannt
ihr	hattet genannt
sie	hatten genannt

Future Time

	Future	*(Fut. Subj.)*	*(Pres. Conditional)*
ich	werde nennen	werde nennen	würde nennen
du	wirst nennen	werdest nennen	würdest nennen
er	wird nennen	werde nennen	würde nennen
wir	werden nennen	werden nennen	würden nennen
ihr	werdet nennen	werdet nennen	würdet nennen
sie	werden nennen	werden nennen	würden nennen

Future Perfect Time

	Future Perfect	*(Fut. Perf. Subj.)*	*(Past Conditional)*
ich	werde genannt haben	werde genannt haben	würde genannt haben
du	wirst genannt haben	werdest genannt haben	würdest genannt haben
er	wird genannt haben	werde genannt haben	würde genannt haben
wir	werden genannt haben	werden genannt haben	würden genannt haben
ihr	werdet genannt haben	werdet genannt haben	würdet genannt haben
sie	werden genannt haben	werden genannt haben	würden genannt haben

PRINC. PARTS: netzen, netzte, genetzt, netzt
IMPERATIVE: netze!, netzt!, netzen Sie!

INDICATIVE	SUBJUNCTIVE	
	PRIMARY	SECONDARY
	Present Time	
Present	*(Pres. Subj.)*	*(Imperf. Subj.)*
ich netze	netze	netzte
du netzt	netzest	netztest
er netzt	netze	netzte
wir netzen	netzen	netzten
ihr netzt	netzet	netztet
sie netzen	netzen	netzten

Imperfect

ich	netzte
du	netztest
er	netzte
wir	netzten
ihr	netztet
sie	netzten

	Past Time	
Perfect	*(Perf. Subj.)*	*(Pluperf. Subj.)*
ich habe genetzt	habe genetzt	hätte genetzt
du hast genetzt	habest genetzt	hättest genetzt
er hat genetzt	habe genetzt	hätte genetzt
wir haben genetzt	haben genetzt	hätten genetzt
ihr habt genetzt	habet genetzt	hättet genetzt
sie haben genetzt	haben genetzt	hätten genetzt

Pluperfect

ich	hatte genetzt
du	hattest genetzt
er	hatte genetzt
wir	hatten genetzt
ihr	hattet genetzt
sie	hatten genetzt

	Future Time	
Future	*(Fut. Subj.)*	*(Pres. Conditional)*
ich werde netzen	werde netzen	würde netzen
du wirst netzen	werdest netzen	würdest netzen
er wird netzen	werde netzen	würde netzen
wir werden netzen	werden netzen	würden netzen
ihr werdet netzen	werdet netzen	würdet netzen
sie werden netzen	werden netzen	würden netzen

	Future Perfect Time	
Future Perfect	*(Fut. Perf. Subj.)*	*(Past Conditional)*
ich werde genetzt haben	werde genetzt haben	würde genetzt haben
du wirst genetzt haben	werdest genetzt haben	würdest genetzt haben
er wird genetzt haben	werde genetzt haben	würde genetzt haben
wir werden genetzt haben	werden genetzt haben	würden genetzt haben
ihr werdet genetzt haben	werdet genetzt haben	würdet genetzt haben
sie werden genetzt haben	werden genetzt haben	würden genetzt haben

nicken

to nod, doze

PRINC. PARTS: nicken, nickte, genickt, nickt
IMPERATIVE: nicke!, nickt!, nicken Sie!

INDICATIVE	SUBJUNCTIVE	
	PRIMARY	SECONDARY
	Present Time	
Present	*(Pres. Subj.)*	*(Imperf. Subj.)*
ich nicke	nicke	nickte
du nickst	nickest	nicktest
er nickt	nicke	nickte
wir nicken	nicken	nickten
ihr nickt	nicket	nicktet
sie nicken	nicken	nickten

Imperfect
ich nickte
du nicktest
er nickte
wir nickten
ihr nicktet
sie nickten

	Past Time	
Perfect	*(Perf. Subj.)*	*(Pluperf. Subj.)*
ich habe genickt	habe genickt	hätte genickt
du hast genickt	habest genickt	hättest genickt
er hat genickt	habe genickt	hätte genickt
wir haben genickt	haben genickt	hätten genickt
ihr habt genickt	habet genickt	hättet genickt
sie haben genickt	haben genickt	hätten genickt

Pluperfect
ich hatte genickt
du hattest genickt
er hatte genickt
wir hatten genickt
ihr hattet genickt
sie hatten genickt

	Future Time	
Future	*(Fut. Subj.)*	*Pres. (Conditional)*
ich werde nicken	werde nicken	würde nicken
du wirst nicken	werdest nicken	würdest nicken
er wird nicken	werde nicken	würde nicken
wir werden nicken	werden nicken	würden nicken
ihr werdet nicken	werdet nicken	würdet nicken
sie werden nicken	werden nicken	würden nicken

	Future Perfect Time	
Future Perfect	*(Fut. Perf. Subj.)*	*(Past Conditional)*
ich werde genickt haben	werde genickt haben	würde genickt haben
du wirst genickt haben	werdest genickt haben	würdest genickt haben
er wird genickt haben	werde genickt haben	würde genickt haben
wir werden genickt haben	werden genickt haben	würden genickt haben
ihr werdet genickt haben	werdet genickt haben	würdet genickt haben
sie werden genickt haben	werden genickt haben	würden genickt haben

PRINC. PARTS: nützen,* nützte, genützt, nützt
IMPERATIVE: nütze!, nützt!, nützen Sie!

to use, be profitable

INDICATIVE	SUBJUNCTIVE	
	PRIMARY	SECONDARY
	Present Time	
Present	*(Pres. Subj.)*	*(Imperf. Subj.)*
ich nütze	nütze	nützte
du nützt	nützest	nütztest
er nützt	nütze	nützte
wir nützen	nützen	nützten
ihr nützt	nützet	nütztet
sie nützen	nützen	nützten

Imperfect
ich nützte
du nütztest
er nützte
wir nützten
ihr nütztet
sie nützten

	Past Time	
Perfect	*(Perf. Subj.)*	*(Pluperf. Subj.)*
ich habe genützt	habe genützt	hätte genützt
du hast genützt	habest genützt	hättest genützt
er hat genützt	habe genützt	hätte genützt
wir haben genützt	haben genützt	hätten genützt
ihr habt genützt	habet genützt	hättet genützt
sie haben genützt	haben genützt	hätten genützt

Pluperfect
ich hatte genützt
du hattest genützt
er hatte genützt
wir hatten genützt
ihr hattet genützt
sie hatten genützt

	Future Time	
Future	*(Fut. Subj.)*	*(Pres. Conditional)*
ich werde nützen	werde nützen	würde nützen
du wirst nützen	werdest nützen	würdest nützen
er wird nützen	werde nützen	würde nützen
wir werden nützen	werden nützen	würden nützen
ihr werdet nützen	werdet nützen	würdet nützen
sie werden nützen	werden nützen	würden nützen

	Future Perfect Time	
Future Perfect	*(Fut. Perf. Subj.)*	*(Past Conditional)*
ich werde genützt haben	werde genützt haben	würde genützt haben
du wirst genützt haben	werdest genützt haben	würdest genützt haben
er wird genützt haben	werde genützt haben	würde genützt haben
wir werden genützt haben	werden genützt haben	würden genützt haben
ihr werdet genützt haben	werdet genützt haben	würdet genützt haben
sie werden genützt haben	werden genützt haben	würden genützt haben

* the unumlauted forms *nutzen, nutzte, genutzt, nutzt* are also found.

öffnen

to open

PRINC. PARTS: öffnen, öffnete, geöffnet, öffnet
IMPERATIVE: öffne!, öffnet!, öffnen Sie!

	INDICATIVE		SUBJUNCTIVE	
			PRIMARY	SECONDARY
			Present Time	
	Present		*(Pres. Subj.)*	*(Imperf. Subj.)*
ich	öffne		öffne	öffnete
du	öffnest		öffnest	öffnetest
er	öffnet		öffne	öffnete
wir	öffnen		öffnen	öffneten
ihr	öffnet		öffnet	öffnetet
sie	öffnen		öffnen	öffneten
	Imperfect			
ich	öffnete			
du	öffnetest			
er	öffnete			
wir	öffneten			
ihr	öffnetet			
sie	öffneten			
			Past Time	
	Perfect		*(Perf. Subj.)*	*(Pluperf. Subj.)*
ich	habe geöffnet		habe geöffnet	hätte geöffnet
du	hast geöffnet		habest geöffnet	hättest geöffnet
er	hat geöffnet		habe geöffnet	hätte geöffnet
wir	haben geöffnet		haben geöffnet	hätten geöffnet
ihr	habt geöffnet		habet geöffnet	hättet geöffnet
sie	haben geöffnet		haben geöffnet	hätten geöffnet
	Pluperfect			
ich	hatte geöffnet			
du	hattest geöffnet			
er	hatte geöffnet			
wir	hatten geöffnet			
ihr	hattet geöffnet			
sie	hatten geöffnet			
			Future Time	
	Future		*(Fut. Subj.)*	*(Pres. Conditional)*
ich	werde öffnen		werde öffnen	würde öffnen
du	wirst öffnen		werdest öffnen	würdest öffnen
er	wird öffnen		werde öffnen	würde öffnen
wir	werden öffnen		werden öffnen	würden öffnen
ihr	werdet öffnen		werdet öffnen	würdet öffnen
sie	werden öffnen		werden öffnen	würden öffnen
			Future Perfect Time	
	Future Perfect		*(Fut. Perf. Subj.)*	*(Past Conditional)*
ich	werde geöffnet haben		werde geöffnet haben	würde geöffnet haben
du	wirst geöffnet haben		werdest geöffnet haben	würdest geöffnet haben
er	wird geöffnet haben		werde geöffnet haben	würde geöffnet haben
wir	werden geöffnet haben		werden geöffnet haben	würden geöffnet haben
ihr	werdet geöffnet haben		werdet geöffnet haben	würdet geöffnet haben
sie	werden geöffnet haben		werden geöffnet haben	würden geöffnet haben

PRINC. PARTS: pachten, pachtete, gepachtet, pachtet
IMPERATIVE: pachte!, pachtet!, pachten Sie!

to lease, rent; farm

INDICATIVE		SUBJUNCTIVE	
		PRIMARY	SECONDARY
		Present Time	
	Present	*(Pres. Subj.)*	*(Imperf. Subj.)*
ich	pachte	pachte	pachtete
du	pachtest	pachtest	pachtetest
er	pachtet	pachte	pachtete
wir	pachten	pachten	pachteten
ihr	pachtet	pachtet	pachtetet
sie	pachten	pachten	pachteten
	Imperfect		
ich	pachtete		
du	pachtetest		
er	pachtete		
wir	pachteten		
ihr	pachtetet		
sie	pachteten	*Past Time*	
	Perfect	*(Perf. Subj.)*	*(Pluperf. Subj.)*
ich	habe gepachtet	habe gepachtet	hätte gepachtet
du	hast gepachtet	habest gepachtet	hättest gepachtet
er	hat gepachtet	habe gepachtet	hätte gepachtet
wir	haben gepachtet	haben gepachtet	hätten gepachtet
ihr	habt gepachtet	habet gepachtet	hättet gepachtet
sie	haben gepachtet	haben gepachtet	hätten gepachtet
	Pluperfect		
ich	hatte gepachtet		
du	hattest gepachtet		
er	hatte gepachtet		
wir	hatten gepachtet		
ihr	hattet gepachtet		
sie	hatten gepachtet	*Future Time*	
	Future	*(Fut. Subj.)*	*(Pres. Conditional)*
ich	werde pachten	werde pachten	würde pachten
du	wirst pachten	werdest pachten	würdest pachten
er	wird pachten	werde pachten	würde pachten
wir	werden pachten	werden pachten	würden pachten
ihr	werdet pachten	werdet pachten	würdet pachten
sie	werden pachten	werden pachten	würden pachten
		Future Perfect Time	
	Future Perfect	*(Fut. Perf. Subj.)*	*(Past Conditional)*
ich	werde gepachtet haben	werde gepachtet haben	würde gepachtet haben
du	wirst gepachtet haben	werdest gepachtet haben	würdest gepachtet haben
er	wird gepachtet haben	werde gepachtet haben	würde gepachtet haben
wir	werden gepachtet haben	werden gepachtet haben	würden gepachtet haben
ihr	werdet gepachtet haben	werdet gepachtet haben	würdet gepachtet haben
sie	werden gepachtet haben	werden gepachtet haben	würden gepachtet haben

packen

to pack; seize, grab

PRINC. PARTS: packen, packte, gepackt, packt
IMPERATIVE: packe!, packt!, packen Sie!

INDICATIVE		SUBJUNCTIVE	
		PRIMARY	SECONDARY
		Present Time	
	Present	*(Pres. Subj.)*	*(Imperf. Subj.)*
ich	packe	packe	packte
du	packst	packest	packtest
er	packt	packe	packte
wir	packen	packen	packten
ihr	packt	packet	packtet
sie	packen	packen	packten

	Imperfect
ich	packte
du	packtest
er	packte
wir	packten
ihr	packtet
sie	packten

			Past Time	
	Perfect		*(Perf. Subj.)*	*(Pluperf. Subj.)*
ich	habe gepackt		habe gepackt	hätte gepackt
du	hast gepackt		habest gepackt	hättest gepackt
er	hat gepackt		habe gepackt	hätte gepackt
wir	haben gepackt		haben gepackt	hätten gepackt
ihr	habt gepackt		habet gepackt	hättet gepackt
sie	haben gepackt		haben gepackt	hätten gepackt

	Pluperfect
ich	hatte gepackt
du	hattest gepackt
er	hatte gepackt
wir	hatten gepackt
ihr	hattet gepackt
sie	hatten gepackt

			Future Time	
	Future	*(Fut. Subj.)*		*(Pres. Conditional)*
ich	werde packen	werde packen		würde packen
du	wirst packen	werdest packen		würdest packen
er	wird packen	werde packen		würde packen
wir	werden packen	werden packen		würden packen
ihr	werdet packen	werdet packen		würdet packen
sie	werden packen	werden packen		würden packen

			Future Perfect Time	
	Future Perfect	*(Fut. Perf. Subj.)*		*(Past Conditional)*
ich	werde gepackt haben	werde gepackt haben		würde gepackt haben
du	wirst gepackt haben	werdest gepackt haben		würdest gepackt haben
er	wird gepackt haben	werde gepackt haben		würde gepackt haben
wir	werden gepackt haben	werden gepackt haben		würden gepackt haben
ihr	werdet gepackt haben	werdet gepackt haben		würdet gepackt haben
sie	werden gepackt haben	werden gepackt haben		würden gepackt haben

PRINC. PARTS: passen, paßte, gepaßt, paßt
IMPERATIVE: passe!, paßt!, passen Sie!

to fit, be suitable

INDICATIVE	SUBJUNCTIVE	
	PRIMARY	SECONDARY
	Present Time	
Present	*(Pres. Subj.)*	*(Imperf. Subj.)*
ich passe	passe	paßte
du paßt	passest	paßtest
er paßt	passe	paßte
wir passen	passen	paßten
ihr paßt	passet	paßtet
sie passen	passen	paßten

Imperfect
ich paßte
du paßtest
er paßte
wir paßten
ihr paßtet
sie paßten

	Past Time	
Perfect	*(Perf. Subj.)*	*(Pluperf. Subj.)*
ich habe gepaßt	habe gepaßt	hätte gepaßt
du hast gepaßt	habest gepaßt	hättest gepaßt
er hat gepaßt	habe gepaßt	hätte gepaßt
wir haben gepaßt	haben gepaßt	hätten gepaßt
ihr habt gepaßt	habet gepaßt	hättet gepaßt
sie haben gepaßt	haben gepaßt	hätten gepaßt

Pluperfect
ich hatte gepaßt
du hattest gepaßt
er hatte gepaßt
wir hatten gepaßt
ihr hattet gepaßt
sie hatten gepaßt

	Future Time	
Future	*(Fut. Subj.)*	*(Pres. Conditional)*
ich werde passen	werde passen	würde passen
du wirst passen	werdest passen	würdest passen
er wird passen	werde passen	würde passen
wir werden passen	werden passen	würden passen
ihr werdet passen	werdet passen	würdet passen
sie werden passen	werden passen	würden passen

	Future Perfect Time	
Future Perfect	*(Fut. Perf. Subj.)*	*(Past Conditional)*
ich werde gepaßt haben	werde gepaßt haben	würde gepaßt haben
du wirst gepaßt haben	werdest gepaßt haben	würdest gepaßt haben
er wird gepaßt haben	werde gepaßt haben	würde gepaßt haben
wir werden gepaßt haben	werden gepaßt haben	würden gepaßt haben
ihr werdet gepaßt haben	werdet gepaßt haben	würdet gepaßt haben
sie werden gepaßt haben	werden gepaßt haben	würden gepaßt haben

257

passieren

to happen, take
place; pass

PRINC. PARTS: passieren, passierte, ist passiert, passiert
IMPERATIVE: passiere!, passiert!, passieren Sie!

INDICATIVE	SUBJUNCTIVE	
	PRIMARY	SECONDARY
	Present Time	
Present	*(Pres. Subj.)*	*(Imperf. Subj.)*
ich passiere	passiere	passierte
du passierst	passierest	passiertest
er passiert	passiere	passierte
wir passieren	passieren	passierten
ihr passiert	passieret	passiertet
sie passieren	passieren	passierten

Imperfect	
ich passierte	
du passiertest	
er passierte	
wir passierten	
ihr passiertet	
sie passierten	

	Past Time	
Perfect	*(Perf. Subj.)*	*(Pluperf. Subj.)*
ich bin passiert	sei passiert	wäre passiert
du bist passiert	seiest passiert	wärest passiert
er ist passiert	sei passiert	wäre passiert
wir sind passiert	seien passiert	wären passiert
ihr seid passiert	seiet passiert	wäret passiert
sie sind passiert	seien passiert	wären passiert

Pluperfect
ich war passiert
du warst passiert
er war passiert
wir waren passiert
ihr wart passiert
sie waren passiert

	Future Time	
Future	*(Fut. Subj.)*	*(Pres. Conditional)*
ich werde passieren	werde passieren	würde passieren
du wirst passieren	werdest passieren	würdest passieren
er wird passieren	werde passieren	würde passieren
wir werden passieren	werden passieren	würden passieren
ihr werdet passieren	werdet passieren	würdet passieren
sie werden passieren	werden passieren	würden passieren

	Future Perfect Time	
Future Perfect	*(Fut. Perf. Subj.)*	*(Past Conditional)*
ich werde passiert sein	werde passiert sein	würde passiert sein
du wirst passiert sein	werdest passiert sein	würdest passiert sein
er wird passiert sein	werde passiert sein	würde passiert sein
wir werden passiert sein	werden passiert sein	würden passiert sein
ihr werdet passiert sein	werdet passiert sein	würdet passiert sein
sie werden passiert sein	werden passiert sein	würden passiert sein

PRINC. PARTS: pfeifen, pfiff, gepfiffen, pfeift
IMPERATIVE: pfeife!, pfeift!, pfeifen Sie!

INDICATIVE		SUBJUNCTIVE	
		PRIMARY	SECONDARY

Present Time

	Present	*(Pres. Subj.)*	*(Imperf. Subj.)*
ich	pfeife	pfeife	pfiffe
du	pfeifst	pfeifest	pfiffest
er	pfeift	pfeife	pfiffe
wir	pfeifen	pfeifen	pfiffen
ihr	pfeift	pfeifet	pfiffet
sie	pfeifen	pfeifen	pfiffen

	Imperfect
ich	pfiff
du	pfiffst
er	pfiff
wir	pfiffen
ihr	pfifft
sie	pfiffen

Past Time

	Perfect	*(Perf. Subj.)*	*(Pluperf. Subj.)*
ich	habe gepfiffen	habe gepfiffen	hätte gepfiffen
du	hast gepfiffen	habest gepfiffen	hättest gepfiffen
er	hat gepfiffen	habe gepfiffen	hätte gepfiffen
wir	haben gepfiffen	haben gepfiffen	hätten gepfiffen
ihr	habt gepfiffen	habet gepfiffen	hättet gepfiffen
sie	haben gepfiffen	haben gepfiffen	hätten gepfiffen

	Pluperfect
ich	hatte gepfiffen
du	hattest gepfiffen
er	hatte gepfiffen
wir	hatten gepfiffen
ihr	hattet gepfiffen
sie	hatten gepfiffen

Future Time

	Future	*(Fut. Subj.)*	*(Pres. Conditional)*
ich	werde pfeifen	werde pfeifen	würde pfeifen
du	wirst pfeifen	werdest pfeifen	würdest pfeifen
er	wird pfeifen	werde pfeifen	würde pfeifen
wir	werden pfeifen	werden pfeifen	würden pfeifen
ihr	werdet pfeifen	werdet pfeifen	würdet pfeifen
sie	werden pfeifen	werden pfeifen	würden pfeifen

Future Perfect Time

	Future Perfect	*(Fut. Perf. Subj.)*	*(Past Conditional)*
ich	werde gepfiffen haben	werde gepfiffen haben	würde gepfiffen haben
du	wirst gepfiffen haben	werdest gepfiffen haben	würdest gepfiffen haben
er	wird gepfiffen haben	werde gepfiffen haben	würde gepfiffen haben
wir	werden gepfiffen haben	werden gepfiffen haben	würden gepfiffen haben
ihr	werdet gepfiffen haben	werdet gepfiffen haben	würdet gepfiffen haben
sie	werden gepfiffen haben	werden gepfiffen haben	würden gepfiffen haben

pflanzen

to plant

PRINC. PARTS: pflanzen, pflanzte, gepflanzt, pflanzt
IMPERATIVE: pflanze!, pflanzt!, pflanzen Sie!

INDICATIVE	SUBJUNCTIVE	
	PRIMARY	SECONDARY
	Present Time	
Present	*(Pres. Subj.)*	*(Imperf. Subj.)*
ich pflanze	pflanze	pflanzte
du pflanzt	pflanzest	pflanztest
er pflanzt	pflanze	pflanzte
wir pflanzen	pflanzen	pflanzten
ihr pflanzt	pflanzet	pflanztet
sie pflanzen	pflanzen	pflanzten

Imperfect

ich pflanzte
du pflanztest
er pflanzte
wir pflanzten
ihr pflanztet
sie pflanzten

		Past Time	
Perfect	*(Perf. Subj.)*	*(Pluperf. Subj.)*
ich habe gepflanzt	habe gepflanzt	hätte gepflanzt
du hast gepflanzt	habest gepflanzt	hättest gepflanzt
er hat gepflanzt	habe gepflanzt	hätte gepflanzt
wir haben gepflanzt	haben gepflanzt	hätten gepflanzt
ihr habt gepflanzt	habet gepflanzt	hättet gepflanzt
sie haben gepflanzt	haben gepflanzt	hätten gepflanzt

Pluperfect

ich hatte gepflanzt
du hattest gepflanzt
er hatte gepflanzt
wir hatten gepflanzt
ihr hattet gepflanzt
sie hatten gepflanzt

		Future Time	
Future	*(Fut. Subj.)*	*(Pres. Conditional)*
ich werde pflanzen	werde pflanzen	würde pflanzen
du wirst pflanzen	werdest pflanzen	würdest pflanzen
er wird pflanzen	werde pflanzen	würde pflanzen
wir werden pflanzen	werden pflanzen	würden pflanzen
ihr werdet pflanzen	werdet pflanzen	würdet pflanzen
sie werden pflanzen	werden pflanzen	würden pflanzen

		Future Perfect Time	
Future Perfect	*(Fut. Perf. Subj.)*	*(Past Conditional)*
ich werde gepflanzt haben	werde gepflanzt haben	würde gepflanzt haben
du wirst gepflanzt haben	werdest gepflanzt haben	würdest gepflanzt haben
er wird gepflanzt haben	werde gepflanzt haben	würde gepflanzt haben
wir werden gepflanzt haben	werden gepflanzt haben	würden gepflanzt haben
ihr werdet gepflanzt haben	werdet gepflanzt haben	würdet gepflanzt haben
sie werden gepflanzt haben	werden gepflanzt haben	würden gepflanzt haben

PRINC. PARTS: plagen, plagte, geplagt, plagt
IMPERATIVE: plage!, plagt!, plagen Sie!

to plague, annoy

INDICATIVE	SUBJUNCTIVE	
	PRIMARY	SECONDARY
	Present Time	
Present	*(Pres. Subj.)*	*(Imperf. Subj.)*
ich plage	plage	plagte
du plagst	plagest	plagtest
er plagt	plage	plagte
wir plagen	plagen	plagten
ihr plagt	plaget	plagtet
sie plagen	plagen	plagten

Imperfect
ich plagte
du plagtest
er plagte
wir plagten
ihr plagtet
sie plagten

	Past Time	
Perfect	*(Perf. Subj.)*	*(Pluperf. Subj.)*
ich habe geplagt	habe geplagt	hätte geplagt
du hast geplagt	habest geplagt	hättest geplagt
er hat geplagt	habe geplagt	hätte geplagt
wir haben geplagt	haben geplagt	hätten geplagt
ihr habt geplagt	habet geplagt	hättet geplagt
sie haben geplagt	haben geplagt	hätten geplagt

Pluperfect
ich hatte geplagt
du hattest geplagt
er hatte geplagt
wir hatten geplagt
ihr hattet geplagt
sie hatten geplagt

	Future Time	
Future	*(Fut. Subj.)*	*(Pres. Conditional)*
ich werde plagen	werde plagen	würde plagen
du wirst plagen	werdest plagen	würdest plagen
er wird plagen	werde plagen	würde plagen
wir werden plagen	werden plagen	würden plagen
ihr werdet plagen	werdet plagen	würdet plagen
sie werden plagen	werden plagen	würden plagen

	Future Perfect Time	
Future Perfect	*(Fut. Perf. Subj.)*	*(Past Conditional)*
ich werde geplagt haben	werde geplagt haben	würde geplagt haben
du wirst geplagt haben	werdest geplagt haben	würdest geplagt haben
er wird geplagt haben	werde geplagt haben	würde geplagt haben
wir werden geplagt haben	werden geplagt haben	würden geplagt haben
ihr werdet geplagt haben	werdet geplagt haben	würdet geplagt haben
sie werden geplagt haben	werden geplagt haben	würden geplagt haben

preisen

to praise, commend

PRINC. PARTS: preisen, pries, gepriesen, preist
IMPERATIVE: preise!, preist!, preisen Sie!

INDICATIVE	SUBJUNCTIVE	
	PRIMARY	SECONDARY

Present Time

	Present	*(Pres. Subj.)*	*(Imperf. Subj.)*
ich	preise	preise	priese
du	preist	preisest	priesest
er	preist	preise	priese
wir	preisen	preisen	priesen
ihr	preist	preiset	prieset
sie	preisen	preisen	priesen

	Imperfect
ich	pries
du	priesest
er	pries
wir	priesen
ihr	priest
sie	priesen

Past Time

	Perfect	*(Perf. Subj.)*	*(Pluperf. Subj.)*
ich	habe gepriesen	habe gepriesen	hätte gepriesen
du	hast gepriesen	habest gepriesen	hättest gepriesen
er	hat gepriesen	habe gepriesen	hätte gepriesen
wir	haben gepriesen	haben gepriesen	hätten gepriesen
ihr	habt gepriesen	habet gepriesen	hättet gepriesen
sie	haben gepriesen	haben gepriesen	hätten gepriesen

	Pluperfect
ich	hatte gepriesen
du	hattest gepriesen
er	hatte gepriesen
wir	hatten gepriesen
ihr	hattet gepriesen
sie	hatten gepriesen

Future Time

	Future	*(Fut. Subj.)*	*(Pres. Conditional)*
ich	werde preisen	werde preisen	würde preisen
du	wirst preisen	werdest preisen	würdest preisen
er	wird preisen	werde preisen	würde preisen
wir	werden preisen	werden preisen	würden preisen
ihr	werdet preisen	werdet preisen	würdet preisen
sie	werden preisen	werden preisen	würden preisen

Future Perfect Time

	Future Perfect	*(Fut. Perf. Subj.)*	*(Past Conditional)*
ich	werde gepriesen haben	werde gepriesen haben	würde gepriesen haben
du	wirst gepriesen haben	werdest gepriesen haben	würdest gepriesen haben
er	wird gepriesen haben	werde gepriesen haben	würde gepriesen haben
wir	werden gepriesen haben	werden gepriesen haben	würden gepriesen haben
ihr	werdet gepriesen haben	werdet gepriesen haben	würdet gepriesen haben
sie	werden gepriesen haben	werden gepriesen haben	würden gepriesen haben

PRINC. PARTS: putzen, putzte, geputzt, putzt
IMPERATIVE: putze!, putzt!, putzen Sie!

to clean, groom

	INDICATIVE	SUBJUNCTIVE	
		PRIMARY	SECONDARY
	Present	(*Pres. Subj.*)	(*Imperf. Subj.*)
ich	putze	putze	putzte
du	putzt	putzest	putztest
er	putzt	putze	putzte
wir	putzen	putzen	putzten
ihr	putzt	putzet	putztet
sie	putzen	putzen	putzten

	Imperfect
ich	putzte
du	putztest
er	putzte
wir	putzten
ihr	putztet
sie	putzten

Past Time

	Perfect	(*Perf. Subj.*)	(*Pluperf. Subj.*)
ich	habe geputzt	habe geputzt	hätte geputzt
du	hast geputzt	habest geputzt	hättest geputzt
er	hat geputzt	habe geputzt	hätte geputzt
wir	haben geputzt	haben geputzt	hätten geputzt
ihr	habt geputzt	habet geputzt	hättet geputzt
sie	haben geputzt	haben geputzt	hätten geputzt

	Pluperfect
ich	hatte geputzt
du	hattest geputzt
er	hatte geputzt
wir	hatten geputzt
ihr	hattet geputzt
sie	hatten geputzt

Future Time

	Future	(*Fut. Subj.*)	(*Pres. Conditional*)
ich	werde putzen	werde putzen	würde putzen
du	wirst putzen	werdest putzen	würdest putzen
er	wird putzen	werde putzen	würde putzen
wir	werden putzen	werden putzen	würden putzen
ihr	werdet putzen	werdet putzen	würdet putzen
sie	werden putzen	werden putzen	würden putzen

Future Perfect Time

	Future Perfect	(*Fut. Perf. Subj.*)	(*Past Conditional*)
ich	werde geputzt haben	werde geputzt haben	würde geputzt haben
du	wirst geputzt haben	werdest geputzt haben	würdest geputzt haben
er	wird geputzt haben	werde geputzt haben	würde geputzt haben
wir	werden geputzt haben	werden geputzt haben	würden geputzt haben
ihr	werdet geputzt haben	werdet geputzt haben	würdet geputzt haben
sie	werden geputzt haben	werden geputzt haben	würden geputzt haben

quälen

to torture, torment

PRINC. PARTS: quälen, quälte, gequält, quält
IMPERATIVE: quäle!, quält!, quälen Sie!

INDICATIVE	SUBJUNCTIVE	
	PRIMARY	SECONDARY
	Present Time	
Present	*(Pres. Subj.),*	*(Imperf. Subj.)*
ich quäle	quäle	quälte
du quälst	quälest	quältest
er quält	quäle	quälte
wir quälen	quälen	quälten
ihr quält	quälet	quältet
sie quälen	quälen	quälten

Imperfect
ich quälte
du quältest
er quälte
wir quälten
ihr quältet
sie quälten

	Past Time	
Perfect	*(Perf. Subj.)*	*(Pluperf. Subj.)*
ich habe gequält	habe gequält	hätte gequält
du hast gequält	habest gequält	hättest gequält
er hat gequält	habe gequält	hätte gequält
wir haben gequält	haben gequält	hätten gequält
ihr habt gequält	habet gequält	hättet gequält
sie haben gequält	haben gequält	hätten gequält

Pluperfect
ich hatte gequält
du hattest gequält
er hatte gequält
wir hatten gequält
ihr hattet gequält
sie hatten gequält

	Future Time	
Future	*(Fut. Subj.)*	*(Pres. Conditional)*
ich werde quälen	werde quälen	würde quälen
du wirst quälen	werdest quälen	würdest quälen
er wird quälen	werde quälen	würde quälen
wir werden quälen	werden quälen	würden quälen
ihr werdet quälen	werdet quälen	würdet quälen
sie werden quälen	werden quälen	würden quälen

	Future Perfect Time	
Future Perfect	*(Fut. Perf. Subj.)*	*(Past Conditional)*
ich werde gequält haben	werde gequält haben	würde gequält haben
du wirst gequält haben	werdest gequält haben	würdest gequält haben
er wird gequält haben	werde gequält haben	würde gequält haben
wir werden gequält haben	werden gequält haben	würden gequält haben
ihr werdet gequält haben	werdet gequält haben	würdet gequält haben
sie werden gequält haben	werden gequält haben	würden gequält haben

PRINC. PARTS: quellen,* quoll, ist gequollen, quillt
IMPERATIVE: quill!, quellt!, quellen Sie!**

to gush, spring from

	INDICATIVE		SUBJUNCTIVE	
			PRIMARY	SECONDARY
			Present Time	
	Present		*(Pres. Subj.)*	*(Imperf. Subj.)*
ich	quelle		quelle	quölle
du	quillst		quellest	quöllest
er	quillt		quelle	quölle
wir	quellen		quellen	quöllen
ihr	quellt		quellet	quöllet
sie	quellen		quellen	quöllen
	Imperfect			
ich	quoll			
du	quollst			
er	quoll			
wir	quollen			
ihr	quollt			
sie	quollen			
			Past Time	
	Perfect		*(Perf. Subj.)*	*(Pluperf. Subj.)*
ich	bin gequollen		sei gequollen	wäre gequollen
du	bist gequollen		seiest gequollen	wärest gequollen
er	ist gequollen		sei gequollen	wäre gequollen
wir	sind gequollen		seien gequollen	wären gequollen
ihr	seid gequollen		seiet gequollen	wäret gequollen
sie	sind gequollen		seien gequollen	wären gequollen
	Pluperfect			
ich	war gequollen			
du	warst gequollen			
er	war gequollen			
wir	waren gequollen			
ihr	wart gequollen			
sie	waren gequollen			
			Future Time	
	Future		*(Fut. Subj.)*	*(Pres. Conditional)*
ich	werde quellen		werde quellen	würde quellen
du	wirst quellen		werdest quellen	würdest quellen
er	wird quellen		werde quellen	würde quellen
wir	werden quellen		werden quellen	würden quellen
ihr	werdet quellen		werdet quellen	würdet quellen
sie	werden quellen		werden quellen	würden quellen
			Future Perfect Time	
	Future Perfect		*(Fut. Perf. Subj.)*	*(Past Conditional)*
ich	werde gequollen sein		werde gequollen sein	würde gequollen sein
du	wirst gequollen sein		werdest gequollen sein	würdest gequollen sein
er	wird gequollen sein		werde gequollen sein	würde gequollen sein
wir	werden gequollen sein		werden gequollen sein	würden gequollen sein
ihr	werdet gequollen sein		werdet gequollen sein	würdet gequollen sein
sie	werden gequollen sein		werden gequollen sein	würden gequollen sein

* Forms other than the third person are infrequently found.
** The imperative is unusual.

265

rächen

to avenge

PRINC. PARTS: rächen, rächte, gerächt, rächt
IMPERATIVE: räche!, rächt!, rächen Sie!

INDICATIVE	SUBJUNCTIVE	
	PRIMARY	SECONDARY

Present Time

	Present	*(Pres. Subj.)*	*(Imperf. Subj.)*
ich	räche	räche	rächte
du	rächst	rächest	rächtest
er	rächt	räche	rächte
wir	rächen	rächen	rächten
ihr	rächt	rächet	rächtet
sie	rächen	rächen	rächten

	Imperfect
ich	rächte
du	rächtest
er	rächte
wir	rächten
ihr	rächtet
sie	rächten

Past Time

	Perfect	*(Perf. Subj.)*	*(Pluperf. Subj.)*
ich	habe gerächt	habe gerächt	hätte gerächt
du	hast gerächt	habest gerächt	hättest gerächt
er	hat gerächt	habe gerächt	hätte gerächt
wir	haben gerächt	haben gerächt	hätten gerächt
ihr	habt gerächt	habet gerächt	hättet gerächt
sie	haben gerächt	haben gerächt	hätten gerächt

	Pluperfect
ich	hatte gerächt
du	hattest gerächt
er	hatte gerächt
wir	hatten gerächt
ihr	hattet gerächt
sie	hatten gerächt

Future Time

	Future	*(Fut. Subj.)*	*(Pres. Conditional)*
ich	werde rächen	werde rächen	würde rächen
du	wirst rächen	werdest rächen	würdest rächen
er	wird rächen	werde rächen	würde rächen
wir	werden rächen	werden rächen	würden rächen
ihr	werdet rächen	werdet rächen	würdet rächen
sie	werden rächen	werden rächen	würden rächen

Future Perfect Time

	Future Perfect	*(Fut. Perf. Subj.)*	*(Past Conditional)*
ich	werde gerächt haben	werde gerächt haben	würde gerächt haben
du	wirst gerächt haben	werdest gerächt haben	würdest gerächt haben
er	wird gerächt haben	werde gerächt haben	würde gerächt haben
wir	werden gerächt haben	werden gerächt haben	würden gerächt haben
ihr	werdet gerächt haben	werdet gerächt haben	würdet gerächt haben
sie	werden gerächt haben	werden gerächt haben	würden gerächt haben

PRINC. PARTS: raten, riet, geraten, rät
IMPERATIVE: rate!, ratet!, raten Sie!

to advise, guess

INDICATIVE	SUBJUNCTIVE	
	PRIMARY	SECONDARY
	Present Time	
Present	*(Pres. Subj.)*	*(Imperf. Subj.)*
ich rate	rate	riete
du rätst	ratest	rietest
er rät	rate	riete
wir raten	raten	rieten
ihr ratet	ratet	rietet
sie raten	raten	rieten

Imperfect

ich	riet
du	rietest
er	riet
wir	rieten
ihr	rietet
sie	rieten

	Past Time	
Perfect	*(Perf. Subj.)*	*(Pluperf. Subj.)*
ich habe geraten	habe geraten	hätte geraten
du hast geraten	habest geraten	hättest geraten
er hat geraten	habe geraten	hätte geraten
wir haben geraten	haben geraten	hätten geraten
ihr habt geraten	habet geraten	hättet geraten
sie haben geraten	haben geraten	hätten geraten

Pluperfect

ich	hatte geraten
du	hattest geraten
er	hatte geraten
wir	hatten geraten
ihr	hattet geraten
sie	hatten geraten

	Future Time	
Future	*(Fut. Subj.)*	*(Pres. Conditional)*
ich werde raten	werde raten	würde raten
du wirst raten	werdest raten	würdest raten
er wird raten	werde raten	würde raten
wir werden raten	werden raten	würden raten
ihr werdet raten	werdet raten	würdet raten
sie werden raten	werden raten	würden raten

	Future Perfect Time	
Future Perfect	*(Fut. Perf. Subj.)*	*(Past Conditional)*
ich werde geraten haben	werde geraten haben	würde geraten haben
du wirst geraten haben	werdest geraten haben	würdest geraten haben
er wird geraten haben	werde geraten haben	würde geraten haben
wir werden geraten haben	werden geraten haben	würden geraten haben
ihr werdet geraten haben	werdet geraten haben	würdet geraten haben
sie werden geraten haben	werden geraten haben	würden geraten haben

rauchen

to smoke

PRINC. PARTS: rauchen, rauchte, geraucht, raucht
IMPERATIVE: rauche!, raucht!, rauchen Sie!

	INDICATIVE	SUBJUNCTIVE	
		PRIMARY	SECONDARY
		Present Time	
	Present	*(Pres. Subj.)*	*(Imperf. Subj.)*
ich	rauche	rauche	rauchte
du	rauchst	rauchest	rauchtest
er	raucht	rauche	rauchte
wir	rauchen	rauchen	rauchten
ihr	raucht	rauchet	rauchtet
sie	rauchen	rauchen	rauchten

	Imperfect
ich	rauchte
du	rauchtest
er	rauchte
wir	rauchten
ihr	rauchtet
sie	rauchten

	Perfect	*(Perf. Subj.)*	*Past Time* *(Pluperf. Subj.)*
ich	habe geraucht	habe geraucht	hätte geraucht
du	hast geraucht	habest geraucht	hättest geraucht
er	hat geraucht	habe geraucht	hätte geraucht
wir	haben geraucht	haben geraucht	hätten geraucht
ihr	habt geraucht	habet geraucht	hättet geraucht
sie	haben geraucht	haben geraucht	hätten geraucht

	Pluperfect
ich	hatte geraucht
du	hattest geraucht
er	hatte geraucht
wir	hatten geraucht
ihr	hattet geraucht
sie	hatten geraucht

	Future	*(Fut. Subj.)*	*Future Time* *(Pres. Conditional)*
ich	werde rauchen	werde rauchen	würde rauchen
du	wirst rauchen	werdest rauchen	würdest rauchen
er	wird rauchen	werde rauchen	würde rauchen
wir	werden rauchen	werden rauchen	würden rauchen
ihr	werdet rauchen	werdet rauchen	würdet rauchen
sie	werden rauchen	werden rauchen	würden rauchen

	Future Perfect	*(Fut. Perf. Subj.)*	*Future Perfect Time* *(Past Conditional)*
ich	werde geraucht haben	werde geraucht haben	würde geraucht haben
du	wirst geraucht haben	werdest geraucht haben	würdest geraucht haben
er	wird geraucht haben	werde geraucht haben	würde geraucht haben
wir	werden geraucht haben	werden geraucht haben	würden geraucht haben
ihr	werdet geraucht haben	werdet geraucht haben	würdet geraucht haben
sie	werden geraucht haben	werden geraucht haben	würden geraucht haben

räumen

PRINC. PARTS: räumen, räumte, geräumt, räumt
IMPERATIVE: räume!, räumt!, räumen Sie!

to clear away, clean;
evacuate

INDICATIVE		SUBJUNCTIVE	
		PRIMARY	SECONDARY
		Present Time	
	Present	(*Pres. Subj.*)	(*Imperf. Subj.*)
ich	räume	räume	räumte
du	räumst	räumest	räumtest
er	räumt	räume	räumte
wir	räumen	räumen	räumten
ihr	räumt	räumet	räumtet
sie	räumen	räumen	räumten

	Imperfect
ich	räumte
du	räumtest
er	räumte
wir	räumten
ihr	räumtet
sie	räumten

			Past Time	
	Perfect	(*Perf. Subj.*)	(*Pluperf. Subj.*)
ich	habe geräumt	habe geräumt	hätte geräumt
du	hast geräumt	habest geräumt	hättest geräumt
er	hat geräumt	habe geräumt	hätte geräumt
wir	haben geräumt	haben geräumt	hätten geräumt
ihr	habt geräumt	habet geräumt	hättet geräumt
sie	haben geräumt	haben geräumt	hätten geräumt

	Pluperfect
ich	hatte geräumt
du	hattest geräumt
er	hatte geräumt
wir	hatten geräumt
ihr	hattet geräumt
sie	hatten geräumt

			Future Time	
	Future	(*Fut. Subj.*)	(*Pres. Conditional*)
ich	werde räumen	werde räumen	würde räumen
du	wirst räumen	werdest räumen	würdest räumen
er	wird räumen	werde räumen	würde räumen
wir	werden räumen	werden räumen	würden räumen
ihr	werdet räumen	werdet räumen	würdet räumen
sie	werden räumen	werden räumen	würden räumen

			Future Perfect Time	
	Future Perfect	(*Fut. Perf. Subj.*)	(*Past Conditional*)
ich	werde geräumt haben	werde geräumt haben	würde geräumt haben
du	wirst geräumt haben	werdest geräumt haben	würdest geräumt haben
er	wird geräumt haben	werde geräumt haben	würde geräumt haben
wir	werden geräumt haben	werden geräumt haben	würden geräumt haben
ihr	werdet geräumt haben	werdet geräumt haben	würdet geräumt haben
sie	werden geräumt haben	werden geräumt haben	würden geräumt haben

raunen

to whisper

PRINC. PARTS: raunen, raunte, geraunt, raunt
IMPERATIVE: raune!, raunt!, raunen Sie!

	INDICATIVE	SUBJUNCTIVE	
		PRIMARY	SECONDARY
		Present Time	
	Present	*(Pres. Subj.)*	*(Imperf. Subj.)*
ich	raune	raune	raunte
du	raunst	raunest	rauntest
er	raunt	raune	raunte
wir	raunen	raunen	raunten
ihr	raunt	raunet	rauntet
sie	raunen	raunen	raunten
	Imperfect		
ich	raunte		
du	rauntest		
er	raunte		
wir	raunten		
ihr	rauntet		
sie	raunten		
		Past Time	
	Perfect	*(Perf. Subj.)*	*(Pluperf. Subj.)*
ich	habe geraunt	habe geraunt	hätte geraunt
du	hast geraunt	habest geraunt	hättest geraunt
er	hat geraunt	habe geraunt	hätte geraunt
wir	haben geraunt	haben geraunt	hätten geraunt
ihr	habt geraunt	habet geraunt	hättet geraunt
sie	haben geraunt	haben geraunt	hätten geraunt
	Pluperfect		
ich	hatte geraunt		
du	hattest geraunt		
er	hatte geraunt		
wir	hatten geraunt		
ihr	hattet geraunt		
sie	hatten geraunt		
		Future Time	
	Future	*(Fut. Subj.)*	*(Pres. Conditional)*
ich	werde raunen	werde raunen	würde raunen
du	wirst raunen	werdest raunen	würdest raunen
er	wird raunen	werde raunen	würde raunen
wir	werden raunen	werden raunen	würden raunen
ihr	werdet raunen	werdet raunen	würdet raunen
sie	werden raunen	werden raunen	würden raunen
		Future Perfect Time	
	Future Perfect	*(Fut. Perf. Subj.)*	*(Past Conditional)*
ich	werde geraunt haben	werde geraunt haben	würde geraunt haben
du	wirst geraunt haben	werdest geraunt haben	würdest geraunt haben
er	wird geraunt haben	werde geraunt haben	würde geraunt haben
wir	werden geraunt haben	werden geraunt haben	würden geraunt haben
ihr	werdet geraunt haben	werdet geraunt haben	würdet geraunt haben
sie	werden geraunt haben	werden geraunt haben	würden geraunt haben

PRINC. PARTS: rauschen, rauschte, gerauscht, rauscht
IMPERATIVE: rausche!, rauscht!, rauschen Sie!

INDICATIVE	SUBJUNCTIVE	
	PRIMARY	SECONDARY
	Present Time	
Present	*(Pres. Subj.)*	*(Imperf. Subj.)*
ich rausche	rausche	rauschte
du rauschst	rauschest	rauschtest
er rauscht	rausche	rauschte
wir rauschen	rauschen	rauschten
ihr rauscht	rauschet	rauschtet
sie rauschen	rauschen	rauschten

Imperfect
ich rauschte
du rauschtest
er rauschte
wir rauschten
ihr rauschtet
sie rauschten

	Past Time	
Perfect	*(Perf. Subj.)*	*(Pluperf. Subj.)*
ich habe gerauscht	habe gerauscht	hätte gerauscht
du hast gerauscht	habest gerauscht	hättest gerauscht
er hat gerauscht	habe gerauscht	hätte gerauscht
wir haben gerauscht	haben gerauscht	hätten gerauscht
ihr habt gerauscht	habet gerauscht	hättet gerauscht
sie haben gerauscht	haben gerauscht	hätten gerauscht

Pluperfect
ich hatte gerauscht
du hattest gerauscht
er hatte gerauscht
wir hatten gerauscht
ihr hattet gerauscht
sie hatten gerauscht

	Future Time	
Future	*(Fut. Subj.)*	*(Pres. Conditional)*
ich werde rauschen	werde rauschen	würde rauschen
du wirst rauschen	werdest rauschen	würdest rauschen
er wird rauschen	werde rauschen	würde rauschen
wir werden rauschen	werden rauschen	würden rauschen
ihr werdet rauschen	werdet rauschen	würdet rauschen
sie werden rauschen	werden rauschen	würden rauschen

	Future Perfect Time	
Future Perfect	*(Fut. Perf. Subj.)*	*(Past Conditional)*
ich werde gerauscht haben	werde gerauscht haben	würde gerauscht haben
du wirst gerauscht haben	werdest gerauscht haben	würdest gerauscht haben
er wird gerauscht haben	werde gerauscht haben	würde gerauscht haben
wir werden gerauscht haben	werden gerauscht haben	würden gerauscht haben
ihr werdet gerauscht haben	werdet gerauscht haben	würdet gerauscht haben
sie werden gerauscht haben	werden gerauscht haben	würden gerauscht haben

271

rechnen

to count, calculate,
reckon

PRINC. PARTS: rechnen, rechnete, gerechnet, rechnet
IMPERATIVE: rechne!, rechnet!, rechnen Sie!

	INDICATIVE		SUBJUNCTIVE	
			PRIMARY	SECONDARY
				Present Time
	Present		*(Pres. Subj.)*	*(Imperf. Subj.)*
ich	rechne		rechne	rechnete
du	rechnest		rechnest	rechnetest
er	rechnet		rechne	rechnete
wir	rechnen		rechnen	rechneten
ihr	rechnet		rechnet	rechnetet
sie	rechnen		rechnen	rechneten
	Imperfect			
ich	rechnete			
du	rechnetest			
er	rechnete			
wir	rechneten			
ihr	rechnetet			
sie	rechneten		*Past Time*	
	Perfect		*(Perf. Subj.)*	*(Pluperf. Subj.)*
ich	habe gerechnet		habe gerechnet	hätte gerechnet
du	hast gerechnet		habest gerechnet	hättest gerechnet
er	hat gerechnet		habe gerechnet	hätte gerechnet
wir	haben gerechnet		haben gerechnet	hätten gerechnet
ihr	habt gerechnet		habet gerechnet	hättet gerechnet
sie	haben gerechnet		haben gerechnet	hätten gerechnet
	Pluperfect			
ich	hatte gerechnet			
du	hattest gerechnet			
er	hatte gerechnet			
wir	hatten gerechnet			
ihr	hattet gerechnet			
sie	hatten gerechnet			
	Future		*(Fut. Subj.)*	*(Pres. Conditional)*
ich	werde rechnen		werde rechnen	würde rechnen
du	wirst rechnen		werdest rechnen	würdest rechnen
er	wird rechnen		werde rechnen	würde rechnen
wir	werden rechnen		werden rechnen	würden rechnen
ihr	werdet rechnen		werdet rechnen	würdet rechnen
sie	werden rechnen		werden rechnen	würden rechnen
				Future Perfect Time
	Future Perfect		*(Fut. Perf. Subj.)*	*(Past Conditional)*
ich	werde gerechnet haben		werde gerechnet haben	würde gerechnet haben
du	wirst gerechnet haben		werdest gerechnet haben	würdest gerechnet haben
er	wird gerechnet haben		werde gerechnet haben	würde gerechnet haben
wir	werden gerechnet haben		werden gerechnet haben	würden gerechnet haben
ihr	werdet gerechnet haben		werdet gerechnet haben	würdet gerechnet haben
sie	werden gerechnet haben		werden gerechnet haben	würden gerechnet haben

rechten

to dispute, litigate

INDICATIVE	SUBJUNCTIVE	
	PRIMARY	SECONDARY

Present Time

	Present	*(Pres. Subj.)*	*(Imperf. Subj.)*
ich	rechte	rechte	rechtete
du	rechtest	rechtest	rechtetest
er	rechtet	rechte	rechtete
wir	rechten	rechten	rechteten
ihr	rechtet	rechtet	rechtetet
sie	rechten	rechten	rechteten

	Imperfect
ich	rechtete
du	rechtetest
er	rechtete
wir	rechteten
ihr	rechtetet
sie	rechteten

Past Time

	Perfect	*(Perf. Subj.)*	*(Pluperf. Subj.)*
ich	habe gerechtet	habe gerechtet	hätte gerechtet
du	hast gerechtet	habest gerechtet	hättest gerechtet
er	hat gerechtet	habe gerechtet	hätte gerechtet
wir	haben gerechtet	haben gerechtet	hätten gerechtet
ihr	habt gerechtet	habet gerechtet	hättet gerechtet
sie	haben gerechtet	haben gerechtet	hätten gerechtet

	Pluperfect
ich	hatte gerechtet
du	hattest gerechtet
er	hatte gerechtet
wir	hatten gerechtet
ihr	hattet gerechtet
sie	hatten gerechtet

Future Time

	Future	*(Fut. Subj.)*	*(Pres. Conditional)*
ich	werde rechten	werde rechten	würde rechten
du	wirst rechten	werdest rechten	würdest rechten
er	wird rechten	werde rechten	würde rechten
wir	werden rechten	werden rechten	würden rechten
ihr	werdet rechten	werdet rechten	würdet rechten
sie	werden rechten	werden rechten	würden rechten

Future Perfect Time

	Future Perfect	*(Fut. Perf. Subj.)*	*(Past Conditional)*
ich	werde gerechtet haben	werde gerechtet haben	würde gerechtet haben
du	wirst gerechtet haben	werdest gerechtet haben	würdest gerechtet haben
er	wird gerechtet haben	werde gerechtet haben	würde gerechtet haben
wir	werden gerechtet haben	werden gerechtet haben	würden gerechtet haben
ihr	werdet gerechtet haben	werdet gerechtet haben	würdet gerechtet haben
sie	werden gerechtet haben	werden gerechtet haben	würden gerechtet haben

regnen
to rain

PRINC. PARTS: regnen,* regnete, geregnet, regnet
IMPERATIVE: regne!, regnet!, regnen Sie! **

	INDICATIVE	SUBJUNCTIVE	
		PRIMARY	SECONDARY
		Present Time	
	Present	*(Pres. Subj.)*	*(Imperf. Subj.)*
ich			
du			
es	regnet	regne	regnete
wir			
ihr			
sie			

	Imperfect		
ich			
du			
es	regnete		
wir			
ihr			
sie			

		Past Time	
	Perfect	*(Perf. Subj.)*	*(Pluperf. Subj.)*
ich			
du			
es	hat geregnet	habe geregnet	hätte geregnet
wir			
ihr			
sie			

	Pluperfect		
ich			
du			
es	hatte geregnet		
wir			
ihr			
sie			

		Future Time	
	Future	*(Fut. Subj.)*	*(Pres. Conditional)*
ich			
du			
es	wird regnen	werde regnen	würde regnen
wir			
ihr			
sie			

		Future Perfect Time	
	Future Perfect	*(Fut. Perf. Subj.)*	*(Past Conditional)*
ich			
du			
es	wird geregnet haben	werde geregnet haben	würde geregnet haben
wir			
ihr			
sie			

* Impersonal verb. Forms other than the third person singular will not be found, except perhaps in poetry. The same is true of the Eng. verb 'to rain.'
** The imperative of this verb is as unusual as in English.

PRINC. PARTS: reiben, rieb, gerieben, reibt
IMPERATIVE: reibe!, reibt!, reiben Sie!

reiben

to rub

INDICATIVE		SUBJUNCTIVE	
		PRIMARY	SECONDARY

Present Time

Present		*(Pres. Subj.)*	*(Imperf. Subj.)*
ich	reibe	reibe	riebe
du	reibst	reibest	riebest
er	reibt	reibe	ricbe
wir	reiben	reiben	rieben
ihr	reibt	reibet	riebet
sie	rciben	reiben	rieben

Imperfect	
ich	rieb
du	riebst
er	rieb
wir	rieben
ihr	riebt
sie	rieben

Past Time

Perfect		*(Perf. Subj.)*	*(Pluperf. Subj.)*
ich	habe gerieben	habe gerieben	hätte gerieben
du	hast gerieben	habest gerieben	hättest gcrieben
er	hat gerieben	habe gerieben	hätte gerieben
wir	haben gerieben	haben gerieben	hätten gerieben
ihr	habt gerieben	habet gerieben	hättet gerieben
sie	haben gerieben	haben gerieben	hätten gerieben

Pluperfect	
ich	hatte gerieben
du	hattest gerieben
er	hatte gerieben
wir	hatten gerieben
ihr	hattet gerieben
sie	hatten gerieben

Future Time

Future		*(Fut. Subj.)*	*(Pres. Conditional)*
ich	werde reiben	werde reiben	würde reiben
du	wirst reiben	werdest reiben	würdest reiben
er	wird reiben	werde reiben	würde reiben
wir	werden reiben	werden reiben	würden reiben
ihr	werdet reiben	werdet reiben	würdet reiben
sie	werden reiben	werden reiben	würden reiben

Future Perfect Time

Future Perfect		*(Fut. Perf. Subj.)*	*(Past Conditional)*
ich	werde gerieben haben	werde gerieben haben	würde gerieben haben
du	wirst gerieben haben	werdest gerieben haben	würdest gerieben haben
er	wird gerieben haben	werde gerieben haben	würde gerieben haben
wir	werden gerieben haben	werden gerieben haben	würden gerieben haben
ihr	werdet gerieben haben	werdet gerieben haben	würdet gerieben haben
sie	werden gerieben haben	werden gerieben haben	würden gerieben haben

reichen

to reach, pass, extend; be enough

PRINC. PARTS: reichen, reichte, gereicht, reicht
IMPERATIVE: reiche!, reicht!, reichen Sie!

	INDICATIVE	SUBJUNCTIVE	
		PRIMARY	SECONDARY
		Present Time	
	Present	*(Pres. Subj.)*	*(Imperf. Subj.)*
ich	reiche	reiche	reichte
du	reichst	reichest	reichtest
er	reicht	reiche	reichte
wir	reichen	reichen	reichten
ihr	reicht	reichet	reichtet
sie	reichen	reichen	reichten

	Imperfect
ich	reichte
du	reichtest
er	reichte
wir	reichten
ihr	reichtet
sie	reichten

			Past Time	
	Perfect	*(Perf. Subj.)*	*(Pluperf. Subj.)*
ich	habe gereicht	habe gereicht	hätte gereicht
du	hast gereicht	habest gereicht	hättest gereicht
er	hat gereicht	habe gereicht	hätte gereicht
wir	haben gereicht	haben gereicht	hätten gereicht
ihr	habt gereicht	habet gereicht	hättet gereicht
sie	haben gereicht	haben gereicht	hätten gereicht

	Pluperfect
ich	hatte gereicht
du	hattest gereicht
er	hatte gereicht
wir	hatten gereicht
ihr	hattet gereicht
sie	hatten gereicht

			Future Time	
	Future	*(Fut. Subj.)*	*(Pres. Conditional)*
ich	werde reichen	werde reichen	würde reichen
du	wirst reichen	werdest reichen	würdest reichen
er	wird reichen	werde reichen	würde reichen
wir	werden reichen	werden reichen	würden reichen
ihr	werdet reichen	werdet reichen	würdet reichen
sie	werden reichen	werden reichen	würden reichen

			Future Perfect Time	
	Future Perfect	*(Fut. Perf. Subj.)*	*(Past Conditional)*
ich	werde gereicht haben	werde gereicht haben	würde gereicht haben
du	wirst gereicht haben	werdest gereicht haben	würdest gereicht haben
er	wird gereicht haben	werde gereicht haben	würde gereicht haben
wir	werden gereicht haben	werden gereicht haben	würden gereicht haben
ihr	werdet gereicht haben	werdet gereicht haben	würdet gereicht haben
sie	werden gereicht haben	werden gereicht haben	würden gereicht haben

276

reinigen

to clean, refine, clarify

INDICATIVE	SUBJUNCTIVE	
	PRIMARY	SECONDARY

Present Time

	Present	*(Pres. Subj.)*	*(Imperf. Subj.)*
ich	reinige	reinige	reinigte
du	reinigst	reinigest	reinigtest
er	reinigt	reinige	reinigte
wir	reinigen	reinigen	reinigten
ihr	reinigt	reiniget	reinigtet
sie	reinigen	reinigen	reinigten

	Imperfect
ich	reinigte
du	reinigtest
er	reinigte
wir	reinigten
ihr	reinigtet
sie	reinigten

Past Time

	Perfect	*(Perf. Subj.)*	*(Pluperf. Subj.)*
ich	habe gereinigt	habe gereinigt	hätte gereinigt
du	hast gereinigt	habest gereinigt	hättest gereinigt
er	hat gereinigt	habe gereinigt	hätte gereinigt
wir	haben gereinigt	haben gereinigt	hätten gereinigt
ihr	habt gereinigt	habet gereinigt	hättet gereinigt
sie	haben gereinigt	haben gereinigt	hätten gereinigt

	Pluperfect
ich	hatte gereinigt
du	hattest gereinigt
er	hatte gereinigt
wir	hatten gereinigt
ihr	hattet gereinigt
sie	hatten gereinigt

Future Time

	Future	*(Fut. Subj.)*	*(Pres. Conditional)*
ich	werde reinigen	werde reinigen	würde reinigen
du	wirst reinigen	werdest reinigen	würdest reinigen
er	wird reinigen	werde reinigen	würde reinigen
wir	werden reinigen	werden reinigen	würden reinigen
ihr	werdet reinigen	werdet reinigen	würdet reinigen
sie	werden reinigen	werden reinigen	würden reinigen

Future Perfect Time

	Future Perfect	*(Fut. Perf. Subj.)*	*(Past Conditional)*
ich	werde gereinigt haben	werde gereinigt haben	würde gereinigt haben
du	wirst gereinigt haben	werdest gereinigt haben	würdest gereinigt haben
er	wird gereinigt haben	werde gereinigt haben	würde gereinigt haben
wir	werden gereinigt haben	werden gereinigt haben	würden gereinigt haben
ihr	werdet gereinigt haben	werdet gereinigt haben	würdet gereinigt haben
sie	werden gereinigt haben	werden gereinigt haben	würden gereinigt haben

277

reisen

to travel

PRINC. PARTS: reisen, reiste, ist gereist, reist
IMPERATIVE: reise!, reist!, reisen Sie!

	INDICATIVE	SUBJUNCTIVE	
		PRIMARY	SECONDARY
		Present Time	
	Present	*(Pres. Subj.)*	*(Imperf. Subj.)*
ich	reise	reise	reiste
du	reist	reisest	reistest
er	reist	reise	reiste
wir	reisen	reisen	reisten
ihr	reist	reiset	reistet
sie	reisen	reisen	reisten

	Imperfect
ich	reiste
du	reistest
er	reiste
wir	reisten
ihr	reistet
sie	reisten

			Past Time	
	Perfect		*(Perf. Subj.)*	*(Pluperf. Subj.)*
ich	bin gereist		sei gereist	wäre gereist
du	bist gereist		seiest gereist	wärest gereist
er	ist gereist		sei gereist	wäre gereist
wir	sind gereist		seien gereist	wären gereist
ihr	seid gereist		seiet gereist	wäret gereist
sie	sind gereist		seien gereist	wären gereist

	Pluperfect
ich	war gereist
du	warst gereist
er	war gereist
wir	waren gereist
ihr	wart gereist
sie	waren gereist

		Future Time	
	Future	*(Fut. Subj.)*	*(Pres. Conditional)*
ich	werde reisen	werde reisen	würde reisen
du	wirst reisen	werdest reisen	würdest reisen
er	wird reisen	werde reisen	würde reisen
wir	werden reisen	werden reisen	würden reisen
ihr	werdet reisen	werdet reisen	würdet reisen
sie	werden reisen	werden reisen	würden reisen

		Future Perfect Time	
	Future Perfect	*(Fut. Perf. Subj.)*	*(Past Conditional)*
ich	werde gereist sein	werde gereist sein	würde gereist sein
du	wirst gereist sein	werdest gereist sein	würdest gereist sein
er	wird gereist sein	werde gereist sein	würde gereist sein
wir	werden gereist sein	werden gereist sein	würden gereist sein
ihr	werdet gereist sein	werdet gereist sein	würdet gereist sein
sie	werden gereist sein	werden gereist sein	würden gereist sein

PRINC. PARTS: reißen, riß, gerissen, reißt
IMPERATIVE: reiße!, reißt!, reißen Sie!

INDICATIVE	SUBJUNCTIVE	
	PRIMARY	SECONDARY

Present Time

	Present	*(Pres. Subj.)*	*(Imperf. Subj.)*
ich	reiße	reiße	risse
du	reißt	reißest	rissest
er	reißt	reiße	risse
wir	reißen	reißen	rissen
ihr	reißt	reißet	risset
sie	reißen	reißen	rissen

	Imperfect
ich	riß
du	rissest
er	riß
wir	rissen
ihr	rißt
sie	rissen

Past Time

	Perfect	*(Perf. Subj.)*	*(Pluperf. Subj.)*
ich	habe gerissen	habe gerissen	hätte gerissen
du	hast gerissen	habest gerissen	hättest gerissen
er	hat gerissen	habe gerissen	hätte gerissen
wir	haben gerissen	haben gerissen	hätten gerissen
ihr	habt gerissen	habet gerissen	hättet gerissen
sie	haben gerissen	haben gerissen	hätten gerissen

	Pluperfect
ich	hatte gerissen
du	hattest gerissen
er	hatte gerissen
wir	hatten gerissen
ihr	hattet gerissen
sie	hatten gerissen

Future Time

	Future	*(Fut. Subj.)*	*(Pres. Conditional)*
ich	werde reißen	werde reißen	würde reißen
du	wirst reißen	werdest reißen	würdest reißen
er	wird reißen	werde reißen	würde reißen
wir	werden reißen	werden reißen	würden reißen
ihr	werdet reißen	werdet reißen	würdet reißen
sie	werden reißen	werden reißen	würden reißen

Future Perfect Time

	Future Perfect	*(Fut. Perf. Subj.)*	*(Past Conditional)*
ich	werde gerissen haben	werde gerissen haben	würde gerissen haben
du	wirst gerissen haben	werdest gerissen haben	würdest gerissen haben
er	wird gerissen haben	werde gerissen haben	würde gerissen haben
wir	werden gerissen haben	werden gerissen haben	würden gerissen haben
ihr	werdet gerissen haben	werdet gerissen haben	würdet gerissen haben
sie	werden gerissen haben	werden gerissen haben	würden gerissen haben

279

reiten

to ride (on horse)

PRINC. PARTS: reiten, ritt, ist geritten, reitet
IMPERATIVE: reite!, reitet!, reiten Sie!

	INDICATIVE	SUBJUNCTIVE	
		PRIMARY	SECONDARY

Present Time

	Present	*(Pres. Subj.)*	*(Imperf. Subj.)*
ich	reite	reite	ritte
du	reitest	reitest	rittest
er	reitet	reite	ritte
wir	reiten	reiten	ritten
ihr	reitet	reitet	rittet
sie	reiten	reiten	ritten

	Imperfect
ich	ritt
du	rittest
er	ritt
wir	ritten
ihr	rittet
sie	ritten

Past Time

	Perfect	*(Perf. Subj.)*	*(Pluperf. Subj.)*
ich	bin geritten	sei geritten	wäre geritten
du	bist geritten	seiest geritten	wärest geritten
er	ist geritten	sei geritten	wäre geritten
wir	sind geritten	seien geritten	wären geritten
ihr	seid geritten	seiet geritten	wäret geritten
sie	sind geritten	seien geritten	wären geritten

	Pluperfect
ich	war geritten
du	warst geritten
er	war geritten
wir	waren geritten
ihr	wart geritten
sie	waren geritten

Future Time

	Future	*(Fut. Subj.)*	*(Pres. Conditional)*
ich	werde reiten	werde reiten	würde reiten
du	wirst reiten	werdest reiten	würdest reiten
er	wird reiten	werde reiten	würde reiten
wir	werden reiten	werden reiten	würden reiten
ihr	werdet reiten	werdet reiten	würdet reiten
sie	werden reiten	werden reiten	würden reiten

Future Perfect Time

	Future Perfect	*(Fut. Perf. Subj.)*	*(Past Conditional)*
ich	werde geritten sein	werde geritten sein	würde geritten sein
du	wirst geritten sein	werdest geritten sein	würdest geritten sein
er	wird geritten sein	werde geritten sein	würde geritten sein
wir	werden geritten sein	werden geritten sein	würden geritten sein
ihr	werdet geritten sein	werdet geritten sein	würdet geritten sein
sie	werden geritten sein	werden geritten sein	würden geritten sein

to excite, irritate, charm

INDICATIVE	SUBJUNCTIVE	
	PRIMARY	SECONDARY

	Present	(*Pres. Subj.*) Present Time	(*Imperf. Subj.*)
ich	reize	reize	reizte
du	reizt	reizest	reiztest
er	reizt	reize	reizte
wir	reizen	reizen	reizten
ihr	reizt	reizet	reiztet
sie	reizen	reizen	reizten

	Imperfect
ich	reizte
du	reiztest
er	reizte
wir	reizten
ihr	reiztet
sie	reizten

	Perfect	(*Perf. Subj.*) Past Time	(*Pluperf. Subj.*)
ich	habe gereizt	habe gereizt	hätte gereizt
du	hast gereizt	habest gereizt	hättest gereizt
er	hat gereizt	habe gereizt	hätte gereizt
wir	haben gereizt	haben gereizt	hätten gereizt
ihr	habt gereizt	habet gereizt	hättet gereizt
sie	haben gereizt	haben gereizt	hätten gereizt

	Pluperfect
ich	hatte gereizt
du	hattest gereizt
er	hatte gereizt
wir	hatten gereizt
ihr	hattet gereizt
sie	hatten gereizt

	Future	(*Fut. Subj.*) Future Time	(*Pres. Conditional*)
ich	werde reizen	werde reizen	würde reizen
du	wirst reizen	werdest reizen	würdest reizen
er	wird reizen	werde reizen	würde reizen
wir	werden reizen	werden reizen	würden reizen
ihr	werdet reizen	werdet reizen	würdet reizen
sie	werden reizen	werden reizen	würden reizen

	Future Perfect	(*Fut. Perf. Subj.*) Future Perfect Time	(*Past Conditional*)
ich	werde gereizt haben	werde gereizt haben	würde gereizt haben
du	wirst gereizt haben	werdest gereizt haben	würdest gereizt haben
er	wird gereizt haben	werde gereizt haben	würde gereizt haben
wir	werden gereizt haben	werden gereizt haben	würden gereizt haben
ihr	werdet gereizt haben	werdet gereizt haben	würdet gereizt haben
sie	werden gereizt haben	werden gereizt haben	würden gereizt haben

rennen

to run, race

PRINC. PARTS: rennen, rannte, ist gerannt, rennt
IMPERATIVE: renne!, rennt!, rennen Sie!

	INDICATIVE	SUBJUNCTIVE	
		PRIMARY	SECONDARY
		Present Time	
	Present	*(Pres. Subj.)*	*(Imperf. Subj.)*
ich	renne	renne	rennte
du	rennst	rennest	renntest
er	rennt	renne	rennte
wir	rennen	rennen	rennten
ihr	rennt	rennet	renntet
sie	rennen	rennen	rennten

	Imperfect
ich	rannte
du	ranntest
er	rannte
wir	rannten
ihr	ranntet
sie	rannten

			Past Time	
	Perfect	*(Perf. Subj.)*	*(Pluperf. Subj.)*
ich	bin gerannt	sei gerannt	wäre gerannt
du	bist gerannt	seiest gerannt	wärest gerannt
er	ist gerannt	sei gerannt	wäre gerannt
wir	sind gerannt	seien gerannt	wären gerannt
ihr	seid gerannt	seiet gerannt	wäret gerannt
sie	sind gerannt	seien gerannt	wären gerannt

	Pluperfect
ich	war gerannt
du	warst gerannt
er	war gerannt
wir	waren gerannt
ihr	wart gerannt
sie	waren gerannt

			Future Time	
	Future	*(Fut. Subj.)*	*(Pres. Conditional)*
ich	werde rennen	werde rennen	würde rennen
du	wirst rennen	werdest rennen	würdest rennen
er	wird rennen	werde rennen	würde rennen
wir	werden rennen	werden rennen	würden rennen
ihr	werdet rennen	werdet rennen	würdet rennen
sie	werden rennen	werden rennen	würden rennen

			Future Perfect Time	
	Future Perfect	*(Fut. Perf. Subj.)*	*(Past Conditional)*
ich	werde gerannt sein	werde gerannt sein	würde gerannt sein
du	wirst gerannt sein	werdest gerannt sein	würdest gerannt sein
er	wird gerannt sein	werde gerannt sein	würde gerannt sein
wir	werden gerannt sein	werden gerannt sein	würden gerannt sein
ihr	werdet gerannt sein	werdet gerannt sein	würdet gerannt sein
sie	werden gerannt sein	werden gerannt sein	würden gerannt sein

retten

PRINC. PARTS: retten, rettete, gerettet, rettet
IMPERATIVE: rette!, rettet!, retten Sie!

to save, rescue

	INDICATIVE	SUBJUNCTIVE	
		PRIMARY	SECONDARY
		Present Time	
	Present	*(Pres. Subj.)*	*(Imperf. Subj.)*
ich	rette	rette	rettete
du	rettest	rettest	rettetest
er	rettet	rette	rettete
wir	retten	retten	retteten
ihr	rettet	rettet	rettetet
sie	retten	retten	retteten

	Imperfect
ich	rettete
du	rettetest
er	rettete
wir	retteten
ihr	rettetet
sie	retteten

		Past Time	
	Perfect	*(Perf. Subj.)*	*(Pluperf. Subj.)*
ich	habe gerettet	habe gerettet	hätte gerettet
du	hast gerettet	habest gerettet	hättest gerettet
er	hat gerettet	habe gerettet	hätte gerettet
wir	haben gerettet	haben gerettet	hätten gerettet
ihr	habt gerettet	habet gerettet	hättet gerettet
sie	haben gerettet	haben gerettet	hätten gerettet

	Pluperfect
ich	hatte gerettet
du	hattest gerettet
er	hatte gerettet
wir	hatten gerettet
ihr	hattet gerettet
sie	hatten gerettet

		Future Time	
	Future	*(Fut. Subj.)*	*(Pres. Conditional)*
ich	werde retten	werde retten	würde retten
du	wirst retten	werdest retten	würdest retten
er	wird retten	werde retten	würde retten
wir	werden retten	werden retten	würden retten
ihr	werdet retten	werdet retten	würdet retten
sie	werden retten	werden retten	würden retten

		Future Perfect Time	
	Future Perfect	*(Fut. Perf. Subj.)*	*(Past Conditional)*
ich	werde gerettet haben	werde gerettet haben	würde gerettet haben
du	wirst gerettet haben	werdest gerettet haben	würdest gerettet haben
er	wird gerettet haben	werde gerettet haben	würde gerettet haben
wir	werden gerettet haben	werden gerettet haben	würden gerettet haben
ihr	werdet gerettet haben	werdet gerettet haben	würdet gerettet haben
sie	werden gerettet haben	werden gerettet haben	würden gerettet haben

richten

to set right, adjust; prepare
(meals, etc.), point, judge

PRINC. PARTS: richten, richtete, gerichtet, richtet
IMPERATIVE: richte!, richtet!, richten Sie!

	INDICATIVE		SUBJUNCTIVE	
			PRIMARY	SECONDARY
			Present Time	
	Present		*(Pres. Subj.)*	*(Imperf. Subj.)*
ich	richte		richte	richtete
du	richtest		richtest	richtetest
er	richtet		richte	richtete
wir	richten		richten	richteten
ihr	richtet		richtet	richtetet
sie	richten		richten	richteten
	Imperfect			
ich	richtete			
du	richtetest			
er	richtete			
wir	richteten			
ihr	richtetet			
sie	richteten			
			Past Time	
	Perfect		*(Perf. Subj.)*	*(Pluperf. Subj.)*
ich	habe gerichtet		habe gerichtet	hätte gerichtet
du	hast gerichtet		habest gerichtet	hättest gerichtet
er	hat gerichtet		habe gerichtet	hätte gerichtet
wir	haben gerichtet		haben gerichtet	hätten gerichtet
ihr	habt gerichtet		habet gerichtet	hättet gerichtet
sie	haben gerichtet		haben gerichtet	hätten gerichtet
	Pluperfect			
ich	hatte gerichtet			
du	hattest gerichtet			
er	hatte gerichtet			
wir	hatten gerichtet			
ihr	hattet gerichtet			
sie	hatten gerichtet			
			Future Time	
	Future		*(Fut. Subj.)*	*(Pres. Conditional)*
ich	werde richten		werde richten	würde richten
du	wirst richten		werdest richten	würdest richten
er	wird richten		werde richten	würde richten
wir	werden richten		werden richten	würden richten
ihr	werdet richten		werdet richten	würdet richten
sie	werden richten		werden richten	würden richten
			Future Perfect Time	
	Future Perfect		*(Fut. Perf. Subj.)*	*(Past Conditional)*
ich	werde gerichtet haben		werde gerichtet haben	würde gerichtet haben
du	wirst gerichtet haben		werdest gerichtet haben	würdest gerichtet haben
er	wird gerichtet haben		werde gerichtet haben	würde gerichtet haben
wir	werden gerichtet haben		werden gerichtet haben	würden gerichtet haben
ihr	werdet gerichtet haben		werdet gerichtet haben	würdet gerichtet haben
sie	werden gerichtet haben		werden gerichtet haben	würden gerichtet haben

PRINC. PARTS: riechen, roch, gerochen, riecht
IMPERATIVE: rieche!, riecht!, riechen Sie!

INDICATIVE	SUBJUNCTIVE	
	PRIMARY	SECONDARY

Present Time

	Present	*(Pres. Subj.)*	*(Imperf. Subj.)*
ich	rieche	rieche	röche
du	riechst	riechest	röchest
er	riecht	rieche	röche
wir	riechen	riechen	röchen
ihr	riecht	riechet	röchet
sie	riechen	riechen	röchen

	Imperfect
ich	roch
du	rochst
er	roch
wir	rochen
ihr	rocht
sie	rochen

Past Time

	Perfect	*(Perf. Subj.)*	*(Pluperf. Subj.)*
ich	habe gerochen	habe gerochen	hätte gerochen
du	hast gerochen	habest gerochen	hättest gerochen
er	hat gerochen	habe gerochen	hätte gerochen
wir	haben gerochen	haben gerochen	hätten gerochen
ihr	habt gerochen	habet gerochen	hättet gerochen
sie	haben gerochen	haben gerochen	hätten gerochen

	Pluperfect
ich	hatte gerochen
du	hattest gerochen
er	hatte gerochen
wir	hatten gerochen
ihr	hattet gerochen
sie	hatten gerochen

Future Time

	Future	*(Fut. Subj.)*	*(Pres. Conditional)*
ich	werde riechen	werde riechen	würde riechen
du	wirst riechen	werdest riechen	würdest riechen
er	wird riechen	werde riechen	würde riechen
wir	werden riechen	werden riechen	würden riechen
ihr	werdet riechen	werdet riechen	würdet riechen
sie	werden riechen	werden riechen	würden riechen

Future Perfect Time

	Future Perfect	*(Fut. Perf. Subj.)*	*(Past Conditional)*
ich	werde gerochen haben	werde gerochen haben	würde gerochen haben
du	wirst gerochen haben	werdest gerochen haben	würdest gerochen haben
er	wird gerochen haben	werde gerochen haben	würde gerochen haben
wir	werden gerochen haben	werden gerochen haben	würden gerochen haben
ihr	werdet gerochen haben	werdet gerochen haben	würdet gerochen haben
sie	werden gerochen haben	werden gerochen haben	würden gerochen haben

ringen

to struggle, wrestle, wring

	INDICATIVE	SUBJUNCTIVE	
		PRIMARY	SECONDARY
		Present Time	
	Present	*(Pres. Subj.)*	*(Imperf. Subj.)*
ich	ringe	ringe	ränge
du	ringst	ringest	rängest
er	ringt	ringe	ränge
wir	ringen	ringen	rängen
ihr	ringt	ringet	ränget
sie	ringen	ringen	rängen

	Imperfect
ich	rang
du	rangst
er	rang
wir	rangen
ihr	rangt
sie	rangen

			Past Time	
	Perfect	*(Perf. Subj.)*	*(Pluperf. Subj.)*
ich	habe gerungen	habe gerungen	hätte gerungen
du	hast gerungen	habest gerungen	hättest gerungen
er	hat gerungen	habe gerungen	hätte gerungen
wir	haben gerungen	haben gerungen	hätten gerungen
ihr	habt gerungen	habet gerungen	hättet gerungen
sie	haben gerungen	haben gerungen	hätten gerungen

	Pluperfect
ich	hatte gerungen
du	hattest gerungen
er	hatte gerungen
wir	hatten gerungen
ihr	hattet gerungen
sie	hatten gerungen

			Future Time	
	Future	*(Fut. Subj.)*	*(Pres. Conditional)*
ich	werde ringen	werde ringen	würde ringen
du	wirst ringen	werdest ringen	würdest ringen
er	wird ringen	werde ringen	würde ringen
wir	werden ringen	werden ringen	würden ringen
ihr	werdet ringen	werdet ringen	würdet ringen
sie	werden ringen	werden ringen	würden ringen

			Future Perfect Time	
	Future Perfect	*(Fut. Perf. Subj.)*	*(Past Conditional)*
ich	werde gerungen haben	werde gerungen haben	würde gerungen haben
du	wirst gerungen haben	werdest gerungen haben	würdest gerungen haben
er	wird gerungen haben	werde gerungen haben	würde gerungen haben
wir	werden gerungen haben	werden gerungen haben	würden gerungen haben
ihr	werdet gerungen haben	werdet gerungen haben	würdet gerungen haben
sie	werden gerungen haben	werden gerungen haben	würden gerungen haben

PRINC. PARTS: rinnen,* rann, ist geronnen,**
           rinnt
IMPERATIVE: rinne!, rinnt!, rinnen Sie!

rinnen
to run (of liquids), flow, drip

INDICATIVE	SUBJUNCTIVE	
	PRIMARY	SECONDARY
	Present Time	
Present	*(Pres. Subj.)*	*(Imperf. Subj.)*
ich rinne	rinne	rönne
du rinnst	rinnest	rönnest
er rinnt	rinne	rönne
wir rinnen	rinnen	rönnen
ihr rinnt	rinnet	rönnet
sie rinnen	rinnen	rönnen

Imperfect

ich rann
du rannst
er rann
wir rannen
ihr rannt
sie rannen

	Past Time	
Perfect	*(Perf. Subj.)*	*(Pluperf. Subj.)*
ich bin geronnen	sei geronnen	wäre geronnen
du bist geronnen	seiest geronnen	wärest geronnen
er ist geronnen	sei geronnen	wäre geronnen
wir sind geronnen	seien geronnen	wären geronnen
ihr seid geronnen	seiet geronnen	wäret geronnen
sie sind geronnen	seien geronnen	wären geronnen

Pluperfect

ich war geronnen
du warst geronnen
er war geronnen
wir waren geronnen
ihr wart geronnen
sie waren geronnen

	Future Time	
Future	*(Fut. Subj.)*	*(Pres. Conditional)*
ich werde rinnen	werde rinnen	würde rinnen
du wirst rinnen	werdest rinnen	würdest rinnen
er wird rinnen	werde rinnen	würde rinnen
wir werden rinnen	werden rinnen	würden rinnen
ihr werdet rinnen	werdet rinnen	würdet rinnen
sie werden rinnen	werden rinnen	würden rinnen

	Future Perfect Time	
Future Perfect	*(Fut. Perf. Subj.)*	*(Past Conditional)*
ich werde geronnen sein	werde geronnen sein	würde geronnen sein
du wirst geronnen sein	werdest geronnen sein	würdest geronnen sein
er wird geronnen sein	werde geronnen sein	würde geronnen sein
wir werden geronnen sein	werden geronnen sein	würden geronnen sein
ihr werdet geronnen sein	werdet geronnen sein	würdet geronnen sein
sie werden geronnen sein	werden geronnen sein	würden geronnen sein

* Forms other than the third person are infrequently found.
** The perfect tenses use haben as the auxiliary verb when **rinnen** means *to leak.*

rollen

to roll

PRINC. PARTS: rollen, rollte, gerollt, rollt
IMPERATIVE: rolle!, rollt!, rollen Sie!

	INDICATIVE	SUBJUNCTIVE	
		PRIMARY	SECONDARY

Present Time

	Present	*(Pres. Subj.)*	*(Imperf. Subj.)*
ich	rolle	rolle	rollte
du	rollst	rollest	rolltest
er	rollt	rolle	rollte
wir	rollen	rollen	rollten
ihr	rollt	rollet	rolltet
sie	rollen	rollen	rollten

	Imperfect
ich	rollte
du	rolltest
er	rollte
wir	rollten
ihr	rolltet
sie	rollten

Past Time

	Perfect	*(Perf. Subj.)*	*(Pluperf. Subj.)*
ich	habe gerollt	habe gerollt	hätte gerollt
du	hast gerollt	habest gerollt	hättest gerollt
er	hat gerollt	habe gerollt	hätte gerollt
wir	haben gerollt	haben gerollt	hätten gerollt
ihr	habt gerollt	habet gerollt	hättet gerollt
sie	haben gerollt	haben gerollt	hätten gerollt

	Pluperfect
ich	hatte gerollt
du	hattest gerollt
er	hatte gerollt
wir	hatten gerollt
ihr	hattet gerollt
sie	hatten gerollt

Future Time

	Future	*(Fut. Subj.)*	*(Pres. Conditional)*
ich	werde rollen	werde rollen	würde rollen
du	wirst rollen	werdest rollen	würdest rollen
er	wird rollen	werde rollen	würde rollen
wir	werden rollen	werden rollen	würden rollen
ihr	werdet rollen	werdet rollen	würdet rollen
sie	werden rollen	werden rollen	würden rollen

Future Perfect Time

	Future Perfect	*(Fut. Perf. Subj.)*	*(Past Conditional)*
ich	werde gerollt haben	werde gerollt haben	würde gerollt haben
du	wirst gerollt haben	werdest gerollt haben	würdest gerollt haben
er	wird gerollt haben	werde gerollt haben	würde gerollt haben
wir	werden gerollt haben	werden gerollt haben	würden gerollt haben
ihr	werdet gerollt haben	werdet gerollt haben	würdet gerollt haben
sie	werden gerollt haben	werden gerollt haben	würden gerollt haben

PRINC. PARTS: rösten, röstete, geröstet, röstet
IMPERATIVE: röste!, röstet!, rösten Sie!

to roast

	INDICATIVE	SUBJUNCTIVE	
		PRIMARY	SECONDARY
		Present Time	
	Present	*(Pres. Subj.)*	*(Imperf. Subj.)*
ich	röste	röste	röstete
du	röstest	röstest	röstetest
er	röstet	röste	röstete
wir	rösten	rösten	rösteten
ihr	röstet	röstet	röstetet
sie	rösten	rösten	rösteten

	Imperfect
ich	röstete
du	röstetest
er	röstete
wir	rösteten
ihr	röstetet
sie	rösteten

			Past Time	
	Perfect	*(Perf. Subj.)*	*(Pluperf. Subj.)*
ich	habe geröstet	habe geröstet	hätte geröstet
du	hast geröstet	habest geröstet	hättest geröstet
er	hat geröstet	habe geröstet	hätte geröstet
wir	haben geröstet	haben geröstet	hätten geröste
ihr	habt geröstet	habet geröstet	hättet geröstet
sie	haben geröstet	haben geröstet	hätten geröstet

	Pluperfect
ich	hatte geröstet
du	hattest geröstet
er	hatte geröstet
wir	hatten geröstet
ihr	hattet geröstet
sie	hatten geröstet

		Future Time	
	Future	*(Fut. Subj.)*	*(Pres. Conditional)*
ich	werde rösten	werde rösten	würde rösten
du	wirst rösten	werdest rösten	würdest rösten
er	wird rösten	werde rösten	würde rösten
wir	werden rösten	werden rösten	würden rösten
ihr	werdet rösten	werdet rösten	würdet rösten
sie	werden rösten	werden rösten	würden rösten

		Future Perfect Time	
	Future Perfect	*(Fut. Perf. Subj.)*	*(Past Conditional)*
ich	werde geröstet haben	werde geröstet haben	würde geröstet haben
du	wirst geröstet haben	werdest geröstet haben	würdest geröstet haben
er	wird geröstet haben	werde geröstet haben	würde geröstet haben
wir	werden geröstet haben	werden geröstet haben	würden geröstet haben
ihr	werdet geröstet haben	werdet geröstet haben	würdet geröstet haben
sie	werden geröstet haben	werden geröstet haben	würden geröstet haben

rücken

to move, bring nearer

PRINC. PARTS: rücken, rückte, gerückt, rückt
IMPERATIVE: rücke!, rückt!, rücken Sie!

INDICATIVE	SUBJUNCTIVE	
	PRIMARY	SECONDARY
	Present Time	
Present	*(Pres. Subj.)*	*(Imperf. Subj.)*
ich rücke	rücke	rückte
du rückst	rückest	rücktest
er rückt	rücke	rückte
wir rücken	rücken	rückten
ihr rückt	rücket	rücktet
sie rücken	rücken	rückten

Imperfect
ich rückte
du rücktest
er rückte
wir rückten
ihr rücktet
sie rückten

	Past Time	
Perfect	*(Perf. Subj.)*	*(Pluperf. Subj.)*
ich habe gerückt	habe gerückt	hätte gerückt
du hast gerückt	habest gerückt	hättest gerückt
er hat gerückt	habe gerückt	hätte gerückt
wir haben gerückt	haben gerückt	hätten gerückt
ihr habt gerückt	habet gerückt	hättet gerückt
sie haben gerückt	haben gerückt	hätten gerückt

Pluperfect
ich hatte gerückt
du hattest gerückt
er hatte gerückt
wir hatten gerückt
ihr hattet gerückt
sie hatten gerückt

	Future Time	
Future	*(Fut. Subj.)*	*(Pres. Conditional)*
ich werde rücken	werde rücken	würde rücken
du wirst rücken	werdest rücken	würdest rücken
er wird rücken	werde rücken	würde rücken
wir werden rücken	werden rücken	würden rücken
ihr werdet rücken	werdet rücken	würdet rücken
sie werden rücken	werden rücken	würden rücken

	Future Perfect Time	
Future Perfect	*(Fut. Perf. Subj.)*	*(Past Conditional)*
ich werde gerückt haben	werde gerückt haben	würde gerückt haben
du wirst gerückt haben	werdest gerückt haben	würdest gerückt haben
er wird gerückt haben	werde gerückt haben	würde gerückt haben
wir werden gerückt haben	werden gerückt haben	würden gerückt haben
ihr werdet gerückt haben	werdet gerückt haben	würdet gerückt haben
sie werden gerückt haben	werden gerückt haben	würden gerückt haben

PRINC. PARTS: rufen, rief, gerufen, ruft
IMPERATIVE: rufe!, ruft!, rufen Sie!

to call, shout

INDICATIVE	SUBJUNCTIVE	
	PRIMARY	SECONDARY
		Present Time
Present	*(Pres. Subj.)*	*(Imperf. Subj.)*
ich rufe	rufe	riefe
du rufst	rufest	riefest
er ruft	rufe	riefe
wir rufen	rufen	riefen
ihr ruft	rufet	riefet
sie rufen	rufen	riefen

Imperfect
ich rief
du riefst
er rief
wir riefen
ihr rieft
sie riefen

		Past Time
Perfect	*(Perf. Subj.)*	*(Pluperf. Subj.)*
ich habe gerufen	habe gerufen	hätte gerufen
du hast gerufen	habest gerufen	hättest gerufen
er hat gerufen	habe gerufen	hätte gerufen
wir haben gerufen	haben gerufen	hätten gerufen
ihr habt gerufen	habet gerufen	hättet gerufen
sie haben gerufen	haben gerufen	hätten gerufen

Pluperfect
ich hatte gerufen
du hattest gerufen
er hatte gerufen
wir hatten gerufen
ihr hattet gerufen
sie hatten gerufen

		Future Time
Future	*(Fut. Subj.)*	*(Pres. Conditional)*
ich werde rufen	werde rufen	würde rufen
du wirst rufen	werdest rufen	würdest rufen
er wird rufen	werde rufen	würde rufen
wir werden rufen	werden rufen	würden rufen
ihr werdet rufen	werdet rufen	würdet rufen
sie werden rufen	werden rufen	würden rufen

		Future Perfect Time
Future Perfect	*(Fut. Perf. Subj.)*	*(Past Conditional)*
ich werde gerufen haben	werde gerufen haben	würde gerufen haben
du wirst gerufen haben	werdest gerufen haben	würdest gerufen haben
er wird gerufen haben	werde gerufen haben	würde gerufen haben
wir werden gerufen haben	werden gerufen haben	würden gerufen haben
ihr werdet gerufen haben	werdet gerufen haben	würdet gerufen haben
sie werden gerufen haben	werden gerufen haben	würden gerufen haben

ruhen

to rest

PRINC. PARTS: ruhen, ruhte, geruht, ruht
IMPERATIVE: ruhe!, ruht!, ruhen Sie!

INDICATIVE	SUBJUNCTIVE	
	PRIMARY	SECONDARY

Present Time

	Present	*(Pres. Subj.)*	*(Imperf. Subj.)*
ich	ruhe	ruhe	ruhte
du	ruhst	ruhest	ruhtest
er	ruht	ruhe	ruhte
wir	ruhen	ruhen	ruhten
ihr	ruht	ruhet	ruhtet
sie	ruhen	ruhen	ruhten

	Imperfect
ich	ruhte
du	ruhtest
er	ruhte
wir	ruhten
ihr	ruhtet
sie	ruhten

Past Time

	Perfect	*(Perf. Subj.)*	*(Pluperf. Subj.)*
ich	habe geruht	habe geruht	hätte geruht
du	hast geruht	habest geruht	hättest geruht
er	hat geruht	habe geruht	hätte geruht
wir	haben geruht	haben geruht	hätten geruht
ihr	habt geruht	habet geruht	hättet geruht
sie	haben geruht	haben geruht	hätten geruht

	Pluperfect
ich	hatte geruht
du	hattest geruht
er	hatte geruht
wir	hatten geruht
ihr	hattet geruht
sie	hatten geruht

Future Time

	Future	*(Fut. Subj.)*	*(Pres. Conditional)*
ich	werde ruhen	werde ruhen	würde ruhen
du	wirst ruhen	werdest ruhen	würdest ruhen
er	wird ruhen	werde ruhen	würde ruhen
wir	werden ruhen	werden ruhen	würden ruhen
ihr	werdet ruhen	werdet ruhen	würdet ruhen
sie	werden ruhen	werden ruhen	würden ruhen

Future Perfect Time

	Future Perfect	*(Fut. Perf. Subj.)*	*(Past Conditional)*
ich	werde geruht haben	werde geruht haben	würde geruht haben
du	wirst geruht haben	werdest geruht haben	würdest geruht haben
er	wird geruht haben	werde geruht haben	würde geruht haben
wir	werden geruht haben	werden geruht haben	würden geruht haben
ihr	werdet geruht haben	werdet geruht haben	würdet geruht haben
sie	werden geruht haben	werden geruht haben	würden geruht haben

PRINC. PARTS: rühmen, rühmte, gerühmt, rühmt
IMPERATIVE: rühme!, rühmt!, rühmen Sie!

to praise, glorify

	INDICATIVE	SUBJUNCTIVE	
		PRIMARY	SECONDARY
		Present Time	
	Present	*(Pres. Subj.)*	*(Imperf. Subj.)*
ich	rühme	rühme	rühmte
du	rühmst	rühmest	rühmtest
er	rühmt	rühme	rühmte
wir	rühmen	rühmen	rühmten
ihr	rühmt	rühmet	rühmtet
sie	rühmen	rühmen	rühmten

	Imperfect
ich	rühmte
du	rühmtest
er	rühmte
wir	rühmten
ihr	rühmtet
sie	rühmten

			Past Time	
	Perfect	*(Perf. Subj.)*	*(Pluperf. Subj.)*
ich	habe gerühmt	habe gerühmt	hätte gerühmt
du	hast gerühmt	habest gerühmt	hättest gerühmt
er	hat gerühmt	habe gerühmt	hätte gerühmt
wir	haben gerühmt	haben gerühmt	hätten gerühmt
ihr	habt gerühmt	habet gerühmt	hättet gerühmt
sie	haben gerühmt	haben gerühmt	hätten gerühmt

	Pluperfect
ich	hatte gerühmt
du	hattest gerühmt
er	hatte gerühmt
wir	hatten gerühmt
ihr	hattet gerühmt
sie	hatten gerühmt

			Future Time	
	Future	*(Fut. Subj.)*	*(Pres. Conditional)*
ich	werde rühmen	werde rühmen	würde rühmen
du	wirst rühmen	werdest rühmen	würdest rühmen
er	wird rühmen	werde rühmen	würde rühmen
wir	werden rühmen	werden rühmen	würden rühmen
ihr	werdet rühmen	werdet rühmen	würdet rühmen
sie	werden rühmen	werden rühmen	würden rühmen

			Future Perfect Time	
	Future Perfect	*(Fut. Perf. Subj.)*	*(Past Conditional)*
ich	werde gerühmt haben	werde gerühmt haben	würde gerühmt haben
du	wirst gerühmt haben	werdest gerühmt haben	würdest gerühmt haben
er	wird gerühmt haben	werde gerühmt haben	würde gerühmt haben
wir	werden gerühmt haben	werden gerühmt haben	würden gerühmt haben
ihr	werdet gerühmt haben	werdet gerühmt haben	würdet gerühmt haben
sie	werden gerühmt haben	werden gerühmt haben	würden gerühmt haben

293

rühren

to stir, touch

PRINC. PARTS: rühren, rührte, gerührt, rührt
IMPERATIVE: rühre!, rührt!, rühren Sie!

INDICATIVE	SUBJUNCTIVE	
	PRIMARY	SECONDARY
	Present Time	
Present	*(Pres. Subj.)*	*(Imperf. Subj.)*
ich rühre	rühre	rührte
du rührst	rührest	rührtest
er rührt	rühre	rührte
wir rühren	rühren	rührten
ihr rührt	rühret	rührtet
sie rühren	rühren	rührten

Imperfect

ich rührte
du rührtest
er rührte
wir rührten
ihr rührtet
sie rührten

	Past Time	
Perfect	*(Perf. Subj.)*	*(Pluperf. Subj.)*
ich habe gerührt	habe gerührt	hätte gerührt
du hast gerührt	habest gerührt	hättest gerührt
er hat gerührt	habe gerührt	hätte gerührt
wir haben gerührt	haben gerührt	hätten gerührt
ihr habt gerührt	habet gerührt	hättet gerührt
sie haben gerührt	haben gerührt	hätten gerührt

Pluperfect

ich hatte gerührt
du hattest gerührt
er hatte gerührt
wir hatten gerührt
ihr hattet gerührt
sie hatten gerührt

	Future Time	
Future	*(Fut. Subj.)*	*(Pres. Conditional)*
ich werde rühren	werde rühren	würde rühren
du wirst rühren	werdest rühren	würdest rühren
er wird rühren	werde rühren	würde rühren
wir werden rühren	werden rühren	würden rühren
ihr werdet rühren	werdet rühren	würdet rühren
sie werden rühren	werden rühren	würden rühren

	Future Perfect Time	
Future Perfect	*(Fut. Perf. Subj.)*	*(Past Conditional)*
ich werde gerührt haben	werde gerührt haben	würde gerührt haben
du wirst gerührt haben	werdest gerührt haben	würdest gerührt haben
er wird gerührt haben	werde gerührt haben	würde gerührt haben
wir werden gerührt haben	werden gerührt haben	würden gerührt haben
ihr werdet gerührt haben	werdet gerührt haben	würdet gerührt haben
sie werden gerührt haben	werden gerührt haben	würden gerührt haben

PRINC. PARTS: rüsten, rüstete, gerüstet, rüstet
IMPERATIVE: rüste!, rüstet!, rüsten Sie!

to arm, mobilize, prepare

	INDICATIVE	SUBJUNCTIVE	
		PRIMARY	SECONDARY
		Present Time	
	Present	(*Pres. Subj.*)	(*Imperf. Subj.*)
ich	rüste	rüste	rüstete
du	rüstest	rüstest	rüstetest
er	rüstet	rüste	rüstete
wir	rüsten	rüsten	rüsteten
ihr	rüstet	rüstet	rüstetet
sie	rüsten	rüsten	rüsteten

	Imperfect
ich	rüstete
du	rüstetest
er	rüstete
wir	rüsteten
ihr	rüstetet
sie	rüsteten

			Past Time	
	Perfect	(*Perf. Subj.*)	(*Pluperf. Subj.*)
ich	habe gerüstet	habe gerüstet	hätte gerüstet
du	hast gerüstet	habest gerüstet	hättest gerüstet
er	hat gerüstet	habe gerüstet	hätte gerüstet
wir	haben gerüstet	haben gerüstet	hätten gerüstet
ihr	habt gerüstet	habet gerüstet	hättet gerüstet
sie	haben gerüstet	haben gerüstet	hätten gerüstet

	Pluperfect
ich	hatte gerüstet
du	hattest gerüstet
er	hatte gerüstet
wir	hatten gerüstet
ihr	hattet gerüstet
sie	hatten gerüstet

			Future Time	
	Future	(*Fut. Subj.*)	(*Pres. Conditional*)
ich	werde rüsten	werde rüsten	würde rüsten
du	wirst rüsten	werdest rüsten	würdest rüsten
er	wird rüsten	werde rüsten	würde rüsten
wir	werden rüsten	werden rüsten	würden rüsten
ihr	werdet rüsten	werdet rüsten	würdet rüsten
sie	werden rüsten	werden rüsten	würden rüsten

			Future Perfect Time	
	Future Perfect	(*Fut. Perf. Subj.*)	(*Past Conditional*)
ich	werde gerüstet haben	werde gerüstet haben	würde gerüstet haben
du	wirst gerüstet haben	werdest gerüstet haben	würdest gerüstet haben
er	wird gerüstet haben	werde gerüstet haben	würde gerüstet haben
wir	werden gerüstet haben	werden gerüstet haben	würden gerüstet haben
ihr	werdet gerüstet haben	werdet gerüstet haben	würdet gerüstet haben
sie	werden gerüstet haben	werden gerüstet haben	würden gerüstet haben

sagen

to say, tell, speak

INDICATIVE	SUBJUNCTIVE	
	PRIMARY	SECONDARY
	Present Time	
Present	*(Pres. Subj.)*	*(Imperf. Subj.)*
ich sage	sage	sagte
du sagst	sagest	sagtest
er sagt	sage	sagte
wir sagen	sagen	sagten
ihr sagt	saget	sagtet
sie sagen	sagen	sagten

Imperfect
ich sagte
du sagtest
er sagte
wir sagten
ihr sagtet
sie sagten

	Past Time	
Perfect	*(Perf. Subj.)*	*(Pluperf. Subj.)*
ich habe gesagt	habe gesagt	hätte gesagt
du hast gesagt	habest gesagt	hättest gesagt
er hat gesagt	habe gesagt	hätte gesagt
wir haben gesagt	haben gesagt	hätten gesagt
ihr habt gesagt	habet gesagt	hättet gesagt
sie haben gesagt	haben gesagt	hätten gesagt

Pluperfect
ich hatte gesagt
du hattest gesagt
er hatte gesagt
wir hatten gesagt
ihr hattet gesagt
sie hatten gesagt

	Future Time	
Future	*(Fut. Subj.)*	*(Pres. Conditional)*
ich werde sagen	werde sagen	würde sagen
du wirst sagen	werdest sagen	würdest sagen
er wird sagen	werde sagen	würde sagen
wir werden sagen	werden sagen	würden sagen
ihr werdet sagen	werdet sagen	würdet sagen
sie werden sagen	werden sagen	würden sagen

	Future Perfect Time	
Future Perfect	*(Fut. Perf. Subj.)*	*(Past Conditional)*
ich werde gesagt haben	werde gesagt haben	würde gesagt haben
du wirst gesagt haben	werdest gesagt haben	würdest gesagt haben
er wird gesagt haben	werde gesagt haben	würde gesagt haben
wir werden gesagt haben	werden gesagt haben	würden gesagt haben
ihr werdet gesagt haben	werdet gesagt haben	würdet gesagt haben
sie werden gesagt haben	werden gesagt haben	würden gesagt haben

saufen

PRINC. PARTS: saufen, soff, gesoffen, säuft
IMPERATIVE: saufe!, sauft!, saufen Sie!

to drink (of animals),
drink to excess

INDICATIVE	SUBJUNCTIVE	
	PRIMARY	SECONDARY

Present Time

	Present	*(Pres. Subj.)*	*(Imperf. Subj.)*
ich	saufe	saufe	söffe
du	säufst	saufest	söffest
er	säuft	saufe	söffe
wir	saufen	saufen	söffen
ihr	sauft	saufet	söffet
sie	saufen	saufen	söffen

	Imperfect
ich	soff
du	soffst
er	soff
wir	soffen
ihr •	sofft
sie	soffen

Past Time

	Perfect	*(Perf. Subj.)*	*(Pluperf. Subj.)*
ich	habe gesoffen	habe gesoffen	hätte gesoffen
du	hast gesoffen	habest gesoffen	hättest gesoffen
er	hat gesoffen	habe gesoffen	hätte gesoffen
wir	haben gesoffen	haben gesoffen	hätten gesoffen
ihr	habt gesoffen	habet gesoffen	hättet gesoffen
sie	haben gesoffen	haben gesoffen	hätten gesoffen

	Pluperfect
ich	hatte gesoffen
du	hattest gesoffen
er	hatte gesoffen
wir	hatten gesoffen
ihr	hattet gesoffen
sie	hatten gesoffen

Future Time

	Future	*(Fut. Subj.)*	*(Pres. Conditional)*
ich	werde saufen	werde saufen	würde saufen
du	wirst saufen	werdest saufen	würdest saufen
er	wird saufen	werde saufen	würde saufen
wir	werden saufen	werden saufen	würden saufen
ihr	werdet saufen	werdet saufen	würdet saufen
sie	werden saufen	werden saufen	würden saufen

Future Perfect Time

	Future Perfect	*(Fut. Perf. Subj.)*	*(Past Conditional)*
ich	werde gesoffen haben	werde gesoffen haben	würde gesoffen haben
du	wirst gesoffen haben	werdest gesoffen haben	würdest gesoffen haben
er	wird gesoffen haben	werde gesoffen haben	würde gesoffen haben
wir	werden gesoffen haben	werden gesoffen haben	würden gesoffen haben
ihr	werdet gesoffen haben	werdet gesoffen haben	würdet gesoffen haben
sie	werden gesoffen haben	werden gesoffen haben	würden gesoffen haben

297

saugen

to suck, absorb

PRINC. PARTS: saugen,* sog, gesogen, saugt
IMPERATIVE: sauge!, saugt!, saugen Sie!

INDICATIVE	SUBJUNCTIVE	
	PRIMARY	SECONDARY
	Present Time	
Present	*(Pres. Subj.)*	*(Imperf. Subj.)*
ich sauge	sauge	söge
du saugst	saugest	sögest
er saugt	sauge	söge
wir saugen	saugen	sögen
ihr saugt	sauget	söget
sie saugen	saugen	sögen

Imperfect
ich sog
du sogst
er sog
wir sogen
ihr sogt
sie sogen

	Past Time	
Perfect	*(Perf. Subj.)*	*(Pluperf. Subj.)*
ich habe gesogen	habe gesogen	hätte gesogen
du hast gesogen	habest gesogen	hättest gesogen
er hat gesogen	habe gesogen	hätte gesogen
wir haben gesogen	haben gesogen	hätten gesogen
ihr habt gesogen	habet gesogen	hättet gesogen
sie haben gesogen	haben gesogen	hätten gesogen

Pluperfect
ich hatte gesogen
du hattest gesogen
er hatte gesogen
wir hatten gesogen
ihr hattet gesogen
sie hatten gesogen

	Future Time	
Future	*(Fut. Subj.)*	*(Pres. Conditional)*
ich werde saugen	werde saugen	würde saugen
du wirst saugen	werdest saugen	würdest saugen
er wird saugen	werde saugen	würde saugen
wir werden saugen	werden saugen	würden saugen
ihr werdet saugen	werdet saugen	würdet saugen
sie werden saugen	werden saugen	würden saugen

	Future Perfect Time	
Future Perfect	*(Fut. Perf. Subj.)*	*(Past Conditional)*
ich werde gesogen haben	werde gesogen haben	würde gesogen haben
du wirst gesogen haben	werdest gesogen haben	würdest gesogen haben
er wird gesogen haben	werde gesogen haben	würde gesogen haben
wir werden gesogen haben	werden gesogen haben	würden gesogen haben
ihr werdet gesogen haben	werdet gesogen haben	würdet gesogen haben
sie werden gesogen haben	werden gesogen haben	würden gesogen haben

* The weak forms of **saugen** are sometimes found. PRINC. PARTS: saugen, saugte, gesaugt, saugt.

säumen

to delay, hesitate

INDICATIVE	SUBJUNCTIVE	
	PRIMARY	SECONDARY
	Present Time	
Present	*(Pres. Subj.)*	*(Imperf. Subj.)*
ich säume	säume	säumte
du säumst	säumest	säumtest
er säumt	säume	säumte
wir säumen	säumen	säumten
ihr säumt	säumet	säumtet
sie säumen	säumen	säumten

Imperfect
ich säumte		
du säumtest		
er säumte		
wir säumten		
ihr säumtet		
sie säumten		

Past Time

Perfect	*(Perf. Subj.)*	*(Pluperf. Subj.)*
ich habe gesäumt	habe gesäumt	hätte gesäumt
du hast gesäumt	habest gesäumt	hättest gesäumt
er hat gesäumt	habe gesäumt	hätte gesäumt
wir haben gesäumt	haben gesäumt	hätten gesäumt
ihr habt gesäumt	habet gesäumt	hättet gesäumt
sie haben gesäumt	haben gesäumt	hätten gesäumt

Pluperfect
ich hatte gesäumt		
du hattest gesäumt		
er hatte gesäumt		
wir hatten gesäumt		
ihr hattet gesäumt		
sie hatten gesäumt		

Future Time

Future	*(Fut. Subj.)*	*(Pres. Conditional)*
ich werde säumen	werde säumen	würde säumen
du wirst säumen	werdest säumen	würdest säumen
er wird säumen	werde säumen	würde säumen
wir werden säumen	werden säumen	würden säumen
ihr werdet säumen	werdet säumen	würdet säumen
sie werden säumen	werden säumen	würden säumen

Future Perfect Time

Future Perfect	*(Fut. Perf. Subj.)*	*(Past Conditional)*
ich werde gesäumt haben	werde gesäumt haben	würde gesäumt haben
du wirst gesäumt haben	werdest gesäumt haben	würdest gesäumt haben
er wird gesäumt haben	werde gesäumt haben	würde gesäumt haben
wir werden gesäumt haben	werden gesäumt haben	würden gesäumt haben
ihr werdet gesäumt haben	werdet gesäumt haben	würdet gesäumt haben
sie werden gesäumt haben	werden gesäumt haben	würden gesäumt haben

schaden

to damage, hurt

PRINC. PARTS: schaden, schadete, geschadet, schadet
IMPERATIVE: schade!, schadet!, schaden Sie!

INDICATIVE	SUBJUNCTIVE	
	PRIMARY	SECONDARY
	Present Time	
Present	*(Pres. Subj.)*	*(Imperf. Subj.)*
ich schade	schade	schadete
du schadest	schadest	schadetest
er schadet	schade	schadete
wir schaden	schaden	schadeten
ihr schadet	schadet	schadetet
sie schaden	schaden	schadeten

Imperfect

ich schadete
du schadetest
er schadete
wir schadeten
ihr schadetet
sie schadeten

	Past Time	
Perfect	*(Perf. Subj.)*	*(Pluperf. Subj.)*
ich habe geschadet	habe geschadet	hätte geschadet
du hast geschadet	habest geschadet	hättest geschadet
er hat geschadet	habe geschadet	hätte geschadet
wir haben geschadet	haben geschadet	hätten geschadet
ihr habt geschadet	habet geschadet	hättet geschadet
sie haben geschadet	haben geschadet	hätten geschadet

Pluperfect

ich hatte geschadet
du hattest geschadet
er hatte geschadet
wir hatten geschadet
ihr hattet geschadet
sie hatten geschadet

	Future Time	
Future	*(Fut. Subj.)*	*(Pres. Conditional)*
ich werde schaden	werde schaden	würde schaden
du wirst schaden	werdest schaden	würdest schaden
er wird schaden	werde schaden	würde schaden
wir werden schaden	werden schaden	würden schaden
ihr werdet schaden	werdet schaden	würdet schaden
sie werden schaden	werden schaden	würden schaden

	Future Perfect Time	
Future Perfect	*(Fut. Perf. Subj.)*	*(Past Conditional)*
ich werde geschadet haben	werde geschadet haben	würde geschadet haben
du wirst geschadet haben	werdest geschadet haben	würdest geschadet haben
er wird geschadet haben	werde geschadet haben	würde geschadet haben
wir werden geschadet haben	werden geschadet haben	würden geschadet haben
ihr werdet geschadet haben	werdet geschadet haben	würdet geschadet haben
sie werden geschadet haben	werden geschadet haben	würden geschadet haben

INDICATIVE	SUBJUNCTIVE	
	PRIMARY	SECONDARY
	Present Time	
Present	*(Pres. Subj.)*	*(Imperf. Subj.)*
ich schaffe	schaffe	schüfe
du schaffst	schaffest	schüfest
er schafft	schaffe	schüfe
wir schaffen	schaffen	schüfen
ihr schafft	schaffet	schüfet
sie schaffen	schaffen	schüfen
Imperfect		
ich schuf		
du schufst		
er schuf		
wir schufen		
ihr schuft		
sie schufen		
	Past Time	
Perfect	*(Perf. Subj.)*	*(Pluperf. Subj.)*
ich habe geschaffen	habe geschaffen	hätte geschaffen
du hast geschaffen	habest geschaffen	hättest geschaffen
er hat geschaffen	habe geschaffen	hätte geschaffen
wir haben geschaffen	haben geschaffen	hätten geschaffen
ihr habt geschaffen	habet geschaffen	hättet geschaffen
sie haben geschaffen	haben geschaffen	hätten geschaffen
Pluperfect		
ich hatte geschaffen		
du hattest geschaffen		
er hatte geschaffen		
wir hatten geschaffen		
ihr hattet geschaffen		
sie hatten geschaffen		
	Future Time	
Future	*(Fut. Subj.)*	*(Pres. Conditional)*
ich werde schaffen	werde schaffen	würde schaffen
du wirst schaffen	werdest schaffen	würdest schaffen
er wird schaffen	werde schaffen	würde schaffen
wir werden schaffen	werden schaffen	würden schaffen
ihr werdet schaffen	werdet schaffen	würdet schaffen
sie werden schaffen	werden schaffen	würden schaffen
	Future Perfect Time	
Future Perfect	*(Fut. Perf. Subj.)*	*(Past Conditional)*
ich werde geschaffen haben	werde geschaffen haben	würde geschaffen haben
du wirst geschaffen haben	werdest geschaffen haben	würdest geschaffen haben
er wird geschaffen haben	werde geschaffen haben	würde geschaffen haben
wir werden geschaffen haben	werden geschaffen haben	würden geschaffen haben
ihr werdet geschaffen haben	werdet geschaffen haben	würdet geschaffen haben
sie werden geschaffen haben	werden geschaffen haben	würden geschaffen haben

* In the meaning, *to do, work, accomplish,* **schaffen** is weak. PRINC. PARTS: schaffen, schaffte, geschafft, schafft.

301

schalten

to direct; switch, insert;
shift gears

PRINC. PARTS: schalten, schaltete, geschaltet, schaltet
IMPERATIVE: schalte!, schaltet!, schalten Sie!

	INDICATIVE	SUBJUNCTIVE	
		PRIMARY	SECONDARY
			Present Time
	Present	*(Pres. Subj.)*	*(Imperf. Subj.)*
ich	schalte	schalte	schaltete
du	schaltest	schaltest	schaltetest
er	schaltet	schalte	schaltete
wir	schalten	schalten	schalteten
ihr	schaltet	schaltet	schaltetet
sie	schalten	schalten	schalteten
	Imperfect		
ich	schaltete		
du	schaltetest		
er	schaltete		
wir	schalteten		
ihr	schaltetet		
sie	schalteten		*Past Time*
	Perfect	*(Perf. Subj.)*	*(Pluperf. Subj.)*
ich	habe geschaltet	habe geschaltet	hätte geschaltet
du	hast geschaltet	habest geschaltet	hättest geschaltet
er	hat geschaltet	habe geschaltet	hätte geschaltet
wir	haben geschaltet	haben geschaltet	hätten geschaltet
ihr	habt geschaltet	habet geschaltet	hättet geschaltet
sie	haben geschaltet	haben geschaltet	hätten geschaltet
	Pluperfect		
ich	hatte geschaltet		
du	hattest geschaltet		
er	hatte geschaltet		
wir	hatten geschaltet		
ihr	hattet geschaltet		
sie	hatten geschaltet		*Future Time*
	Future	*(Fut. Subj.)*	*(Pres. Conditional)*
ich	werde schalten	werde schalten	würde schalten
du	wirst schalten	werdest schalten	würdest schalten
er	wird schalten	werde schalten	würde schalten
wir	werden schalten	werden schalten	würden schalten
ihr	werdet schalten	werdet schalten	würdet schalten
sie	werden schalten	werden schalten	würden schalten
			Future Perfect Time
	Future Perfect	*(Fut. Perf. Subj.)*	*(Past Conditional)*
ich	werde geschaltet haben	werde geschaltet haben	würde geschaltet haben
du	wirst geschaltet haben	werdest geschaltet haben	würdest geschaltet haben
er	wird geschaltet haben	werde geschaltet haben	würde geschaltet haben
wir	werden geschaltet haben	werden geschaltet haben	würden geschaltet haben
ihr	werdet geschaltct haben	werdet geschaltet haben	würdet geschaltet haben
sie	werden geschaltet haben	werden geschaltet haben	würden geschaltet haben

PRINC. PARTS: schätzen, schätzte, geschätzt,
schätzt
IMPERATIVE: schätze!, schätzt!, schätzen Sie!

to value, estimate, reckon,
respect

INDICATIVE	SUBJUNCTIVE	
	PRIMARY	SECONDARY
	Present Time	
Present	*(Pres. Subj.)*	*(Imperf. Subj.)*
ich schätze	schätze	schätzte
du schätzt	schätzest	schätztest
er schätzt	schätze	schätzte
wir schätzen	schätzen	schätzten
ihr schätzt	schätzet	schätztet
sie schätzen	schätzen	schätzten
Imperfect		
ich schätzte		
du schätztest		
er schätzte		
wir schätzten		
ihr schätztet		
sie schätzten		
	Past Time	
Perfect	*(Perf. Subj.)*	*(Pluperf. Subj.)*
ich habe geschätzt	habe geschätzt	hätte geschätzt
du hast geschätzt	habest geschätzt	hättest geschätzt
er hat geschätzt	habe geschätzt	hätte geschätzt
wir haben geschätzt	haben geschätzt	hätten geschätzt
ihr habt geschätzt	habet geschätzt	hättet geschätzt
sie haben geschätzt	haben geschätzt	hätten geschätzt
Pluperfect		
ich hatte geschätzt		
du hattest geschätzt		
er hatte geschätzt		
wir hatten geschätzt		
ihr hattet geschätzt		
sie hatten geschätzt		
	Future Time	
Future	*(Fut. Subj.)*	*(Pres. Conditional)*
ich werde schätzen	werde schätzen	würde schätzen
du wirst schätzen	werdest schätzen	würdest schätzen
er wird schätzen	werde schätzen	würde schätzen
wir werden schätzen	werden schätzen	würden schätzen
ihr werdet schätzen	werdet schätzen	würdet schätzen
sie werden schätzen	werden schätzen	würden schätzen
	Future Perfect Time	
Future Perfect	*(Fut. Perf. Subj.)*	*(Past Conditional)*
ich werde geschätzt haben	werde geschätzt haben	würde geschätzt haben
du wirst geschätzt haben	werdest geschätzt haben	würdest geschätzt haben
er wird geschätzt haben	werde geschätzt haben	würde geschätzt haben
wir werden geschätzt haben	werden geschätzt haben	würden geschätzt haben
ihr werdet geschätzt haben	werdet geschätzt haben	würdet geschätzt haben
sie werden geschätzt haben	werden geschätzt haben	würden geschätzt haben

schauen

to see, look, gaze

PRINC. PARTS: schauen, schaute, geschaut, schaut
IMPERATIVE: schaue!, schaut!, schauen Sie!

	INDICATIVE	SUBJUNCTIVE	
		PRIMARY	SECONDARY
		Present Time	
	Present	*(Pres. Subj.)*	*(Imperf. Subj.)*
ich	schaue	schaue	schaute
du	schaust	schauest	schautest
er	schaut	schaue	schaute
wir	schauen	schauen	schauten
ihr	schaut	schauet	schautet
sie	schauen	schauen	schauten

	Imperfect
ich	schaute
du	schautest
er	schaute
wir	schauten
ihr	schautet
sie	schauten

		Past Time	
	Perfect	*(Perf. Subj.)*	*(Pluperf. Subj.)*
ich	habe geschaut	habe geschaut	hätte geschaut
du	hast geschaut	habest geschaut	hättest geschaut
er	hat geschaut	habe geschaut	hätte geschaut
wir	haben geschaut	haben geschaut	hätten geschaut
ihr	habt geschaut	habet geschaut	hättet geschaut
sie	haben geschaut	haben geschaut	hätten geschaut

	Pluperfect
ich	hatte geschaut
du	hattest geschaut
er	hatte geschaut
wir	hatten geschaut
ihr	hattet geschaut
sie	hatten geschaut

		Future Time	
	Present	*(Fut. Subj.)*	*(Pres. Conditional)*
ich	werde schauen	werde schauen	würde schauen
du	wirst schauen	werdest schauen	würdest schauen
er	wird schauen	werde schauen	würde schauen
wir	werden schauen	werden schauen	würden schauen
ihr	werdet schauen	werdet schauen	würdet schauen
sie	werden schauen	werden schauen	würden schauen

		Future Perfect Time	
	Future Perfect	*(Fut. Perf. Subj.)*	*(Past Conditional)*
ich	werde geschaut haben	werde geschaut haben	würde geschaut haben
du	wirst geschaut haben	werdest geschaut haben	würdest geschaut haben
er	wird geschaut haben	werde geschaut haben	würde geschaut haben
wir	werden geschaut haben	werden geschaut haben	würden geschaut haben
ihr	werdet geschaut haben	werdet geschaut haben	würdet geschaut haben
sie	werden geschaut haben	werden geschaut haben	würden geschaut haben

PRINC. PARTS: schäume, schäumte, geschäumt, schäumt
IMPERATIVE: schäumen!, schäumt!, schäumen Sie!

	INDICATIVE	SUBJUNCTIVE	
		PRIMARY	SECONDARY
		Present Time	
	Present	(*Pres. Subj.*)	(*Imperf. Subj.*)
ich	schäume	schäume	schäumte
du	schäumst	schäumest	schäumtest
er	schäumt	schäume	schäumte
wir	schäumen	schäumen	schäumten
ihr	schäumt	schäumet	schäumtet
sie	schäumen	schäumen	schäumten
	Imperfect		
ich	schäumte		
du	schäumtest		
er	schäumte		
wir	schäumten		
ihr	schäumtet		
sie	schäumten		
		Past Time	
	Perfect	(*Perf. Subj.*)	(*Pluperf. Subj.*)
ich	habe geschäumt	habe geschäumt	hätte geschäumt
du	hast geschäumt	habest geschäumt	hättest geschäumt
er	hat geschäumt	habe geschäumt	hätte geschäumt
wir	haben geschäumt	haben geschäumt	hätten geschäumt
ihr	habt geschäumt	habet geschäumt	hättet geschäumt
sie	haben geschäumt	haben geschäumt	hätten geschäumt
	Pluperfect		
ich	hatte geschäumt		
du	hattest geschäumt		
er	hatte geschäumt		
wir	hatten geschäumt		
ihr	hattet geschäumt		
sie	hatten geschäumt		
		Future Time	
	Future	(*Fut. Subj.*)	(*Pres. Conditional*)
ich	werde schäumen	werde schäumen	würde schäumen
du	wirst schäumen	werdest schäumen	würdest schäumen
er	wird schäumen	werde schäumen	würde schäumen
wir	werden schäumen	werden schäumen	würden schäumen
ihr	werdet schäumen	werdet schäumen	würdet schäumen
sie	werden schäumen	werden schäumen	würden schäumen
		Future Perfect Time	
	Future Perfect	(*Fut. Perf. Subj.*)	(*Past Conditional*)
ich	werde geschäumt haben	werde geschäumt haben	würde geschäumt haben
du	wirst geschäumt haben	werdest geschäumt haben	würdest geschäumt haben
er	wird geschäumt haben	werde geschäumt haben	würde geschäumt haben
wir	werden geschäumt haben	werden geschäumt haben	würden geschäumt haben
ihr	werdet geschäumt haben	werdet geschäumt haben	würdet geschäumt haben
sie	werden geschäumt haben	werden geschäumt haben	würden geschäumt haben

scheiden

*to separate, part,
divide, go away*

PRINC. PARTS: scheiden, schied, geschieden, scheidet
IMPERATIVE: scheide!, scheidet!, scheiden Sie!

INDICATIVE	SUBJUNCTIVE	
	PRIMARY	SECONDARY
	Present Time	
Present	*(Pres. Subj.)*	*(Imperf. Subj.)*
ich scheide	scheide	schiede
du scheidest	scheidest	schiedest
er scheidet	scheide	schiede
wir scheiden	scheiden	schieden
ihr scheidet	scheidet	schiedet
sie scheiden	scheiden	schieden
Imperfect		
ich schied		
du schiedest		
er schied		
wir schieden		
ihr schiedet		
sie schieden		
	Past Time	
Perfect	*(Perf. Subj.)*	*(Pluperf. Subj.)*
ich habe geschieden	habe geschieden	hätte geschieden
du hast geschieden	habest geschieden	hättest geschieden
er hat geschieden	habe geschieden	hätte geschieden
wir haben geschieden	haben geschieden	hätten geschieden
ihr habt geschieden	habet geschieden	hättet geschieden
sie haben geschieden	haben geschieden	hätten geschieden
Pluperfect		
ich hatte geschieden		
du hattest geschieden		
er hatte geschieden		
wir hatten geschieden		
ihr hattet geschieden		
sie hatten geschieden		
	Future Time	
Future	*(Fut. Subj.)*	*(Pres. Conditional)*
ich werde scheiden	werde scheiden	würde scheiden
du wirst scheiden	werdest scheiden	würdest scheiden
er wird scheiden	werde scheiden	würde scheiden
wir werden scheiden	werden scheiden	würden scheiden
ihr werdet scheiden	werdet scheiden	würdet scheiden
sie werden scheiden	werden scheiden	würden scheiden
	Future Perfect Time	
Future Perfect	*(Fut. Perf. Subj.)*	*(Past Conditional)*
ich werde geschieden haben	werde geschieden haben	würde geschieden haben
du wirst geschieden haben	werdest geschieden haben	würdest geschieden haben
er wird geschieden haben	werde geschieden haben	würde geschieden haben
wir werden geschieden haben	werden geschieden haben	würden geschieden haben
ihr werdet geschieden haben	werdet geschieden haben	würdet geschieden haben
sie werden geschieden haben	werden geschieden haben	würden geschieden haben

PRINC. PARTS: scheinen, schien, geschienen, scheint
IMPERATIVE: scheine!, scheint!, scheinen Sie!

to shine, seem

INDICATIVE	SUBJUNCTIVE	
	PRIMARY	SECONDARY

Present Time

Present	(*Pres. Subj.*)	(*Imperf. Subj.*)
ich scheine	scheine	schiene
du scheinst	scheinest	schienest
er scheint	scheine	schiene
wir scheinen	scheinen	schienen
ihr scheint	scheinet	schienet
sie scheinen	scheinen	schienen

Imperfect

ich schien
du schienst
er schien
wir schienen
ihr schient
sie schienen

Past Time

Perfect	(*Perf. Subj.*)	(*Pluperf. Subj.*)
ich habe geschienen	habe geschienen	hätte geschienen
du hast geschienen	habest geschienen	hättest geschienen
er hat geschienen	habe geschienen	hätte geschienen
wir haben geschienen	haben geschienen	hätten geschienen
ihr habt geschienen	habet geschienen	hättet geschienen
sie haben geschienen	haben geschienen	hätten geschienen

Pluperfect

ich hatte geschienen
du hattest geschienen
er hatte geschienen
wir hatten geschienen
ihr hattet geschienen
sie hatten geschienen

Future Time

Future	(*Fut. Subj.*)	(*Pres. Conditional*)
ich werde scheinen	werde scheinen	würde scheinen
du wirst scheinen	werdest scheinen	würdest scheinen
er wird scheinen	werde scheinen	würde scheinen
wir werden scheinen	werden scheinen	würden scheinen
ihr werdet scheinen	werdet scheinen	würdet scheinen
sie werden scheinen	werden scheinen	würden scheinen

Future Perfect Time

Future Perfect	(*Fut. Perf. Subj.*)	(*Past Conditional*)
ich werde geschienen haben	werde geschienen haben	würde geschienen haben
du wirst geschienen haben	werdest geschienen haben	würdest geschienen haben
er wird geschienen haben	werde geschienen haben	würde geschienen haben
wir werden geschienen haben	werden geschienen haben	würden geschienen haben
ihr werdet geschienen haben	werdet geschienen haben	würdet geschienen haben
sie werden geschienen haben	werden geschienen haben	würden geschienen haben

307

schelten

to scold, reproach

INDICATIVE	SUBJUNCTIVE	
	PRIMARY	SECONDARY
	Present Time	
Present	**(Pres. Subj.)**	**(Imperf. Subj.)**
ich schelte	schelte	schölte
du schiltst	scheltest	schöltest
er schilt	schelte	schölte
wir schelten	schelten	schölten
ihr scheltet	scheltet	schöltet
sie schelten	schelten	schölten

Imperfect		
ich schalt		
du schaltest		
er schalt		
wir schalten		
ihr schaltet		
sie schalten		

	Past Time	
Perfect	**(Perf. Subj.)**	**(Pluperf. Subj.)**
ich habe gescholten	habe gescholten	hätte gescholten
du hast gescholten	habest gescholten	hättest gescholten
er hat gescholten	habe gescholten	hätte gescholten
wir haben gescholten	haben gescholten	hätten gescholten
ihr habt gescholten	habet gescholten	hättet gescholten
sie haben gescholten	haben gescholten	hätten gescholten

Pluperfect		
ich hatte gescholten		
du hattest gescholten		
er hatte gescholten		
wir hatten gescholten		
ihr hattet gescholten		
sie hatten gescholten		

	Future Time	
Future	**(Fut. Subj.)**	**(Pres. Conditional)**
ich werde schelten	werde schelten	würde schelten
du wirst schelten	werdest schelten	würdest schelten
er wird schelten	werde schelten	würde schelten
wir werden schelten	werden schelten	würden schelten
ihr werdet schelten	werdet schelten	würdet schelten
sie werden schelten	werden schelten	würden schelten

	Future Perfect Time	
Future Perfect	**(Fut. Perf. Subj.)**	**(Past Conditional)**
ich werde gescholten haben	werde gescholten haben	würde gescholten haben
du wirst gescholten haben	werdest gescholten haben	würdest gescholten haben
er wird gescholten haben	werde gescholten haben	würde gescholten haben
wir werden gescholten haben	werden gescholten haben	würden gescholten haben
ihr werdet gescholten haben	werdet gescholten haben	würdet gescholten haben
sie werden gescholten haben	werden gescholten haben	würden gescholten haben

PRINC. PARTS: scherzen, scherzte, gescherzt, scherzt
IMPERATIVE: scherze!, scherzt!, scherzen Sie!

to joke, make fun

INDICATIVE	SUBJUNCTIVE	
	PRIMARY	SECONDARY

Present Time

	Present	*(Pres. Subj.)*	*(Imperf. Subj.)*
ich	scherze	scherze	scherzte
du	scherzt	scherzest	scherztest
er	scherzt	scherze	scherzte
wir	scherzen	scherzen	scherzten
ihr	scherzt	scherzet	scherztet
sie	scherzen	scherzen	scherzten

	Imperfect
ich	scherzte
du	scherztest
er	scherzte
wir	scherzten
ihr	scherztet
sie	scherzten

Past Time

	Perfect	*(Perf. Subj.)*	*(Pluperf. Subj.)*
ich	habe gescherzt	habe gescherzt	hätte gescherzt
du	hast gescherzt	habest gescherzt	hättest gescherzt
er	hat gescherzt	habe gescherzt	hätte gescherzt
wir	haben gescherzt	haben gescherzt	hätten gescherzt
ihr	habt gescherzt	habet gescherzt	hättet gescherzt
sie	haben gescherzt	haben gescherzt	hätten gescherzt

	Pluperfect
ich	hatte gescherzt
du	hattest gescherzt
er	hatte gescherzt
wir	hatten gescherzt
ihr	hattet gescherzt
sie	hatten gescherzt

Future Time

	Future	*(Fut. Subj.)*	*(Pres. Conditional)*
ich	werde scherzen	werde scherzen	würde scherzen
du	wirst scherzen	werdest scherzen	würdest scherzen
er	wird scherzen	werde scherzen	würde scherzen
wir	werden scherzen	werden scherzen	würden scherzen
ihr	werdet scherzen	werdet scherzen	würdet scherzen
sie	werden scherzen	werden scherzen	würden scherzen

Future Perfect Time

	Future Perfect	*(Fut. Perf. Subj.)*	*(Past Conditional)*
ich	werde gescherzt haben	werde gescherzt haben	würde gescherzt haben
du	wirst gescherzt haben	werdest gescherzt haben	würdest gescherzt haben
er	wird gescherzt haben	werde gescherzt haben	würde gescherzt haben
wir	werden gescherzt haben	werden gescherzt haben	würden gescherzt haben
ihr	werdet gescherzt haben	werdet gescherzt haben	würdet gescherzt haben
sie	werden gescherzt haben	werden gescherzt haben	würden gescherzt haben

schichten

to pile up, heap, stratify

PRINC. PARTS: schichten, schichtete, geschichtet, schichtet

IMPERATIVE: schichte!, schichtet!, schichten Sie!

	INDICATIVE	SUBJUNCTIVE	
		PRIMARY	SECONDARY
		Present Time	
	Present	*(Pres. Subj.)*	*(Imperf. Subj.)*
ich	schichte	schichte	schichtete
du	schichtest	schichtest	schichtetest
er	schichtet	schichte	schichtete
wir	schichten	schichten	schichteten
ihr	schichtet	schichtet	schichtetet
sie	schichten	schichten	schichteten
	Imperfect		
ich	schichtete		
du	schichtetest		
er	schichtete		
wir	schichteten		
ihr	schichtetet		
sie	schichteten		
		Past Time	
	Perfect	*(Perf. Subj.)*	*(Pluperf. Subj.)*
ich	habe geschichtet	habe geschichtet	hätte geschichtet
du	hast geschichtet	habest geschichtet	hättest geschichtet
er	hat geschichtet	habe geschichtet	hätte geschichtet
wir	haben geschichtet	haben geschichtet	hätten geschichtet
ihr	habt geschichtet	habet geschichtet	hättet geschichtet
sie	haben geschichtet	haben geschichtet	hätten geschichtet
	Pluperfect		
ich	hatte geschichtet		
du	hattest geschichtet		
er	hatte geschichtet		
wir	hatten geschichtet		
ihr	hattet geschichtet		
sie	hatten geschichtet		
		Future Time	
	Future	*(Fut. Subj.)*	*(Pres. Conditional)*
ich	werde schichten	werde schichten	würde schichten
du	wirst schichten	werdest schichten	würdest schichten
er	wird schichten	werde schichten	würde schichten
wir	werden schichten	werden schichten	würden schichten
ihr	werdet schichten	werdet schichten	würdet schichten
sie	werden schichten	werden schichten	würden schichten
		Future Perfect Time	
	Future Perfect	*(Fut. Perf. Subj.)*	*(Past Conditional)*
ich	werde geschichtet haben	werde geschichtet haben	würde geschichtet haben
du	wirst geschichtet haben	werdest geschichtet haben	würdest geschichtet haben
er	wird geschichtet haben	werde geschichtet haben	würde geschichtet haben
wir	werden geschichtet haben	werden geschichtet haben	würden geschichtet haben
ihr	werdet geschichtet haben	werdet geschichtet haben	würdet geschichtet haben
sie	werden geschichtet haben	werden geschichtet haben	würden geschichtet haben

PRINC. PARTS: schicken, schickte, geschickt, schickt
IMPERATIVE: schicke!, schickt!, schicken Sie!

to send, dispatch

INDICATIVE	SUBJUNCTIVE	
	PRIMARY	SECONDARY

Present Time

	Present	*(Pres. Subj.)*	*(Imperf. Subj.)*
ich	schicke	schicke	schickte
du	schickst	schickest	schicktest
er	schickt	schicke	schickte
wir	schicken	schicken	schickten
ihr	schickt	schicket	schicktet
sie	schicken	schicken	schickten

	Imperfect
ich	schickte
du	schicktest
er	schickte
wir	schickten
ihr	schicktet
sie	schickten

Past Time

	Perfect	*(Perf. Subj.)*	*(Pluperf. Subj.)*
ich	habe geschickt	habe geschickt	hätte geschickt
du	hast geschickt	habest geschickt	hättest geschickt
er	hat geschickt	habe geschickt	hätte geschickt
wir	haben geschickt	haben geschickt	hätten geschickt
ihr	habt geschickt	habet geschickt	hättet geschickt
sie	haben geschickt	haben geschickt	hätten geschickt

	Pluperfect
ich	hatte geschickt
du	hattest geschickt
er	hatte geschickt
wir	hatten geschickt
ihr	hattet geschickt
sie	hatten geschickt

Future Time

	Future	*(Fut. Subj.)*	*(Pres. Conditional)*
ich	werde schicken	werde schicken	würde schicken
du	wirst schicken	werdest schicken	würdest schicken
er	wird schicken	werde schicken	würde schicken
wir	werden schicken	werden schicken	würden schicken
ihr	werdet schicken	werdet schicken	würdet schicken
sie	werden schicken	werden schicken	würden schicken

Future Perfect Time

	Future Perfect	*(Fut. Perf. Subj.)*	*(Past Conditional)*
ich	werde geschickt haben	werde geschickt haben	würde geschickt haben
du	wirst geschickt haben	werdest geschickt haben	würdest geschickt haben
er	wird geschickt haben	werde geschickt haben	würde geschickt haben
wir	werden geschickt haben	werden geschickt haben	würden geschickt haben
ihr	werdet geschickt haben	werdet geschickt haben	würdet geschickt haben
sie	werden geschickt haben	werden geschickt haben	würden geschickt haben

311

schieben

to push, shove,
move, profiteer

PRINC. PARTS: schieben, schob, geschoben, schiebt
IMPERATIVE: schiebe!, schiebt!, schieben Sie!

INDICATIVE	SUBJUNCTIVE	
	PRIMARY	SECONDARY

Present Time

	Present	*(Pres. Subj.)*	*(Imperf. Subj.)*
ich	schiebe	schiebe	schöbe
du	schiebst	schiebest	schöbest
er	schiebt	schiebe	schöbe
wir	schieben	schieben	schöben
ihr	schiebt	schiebet	schöbet
sie	schieben	schieben	schöben

	Imperfect
ich	schob
du	schobst
er	schob
wir	schoben
ihr	schobt
sie	schoben

Past Time

	Perfect	*(Perf. Subj.)*	*(Pluperf. Subj.)*
ich	habe geschoben	habe geschoben	hätte geschoben
du	hast geschoben	habest geschoben	hättest geschoben
er	hat geschoben	habe geschoben	hätte geschoben
wir	haben geschoben	haben geschoben	hätten geschoben
ihr	habt geschoben	habet geschoben	hättet geschoben
sie	haben geschoben	haben geschoben	hätten geschoben

	Pluperfect
ich	hatte geschoben
du	hattest geschoben
er	hatte geschoben
wir	hatten geschoben
ihr	hattet geschoben
sie	hatten geschoben

Future Time

	Future	*(Fut. Subj.)*	*(Pres. Conditional)*
ich	werde schieben	werde schieben	würde schieben
du	wirst schieben	werdest schieben	würdest schieben
er	wird schieben	werde schieben	würde schieben
wir	werden schieben	werden schieben	würden schieben
ihr	werdet schieben	werdet schieben	würdet schieben
sie	werden schieben	werden schieben	würden schieben

Future Perfect Time

	Future Perfect	*(Fut. Perf. Subj.)*	*(Past Conditional)*
ich	werde geschoben haben	werde geschoben haben	würde geschoben haben
du	wirst geschoben haben	werdest geschoben haben	würdest geschoben haben
er	wird geschoben haben	werde geschoben haben	würde geschoben haben
wir	werden geschoben haben	werden geschoben haben	würden geschoben haben
ihr	werdet geschoben haben	werdet geschoben haben	würdet geschoben haben
sie	werden geschoben haben	werden geschoben haben	würden geschoben haben

PRINC. PARTS: schießen, schoß, geschossen, schießt
IMPERATIVE: schieße!, schießt!, schießen Sie!

	INDICATIVE	SUBJUNCTIVE	
		PRIMARY	SECONDARY
	Present	*Present Time* (*Pres. Subj.*)	(*Imperf. Subj.*)
ich	schieße	schieße	schösse
du	schießt	schießest	schössest
er	schießt	schieße	schösse
wir	schießen	schießen	schössen
ihr	schießt	schießet	schösset
sie	schießen	schießen	schössen
	Imperfect		
ich	schoß		
du	schossest		
er	schoß		
wir	schossen		
ihr	schoßt		
sie	schossen		
	Perfect	*Past Time* (*Perf. Subj.*)	(*Pluperf. Subj.*)
ich	habe geschossen	habe geschossen	hätte geschossen
du	hast geschossen	habest geschossen	hättest geschossen
er	hat geschossen	habe geschossen	hätte geschossen
wir	haben geschossen	haben geschossen	hätten geschossen
ihr	habt geschossen	habet geschossen	hättet geschossen
sie	haben geschossen	haben geschossen	hätten geschossen
	Pluperfect		
ich	hatte geschossen		
du	hattest geschossen		
er	hatte geschossen		
wir	hatten geschossen		
ihr	hattet geschossen		
sie	hatten geschossen		
	Future	*Future Time* (*Fut. Subj.*)	(*Pres. Conditional*)
ich	werde schießen	werde schießen	würde schießen
du	wirst schießen	werdest schießen	würdest schießen
er	wird schießen	werde schießen	würde schießen
wir	werden schießen	werden schießen	würden schießen
ihr	werdet schießen	werdet schießen	würdet schießen
sie	werden schießen	werden schießen	würden schießen
	Future Perfect	*Future Perfect Time* (*Fut. Perf. Subj.*)	(*Past Conditional*)
ich	werde geschossen haben	werde geschossen haben	würde geschossen haben
du	wirst geschossen haben	werdest geschossen haben	würdest geschossen haben
er	wird geschossen haben	werde geschossen haben	würde geschossen haben
wir	werden geschossen haben	werden geschossen haben	würden geschossen haben
ihr	werdet geschossen haben	werdet geschossen haben	würdet geschossen haben
sie	werden geschossen haben	werden geschossen haben	würden geschossen haben

313

schlachten

to slaughter, butcher;
massacre

PRINC. PARTS: schlachten, schlachtete, geschlachtet,
schlachtet
IMPERATIVE: schlachte!, schlachtet!, schlachten Sie!

	INDICATIVE		SUBJUNCTIVE	
			PRIMARY	SECONDARY
			Present Time	
	Present		*(Pres. Subj.)*	*(Imperf. Subj.)*
ich	schlachte		schlachte	schlachtete
du	schlachtest		schlachtest	schlachtetest
er	schlachtet		schlachte	schlachtete
wir	schlachten		schlachten	schlachteten
ihr	schlachtet		schlachtet	schlachtetet
sie	schlachten		schlachten	schlachteten
	Imperfect			
ich	schlachtete			
du	schlachtetest			
er	schlachtete			
wir	schlachteten			
ihr	schlachtetet			
sie	schlachteten		*Past Time*	
	Perfect		*(Perf. Subj.)*	*(Pluperf. Subj.)*
ich	habe geschlachtet		habe geschlachtet	hätte geschlachtet
du	hast geschlachtet		habest geschlachtet	hättest geschlachtet
er	hat geschlachtet		habe geschlachtet	hätte geschlachtet
wir	haben geschlachtet		haben geschlachtet	hätten geschlachtet
ihr	habt geschlachtet		habet geschlachtet	hättet geschlachtet
sie	haben geschlachtet		haben geschlachtet	hätten geschlachtet
	Pluperfect			
ich	hatte geschlachtet			
du	hattest geschlachtet			
er	hatte geschlachtet			
wir	hatten geschlachtet			
ihr	hattet geschlachtet			
sie	hatten geschlachtet		*Future Time*	
	Future		*(Fut. Subj.)*	*(Pres. Conditional)*
ich	werde schlachten		werde schlachten	würde schlachten
du	wirst schlachten		werdest schlachten	würdest schlachten
er	wird schlachten		werde schlachten	würde schlachten
wir	werden schlachten		werden schlachten	würden schlachten
ihr	werdet schlachten		werdet schlachten	würdet schlachten
sie	werden schlachten		werden schlachten	würden schlachten
			Future Perfect Time	
	Future Perfect		*(Fut. Perf. Subj.)*	*(Past Conditional)*
ich	werde geschlachtet haben		werde geschlachtet haben	würde geschlachtet haben
du	wirst geschlachtet haben		werdest geschlachtet haben	würdest geschlachtet haben
er	wird geschlachtet haben		werde geschlachtet haben	würde geschlachtet haben
wir	werden geschlachtet haben		werden geschlachtet haben	würden geschlachtet haben
ihr	werdet geschlachtet haben		werdet geschlachtet haben	würdet geschlachtet haben
sie	werden geschlachtet haben		werden geschlachtet haben	würden geschlachtet haben

PRINC. PARTS: schlafen, schlief, geschlafen, schläft
IMPERATIVE: schlafe!, schlaft!, schlafen Sie!

INDICATIVE	SUBJUNCTIVE	
	PRIMARY	SECONDARY

Present Time

	Present	(Pres. Subj.)	(Imperf. Subj.)
ich	schlafe	schlafe	schliefe
du	schläfst	schlafest	schliefest
er	schläft	schlafe	schliefe
wir	schlafen	schlafen	schliefen
ihr	schlaft	schlafet	schliefet
sie	schlafen	schlafen	schliefen

	Imperfect
ich	schlief
du	schliefst
er	schlief
wir	schliefen
ihr	schlieft
sie	schliefen

Past Time

	Perfect	(Perf. Subj.)	(Pluperf. Subj.)
ich	habe geschlafen	habe geschlafen	hätte geschlafen
du	hast geschlafen	habest geschlafen	hättest geschlafen
er	hat geschlafen	habe geschlafen	hätte geschlafen
wir	haben geschlafen	haben geschlafen	hätten geschlafen
ihr	habt geschlafen	habet geschlafen	hättet geschlafen
sie	haben geschlafen	haben geschlafen	hätten geschlafen

	Pluperfect
ich	hatte geschlafen
du	hattest geschlafen
er	hatte geschlafen
wir	hatten geschlafen
ihr	hattet geschlafen
sie	hatten geschlafen

Future Time

	Future	(Fut. Subj.)	(Pres. Conditional)
ich	werde schlafen	werde schlafen	würde schlafen
du	wirst schlafen	werdest schlafen	würdest schlafen
er	wird schlafen	werde schlafen	würde schlafen
wir	werden schlafen	werden schlafen	würden schlafen
ihr	werdet schlafen	werdet schlafen	würdet schlafen
sie	werden schlafen	werden schlafen	würden schlafen

Future Perfect Time

	Future Perfect	(Fut. Perf. Subj.)	(Past Conditional)
ich	werde geschlafen haben	werde geschlafen haben	würde geschlafen haben
du	wirst geschlafen haben	werdest geschlafen haben	würdest geschlafen haben
er	wird geschlafen haben	werde geschlafen haben	würde geschlafen haben
wir	werden geschlafen haben	werden geschlafen haben	würden geschlafen haben
ihr	werdet geschlafen haben	werdet geschlafen haben	würdet geschlafen haben
sie	werden geschlafen haben	werden geschlafen haben	würden geschlafen haben

schlagen

to hit, beat, strike

PRINC. PARTS: schlagen, schlug, geschlagen, schlägt
IMPERATIVE: schlage!, schlagt!, schlagen Sie!

INDICATIVE		SUBJUNCTIVE	
		PRIMARY	SECONDARY

Present Time

	Present	(*Pres. Subj.*)	(*Imperf. Subj.*)
ich	schlage	schlage	schlüge
du	schlägst	schlagest	schlügest
er	schlägt	schlage	schlüge
wir	schlagen	schlagen	schlügen
ihr	schlagt	schlaget	schlüget
sie	schlagen	schlagen	schlügen

	Imperfect
ich	schlug
du	schlugst
er	schlug
wir	schlugen
ihr	schlugt
sie	schlugen

Past Time

	Perfect	(*Perf. Subj.*)	(*Pluperf. Subj.*)
ich	habe geschlagen	habe geschlagen	hätte geschlagen
du	hast geschlagen	habest geschlagen	hättest geschlagen
er	hat geschlagen	habe geschlagen	hätte geschlagen
wir	haben geschlagen	haben geschlagen	hätten geschlagen
ihr	habt geschlagen	habet geschlagen	hättet geschlagen
sie	haben geschlagen	haben geschlagen	hätten geschlagen

	Pluperfect
ich	hatte geschlagen
du	hattest geschlagen
er	hatte geschlagen
wir	hatten geschlagen
ihr	hattet geschlagen
sie	hatten geschlagen

Future Time

	Future	(*Fut. Subj.*)	(*Pres. Conditional*)
ich	werde schlagen	werde schlagen	würde schlagen
du	wirst schlagen	werdest schlagen	würdest schlagen
er	wird schlagen	werde schlagen	würde schlagen
wir	werden schlagen	werden schlagen	würden schlagen
ihr	werdet schlagen	werdet schlagen	würdet schlagen
sie	werden schlagen	werden schlagen	würden schlagen

Future Perfect Time

	Future Perfect	(*Fut. Perf. Subj.*)	(*Past Conditional*)
ich	werde geschlagen haben	werde geschlagen haben	würde geschlagen haben
du	wirst geschlagen haben	werdest geschlagen haben	würdest geschlagen haben
er	wird geschlagen haben	werde geschlagen haben	würde geschlagen haben
wir	werden geschlagen haben	werden geschlagen haben	würden geschlagen haben
ihr	werdet geschlagen haben	werdet geschlagen haben	würdet geschlagen haben
sie	werden geschlagen haben	werden geschlagen haben	würden geschlagen haben

PRINC. PARTS: schleichen, schlich, ist geschlichen, schleicht
IMPERATIVE: schleiche!, schleicht!, schleichen Sie!

	INDICATIVE			SUBJUNCTIVE	
				PRIMARY	SECONDARY
				Present Time	
	Present			(*Pres. Subj.*)	(*Imperf. Subj.*)
ich	schleiche			schleiche	schliche
du	schleichst			schleichest	schlichest
er	schleicht			schleiche	schliche
wir	schleichen			schleichen	schlichen
ihr	schleicht			schleicht	schlichet
sie	schleichen			schleichen	schlichen

	Imperfect
ich	schlich
du	schlichst
er	schlich
wir	schlichen
ihr	schlicht
sie	schlichen

	Perfect			*Past Time*	
				(*Perf. Subj.*)	(*Pluperf. Subj.*)
ich	bin geschlichen			sei geschlichen	wäre geschlichen
du	bist geschlichen			seiest geschlichen	wärest geschlichen
er	ist geschlichen			sei geschlichen	wäre geschlichen
wir	sind geschlichen			seien geschlichen	wären geschlichen
ihr	seid geschlichen			seiet geschlichen	wäret geschlichen
sie	sind geschlichen			seien geschlichen	wären geschlichen

	Pluperfect
ich	war geschlichen
du	warst geschlichen
er	war geschlichen
wir	waren geschlichen
ihr	wart geschlichen
sie	waren geschlichen

	Future			*Future Time*	
				(*Fut. Subj.*)	(*Pres. Conditional*)
ich	werde schleichen			werde schleichen	würde schleichen
du	wirst schleichen			werdest schleichen	würdest schleichen
er	wird schleichen			werde schleichen	würde schleichen
wir	werden schleichen			werden schleichen	würden schleichen
ihr	werdet schleichen			werdet schleichen	würdet schleichen
sie	werden schleichen			werden schleichen	würden schleichen

	Future Perfect			*Future Perfect Time*	
				(*Fut. Perf. Subj.*)	(*Past Conditional*)
ich	werde geschlichen sein			werde geschlichen sein	würde geschlichen sein
du	wirst geschlichen sein			werdest geschlichen sein	würdest geschlichen sein
er	wird geschlichen sein			werde geschlichen sein	würde geschlichen sein
wir	werden geschlichen sein			werden geschlichen sein	würden geschlichen sein
ihr	werdet geschlichen sein			werdet geschlichen sein	würdet geschlichen sein
sie	werden geschlichen sein			werden geschlichen sein	würden geschlichen sein

schleifen

*to grind, polish, slide**

PRINC. PARTS: schleifen, schliff, geschliffen, schleift
IMPERATIVE: schleife!, schleift!, schleifen Sie!

INDICATIVE	SUBJUNCTIVE	
	PRIMARY	SECONDARY
Present	*Present Time*	
	(Pres. Subj.)	*(Imperf. Subj.)*
ich schleife	schleife	schliffe
du schleifst	schleifest	schliffest
er schleift	schleife	schliffe
wir schleifen	schleifen	schliffen
ihr schleift	schleifet	schliffet
sie schleifen	schleifen	schliffen
Imperfect		
ich schliff		
du schliffst		
er schliff		
wir schliffen		
ihr schlifft		
sie schliffen		
	Past Time	
Perfect	*(Perf. Subj.)*	*(Pluperf. Subj.)*
ich habe geschliffen	habe geschliffen	hätte geschliffen
du hast geschliffen	habest geschliffen	hättest geschliffen
er hat geschliffen	habe geschliffen	hätte geschliffen
wir haben geschliffen	haben geschliffen	hätten geschliffen
ihr habt geschliffen	habet geschliffen	hättet geschliffen
sie haben geschliffen	haben geschliffen	hätten geschliffen
Pluperfect		
ich hatte geschliffen		
du hattest geschliffen		
er hatte geschliffen		
wir hatten geschliffen		
ihr hattet geschliffen		
sie hatten geschliffen		
	Future Time	
Future	*(Fut. Subj.)*	*(Pres. Conditional)*
ich werde schleifen	werde schleifen	würde schleifen
du wirst schleifen	werdest schleifen	würdest schleifen
er wird schleifen	werde schleifen	würde schleifen
wir werden schleifen	werden schleifen	würden schleifen
ihr werdet schleifen	werdet schleifen	würdet schleifen
sie werden schleifen	werden schleifen	würden schleifen
	Future Perfect Time	
Future Perfect	*(Fut. Perf. Subj.)*	*(Past Conditional)*
ich werde geschliffen haben	werde geschliffen haben	würde geschliffen haben
du wirst geschliffen haben	werdest geschliffen haben	würdest geschliffen haben
er wird geschliffen haben	werde geschliffen haben	würde geschliffen haben
wir werden geschliffen haben	werden geschliffen haben	würden geschliffen haben
ihr werdet geschliffen haben	werdet geschliffen haben	würdet geschliffen haben
sie werden geschliffen haben	werden geschliffen haben	würden geschliffen haben

* schleifen is weak in the meaning *to drag, to dismantle.* PRINC. PARTS: schleifen, schleifte, geschleift, schleift.

INDICATIVE	SUBJUNCTIVE	
	PRIMARY	SECONDARY

Present Time

	Present	*(Pres. Subj.)*	*(Imperf. Subj.)*
ich	schlichte	schlichte	schlichtete
du	schlichtest	schlichtest	schlichtetest
er	schlichtet	schlichte	schlichtete
wir	schlichten	schlichten	schlichteten
ihr	schlichtet	schlichtet	schlichtetet
sie	schlichten	schlichten	schlichteten

	Imperfect
ich	schlichtete
du	schlichtetest
er	schlichtete
wir	schlichteten
ihr	schlichtetet
sie	schlichteten

Past Time

	Perfect	*(Perf. Subj.)*	*(Pluperf. Subj.)*
ich	habe geschlichtet	habe geschlichtet	hätte geschlichtet
du	hast geschlichtet	habest geschlichtet	hättest geschlichtet
er	hat geschlichtet	habe geschlichtet	hätte geschlichtet
eir	haben geschlichtet	haben geschlichtet	hätten geschlichtet
ihr	habt geschlichtet	habet geschlichtet	hättet geschlichtet
sie	haben geschlichtet	haben geschlichtet	hätten geschlichtet

	Pluperfect
ich	hatte geschlichtet
du	hattest geschlichtet
er	hatte geschlichtet
wir	hatten geschlichtet
ihr	hattet geschlichtet
sie	hatten geschlichtet

Future Time

	Future	*(Fut. Subj.)*	*(Pres. Conditional)*
ich	werde schlichten	werde schlichten	würde schlichten
du	wirst schlichten	werdest schlichten	würdest schlichten
er	wird schlichten	werde schlichten	würde schlichten
wir	werden schlichten	werden schlichten	würden schlichten
ihr	werdet schlichten	werdet schlichten	würdet schlichten
sie	werden schlichten	werden schlichten	würden schlichten

Future Perfect Time

	Future Perfect	*(Fut. Perf. Subj.)*	*(Past Conditional)*
ich	werde geschlichtet haben	werde geschlichtet haben	würde geschlichtet haben
du	wirst geschlichtet haben	werdest geschlichtet haben	würdest geschlichtet haben
er	wird geschlichtet haben	werde geschlichtet haben	würde geschlichtet haben
wir	werden geschlichtet haben	werden geschlichtet haben	würden geschlichtet haben
ihr	werdet geschlichtet haben	werdet geschlichtet haben	würdet geschlichtet haben
sie	werden geschlichtet haben	werden geschlichtet haben	würden geschlichtet haben

schließen

to close, conclude, shut, lock

PRINC. PARTS: schließen, schloß, geschlossen, schließt
IMPERATIVE: schließe!, schließt!, schließen Sie!

INDICATIVE	SUBJUNCTIVE	
	PRIMARY	SECONDARY
	Present Time	
Present	(*Pres. Subj.*)	(*Imperf. Subj.*)
ich schließe	schließe	schlösse
du schließt	schließest	schlössest
er schließt	schließe	schlösse
wir schließen	schließen	schlössen
ihr schließt	schließet	schlösset
sie schließen	schließen	schlössen

Imperfect
ich schloß
du schlossest
er schloß
wir schlossen
ihr schloßt
sie schlossen

Perfect	Past Time	
	(*Perf. Subj.*)	(*Pluperf. Subj.*)
ich habe geschlossen	habe geschlossen	hätte geschlossen
du hast geschlossen	habest geschlossen	hättest geschlossen
er hat geschlossen	habe geschlossen	hätte geschlossen
wir haben geschlossen	haben geschlossen	hätten geschlossen
ihr habt geschlossen	habet geschlossen	hättet geschlossen
sie haben geschlossen	haben geschlossen	hätten geschlossen

Pluperfect
ich hatte geschlossen
du hattest geschlossen
er hatte geschlossen
wir hatten geschlossen
ihr hattet geschlossen
sie hatten geschlossen

Future	Future Time	
	(*Fut. Subj.*)	(*Pres. Conditional*)
ich werde schließen	werde schließen	würde schließen
du wirst schließen	werdest schließen	würdest schließen
er wird schließen	werde schließen	würde schließen
wir werden schließen	werden schließen	würden schließen
ihr werdet schließen	werdet schließen	würdet schließen
sie werden schließen	werden schließen	würden schließen

Future Perfect	Future Perfect Time	
	(*Fut. Perf. Subj.*)	(*Past Conditional*)
ich werde geschlossen haben	werde geschlossen haben	würde geschlossen haben
du wirst geschlossen haben	werdest geschlossen haben	würdest geschlossen haben
er wird geschlossen haben	werde geschlossen haben	würde geschlossen haben
wir werden geschlossen haben	werden geschlossen haben	würden geschlossen haben
ihr werdet geschlossen haben	werdet geschlossen haben	würdet geschlossen haben
sie werden geschlossen haben	werden geschlossen haben	würden geschlossen haben

PRINC. PARTS: schlingen, schlang, geschlungen, schlingt
IMPERATIVE: schlinge!, schlingt!, schlingen Sie!

schlingen

to gulp, devour, weave

INDICATIVE	SUBJUNCTIVE	
	PRIMARY	SECONDARY
	Present Time	
Present	*(Pres. Subj.)*	*(Imperf. Subj.)*
ich schlinge	schlinge	schlänge
du schlingst	schlingest	schlängest
er schlingt	schlinge	schlänge
wir schlingen	schlingen	schlängen
ihr schlingt	schlinget	schlänget
sie schlingen	schlingen	schlängen

Imperfect

ich schlang
du schlangst
er schlang
wir schlangen
ihr schlangt
sie schlangen

Perfect	*Past Time*	
	(Perf. Subj.)	*(Pluperf. Subj.)*
ich habe geschlungen	habe geschlungen	hätte geschlungen
du hast geschlungen	habest geschlungen	hättest geschlungen
er hat geschlungen	habe geschlungen	hätte geschlungen
wir haben geschlungen	haben geschlungen	hätten geschlungen
ihr habt geschlungen	habet geschlungen	hättet geschlungen
sie haben geschlungen	haben geschlungen	hätten geschlungen

Pluperfect

ich hatte geschlungen
du hattest geschlungen
er hatte geschlungen
wir hatten geschlungen
ihr hattet geschlungen
sie hatten geschlungen

Future	*Future Time*	
	(Fut. Subj.)	*(Pres. Conditional)*
ich werde schlingen	werde schlingen	würde schlingen
du wirst schlingen	werdest schlingen	würdest schlingen
er wird schlingen	werde schlingen	würde schlingen
wir werden schlingen	werden schlingen	würden schlingen
ihr werdet schlingen	werdet schlingen	würdet schlingen
sie werden schlingen	werden schlingen	würden schlingen

Future Perfect	*Future Perfect Time*	
	(Fut. Perf. Subj.)	*(Past Conditional)*
ich werde geschlungen haben	werde geschlungen haben	würde geschlungen haben
du wirst geschlungen haben	werdest geschlungen haben	würdest geschlungen haben
er wird geschlungen haben	werde geschlungen haben	würde geschlungen haben
wir werden geschlungen haben	werden geschlungen haben	würden geschlungen haben
ihr werdet geschlungen haben	werdet geschlungen haben	würdet geschlungen haben
sie werden geschlungen haben	werden geschlungen haben	würden geschlungen haben

schlüpfen

to slip, *glide*

PRINC. PARTS: schlüpfen, schlüpfte, ist geschlüpft, schlüpft
IMPERATIVE: schlüpfe!, schlüpft!, schlüpfen Sie!

	INDICATIVE	SUBJUNCTIVE	
		PRIMARY	SECONDARY

Present Time

	Present	*(Pres. Subj.)*	*(Imperf. Subj.)*
ich	schlüpfe	schlüpfe	schlüpfte
du	schlüpfst	schlüpfest	schlüpftest
er	schlüpft	schlüpfe	schlüpfte
wir	schlüpfen	schlüpfen	schlüpften
ihr	schlüpft	schlüpfet	schlüpftet
sie	schlüpfen	schlüpfen	schlüpften

	Imperfect
ich	schlüpfte
du	schlüpftest
er	schlüpfte
wir	schlüpften
ihr	schlüpftet
sie	schlüpften

Past Time

	Perfect	*(Perf. Subj.)*	*(Pluperf. Subj.)*
ich	bin geschlüpft	sei geschlüpft	wäre geschlüpft
du	bist geschlüpft	seiest geschlüpft	wärest geschlüpft
er	ist geschlüpft	sei geschlüpft	wäre geschlüpft
wir	sind geschlüpft	seien geschlüpft	wären geschlüpft
ihr	seid geschlüpft	seiet geschlüpft	wäret geschlüpft
sie	sind geschlüpft	seien geschlüpft	wären geschlüpft

	Pluperfect
ich	war geschlüpft
du	warst geschlüpft
er	war geschlüpft
wir	waren geschlüpft
ihr	wart geschlüpft
sie	waren geschlüpft

Future Time

	Future	*(Fut. Subj.)*	*(Pres. Conditional)*
ich	werde schlüpfen	werde schlüpfen	würde schlüpfen
du	wirst schlüpfen	werdest schlüpfen	würdest schlüpfen
er	wird schlüpfen	werde schlüpfen	würde schlüpfen
wir	werden schlüpfen	werden schlüpfen	würden schlüpfen
ihr	werdet schlüpfen	werdet schlüpfen	würdet schlüpfen
sie	werden schlüpfen	werden schlüpfen	würden schlüpfen

Future Perfect Time

	Future Perfect	*(Fut. Perf. Subj.)*	*(Past Conditional)*
ich	werde geschlüpft sein	werde geschlüpft sein	würde geschlüpft sein
du	wirst geschlüpft sein	werdest geschlüpft sein	würdest geschlüpft sein
er	wird geschlüpft sein	werde geschlüpft sein	würde geschlüpft sein
wir	werden geschlüpft sein	werden geschlüpft sein	würden geschlüpft sein
ihr	werdet geschlüpft sein	werdet geschlüpft sein	würdet geschlüpft sein
sie	werden geschlüpft sein	werden geschlüpft sein	würden geschlüpft sein

schmachten

to languish, pine

INDICATIVE		SUBJUNCTIVE	
		PRIMARY	SECONDARY
		Present Time	
	Present	(*Pres. Subj.*)	(*Imperf. Subj.*)
ich	schmachte	schmachte	schmachtete
du	schmachtest	schmachtest	schmachtetest
er	schmachtet	schmachte	schmachtete
wir	schmachten	schmachten	schmachteten
ihr	schmachtet	schmachtet	schmachtetet
sie	schmachten	schmachten	schmachteten
	Imperfect		
ich	schmachtete		
du	schmachtetest		
er	schmachtete		
wir	schmachteten		
ihr	schmachtetet		
sie	schmachteten		
		Past Time	
	Perfect	(*Perf. Subj.*)	(*Pluperf. Subj.*)
ich	habe geschmachtet	habe geschmachtet	hätte geschmachtet
du	hast geschmachtet	habest geschmachtet	hättest geschmachtet
er	hat geschmachtet	habe geschmachtet	hätte geschmachtet
wir	haben geschmachtet	haben geschmachtet	hätten geschmachtet
ihr	habt geschmachtet	habet geschmachtet	hättet geschmachtet
sie	haben geschmachtet	haben geschmachtet	hätten geschmachtet
	Pluperfect		
ich	hatte geschmachtet		
du	hattest geschmachtet		
er	hatte geschmachtet		
wir	hatten geschmachtet		
ihr	hattet geschmachtet		
sie	hatten geschmachtet		
		Future Time	
	Future	(*Fut. Subj.*)	(*Pres. Conditional*)
ich	werde schmachten	werde schmachten	würde schmachten
du	wirst schmachten	werdest schmachten	würdest schmachten
er	wird schmachten	werde schmachten	würde schmachten
wir	werden schmachten	werden schmachten	würden schmachten
ihr	werdet schmachten	werdet schmachten	würdet schmachten
sie	werden schmachten	werden schmachten	würden schmachten
		Future Perfect Time	
	Future Perfect	(*Fut. Perf. Subj.*)	(*Past Conditional*)
ich	werde geschmachtet haben	werde geschmachtet haben	würde geschmachtet haben
du	wirst geschmachtet haben	werdest geschmachtet haben	würdest geschmachtet haben
er	wird geschmachtet haben	werde geschmachtet haben	würde geschmachtet haben
wir	werden geschmachtet haben	werden geschmachtet haben	würden geschmachtet haben
ihr	werdet geschmachtet haben	werdet geschmachtet haben	würdet geschmachtet haben
sie	werden geschmachtet haben	werden geschmachtet haben	würden geschmachtet haben

schmecken

to taste, taste good

PRINC. PARTS: schmecken, schmeckte, geschmeckt, schmeckt
IMPERATIVE: schmecke!, schmeckt!, schmecken Sie!

	INDICATIVE	SUBJUNCTIVE	
		PRIMARY	SECONDARY
		Present Time	
	Present	*(Pres. Subj.)*	*(Imperf. Subj.)*
ich	schmecke	schmecke	schmeckte
du	schmeckst	schmeckest	schmecktest
er	schmeckt	schmecke	schmeckte
wir	schmecken	schmecken	schmeckten
ihr	schmeckt	schmecket	schmecktet
sie	schmecken	schmecken	schmeckten
	Imperfect		
ich	schmeckte		
du	schmecktest		
er	schmeckte		
wir	schmeckten		
ihr	schmecktet		
sie	schmeckten		
		Past Time	
	Perfect	*(Perf. Subj.)*	*(Pluperf. Subj.)*
ich	habe geschmeckt	habe geschmeckt	hätte geschmeckt
du	hast geschmeckt	habest geschmeckt	hättest geschmeckt
er	hat geschmeckt	habe geschmeckt	hätte geschmeckt
wir	haben geschmeckt	haben geschmeckt	hätten geschmeckt
ihr	habt geschmeckt	habet geschmeckt	hättet geschmeckt
sie	haben geschmeckt	haben geschmeckt	hätten geschmeckt
	Pluperfect		
ich	hatte geschmeckt		
du	hattest geschmeckt		
er	hatte geschmeckt		
wir	hatten geschmeckt		
ihr	hattet geschmeckt		
sie	hatten geschmeckt		
		Future Time	
	Future	*(Fut. Subj.)*	*(Pres. Conditional)*
ich	werde schmecken	werde schmecken	würde schmecken
du	wirst schmecken	werdest schmecken	würdest schmecken
er	wird schmecken	werde schmecken	würde schmecken
wir	werden schmecken	werden schmecken	würden schmecken
ihr	werdet schmecken	werdet schmecken	würdet schmecken
sie	werden schmecken	werden schmecken	würden schmecken
		Future Perfect Time	
	Future Perfect	*(Fut. Perf. Subj.)*	*(Past Conditional)*
ich	werde geschmeckt haben	werde geschmeckt haben	würde geschmeckt haben
du	wirst geschmeckt haben	werdest geschmeckt haben	würdest geschmeckt haben
er	wird geschmeckt haben	werde geschmeckt haben	würde geschmeckt haben
wir	werden geschmeckt haben	werden geschmeckt haben	würden geschmeckt haben
ihr	werdet geschmeckt haben	werdet geschmeckt haben	würdet geschmeckt haben
sie	werden geschmeckt haben	werden geschmeckt haben	würden geschmeckt haben

PRINC. PARTS: schmeißen, schmiß, geschmissen, schmeißt
IMPERATIVE: schmeiße!, schmeißt!, schmeißen Sie!

to fling, hurl, throw

INDICATIVE		SUBJUNCTIVE	
		PRIMARY	SECONDARY
		Present Time	
	Present	*(Pres. Subj.)*	*(Imperf. Subj.)*
ich	schmeiße	schmeiße	schmisse
du	schmeißt	schmeißest	schmissest
er	schmeißt	schmeiße	schmisse
wir	schmeißen	schmeißen	schmissen
ihr	schmeißt	schmeißet	schmisset
sie	schmeißen	schmeißen	schmissen
	Imperfect		
ich	schmiß		
du	schmissest		
er	schmiß		
wir	schmissen		
ihr	schmißt		
sie	schmissen		
	Perfect	*Past Time*	
		(Perf. Subj.)	*(Pluperf. Subj.)*
ich	habe geschmissen	habe geschmissen	hätte geschmissen
du	hast geschmissen	habest geschmissen	hättest geschmissen
er	hat geschmissen	habe geschmissen	hätte geschmissen
wir	haben geschmissen	haben geschmissen	hätten geschmissen
ihr	habt geschmissen	habet geschmissen	hättet geschmissen
sie	haben geschmissen	haben geschmissen	hätten geschmissen
	Pluperfect		
ich	hatte geschmissen		
du	hattest geschmissen		
er	hatte geschmissen		
wir	hatten geschmissen		
ihr	hattet geschmissen		
sie	hatten geschmissen		
	Future	*Future Time*	
		(Fut. Subj.)	*(Pres. Conditional)*
ich	werde schmeißen	werde schmeißen	würde schmeißen
du	wirst schmeißen	werdest schmeißen	würdest schmeißen
er	wird schmeißen	werde schmeißen	würde schmeißen
wir	werden schmeißen	werden schmeißen	würden schmeißen
ihr	werdet schmeißen	werdet schmeißen	würdet schmeißen
sie	werden schmeißen	werden schmeißen	würden schmeißen
	Future Perfect	*Future Perfect Time*	
		(Fut. Perf. Subj.)	*(Past Conditional)*
ich	werde geschmissen haben	werde geschmissen haben	würde geschmissen haben
du	wirst geschmissen haben	werdest geschmissen haben	würdest geschmissen haben
er	wird geschmissen haben	werde geschmissen haben	würde geschmissen haben
wir	werden geschmissen haben	werden geschmissen haben	würden geschmissen haben
ihr	werdet geschmissen haben	werdet geschmissen haben	würdet geschmissen haben
sie	werden geschmissen haben	werden geschmissen haben	würden geschmissen haben

325

schmelzen

to melt

PRINC. PARTS: schmelzen, schmolz, *ist geschmolzen, schmilzt
IMPERATIVE: schmilz!, schmelzt!, schmelzen Sie!

	INDICATIVE	SUBJUNCTIVE	
		PRIMARY	SECONDARY
	Present	*Present Time* (*Pres. Subj.*)	(*Imperf. Subj.*)
ich	schmelze	schmelze	schmölze
du	schmilzt	schmelzest	schmölzest
er	schmilzt	schmelze	schmölze
wir	schmelzen	schmelzen	schmölzen
ihr	schmelzt	schmelzet	schmölzet
sie	schmelzen	schmelzen	schmölzen
	Imperfect		
ich	schmolz		
du	schmolzest		
er	schmolz		
wir	schmolzen		
ihr	schmolzt		
sie	schmolzen		
	Perfect	*Past Time* (*Perf. Subj.*)	(*Pluperf. Subj.*)
ich	bin geschmolzen		
du	bist geschmolzen	sei geschmolzen	wäre geschmolzen
er	ist geschmolzen	seiest geschmolzen	wärest geschmolzen
wir	sind geschmolzen	sei geschmolzen	wäre geschmolzen
ihr	seid geschmolzen	seien geschmolzen	wären geschmolzen
sie	sind geschmolzen	seiet geschmolzen	wäret geschmolzen
		seien geschmolzen	wären geschmolzen
	Pluperfect		
ich	war geschmolzen		
du	warst geschmolzen		
er	war geschmolzen		
wir	waren geschmolzen		
ihr	wart geschmolzen		
sie	waren geschmolzen		
	Future	*Future Time* (*Fut. Subj.*)	(*Pres. Conditional*)
ich	werde schmelzen	werde schmelzen	würde schmelzen
du	wirst schmelzen	werdest schmelzen	würdest schmelzen
er	wird schmelzen	werde schmelzen	würde schmelzen
wir	werden schmelzen	werden schmelzen	würden schmelzen
ihr	werdet schmelzen	werdet schmelzen	würdet schmelzen
sie	werden schmelzen	werden schmelzen	würden schmelzen
	Future Perfect	*Future Perfect Time* (*Fut. Perf. Subj.*)	(*Past Conditional*)
ich	werde geschmolzen sein	werde geschmolzen sein	würde geschmolzen sein
du	wirst geschmolzen sein	werdest geschmolzen sein	würdest geschmolzen sein
er	wird geschmolzen sein	werde geschmolzen sein	würde geschmolzen sein
wir	werden geschmolzen sein	werden geschmolzen sein	würden geschmolzen sein
ihr	werdet geschmolzen sein	werdet geschmolzen sein	würdet geschmolzen sein
sie	werden geschmolzen sein	werden geschmolzen sein	würden geschmolzen sein

326   * schmelzen can also be used transitively. Its auxiliary in the perfect tenses is then haben.

PRINC. PARTS: schmerzen, schmerzte, geschmerzt, schmerzt
IMPERATIVE: schmerze!, schmerzt!, schmerzen Sie!

to hurt, pain, distress, smart

INDICATIVE	SUBJUNCTIVE	
	PRIMARY	SECONDARY
	Present Time	
Present	*(Pres. Subj.)*	*(Imperf. Subj.)*
ich schmerze	schmerze	schmerzte
du schmerzt	schmerzest	schmerztest
er schmerzt	schmerze	schmerzte
wir schmerzen	schmerzen	schmerzten
ihr schmerzt	schmerzet	schmerztet
sie schmerzen	schmerzen	schmerzten
Imperfect		
ich schmerzte		
du schmerztest		
er schmerzte		
wir schmerzten		
ihr schmerztet		
sie schmerzten	*Past Time*	
Perfect	*(Perf. Subj.)*	*(Pluperf. Subj.)*
ich habe geschmerzt	habe geschmerzt	hätte geschmerzt
du hast geschmerzt	habest geschmerzt	hättest geschmerzt
er hat geschmerzt	habe geschmerzt	hätte geschmerzt
wir haben geschmerzt	haben geschmerzt	hätten geschmerzt
ihr habt geschmerzt	habet geschmerzt	hättet geschmerzt
sie haben geschmerzt	haben geschmerzt	hätten geschmerzt
Pluperfect		
ich hatte geschmerzt		
du hattest geschmerzt		
er hatte geschmerzt		
wir hatten geschmerzt		
ihr hattet geschmerzt		
sie hatten geschmerzt	*Future Time*	
Future	*(Fut. Subj.)*	*(Pres. Conditional)*
ich werde schmerzen	werde schmerzen	würde schmerzen
du wirst schmerzen	werdest schmerzen	würdest schmerzen
er wird schmerzen	werde schmerzen	würde schmerzen
wir werden schmerzen	werden schmerzen	würden schmerzen
ihr werdet schmerzen	werdet schmerzen	würdet schmerzen
sie werden schmerzen	werden schmerzen	würden schmerzen
	Future Perfect Time	
Future Perfect	*(Fut. Perf. Subj.)*	*(Past Conditional)*
ich werde geschmerzt haben	werde geschmerzt haben	würde geschmerzt haben
du wirst geschmerzt haben	werdest geschmerzt haben	würdest geschmerzt haben
er wird geschmerzt haben	werde geschmerzt haben	würde geschmerzt haben
wir werden geschmerzt haben	werden geschmerzt haben	würden geschmerzt haben
ihr werdet geschmerzt haben	werdet geschmerzt haben	würdet geschmerzt haben
sie werden geschmerzt haben	werden geschmerzt haben	würden geschmerzt haben

schmieren

to smear, grease,
bribe, scribble

PRINC. PARTS: schmieren, schmierte, geschmiert, schmiert
IMPERATIVE: schmiere!, schmiert!, schmieren Sie!

INDICATIVE	SUBJUNCTIVE	
	PRIMARY	SECONDARY
	Present Time	
Present	*(Pres. Subj.)*	*(Imperf. Subj.)*
ich schmiere	schmiere	schmierte
du schmierst	schmierest	schmiertest
er schmiert	schmiere	schmierte
wir schmieren	schmieren	schmierten
ihr schmiert	schmieret	schmiertet
sie schmieren	schmieren	schmierten
Imperfect		
ich schmierte		
du schmiertest		
er schmierte		
wir schmierten		
ihr schmiertet		
sie schmierten		
	Past Time	
Perfect	*(Perf. Subj.)*	*(Pluperf. Subj.)*
ich habe geschmiert	habe geschmiert	hätte geschmiert
du hast geschmiert	habest geschmiert	hättest geschmiert
er hat geschmiert	habe geschmiert	hätte geschmiert
wir haben geschmiert	haben geschmiert	hätten geschmiert
ihr habt geschmiert	habet geschmiert	hättet geschmiert
sie haben geschmiert	haben geschmiert	hätten geschmiert
Pluperfect		
ich hatte geschmiert		
du hattest geschmiert		
er hatte geschmiert		
wir hatten geschmiert		
ihr hattet geschmiert		
sie hatten geschmiert		
	Future Time	
Future	*(Fut. Subj.)*	*(Pres. Conditional)*
ich werde schmieren	werde schmieren	würde schmieren
du wirst schmieren	werdest schmieren	würdest schmieren
er wird schmieren	werde schmieren	würde schmieren
wir werden schmieren	werden schmieren	würden schmieren
ihr werdet schmieren	werdet schmieren	würdet schmieren
sie werden schmieren	werden schmieren	würden schmieren
	Future Perfect Time	
Future Perfect	*(Fut. Perf. Subj.)*	*(Past Conditional)*
ich werde geschmiert haben	werde geschmiert haben	würde geschmiert haben
du wirst geschmiert haben	werdest geschmiert haben	würdest geschmiert haben
er wird geschmiert haben	werde geschmiert haben	würde geschmiert haben
wir werden geschmiert haben	werden geschmiert haben	würden geschmiert haben
ihr werdet geschmiert haben	werdet geschmiert haben	würdet geschmiert haben
sie werden geschmiert haben	werden geschmiert haben	würden geschmiert haben

PRINC. PARTS: schmollen, schmollte, geschmollt, schmollt
IMPERATIVE: schmolle!, schmollt!, schmollen Sie!

to pout, be sulky

INDICATIVE	SUBJUNCTIVE	
	PRIMARY	SECONDARY

Present Time

	Present	(Pres. Subj.)	(Imperf. Subj.)
ich	schmolle	schmolle	schmollte
du	schmollst	schmollest	schmolltest
er	schmollt	schmolle	schmollte
wir	schmollen	schmollen	schmollten
ihr	schmollt	schmollet	schmolltet
sie	schmollen	schmollen	schmollten

	Imperfect
ich	schmollte
du	schmolltest
er	schmollte
wir	schmollten
ihr	schmolltet
sie	schmollten

Past Time

	Perfect	(Perf. Subj.)	(Pluperf. Subj.)
ich	habe geschmollt	habe geschmollt	hätte geschmollt
du	hast geschmollt	habest geschmollt	hättest geschmollt
er	hat geschmollt	habe geschmollt	hätte geschmollt
wir	haben geschmollt	haben geschmollt	hätten geschmollt
ihr	habt geschmollt	habet geschmollt	hättet geschmollt
sie	haben geschmollt	haben geschmollt	hätten geschmollt

	Pluperfect
ich	hatte geschmollt
du	hattest geschmollt
er	hatte geschmollt
wir	hatten geschmollt
ihr	hattet geschmollt
sie	hatten geschmollt

Future Time

	Future	(Fut. Subj.)	(Pres. Conditional)
ich	werde schmollen	werde schmollen	würde schmollen
du	wirst schmollen	werdest schmollen	würdest schmollen
er	wird schmollen	werde schmollen	würde schmollen
wir	werden schmollen	werden schmollen	würden schmollen
ihr	werdet schmollen	werdet schmollen	würdet schmollen
sie	werden schmollen	werden schmollen	würden schmollen

Future Perfect Time

	Future Perfect	(Fut. Perf. Subj.)	(Past Conditional)
ich	werde geschmollt haben	werde geschmollt haben	würde geschmollt haben
du	wirst geschmollt haben	werdest geschmollt haben	würdest geschmollt haben
er	wird geschmollt haben	werde geschmollt haben	würde geschmollt haben
wir	werden geschmollt haben	werden geschmollt haben	würden geschmollt haben
ihr	werdet geschmollt haben	werdet geschmollt haben	würdet geschmollt haben
sie	werden geschmollt haben	werden geschmollt haben	würden geschmollt haben

schneiden
to cut

INDICATIVE		SUBJUNCTIVE	
		PRIMARY	SECONDARY
		Present Time	
	Present	*(Pres. Subj.)*	*(Imperf. Subj.)*
ich	schneide	schneide	schnitte
du	schneidest	schneidest	schnittest
er	schneidet	schneide	schnitte
wir	schneiden	schneiden	schnitten
ihr	schneidet	schneidet	schnittet
sie	schneiden	schneiden	schnitten
	Imperfect		
ich	schnitt		
du	schnittst		
er	schnitt		
wir	schnitten		
ihr	schnittet		
sie	schnitten		
	Perfect	*Past Time*	
		(Perf. Subj.)	*(Pluperf. Subj.)*
ich	habe geschnitten	habe geschnitten	hätte geschnitten
du	hast geschnitten	habest geschnitten	hättest geschnitten
er	hat geschnitten	habe geschnitten	hätte geschnitten
wir	haben geschnitten	haben geschnitten	hätten geschnitten
ihr	habt geschnitten	habet geschnitten	hättet geschnitten
sie	haben geschnitten	haben geschnitten	hätten geschnitten
	Pluperfect		
ich	hatte geschnitten		
du	hattest geschnitten		
er	hatte geschnitten		
wir	hatten geschnitten		
ihr	hattet geschnitten		
sie	hatten geschnitten		
		Future Time	
	Future	*(Fut. Subj.)*	*(Pres. Conditional)*
ich	werde schneiden	werde schneiden	würde schneiden
du	wirst schneiden	werdest schneiden	würdest schneiden
er	wird schneiden	werde schneiden	würde schneiden
wir	werden schneiden	werden schneiden	würden schneiden
ihr	werdet schneiden	werdet schneiden	würdet schneiden
sie	werden schneiden	werden schneiden	würden schneiden
		Future Perfect Time	
	Future Perfect	*(Fut. Perf. Subj.)*	*(Past Conditional)*
ich	werde geschnitten haben	werde geschnitten haben	würde geschnitten haben
du	wirst geschnitten haben	werdest geschnitten haben	würdest geschnitten haben
er	wird geschnitten haben	werde geschnitten haben	würde geschnitten haben
wir	werden geschnitten haben	werden geschnitten haben	würden geschnitten haben
ihr	werdet geschnitten haben	werdet geschnitten haben	würdet geschnitten haben
sie	werden geschnitten haben	werden geschnitten haben	würden geschnitten haben

PRINC. PARTS: schneien*, schneite, geschneit, es schneit
IMPERATIVE: schneie!, schneit!, schneien Sie! **

	INDICATIVE	SUBJUNCTIVE	
		PRIMARY	SECONDARY
		Present Time	
	Present	*(Pres. Subj.)*	*(Imperf. Subj.)*
ich du es wir ihr sie	schneit	schneie	schneite
	Imperfect		
ich du es wir ihr sie	schneite		
		Past Time	
	Perfect	*(Perf. Subj.)*	*(Pluperf. Subj.)*
ich du es wir ihr sie	hat geschneit	habe geschneit	hätte geschneit
	Pluperfect		
ich du es wir ihr sie	hatte geschneit		
		Future Time	
	Future	*(Fut. Subj.)*	*(Pres. Conditional)*
ich du es wir ihr sie	wird schneien	werde schneien	würde schneien
		Future Perfect Time	
	Future Perfect	*(Fut. Perf. Subj.)*	*(Past Conditional)*
ich du es wir ihr sie	wird geschneit haben	werde geschneit haben	würde geschneit haben

* Impersonal verb. Forms other than the third person singular of this verb are rarely found, except in poetry.
** The imperative *snow* of this verb is as unusual as in English.

schnüren

to tie, tighten

PRINC. PARTS: schnüren, schnürte, geschnürt, schnürt
IMPERATIVE: schnüre!, schnürt!, schnüren Sie!

	INDICATIVE	SUBJUNCTIVE	
		PRIMARY	SECONDARY
		Present Time	
	Present	*(Pres. Subj.)*	*(Imperf. Subj.)*
ich	schnüre	schnüre	schnürte
du	schnürst	schnürest	schnürtest
er	schnürt	schnüre	schnürte
wir	schnüren	schnüren	schnürten
ihr	schnürt	schnüret	schnürtet
sie	schnüren	schnüren	schnürten
	Imperfect		
ich	schnürte		
du	schnürtest		
er	schnürte		
wir	schnürten		
ihr	schnürtet		
sie	schnürten	*Past Time*	
	Perfect	*(Perf. Subj.)*	*(Pluperf. Subj.)*
ich	habe geschnürt	habe geschnürt	hätte geschnürt
du	hast geschnürt	habest geschnürt	hättest geschnürt
er	hat geschnürt	habe geschnürt	hätte geschnürt
wir	haben geschnürt	haben geschnürt	hätten geschnürt
ihr	habt geschnürt	habet geschnürt	hättet geschnürt
sie	haben geschnürt	haben geschnürt	hätten geschnürt
	Pluperfect		
ich	hatte geschnürt		
du	hattest geschnürt		
er	hatte geschnürt		
wir	hatten geschnürt		
ihr	hattet geschnürt		
sie	hatten geschnürt	*Future Time*	
	Future	*(Fut. Subj.)*	*(Pres. Conditional)*
ich	werde schnüren	werde schnüren	würde schnüren
du	wirst schnüren	werdest schnüren	würdest schnüren
er	wird schnüren	werde schnüren	würde schnüren
wir	werden schnüren	werden schnüren	würden schnüren
ihr	werdet schnüren	werdet schnüren	würdet schnüren
sie	werden schnüren	werden schnüren	würden schnüren
		Future Perfect Time	
	Future Perfect	*(Fut. Perf. Subj.)*	*(Past Conditional)*
ich	werde geschnürt haben	werde geschnürt haben	würde geschnürt haben
du	wirst geschnürt haben	werdest geschnürt haben	würdest geschnürt haben
er	wird geschnürt haben	werde geschnürt haben	würde geschnürt haben
wir	werden geschnürt haben	werden geschnürt haben	würden geschnürt haben
ihr	werdet geschnürt haben	werdet geschnürt haben	würdet geschnürt haben
sie	werden geschnürt haben	werden geschnürt haben	würden geschnürt haben

PRINC. PARTS: schöpfen, schöpfte, geschöpft, schöpft
IMPERATIVE: schöpfe!, schöpft!, schöpfen Sie!

to scoop;
*obtain, conceive**

INDICATIVE	SUBJUNCTIVE	
	PRIMARY	SECONDARY
	Present Time	
Present	*(Pres. Subj.)*	*(Imperf. Subj.)*
ich schöpfe	schöpfe	schöpfte
du schöpfst	schöpfest	schöpftest
er schöpft	schöpfe	schöpfte
wir schöpfen	schöpfen	schöpften
ihr schöpft	schöpfet	schöpftet
sie schöpfen	schöpfen	schöpften

Imperfect
ich schöpfte
du schöpftest
er schöpfte
wir schöpften
ihr schöpftet
sie schöpften

	Past Time	
Perfect	*(Perf. Subj.)*	*(Pluperf. Subj.)*
ich habe geschöpft	habe geschöpft	hätte geschöpft
du hast geschöpft	habest geschöpft	hättest geschöpft
er hat geschöpft	habe geschöpft	hätte geschöpft
wir haben geschöpft	haben geschöpft	hätten geschöpft
ihr habt geschöpft	habet geschöpft	hättet geschöpft
sie haben geschöpft	haben geschöpft	hätten geschöpft

Pluperfect
Ich hatte geschöpft
du hattest geschöpft
er hatte geschöpft
wir hatten geschöpft
ihr hattet geschöpft
sie hatten geschöpft

	Future Time	
Future	*(Fut. Subj.)*	*(Pres. Conditional)*
ich werde schöpfen	werde schöpfen	würde schöpfen
du wirst schöpfen	werdest schöpfen	würdest schöpfen
er wird schöpfen	werde schöpfen	würde schöpfen
wir werden schöpfen	werden schöpfen	würden schöpfen
ihr werdet schöpfen	werdet schöpfen	würdet schöpfen
sie werden schöpfen	werden schöpfen	würden schöpfen

	Future Perfect Time	
Future Perfect	*(Fut. Perf. Subj.)*	*(Past Conditional)*
ich werde geschöpft haben	werde geschöpft haben	würde geschöpft haben
du wirst geschöpft haben	werdest geschöpft haben	würdest geschöpft haben
er wird geschöpft haben	werde geschöpft haben	würde geschöpft haben
wir werden geschöpft haben	werden geschöpft haben	würden geschöpft haben
ihr werdet geschöpft haben	werdet geschöpft haben	würdet geschöpft haben
sie werden geschöpft haben	werden geschöpft haben	würden geschöpft haben

* in phrases such as *Atem schöpfen* — to get one's breath; *Verdacht schöpfen* — to become suspicious.

schreiben

to write

PRINC. PARTS: schreiben, schrieb, geschrieben, schreibt
IMPERATIVE: schreibe!, schreibt!, schreiben Sie!

	INDICATIVE	SUBJUNCTIVE	
		PRIMARY	SECONDARY

Present Time

	Present	*(Pres. Subj.)*	*(Imperf. Subj.)*
ich	schreibe	schreibe	schriebe
du	schreibst	schreibest	schriebest
er	schreibt	schreibe	schriebe
wir	schreiben	schreiben	schrieben
ihr	schreibt	schreibet	schriebet
sie	schreiben	schreiben	schrieben

	Imperfect
ich	schrieb
du	schriebst
er	schrieb
wir	schrieben
ihr	schriebt
sie	schrieben

Past Time

	Perfect	*(Perf. Subj.)*	*(Pluperf. Subj.)*
ich	habe geschrieben	habe geschrieben	hätte geschrieben
du	hast geschrieben	habest geschrieben	hättest geschrieben
er	hat geschrieben	habe geschrieben	hätte geschrieben
wir	haben geschrieben	haben geschrieben	hätten geschrieben
ihr	habt geschrieben	habet geschrieben	hättet geschrieben
sie	haben geschrieben	haben geschrieben	hätten geschrieben

	Pluperfect
ich	hatte geschrieben
du	hattest geschrieben
er	hatte geschrieben
wir	hatten geschrieben
ihr	hattet geschrieben
sie	hatten geschrieben

Future Time

	Future	*(Fut. Subj.)*	*(Pres. Conditional)*
ich	werde schreiben	werde schreiben	würde schreiben
du	wirst schreiben	werdest schreiben	würdest schreiben
er	wird schreiben	werde schreiben	würde schreiben
wir	werden schreiben	werden schreiben	würden schreiben
ihr	werdet schreiben	werdet schreiben	würdet schreiben
sie	werden schreiben	werden schreiben	würden schreiben

Future Perfect Time

	Future Perfect	*(Fut. Perf. Subj.)*	*(Past Conditional)*
ich	werde geschrieben haben	werde geschrieben haben	würde geschrieben haben
du	wirst geschrieben haben	werdest geschrieben haben	würdest geschrieben haben
er	wird geschrieben haben	werde geschrieben haben	würde geschrieben haben
wir	werden geschrieben haben	werden geschrieben haben	würden geschrieben haben
ihr	werdet geschrieben haben	werdet geschrieben haben	würdet geschrieben haben
sie	werden geschrieben haben	werden geschrieben haben	wurden geschrieben haben

INDICATIVE	SUBJUNCTIVE	
	PRIMARY	SECONDARY

	Present	(*Pres. Subj.*) *Present Time*	(*Imperf. Subj.*)
ich	schreie	schreie	schriee
du	schreist	schreiest	schrieest
er	schreit	schreie	schriee
wir	schreien	schreien	schrieen
ihr	schreit	schreiet	schrieet
sie	schreien	schreien	schrieen

	Imperfect
ich	schrie
du	schriest
er	schrie
wir	schrieen
ihr	schriet
sie	schrieen

	Perfect	(*Perf. Subj.*) *Past Time*	(*Pluperf. Subj.*)
ich	habe geschrieen	habe geschrieen	hätte geschrieen
du	hast geschrieen	habest geschrieen	hättest geschrieen
er	hat geschrieen	habe geschrieen	hätte geschrieen
wir	haben geschrieen	haben geschrieen	hätten geschrieen
ihr	habt geschrieen	habet geschrieen	hättet geschrieen
sie	haben geschrieen	haben geschrieen	hätten geschrieen

	Pluperfect
ich	hatte geschrieen
du	hattest geschrieen
er	hatte geschrieen
wir	hatten geschrieen
ihr	hattet geschrieen
sie	hatten geschrieen

	Future	(*Fut. Subj.*) *Future Time*	(*Pres. Conditional*)
ich	werde schreien	werde schreien	würde schreien
du	wirst schreien	werdest schreien	würdest schreien
er	wird schreien	werde schreien	würde schreien
wir	werden schreien	werden schreien	würden schreien
ihr	werdet schreien	werdet schreien	würdet schreien
sie	werden schreien	werden schreien	würden schreien

	Future Perfect	(*Fut. Perf. Subj.*) *Future Perfect Time*	(*Past Conditional*)
ich	werde geschrieen haben	werde geschrieen haben	würde geschrieen haben
du	wirst geschrieen haben	werdest geschrieen haben	würdest geschrieen haben
er	wird geschrieen haben	werde geschrieen haben	würde geschrieen haben
wir	werden geschrieen haben	werden geschrieen haben	würden geschrieen haben
ihr	werdet geschrieen haben	werdet geschrieen haben	würdet geschrieen haben
sie	werden geschrieen haben	werden geschrieen haben	würden geschrieen haben

335

schreiten

to stride, step, walk

PRINC. PARTS: schreiten, schritt, ist geschritten, schreitet
IMPERATIVE: schreite!, schreitet!, schreiten Sie!

	INDICATIVE	SUBJUNCTIVE	
		PRIMARY	SECONDARY
		Present Time	
	Present	*(Pres. Subj.)*	*(Imperf. Subj.)*
ich	schreite	schreite	schritte
du	schreitest	schreitest	schrittest
er	schreitet	schreite	schritte
wir	schreiten	schreiten	schritten
ihr	schreitet	schreitet	schrittet
sie	schreiten	schreiten	schritten

	Imperfect
ich	schritt
du	schrittest
er	schritt
wir	schritten
ihr	schrittet
sie	schritten

			Past Time	
	Perfect	*(Perf. Subj.)*	*(Pluperf. Subj.)*
ich	bin geschritten	sei geschritten	wäre geschritten
du	bist geschritten	seiest geschritten	wärest geschritten
er	ist geschritten	sei geschritten	wäre geschritten
wir	sind geschritten	seien geschritten	wären geschritten
ihr	seid geschritten	seiet geschritten	wäret geschritten
sie	sind geschritten	seien geschritten	wären geschritten

	Pluperfect
ich	war geschritten
du	warst geschritten
er	war geschritten
wir	waren geschritten
ihr	wart geschritten
sie	waren geschritten

			Future Time	
	Future	*(Fut. Subj.)*	*(Pres. Conditional)*
ich	werde schreiten	werde schreiten	würde schreiten
du	wirst schreiten	werdest schreiten	würdest schreiten
er	wird schreiten	werde schreiten	würde schreiten
wir	werden schreiten	werden schreiten	würden schreiten
ihr	werdet schreiten	werdet schreiten	würdet schreiten
sie	werden schreiten	werden schreiten	würden schreiten

			Future Perfect Time	
	Future Perfect	*(Fut. Perf. Subj.)*	*(Past Conditional)*
ich	werde geschritten sein	werde geschritten sein	würde geschritten sein
du	wirst geschritten sein	werdest geschritten sein	würdest geschritten sein
er	wird geschritten sein	werde geschritten sein	würde geschritten sein
wir	werden geschritten sein	werden geschritten sein	würden geschritten sein
ihr	werdet geschritten sein	werdet geschritten sein	würdet geschritten sein
sie	werden geschritten sein	werden geschritten sein	würden geschritten sein

PRINC. PARTS: schwanken, schwankte, geschwankt,
schwankt
IMPERATIVE: schwanke!, schwankt!, schwanken Sie!

to sway, rock;
fluctuate

INDICATIVE	SUBJUNCTIVE	
	PRIMARY	SECONDARY
	Present Time	
Present	*(Pres. Subj.)*	*(Imperf. Subj.)*
ich schwanke	schwanke	schwankte
du schwankst	schwankest	schwanktest
er schwankt	schwanke	schwankte
wir schwanken	schwanken	schwankten
ihr schwankt	schwanket	schwanktet
sie schwanken	schwanken	schwankten
Imperfect		
ich schwankte		
du schwanktest		
er schwankte		
wir schwankten		
ihr schwanktet		
sie schwankten	*Past Time*	
Perfect	*(Perf. Subj.)*	*(Pluperf. Subj.)*
ich habe geschwankt	habe geschwankt	hätte geschwankt
du hast geschwankt	habest geschwankt	hättest geschwankt
er hat geschwankt	habe geschwankt	hätte geschwankt
wir haben geschwankt	haben geschwankt	hätten geschwankt
ihr habt geschwankt	habet geschwankt	hättet geschwankt
sie haben geschwankt	haben geschwankt	hätten geschwankt
Pluperfect		
ich hatte geschwankt		
du hattest geschwankt		
er hatte geschwankt		
wir hatten geschwankt		
ihr hattet geschwankt		
sie hatten geschwankt	*Future Time*	
Future	*(Fut. Subj.)*	*(Pres. Conditional)*
ich werde schwanken	werde schwanken	würde schwanken
du wirst schwanken	werdest schwanken	würdest schwanken
er wird schwanken	werde schwanken	würde schwanken
wir werden schwanken	werden schwanken	würden schwanken
ihr werdet schwanken	werdet schwanken	würdet schwanken
sie werden schwanken	werden schwanken	würden schwanken
	Future Perfect Time	
Future Perfect	*(Fut. Perf. Subj.)*	*(Past Conditional)*
ich werde geschwankt haben	werde geschwankt haben	würde geschwankt haben
du wirst geschwankt haben	werdest geschwankt haben	würdest geschwankt haben
er wird geschwankt haben	werde geschwankt haben	würde geschwankt haben
wir werden geschwankt haben	werden geschwankt haben	würden geschwankt haben
ihr werdet geschwankt haben	werdet geschwankt haben	würdet geschwankt haben
sie werden geschwankt haben	werden geschwankt haben	würden geschwankt haben

schwänzen

to play hooky,
cut classes

PRINC. PARTS: schwänzen, schwänzte, geschwänzt, schwänzt
IMPERATIVE: schwänze!, schwänzt!, schwänzen Sie!

INDICATIVE	SUBJUNCTIVE	
	PRIMARY	SECONDARY

Present Time

	Present	*(Pres. Subj.)*	*(Imperf. Subj.)*
ich	schwänze	schwänze	schwänzte
du	schwänzt	schwänzest	schwänztest
er	schwänzt	schwänze	schwänzte
wir	schwänzen	schwänzen	schwänzten
ihr	schwänzt	schwänzet	schwänztet
sie	schwänzen	schwänzen	schwänzten

	Imperfect
ich	schwänzte
du	schwänztest
er	schwänzte
wir	schwänzten
ihr	schwänztet
sie	schwänzten

Past Time

	Perfect	*(Perf. Subj.)*	*(Pluperf. Subj.)*
ich	habe geschwänzt	habe geschwänzt	hätte geschwänzt
du	hast geschwänzt	habest geschwänzt	hättest geschwänzt
er	hat geschwänzt	habe geschwänzt	hätte geschwänzt
wir	haben geschwänzt	haben geschwänzt	hätten geschwänzt
ihr	habt geschwänzt	habet geschwänzt	hättet geschwänzt
sie	haben geschwänzt	haben geschwänzt	hätten geschwänzt

	Pluperfect
ich	hatte geschwänzt
du	hattest geschwänzt
er	hatte geschwänzt
wir	hatten geschwänzt
ihr	hattet geschwänzt
sie	hatten geschwänzt

Future Time

	Future	*(Fut. Subj.)*	*(Pres. Conditional)*
ich	werde schwänzen	werde schwänzen	würde schwänzen
du	wirst schwänzen	werdest schwänzen	würdest schwänzen
er	wird schwänzen	werde schwänzen	würde schwänzen
wir	werden schwänzen	werden schwänzen	würden schwänzen
ihr	werdet schwänzen	werdet schwänzen	würdet schwänzen
sie	werden schwänzen	werden schwänzen	würden schwänzen

Future Perfect Time

	Future Perfect	*(Fut. Perf. Subj.)*	*(Past Conditional)*
ich	werde geschwänzt haben	werde geschwänzt haben	würde geschwänzt haben
du	wirst geschwänzt haben	werdest geschwänzt haben	würdest geschwänzt haben
er	wird geschwänzt haben	werde geschwänzt haben	würde geschwänzt haben
wir	werden geschwänzt haben	werden geschwänzt haben	würden geschwänzt haben
ihr	werdet geschwänzt haben	werdet geschwänzt haben	würdet geschwänzt haben
sie	werden geschwänzt haben	werden geschwänzt haben	würden geschwänzt haben

schwärzen

to blacken, slander, vilify

INDICATIVE	PRIMARY SUBJUNCTIVE	SECONDARY
	Present Time	
Present	*(Pres. Subj.)*	*(Imperf. Subj.)*
ich schwärze	schwärze	schwärzte
du schwärzt	schwärzest	schwärztest
er schwärzt	schwärze	schwärzte
wir schwärzen	schwärzen	schwärzten
ihr schwärzt	schwärzet	schwärztet
sie schwärzen	schwärzen	schwärzten
Imperfect		
ich schwärzte		
du schwärztest		
er schwärzte		
wir schwärzten		
ihr schwärztet		
sie schwärzten	**Past Time**	
Perfect	*(Perf. Subj.)*	*(Pluperf. Subj.)*
ich habe geschwärzt	habe geschwärzt	hätte geschwärzt
du hast geschwärzt	habest geschwärzt	hättest geschwärzt
er hat geschwärzt	habe geschwärzt	hätte geschwärzt
wir haben geschwärzt	haben geschwärzt	hätten geschwärzt
ihr habt geschwärzt	habet geschwärzt	hättet geschwärzt
sie haben geschwärzt	haben geschwärzt	hätten geschwärzt
Pluperfect		
ich hatte geschwärzt		
du hattest geschwärzt		
er hatte geschwärzt		
wir hatten geschwärzt		
ihr hattet geschwärzt		
sie hatten geschwärzt	**Future Time**	
Future	*(Fut. Subj.)*	*(Pres. Conditional)*
ich werde schwärzen	werde schwärzen	würde schwärzen
du wirst schwärzen	werdest schwärzen	würdest schwärzen
er wird schwärzen	werde schwärzen	würde schwärzen
wir werden schwärzen	werden schwärzen	würden schwärzen
ihr werdet schwärzen	werdet schwärzen	würdet schwärzen
sie werden schwärzen	werden schwärzen	würden schwärzen
	Future Perfect Time	
Future Perfect	*(Fut. Perf. Subj.)*	*(Past Conditional)*
ich werde geschwärzt haben	werde geschwärzt haben	würde geschwärzt haben
du wirst geschwärzt haben	werdest geschwärzt haben	würdest geschwärzt haben
er wird geschwärzt haben	werde geschwärzt haben	würde geschwärzt haben
wir werden geschwärzt haben	werden geschwärzt haben	würden geschwärzt haben
ihr werdet geschwärzt haben	werdet geschwärzt haben	würdet geschwärzt haben
sie werden geschwärzt haben	werden geschwärzt haben	würden geschwärzt haben

schwatzen

to chatter, prattle

PRINC. PARTS: schwatzen, schwatzte, geschwatzt, schwatzt
IMPERATIVE: schwatze!, schwatzt!, schwatzen Sie!

	INDICATIVE		SUBJUNCTIVE	
			PRIMARY	SECONDARY
			Present Time	
	Present		*(Pres. Subj.)*	*(Imperf. Subj.)*
ich	schwatze		schwatze	schwatzte
du	schwatzt		schwatzest	schwatztest
er	schwatzt		schwatze	schwatzte
wir	schwatzen		schwatzen	schwatzten
ihr	schwatzt		schwatzet	schwatztet
sie	schwatzen		schwatzen	schwatzten
	Imperfect			
ich	schwatzte			
du	schwatztest			
er	schwatzte			
wir	schwatzten			
ihr	schwatztet			
sie	schwatzten			
			Past Time	
	Perfect		*(Perf. Subj.)*	*(Pluperf. Subj.)*
ich	habe geschwatzt		habe geschwatzt	hätte geschwatzt
du	hast geschwatzt		habest geschwatzt	hättest geschwatzt
er	hat geschwatzt		habe geschwatzt	hätte geschwatzt
wir	haben geschwatzt		haben geschwatzt	hätten geschwatzt
ihr	habt geschwatzt		habet geschwatzt	hättet geschwatzt
sie	haben geschwatzt		haben geschwatzt	hätten geschwatzt
	Pluperfect			
ich	hatte geschwatzt			
du	hattest geschwatzt			
er	hatte geschwatzt			
wir	hatten geschwatzt			
ihr	hattet geschwatzt			
sie	hatten geschwatzt			
			Future Time	
	Future		*(Fut. Subj.)*	*(Pres. Conditional)*
ich	werde schwatzen		werde schwatzen	würde schwatzen
du	wirst schwatzen		werdest schwatzen	würdest schwatzen
er	wird schwatzen		werde schwatzen	würde schwatzen
wir	werden schwatzen		werden schwatzen	würden schwatzen
ihr	werdet schwatzen		werdet schwatzen	würdet schwatzen
sie	werden schwatzen		werden schwatzen	würden schwatzen
			Future Perfect Time	
	Future Perfect		*(Fut. Perf. Subj.)*	*(Past Conditional)*
ich	werde geschwatzt haben		werde geschwatzt haben	würde geschwatzt haben
du	wirst geschwatzt haben		werdest geschwatzt haben	würdest geschwatzt haben
er	wird geschwatzt haben		werde geschwatzt haben	würde geschwatzt haben
wir	werden geschwatzt haben		werden geschwatzt haben	würden geschwatzt haben
ihr	werdet geschwatzt haben		werdet geschwatzt haben	würdet geschwatzt haben
sie	werden geschwatzt haben		werden geschwatzt haben	würden geschwatzt haben

PRINC. PARTS: schweben, schwebte, geschwebt, schwebt
IMPERATIVE: schwebe!, schwebt!, schweben Sie!

*to soar, hover,
be pending*

	INDICATIVE		SUBJUNCTIVE	
			PRIMARY	SECONDARY
			Present Time	
	Present		*(Pres. Subj.)*	*(Imperf. Subj.)*
ich	schwebe		schwebe	schwebte
du	schwebst		schwebest	schwebtest
er	schwebt		schwebe	schwebte
wir	schweben		schweben	schwebten
ihr	schwebt		schwebet	schwebtet
sie	schweben		schweben	schwebten
	Imperfect			
ich	schwebte			
du	schwebtest			
er	schwebte			
wir	schwebten			
ihr	schwebtet			
sie	schwebten		*Past Time*	
	Perfect		*(Perf. Subj.)*	*(Pluperf. Subj.)*
ich	habe geschwebt		habe geschwebt	hätte geschwebt
du	hast geschwebt		habest geschwebt	hättest geschwebt
er	hat geschwebt		habe geschwebt	hätte geschwebt
wir	haben geschwebt		haben geschwebt	hätten geschwebt
ihr	habt geschwebt		habet geschwebt	hättet geschwebt
sie	haben geschwebt		haben geschwebt	hätten geschwebt
	Pluperfect			
ich	hatte geschwebt			
du	hattest geschwebt			
er	hatte geschwebt			
wir	hatten geschwebt			
ihr	hattet schwebt			
sie	hatten geschwebt		*Future Time*	
	Future		*(Fut. Subj.)*	*(Pres. Conditional)*
ich	werde schweben		werde schweben	würde schweben
du	wirst schweben		werdest schweben	würdest schweben
er	wird schweben		werde schweben	würde schweben
wir	werden schweben		werden schweben	würden schweben
ihr	werdet schweben		werdet schweben	würdet schweben
sie	werden schweben		werden schweben	würden schweben
			Future Perfect Time	
	Future Perfect		*(Fut. Perf. Subj.)*	*(Past Conditional)*
ich	werde geschwebt haben		werde geschwebt haben	würde geschwebt haben
du	wirst geschwebt haben		werdest geschwebt haben	würdest geschwebt haben
er	wird geschwebt haben		werde geschwebt haben	würde geschwebt haben
wir	werden geschwebt haben		werden geschwebt haben	würden geschwebt haben
ihr	werdet geschwebt haben		werdet geschwebt haben	würdet geschwebt haben
sie	werden geschwebt haben		werden geschwebt haben	würden geschwebt haben

schweigen

to be silent

PRINC. PARTS: schweigen, schwieg, geschwiegen, schweigt
IMPERATIVE: schweige!, schweigt!, schweigen Sie!

INDICATIVE	SUBJUNCTIVE	
	PRIMARY	SECONDARY

		Present Time	
	Present	*(Pres. Subj.)*	*(Imperf. Subj.)*
ich	schweige	schweige	schwiege
du	schweigst	schweigest	schwiegest
er	schweigt	schweige	schwiege
wir	schweigen	schweigen	schwiegen
ihr	schweigt	schweiget	schwieget
sie	schweigen	schweigen	schwiegen

	Imperfect
ich	schwieg
du	schwiegst
er	schwieg
wir	schwiegen
ihr	schwiegt
sie	schwiegen

		Past Time	
	Perfect	*(Perf. Subj.)*	*(Pluperf. Subj.)*
ich	habe geschwiegen	habe geschwiegen	hätte geschwiegen
du	hast geschwiegen	habest geschwiegen	hättest geschwiegen
er	hat geschwiegen	habe geschwiegen	hätte geschwiegen
wir	haben geschwiegen	haben geschwiegen	hätten geschwiegen
ihr	habt geschwiegen	habet geschwiegen	hättet geschwiegen
sie	haben geschwiegen	haben geschwiegen	hätten geschwiegen

	Pluperfect
ich	hatte geschwiegen
du	hattest geschwiegen
er	hatte geschwiegen
wir	hatten geschwiegen
ihr	hattet geschwiegen
sie	hatten geschwiegen

		Future Time	
	Future	*(Fut. Subj.)*	*(Pres. Conditional)*
ich	werde schweigen	werde schweigen	würde schweigen
du	wirst schweigen	werdest schweigen	würdest schweigen
er	wird schweigen	werde schweigen	würde schweigen
wir	werden schweigen	werden schweigen	würden schweigen
ihr	werdet schweigen	werdet schweigen	würdet schweigen
sie	werden schweigen	werden schweigen	würden schweigen

		Future Perfect Time	
	Future Perfect	*(Fut. Perf. Subj.)*	*(Past Conditional)*
ich	werde geschwiegen haben	werde geschwiegen haben	würde geschwiegen haben
du	wirst geschwiegen haben	werdest geschwiegen haben	würdest geschwiegen haben
er	wird geschwiegen haben	werde geschwiegen haben	würde geschwiegen haben
wir	werden geschwiegen haben	werden geschwiegen haben	würden geschwiegen haben
ihr	werdet geschwiegen haben	werdet geschwiegen haben	würdet geschwiegen haben
sie	werden geschwiegen haben	werden geschwiegen haben	würden geschwiegen haben

schwellen

PRINC. PARTS: schwellen, schwoll, ist geschwollen, schwillt
IMPERATIVE: schwill!, schwellt!, schwellen Sie!

to swell, rise,
increase in size

	INDICATIVE	SUBJUNCTIVE	
		PRIMARY	SECONDARY
		Present Time	
	Present	*(Pres. Subj.)*	*(Imperf. Subj.)*
ich	schwelle	schwelle	schwölle
du	schwillst	schwellest	schwöllest
er	schwillt	schwelle	schwölle
wir	schwellen	schwellen	schwöllen
ihr	schwellt	schwellet	schwöllet
sie	schwellen	schwellen	schwöllen
	Imperfect		
ich	schwoll		
du	schwollst		
er	schwoll		
wir	schwollen		
ihr	schwollt		
sie	schwollen		
		Past Time	
	Perfect	*(Perf. Subj.)*	*(Pluperf. Subj.)*
ich	bin geschwollen	sei geschwollen	wäre geschwollen
du	bist geschwollen	seiest geschwollen	wärest geschwollen
er	ist geschwollen	sei geschwollen	wäre geschwollen
wir	sind geschwollen	seien geschwollen	wären geschwollen
ihr	seid geschwollen	seiet geschwollen	wäret geschwollen
sie	sind geschwollen	seien geschwollen	wären geschwollen
	Pluperfect		
ich	war geschwollen		
du	warst geschwollen		
er	war geschwollen		
wir	waren geschwollen		
ihr	wart geschwollen		
sie	waren geschwollen		
		Future Time	
	Future	*(Fut. Subj.)*	*(Pres. Conditional)*
ich	werde schwellen	werde schwellen	würde schwellen
du	wirst schwellen	werdest schwellen	würdest schwellen
er	wird schwellen	werde schwellen	würde schwellen
wir	werden schwellen	werden schwellen	würden schwellen
ihr	werdet schwellen	werdet schwellen	würdet schwellen
sie	werden schwellen	werden schwellen	würden schwellen
		Future Perfect Time	
	Future Perfect	*(Fut. Perf. Subj.)*	*(Past Conditional)*
ich	werde geschwollen sein	werde geschwollen sein	würde geschwollen sein
du	wirst geschwollen sein	werdest geschwollen sein	würdest geschwollen sein
er	wird geschwollen sein	werde geschwollen sein	würde geschwollen sein
wir	werden geschwollen sein	werden geschwollen sein	würden geschwollen sein
ihr	werdet geschwollen sein	werdet geschwollen sein	würdet geschwollen sein
sie	werden geschwollen sein	werden geschwollen sein	würden geschwollen sein

343

schwimmen

to swim, float

PRINC. PARTS: schwimmen, schwamm, ist geschwommen, schwimmt

IMPERATIVE: schwimme!, schwimmt!, schwimmen Sie!

INDICATIVE	SUBJUNCTIVE	
	PRIMARY	SECONDARY

	Present	*Present Time* (*Pres. Subj.*)	(*Imperf. Subj.*)
ich	schwimme	schwimme	schwömme
du	schwimmst	schwimmest	schwömmest
er	schwimmt	schwimme	schwömme
wir	schwimmen	schwimmen	schwömmen
ihr	schwimmt	schwimmet	schwömmet
sie	schwimmen	schwimmen	schwömmen

	Imperfect
ich	schwamm
du	schwammst
er	schwamm
wir	schwammen
ihr	schwammt
sie	schwammen

	Perfect	*Past Time* (*Perf. Subj.*)	(*Pluperf. Subj.*)
ich	bin geschwommen	sei geschwommen	wäre geschwommen
du	bist geschwommen	seiest geschwommen	wärest geschwommen
er	ist geschwommen	sei geschwommen	wäre geschwommen
wir	sind geschwommen	seien geschwommen	wären geschwommen
ihr	seid geschwommen	seiet geschwommen	wäret geschwommen
sie	sind geschwommen	seien geschwommen	wären geschwommen

	Pluperfect
ich	war geschwommen
du	warst geschwommen
er	war geschwommen
wir	waren geschwommen
ihr	wart geschwommen
sie	waren geschwommen

	Future	*Future Time* (*Fut. Subj.*)	(*Pres. Conditional*)
ich	werde schwimmen	werde schwimmen	würde schwimmen
du	wirst schwimmen	werdest schwimmen	würdest schwimmen
er	wird schwimmen	werde schwimmen	würde schwimmen
wir	werden schwimmen	werden schwimmen	würden schwimmen
ihr	werdet schwimmen	werdet schwimmen	würdet schwimmen
sie	werden schwimmen	werden schwimmen	würden schwimmen

	Future Perfect	*Future Perfect Time* (*Fut. Perf. Subj.*)	(*Past Conditional*)
ich	werde geschwommen sein	werde geschwommen sein	würde geschwommen sein
du	wirst geschwommen sein	werdest geschwommen sein	würdest geschwommen sein
er	wird geschwommen sein	werde geschwommen sein	würde geschwommen sein
wir	werden geschwommen sein	werden geschwommen sein	würden geschwommen sein
ihr	werdet geschwommen sein	werdet geschwommen sein	würdet geschwommen sein
sie	werden geschwommen sein	werden geschwommen sein	würden geschwommen sein

schwinden

to disappear, dwindle

INDICATIVE	SUBJUNCTIVE	
	PRIMARY	SECONDARY

Present Time

Present	*(Pres. Subj.)*	*(Imperf. Subj.)*
ich schwinde	schwinde	schwände
du schwindest	schwindest	schwändest
er schwindet	schwinde	schwände
wir schwinden	schwinden	schwänden
ihr schwindet	schwindet	schwändet
sie schwinden	schwinden	schwänden

Imperfect
ich schwand
du schwandest
er schwand
wir schwanden
ihr schwandet
sie schwanden

Past Time

Perfect	*(Perf. Subj.)*	*(Pluperf. Subj.)*
ich bin geschwunden	sei geschwunden	wäre geschwunden
du bist geschwunden	seiest geschwunden	wärest geschwunden
er ist geschwunden	sei geschwunden	wäre geschwunden
wir sind geschwunden	seien geschwunden	wären geschwunden
ihr seid geschwunden	seiet geschwunden	wäret geschwunden
sie sind geschwunden	seien geschwunden	wären geschwunden

Pluperfect
ich war geschwunden
du warst geschwunden
er war geschwunden
wir waren geschwunden
ihr wart geschwunden
sie waren geschwunden

Future Time

Future	*(Fut. Subj.)*	*(Pres. Conditional)*
ich werde schwinden	werde schwinden	würde schwinden
du wirst schwinden	werdest schwinden	würdest schwinden
er wird schwinden	werde schwinden	würde schwinden
wir werden schwinden	werden schwinden	würden schwinden
ihr werdet schwinden	werdet schwinden	würdet schwinden
sie werden schwinden	werden schwinden	würden schwinden

Future Perfect Time

Future Perfect	*(Fut. Perf. Subj.)*	*(Past Conditional)*
ich werde geschwunden sein	werde geschwunden sein	würde geschwunden sein
du wirst geschwunden sein	werdest geschwunden sein	würdest geschwunden sein
er wird geschwunden sein	werde geschwunden sein	würde geschwunden sein
wir werden geschwunden sein	werden geschwunden sein	würden geschwunden sein
ihr werdet geschwunden sein	werdet geschwunden sein	würdet geschwunden sein
sie werden geschwunden sein	werden geschwunden sein	würden geschwunden sein

* Forms other than the third person are infrequently found.
** The imperative is unusual.

schwingen
to swing

INDICATIVE		SUBJUNCTIVE	
		PRIMARY	SECONDARY
		Present Time	
	Present	*(Pres. Subj.)*	*(Imperf. Subj.)*
ich	schwinge	schwinge	schwänge
du	schwingst	schwingest	schwängest
er	schwingt	schwinge	schwänge
wir	schwingen	schwingen	schwängen
ihr	schwingt	schwinget	schwänget
sie	schwingen	schwingen	schwängen
	Imperfect		
ich	schwang		
du	schwangst		
er	schwang		
wir	schwangen		
ihr	schwangt		
sie	schwangen		
		Past Time	
	Perfect	*(Perf. Subj.)*	*(Pluperf. Subj.)*
ich	habe geschwungen	habe geschwungen	hätte geschwungen
du	hast geschwungen	habest geschwungen	hättest geschwungen
er	hat geschwungen	habe geschwungen	hätte geschwungen
wir	haben geschwungen	haben geschwungen	hätten geschwungen
ihr	habt geschwungen	habet geschwungen	hättet geschwungen
sie	haben geschwungen	haben geschwungen	hätten geschwungen
	Pluperfect		
ich	hatte geschwungen		
du	hattest geschwungen		
er	hatte geschwungen		
wir	hatten geschwungen		
ihr	hattet geschwungen		
sie	hatten geschwungen		
		Future Time	
	Future	*(Fut. Subj.)*	*(Pres. Conditional)*
ich	werde schwingen	werde schwingen	würde schwingen
du	wirst schwingen	werdest schwingen	würdest schwingen
er	wird schwingen	werde schwingen	würde schwingen
wir	werden schwingen	werden schwingen	würden schwingen
ihr	werdet schwingen	werdet schwingen	würdet schwingen
sie	werden schwingen	werden schwingen	würden schwingen
		Future Perfect Time	
	Future Perfect	*(Fut. Perf. Subj.)*	*(Past Conditional)*
ich	werde geschwungen haben	werde geschwungen haben	würde geschwungen haben
du	wirst geschwungen haben	werdest geschwungen haben	würdest geschwungen haben
er	wird geschwungen haben	werde geschwungen haben	würde geschwungen haben
wir	werden geschwungen haben	werden geschwungen haben	würden geschwungen haben
ihr	werdet geschwungen haben	werdet geschwungen haben	würdet geschwungen haben
sie	werden geschwungen haben	werden geschwungen haben	würden geschwungen haben

PRINC. PARTS: schwitzen, schwitzte, geschwitzt, schwitzt
IMPERATIVE: schwitze!, schwitzt!, schwitzen Sie!

to sweat, perspire

	INDICATIVE	SUBJUNCTIVE	
		PRIMARY	SECONDARY

Present Time

	Present	(*Pres. Subj.*)	(*Imperf. Subj.*)
ich	schwitze	schwitze	schwitzte
du	schwitzt	schwitzest	schwitztest
er	schwitzt	schwitze	schwitzte
wir	schwitzen	schwitzen	schwitzten
ihr	schwitzt	schwitzet	schwitztet
sie	schwitzen	schwitzen	schwitzten

	Imperfect
ich	schwitzte
du	schwitztest
er	schwitzte
wir	schwitzten
ihr	schwitztet
sie	schwitzten

Past Time

	Perfect	(*Perf. Subj.*)	(*Pluperf. Subj.*)
ich	habe geschwitzt	habe geschwitzt	hätte geschwitzt
du	hast geschwitzt	habest geschwitzt	hättest geschwitzt
er	hat geschwitzt	habe geschwitzt	hätte geschwitzt
wir	haben geschwitzt	haben geschwitzt	hätten geschwitzt
ihr	habt geschwitzt	habet geschwitzt	hättet geschwitzt
sie	haben geschwitzt	haben geschwitzt	hätten geschwitzt

	Pluperfect
ich	hatte geschwitzt
du	hatt st geschwitzt
er	hatte geschwitzt
wir	hatten geschwitzt
ihr	hattet geschwitzt
sie	hatten geschwitzt

Future Time

	Future	(*Fut. Subj.*)	(*Pres. Conditional*)
ich	werde schwitzen	werde schwitzen	würde schwitzen
du	wirst schwitzen	werdest schwitzen	würdest schwitzen
er	wird schwitzen	werde schwitzen	würde schwitzen
wir	werden schwitzen	werden schwitzen	würden schwitzen
ihr	werdet schwitzen	werdet schwitzen	würdet schwitzen
sie	werden schwitzen	werden schwitzen	würden schwitzen

Future Perfect Time

	Future Perfect	(*Fut. Perf. Subj.*)	(*Past Conditional*)
ich	werde geschwitzt haben	werde geschwitzt haben	würde geschwitzt haben
du	wirst geschwitzt haben	werdest geschwitzt haben	würdest geschwitzt haben
er	wird geschwitzt haben	werde geschwitzt haben	würde geschwitzt haben
wir	werden geschwitzt haben	werden geschwitzt haben	würden geschwitzt haben
ihr	werdet geschwitzt haben	werdet geschwitzt haben	würdet geschwitzt haben
sie	werden geschwitzt haben	werden geschwitzt haben	würden geschwitzt haben

347

schwören

to curse, swear

PRINC. PARTS: schwören, schwur, geschworen, schwört
IMPERATIVE: schwöre!, schwört!, schwören Sie!

INDICATIVE	SUBJUNCTIVE	
	PRIMARY	SECONDARY

Present Time

	Present	*(Pres. Subj.)*	*(Imperf. Subj.)*
ich	schwöre	schwöre	schwüre
du	schwörst	schwörest	schwürest
er	schwört	schwöre	schwüre
wir	schwören	schwören	schwüren
ihr	schwört	schwöret	schwüret
sie	schwören	schwören	schwüren

	Imperfect	
ich	schwur	schwor
du	schwurst	schworst
er	schwur *or*	schwor
wir	schwuren	schworen
ihr	schwurt	schwort
sie	schwuren	schworen

Past Time

	Perfect	*(Perf. Subj.)*	*(Pluperf. Subj.)*
ich	habe geschworen	habe geschworen	hätte geschworen
du	hast geschworen	habest geschworen	hättest geschworen
er	hat geschworen	habe geschworen	hätte geschworen
wir	haben geschworen	haben geschworen	hätten geschworen
ihr	habt geschworen	habet geschworen	hättet geschworen
sie	haben geschworen	haben geschworen	hätten geschworen

	Pluperfect
ich	hatte geschworen
du	hattest geschworen
er	hatte geschworen
wir	hatten geschworen
ihr	hattet geschworen
sie	hatten geschworen

Future Time

	Future	*(Fut. Subj.)*	*(Pres. Conditional)*
ich	werde schwören	werde schwören	würde schwören
du	wirst schwören	werdest schwören	würdest schwören
er	wird schwören	werde schwören	würde schwören
wir	werden schwören	werden schwören	würden schwören
ihr	werdet schwören	werdet schwören	würdet schwören
sie	werden schwören	werden schwören	würden schwören

Future Perfect Time

	Future Perfect	*(Fut. Perf. Subj.)*	*(Past Conditional)*
ich	werde geschworen haben	werde geschworen haben	würde geschworen haben
du	wirst geschworen haben	werdest geschworen haben	würdest geschworen haben
er	wird geschworen haben	werde geschworen haben	würde geschworen haben
wir	werden geschworen haben	werden geschworen haben	würden geschworen haben
ihr	werdet geschworen haben	werdet geschworen haben	würdet geschworen haben
sie	werden geschworen haben	werden geschworen haben	würden geschworen haben

PRINC. PARTS: segnen, segnete, gesegnet, segnet
IMPERATIVE: segne!, segnet!, segnen Sie!

INDICATIVE	SUBJUNCTIVE	
	PRIMARY	SECONDARY

Present Time

	Present	*(Pres. Subj.)*	*(Imperf. Subj.)*
ich	segne	segne	segnete
du	segnest	segnest	segnetest
er	segnet	segne	segnete
wir	segnen	segnen	segneten
ihr	segnet	segnet	segnetet
sie	segnen	segnen	segneten

	Imperfect
ich	segnete
du	segnetest
er	segnete
wir	segneten
ihr	segnetet
sie	segneten

Past Time

	Perfect	*(Perf. Subj.)*	*(Pluperf. Subj.)*
ich	habe gesegnet	habe gesegnet	hätte gesegnet
du	hast gesegnet	habest gesegnet	hättest gesegnet
er	hat gesegnet	habe gesegnet	hätte gesegnet
wir	haben gesegnet	haben gesegnet	hätten gesegnet
ihr	habt gesegnet	habet gesegnet	hättet gesegnet
sie	haben gesegnet	haben gesegnet	hätten gesegnet

	Pluperfect
ich	hatte gesegnet
du	hattest gesegnet
er	hatte gesegnet
wir	hatten gesegnet
ihr	hattet gesegnet
sie	hatten gesegnet

Future Time

	Future	*(Fut. Subj.)*	*(Pres. Conditional)*
ich	werde segnen	werde segnen	würde segnen
du	wirst segnen	werdest segnen	würdest segnen
er	wird segnen	werde segnen	würde segnen
wir	werden segnen	werden segnen	würden segnen
ihr	werdet segnen	werdet segnen	würdet segnen
sie	werden segnen	werden segnen	würden segnen

Future Perfect Time

	Future Perfect	*(Fut. Perf. Subj.)*	*(Past Conditional)*
ich	werde gesegnet haben	werde gesegnet haben	würde gesegnet haben
du	wirst gesegnet haben	werdest gesegnet haben	würdest gesegnet haben
er	wird gesegnet haben	werde gesegnet haben	würde gesegnet haben
wir	werden gesegnet haben	werden gesegnet haben	würden gesegnet haben
ihr	werdet gesegnet haben	werdet gesegnet haben	würdet gesegnet haben
sie	werden gesegnet haben	werden gesegnet haben	würden gesegnet haben

sehen

to see, realize

PRINC. PARTS: sehen, sah, gesehen, sieht
IMPERATIVE: sieh!, seht!, sehen Sie!

INDICATIVE	SUBJUNCTIVE	
	PRIMARY	SECONDARY
	Present Time	
Present	*(Pres. Subj.)*	*(Imperf. Subj.)*
ich sehe	sehe	sähe
du siehst	sehest	sähest
er sieht	sehe	sähe
wir sehen	sehen	sähen
ihr seht	sehet	sähet
sie sehen	sehen	sähen

Imperfect

ich	sah
du	sahst
er	sah
wir	sahen
ihr	saht
sie	sahen

	Past Time	
Perfect	*(Perf. Subj.)*	*(Pluperf. Subj.)*
ich habe gesehen	habe gesehen	hätte gesehen
du hast gesehen	habest gesehen	hättest gesehen
er hat gesehen	habe gesehen	hätte gesehen
wir haben gesehen	haben gesehen	hätten gesehen
ihr habt gesehen	habet gesehen	hättet gesehen
sie haben gesehen	haben gesehen	hätten gesehen

Pluperfect

ich	hatte gesehen
du	hattest gesehen
er	hatte gesehen
wir	hatten gesehen
ihr	hattet gesehen
sie	hatten gesehen

	Future Time	
Future	*(Fut. Subj.)*	*(Pres. Conditional)*
ich werde sehen	werde sehen	würde sehen
du wirst sehen	werdest sehen	würdest sehen
er wird sehen	werde sehen	würde sehen
wir werden sehen	werden sehen	würden sehen
ihr werdet sehen	werdet sehen	würdet sehen
sie werden sehen	werden sehen	würden sehen

	Future Perfect Time	
Future Perfect	*(Fut. Perf. Subj.)*	*(Past Conditional)*
ich werde gesehen haben	werde gesehen haben	würde gesehen haben
du wirst gesehen haben	werdest gesehen haben	würdest gesehen haben
er wird gesehen haben	werde gesehen haben	würde gesehen haben
wir werden gesehen haben	werden gesehen haben	würden gesehen haben
ihr werdet gesehen haben	werdet gesehen haben	würdet gesehen haben
sie werden gesehen haben	werden gesehen haben	würden gesehen haben

PRINC. PARTS: sein, war, ist gewesen, ist
IMPERATIVE: sei!, seid!, seien Sie!

*to be, have**

INDICATIVE	SUBJUNCTIVE	
	PRIMARY	SECONDARY
		Present Time
Present	*(Pres. Subj.)*	*(Imperf. Subj.)*
ich bin	sei	wäre
du bist	seist	wärest
er ist	sei	wäre
wir sind	seien	wären
ihr seid	seiet	wäret
sie sind	seien	wären

Imperfect
ich war
du warst
er war
wir waren
ihr wart
sie waren

		Past Time
Perfect	*(Perf. Subj.)*	*(Pluperf. Subj.)*
ich bin gewesen	sei gewesen	wäre gewesen
du bist gewesen	seiest gewesen	wärest gewesen
er ist gewesen	sei gewesen	wäre gewesen
wir sind gewesen	seien gewesen	wären gewesen
ihr seid gewesen	seiet gewesen	wäret gewesen
sie sind gewesen	seien gewesen	wären gewesen

Pluperfect
ich war gewesen
du warst gewesen
er war gewesen
wir waren gewesen
ihr wart gewesen
sie waren gewesen

		Future Time
Future	*(Fut. Subj.)*	*(Pres. Conditional)*
ich werde sein	werde sein	würde sein
du wirst sein	werdest sein	würdest sein
er wird sein	werde sein	würde sein
wir werden sein	werden sein	würden sein
ihr werdet sein	werdet sein	würdet sein
sie werden sein	werden sein	würden sein

		Future Perfect Time
Future Perfect	*(Fut. Perf. Subj.)*	*(Past Conditional)*
ich werde gewesen sein	werde gewesen sein	würde gewesen sein
du wirst gewesen sein	werdest gewesen sein	würdest gewesen sein
er wird gewesen sein	werde gewesen sein	würde gewesen sein
wir werden gewesen sein	werden gewesen sein	würden gewesen sein
ihr werdet gewesen sein	werdet gewesen sein	würdet gewesen sein
sie werden gewesen sein	werden gewesen sein	würden gewesen sein

* When used as auxiliary verb in compound tenses with verbs that do not take a direct object, i.e. sein verbs.

senden

to send, transmit

PRINC. PARTS: senden*, sandte, gesandt, sendet
IMPERATIVE: sende!, sendet!, senden Sie!

	INDICATIVE	SUBJUNCTIVE	
		PRIMARY	SECONDARY
		Present Time	
	Present	*(Pres. Subj.)*	*(Imperf. Subj.)*
ich	sende	sende	sendete
du	sendest	sendest	sendetest
er	sendet	sende	sendete
wir	senden	senden	sendeten
ihr	sendet	sendet	sendetet
sie	senden	senden	sendeten
	Imperfect		
ich	sandte		
du	sandtest		
er	sandte		
wir	sandten		
ihr	sandtet		
sie	sandten		
		Past Time	
	Perfect	*(Perf. Subj.)*	*(Pluperf. Subj.)*
ich	habe gesandt	habe gesandt	hätte gesandt
du	hast gesandt	habest gesandt	hättest gesandt
er	hat gesandt	habe gesandt	hätte gesandt
wir	haben gesandt	haben gesandt	hätten gesandt
ihr	habt gesandt	habet gesandt	hättet gesandt
sie	haben gesandt	haben gesandt	hätten gesandt
	Pluperfect		
ich	hatte gesandt		
du	hattest gesandt		
er	hatte gesandt		
wir	hatten gesandt		
ihr	hattet gesandt		
sie	hatten gesandt		
		Future Time	
	Future	*(Fut. Subj.)*	*(Pres. Conditional)*
ich	werde senden	werde senden	würde senden
du	wirst senden	werdest senden	würdest senden
er	wird senden	werde senden	würde senden
wir	werden senden	werden senden	würden senden
ihr	werdet senden	werdet senden	würdet senden
sie	werden senden	werden senden	würden senden
		Future Perfect Time	
	Future Perfect	*(Fut. Perf. Subj.)*	*(Past Conditional)*
ich	werde gesandt haben	werde gesandt haben	würde gesandt haben
du	wirst gesandt haben	werdest gesandt haben	würdest gesandt haben
er	wird gesandt haben	werde gesandt haben	würde gesandt haben
wir	werden gesandt haben	werden gesandt haben	würden gesandt haben
ihr	werdet gesandt haben	werdet gesandt haben	würdet gesandt haben
sie	werden gesandt haben	werden gesandt haben	würden gesandt haben

*The weak forms of the past tense **sendete**, etc. and of the past participle **gesendet** are also found, and must be used in the meaning "to broadcast, transmit."

PRINC. PARTS: sich setzen, setzte sich, hat sich gesetzt, setzt sich
IMPERATIVE: setze dich!, setzt euch!, setzen Sie sich!

INDICATIVE	SUBJUNCTIVE	
	PRIMARY	SECONDARY

Present Time

	Present	*(Pres. Subj.)*	*(Imperf. Subj.)*
ich	setze mich	setze mich	setzte mich
du	setzt dich	setzest dich	setztest dich
er	setzt sich	setze sich	setzte sich
wir	setzen uns	setzen uns	setzten uns
ihr	setzt euch	setzet euch	setztet euch
sie	setzen sich	setzen sich	setzten sich

	Imperfect
ich	setzte mich
du	setztest dich
er	setzte sich
wir	setzten uns
ihr	setztet euch
sie	setzten sich

Past Time

	Perfect	*(Perf. Subj.)*	*(Pluperf. Subj.)*
ich	habe mich gesetzt	habe mich gesetzt	hätte mich gesetzt
du	hast dich gesetzt	habest dich gesetzt	hättest dich gesetzt
er	hat sich gesetzt	habe sich gesetzt	hätte sich gesetzt
wir	haben uns gesetzt	haben uns gesetzt	hätten uns gesetzt
ihr	habt euch gesetzt	habet euch gesetzt	hättet euch gesetzt
sie	haben sich gesetzt	haben sich gesetzt	hätten sich gesetzt

	Pluperfect
ich	hatte mich gesetzt
du	hattest dich gesetzt
er	hatte sich gesetzt
wir	hatten uns gesetzt
ihr	hattet euch gesetzt
sie	hatten sich gesetzt

Future Time

	Future	*(Fut. Subj.)*	*(Pres. Conditional)*
ich	werde mich setzen	werde mich setzen	würde mich setzen
du	wirst dich setzen	werdest dich setzen	würdest dich setzen
er	wird sich setzen	werde sich setzen	würde sich setzen
wir	werden uns setzen	werden uns setzen	würden uns setzen
ihr	werdet euch setzen	werdet euch setzen	würdet euch setzen
sie	werden sich setzen	werden sich setzen	würden sich setzen

Future Perfect Time

	Future Perfect	*(Fut. Perf. Subj.)*	*(Past Conditional)*
ich	werde mich gesetzt haben	werde mich gesetzt haben	würde mich gesetzt haben
du	wirst dich gesetzt haben	werdest dich gesetzt haben	würdest dich gesetzt haben
er	wird sich gesetzt haben	werde sich gesetzt haben	würde sich gesetzt haben
wir	werden uns gesetzt haben	werden uns gesetzt haben	würden uns gesetzt haben
ihr	werdet euch gesetzt haben	werdet euch gesetzt haben	würdet euch gesetzt haben
sie	werden sich gesetzt haben	werden sich gesetzt haben	würden sich gesetzt haben

353

seufzen

to sigh

PRINC. PARTS: seufzen, seufzte, geseufzt, seufzt
IMPERATIVE: seufze!, seufzt!, seufzen Sie!

INDICATIVE	SUBJUNCTIVE	
	PRIMARY	SECONDARY

Present Time

	Present	*(Pres. Subj.)*	*(Imperf. Subj.)*
ich	seufze	seufze	seufzte
du	seufzt	seufzest	seufztest
er	seufzt	seufze	seufzte
wir	seufzen	seufzen	seufzten
ihr	seufzt	seufzet	seufztet
sie	seufzen	seufzen	seufzten

	Imperfect
ich	seufzte
du	seufztest
er	seufzte
wir	seufzten
ihr	seufztet
sie	seufzten

Past Time

	Perfect	*(Perf. Subj.)*	*(Pluperf. Subj.)*
ich	habe geseufzt	habe geseufzt	hätte geseufzt
du	hast geseufzt	habest geseufzt	hättest geseufzt
er	hat geseufzt	habe geseufzt	hätte geseufzt
wir	haben geseufzt	haben geseufzt	hätten geseufzt
ihr	habt geseufzt	habet geseufzt	hättet geseufzt
sie	haben geseufzt	haben geseufzt	hätten geseufzt

	Pluperfect
ich	hatte geseufzt
du	hattest geseufzt
er	hatte geseufzt
wir	hatten geseufzt
ihr	hattet geseufzt
sie	hatten geseufzt

Future Time

	Future	*(Fut. Subj.)*	*(Pres. Conditional)*
ich	werde seufzen	werde seufzen	würde seufzen
du	wirst seufzen	werdest seufzen	würdest seufzen
er	wird seufzen	werde seufzen	würde seufzen
wir	werden seufzen	werden seufzen	würden seufzen
ihr	werdet seufzen	werdet seufzen	würdet seufzen
sie	werden seufzen	werden seufzen	würden seufzen

Future Perfect Time

	Future Perfect	*(Fut. Perf. Subj.)*	*(Past Conditional)*
ich	werde geseufzt haben	werde geseufzt haben	würde geseufzt haben
du	wirst geseufzt haben	werdest geseufzt haben	würdest geseufzt haben
er	wird geseufzt haben	werde geseufzt haben	würde geseufzt haben
wir	werden geseufzt haben	werden geseufzt haben	würden geseufzt haben
ihr	werdet geseufzt haben	werdet geseufzt haben	würdet geseufzt haben
sie	werden geseufzt haben	werden geseufzt haben	würden geseufzt haben

PRINC. PARTS: sichten, sichtete, gesichtet, sichtet
IMPERATIVE: sichte!, sichtet!, sichten Sie!

to sift, sort; classify

INDICATIVE		SUBJUNCTIVE	
		PRIMARY	SECONDARY

Present Time

	Present	*(Pres. Subj.)*	*(Imperf. Subj.)*
ich	sichte	sichte	sichtete
du	sichtest	sichtest	sichtetest
er	sichtet	sichte	sichtete
wir	sichten	sichten	sichteten
ihr	sichtet	sichtet	sichtetet
sie	sichten	sichten	sichteten

	Imperfect
ich	sichtete
du	sichtetest
er	sichtete
wir	sichteten
ihr	sichtetet
sie	sichteten

Past Time

	Perfect	*(Perf. Subj.)*	*(Pluperf. Subj.)*
ich	habe gesichtet	habe gesichtet	hätte gesichtet
du	hast gesichtet	habest gesichtet	hättest gesichtet
er	hat gesichtet	habe gesichtet	hätte gesichtet
wir	haben gesichtet	haben gesichtet	hätten gesichtet
ihr	habt gesichtet	habet gesichtet	hättet gesichtet
sie	haben gesichtet	haben gesichtet	hätten gesichtet

	Pluperfect
ich	hatte gesichtet
du	hattest gesichtet
er	hatte gesichtet
wir	hatten gesichtet
ihr	hattet gesichtet
sie	hatten gesichtet

Future Time

	Future	*(Fut. Subj.)*	*(Pres. Conditional)*
ich	werde sichten	werde sichten	würde sichten
du	wirst sichten	werdest sichten	würdest sichten
er	wird sichten	werde sichten	würde sichten
wir	werden sichten	werden sichten	würden sichten
ihr	werdet sichten	werdet sichten	würdet sichten
sie	werden sichten	werden sichten	würden sichten

Future Perfect Time

	Future Perfect	*(Fut. Perf. Subj.)*	*(Past Conditional)*
ich	werde gesichtet haben	werde gesichtet haben	würde gesichtet haben
du	wirst gesichtet haben	werdest gesichtet haben	würdest gesichtet haben
er	wird gesichtet haben	werde gesichtet haben	würde gesichtet haben
wir	werden gesichtet haben	werden gesichtet haben	würden gesichtet haben
ihr	werdet gesichtet haben	werdet gesichtet haben	würdet gesichtet haben
sie	werden gesichtet haben	werden gesichtet haben	würden gesichtet haben

sieden

to boil, seethe, simmer

PRINC. PARTS: sieden, sott *or* siedete, gesotten, siedet
IMPERATIVE: siede!, siedet!, sieden Sie!

	INDICATIVE		SUBJUNCTIVE		
			PRIMARY	SECONDARY	
			Present Time		
	Present		*(Pres. Subj.)*	*(Imperf. Subj.)*	
ich	siede		siede	sötte	siedete
du	siedest		siedest	söttest	siedetest
er	siedet		siede	sötte *or*	siedete
wir	sieden		sieden	sötten	siedeten
ihr	siedet		siedet	söttet	siedetet
sie	sieden		sieden	sötten	siedeten

Imperfect

ich	sott	siedete
du	sottest	siedetest
er	sott *or*	siedete
wir	sotten	siedeten
ihr	sottet	siedetet
sie	sotten	siedeten

	Perfect	*(Perf. Subj.)*	*Past Time*	
				(Pluperf. Subj.)
ich	habe gesotten	habe gesotten	hätte gesotten
du	hast gesotten	habest gesotten	hättest gesotten
er	hat gesotten	habe gesotten	hätte gesotten
wir	haben gesotten	haben gesotten	hätten gesotten
ihr	habt gesotten	habet gesotten	hättet gesotten
sie	haben gesotten	haben gesotten	hätten gesotten

Pluperfect

ich	hatte gesotten
du	hattest gesotten
er	hatte gesotten
wir	hatten gesotten
ihr	hattet gesotten
sie	hatten gesotten

	Future	*(Fut. Subj.)*	*Future Time*	
				(Pres. Conditional)
ich	werde sieden	werde sieden	würde sieden
du	wirst sieden	werdest sieden	würdest sieden
er	wird sieden	werde sieden	würde sieden
wir	werden sieden	werden sieden	würden sieden
ihr	werdet sieden	werdet sieden	würdet sieden
sie	werden sieden	werden sieden	würden sieden

	Future Perfect	*(Fut. Perf. Subj.)*	*Future Perfect Time*	
				(Past Conditional)
ich	werde gesotten haben	werde gesotten haben	würde gesotten haben
du	wirst gesotten haben	werdest gesotten haben	würdest gesotten haben
er	wird gesotten haben	werde gesotten haben	würde gesotten haben
wir	werden gesotten haben	werden gesotten haben	würden gesotten haben
ihr	werdet gesotten haben	werdet gesotten haben	würdet gesotten haben
sie	werden gesotten haben	werden gesotten haben	würden gesotten haben

PRINC. PARTS: siegen, siegte, gesiegt, siegt
IMPERATIVE: siege!, siegt!, siegen Sie!

to conquer, triumph,
be victorious

	INDICATIVE		SUBJUNCTIVE	
			PRIMARY	SECONDARY
			Present Time	
	Present		*(Pres. Subj.)*	*(Imperf. Subj.)*
ich	siege		siege	siegte
du	siegst		siegest	siegtest
er	siegt		siege	siegte
wir	siegen		siegen	siegten
ihr	siegt		sieget	siegtet
sie	siegen		siegen	siegten

	Imperfect
ich	siegte
du	siegtest
er	siegte
wir	siegten
ihr	siegtet
sie	siegten

			Past Time	
	Perfect		*(Perf. Subj.)*	*(Pluperf. Subj.)*
ich	habe gesiegt		habe gesiegt	hätte gesiegt
du	hast gesiegt		habest gesiegt	hättest gesiegt
er	hat gesiegt		habe gesiegt	hätte gesiegt
wir	haben gesiegt		haben gesiegt	hätten gesiegt
ihr	habt gesiegt		habet gesiegt	hättet gesiegt
sie	haben gesiegt		haben gesiegt	hätten gesiegt

	Pluperfect
ich	hatte gesiegt
du	hattest gesiegt
er	hatte gesiegt
wir	hatten gesiegt
ihr	hattet gesiegt
sie	hatten gesiegt

			Future Time	
	Future		*(Fut. Subj.)*	*(Pres. Conditional)*
ich	werde siegen		werde siegen	würde siegen
du	wirst siegen		werdest siegen	würdest siegen
er	wird siegen		werde siegen	würde siegen
wir	werden siegen		werden siegen	würden siegen
ihr	werdet siegen		werdet siegen	würdet siegen
sie	werden siegen		werden siegen	würden siegen

			Future Perfect Time	
	Future Perfect		*(Fut. Perf. Subj.)*	*(Past Conditional)*
ich	werde gesiegt haben		werde gesiegt haben	würde gesiegt haben
du	wirst gesiegt haben		werdest gesiegt haben	würdest gesiegt haben
er	wird gesiegt haben		werde gesiegt haben	würde gesiegt haben
wir	werden gesiegt haben		werden gesiegt haben	würden gesiegt haben
ihr	werdet gesiegt haben		werdet gesiegt haben	würdet gesiegt haben
sie	werden gesiegt haben		werden gesiegt haben	würden gesiegt haben

singen

to sing

PRINC. PARTS: singen, sang, gesungen, singt
IMPERATIVE: singe!, singt!, singen Sie!

INDICATIVE	SUBJUNCTIVE	
	PRIMARY	SECONDARY
	Present Time	
Present	*(Pres. Subj.)*	*(Imperf. Subj.)*
ich singe	singe	sänge
du singst	singest	sängest
er singt	singe	sänge
wir singen	singen	sängen
ihr singt	singet	sänget
sie singen	singen	sängen

Imperfect
ich sang
du sangst
er sang
wir sangen
ihr sangt
sie sangen

		Past Time	
Perfect	*(Perf. Subj.)*	*(Pluperf. Subj.)*
ich habe gesungen	habe gesungen	hätte gesungen
du hast gesungen	habest gesungen	hättest gesungen
er hat gesungen	habe gesungen	hätte gesungen
wir haben gesungen	haben gesungen	hätten gesungen
ihr habt gesungen	habet gesungen	hättet gesungen
sie haben gesungen	haben gesungen	hätten gesungen

Pluperfect
ich hatte gesungen
du hattest gesungen
er hatte gesungen
wir hatten gesungen
ihr hattet gesungen
sie hatten gesungen

	Future Time	
Future	*(Fut. Subj.)*	*(Pres. Conditional)*
ich werde singen	werde singen	würde singen
du wirst singen	werdest singen	würdest singen
er wird singen	werde singen	würde singen
wir werden singen	werden singen	würden singen
ihr werdet singen	werdet singen	würdet singen
sie werden singen	werden singen	würden singen

	Future Perfect Time	
Future Perfect	*(Fut. Perf. Subj.)*	*(Past Conditional)*
ich werde gesungen haben	werde gesungen haben	würde gesungen haben
du wirst gesungen haben	werdest gesungen haben	würdest gesungen haben
er wird gesungen haben	werde gesungen haben	würde gesungen haben
wir werden gesungen haben	werden gesungen haben	würden gesungen haben
ihr werdet gesungen haben	werdet gesungen haben	würdet gesungen haben
sie werden gesungen haben	werden gesungen haben	würden gesungen haben

PRINC. PARTS: sinken, sank, ist gesunken, sinkt
IMPERATIVE: sinke!, sinkt!, sinken Sie!

INDICATIVE	SUBJUNCTIVE	
	PRIMARY	SECONDARY
	Present Time	
Present	*(Pres. Subj.)*	*(Imperf. Subj.)*
ich sinke	sinke	sänke
du sinkst	sinkest	sänkest
er sinkt	sinke	sänke
wir sinken	sinken	sänken
ihr sinkt	sinket	sänket
sie sinken	sinken	sänken

Imperfect

ich sank
du sankst
er sank
wir sanken
ihr sankt
sie sanken

	Past Time	
Perfect	*(Perf. Subj.)*	*(Pluperf. Subj.)*
ich bin gesunken	sei gesunken	wäre gesunken
du bist gesunken	seiest gesunken	wärest gesunken
er ist gesunken	sei gesunken	wäre gesunken
wir sind gesunken	seien gesunken	wären gesunken
ihr seid gesunken	seiet gesunken	wäret gesunken
sie sind gesunken	seien gesunken	wären gesunken

Pluperfect

ich war gesunken
du warst gesunken
er war gesunken
wir waren gesunken
ihr wart gesunken
sie waren gesunken

	Future Time	
Future	*(Fut. Subj.)*	*(Pres. Conditional)*
ich werde sinken	werde sinken	würde sinken
du wirst sinken	werdest sinken	würdest sinken
er wird sinken	werde sinken	würde sinken
wir werden sinken	werden sinken	würden sinken
ihr werdet sinken	werdet sinken	würdet sinken
sie werden sinken	werden sinken	würden sinken

	Future Perfect Time	
Future Perfect	*(Fut. Perf. Subj.)*	*(Past Conditional)*
ich werde gesunken sein	werde gesunken sein	würde gesunken sein
du wirst gesunken sein	werdest gesunken sein	würdest gesunken sein
er wird gesunken sein	werde gesunken sein	würde gesunken sein
wir werden gesunken sein	werden gesunken sein	würden gesunken sein
ihr werdet gesunken sein	werdet gesunken sein	würdet gesunken sein
sie werden gesunken sein	werden gesunken sein	würden gesunken sein

sinnen

to think, reflect, plan

PRINC. PARTS: sinnen, sann, gesonnen, sinnt
IMPERATIVE: sinne!, sinnt!, sinnen Sie!

	INDICATIVE		SUBJUNCTIVE	
			PRIMARY	SECONDARY
			Present Time	
	Present		*(Pres. Subj.)*	*(Imperf. Subj.)*
ich	sinne		sinne	sänne / sönne
du	sinnst		sinnest	sännest / sönnest
er	sinnt		sinne	sänne *or* sönne
wir	sinnen		sinnen	sännen / sönnen
ihr	sinnt		sinnet	sännet / sönnet
sie	sinnen		sinnen	sännen / sönnen

	Imperfect
ich	sann
du	sannst
er	sann
wir	sannen
ihr	sannt
sie	sannen

			Past Time	
	Perfect		*(Perf. Subj.)*	*(Pluperf. Subj.)*
ich	habe gesonnen		habe gesonnen	hätte gesonnen
du	hast gesonnen		habest gesonnen	hättest gesonnen
er	hat gesonnen		habe gesonnen	hätte gesonnen
wir	haben gesonnen		haben gesonnen	hätten gesonnen
ihr	habt gesonnen		habet gesonnen	hättet gesonnen
sie	haben gesonnen		haben gesonnen	hätten gesonnen

	Pluperfect
ich	hatte gesonnen
du	hattest gesonnen
er	hatte gesonnen
wir	hatten gesonnen
ihr	hattet gesonnen
sie	hatten gesonnen

			Future Time	
	Future		*(Fut. Subj.)*	*(Pres. Conditional)*
ich	werde sinnen		werde sinnen	würde sinnen
du	wirst sinnen		werdest sinnen	würdest sinnen
er	wird sinnen		werde sinnen	würde sinnen
wir	werden sinnen		werden sinnen	würden sinnen
ihr	werdet sinnen		werdet sinnen	würdet sinnen
sie	werden sinnen		werden sinnen	würden sinnen

			Future Perfect Time	
	Future Perfect		*(Fut. Perf. Subj.)*	*(Past Conditional)*
ich	werde gesonnen haben		werde gesonnen haben	würde gesonnen haben
du	wirst gesonnen haben		werdest gesonnen haben	würdest gesonnen haben
er	wird gesonnen haben		werde gesonnen haben	würde gesonnen haben
wir	werden gesonnen haben		werden gesonnen haben	würden gesonnen haben
ihr	werdet gesonnen haben		werdet gesonnen haben	würdet gesonnen haben
sie	werden gesonnen haben		werden gesonnen haben	würden gesonnen haben

PRINC. PARTS: sitzen, saß, gesessen, sitzt
IMPERATIVE: sitze!. sitzt!, sitzen Sie!

INDICATIVE	SUBJUNCTIVE	
	PRIMARY	SECONDARY

Present Time

	Present	*(Pres. Subj.)*	*(Imperf. Subj.)*
ich	sitze	sitze	säße
du	sitzt	sitzest	säßest
er	sitzt	sitze	säße
wir	sitzen	sitzen	säßen
ihr	sitzt	sitzet	säßet
sie	sitzen	sitzen	säßen

	Imperfect
ich	saß
du	saßest
er	saß
wir	saßen
ihr	saßt
sie	saßen

Past Time

	Perfect	*(Perf. Subj.)*	*(Pluperf. Subj.)*
ich	habe gesessen	habe gesessen	hätte gesessen
du	hast gesessen	habest gesessen	hättest gesessen
er	hat gesessen	habe gesessen	hätte gesessen
wir	haben gesessen	haben gesessen	hätten gesessen
ihr	habt gesessen	habet gesessen	hättet gesessen
sie	haben gesessen	haben gesessen	hätten gesessen

	Pluperfect
ich	hatte gesessen
du	hattest gesessen
er	hatte gesessen
wir	hatten gesessen
ihr	hattet gesessen
sie	hatten gesessen

Future Time

	Future	*(Fut. Subj.)*	*(Pres. Conditional)*
ich	werde sitzen	werde sitzen	würde sitzen
du	wirst sitzen	werdest sitzen	würdest sitzen
er	wird sitzen	werde sitzen	würde sitzen
wir	werden sitzen	werden sitzen	würden sitzen
ihr	werdet sitzen	werdet sitzen	würdet sitzen
sie	werden sitzen	werden sitzen	würden sitzen

Future Perfect Time

	Future Perfect	*(Fut. Perf. Subj.)*	*(Past Conditional)*
ich	werde gesessen haben	werde gesessen haben	würde gesessen haben
du	wirst gesessen haben	werdest gesessen haben	würdest gesessen haben
er	wird gesessen haben	werde gesessen haben	würde gesessen haben
wir	werden gesessen haben	werden gesessen haben	würden gesessen haben
ihr	werdet gesessen haben	werdet gesessen haben	würdet gesessen haben
sie	werden gesessen haben	werden gesessen haben	würden gesessen haben

361

sollen

to be, be supposed to, ought,
be said to, be expected to

PRINC. PARTS: sollen, sollte, gesollt (sollen
when immediately preceded by
another infinitive; see sprechen
dürfen), soll

IMPERATIVE: not used

	INDICATIVE	SUBJUNCTIVE	
		PRIMARY	SECONDARY
		Present Time	
	Present	*(Pres. Subj.)*	*(Imperf. Subj.)*
ich	soll	solle	sollte
du	sollst	sollest	solltest
er	soll	solle	sollte
wir	sollen	sollen	sollten
ihr	sollt	sollet	solltet
sie	sollen	sollen	sollten

	Imperfect
ich	sollte
du	solltest
er	sollte
wir	sollten
ihr	solltet
sie	sollten

		Past Time	
	Perfect	*(Perf. Subj.)*	*(Pluperf. Subj.)*
ich	habe gesollt	habe gesollt	hätte gesollt
du	hast gesollt	habest gesollt	hättest gesollt
er	hat gesollt	habe gesollt	hätte gesollt
wir	haben gesollt	haben gesollt	hätten gesollt
ihr	habt gesollt	habet gesollt	hättet gesollt
sie	haben gesollt	haben gesollt	hätten gesollt

	Pluperfect
ich	hatte gesollt
du	hattest gesollt
er	hatte gesollt
wir	hatten gesollt
ihr	hattet gesollt
sie	hatten gesollt

		Future Time	
	Future	*(Fut. Subj.)*	*(Pres. Conditional)*
ich	werde sollen	werde sollen	würde sollen
du	wirst sollen	werdest sollen	würdest sollen
er	wird sollen	werde sollen	würde sollen
wir	werden sollen	werden sollen	würden sollen
ihr	werdet sollen	werdet sollen	würdet sollen
sie	werden sollen	werden sollen	würden sollen

		Future Perfect Time	
	Future Perfect	*(Fut. Perf. Subj.)*	*(Past Conditional)*
ich	werde gesollt haben	werde gesollt haben	würde gesollt haben
du	wirst gesollt haben	werdest gesollt haben	würdest gesollt haben
er	wird gesollt haben	werde gesollt haben	würde gesollt haben
wir	werden gesollt haben	werden gesollt haben	würden gesollt haben
ihr	werdet gesollt haben	werdet gesollt haben	würdet gesollt haben
sie	werden gesollt haben	werden gesollt haben	würden gesollt haben

PRINC. PARTS: spalten, spaltete, gespalten*, spaltet
IMPERATIVE: spalte!, spaltet!, spalten Sie!

INDICATIVE	SUBJUNCTIVE	
	PRIMARY	SECONDARY
	Present Time	
Present	*(Pres. Subj.)*	*(Imperf. Subj.)*
ich spalte	spalte	spaltete
du spaltest	spaltest	spaltetest
er spaltet	spalte	spaltete
wir spalten	spalten	spalteten
ihr spaltet	spaltet	spaltetet
sie spalten	spalten	spalteten

Imperfect

ich	spaltete
du	spaltetest
er	spaltete
wir	spalteten
ihr	spaltetet
sie	spalteten

	Past Time	
Perfect	*(Perf. Subj.)*	*(Pluperf. Subj.)*
ich habe gespalten	habe gespalten	hätte gespalten
du hast gespalten	habest gespalten	hättest gespalten
er hat gespalten	habe gespalten	hätte gespalten
wir haben gespalten	haben gespalten	hätten gespalten
ihr habt gespalten	habet gespalten	hättet gespalten
sie haben gespalten	haben gespalten	hätten gespalten

Pluperfect

ich	hatte gespalten
du	hattest gespalten
er	hatte gespalten
wir	hatten gespalten
ihr	hattet gespalten
sie	hatten gespalten

	Future Time	
Future	*(Fut. Subj.)*	*(Pres. Conditional)*
ich werde spalten	werde spalten	würde spalten
du wirst spalten	werdest spalten	würdest spalten
er wird spalten	werde spalten	würde spalten
wir werden spalten	werden spalten	würden spalten
ihr werdet spalten	werdet spalten	würdet spalten
sie werden spalten	werden spalten	würden spalten

	Future Perfect Time	
Future Perfect	*(Fut. Perf. Subj.)*	*(Past Conditional)*
ich werde gespalten haben	werde gespalten haben	würde gespalten haben
du wirst gespalten haben	werdest gespalten haben	würdest gespalten haben
er wird gespalten haben	werde gespalten haben	würde gespalten haben
wir werden gespalten haben	werden gespalten haben	würden gespalten haben
ihr werdet gespalten haben	werdet gespalten haben	würdet gespalten haben
sie werden gespalten haben	werden gespalten haben	würden gespalten haben

* The form gespaltet is also found for the past participle.

sparen

to save (money), economize

PRINC. PARTS: sparen, sparte, gespart, spart
IMPERATIVE: spare!, spart!, sparen Sie!

INDICATIVE	SUBJUNCTIVE	
	PRIMARY	SECONDARY

Present Time

	Present	(Pres. Subj.)	(Imperf. Subj.)
ich	spare	spare	sparte
du	sparst	sparest	spartest
er	spart	spare	sparte
wir	sparen	sparen	sparten
ihr	spart	sparet	spartet
sie	sparen	sparen	sparten

	Imperfect
ich	sparte
du	spartest
er	sparte
wir	sparten
ihr	spartet
sie	sparten

Past Time

	Perfect	(Perf. Subj.)	(Pluperf. Subj.)
ich	habe gespart	habe gespart	hätte gespart
du	hast gespart	habest gespart	hättest gespart
er	hat gespart	habe gespart	hätte gespart
wir	haben gespart	haben gespart	hätten gespart
ihr	habt gespart	habet gespart	hättet gespart
sie	haben gespart	haben gespart	hätten gespart

	Pluperfect
ich	hatte gespart
du	hattest gespart
er	hatte gespart
wir	hatten gespart
ihr	hattet gespart
sie	hatten gespart

Future Time

	Future	(Fut. Subj.)	(Pres. Conditional)
ich	werde sparen	werde sparen	würde sparen
du	wirst sparen	werdest sparen	würdest sparen
er	wird sparen	werde sparen	würde sparen
wir	werden sparen	werden sparen	würden sparen
ihr	werdet sparen	werdet sparen	würdet sparen
sie	werden sparen	werden sparen	würden sparen

Future Perfect Time

	Future Perfect	(Fut. Perf. Subj.)	(Past Conditional)
ich	werde gespart haben	werde gespart haben	würde gespart haben
du	wirst gespart haben	werdest gespart haben	würdest gespart haben
er	wird gespart haben	werde gespart haben	würde gespart haben
wir	werden gespart haben	werden gespart haben	würden gespart haben
ihr	werdet gespart haben	werdet gespart haben	würdet gespart haben
sie	werden gespart haben	werden gespart haben	würden gespart haben

PRINC. PARTS: spazieren, spaziert, ist spaziert, spaziert
IMPERATIVE: spaziere!, spaziert!, spazieren Sie!

to walk, stroll

INDICATIVE	SUBJUNCTIVE	
	PRIMARY	SECONDARY
	Present Time	
Present	*(Pres. Subj.)*	*(Imperf. Subj.)*
ich spaziere	spaziere	spazierte
du spazierst	spazierest	spaziertest
er spaziert	spaziere	spazierte
wir spazieren	spazieren	spazierten
ihr spaziert	spazieret	spaziertet
sie spazieren	spazieren	spazierten

Imperfect	
ich spazierte	
du spaziertest	
er spazierte	
wir spazierten	
ihr spaziertet	
sie spazierten	

	Past Time	
Perfect	*(Perf. Subj.)*	*(Pluperf. Subj.)*
ich bin spaziert	sei spaziert	wäre spaziert
du bist spaziert	seiest spaziert	wärest spaziert
er ist spaziert	sei spaziert	wäre spaziert
wir sind spaziert	seien spaziert	wären spaziert
ihr seid spaziert	seiet spaziert	wäret spaziert
sie sind spaziert	seien spaziert	wären spaziert

Pluperfect	
ich war spaziert	
du warst spaziert	
er war spaziert	
wir waren spaziert	
ihr wart spaziert	
sie waren spaziert	

	Future Time	
Future	*(Fut. Subj.)*	*(Pres. Conditional)*
ich werde spazieren	werde spazieren	würde spazieren
du wirst spazieren	werdest spazieren	würdest spazieren
er wird spazieren	werde spazieren	würde spazieren
wir werden spazieren	werden spazieren	würden spazieren
ihr werdet spazieren	werdet spazieren	würdet spazieren
sie werden spazieren	werden spazieren	würden spazieren

	Future Perfect Time	
Future Perfect	*(Fut. Perf. Subj.)*	*(Past Conditional)*
ich werde spaziert sein	werde spaziert sein	würde spaziert sein
du wirst spaziert sein	werdest spaziert sein	würdest spaziert sein
er wird spaziert sein	werde spaziert sein	würde spaziert sein
wir werden spaziert sein	werden spaziert sein	würden spaziert sein
ihr werdet spaziert sein	werdet spaziert sein	würdet spaziert sein
sie werden spaziert sein	werden spaziert sein	würden spaziert sein

365

spielen

to play

PRINC. PARTS: spielen, spielte, gespielt, spielt
IMPERATIVE: spiele!, spielt!, spielen Sie!

	INDICATIVE	SUBJUNCTIVE	
		PRIMARY	SECONDARY
	Present	*Present Time* (*Pres. Subj.*)	(*Imperf. Subj.*)
ich	spiele	spiele	spielte
du	spielst	spielest	spieltest
er	spielt	spiele	spielte
wir	spielen	spielen	spielten
ihr	spielt	spielet	spieltet
sie	spielen	spielen	spielten
	Imperfect		
ich	spielte		
du	spieltest		
er	spielte		
wir	spielten		
ihr	spieltet		
sie	spielten		
	Perfect	*Past Time* (*Perf. Subj.*)	(*Pluperf. Subj.*)
ich	habe gespielt	habe gespielt	hätte gespielt
du	hast gespielt	habest gespielt	hättest gespielt
er	hat gespielt	habe gespielt	hätte gespielt
wir	haben gespielt	haben gespielt	hätten gespielt
ihr	habt gespielt	habet gespielt	hättet gespielt
sie	haben gespielt	haben gespielt	hätten gespielt
	Pluperfect		
ich	hatte gespielt		
du	hattest gespielt		
er	hatte gespielt		
wir	hatten gespielt		
ihr	hattet gespielt		
sie	hatten gespielt		
	Future	*Future Time* (*Fut. Subj.*)	(*Pres. Conditional*)
ich	werde spielen	werde spielen	würde spielen
du	wirst spielen	werdest spielen	würdest spielen
er	wird spielen	werde spielen	würde spielen
wir	werden spielen	werden spielen	würden spielen
ihr	werdet spielen	werdet spielen	würdet spielen
sie	werden spielen	werden spielen	würden spielen
	Future Perfect	*Future Perfect Time* (*Fut. Perf. Subj.*)	(*Past Conditional*)
ich	werde gespielt haben	werde gespielt haben	würde gespielt haben
du	wirst gespielt haben	werdest gespielt haben	würdest gespielt haben
er	wird gespielt haben	werde gespielt haben	würde gespielt haben
wir	werden gespielt haben	werden gespielt haben	würden gespielt haben
ihr	werdet gespielt haben	werdet gespielt haben	würdet gespielt haben
sie	werden gespielt haben	werden gespielt haben	würden gespielt haben

PRINC. PARTS: spinnen, spann, gesponnen, spinnt
IMPERATIVE: spinne!, spinnt!, spinnen Sie!

spinnen

to spin

INDICATIVE	SUBJUNCTIVE	
	PRIMARY	SECONDARY
	Present Time	
Present	*(Pres. Subj.)*	*(Imperf. Subj.)*
ich spinne	spinne	spönne
du spinnst	spinnest	spönnest
er spinnt	spinne	spönne
wir spinnen	spinnen	spönnen
ihr spinnt	spinnet	spönnet
sie spinnen	spinnen	spönnen

Imperfect

ich spann
du spannst
er spann
wir spannen
ihr spannt
sie spannen

	Past Time	
Perfect	*(Perf. Subj.)*	*(Pluperf. Subj.)*
ich habe gesponnen	habe gesponnen	hätte gesponnen
du hast gesponnen	habest gesponnen	hättest gesponnen
er hat gesponnen	habe gesponnen	hätte gesponnen
wir haben gesponnen	haben gesponnen	hätten gesponnen
ihr habt gesponnen	habet gesponnen	hättet gesponnen
sie haben gesponnen	haben gesponnen	hätten gesponnen

Pluperfect

ich hatte gesponnen
du hattest gesponnen
er hatte gesponnen
wir hatten gesponnen
ihr hattet gesponnen
sie hatten gesponnen

	Future Time	
Future	*(Fut. Subj.)*	*(Pres. Conditional)*
ich werde spinnen	werde spinnen	würde spinnen
du wirst spinnen	werdest spinnen	würdest spinnen
er wird spinnen	werde spinnen	würde spinnen
wir werden spinnen	werden spinnen	würden spinnen
ihr werdet spinnen	werdet spinnen	würdet spinnen
sie werden spinnen	werden spinnen	würden spinnen

	Future Perfect Time	
Future Perfect	*(Fut. Perf. Subj.)*	*(Past Conditional)*
ich werde gesponnen haben	werde gesponnen haben	würde gesponnen haben
du wirst gesponnen haben	werdest gesponnen haben	würdest gesponnen haben
er wird gesponnen haben	werde gesponnen haben	würde gesponnen haben
wir werden gesponnen haben	werden gesponnen haben	würden gesponnen haben
ihr werdet gesponnen haben	werdet gesponnen haben	würdet gesponnen haben
sie werden gesponnen haben	werden gesponnen haben	würden gesponnen haben

sprechen

to speak, talk

PRINC. PARTS: sprechen, sprach, gesprochen, spricht
IMPERATIVE: sprich!, sprecht!, sprechen Sie!

	INDICATIVE	SUBJUNCTIVE	
		PRIMARY	SECONDARY
		Present Time	
	Present	*(Pres. Subj.)*	*(Imperf. Subj.)*
ich	spreche	spreche	spräche
du	sprichst	sprechest	sprächest
er	spricht	spreche	spräche
wir	sprechen	sprechen	sprächen
ihr	sprecht	sprechet	sprächet
sie	sprechen	sprechen	sprächen

	Imperfect
ich	sprach
du	sprachst
er	sprach
wir	sprachen
ihr	spracht
sie	sprachen

	Perfect	*(Perf. Subj.)*	*(Pluperf. Subj.)*
		Past Time	
ich	habe gesprochen	habe gesprochen	hätte gesprochen
du	hast gesprochen	habest gesprochen	hättest gesprochen
er	hat gesprochen	habe gesprochen	hätte gesprochen
wir	haben gesprochen	haben gesprochen	hätten gesprochen
ihr	habt gesprochen	habet gesprochen	hättet gesprochen
sie	haben gesprochen	haben gesprochen	hätten gesprochen

	Pluperfect
ich	hatte gesprochen
du	hattest gesprochen
er	hatte gesprochen
wir	hatten gesprochen
ihr	hattet gesprochen
sie	hatten gesprochen

	Future	*(Fut. Subj.)*	*(Pres. Conditional)*
		Future Time	
ich	werde sprechen	werde sprechen	würde sprechen
du	wirst sprechen	werdest sprechen	würdest sprechen
er	wird sprechen	werde sprechen	würde sprechen
wir	werden sprechen	werden sprechen	würden sprechen
ihr	werdet sprechen	werdet sprechen	würdet sprechen
sie	werden sprechen	werden sprechen	würden sprechen

	Future Perfect	*(Fut. Perf. Subj.)*	*(Past Conditional)*
		Future Perfect Time	
ich	werde gesprochen haben	werde gesprochen haben	würde gesprochen haben
du	wirst gesprochen haben	werdest gesprochen haben	würdest gesprochen haben
er	wird gesprochen haben	werde gesprochen haben	würde gesprochen haben
wir	werden gesprochen haben	werden gesprochen haben	würden gesprochen haben
ihr	werdet gesprochen haben	werdet gesprochen haben	würdet gesprochen haben
sie	werden gesprochen haben	werden gesprochen haben	würden gesprochen haben

PRINC. PARTS: sprechen dürfen, durfte sprechen, hat
sprechen dürfen, darf sprechen
IMPERATIVE: not used

sprechen dürfen

to be allowed to speak

INDICATIVE	SUBJUNCTIVE	
	PRIMARY	SECONDARY
	Present Time	
Present	*(Pres. Subj.)*	*(Imperf. Subj.)*
ich darf sprechen	dürfe sprechen	dürfte sprechen
du darfst sprechen	dürfest sprechen	dürftest sprechen
er darf sprechen	dürfe sprechen	dürfte sprechen
wir dürfen sprechen	dürfen sprechen	dürften sprechen
ihr dürft sprechen	dürfet sprechen	dürftet sprechen
sie dürfen sprechen	dürfen sprechen	dürften sprechen
Imperfect		
ich durfte sprechen		
du durftest sprechen		
er durfte sprechen		
wir durften sprechen		
ihr durftet sprechen		
sie durften sprechen		
	Past Time	
Perfect	*(Perf. Subj.)*	*(Pluperf. Subj.)*
ich habe sprechen dürfen	habe sprechen dürfen	hätte sprechen dürfen
du hast sprechen dürfen	habest sprechen durfen	hättest sprechen dürfen
er hat sprechen dürfen	habe sprechen dürfen	hätte sprechen dürfen
wir haben sprechen dürfen	haben sprechen dürfen	hätten sprechen dürfen
ihr habt sprechen dürfen	habet sprechen dürfen	hättet sprechen dürfen
sie haben sprechen dürfen	haben sprechen dürfen	hätten sprechen dürfen
Pluperfect		
ich hatte sprechen dürfen		
du hattest sprechen dürfen		
er hatte sprechen dürfen		
wir hatten sprechen dürfen		
ihr hattet sprechen dürfen		
sie hatten sprechen dürfen		
	Future Time	
Future	*(Fut. Subj.)*	*(Pres. Conditional)*
ich werde sprechen dürfen	werde sprechen dürfen	würde sprechen dürfen
du wirst sprechen dürfen	werdest sprechen dürfen	würdest sprechen dürfen
er wird sprechen dürfen	werde sprechen dürfen	würde sprechen dürfen
wir werden sprechen dürfen	werden sprechen dürfen	würden sprechen dürfen
ihr werdet sprechen dürfen	werdet sprechen dürfen	würdet sprechen dürfen
sie werden sprechen dürfen	werden sprechen dürfen	würden sprechen dürfen
	Future Perfect Time	
Future Perfect	*(Fut. Perf. Subj.)*	*(Past Conditional)*
ich werde haben sprechen dürfen	werde haben sprechen dürfen	würde haben sprechen dürfen
du wirst haben sprechen dürfen	werdest haben sprechen dürfen	würdest haben sprechen dürfen
er wird haben sprechen dürfen	werde haben sprechen dürfen	würde haben sprechen dürfen
wir werden haben sprechen dürfen	werden haben sprechen dürfen	würden haben sprechen dürfen
ihr werdet haben sprechen dürfen	werdet haben sprechen dürfen	würdet haben sprechen dürfen
sie werden haben sprechen dürfen	werden haben sprechen dürfen	würden haben sprechen dürfen

sprießen

to sprout, bud

PRINC. PARTS: sprießen,* sproß, ist gesprossen, sprießt
IMPERATIVE: sprieße!, sprießt!, sprießen Sie!**

	INDICATIVE		SUBJUNCTIVE	
			PRIMARY	SECONDARY
			Present Time	
	Present		*(Pres. Subj.)*	*(Imperf. Subj.)*
ich	sprieße		sprieße	sprösse
du	sprießt		sprießest	sprössest
er	sprießt		sprieße	sprösse
wir	sprießen		sprießen	sprössen
ihr	sprießt		sprießet	sprösset
sie	sprießen		sprießen	sprössen
	Imperfect			
ich	sproß			
du	sprossest			
er	sproß			
wir	sprossen			
ihr	sproßt			
sie	sprossen			
			Past Time	
	Perfect		*(Perf. Subj.)*	*(Pluperf. Subj.)*
ich	bin gesprossen		sei gesprossen	wäre gesprossen
du	bist gesprossen		seiest gesprossen	wärest gesprossen
er'	ist gesprossen		sei gesprossen	wäre gesprossen
wir	sind gesprossen		seien gesprossen	wären gesprossen
ihr	seid gesprossen		seiet gesprossen	wäret gesprossen
sie	sind gesprossen		seien gesprossen	wären gesprossen
	Pluperfect			
ich	war gesprossen			
du	warst gesprossen			
er	war gesprossen			
wir	waren gesprossen			
ihr	wart gesprossen			
sie	waren gesprossen			
			Future Time	
	Future		*(Fut. Subj.)*	*(Pres. Conditional)*
ich	werde sprießen		werde sprießen	würde sprießen
du	wirst sprießen		werdest sprießen	würdest sprießen
er	wird sprießen		werde sprießen	würde sprießen
wir	werden sprießen		werden sprießen	würden sprießen
ihr	werdet sprießen		werdet sprießen	würdet sprießen
sie	werden sprießen		werden sprießen	würden sprießen
			Future Perfect Time	
	Future Perfect		*(Fut. Perf. Subj.)*	*(Past Conditional)*
ich	werde gesprossen sein		werde gesprossen sein	würde gesprossen sein
du	wirst gesprossen sein		werdest gesprossen sein	würdest gesprossen sein
er	wird gesprossen sein		werde gesprossen sein	würde gesprossen sein
wir	werden gesprossen sein		werden gesprossen sein	würden gesprossen sein
ihr	werdet gesprossen sein		werdet gesprossen sein	würdet gesprossen sein
sie	werden gesprossen sein		werden gesprossen sein	würden gesprossen sein

* Forms other than the third person are infrequently found.
** The imperative is unusual.

PRINC. PARTS: springen, sprang, ist gesprungen,
springt
IMPERATIVE: springe!, springt!, springen Sie!

springen

to jump, leap, spring; explode

INDICATIVE	SUBJUNCTIVE	
	PRIMARY	SECONDARY
	Present Time	
Present	*(Pres. Subj.)*	*(Imperf. Subj.)*
ich springe	springe	spränge
du springst	springest	sprängest
er springt	springe	spränge
wir springen	springen	sprängen
ihr springt	springet	spränget
sie springen	springen	sprängen

Imperfect
ich sprang
du sprangst
er sprang
wir sprangen
ihr sprangt
sie sprangen

	Past Time	
Perfect	*(Perf. Subj.)*	*(Pluperf. Subj.)*
ich bin gesprungen	sei gesprungen	wäre gesprungen
du bist gesprungen	seiest gesprungen	wärest gesprungen
er ist gesprungen	sei gesprungen	wäre gesprungen
wir sind gesprungen	seien gesprungen	wären gesprungen
ihr seid gesprungen	seiet gesprungen	wäret gesprungen
sie sind gesprungen	seien gesprungen	wären gesprungen

Pluperfect
ich war gesprungen
du warst gesprungen
er war gesprungen
wir waren gesprungen
ihr wart gesprungen
sie waren gesprungen

	Future Time	
Future	*(Fut. Subj.)*	*(Pres. Conditional)*
ich werde springen	werde springen	würde springen
du wirst springen	werdest springen	würdest springen
er wird springen	werde springen	würde springen
wir werden springen	werden springen	würden springen
ihr werdet springen	werdet springen	würdet springen
sie werden springen	werden springen	würden springen

	Future Perfect Time	
Future Perfect	*(Fut. Perf. Subj.)*	*(Past Conditional)*
ich werde gesprungen sein	werde gesprungen sein	würde gesprungen sein
du wirst gesprungen sein	werdest gesprungen sein	würdest gesprungen sein
er wird gesprungen sein	werde gesprungen sein	würde gesprungen sein
wir werden gesprungen sein	werden gesprungen sein	würden gesprungen sein
ihr werdet gesprungen sein	werdet gesprungen sein	würdet gesprungen sein
sie werden gesprungen sein	werden gesprungen sein	würden gesprungen sein

spritzen

to squirt, gush

PRINC. PARTS: spritzen, spritzte, gespritzt, spritzt
IMPERATIVE: spritze!, spritzt!, spritzen Sie!

	INDICATIVE	SUBJUNCTIVE	
		PRIMARY	SECONDARY
		Present Time	
	Present	*(Pres. Subj.)*	*(Imperf. Subj.)*
ich	spritze	spritze	spritzte
du	spritzt	spritzest	spritztest
er	spritzt	spritze	spritzte
wir	spritzen	spritzen	spritzten
ihr	spritzt	spritzet	spritztet
sie	spritzen	spritzen	spritzten
	Imperfect		
ich	spritzte		
du	spritztest		
er	spritzte		
wir	spritzten		
ihr	spritztet		
sie	spritzten		
		Past Time	
	Perfect	*(Perf. Subj.)*	*(Pluperf. Subj.)*
ich	habe gespritzt	habe gespritzt	hätte gespritzt
du	hast gespritzt	habest gespritzt	hättest gespritzt
er	hat gespritzt	habe gespritzt	hätte gespritzt
wir	haben gespritzt	haben gespritzt	hätten gespritzt
ihr	habt gespritzt	habet gespritzt	hättet gespritzt
sie	haben gespritzt	haben gespritzt	hätten gespritzt
	Pluperfect		
ich	hatte gespritzt		
du	hattest gespritzt		
er	hatte gespritzt		
wir	hatten gespritzt		
ihr	hattet gespritzt		
sie	hatten gespritzt		
		Future Time	
	Future	*(Fut. Subj.)*	*(Pres. Conditional)*
ich	werde spritzen	werde spritzen	würde spritzen
du	wirst spritzen	werdest spritzen	würdest spritzen
er	wird spritzen	werde spritzen	würde spritzen
wir	werden spritzen	werden spritzen	würden spritzen
ihr	werdet spritzen	werdet spritzen	würdet spritzen
sie	werden spritzen	werden spritzen	würden spritzen
		Future Perfect Time	
	Future Perfect	*(Fut. Perf. Subj.)*	*(Past Conditional)*
ich	werde gespritzt haben	werde gespritzt haben	würde gespritzt haben
du	wirst gespritzt haben	werdest gespritzt haben	würdest gespritzt haben
er	wird gespritzt haben	werde gespritzt haben	würde gespritzt haben
wir	werden gespritzt haben	werden gespritzt haben	würden gespritzt haben
ihr	werdet gespritzt haben	werdet gespritzt haben	würdet gespritzt haben
sie	werden gespritzt haben	werden gespritzt haben	würden gespritzt haben

sprühen

PRINC. PARTS: sprühen, sprühte, gesprüht, sprüht
IMPERATIVE: sprühe!, sprüht!, sprühen Sie!

to sparkle, scintillate, spray

INDICATIVE	SUBJUNCTIVE	
	PRIMARY	SECONDARY

Present Time

	Present	*(Pres. Subj.)*	*(Imperf. Subj.)*
ich	sprühe	sprühe	sprühte
du	sprühst	sprühest	sprühtest
er	sprüht	sprühe	sprühte
wir	sprühen	sprühen	sprühten
ihr	sprüht	sprühet	sprühtet
sie	sprühen	sprühen	sprühten

	Imperfect
ich	sprühte
du	sprühtest
er	sprühte
wir	sprühten
ihr	sprühtet
sie	sprühten

Past Time

	Perfect	*(Perf. Subj.)*	*(Pluperf. Subj.)*
ich	habe gesprüht	habe gesprüht	hätte gesprüht
du	hast gesprüht	habest gesprüht	hättest gesprüht
er	hat gesprüht	habe gesprüht	hätte gesprüht
wir	haben gesprüht	haben gesprüht	hätten gesprüht
ihr	habt gesprüht	habet gesprüht	hättet gesprüht
sie	haben gesprüht	haben gesprüht	hätten gesprüht

	Pluperfect
ich	hatte gesprüht
du	hattest gesprüht
er	hatte gesprüht
wir	hatten gesprüht
ihr	hattet gesprüht
sie	hatten gesprüht

Future Time

	Future	*(Fut. Subj.)*	*(Pres. Conditional)*
ich	werde sprühen	werde sprühen	würde sprühen
du	wirst sprühen	werdest sprühen	würdest sprühen
er	wird sprühen	werde sprühen	würde sprühen
wir	werden sprühen	werden sprühen	würden sprühen
ihr	werdet sprühen	werdet sprühen	würdet sprühen
sie	werden sprühen	werden sprühen	würden sprühen

Future Perfect Time

	Future Perfect	*(Fut. Perf. Subj.)*	*(Past Conditional)*
ich	werde gesprüht haben	werde gesprüht haben	würde gesprüht haben
du	wirst gesprüht haben	werdest gesprüht haben	würdest gesprüht haben
er	wird gesprüht haben	werde gesprüht haben	würde gesprüht haben
wir	werden gesprüht haben	werden gesprüht haben	würden gesprüht haben
ihr	werdet gesprüht haben	werdet gesprüht haben	würdet gesprüht haben
sie	werden gesprüht haben	werden gesprüht haben	würden gesprüht haben

spucken

to spit

PRINC. PARTS: spucken, spuckte, gespuckt, spuckt
IMPERATIVE: spucke!, spuckt!, spucken Sie!

	INDICATIVE	SUBJUNCTIVE	
		PRIMARY	SECONDARY
		Present Time	
	Present	*(Pres. Subj.)*	*(Imperf. Subj.)*
ich	spucke	spucke	spuckte
du	spuckst	spuckest	spucktest
er	spuckt	spucke	spuckte
wir	spucken	spucken	spuckten
ihr	spuckt	spucket	spucktet
sie	spucken	spucken	spuckten

	Imperfect
ich	spuckte
du	spucktest
er	spuckte
wir	spuckten
ihr	spucktet
sie	spuckten

			Past Time	
	Perfect	*(Perf. Subj.)*	*(Pluperf. Subj.)*
ich	habe gespuckt	habe gespuckt	hätte gespuckt
du	hast gespuckt	habest gespuckt	hättest gespuckt
er	hat gespuckt	habe gespuckt	hätte gespuckt
wir	haben gespuckt	haben gespuckt	hätten gespuckt
ihr	habt gespuckt	habet gespuckt	hättet gespuckt
sie	haben gespuckt	haben gespuckt	hätten gespuckt

	Pluperfect
ich	hatte gespuckt
du	hattest gespuckt
er	hatte gespuckt
wir	hatten gespuckt
ihr	hattet gespuckt
sie	hatten gespuckt

			Future Time	
	Future	*(Fut. Subj.)*	*(Pres. Conditional)*
ich	werde spucken	werde spucken	würde spucken
du	wirst spucken	werdest spucken	würdest spucken
er	wird spucken	werde spucken	würde spucken
wir	werden spucken	werden spucken	würden spucken
ihr	werdet spucken	werdet spucken	würdet spucken
sie	werden spucken	werden spucken	würden spucken

			Future Perfect Time	
	Future Perfect	*(Fut. Perf. Subj.)*	*(Past Conditional)*
ich	werde gespuckt haben	werde gespuckt haben	würde gespuckt haben
du	wirst gespuckt haben	werdest gespuckt haben	würdest gespuckt haben
er	wird gespuckt haben	werde gespuckt haben	würde gespuckt haben
wir	werden gespuckt haben	werden gespuckt haben	würden gespuckt haben
ihr	werdet gespuckt haben	werdet gespuckt haben	würdet gespuckt haben
sie	werden gespuckt haben	werden gespuckt haben	würden gespuckt haben

374

PRINC. PARTS: spülen, spülte, gespült, spült
IMPERATIVE: spüle!, spült!, spülen Sie!

	INDICATIVE	SUBJUNCTIVE	
		PRIMARY	SECONDARY
		Present Time	
	Present	*(Pres. Subj.)*	*(Imperf. Subj.)*
ich	spüle	spüle	spülte
du	spülst	spülest	spültest
er	spült	spüle	spülte
wir	spülen	spülen	spülten
ihr	spült	spület	spültet
sie	spülen	spülen	spülten
	Imperfect		
ich	spülte		
du	spültest		
er	spülte		
wir	spülten		
ihr	spültet		
sie	spülten		
		Past Time	
	Perfect	*(Perf. Subj.)*	*(Plupef. Subj.)*
ich	habe gespült	habe gespült	hätte gespült
du	hast gespült	habest gespült	hättest gespült
er	hat gespült	habe gespült	hätte gespült
wir	haben gespült	haben gespült	hätten gespült
ihr	habt gespült	habet gespült	hättet gespült
sie	haben gespült	haben gespült	hätten gespült
	Pluperfect		
ich	hatte gespült		
du	hattest gespült		
er	hatte gespült		
wir	hatten gespült		
ihr	hattet gespült		
sie	hatten gespült		
		Future Time	
	Future	*(Fut. Subj.)*	*(Pres. Conditional)*
ich	werde spülen	werde spülen	würde spülen
du	wirst spülen	werdest spülen	würdest spülen
er	wird spülen	werde spülen	würde spülen
wir	werden spülen	werden spülen	würden spülen
ihr	werdet spülen	werdet spülen	würdet spülen
sie	werden spülen	werden spülen	würden spülen
		Future Perfect Time	
	Future Perfect	*(Fut. Perf. Subj.)*	*(Past Conditional)*
ich	werde gespült haben	werde gespült haben	würde gespült haben
du	wirst gespült haben	werdest gespült haben	würdest gespült haben
er	wird gespült haben	werde gespült haben	würde gespült haben
wir	werden gespült haben	werden gespült haben	würden gespült haben
ihr	werdet gespült haben	werdet gespült haben	würdet gespült haben
sie	werden gespült haben	werden gespült haben	würden gespült haben

spüren

to feel, perceive; trace,
scent out

PRINC. PARTS: spüren, spürte, gespürt, spürt
IMPERATIVE: spüre!, spürt!, spüren Sie!

INDICATIVE	SUBJUNCTIVE	
	PRIMARY	SECONDARY
	Present Time	
Present	*(Pres. Subj.)*	*(Imperf. Subj.)*
ich spüre	spüre	spürte
du spürst	spürest	spürtest
er spürt	spüre	spürte
wir spüren	spüren	spürten
ihr spürt	spüret	spürtet
sie spüren	spüren	spürten

Imperfect
ich spürte
du spürtest
er spürte
wir spürten
ihr spürtet
sie spürten

	Past Time	
Perfect	*(Perf. Subj.)*	*(Pluperf. Subj.)*
ich habe gespürt	habe gespürt	hätte gespürt
du hast gespürt	habest gespürt	hättest gespürt
er hat gespürt	habe gespürt	hätte gespürt
wir haben gespürt	haben gespürt	hätten gespürt
ihr habt gespürt	habet gespürt	hättet gespürt
sie haben gespürt	haben gespürt	hätten gespürt

Pluperfect
ich hatte gespürt
du hattest gespürt
er hatte gespürt
wir hatten gespürt
ihr hattet gespürt
sie hatten gespürt

	Future Time	
Future	*(Fut. Subj.)*	*(Pres. Conditional)*
ich werde spüren	werde spüren	würde spüren
du wirst spüren	werdest spüren	würdest spüren
er wird spüren	werde spüren	würde spüren
wir werden spüren	werden spüren	würden spüren
ihr werdet spüren	werdet spüren	würdet spüren
sie werden spüren	werden spüren	würden spüren

	Future Perfect Time	
Future Perfect	*(Fut. Perf. Subj.)*	*(Past Conditional)*
ich werde gespürt haben	werde gespürt haben	würde gespürt haben
du wirst gespürt haben	werdest gespürt haben	würdest gespürt haben
er wird gespürt haben	werde gespürt haben	würde gespürt haben
wir werden gespürt haben	werden gespürt haben	würden gespürt haben
ihr werdet gespürt haben	werdet gespürt haben	würdet gespürt haben
sie werden gespürt haben	werden gespürt haben	würden gespürt haben

	INDICATIVE	SUBJUNCTIVE	
		PRIMARY	SECONDARY
		Present Time	
	Present	(*Pres. Subj.*)	(*Imperf. Subj.*)
ich			
du			
er	findet statt	finde statt	fände statt
wir			
ihr			
sie	finden statt	finden statt	fänden statt
	Imperfect		
ich			
du			
er	fand statt		
wir			
ihr			
sie	fanden statt		
		Past Time	
	Perfect	(*Perf. Subj.*)	(*Pluperf. Subj.*)
ich			
du			
er	hat stattgefunden	habe stattgefunden	hätte stattgefunden
wir			
ihr			
sie	haben stattgefunden	haben stattgefunden	hätten stattgefunden
	Pluperfect		
ich			
du			
er	hatte stattgefunden		
wir			
ihr			
sie	hatten stattgefunden		
		Future Time	
	Future	(*Fut. Subj.*)	(*Pres. Conditional*)
ich			
du			
er	wird stattfinden	werde stattfinden	würde stattfinden
wir			
ihr			
sie	werden stattfinden	werden stattfinden	würden stattfinden
		Future Perfect Time	
	Future Perfect	(*Fut. Perf. Subj.*)	(*Past Conditional*)
ich			
du			
er	wird stattgefunden haben	werde stattgefunden haben	würde stattgefunden haben
wir			
ihr			
sie	werden stattgefunden haben	werden stattgefunden haben	würden stattgefunden haben

* Forms other than the third person are rarely found.

staunen

to be astonished,
surprised or amazed

PRINC. PARTS: staunen, staunte, gestaunt, staunt
IMPERATIVE: staune!, staunt!, staunen Sie!

INDICATIVE		SUBJUNCTIVE	
		PRIMARY	SECONDARY
		Present Time	
	Present	(*Pres. Subj.*)	(*Imperf. Subj.*)
ich	staune	staune	staunte
du	staunst	staunest	stauntest
er	staunt	staune	staunte
wir	staunen	staunen	staunten
ihr	staunt	staunet	stauntet
sie	staunen	staunen	staunten
	Imperfect		
ich	staunte		
du	stauntest		
er	staunte		
wir	staunten		
ihr	stauntet		
sie	staunten		
		Past Time	
	Perfect	(*Perf. Subj.*)	(*Pluperf. Subj.*)
ich	habe gestaunt	habe gestaunt	hätte gestaunt
du	hast gestaunt	habest gestaunt	hättest gestaunt
er	hat gestaunt	habe gestaunt	hätte gestaunt
wir	haben gestaunt	haben gestaunt	hätten gestaunt
ihr	habt gestaunt	habet gestaunt	hättet gestaunt
sie	haben gestaunt	haben gestaunt	hätten gestaunt
	Pluperfect		
ich	hatte gestaunt		
du	hattest gestaunt		
er	hatte gestaunt		
wir	hatten gestaunt		
ihr	hattet gestaunt		
sie	hatten gestaunt		
		Future Time	
	Future	(*Fut. Subj.*)	(*Pres. Conditional*)
ich	werde staunen	werde staunen	würde staunen
du	wirst staunen	werdest staunen	würdest staunen
er	wird staunen	werde staunen	würde staunen
wir	werden staunen	werden staunen	würden staunen
ihr	werdet staunen	werdet staunen	würdet staunen
sie	werden staunen	werden staunen	würden staunen
		Future Perfect Time	
	Future Perfect	(*Fut. Perf. Subj.*)	(*Past Conditional*)
ich	werde gestaunt haben	werde gestaunt haben	würde gestaunt haben
du	wirst gestaunt haben	werdest gestaunt haben	würdest gestaunt haben
er	wird gestaunt haben	werde gestaunt haben	würde gestaunt haben
wir	werden gestaunt haben	werden gestaunt haben	würden gestaunt haben
ihr	werdet gestaunt haben	werdet gestaunt haben	würdet gestaunt haben
sie	werden gestaunt haben	werden gestaunt haben	würden gestaunt haben

378

PRINC. PARTS: stechen, stach, gestochen, sticht
IMPERATIVE: stich!, stecht!, stechen Sie!

stechen

to sting, prick, stab

INDICATIVE	SUBJUNCTIVE	
	PRIMARY	SECONDARY

Present Time

	Present	*(Pres. Subj.)*	*(Imperf. Subj.)*
ich	steche	steche	stäche
du	stichst	stechest	stächest
er	sticht	steche	stäche
wir	stechen	stechen	stächen
ihr	stecht	stechet	stächet
sie	stechen	stechen	stächen

	Imperfect
ich	stach
du	stachst
er	stach
wir	stachen
ihr	stacht
sie	stachen

Past Time

	Perfect	*(Perf. Subj.)*	*(Pluperf. Subj.)*
ich	habe gestochen	habe gestochen	hätte gestochen
du	hast gestochen	habest gestochen	hättest gestochen
er	hat gestochen	habe gestochen	hätte gestochen
wir	haben gestochen	haben gestochen	hätten gestochen
ihr	habt gestochen	habet gestochen	hättet gestochen
sie	haben gestochen	haben gestochen	hätten gestochen

	Pluperfect
ich	hatte gestochen
du	hattest gestochen
er	hatte gestochen
wir	hatten gestochen
ihr	hattet gestochen
sie	hatten gestochen

Future Time

	Future	*(Fut. Subj.)*	*(Pres. Conditional)*
ich	werde stechen	werde stechen	würde stechen
du	wirst stechen	werdest stechen	würdest stechen
er	wird stechen	werde stechen	würde stechen
wir	werden stechen	werden stechen	würden stechen
ihr	werdet stechen	werdet stechen	würdet stechen
sie	werden stechen	werden stechen	würden stechen

Future Perfect Time

	Future Perfect	*(Fut. Perf. Subj.)*	*(Past Conditional)*
ich	werde gestochen haben	werde gestochen haben	würde gestochen haben
du	wirst gestochen haben	werdest gestochen haben	würdest gestochen haben
er	wird gestochen haben	werde gestochen haben	würde gestochen haben
wir	werden gestochen haben	werden gestochen haben	würden gestochen haben
ihr	werdet gestochen haben	werdet gestochen haben	würdet gestochen haben
sie	werden gestochen haben	werden gestochen haben	würden gestochen haben

stecken

to set, plant; remain, be
stuck or involved

PRINC. PARTS: stecken, steckte, gesteckt, steckt
IMPERATIVE: stecke!, steckt!, stecken Sie!

INDICATIVE		SUBJUNCTIVE		
		PRIMARY	SECONDARY	
			Present Time	
	Present	*(Pres. Subj.)*	*(Imperf. Subj.)*	
ich	stecke	stecke	steckte	stäke
du	steckst	steckest	stecktest	stäkest
er	steckt	stecke	steckte or	stäke
wir	stecken	stecken	steckten	stäken
ihr	steckt	stecket	stecktet	stäket
sie	stecken	stecken	steckten	stäken

	Imperfect	
ich	steckte	stak
du	stecktest	stakst
er	steckte or	stak
wir	steckten	staken
ihr	stecktet	stakt
sie	steckten	staken

			Past Time	
	Perfect	*(Perf. Subj.)*	*(Pluperf. Subj.)*	
ich	habe gesteckt	habe gesteckt	hätte gesteckt	
du	hast gesteckt	habest gesteckt	hättest gesteckt	
er	hat gesteckt	habe gesteckt	hätte gesteckt	
wir	haben gesteckt	haben gesteckt	hätten gesteckt	
ihr	habt gesteckt	habet gesteckt	hättet gesteckt	
sie	haben gesteckt	haben gesteckt	hätten gesteckt	

	Pluperfect
ich	hatte gesteckt
du	hattest gesteckt
er	hatte gesteckt
wir	hatten gesteckt
ihr	hattet gesteckt
sie	hatten gesteckt

			Future Time	
	Future	*(Fut. Subj.)*	*(Pres. Conditional)*	
ich	werde stecken	werde stecken	würde stecken	
du	wirst stecken	werdest stecken	würdest stecken	
er	wird stecken	werde stecken	würde stecken	
wir	werden stecken	werden stecken	würden stecken	
ihr	werdet stecken	werdet stecken	würdet stecken	
sie	werden stecken	werden stecken	würden stecken	

			Future Perfect Time	
	Future Perfect	*(Fut. Perf. Subj.)*	*(Past Conditional)*	
ich	werde gesteckt haben	werde gesteckt haben	würde gesteckt haben	
du	wirst gesteckt haben	werdest gesteckt haben	würdest gesteckt haben	
er	wird gesteckt haben	werde gesteckt haben	würde gesteckt haben	
wir	werden gesteckt haben	werden gesteckt haben	würden gesteckt haben	
ihr	werdet gesteckt haben	werdet gesteckt haben	würdet gesteckt haben	
sie	werden gesteckt haben	werden gesteckt haben	würden gesteckt haben	

PRINC. PARTS: stehen, stand, gestanden, steht
IMPERATIVE: stehe!, steht!, stehen Sie!

INDICATIVE	SUBJUNCTIVE	
	PRIMARY	SECONDARY

Present Time

Present	*(Pres. Subj.)*	*(Imperf. Subj.)*
ich stehe	stehe	stände — stünde
du stehst	stehest	ständest — stündest
er steht	stehe	stände *or* stünde
wir stehen	stehen	ständen — stünden
ihr steht	stehet	ständet — stündet
sie stehen	stehen	ständen — stünden

Imperfect
ich stand
du standst
er stand
wir standen
ihr standet
sie standen

Past Time

Perfect	*(Perf. Subj.)*	*(Pluperf. Subj.)*
ich habe gestanden	habe gestanden	hätte gestanden
du hast gestanden	habest gestanden	hättest gestanden
er hat gestanden	habe gestanden	hätte gestanden
wir haben gestanden	haben gestanden	hätten gestanden
ihr habt gestanden	habet gestanden	hättet gestanden
sie haben gestanden	haben gestanden	hätten gestanden

Pluperfect
ich hatte gestanden
du hattest gestanden
er hatte gestanden
wir hatten gestanden
ihr hattet gestanden
sie hatten gestanden

Future Time

Future	*(Fut. Subj.)*	*(Pres. Conditional)*
ich werde stehen	werde stehen	würde stehen
du wirst stehen	werdest stehen	würdest stehen
er wird stehen	werde stehen	würde stehen
wir werden stehen	werden stehen	würden stehen
ihr werdet stehen	werdet stehen	würdet stehen
sie werden stehen	werden stehen	würden stehen

Future Perfect Time

Future Perfect	*(Fut. Perf. Subj.)*	*(Past Conditional)*
ich werde gestanden haben	werde gestanden haben	würde gestanden haben
du wirst gestanden haben	werdest gestanden haben	würdest gestanden haben
er wird gestanden haben	werde gestanden haben	würde gestanden haben
wir werden gestanden haben	werden gestanden haben	würden gestanden haben
ihr werdet gestanden haben	werdet gestanden haben	würdet gestanden haben
sie werden gestanden haben	werden gestanden haben	würden gestanden haben

stehlen
to steal

PRINC. PARTS: stehlen, stahl, gestohlen, stiehlt
IMPERATIVE: stiehl!, stehlt!, stehlen Sie!

	INDICATIVE		SUBJUNCTIVE	
		PRIMARY		SECONDARY
			Present Time	
	Present	*(Pres. Subj.)*		*(Imperf. Subj.)*
ich	stehle	stehle	stöhle	stähle
du	stiehlst	stehlest	stöhlest	stählest
er	stiehlt	stehle	stöhle	stähle
wir	stehlen	stehlen	stöhlen *or*	stählen
ihr	stehlt	stehlet	stöhlet	stählet
sie	stehlen	stehlen	stöhlen	stählen

	Imperfect
ich	stahl
du	stahlst
er	stahl
wir	stahlen
ihr	stahlt
sie	stahlen

			Past Time	
	Perfect	*(Perf. Subj.)*		*(Pluperf. Subj.)*
ich	habe gestohlen	habe gestohlen	hätte gestohlen
du	hast gestohlen	habest gestohlen	hättest gestohlen
er	hat gestohlen	habe gestohlen	hätte gestohlen
wir	haben gestohlen	haben gestohlen	hätten gestohlen
ihr	habt gestohlen	habet gestohlen	hättet gestohlen
sie	haben gestohlen	haben gestohlen	hätten gestohlen

	Pluperfect
ich	hatte gestohlen
du	hattest gestohlen
er	hatte gestohlen
wir	hatten gestohlen
ihr	hattet gestohlen
sie	hatten gestohlen

			Future Time	
	Future	*(Fut. Subj.)*		*(Pres. Conditional)*
ich	werde stehlen	werde stehlen	würde stehlen
du	wirst stehlen	werdest stehlen	würdest stehlen
er	wird stehlen	werde stehlen	würde stehlen
wir	werden stehlen	werden stehlen	würden stehlen
ihr	werdet stehlen	werdet stehlen	würdet stehlen
sie	werden stehlen	werden stehlen	würden stehlen

			Future Perfect Time	
	Future Perfect	*(Fut. Perf. Subj.)*		*(Past Conditional)*
ich	werde gestohlen haben	werde gestohlen haben	würde gestohlen haben
du	wirst gestohlen haben	werdest gestohlen haben	würdest gestohlen haben
er	wird gestohlen haben	werde gestohlen haben	würde gestohlen haben
wir	werden gestohlen haben	werden gestohlen haben	würden gestohlen haben
ihr	werdet gestohlen haben	werdet gestohlen haben	würdet gestohlen haben
sie	werden gestohlen haben	werden gestohlen haben	würden gestohlen haben

PRINC. PARTS: steigen, stieg, ist gestiegen, steigt
IMPERATIVE: steige!, steigt!, steigen Sie!

to climb, increase, rise

INDICATIVE		SUBJUNCTIVE	
		PRIMARY	SECONDARY
		Present Time	
	Present	*(Pres. Subj.)*	*(Imperf. Subj.)*
ich	steige	steige	stiege
du	steigst	steigest	stiegest
er	steigt	steige	stiege
wir	steigen	steigen	stiegen
ihr	steigt	steiget	stieget
sie	steigen	steigen	stiegen

	Imperfect
ich	stieg
du	stiegst
er	stieg
wir	stiegen
ihr	stiegt
sie	stiegen

			Past Time	
	Perfect	*(Perf. Subj.)*	*(Pluperf. Subj.)*	
ich	bin gestiegen	sei gestiegen	wäre gestiegen
du	bist gestiegen	seiest gestiegen	wärest gestiegen
er	ist gestiegen	sei gestiegen	wäre gestiegen
wir	sind gestiegen	seien gestiegen	wären gestiegen
ihr	seid gestiegen	seiet gestiegen	wäret gestiegen
sie	sind gestiegen	seien gestiegen	wären gestiegen

	Pluperfect
ich	war gestiegen
du	warst gestiegen
er	war gestiegen
wir	waren gestiegen
ihr	wart gestiegen
sie	waren gestiegen

			Future Time	
	Future	*(Fut. Subj.)*	*(Pres. Conditional)*	
ich	werde steigen	werde steigen	würde steigen
du	wirst steigen	werdest steigen	würdest steigen
er	wird steigen	werde steigen	würde steigen
wir	werden steigen	werden steigen	würden steigen
ihr	werdet steigen	werdet steigen	würdet steigen
sie	werden steigen	werden steigen	würden steigen

			Future Perfect Time	
	Future Perfect	*(Fut. Perf. Subj.)*	*(Past Conditional)*	
ich	werde gestiegen sein	werde gestiegen sein	würde gestiegen sein
du	wirst gestiegen sein	werdest gestiegen sein	würdest gestiegen sein
er	wird gestiegen sein	werde gestiegen sein	würde gestiegen sein
wir	werden gestiegen sein	werden gestiegen sein	würden gestiegen sein
ihr	werdet gestiegen sein	werdet gestiegen sein	würdet gestiegen sein
sie	werden gestiegen sein	werden gestiegen sein	würden gestiegen sein

stellen

to put, place

PRINC. PARTS: stellen, stellte, gestellt, stellt
IMPERATIVE: stelle!, stellt!, stellen Sie!

	INDICATIVE	SUBJUNCTIVE	
		PRIMARY	SECONDARY
			Present Time
	Present	*(Pres. Subj.)*	*(Imperf. Subj.)*
ich	stelle	stelle	stellte
du	stellst	stellest	stelltest
er	stellt	stelle	stellte
wir	stellen	stellen	stellten
ihr	stellt	stellet	stelltet
sie	stellen	stellen	stellten
	Imperfect		
ich	stellte		
du	stelltest		
er	stellte		
wir	stellten		
ihr	stelltet		
sie	stellten		
			Past Time
	Perfect	*(Perf. Subj.)*	*(Pluperf. Subj.)*
ich	habe gestellt	habe gestellt	hätte gestellt
du	hast gestellt	habest gestellt	hättest gestellt
er	hat gestellt	habe gestellt	hätte gestellt
wir	haben gestellt	haben gestellt	hätten gestellt
ihr	habt gestellt	habet gestellt	hättet gestellt
sie	haben gestellt	haben gestellt	hätten gestellt
	Pluperfect		
ich	hatte gestellt		
du	hattest gestellt		
er	hatte gestellt		
wir	hatten gestellt		
ihr	hattet gestellt		
sie	hatten gestellt		
			Future Time
	Future	*(Fut. Subj.)*	*(Pres. Conditional)*
ich	werde stellen	werde stellen	würde stellen
du	wirst stellen	werdest stellen	würdest stellen
er	wird stellen	werde stellen	würde stellen
wir	werden stellen	werden stellen	würden stellen
ihr	werdet stellen	werdet stellen	würdet stellen
sie	werden stellen	werden stellen	würden stellen
			Future Perfect Time
	Future Perfect	*(Fut. Perf. Subj.)*	*(Past Conditional)*
ich	werde gestellt haben	werde gestellt haben	würde gestellt haben
du	wirst gestellt haben	werdest gestellt haben	würdest gestellt haben
er	wird gestellt haben	werde gestellt haben	würde gestellt haben
wir	werden gestellt haben	werden gestellt haben	würden gestellt haben
ihr	werdet gestellt haben	werdet gestellt haben	würdet gestellt haben
sie	werden gestellt haben	werden gestellt haben	würden gestellt haben

384

PRINC. PARTS: sterben, starb, ist gestorben, stirbt
IMPERATIVE: stirb!, sterbt!, sterben Sie!

INDICATIVE	SUBJUNCTIVE	
	PRIMARY	SECONDARY

Present Time

	Present	*(Pres. Subj.)*	*(Imperf. Subj.)*
ich	sterbe	sterbe	stürbe
du	stirbst	sterbest	stürbest
er	stirbt	sterbe	stürbe
wir	sterben	sterben	stürben
ihr	sterbt	sterbet	stürbet
sie	sterben	sterben	stürben

	Imperfect
ich	starb
du	starbst
er	starb
wir	starben
ihr	starbt
sie	starben

Past Time

	Perfect	*(Perf. Subj.)*	*(Pluperf. Subj.)*
ich	bin gestorben	sei gestorben	wäre gestorben
du	bist gestorben	seiest gestorben	wärest gestorben
er	ist gestorben	sei gestorben	wäre gestorben
wir	sind gestorben	seien gestorben	wären gestorben
ihr	seid gestorben	seiet gestorben	wäret gestorben
sie	sind gestorben	seien gestorben	wären gestorben

	Pluperfect
ich	war gestorben
du	warst gestorben
er	war gestorben
wir	waren gestorben
ihr	wart gestorben
sie	waren gestorben

Future Time

	Future	*(Fut. Subj.)*	*(Pres. Conditional)*
ich	werde sterben	werde sterben	würde sterben
du	wirst sterben	werdest sterben	würdest sterben
er	wird sterben	werde sterben	würde sterben
wir	werden sterben	werden sterben	würden sterben
ihr	werdet sterben	werdet sterben	würdet sterben
sie	werden sterben	werden sterben	würden sterben

Future Perfect Time

	Future Perfect	*(Fut. Perf. Subj.)*	*(Past Conditional)*
ich	werde gestorben sein	werde gestorben sein	würde gestorben sein
du	wirst gestorben sein	werdest gestorben sein	würdest gestorben sein
er	wird gestorben sein	werde gestorben sein	würde gestorben sein
wir	werden gestorben sein	werden gestorben sein	würden gestorben sein
ihr	werdet gestorben sein	werdet gestorben sein	würdet gestorben sein
sie	werden gestorben sein	werden gestorben sein	würden gestorben sein

385

stinken

to stink

PRINC. PARTS: stinken, stank, gestunken, stinkt
IMPERATIVE: stinke!, stinkt!, stinken Sie!

	INDICATIVE	SUBJUNCTIVE	
		PRIMARY	SECONDARY
	Present	*(Pres. Subj.)*	*Present Time* *(Imperf. Subj.)*
ich	stinke	stinke	stänke
du	stinkst	stinkest	stänkest
er	stinkt	stinke	stänke
wir	stinken	stinken	stänken
ihr	stinkt	stinket	stänket
sie	stinken	stinken	stänken
	Imperfect		
ich	stank		
du	stankst		
er	stank		
wir	stanken		
ihr	stankt		
sie	stanken		
	Perfect	*(Perf. Subj.)*	*Past Time* *(Pluperf. Subj.)*
ich	habe gestunken	habe gestunken	hätte gestunken
du	hast gestunken	habest gestunken	hättest gestunken
er	hat gestunken	habe gestunken	hätte gestunken
wir	haben gestunken	haben gestunken	hätten gestunken
ihr	habt gestunken	habet gestunken	hättet gestunken
sie	haben gestunken	haben gestunken	hätten gestunken
	Pluperfect		
ich	hatte gestunken		
du	hattest gestunken		
er	hatte gestunken		
wir	hatten gestunken		
ihr	hattet gestunken		
sie	hatten gestunken		
	Future	*(Fut. Subj.)*	*Future Time* *(Pres. Conditional)*
ich	werde stinken	werde stinken	würde stinken
du	wirst stinken	werdest stinken	würdest stinken
er	wird stinken	werde stinken	würde stinken
wir	werden stinken	werden stinken	würden stinken
ihr	werdet stinken	werdet stinken	würdet stinken
sie	werden stinken	werden stinken	würden stinken
	Future Perfect	*(Fut. Perf. Subj.)*	*Future Perfect Time* *(Past Conditional)*
ich	werde gestunken haben	werde gestunken haben	würde gestunken haben
du	wirst gestunken haben	werdest gestunken haben	würdest gestunken haben
er	wird gestunken haben	werde gestunken haben	würde gestunken haben
wir	werden gestunken haben	werden gestunken haben	würden gestunken haben
ihr	werdet gestunken haben	werdet gestunken haben	würdet gestunken haben
sie	werden gestunken haben	werden gestunken haben	würden gestunken haben

PRINC. PARTS: stöhnen, stöhnte, gestöhnt, stöhnt
IMPERATIVE: stöhne!, stöhnt!, stöhnen Sie!

to groan, moan

INDICATIVE	SUBJUNCTIVE	
	PRIMARY	SECONDARY
	Present Time	
Present	*(Pres. Subj.)*	*(Imperf. Subj.)*
ich stöhne	stöhne	stöhnte
du stöhnst	stöhnest	stöhntest
er stöhnt	stöhne	stöhnte
wir stöhnen	stöhnen	stöhnten
ihr stöhnt	stöhnet	stöhntet
sie stöhnen	stöhnen	stöhnten

Imperfect
ich stöhnte
du stöhntest
er stöhnte
wir stöhnten
ihr stöhntet
sie stöhnten

	Past Time	
Perfect	*(Perf. Subj.)*	*(Pluperf. Subj.)*
ich habe gestöhnt	habe gestöhnt	hätte gestöhnt
du hast gestöhnt	habest gestöhnt	hättest gestöhnt
er hat gestöhnt	habe gestöhnt	hätte gestöhnt
wir haben gestöhnt	haben gestöhnt	hätten gestöhnt
ihr habt gestöhnt	habet gestöhnt	hättet gestöhnt
sie haben gestöhnt	haben gestöhnt	hätten gestöhnt

Pluperfect
ich hatte gestöhnt
du hattest gestöhnt
er hatte gestöhnt
wir hatten gestöhnt
ihr hattet gestöhnt
sie hatten gestöhnt

	Future Time	
Future	*(Fut. Subj.)*	*(Pres. Conditional)*
ich werde stöhnen	werde stöhnen	würde stöhnen
du wirst stöhnen	werdest stöhnen	würdest stöhnen
er wird stöhnen	werde stöhnen	würde stöhnen
wir werden stöhnen	werden stöhnen	würden stöhnen
ihr werdet stöhnen	werdet stöhnen	würdet stöhnen
sie werden stöhnen	werden stöhnen	würden stöhnen

	Future Perfect Time	
Future Perfect	*(Fut. Perf. Subj.)*	*(Past Conditional)*
ich werde gestöhnt haben	werde gestöhnt haben	würde gestöhnt haben
du wirst gestöhnt haben	werdest gestöhnt haben	würdest gestöhnt haben
er wird gestöhnt haben	werde gestöhnt haben	würde gestöhnt haben
wir werden gestöhnt haben	werden gestöhnt haben	würden gestöhnt haben
ihr werdet gestöhnt haben	werdet gestöhnt haben	würdet gestöhnt haben
sie werden gestöhnt haben	werden gestöhnt haben	würden gestöhnt haben

387

stopfen

to stuff, cram, constipate, darn

PRINC. PARTS: stopfen, stopfte, gestopft, stopft
IMPERATIVE: stopfe!, stopft!, stopfen Sie!

	INDICATIVE	SUBJUNCTIVE	
		PRIMARY	SECONDARY
		Present Time	
	Present	*(Pres. Subj.)*	*(Imperf. Subj.)*
ich	stopfe	stopfe	stopfte
du	stopfst	stopfest	stopftest
er	stopft	stopfe	stopfte
wir	stopfen	stopfen	stopften
ihr	stopft	stopfet	stopftet
sie	stopfen	stopfen	stopften
	Imperfect		
ich	stopfte		
du	stopftest		
er	stopfte		
wir	stopften		
ihr	stopftet		
sie	stopften		
		Past Time	
	Perfect	*(Perf. Subj.)*	*(Pluperf. Subj.)*
ich	habe gestopft	habe gestopft	hätte gestopft
du	hast gestopft	habest gestopft	hättest gestopft
er	hat gestopft	habe gestopft	hätte gestopft
wir	haben gestopft	haben gestopft	hätten gestopft
ihr	habt gestopft	habet gestopft	hättet gestopft
sie	haben gestopft	haben gestopft	hätten gestopft
	Plu		
ich	hatte gestopft		
du	hattest gestopft		
er	hatte gestopft		
wir	hatten gestopft		
ihr	hattet gestopft		
sie	hatten gestopft		
		Future Time	
	Future	*(Fut. Subj.)*	*(Pres. Conditional)*
ich	werde stopfen	werde stopfen	würde stopfen
du	wirst stopfen	werdest stopfen	würdest stopfen
er	wird stopfen	werde stopfen	würde stopfen
wir	werden stopfen	werden stopfen	würden stopfen
ihr	werdet stopfen	werdet stopfen	würdet stopfen
sie	werden stopfen	werden stopfen	würden stopfen
		Future Perfect Time	
	Future Perfect	*(Fut. Perf. Subj.)*	*(Past Conditional)*
ich	werde gestopft haben	werde gestopft haben	würde gestopft haben
du	wirst gestopft haben	werdest gestopft haben	würdest gestopft haben
er	wird gestopft haben	werde gestopft haben	würde gestopft haben
wir	werden gestopft haben	werden gestopft haben	würden gestopft haben
ihr	werdet gestopft haben	werdet gestopft haben	würdet gestopft haben
sie	werden gestopft haben	werden gestopft haben	würden gestopft haben

PRINC. PARTS: stören, störte, gestört, stört
IMPERATIVE: störe!, stört!, stören Sie!

to disturb, trouble, upset

INDICATIVE	SUBJUNCTIVE	
	PRIMARY	SECONDARY

	Present	(*Pres. Subj.*)	(*Imperf. Subj.*)
		Present Time	
ich	störe	störe	störte
du	störst	störest	störtest
er	stört	störe	störte
wir	stören	stören	störten
ihr	stört	störet	störtet
sie	stören	stören	störten

	Imperfect
ich	störte
du	störtest
er	störte
wir	störten
ihr	störtet
sie	störten

	Perfect	(*Perf. Subj.*)	(*Pluperf. Subj.*)
		Past Time	
ich	habe gestört	habe gestört	hätte gestört
du	hast gestört	habest gestört	hättest gestört
er	hat gestört	habe gestört	hätte gestört
wir	haben gestört	haben gestört	hätten gestört
ihr	habt gestört	habet gestört	hättet gestört
sie	haben gestört	haben gestört	hätten gestört

	Pluperfect
ich	hatte gestört
du	hattest gestört
er	hatte gestört
wir	hatten gestört
ihr	hattet gestört
sie	hatten gestört

	Future	(*Fut. Subj.*)	(*Pres. Conditional*)
		Future Time	
ich	werde stören	werde stören	würde stören
du	wirst stören	werdest stören	würdest stören
er	wird stören	werde stören	würde stören
wir	werden stören	werden stören	würden stören
ihr	werdet stören	werdet stören	würdet stören
sie	werden stören	werden stören	würden stören

	Future Perfect	(*Fut. Perf. Subj.*)	(*Past Conditional*)
		Future Perfect Time	
ich	werde gestört haben	werde gestört haben	würde gestört haben
du	wirst gestört haben	werdest gestört haben	würdest gestört haben
er	wird gestört haben	werde gestört haben	würde gestört haben
wir	werden gestört haben	werden gestört haben	würden gestört haben
ihr	werdet gestört haben	werdet gestört haben	würdet gestört haben
sie	werden gestört haben	werden gestört haben	würden gestört haben

389

stoßen

to push, shove, thrust

PRINC. PARTS: stoßen, stieß, gestoßen, stößt
IMPERATIVE: stoße!, stoßt!, stoßen Sie!

	INDICATIVE	SUBJUNCTIVE	
		PRIMARY	SECONDARY
		Present Time	
	Present	*(Pres. Subj.)*	*(Imperf. Subj.)*
ich	stoße	stoße	stieße
du	stößt	stoßest	stießest
er	stößt	stoße	stieße
wir	stoßen	stoßen	stießen
ihr	stoßt	stoßet	stießet
sie	stoßen	stoßen	stießen

	Imperfect
ich	stieß
du	stießest
er	stieß
wir	stießen
ihr	stießt
sie	stießen

			Past Time	
	Perfect	*(Perf. Subj.)*	*(Pluperf. Subj.)*
ich	habe gestoßen	habe gestoßen	hätte gestoßen
du	hast gestoßen	habest gestoßen	hättest gestoßen
er	hat gestoßen	habe gestoßen	hätte gestoßen
wir	haben gestoßen	haben gestoßen	hätten gestoßen
ihr	habt gestoßen	habet gestoßen	hättet gestoßen
sie	haben gestoßen	haben gestoßen	hätten gestoßen

	Pluperfect
ich	hatte gestoßen
du	hattest gestoßen
er	hatte gestoßen
wir	hatten gestoßen
ihr	hattet gestoßen
sie	hatten gestoßen

		Future Time	
	Future	*(Fut. Subj.)*	*(Pres. Conditional)*
ich	werde stoßen	werde stoßen	würde stoßen
du	wirst stoßen	werdest stoßen	würdest stoßen
er	wird stoßen	werde stoßen	würde stoßen
wir	werden stoßen	werden stoßen	würden stoßen
ihr	werdet stoßen	werdet stoßen	würdet stoßen
sie	werden stoßen	werden stoßen	würden stoßen

		Future Perfect Time	
	Future Perfect	*(Fut. Perf. Subj.)*	*(Past Conditional)*
ich	werde gestoßen haben	werde gestoßen haben	würde gestoßen haben
du	wirst gestoßen haben	werdest gestoßen haben	würdest gestoßen haben
er	wird gestoßen haben	werde gestoßen haben	würde gestoßen haben
wir	werden gestoßen haben	werden gestoßen haben	würden gestoßen haben
ihr	werdet gestoßen haben	werdet gestoßen haben	würdet gestoßen haben
sie	werden gestoßen haben	werden gestoßen haben	würden gestoßen haben

390

PRINC. PARTS: strahlen, strahlte, gestrahlt, strahlt
IMPERATIVE: strahle!, strahlt!, strahlen Sie!

to radiate, beam

	INDICATIVE		SUBJUNCTIVE	
			PRIMARY	SECONDARY
			Present Time	
	Present		*(Pres. Subj.)*	*(Imperf. Subj.)*
ich	strahle		strahle	strahlte
du	strahlst		strahlest	strahltest
er	strahlt		strahle	strahlte
wir	strahlen		strahlen	strahlten
ihr	strahlt		strahlet	strahltet
sie	strahlen		strahlen	strahlten

	Imperfect
ich	strahlte
du	strahltest
er	strahlte
wir	strahlten
ihr	strahltet
sie	strahlten

			Past Time	
	Perfect		*(Perf. Subj.)*	*(Pluperf. Subj.)*
ich	habe gestrahlt		habe gestrahlt	hätte gestrahlt
du	hast gestrahlt		habest gestrahlt	hättest gestrahlt
er	hat gestrahlt		habe gestrahlt	hätte gestrahlt
wir	haben gestrahlt		haben gestrahlt	hätten gestrahlt
ihr	habt gestrahlt		habet gestrahlt	hättet gestrahlt
sie	haben gestrahlt		haben gestrahlt	hätten gestrahlt

	Pluperfect
ich	hatte gestrahlt
du	hattest gestrahlt
er	hatte gestrahlt
wir	hatten gestrahlt
ihr	hattet gestrahlt
sie	hatten gestrahlt

			Future Time	
	Future		*(Fut. Subj.)*	*(Pres. Conditional)*
ich	werde strahlen		werde strahlen	würde strahlen
du	wirst strahlen		werdest strahlen	würdest strahlen
er	wird strahlen		werde strahlen	würde strahlen
wir	werden strahlen		werden strahlen	würden strahlen
ihr	werdet strahlen		werdet strahlen	würdet strahlen
sie	werden strahlen		werden strahlen	würden strahlen

			Future Perfect Time	
	Future Perfect		*(Fut. Perf. Subj.)*	*(Past Conditional)*
ich	werde gestrahlt haben		werde gestrahlt haben	würde gestrahlt haben
du	wirst gestrahlt haben		werdest gestrahlt haben	würdest gestrahlt haben
er	wird gestrahlt haben		werde gestrahlt haben	würde gestrahlt haben
wir	werden gestrahlt haben		werden gestrahlt haben	würden gestrahlt haben
ihr	werdet gestrahlt haben		werdet gestrahlt haben	würdet gestrahlt haben
sie	werden gestrahlt haben		werden gestrahlt haben	würden gestrahlt haben

streben

to strive

PRINC. PARTS: streben, strebte, gestrebt, strebt
IMPERATIVE: strebe!, strebt!, streben Sie!

	INDICATIVE		SUBJUNCTIVE	
			PRIMARY	SECONDARY
			Present Time	
	Present		*(Pres. Subj.)*	*(Imperf. Subj.)*
ich	strebe		strebe	strebte
du	strebst		strebest	strebtest
er	strebt		strebe	strebte
wir	streben		streben	strebten
ihr	strebt		strebet	strebtet
sie	streben		streben	strebten
	Imperfect			
ich	strebte			
du	strebtest			
er	strebte			
wir	strebten			
ihr	strebtet			
sie	strebten			
			Past Time	
	Perfect		*(Perf. Subj.)*	*(Pluperf. Subj.)*
ich	habe gestrebt		habe gestrebt	hätte gestrebt
du	hast gestrebt		habest gestrebt	hättest gestrebt
er	hat gestrebt		habe gestrebt	hätte gestrebt
wir	haben gestrebt		haben gestrebt	hätten gestrebt
ihr	habt gestrebt		habet gestrebt	hättet gestrebt
sie	haben gestrebt		haben gestrebt	hätten gestrebt
	Pluperfect			
ich	hatte gestrebt			
du	hattest gestrebt			
er	hatte gestrebt			
wir	hatten gestrebt			
ihr	hattet gestrebt			
sie	hatten gestrebt			
			Future Time	
	Future		*(Fut. Subj.)*	*(Pres. Conditional)*
ich	werde streben		werde streben	würde streben
du	wirst streben		werdest streben	würdest streben
er	wird streben		werde streben	würde streben
wir	werden streben		werden streben	würden streben
ihr	werdet streben		werdet streben	würdet streben
sie	werden streben		werden streben	würden streben
			Future Perfect Time	
	Future Perfect		*(Fut. Perf. Subj.)*	*(Past Conditional)*
ich	werde gestrebt haben		werde gestrebt haben	würde gestrebt haben
du	wirst gestrebt haben		werdest gestrebt haben	würdest gestrebt haben
er	wird gestrebt haben		werde gestrebt haben	würde gestrebt haben
wir	werden gestrebt haben		werden gestrebt haben	würden gestrebt haben
ihr	werdet gestrebt haben		werdet gestrebt haben	würdet gestrebt haben
sie	werden gestrebt haben		werden gestrebt haben	würden gestrebt haben

PRINC. PARTS: strecken, streckte, gestreckt, streckt
IMPERATIVE: strecke!, streckt!, strecken Sie!

to stretch, extend

INDICATIVE	SUBJUNCTIVE	
	PRIMARY	SECONDARY

Present Time

	Present	*(Pres. Subj.)*	*(Imperf. Subj.)*
ich	strecke	strecke	streckte
du	streckst	streckest	strecktest
er	streckt	strecke	streckte
wir	strecken	strecken	streckten
ihr	streckt	strecket	strecktet
sie	strecken	strecken	streckten

	Imperfect
ich	streckte
du	strecktest
er	streckte
wir	streckten
ihr	strecktet
sie	streckten

Past Time

	Perfect	*(Perf. Subj.)*	*(Pluperf. Subj.)*
ich	habe gestreckt	habe gestreckt	hätte gestreckt
du	hast gestreckt	habest gestreckt	hättest gestreckt
er	hat gestreckt	habe gestreckt	hätte gestreckt
wir	haben gestreckt	haben gestreckt	hätten gestreckt
ihr	habt gestreckt	habet gestreckt	hättet gestreckt
sie	haben gestreckt	haben gestreckt	hätten gestreckt

	Pluperfect
ich	hatte gestreckt
du	hattest gestreckt
er	hatte gestreckt
wir	hatten gestreckt
ihr	hattet gestreckt
sie	hatten gestreckt

Future Time

	Future	*(Fut. Subj.)*	*(Pres. Conditional)*
ich	werde strecken	werde strecken	würde strecken
du	wirst strecken	werdest strecken	würdest strecken
er	wird strecken	werde strecken	würde strecken
wir	werden strecken	werden strecken	würden strecken
ihr	werdet strecken	werdet strecken	würdet strecken
sie	werden strecken	werden strecken	würden strecken

Future Perfect Time

	Future Perfect	*(Fut. Perf. Subj.)*	*(Past Conditional)*
ich	werde gestreckt haben	werde gestreckt haben	würde gestreckt haben
du	wirst gestreckt haben	werdest gestreckt haben	würdest gestreckt haben
er	wird gestreckt haben	werde gestreckt haben	würde gestreckt haben
wir	werden gestreckt haben	werden gestreckt haben	würden gestreckt haben
ihr	werdet gestreckt haben	werdet gestreckt haben	würdet gestreckt haben
sie	werden gestreckt haben	werden gestreckt haben	würden gestreckt haben

streichen

to strike, cancel, paint

PRINC. PARTS: streichen, strich, gestrichen, streicht
IMPERATIVE: streiche!, streicht!, streichen Sie!

	INDICATIVE	PRIMARY	SECONDARY
		SUBJUNCTIVE	
		Present Time	
	Present	*(Pres. Subj.)*	*(Imperf. Subj.)*
ich	streiche	streiche	striche
du	streichst	streichest	strichest
er	streicht	streiche	striche
wir	streichen	streichen	strichen
ihr	streicht	streichet	strichet
sie	streichen	streichen	strichen
	Imperfect		
ich	strich		
du	strichst		
er	strich		
wir	strichen		
ihr	stricht		
sie	strichen		
		Past Time	
	Perfect	*(Perf. Subj.)*	*(Pluperf. Subj.)*
ich	habe gestrichen	habe gestrichen	hätte gestrichen
du	hast gestrichen	habest gestrichen	hättest gestrichen
er	hat gestrichen	habe gestrichen	hätte gestrichen
wir	haben gestrichen	haben gestrichen	hätten gestrichen
ihr	habt gestrichen	habet gestrichen	hättet gestrichen
sie	haben gestrichen	haben gestrichen	hätten gestrichen
	Pluperfect		
ich	hatte gestrichen		
du	hattest gestrichen		
er	hatte gestrichen		
wir	hatten gestrichen		
ihr	hattet gestrichen		
sie	hatten gestrichen		
		Future Time	
	Future	*(Fut. Subj.)*	*(Pres. Conditional)*
ich	werde streichen	werde streichen	würde streichen
du	wirst streichen	werdest streichen	würdest streichen
er	wird streichen	werde streichen	würde streichen
wir	werden streichen	werden streichen	würden streichen
ihr	werdet streichen	werdet streichen	würdet streichen
sie	werden streichen	werden streichen	würden streichen
		Future Perfect Time	
	Future Perfect	*(Fut. Perf. Subj.)*	*(Past Conditional)*
ich	werde gestrichen haben	werde gestrichen haben	würde gestrichen haben
du	wirst gestrichen haben	werdest gestrichen haben	würdest gestrichen haben
er	wird gestrichen haben	werde gestrichen haben	würde gestrichen haben
wir	werden gestrichen haben	werden gestrichen haben	würden gestrichen haben
ihr	werdet gestrichen haben	werdet gestrichen haben	würdet gestrichen haben
sie	werden gestrichen haben	werden gestrichen haben	würden gestrichen haben

PRINC. PARTS: streiten, stritt, gestritten, streitet
IMPERATIVE: streite!, streitet!, streiten Sie!

	INDICATIVE	SUBJUNCTIVE	
		PRIMARY	SECONDARY
		Present Time	
	Present	*(Pres. Subj.)*	*(Imperf. Subj.)*
ich	streite	streite	stritte
du	streitest	streitest	strittest
er	streitet	streite	stritte
wir	streiten	streiten	stritten
ihr	streitet	streitet	strittet
sie	streiten	streiten	stritten

	Imperfect
ich	stritt
du	strittest
er	stritt
wir	stritten
ihr	strittet
sie	stritten

		Past Time	
	Perfect	*(Perf. Subj.)*	*(Pluperf. Subj.)*
ich	habe gestritten	habe gestritten	hätte gestritten
du	hast gestritten	habest gestritten	hättest gestritten
er	hat gestritten	habe gestritten	hätte gestritten
wir	haben gestritten	haben gestritten	hätten gestritten
ihr	habt gestritten	habet gestritten	hättet gestritten
sie	haben gestritten	haben gestritten	hätten gestritten

	Pluperfect
ich	hatte gestritten
du	hattest gestritten
er	hatte gestritten
wir	hatten gestritten
ihr	hattet gestritten
sie	hatten gestritten

		Future Time	
	Future	*(Fut. Subj.)*	*(Pres. Conditional)*
ich	werde streiten	werde streiten	würde streiten
du	wirst streiten	werdest streiten	würdest streiten
er	wird streiten	werde streiten	würde streiten
wir	werden streiten	werden streiten	würden streiten
ihr	werdet streiten	werdet streiten	würdet streiten
sie	werden streiten	werden streiten	würden streiten

		Future Perfect Time	
	Future Perfect	*(Fut. Perf. Subj.)*	*(Past Conditional)*
ich	werde gestritten haben	werde gestritten haben	würde gestritten haben
du	wirst gestritten haben	werdest gestritten haben	würdest gestritten haben
er	wird gestritten haben	werde gestritten haben	würde gestritten haben
wir	werden gestritten haben	werden gestritten haben	würden gestritten haben
ihr	werdet gestritten haben	werdet gestritten haben	würdet gestritten haben
sie	werden gestritten haben	werden gestritten haben	würden gestritten haben

stricken

to knit

PRINC. PARTS: stricken, strickte, gestrickt, strickt
IMPERATIVE: strickte!, strickt!, stricken Sie!

	INDICATIVE	SUBJUNCTIVE	
		PRIMARY	SECONDARY
			Present Time
	Present	(*Pres. Subj.*)	(*Imperf. Subj.*)
ich	stricke	stricke	strickte
du	strickst	strickest	stricktest
er	strickt	stricke	strickte
wir	stricken	stricken	strickten
ihr	strickt	stricket	stricktet
sie	stricken	stricken	strickten

	Imperfect
ich	strickte
du	stricktest
er	strickte
wir	strickten
ihr	stricktet
sie	strickten

			Past Time
	Perfect	(*Perf. Subj.*)	(*Pluperf. Subj.*)
ich	habe gestrickt	habe gestrickt	hätte gestrickt
du	hast gestrickt	habest gestrickt	hättest gestrickt
er	hat gestrickt	habe gestrickt	hätte gestrickt
wir	haben gestrickt	haben gestrickt	hätten gestrickt
ihr	habt gestrickt	habet gestrickt	hättet gestrickt
sie	haben gestrickt	haben gestrickt	hätten gestrickt

	Pluperfect
ich	hatte gestrickt
du	hattest gestrickt
er	hatte gestrickt
wir	hatten gestrickt
ihr	hattet gestrickt
sie	hatten gestrickt

			Future Time
	Future	(*Fut. Subj.*)	(*Pres. Conditional*)
ich	werde stricken	werde stricken	würde stricken
du	wirst stricken	werdest stricken	würdest stricken
er	wird stricken	werde stricken	würde stricken
wir	werden stricken	werden stricken	würden stricken
ihr	werdet stricken	werdet stricken	würdet stricken
sie	werden stricken	werden stricken	würden stricken

			Future Perfect Time
	Future Perfect	(*Fut. Perf. Subj.*)	(*Past Conditional*)
ich	werde gestrickt haben	werde gestrickt haben	würde gestrickthaben
du	wirst gestrickt haben	werdest gestrickt haben	würdest gestrickt haben
er	wird gestrickt haben	werde gestrickt haben	würde gestrickt haben
wir	werden gestrickt haben	werden gestrickt haben	würden gestrickt haben
ihr	werdet gestrickt haben	werdet gestrickt haben	würdet gestrickt haben
sie	werden gestrickt haben	werden gestrickt haben	würden gestrickt haben

strotzen

to team with, abound
in, be swelled up

PRINC. PARTS: strotzen, strotzte, gestrotzt, strotzt
IMPERATIVE: strotze!, strotzt!, strotzen Sie!

INDICATIVE	SUBJUNCTIVE	
	PRIMARY	SECONDARY
	Present Time	
Present	*(Pres. Subj.)*	*(Imperf. Subj.)*
ich strotze	strotze	strotzte
du strotzt	strotzest	strotztest
er strotzt	strotze	strotzte
wir strotzen	strotzen	strotzten
ihr strotzt	strotzet	strotztet
sie strotzen	strotzen	strotzten

Imperfect
ich strotzte
du strotztest
er strotzte
wir strotzten
ihr strotztet
sie strotzten

Past Time

Perfect	*(Perf. Subj.)*	*(Pluperf. Subj.)*
ich habe gestrotzt	habe gestrotzt	hätte gestrotzt
du hast gestrotzt	habest gestrotzt	hättest gestrotzt
er hat gestrotzt	habe gestrotzt	hätte gestrotzt
wir haben gestrotzt	haben gestrotzt	hätten gestrotzt
ihr habt gestrotzt	habet gestrotzt	hättet gestrotzt
sie haben gestrotzt	haben gestrotzt	hätten gestrotzt

Pluperfect
ich hatte gestrotzt
du hattest gestrotzt
er hatte gestrotzt
wir hatten gestrotzt
ihr hattet gestrotzt
sie hatten gestrotzt

Future Time

Future	*(Fut. Subj.)*	*(Pres. Conditional)*
ich werde strotzen	werde strotzen	würde strotzen
du wirst strotzen	werdest strotzen	würdest strotzen
er wird strotzen	werde strotzen	würde strotzen
wir werden strotzen	werden strotzen	würden strotzen
ihr werdet strotzen	werdet strotzen	würdet strotzen
sie werden strotzen	werden strotzen	würden strotzen

Future Perfect Time

Future Perfect	*(Fut. Perf. Subj.)*	*(Past Conditional)*
ich werde gestrotzt haben	werde gestrotzt haben	würde gestrotzt haben
du wirst gestrotzt haben	werdest gestrotzt haben	würdest gestrotzt haben
er wird gestrotzt haben	werde gestrotzt haben	würde gestrotzt haben
wir werden gestrotzt haben	werden gestrotzt haben	würden gestrotzt haben
ihr werdet gestrotzt haben	werdet gestrotzt haben	würdet gestrotzt haben
sie werden gestrotzt haben	werden gestrotzt haben	würden gestrotzt haben

studieren

to study, be at college

PRINC. PARTS: studieren, studierte, studiert,
studiert
IMPERATIVE: studiere!, studiert!, studieren Sie!

	INDICATIVE	SUBJUNCTIVE	
		PRIMARY	SECONDARY
		Present Time	
	Present	*(Pres. Subj.)*	*(Imperf. Subj.)*
ich	studiere	studiere	studierte
du	studierst	studierest	studiertest
er	studiert	studiere	studierte
wir	studieren	studieren	studierten
ihr	studiert	studieret	studiertet
sie	studieren	studieren	studierten

	Imperfect
ich	studierte
du	studiertest
er	studierte
wir	studierten
ihr	studiertet
sie	studierten

	Perfect	*(Perf. Subj.)*	*(Pluperf. Subj.)*
		Past Time	
ich	habe studiert	habe studiert	hätte studiert
du	hast studiert	habest studiert	hättest studiert
er	hat studiert	habe studiert	hätte studiert
wir	haben studiert	haben studiert	hätten studiert
ihr	habt studiert	habet studiert	hättet studiert
sie	haben studiert	haben studiert	hätten studiert

	Pluperfect
ich	hatte studiert
du	hattest studiert
er	hatte studiert
wir	hatten studiert
ihr	hattet studiert
sie	hatten studiert

	Future	*(Fut. Subj.)*	*(Pres. Conditional)*
		Future Time	
ich	werde studieren	werde studieren	würde studieren
du	wirst studieren	werdest studieren	würdest studieren
er	wird studieren	werde studieren	würde studieren
wir	werden studieren	werden studieren	würden studieren
ihr	werdet studieren	werdet studieren	würdet studieren
sie	werden studieren	werden studieren	würden studieren

	Future Perfect	*(Fut. Perf. Subj.)*	*(Past Conditional)*
		Future Perfect Time	
ich	werde studiert haben	werde studiert haben	würde studiert haben
du	wirst studiert haben	werdest studiert haben	würdest studiert haben
er	wird studiert haben	werde studiert haben	würde studiert haben
wir	werden studiert haben	werden studiert haben	würden studiert haben
ihr	werdet studiert haben	werdet studiert haben	würdet studiert haben
sie	werden studiert haben	werden studiert haben	würden studiert haben

PRINC. PARTS: stürzen, stürzte, ist gestürzt,
stürzt
IMPERATIVE: stürze!, stürzt!, stürzen Sie!

to plunge, fall, hurl,
overthrow

INDICATIVE	SUBJUNCTIVE	
	PRIMARY	SECONDARY
	Present Time	
Present	*(Pres. Subj.)*	*(Imperf. Subj.)*
ich stürze	stürze	stürzte
du stürzt	stürzest	stürztest
er stürzt	stürze	stürzte
wir stürzen	stürzen	stürzten
ihr stürzt	stürzet	stürztet
sie stürzen	stürzen	stürzten

Imperfect	
ich stürzte	
du stürztest	
er stürzte	
wir stürzten	
ihr stürztet	
sie stürzten	

		Past Time	
Perfect	*(Perf. Subj.)*		*(Pluperf. Subj.)*
ich bin gestürzt	sei gestürzt		wäre gestürzt
du bist gestürzt	seiest gestürzt		wärest gestürzt
er ist gestürzt	sei gestürzt		wäre gestürzt
wir sind gestürzt	seien gestürzt		wären gestürzt
ihr seid gestürzt	seiet gestürzt		wäret gestürzt
sie sind gestürzt	seien gestürzt		wären gestürzt

Pluperfect
ich war gestürzt
du warst gestürzt
er war gestürzt
wir waren gestürzt
ihr wart gestürzt
sie waren gestürzt

	Future Time	
Future	*(Fut. Subj.)*	*(Pres. Conditional)*
ich werde stürzen	werde stürzen	würde stürzen
du wirst stürzen	werdest stürzen	würdest stürzen
er wird stürzen	werde stürzen	würde stürzen
wir werden stürzen	werden stürzen	würden stürzen
ihr werdet stürzen	werdet stürzen	würdet stürzen
sie werden stürzen	werden stürzen	würden stürzen

	Future Perfect Time	
Future Perfect	*(Fut. Perf. Subj.)*	*(Past Conditional)*
ich werde gestürzt sein	werde gestürzt sein	würde gestürzt sein
du wirst gestürzt sein	werdest gestürzt sein	würdest gestürzt sein
er wird gestürzt sein	werde gestürzt sein	würde gestürzt sein
wir werden gestürzt sein	werden gestürzt sein	würden gestürzt sein
ihr werdet gestürzt sein	werdet gestürzt sein	würdet gestürzt sein
sie werden gestürzt sein	werden gestürzt sein	würden gestürzt sein

399

stutzen

to stop short, be startled; curtail

PRINC. PARTS: stutzen, stutzte, gestutzt, stutzt
IMPERATIVE: stutze!, stutzt!, stutzen Sie!

	INDICATIVE	SUBJUNCTIVE	
		PRIMARY	SECONDARY
		Present Time	
	Present	*(Pres. Subj.)*	*(Imperf. Subj.)*
ich	stutze	stutze	stutzte
du	stutzt	stutzest	stutztest
er	stutzt	stutze	stutzte
wir	stutzen	stutzen	stutzten
ihr	stutzt	stutzet	stutztet
sie	stutzen	stutzen	stutzten

	Imperfect
ich	stutzte
du	stutztest
er	stutzte
wir	stutzten
ihr	stutztet
sie	stutzten

			Past Time	
	Perfect	*(Perf. Subj.)*	*(Pluperf. Subj.)*
ich	habe gestutzt	habe gestutzt	hätte gestutzt
du	hast gestutzt	habest gestutzt	hättest gestutzt
er	hat gestutzt	habe gestutzt	hätte gestutzt
wir	haben gestutzt	haben gestutzt	hätten gestutzt
ihr	habt gestutzt	habet gestutzt	hättet gestutzt
sie	haben gestutzt	haben gestutzt	hätten gestutzt

	Pluperfect
ich	hatte gestutzt
du	hattest gestutzt
er	hatte gestutzt
wir	hatten gestutzt
ihr	hattet gestutzt
sie	hatten gestutzt

		Future Time	
	Future	*(Fut. Subj.)*	*(Pres. Conditional)*
ich	werde stutzen	werde stutzen	würde stutzen
du	wirst stutzen	werdest stutzen	würdest stutzen
er	wird stutzen	werde stutzen	würde stutzen
wir	werden stutzen	werden stutzen	würden stutzen
ihr	werdet stutzen	werdet stutzen	würdet stutzen
sie	werden stutzen	werden stutzen	würden stutzen

		Future Perfect Time	
	Future Perfect	*(Fut. Perf. Subj.)*	*(Past Conditional)*
ich	werde gestutzt haben	werde gestutzt haben	würde gestutzt haben
du	wirst gestutzt haben	werdest gestutzt haben	würdest gestutzt haben
er	wird gestutzt haben	werde gestutzt haben	würde gestutzt haben
wir	werden gestutzt haben	werden gestutzt haben	würden gestutzt haben
ihr	werdet gestutzt haben	werdet gestutzt haben	würdet gestutzt haben
sie	werden gestutzt haben	werden gestutzt haben	würden gestutzt haben

PRINC. PARTS: stützen, stützte, gestützt, stützt
IMPERATIVE: stütze!, stützt!, stützen Sie!

to prop, support, peg

	INDICATIVE	SUBJUNCTIVE	
		PRIMARY	SECONDARY
		Present Time	
	Present	*(Pres. Subj.)*	*(Imperf. Subj.)*
ich	stütze	stütze	stützte
du	stützt	stützest	stütztest
er	stützt	stütze	stützte
wir	stützen	stützen	stützten
ihr	stützt	stützet	stütztet
sie	stützen	stützen	stützten
	Imperfect		
ich	stützte		
du	stütztest		
er	stützte		
wir	stützten		
ihr	stütztet		
sie	stützten		
		Past Time	
	Perfect	*(Perf. Subj.)*	*(Pluperf. Subj.)*
ich	habe gestützt	habe gestützt	hätte gestützt
du	hast gestützt	habest gestützt	hättest gestützt
er	hat gestützt	habe gestützt	hätte gestützt
wir	haben gestützt	haben gestützt	hätten gestützt
ihr	habt gestützt	habet gestützt	hättet gestützt
sie	haben gestützt	haben gestützt	hätten gestützt
	Pluperfect		
ich	hatte gestützt		
du	hattest gestützt		
er	hatte gestützt		
wir	hatten gestützt		
ihr	hattet gestützt		
sie	hatten gestützt		
		Future Time	
	Future	*(Fut. Subj.)*	*(Pres. Conditional)*
ich	werde stützen	werde stützen	würde stützen
du	wirst stützen	werdest stützen	würdest stützen
er	wird stützen	werde stützen	würde stützen
wir	werden stützen	werden stützen	würden stützen
ihr	werdet stützen	werdet stützen	würdet stützen
sie	werden stützen	werden stützen	würden stützen
		Future Perfect Time	
	Future Perfect	*(Fut. Perf. Subj.)*	*(Past Conditional)*
ich	werde gestützt haben	werde gestützt haben	würde gestützt haben
du	wirst gestützt haben	werdest gestützt haben	würdest gestützt haben
er	wird gestützt haben	werde gestützt haben	würde gestützt haben
wir	werden gestützt haben	werden gestützt haben	würden gestützt haben
ihr	werdet gestützt haben	werdet gestützt haben	würdet gestützt haben
sie	werden gestützt haben	werden gestützt haben	würden gestützt haben

401

suchen

to seek, look for

PRINC. PARTS: suchen, suchte, gesucht, sucht
IMPERATIVE: suche!, sucht!, suchen Sie!

	INDICATIVE	SUBJUNCTIVE	
		PRIMARY	SECONDARY
		Present Time	
	Present	*(Pres. Subj.)*	*(Imperf. Subj.)*
ich	suche	suche	suchte
du	suchst	suchest	suchtest
er	sucht	suche	suchte
wir	suchen	suchen	suchten
ihr	sucht	suchet	suchtet
sie	suchen	suchen	suchten

	Imperfect
ich	suchte
du	suchtest
er	suchte
wir	suchten
ihr	suchtet
sie	suchten

			Past Time	
	Perfect	*(Perf. Subj.)*	*(Pluperf. Subj.)*
ich	habe gesucht	habe gesucht	hätte gesucht
du	hast gesucht	habest gesucht	hättest gesucht
er	hat gesucht	habe gesucht	hätte gesucht
wir	haben gesucht	haben gesucht	hätten gesucht
ihr	habt gesucht	habet gesucht	hättet gesucht
sie	haben gesucht	haben gesucht	hätten gesucht

	Pluperfect
ich	hatte gesucht
du	hattest gesucht
er	hatte gesucht
wir	hatten gesucht
ihr	hattet gesucht
sie	hatten gesucht

			Future Time	
	Future	*(Fut. Subj.)*	*(Pres. Conditional)*
ich	werde suchen	werde suchen	würde suchen
du	wirst suchen	werdest suchen	würdest suchen
er	wird suchen	werde suchen	würde suchen
wir	werden suchen	werden suchen	würden suchen
ihr	werdet suchen	werdet suchen	würdet suchen
sie	werden suchen	werden suchen	würden suchen

			Future Perfect Time	
	Future Perfect	*(Fut. Perf. Subj.)*	*(Past Conditional)*
ich	werde gesucht haben	werde gesucht haben	würde gesucht haben
du	wirst gesucht haben	werdest gesucht haben	würdest gesucht haben
er	wird gesucht haben	werde gesucht haben	würde gesucht haben
wir	werden gesucht haben	werden gesucht haben	würden gesucht haben
ihr	werdet gesucht haben	werdet gesucht haben	würdet gesucht haben
sie	werden gesucht haben	werden gesucht haben	würden gesucht haben

PRINC. PARTS: tanken, tankte, getankt, tankt
IMPERATIVE: tanke!, tankt!, tanken Sie!

INDICATIVE	SUBJUNCTIVE	
	PRIMARY	SECONDARY

Present Time

	Present	*(Pres. Subj.)*	*(Imperf. Subj.)*
ich	tanke	tanke	tankte
du	tankst	tankest	tanktest
er	tankt	tanke	tankte
wir	tanken	tanken	tankten
ihr	tankt	tanket	tanktet
sie	tanken	tanken	tankten

	Imperfect
ich	tankte
du	tanktest
er	tankte
wir	tankten
ihr	tanktet
sie	tankten

Past Time

	Perfect	*(Perf. Subj.)*	*(Pluperf. Subj.)*
ich	habe getankt	habe getankt	hätte getankt
du	hast getankt	habest getankt	hättest getankt
er	hat getankt	habe getankt	hätte getankt
wir	haben getankt	haben getankt	hätten getankt
ihr	habt getankt	habet getankt	hättet getankt
sie	haben getankt	haben getankt	hätten getankt

	Pluperfect
ich	hatte getankt
du	hattest getankt
er	hatte getankt
wir	hatten getankt
ihr	hattet getankt
sie	hatten getankt

Future Time

	Future	*(Fut. Subj.)*	*(Pres. Conditional)*
ich	werde tanken	werde tanken	würde tanken
du	wirst tanken	werdest tanken	würdest tanken
er	wird tanken	werde tanken	würde tanken
wir	werden tanken	werden tanken	würden tanken
ihr	werdet tanken	werdet tanken	würdet tanken
sie	werden tanken	werden tanken	würden tanken

Future Perfect Time

	Future Perfect	*(Fut. Perf. Subj.)*	*(Past Conditional)*
ich	werde getankt haben	werde getankt haben	würde getankt haben
du	wirst getankt haben	werdest getankt haben	würdest getankt haben
er	wird getankt haben	werde getankt haben	würde getankt haben
wir	werden getankt haben	werden getankt haben	würden getankt haben
ihr	werdet getankt haben	werdet getankt haben	würdet getankt haben
sie	werden getankt haben	werden getankt haben	würden getankt haben

tanzen

to dance

PRINC. PARTS: tanzen, tanzte, getanzt, tanzt
IMPERATIVE: tanze!, tanzt!, tanzen Sie!

	INDICATIVE	SUBJUNCTIVE	
		PRIMARY	SECONDARY
		Present Time	
	Present	*(Pres. Subj.)*	*(Imperf. Subj.)*
ich	tanze	tanze	tanzte
du	tanzt	tanzest	tanztest
er	tanzt	tanze	tanzte
wir	tanzen	tanzen	tanzten
ihr	tanzt	tanzet	tanztet
sie	tanzen	tanzen	tanzten

	Imperfect
ich	tanzte
du	tanztest
er	tanzte
wir	tanzten
ihr	tanztet
sie	tanzten

			Past Time	
	Perfect	*(Perf. Subj.)*	*(Pluperf. Subj.)*
ich	habe getanzt	habe getanzt	hätte getanzt
du	hast getanzt	habest getanzt	hättest getanzt
er	hat getanzt	habe getanzt	hätte getanzt
wir	haben getanzt	haben getanzt	hätten getanzt
ihr	habt getanzt	habet getanzt	hättet getanzt
sie	haben getanzt	haben getanzt	hätten getanzt

	Pluperfect
ich	hatte getanzt
du	hattest getanzt
er	hatte getanzt
wir	hatten getanzt
ihr	hattet getanzt
sie	hatten getanzt

			Future Time	
	Future	*(Fut. Subj.)*	*(Pres. Conditional)*
ich	werde tanzen	werde tanzen	würde tanzen
du	wirst tanzen	werdest tanzen	würdest tanzen
er	wird tanzen	werde tanzen	würde tanzen
wir	werden tanzen	werden tanzen	würden tanzen
ihr	werdet tanzen	werdet tanzen	würdet tanzen
sie	werden tanzen	werden tanzen	würden tanzen

			Future Perfect Time	
	Future Perfect	*(Fut. Perf. Subj.)*	*(Past Conditional)*
ich	werde getanzt haben	werde getanzt haben	würde getanzt haben
du	wirst getanzt haben	werdest getanzt haben	würdest getanzt haben
er	wird getanzt haben	werde getanzt haben	würde getanzt haben
wir	werden getanzt haben	werden getanzt haben	würden getanzt haben
ihr	werdet getanzt haben	werdet getanzt haben	würdet getanzt haben
sie	werden getanzt haben	werden getanzt haben	würden getanzt haben

taugen

PRINC. PARTS: taugen, taugte, getaugt, taugt
IMPERATIVE: tauge!, taugt!, taugen Sie!

to be of use or value, be worth; be good or fit for

INDICATIVE	SUBJUNCTIVE	
	PRIMARY	SECONDARY
	Present Time	
Present	*(Pres. Subj.)*	*(Imperf. Subj.)*
ich tauge	tauge	taugte
du taugst	taugest	taugtest
er taugt	tauge	taugte
wir taugen	taugen	taugten
ihr taugt	tauget	taugtet
sie taugen	taugen	taugten

Imperfect
ich taugte
du taugtest
er taugte
wir taugten
ihr taugtet
sie taugten

Perfect	*(Perf. Subj.)*	*Past Time* *(Pluperf. Subj.)*
ich habe getaugt	habe getaugt	hätte getaugt
du hast getaugt	habest getaugt	hättest getaugt
er hat getaugt	habe getaugt	hätte getaugt
wir haben getaugt	haben getaugt	hätten getaugt
ihr habt getaugt	habet getaugt	hättet getaugt
sie haben getaugt	haben getaugt	hätten getaugt

Pluperfect
ich hatte getaugt
du hattest getaugt
er hatte getaugt
wir hatten getaugt
ihr hattet getaugt
sie hatten getaugt

Future	*(Fut. Subj.)*	*Future Time* *(Pres. Conditional*
ich werde taugen	werde taugen	würde taugen
du wirst taugen	werdest taugen	würdest taugen
er wird taugen	werde taugen	würde taugen
wir werden taugen	werden taugen	würden taugen
ihr werdet taugen	werdet taugen	würdet taugen
sie werden taugen	werden taugen	würden taugen

Future Perfect	*(Fut. Perf. Subj.)*	*Future Perfect Time* *(Past Conditional)*
ich werde getaugt haben	werde getaugt haben	würde getaugt haben
du wirst getaugt haben	werdest getaugt haben	würdest getaugt haben
er wird getaugt haben	werde getaugt haben	würde getaugt haben
wir werden getaugt haben	werden getaugt haben	würden getaugt haben
ihr werdet getaugt haben	werdet getaugt haben	würdet getaugt haben
sie werden getaugt haben	werden getaugt haben	würden getaugt haben

toben

to storm, rage, rave

PRINC. PARTS: toben, tobte, getobt. tobt
IMPERATIVE: tobe!, tobt!, toben Sie!

INDICATIVE	SUBJUNCTIVE	
	PRIMARY	SECONDARY
	Present Time	
Present	*(Pres. Subj.)*	*(Imperf. Subj.)*
ich tobe	tobe	tobte
du tobst	tobest	tobtest
er tobt	tobe	tobte
wir toben	toben	tobten
ihr tobt	tobet	tobtet
sie toben	toben	tobten

Imperfect
ich tobte
du tobtest
er tobte
wir tobten
ihr tobtet
sie tobten

Perfect	*Past Time*	
	(Perf. Subj.)	*(Pluperf. Subj.)*
ich habe getobt	habe getobt	hätte getobt
du hast getobt	habest getobt	hättest getobt
er hat getobt	habe getobt	hätte getobt
wir haben getobt	haben getobt	hätten getobt
ihr habt getobt	habet getobt	hättet getobt
sie haben getobt	haben getobt	hätten getobt

Pluperfect
ich hatte getobt
du hattest getobt
er hatte getobt
wir hatten getobt
ihr hattet getobt
sie hatten getobt

Future	*Future Time*	
	(Fut. Subj.)	*(Pres. Conditional)*
ich werde toben	werde toben	würde toben
du wirst toben	werdest toben	würdest toben
er wird toben	werde toben	würde toben
wir werden toben	werden toben	würden toben
ihr werdet toben	werdet toben	würdet toben
sie werden toben	werden toben	würden toben

Future Perfect	*Future Perfect Time*	
	(Fut. Perf. Subj.)	*(Past Conditional)*
ich werde getobt haben	werde getobt haben	würde getobt haben
du wirst getobt haben	werdest getobt haben	würdest getobt haben
er wird getobt haben	werde getobt haben	würde getobt haben
wir werden getobt haben	werden getobt haben	würden getobt haben
ihr werdet getobt haben	werdet getobt haben	würdet getobt haben
sie werden getobt haben	werden getobt haben	würden getobt haben

PRINC. PARTS: töten, tötete, getötet, tötet
IMPERATIVE: töte!, tötet!, töten Sie!

to kill, slay, deaden

INDICATIVE	SUBJUNCTIVE	
	PRIMARY	SECONDARY

Present Time

	Present	*(Pres. Subj.)*	*(Imperf. Subj.)*
ich	töte	töte	tötete
du	tötest	tötest	tötetest
er	tötet	töte	tötete
wir	töten	töten	töteten
ihr	tötet	tötet	tötetet
sie	töten	töten	töteten

	Imperfect
ich	tötete
du	tötetest
er	tötete
wir	töteten
ihr	tötetet
sie	töteten

Past Time

	Perfect	*(Perf. Subj.)*	*(Pluperf. Subj.)*
ich	habe getötet	habe getötet	hätte getötet
du	hast getötet	habest getötet	hättest getötet
er	hat getötet	habe getötet	hätte getötet
wir	haben getötet	haben getötet	hätten getötet
ihr	habt getötet	habet getötet	hättet getötet
sie	haben getötet	haben getötet	hätten getötet

	Pluperfect
ich	hatte getötet
du	hattest getötet
er	hatte getötet
wir	hatten getötet
ihr	hattet getötet
sie	hatten getötet

Future Time

	Future	*(Fut. Subj.)*	*(Pres. Conditional)*
ich	werde töten	werde töten	würde töten
du	wirst töten	werdest töten	würdest töten
er	wird töten	werde töten	würde töten
wir	werden töten	werden töten	würden töten
ihr	werdet töten	werdet töten	würdet töten
sie	werden töten	werden töten	würden töten

Future Perfect Time

	Future Perfect	*(Fut. Perf. Subj.)*	*(Past Conditional)*
ich	werde getötet haben	werde getötet haben	würde getötet haben
du	wirst getötet haben	werdest getötet haben	würdest getötet haben
er	wird getötet haben	werde getötet haben	würde getötet haben
wir	werden getötet haben	werden getötet haben	würden getötet haben
ihr	werdet getötet haben	werdet getötet haben	würdet getötet haben
sie	werden getötet haben	werden getötet haben	würden getötet haben

trachten

to endeavor, aspire to,
strive for

PRINC. PARTS: trachten, trachtete, getrachtet,
trachtet
IMPERATIVE: trachte!, trachtet!, trachten Sie!

	INDICATIVE	SUBJUNCTIVE	
		PRIMARY	SECONDARY
		Present Time	
	Present	(*Pres. Subj.*)	(*Imperf. Subj.*)
ich	trachte	trachte	trachtete
du	trachtest	trachtest	trachtetest
er	trachtet	trachte	trachtete
wir	trachten	trachten	trachteten
ihr	trachtet	trachtet	trachtetet
sie	trachten	trachten	trachteten
	Imperfect		
ich	trachtete		
du	trachtetest		
er	trachtete		
wir	trachteten		
ihr	trachtetet		
sie	trachteten		
		Past Time	
	Perfect	(*Perf. Subj.*)	(*Pluperf. Subj.*)
ich	habe getrachtet	habe getrachtet	hätte getrachtet
du	hast getrachtet	habest getrachtet	hättest getrachtet
er	hat getrachtet	habe getrachtet	hätte getrachtet
wir	haben getrachtet	haben getrachtet	hätten getrachtet
ihr	habt getrachtet	habet getrachtet	hättet getrachtet
sie	haben getrachtet	haben getrachtet	hätten getrachtet
	Pluperfect		
ich	hatte getrachtet		
du	hattest getrachtet		
er	hatte getrachtet		
wir	hatten getrachtet		
ihr	hattet getrachtet		
sie	hatten getrachtet		
		Future Time	
	Future	(*Fut. Subj.*)	(*Pres. Conditional*)
ich	werde trachten	werde trachten	würde trachten
du	wirst trachten	werdest trachten	würdest trachten
er	wird trachten	werde trachten	würde trachten
wir	werden trachten	werden trachten	würden trachten
ihr	werdet trachten	werdet trachten	würdet trachten
sie	werden trachten	werden trachten	würden trachten
		Future Perfect Time	
	Future Perfect	(*Fut. Perf. Subj.*)	(*Past Conditional*)
ich	werde getrachtet haben	werde getrachtet haben	würde getrachtet haben
du	wirst getrachtet haben	werdest getrachtet haben	würdest getrachtet haben
er	wird getrachtet haben	werde getrachtet haben	würde getrachtet haben
wir	werden getrachtet haben	werden getrachtet haben	würden getrachtet haben
ihr	werdet getrachtet haben	werdet getrachtet haben	würdet getrachtet haben
sie	werden getrachtet haben	werden getrachtet haben	würden getrachtet haben

PRINC. PARTS: tragen, trug, getragen, trägt
IMPERATIVE: trage!, tragt!, tragen Sie!

to carry, bear, wear

INDICATIVE	SUBJUNCTIVE	
	PRIMARY	SECONDARY
	Present Time	
Present	*(Pres. Subj.)*	*(Imperf. Subj.)*
ich trage	trage	trüge
du trägst	tragest	trügest
er trägt	trage	trüge
wir tragen	tragen	trügen
ihr tragt	traget	trüget
sie tragen	tragen	trügen

Imperfect

ich	trug
du	trugst
er	trug
wir	trugen
ihr	trugt
sie	trugen

	Past Time	
Perfect	*(Perf. Subj.)*	*(Pluperf. Subj.)*
ich habe getragen	habe getragen	hätte getragen
du hast getragen	habest getragen	hättest getragen
er hat getragen	habe getragen	hätte getragen
wir haben getragen	haben getragen	hätten getragen
ihr habt getragen	habet getragen	hättet getragen
sie haben getragen	haben getragen	hätten getragen

Pluperfect

ich	hatte getragen
du	hattest getragen
er	hatte getragen
wir	hatten getragen
ihr	hattet getragen
sie	hatten getragen

	Future Time	
Future	*(Fut. Subj.)*	*(Pres. Conditional)*
ich werde tragen	werde tragen	würde tragen
du wirst tragen	werdest tragen	würdest tragen
er wird tragen	werde tragen	würde tragen
wir werden tragen	werden tragen	würden tragen
ihr werdet tragen	werdet tragen	würdet tragen
sie werden tragen	werden tragen	würden tragen

	Future Perfect Time	
Future Perfect	*(Fut. Perf. Subj.)*	*(Past Conditional)*
ich werde getragen haben	werde getragen haben	würde getragen haben
du wirst getragen haben	werdest getragen haben	würdest getragen haben
er wird getragen haben	werde getragen haben	würde getragen haben
wir werden getragen haben	werden getragen haben	würden getragen haben
ihr werdet getragen haben	werdet getragen haben	würdet getragen haben
sie werden getragen haben	werden getragen haben	würden getragen haben

trauen

to trust, believe in; venture,
dare; marry

PRINC. PARTS: trauen, traute, getraut, traut
IMPERATIVE: traue!, traut!, trauen Sie!

INDICATIVE		SUBJUNCTIVE	
		PRIMARY	SECONDARY
		Present Time	
	Present	*(Pres. Subj.)*	*(Imperf. Subj.)*
ich	traue	traue	traute
du	traust	trauest	trautest
er	traut	traue	traute
wir	trauen	trauen	trauten
ihr	traut	trauet	trautet
sie	trauen	trauen	trauten
	Imperfect		
ich	traute		
du	trautest		
er	traute		
wir	trauten		
ihr	trautet		
sie	trauten		
		Past Time	
	Perfect	*(Perf. Subj.)*	*(Pluperf. Subj.)*
ich	habe getraut	habe getraut	hätte getraut
du	hast getraut	habest getraut	hättest getraut
er	hat getraut	habe getraut	hätte getraut
wir	haben getraut	haben getraut	hätten getraut
ihr	habt getraut	habet getraut	hättet getraut
sie	haben getraut	haben getraut	hätten getraut
	Pluperfect		
ich	hatte getraut		
du	hattest getraut		
er	hatte getraut		
wir	hatten getraut		
ihr	hattet getraut		
sie	hatten getraut		
		Future Time	
	Future	*(Fut. Subj.)*	*(Pres. Conditional)*
ich	werde trauen	werde trauen	würde trauen
du	wirst trauen	werdest trauen	würdest trauen
er	wird trauen	werde trauen	würde trauen
wir	werden trauen	werden trauen	würden trauen
ihr	werdet trauen	werdet trauen	würdet trauen
sie	werden trauen	werden trauen	würden trauen
		Future Perfect Time	
	Future Perfect	*(Fut. Perf. Subj.)*	*(Past Conditional)*
ich	werde getraut haben	werde getraut haben	würde getraut haben
du	wirst getraut haben	werdest getraut haben	würdest getraut haben
er	wird getraut haben	werde getraut haben	würde getraut haben
wir	werden getraut haben	werden getraut haben	würden getraut haben
ihr	werdet getraut haben	werdet getraut haben	würdet getraut haben
sie	werden getraut haben	werden getraut haben	würden getraut haben

PRINC. PARTS: träumen, träumte, geträumt, träumt
IMPERATIVE: träume!, träumt!, träumen Sie!

träumen

to dream

INDICATIVE		SUBJUNCTIVE	
		PRIMARY	SECONDARY
		Present Time	
	Present	*(Pres. Subj.)*	*(Imperf. Subj.)*
ich	träume	träume	träumte
du	träumst	träumest	träumtest
er	träumt	träume	träumte
wir	träumen	träumen	träumten
ihr	träumt	träumet	träumtet
sie	träumen	träumen	träumten

	Imperfect
ich	träumte
du	träumtest
er	träumte
wir	träumten
ihr	träumtet
sie	träumten

		Past Time	
	Perfect	*(Perf. Subj.)*	*(Pluperf. Subj.)*
ich	habe geträumt	habe geträumt	hätte geträumt
du	hast geträumt	habest geträumt	hättest geträumt
er	hat geträumt	habe geträumt	hätte geträumt
wir	haben geträumt	haben geträumt	hätten geträumt
ihr	habt geträumt	habet geträumt	hättet geträumt
sie	haben geträumt	haben geträumt	hätten geträumt

	Pluperfect
ich	hatte geträumt
du	hattest geträumt
er	hatte geträumt
wir	hatten geträumt
ihr	hattet geträumt
sie	hatten geträumt

		Future Time	
	Future	*(Fut. Subj.)*	*(Pres. Conditional)*
ich	werde träumen	werde träumen	würde träumen
du	wirst träumen	werdest träumen	würdest träumen
er	wird träumen	werde träumen	würde träumen
wir	werden träumen	werden träumen	würden träumen
ihr	werdet träumen	werdet träumen	würdet träumen
sie	werden träumen	werden träumen	würden träumen

		Future Perfect Time	
	Future Perfect	*(Fut. Perf. Subj.)*	*(Past Conditional)*
ich	werde geträumt haben	werde geträumt haben	würde geträumt haben
du	wirst geträumt haben	werdest geträumt haben	würdest geträumt haben
er	wird geträumt haben	werde geträumt haben	würde geträumt haben
wir	werden geträumt haben	werden geträumt haben	würden geträumt haben
ihr	werdet geträumt haben	werdet geträumt haben	würdet geträumt haben
sie	werden geträumt haben	werden geträumt haben	würden geträumt haben

treffen

to meet, hit

PRINC. PARTS: treffen, traf, getroffen, trifft
IMPERATIVE: triff!, trefft!, treffen Sie!

INDICATIVE	SUBJUNCTIVE	
	PRIMARY	SECONDARY

Present Time

	Present	*(Pres. Subj.)*	*(Imperf. Subj.)*
ich	treffe	treffe	träfe
du	triffst	treffest	träfest
er	trifft	treffe	träfe
wir	treffen	treffen	träfen
ihr	trefft	treffet	träfet
sie	treffen	treffen	träfen

	Imperfect
ich	traf
du	trafst
er	traf
wir	trafen
ihr	traft
sie	trafen

Past Time

	Perfect	*(Perf. Subj.)*	*(Pluperf. Subj.)*
ich	habe getroffen	habe getroffen	hätte getroffen
du	hast getroffen	habest getroffen	hättest getroffen
er	hat getroffen	habe getroffen	hätte getroffen
wir	haben getroffen	haben getroffen	hätten getroffen
ihr	habt getroffen	habet getroffen	hättet getroffen
sie	haben getroffen	haben getroffen	hätten getroffen

	Pluperfect
ich	hatte getroffen
du	hattest getroffen
er	hatte getroffen
wir	hatten getroffen
ihr	hattet getroffen
sie	hatten getroffen

Future Time

	Future	*(Fut. Subj.)*	*(Pres. Conditional)*
ich	werde treffen	werde treffen	würde treffen
du	wirst treffen	werdest treffen	würdest treffen
er	wird treffen	werde treffen	würde treffen
wir	werden treffen	werden treffen	würden treffen
ihr	werdet treffen	werdet treffen	würdet treffen
sie	werden treffen	werden treffen	würden treffen

Future Perfect Time

	Future Perfect	*(Fut. Perf. Subj.)*	*(Past Conditional)*
ich	werde getroffen haben	werde getroffen haben	würde getroffen haben
du	wirst getroffen haben	werdest getroffen haben	würdest getroffen haben
er	wird getroffen haben	werde getroffen haben	würde getroffen haben
wir	werden getroffen haben	werden getroffen haben	würden getroffen haben
ihr	werdet getroffen haben	werdet getroffen haben	würdet getroffen haben
sie	werden getroffen haben	werden getroffen haben	würden getroffen haben

PRINC. PARTS: treiben, trieb, getrieben, treibt
IMPERATIVE: treibe!, treibt!, treiben Sie!

to drive, push, propel

INDICATIVE	SUBJUNCTIVE	
	PRIMARY	SECONDARY
	Present Time	
Present	*(Pres. Subj.)*	*(Imperf. Subj.)*
ich treibe	treibe	triebe
du treibst	treibest	triebest
er treibt	treibe	triebe
wir treiben	treiben	trieben
ihr treibt	treibet	triebet
sie treiben	treiben	trieben

Imperfect
ich trieb
du triebst
er trieb
wir trieben
ihr triebt
sie trieben

	Past Time	
Perfect	*(Perf. Subj.)*	*(Pluperf. Subj.)*
ich habe getrieben	habe getrieben	hätte getrieben
du hast getrieben	habest getrieben	hättest getrieben
er hat getrieben	habe getrieben	hätte getrieben
wir haben getrieben	haben getrieben	hätten getrieben
ihr habt getrieben	habet getrieben	hättet getrieben
sie haben getrieben	haben getrieben	hätten getrieben

Pluperfect
ich hatte getrieben
du hattest getrieben
er hatte getrieben
wir hatten getrieben
ihr hattet getrieben
sie hatten getrieben

	Future Time	
Future	*(Fut. Subj.)*	*(Pres. Conditional)*
ich werde treiben	werde treiben	würde treiben
du wirst treiben	werdest treiben	würdest treiben
er wird treiben	werde treiben	würde treiben
wir werden treiben	werden treiben	würden treiben
ihr werdet treiben	werdet treiben	würdet treiben
sie werden treiben	werden treiben	würden treiben

	Future Perfect Time	
Future Perfect	*(Fut. Perf. Subj.)*	*(Past Conditional)*
ich werde getrieben haben	werde getrieben haben	würde getrieben haben
du wirst getrieben haben	werdest getrieben haben	würdest getrieben haben
er wird getrieben haben	werde getrieben haben	würde getrieben haben
wir werden getrieben haben	werden getrieben haben	würden getrieben haben
ihr werdet getrieben haben	werdet getrieben haben	würdet getrieben haben
sie werden getrieben haben	werden getrieben haben	würden getrieben haben

treten

to step, walk, tread, go

PRINC. PARTS: treten, trat, ist getreten, tritt
IMPERATIVE: tritt!, tretet!, treten Sie!

INDICATIVE		SUBJUNCTIVE	
		PRIMARY	SECONDARY
		Present Time	
	Present	*(Pres. Subj.)*	*(Imperf. Subj.)*
ich	trete	trete	träte
du	trittst	tretest	trätest
er	tritt	trete	träte
wir	treten	treten	träten
ihr	tretet	tretet	trätet
sie	treten	treten	träten

	Imperfect
ich	trat
du	tratest
er	trat
wir	traten
ihr	tratet
sie	traten

			Past Time	
	Perfect	*(Perf. Subj.)*	*(Pluperf. Subj.)*
ich	bin getreten	sei getreten	wäre getreten
du	bist getreten	seiest getreten	wärest getreten
er	ist getreten	sei getreten	wäre getreten
wir	sind getreten	seien getreten	wären getreten
ihr	seid getreten	seiet getreten	wäret getreten
sie	sind getreten	seien getreten	wären getreten

	Pluperfect
ich	war getreten
du	warst getreten
er	war getreten
wir	waren getreten
ihr	wart getreten
sie	waren getreten

			Future Time	
	Future	*(Fut. Subj.)*	*(Pres. Conditional)*
ich	werde treten	werde treten	würde treten
du	wirst treten	werdest treten	würdest treten
er	wird treten	werde treten	würde treten
wir	werden treten	werden treten	würden treten
ihr	werdet treten	werdet treten	würdet treten
sie	werden treten	werden treten	würden treten

			Future Perfect Time	
	Future Perfect	*(Fut. Perf. Subj.)*	*(Past Conditional)*
ich	werde getreten sein	werde getreten sein	würde getreten sein
du	wirst getreten sein	werdest getreten sein	würdest getreten sein
er	wird getreten sein	werde getreten sein	würde getreten sein
wir	werden getreten sein	werden getreten sein	würden getreten sein
ihr	werdet getreten sein	werdet getreten sein	würdet getreten sein
sie	werden getreten sein	werden getreten sein	würden getreten sein

PRINC. PARTS: trinken, trank, getrunken, trinkt
IMPERATIVE: trinke!, trinkt!, trinken Sie!

INDICATIVE	SUBJUNCTIVE	
	PRIMARY	SECONDARY

Present Time

	Present	*(Pres. Subj.)*	*(Imperf. Subj.)*
ich	trinke	trinke	tränke
du	trinkst	trinkest	tränkest
er	trinkt	trinke	tränke
wir	trinken	trinken	tränken
ihr	trinkt	trinket	tränket
sie	trinken	trinken	tränken

	Imperfect
ich	trank
du	trankst
er	trank
wir	tranken
ihr	trankt
sie	tranken

Past Time

	Perfect	*(Perf. Subj.)*	*(Pluperf. Subj.)*
ich	habe getrunken	habe getrunken	hätte getrunken
du	hast getrunken	habest getrunken	hättest getrunken
er	hat getrunken	habe getrunken	hätte getrunken
wir	haben getrunken	haben getrunken	hätten getrunken
ihr	habt getrunken	habet getrunken	hättet getrunken
sie	haben getrunken	haben getrunken	hätten getrunken

	Pluperfect
ich	hatte getrunken
du	hattest getrunken
er	hatte getrunken
wir	hatten getrunken
ihr	hattet getrunken
sie	hatten getrunken

Future Time

	Future	*(Fut. Subj.)*	*(Pres. Conditional)*
ich	werde trinken	werde trinken	würde trinken
du	wirst trinken	werdest trinken	würdest trinken
er	wird trinken	werde trinken	würde trinken
wir	werden trinken	werden trinken	würden trinken
ihr	werdet trinken	werdet trinken	würdet trinken
sie	werden trinken	werden trinken	würden trinken

Future Perfect Time

	Future Perfect	*(Fut. Perf. Subj.)*	*(Past Conditional)*
ich	werde getrunken haben	werde getrunken haben	würde getrunken haben
du	wirst getrunken haben	werdest getrunken haben	würdest getrunken haben
er	wird getrunken haben	werde getrunken haben	würde getrunken haben
wir	werden getrunken haben	werden getrunken haben	würden getrunken haben
ihr	werdet getrunken haben	werdet getrunken haben	würdet getrunken haben
sie	werden getrunken haben	werden getrunken haben	würden getrunken haben

415

trocknen

to dry

PRINC. PARTS: trocknen, trocknete, getrocknet, trocknet
IMPERATIVE: trockne!, trocknet!, trocknen Sie!

INDICATIVE	SUBJUNCTIVE	
	PRIMARY	SECONDARY

Present Time

	Present	*(Pres. Subj.)*	*(Imperf. Subj.)*
ich	trockne	trockne	trocknete
du	trocknest	trocknest	trocknetest
er	trocknet	trockne	trocknete
wir	trocknen	trocknen	trockneten
ihr	trocknet	trocknet	trocknetet
sie	trocknen	trocknen	trockneten

	Imperfect
ich	trocknete
du	trocknetest
er	trocknete
wir	trockneten
ihr	trocknetet
sie	trockneten

Past Time

	Perfect	*(Perf. Subj.)*	*(Pluperf. Subj.)*
ich	habe getrocknet	habe getrocknet	hätte getrocknet
du	hast getrocknet	habest getrocknet	hättest getrocknet
er	hat getrocknet	habe getrocknet	hätte getrocknet
wir	haben getrocknet	haben getrocknet	hätten getrocknet
ihr	habt getrocknet	habet getrocknet	hättet getrocknet
sie	haben getrocknet	haben getrocknet	hätten getrocknet

	Pluperfect
ich	hatte getrocknet
du	hattest getrocknet
er	hatte getrocknet
wir	hatten getrocknet
ihr	hattet getrocknet
sie	hatten getrocknet

Future Time

	Future	*(Fut. Subj.)*	*(Pres. Conditional)*
ich	werde trocknen	werde trocknen	würde trocknen
du	wirst trocknen	werdest trocknen	würdest trocknen
er	wird trocknen	werde trocknen	würde trocknen
wir	werden trocknen	werden trocknen	würden trocknen
ihr	werdet trocknen	werdet trocknen	würdet trocknen
sie	werden trocknen	werden trocknen	würden trocknen

Future Perfect Time

	Future Perfect	*(Fut. Perf. Subj.)*	*(Past Conditional)*
ich	werde getrocknet haben	werde getrocknet haben	würde getrocknet haben
du	wirst getrocknet haben	werdest getrocknet haben	würdest getrocknet haben
er	wird getrocknet haben	werde getrocknet haben	würde getrocknet haben
wir	werden getrocknet haben	werden getrocknet haben	würden getrocknet haben
ihr	werdet getrocknet haben	werdet getrocknet haben	würdet getrocknet haben
sie	werden getrocknet haben	werden getrocknet haben	würden getrocknet haben

PRINC. PARTS: tropfen,* tropfte, getropft, tropft
IMPERATIVE: tropfe!, tropft!, tropfen Sie!

INDICATIVE	SUBJUNCTIVE	
	PRIMARY	SECONDARY
	Present Time	
Present	*(Pres. Subj.)*	*(Imperf. Subj.)*
ich tropfe	tropfe	tropfte
du tropfst	tropfest	tropftest
er tropft	tropfe	tropfte
wir tropfen	tropfen	tropften
ihr tropft	tropfet	tropftet
sie tropfen	tropfen	tropften

Imperfect		
ich tropfte		
du tropftest		
er tropfte		
wir tropften		
ihr tropftet		
sie tropften		

	Past Time	
Perfect	*(Perf. Subj.)*	*(Pluperf. Subj.)*
ich habe getropft	habe getropft	hätte getropft
du hast getropft	habest getropft	hättest getropft
er hat getropft	habe getropft	hätte getropft
wir haben getropft	haben getropft	hätten getropft
ihr habt getropft	habet getropft	hättet getropft
sie haben getropft	haben getropft	hätten getropft

Pluperfect		
ich hatte getropft		
du hattest getropft		
er hatte getropft		
wir hatten getropft		
ihr hattet getropft		
sie hatten getropft		

	Future Time	
Future	*(Fut. Subj.)*	*(Pres. Conditional)*
ich werde tropfen	werde tropfen	würde tropfen
du wirst tropfen	werdest tropfen	würdest tropfen
er wird tropfen	werde tropfen	würde tropfen
wir werden tropfen	werden tropfen	würden tropfen
ihr werdet tropfen	werdet tropfen	würdet tropfen
sie werden tropfen	werden tropfen	würden tropfen

	Future Perfect Time	
Future Perfect	*(Fut. Perf. Subj.)*	*(Past Conditional)*
ich werde getropft haben	werde getropft haben	würde getropft haben
du wirst getropft haben	werdest getropft haben	würdest getropft haben
er wird getropft haben	werde getropft haben	würde getropft haben
wir werden getropft haben	werden getropft haben	würden getropft haben
ihr werdet getropft haben	werdet getropft haben	würdet getropft haben
sie werden getropft haben	werden getropft haben	würden getropft haben

* Forms other than the third person are unusual.

trösten

to console

PRINC. PARTS: trösten, tröstete, getröstet, tröstet
IMPERATIVE: tröste!, tröstet!, trösten Sie!

	INDICATIVE	PRIMARY SUBJUNCTIVE	SECONDARY

Present Time

	Present	*(Pres. Subj.)*	*(Imperf. Subj.)*
ich	tröste	tröste	tröstete
du	tröstest	tröstest	tröstetest
er	tröstet	tröste	tröstete
wir	trösten	trösten	trösteten
ihr	tröstet	tröstet	tröstetet
sie	trösten	trösten	trösteten

	Imperfect
ich	tröstete
du	tröstetest
er	tröstete
wir	trösteten
ihr	tröstetet
sie	trösteten

Past Time

	Perfect	*(Perf. Subj.)*	*(Pluperf. Subj.)*
ich	habe getröstet	habe getröstet	hätte getröstet
du	hast getröstet	habest getröstet	hättest getröstet
er	hat getröstet	habe getröstet	hätte getröstet
wir	haben getröstet	haben getröstet	hätten getröstet
ihr	habt getröstet	habet getröstet	hättet getröstet
sie	haben getröstet	haben getröstet	hätten getröstet

	Pluperfect
ich	hatte getröstet
du	hattest getröstet
er	hatte getröstet
wir	hatten getröstet
ihr	hattet getröstet
sie	hatten getröstet

Future Time

	Future	*(Fut. Subj.)*	*(Pres. Conditional)*
ich	werde trösten	werde trösten	würde trösten
du	wirst trösten	werdest trösten	würdest trösten
er	wird trösten	werde trösten	würde trösten
wir	werden trösten	werden trösten	würden trösten
ihr	werdet trösten	werdet trösten	würdet trösten
sie	werden trösten	werden trösten	würden trösten

Future Perfect Time

	Future Perfect	*(Fut. Perf. Subj.)*	*(Past Conditional)*
ich	werde getröstet haben	werde getröstet haben	würde getröstet haben
du	wirst getröstet haben	werdest getröstet haben	würdest getröstet haben
er	wird getröstet haben	werde getröstet haben	würde getröstet haben
wir	werden getröstet haben	werden getröstet haben	würden getröstet haben
ihr	werdet getröstet haben	werdet getröstet haben	würdet getröstet haben
sie	werden getröstet haben	werden getröstet haben	würden getröstet haben

418

PRINC. PARTS: trotzen, trotzte, getrotzt, trotzt
IMPERATIVE: trotze!, trotzt!, trotzen Sie!

	INDICATIVE		SUBJUNCTIVE	
			PRIMARY	SECONDARY
			Present Time	
	Present		*(Pres. Subj.)*	*(Imperf. Subj.)*
ich	trotze		trotze	trotzte
du	trotzt		trotzest	trotztest
er	trotzt		trotze	trotzte
wir	trotzen		trotzen	trotzten
ihr	trotzt		trotzet	trotztet
sie	trotzen		trotzen	trotzten
	Imperfect			
ich	trotzte			
du	trotztest			
er	trotzte			
wir	trotzten			
ihr	trotztet			
sie	trotzten			
			Past Time	
	Perfect		*(Perf. Subj.)*	*(Pluperf. Subj.)*
ich	habe getrotzt		habe getrotzt	hätte getrotzt
du	hast getrotzt		habest getrotzt	hättest getrotzt
er	hat getrotzt		habe getrotzt	hätte getrotzt
wir	haben getrotzt		haben getrotzt	hätten getrotzt
ihr	habt getrotzt		habet getrotzt	hättet getrotzt
sie	haben getrotzt		haben getrotzt	hätten getrotzt
	Pluperfect			
ich	hatte getrotzt			
du	hattest getrotzt			
er	hatte getrotzt			
wir	hatten getrotzt			
ihr	hattet getrotzt			
sie	hatten getrotzt			
			Future Time	
	Future		*(Fut. Subj.)*	*(Pres. Conditional)*
ich	werde trotzen		werde trotzen	würde trotzen
du	wirst trotzen		werdest trotzen	würdest trotzen
er	wird trotzen		werde trotzen	würde trotzen
wir	werden trotzen		werden trotzen	würden trotzen
ihr	werdet trotzen		werdet trotzen	würdet trotzen
sie	werden trotzen		werden trotzen	würden trotzen
			Future Perfect Time	
	Future Perfect		*(Fut. Perf. Subj.)*	*(Past Conditional)*
ich	werde getrotzt haben		werde getrotzt haben	würde getrotzt haben
du	wirst getrotzt haben		werdest getrotzt haben	würdest getrotzt haben
er	wird getrotzt haben		werde getrotzt haben	würde getrotzt haben
wir	werden getrotzt haben		werden getrotzt haben	würden getrotzt haben
ihr	werdet getrotzt haben		werdet getrotzt haben	würdet getrotzt haben
sie	werden getrotzt haben		werden getrotzt haben	würden getrotzt haben

trüben

*to darken, sadden, make
muddy*

PRINC. PARTS: trüben, trübte, getrübt, trübt
IMPERATIVE: trübe!, trübt!, trüben Sie!

	INDICATIVE	SUBJUNCTIVE	
		PRIMARY	SECONDARY
		Present Time	
	Present	*(Pres. Subj.)*	*(Imperf. Subj.)*
ich	trübe	trübe	trübte
du	trübst	trübest	trübtest
er	trübt	trübe	trübte
wir	trüben	trüben	trübten
ihr	trübt	trübet	trübtet
sie	trüben	trüben	trübten

	Imperfect
ich	trübte
du	trübtest
er	trübte
wir	trübten
ihr	trübtet
sie	trübten

			Past Time	
	Perfect	*(Perf. Subj.)*	*(Pluperf. Subj.)*
ich	habe getrübt	habe getrübt	hätte getrübt
du	hast getrübt	habest getrübt	hättest getrübt
er	hat getrübt	habe getrübt	hätte getrübt
wir	haben getrübt	haben getrübt	hätten getrübt
ihr	habt getrübt	habet getrübt	hättet getrübt
sie	haben getrübt	haben getrübt	hätten getrübt

	Pluperfect
ich	hatte getrübt
du	hattest getrübt
er	hatte getrübt
wir	hatten getrübt
ihr	hattet getrübt
sie	hatten getrübt

			Future Time	
	Future	*(Fut. Subj.)*	*(Pres. Conditional)*
ich	werde trüben	werde trüben	würde trüben
du	wirst trüben	werdest trüben	würdest trüben
er	wird trüben	werde trüben	würde trüben
wir	werden trüben	werden trüben	würden trüben
ihr	werdet trüben	werdet trüben	würdet trüben
sie	werden trüben	werden trüben	würden trüben

			Future Perfect Time	
	Future Perfect	*(Fut. Perf. Subj.)*	*(Past Conditional)*
ich	werde getrübt haben	werde getrübt haben	würde getrübt haben
du	wirst getrübt haben	werdest getrübt haben	würdest getrübt haben
er	wird getrübt haben	werde getrübt haben	würde getrübt haben
wir	werden getrübt haben	werden getrübt haben	würden getrübt haben
ihr	werdet getrübt haben	werdet getrübt haben	würdet getrübt haben
sie	werden getrübt haben	werden getrübt haben	würden getrübt haben

PRINC. PARTS: tun, tat, getan, tut
IMPERATIVE: tue!, tut!, tun Sie!

INDICATIVE	SUBJUNCTIVE	
	PRIMARY	SECONDARY
	Present Time	
Present	(*Pres. Subj.*)	(*Imperf. Subj.*)
ich tue	tue	täte
du tust	tuest	tätest
er tut	tue	täte
wir tun	tuen	täten
ihr tut	tuet	tätet
sie tun	tuen	täten

Imperfect
ich tat
du tatest
er tat
wir taten
ihr tatet
sie taten

	Past Time	
Perfect	(*Perf. Subj.*)	(*Pluperf. Subj.*)
ich habe getan	habe getan	hätte getan
du hast getan	habest getan	hättest getan
er hat getan	habe getan	hätte getan
wir haben getan	haben getan	hätten getan
ihr habt getan	habet getan	hättet getan
sie haben getan	haben getan	hätten getan

Pluperfect
ich hatte getan
du hattest getan
er hatte getan
wir hatten getan
ihr hattet getan
sie hatten getan

	Future Time	
Future	(*Fut. Subj.*)	(*Pres. Conditional*)
ich werde tun	werde tun	würde tun
du wirst tun	werdest tun	würdest tun
er wird tun	werde tun	würde tun
wir werden tun	werden tun	würden tun
ihr werdet tun	werdet tun	würdet tun
sie werden tun	werden tun	würden tun

	Future Perfect Time	
Future Perfect	(*Fut. Perf. Subj.*)	(*Past Conditional*)
ich werde getan haben	werde getan haben	würde getan haben
du wirst getan haben	werdest getan haben	würdest getan haben
er wird getan haben	werde getan haben	würde getan haben
wir werden getan haben	werden getan haben	würden getan haben
ihr werdet getan haben	werdet getan haben	würdet getan haben
sie werden getan haben	werden getan haben	würden getan haben

üben

to exercise, practice

PRINC. PARTS: üben, übte, geübt, übt
IMPERATIVE: ube!, übt!, üben Sie!

	INDICATIVE		SUBJUNCTIVE	
			PRIMARY	SECONDARY
			Present Time	
	Present		*(Pres. Subj.)*	*(Imperf. Subj.)*
ich	übe		übe	übte
du	übst		übest	übtest
er	übt		übe	übte
wir	üben		üben	übten
ihr	übt		übet	übtet
sie	üben		üben	übten

	Imperfect
ich	übte
du	übtest
er	übte
wir	übten
ihr	übtet
sie	übten

			Past Time	
	Perfect		*(Perf. Subj.)*	*(Pluperf. Subj.)*
ich	habe geübt		habe geübt	hätte geübt
du	hast geübt		habest geübt	hättest geübt
er	hat geübt		habe geübt	hätte geübt
wir	haben geübt		haben geübt	hätten geübt
ihr	habt geübt		habet geübt	hättet geübt
sie	haben geübt		haben geübt	hätten geübt

	Pluperfect
ich	hatte geübt
du	hattest geübt
er	hatte geübt
wir	hatten geübt
ihr	hattet geübt
sie	hatten geübt

			Future Time	
	Future		*(Fut. Subj.)*	*(Pres. Conditional)*
ich	werde üben		werde üben	würde üben
du	wirst üben		werdest üben	würdest üben
er	wird üben		werde üben	würde üben
wir	werden üben		werden üben	würden üben
ihr	werdet üben		werdet üben	würdet üben
sie	werden üben		werden üben	würden üben

			Future Perfect Time	
	Future Perfect		*(Fut. Perf. Subj.)*	*(Past Conditional)*
ich	werde geübt haben		werde geübt haben	würde geübt haben
du	wirst geübt haben		werdest geübt haben	würdest geübt haben
er	wird geübt haben		werde geübt haben	würde geübt haben
wir	werden geübt haben		werden geübt haben	würden geübt haben
ihr	werdet geübt haben		werdet geübt haben	würdet geübt haben
sie	werden geübt haben		werden geübt haben	würden geübt haben

PRINC. PARTS: überraschen, überraschte, überrascht,
überrascht
IMPERATIVE: überrasche!, überrascht!, überraschen Sie!

überraschen

to surprise

INDICATIVE	SUBJUNCTIVE	
	PRIMARY	SECONDARY
	Present Time	
Present	*(Pres. Subj.)*	*(Imperf. Subj.)*
ich überrasche	überrasche	überraschte
du überraschst	überraschest	überraschtest
er überrascht	überrasche	überraschte
wir überraschen	überraschen	überraschten
ihr überrascht	überraschet	überraschtet
sie überraschen	überraschen	überraschten
Imperfect		
ich überraschte		
du überraschtest		
er überraschte		
wir überraschten		
ihr überraschtet		
sie überraschten	*Past Time*	
Perfect	*(Perf. Subj.)*	*(Pluperf. Subj.)*
ich habe überrascht	habe überrascht	hätte überrascht
du hast überrascht	habest überrascht	hättest überrascht
er hat überrascht	habe überrascht	hätte überrascht
wir haben überrascht	haben überrascht	hätten überrascht
ihr habt überrascht	habet überrascht	hättet überrascht
sie haben überrascht	haben überrascht	hätten überrascht
Pluperfect		
ich hatte überrascht		
du hattest überrascht		
er hatte überrascht		
wir hatten überrascht		
ihr hattet überrascht		
sie hatten überrascht	*Future Time*	
Future	*(Fut. Subj.)*	*(Pres. Conditional)*
ich werde überraschen	werde überraschen	würde überraschen
du wirst überraschen	werdest überraschen	würdest überraschen
er wird überraschen	werde überraschen	würde überraschen
wir werden überraschen	werden überraschen	würden überraschen
ihr werdet überraschen	werdet überraschen	würdet überraschen
sie werden überraschen	werden überraschen	würden überraschen
	Future Perfect Time	
Future Perfect	*(Fut. Perf. Subj.)*	*(Past Conditional)*
ich werde überrascht haben	werde überrascht haben	würde überrascht haben
du wirst überrascht haben	werdest überrascht haben	würdest überrascht haben
er wird überrascht haben	werde überrascht haben	würde überrascht haben
wir werden überrascht haben	werden überrascht haben	würden überrascht haben
ihr werdet überrascht haben	werdet überrascht haben	würdet überrascht haben
sie werden überrascht haben	werden überrascht haben	würden überrascht haben

423

überwinden

to overcome, conquer

PRINC. PARTS: überwinden, überwand, überwunden, überwindet
IMPERATIVE: überwinde!, überwindet!, überwinden Sie!

INDICATIVE		SUBJUNCTIVE	
		PRIMARY	SECONDARY
		Present Time	
	Present	*(Pres. Subj.)*	*(Imperf. Subj.)*
ich	überwinde	überwinde	überwände
du	überwindest	überwindest	überwändest
er	überwindet	überwinde	überwände
wir	überwinden	überwinden	überwänden
ihr	überwindet	überwindet	überwändet
sie	überwinden	überwinden	überwänden

	Imperfect
ich	überwand
du	überwandest
er	überwand
wir	überwanden
ihr	überwandet
sie	überwanden

			Past Time	
	Perfect		*(Perf. Subj.)*	*(Pluperf. Subj.)*
ich	habe überwunden		habe überwunden	hätte überwunden
du	hast überwunden		habest überwunden	hättest überwunden
er	hat überwunden		habe überwunden	hätte überwunden
wir	haben überwunden		haben überwunden	hätten überwunden
ihr	habt überwunden		habet überwunden	hättet überwunden
sie	haben überwunden		haben überwunden	hätten überwunden

	Pluperfect
ich	hatte überwunden
du	hattest überwunden
er	hatte überwunden
wir	hatten überwunden
ihr	hattet überwunden
sie	hatten überwunden

		Future Time	
	Future	*(Fut. Subj.)*	*(Pres. Conditional)*
ich	werde überwinden	werde überwinden	würde überwinden
du	wirst überwinden	werdest überwinden	würdest überwinden
er	wird überwinden	werde überwinden	würde überwinden
wir	werden überwinden	werden überwinden	würden überwinden
ihr	werdet überwinden	werdet überwinden	würdet überwinden
sie	werden überwinden	werden überwinden	würden überwinden

		Future Perfect Time	
	Future Perfect	*(Fut. Perf. Subj.)*	*(Past Conditional)*
ich	werde überwunden haben	werde überwunden haben	würde überwunden haben
du	wirst überwunden haben	werdest überwunden haben	würdest überwunden haben
er	wird überwunden haben	werde überwunden haben	würde überwunden haben
wir	werden überwunden haben	werden überwunden haben	würden überwunden haben
ihr	werdet überwunden haben	werdet überwunden haben	würdet überwunden haben
sie	werden überwunden haben	werden überwunden haben	würden überwunden haben

PRINC. PARTS: umstellen, stellte um,
umgestellt, stellt um
IMPERATIVE: stelle um!, stellt um!,
stellen Sie um!

umstellen

to shift, transpose, change over

	INDICATIVE	SUBJUNCTIVE	
		PRIMARY	SECONDARY
		Present Time	
	Present	(*Pres. Subj.*)	(*Imperf. Subj.*)
ich	stelle um	stelle um	stellte um
du	stellst um	stellest um	stelltest um
er	stellt um	stelle um	stellte um
wir	stellen um	stellen um	stellten um
ihr	stellt um	stellet um	stelltet um
sie	stellen um	stellen um	stellten um
	Imperfect		
ich	stellte um		
du	stelltest um		
er	stellte um		
wir	stellten um		
ihr	stelltet um		
sie	stellten um	*Past Time*	
	Perfect	(*Perf. Subj.*)	(*Pluperf. Subj.*)
ich	habe umgestellt	habe umgestellt	hätte umgestellt
du	hast umgestellt	habest umgestellt	hättest umgestellt
er	hat umgestellt	habe umgestellt	hätte umgestellt
wir	haben umgestellt	haben umgestellt	hätten umgestellt
ihr	habt umgestellt	habet umgestellt	hättet umgestellt
sie	haben umgestellt	haben umgestellt	hätten umgestellt
	Pluperfect		
ich	hatte umgestellt		
du	hattest umgestellt		
er	hatte umgestellt		
wir	hatten umgestellt		
ihr	hattet umgestellt		
sie	hatten umgestellt	*Future Time*	
	Future	(*Fut. Subj.*)	(*Pres. Conditional*)
ich	werde umstellen	werde umstellen	würde umstellen
du	wirst umstellen	werdest umstellen	würdest umstellen
er	wird umstellen	werde umstellen	würde umstellen
wir	werden umstellen	werden umstellen	würden umstellen
ihr	werdet umstellen	werdet umstellen	würdet umstellen
sie	werden umstellen	werden umstellen	würden umstellen
		Future Perfect Time	
	Future Perfect	(*Fut. Perf. Subj.*)	(*Past Conditional*)
ich	werde umgestellt haben	werde umgestellt haben	würde umgestellt haben
du	wirst umgestellt haben	werdest umgestellt haben	würdest umgestellt haben
er	wird umgestellt haben	werde umgestellt haben	würde umgestellt haben
wir	werden umgestellt haben	werden umgestellt haben	würden umgestellt haben
ihr	werdet umgestellt haben	werdet umgestellt haben	würdet umgestellt haben
sie	werden umgestellt haben	werden umgestellt haben	würden umgestellt haben

425

unterbrechen

to interrupt

PRINC. PARTS: unterbrechen, unterbrach, unterbrochen, unterbricht
IMPERATIVE: unterbrich!, unterbrecht!, unterbrechen Sie!

INDICATIVE	SUBJUNCTIVE	
	PRIMARY	SECONDARY

Present Time

	Present	*(Pres. Subj.)*	*(Imperf. Subj.)*
ich	unterbreche	unterbreche	unterbräche
du	unterbrichst	unterbrechest	unterbrächest
er	unterbricht	unterbreche	unterbräche
wir	unterbrechen	unterbrechen	unterbrächen
ihr	unterbrecht	unterbrechet	unterbrächet
sie	unterbrechen	unterbrechen	unterbrächen

	Imperfect
ich	unterbrach
du	unterbrachst
er	unterbrach
wir	unterbrachen
ihr	unterbracht
sie	unterbrachen

Past Time

	Perfect	*(Perf. Subj.)*	*(Pluperf. Subj.)*
ich	habe unterbrochen	habe unterbrochen	hätte unterbrochen
du	hast unterbrochen	habest unterbrochen	hättest unterbrochen
er	hat unterbrochen	habe unterbrochen	hätte unterbrochen
wir	haben unterbrochen	haben unterbrochen	hätten unterbrochen
ihr	habt unterbrochen	habet unterbrochen	hättet unterbrochen
sie	haben unterbrochen	haben unterbrochen	hätten unterbrochen

	Pluperfect
ich	hatte unterbrochen
du	hattest unterbrochen
er	hatte unterbrochen
wir	hatten unterbrochen
ihr	hattet unterbrochen
sie	hatten unterbrochen

Future Time

	Future	*(Fut. Subj.)*	*(Pres. Conditional)*
ich	werde unterbrechen	werde unterbrechen	würde unterbrechen
du	wirst unterbrechen	werdest unterbrechen	würdest unterbrechen
er	wird unterbrechen	werde unterbrechen	würde unterbrechen
wir	werden unterbrechen	werden unterbrechen	würden unterbrechen
ihr	werdet unterbrechen	werdet unterbrechen	würdet unterbrechen
sie	werden unterbrechen	werden unterbrechen	würden unterbrechen

Future Perfect Time

	Future Perfect	*(Fut. Perf. Subj.)*	*(Past Conditional)*
ich	werde unterbrochen haben	werde unterbrochen haben	würde unterbrochen haben
du	wirst unterbrochen haben	werdest unterbrochen haben	würdest unterbrochen haben
er	wird unterbrochen haben	werde unterbrochen haben	würde unterbrochen haben
wir	werden unterbrochen haben	werden unterbrochen haben	würden unterbrochen haben
ihr	werdet unterbrochen haben	werdet unterbrochen haben	würdet unterbrochen haben
sie	werden unterbrochen haben	werden unterbrochen haben	würden unterbrochen haben

PRINC. PARTS: sich unterhalten, unterhielt sich,
               hat sich unterhalten, unterhält sich
IMPERATIVE: unterhalte dich!, unterhaltet euch!,
               unterhalten Sie sich!

sich unterhalten

*to converse,
amuse one's self*

INDICATIVE	SUBJUNCTIVE	
	PRIMARY	SECONDARY
	Present Time	
Present	*(Pres. Subj.)*	*(Imperf. Subj.)*
ich unterhalte mich	unterhalte mich	unterhielte mich
du unterhältst dich	unterhaltest dich	unterhieltest dich
er unterhält sich	unterhalte sich	unterhielte sich
wir unterhalten uns	unterhalten uns	unterhielten uns
ihr unterhaltet euch	unterhaltet euch	unterhieltet euch
sie unterhalten sich	unterhalten sich	unterhielten sich
Imperfect		
ich unterhielt mich		
du unterhieltest dich		
er unterhielt sich		
wir unterhielten uns		
ihr unterhieltet euch		
sie unterhielten sich	*Past Time*	
Perfect	*(Perf. Subj.)*	*(Pluperf. Subj.)*
ich habe mich unterhalten	habe mich unterhalten	hätte mich unterhalten
du hast dich unterhalten	habest dich unterhalten	hättest dich unterhalten
er hat sich unterhalten	habe sich unterhalten	hätte sich unterhalten
wir haben uns unterhalten	haben uns unterhalten	hätten uns unterhalten
ihr habt euch unterhalten	habet euch unterhalten	hättet euch unterhalten
sie haben sich unterhalten	haben sich unterhalten	hätten sich unterhalten
Pluperfect		
ich hatte mich unterhalten		
du hattest dich unterhalten		
er hatte sich unterhalten		
wir hatten uns unterhalten		
ihr hattet euch unterhalten		
sie hatten sich unterhalten	*Future Time*	
Future	*(Fut. Subj.)*	*(Pres. Conditional)*
ich werde mich unterhalten	werde mich unterhalten	würde mich unterhalten
du wirst dich unterhalten	werdest dich unterhalten	würdest dich unterhalten
er wird sich unterhalten	werde sich unterhalten	würde sich unterhalten
wir werden uns unterhalten	werden uns unterhalten	würden uns unterhalten
ihr werdet euch unterhalten	werdet euch unterhalten	würdet euch unterhalten
sie werden sich unterhalten	werden sich unterhalten	würden sich unterhalten
	Future Perfect Time	
Future Perfect	*(Fut. Perf. Subj.)*	*(Past Conditional)*
ich werde mich unterhalten haben	werde mich unterhalten haben	würde mich unterhalten haben
du wirst dich unterhalten haben	werdest dich unterhalten haben	würdest dich unterhalten haben
er wird sich unterhalten haben	werde sich unterhalten haben	würde sich unterhalten haben
wir werden uns unterhalten haben	werden uns unterhalten haben	würden uns unterhalten haben
ihr werdet euch unterhalten haben	werdet euch unterhalten haben	würdet euch unterhalten haben
sie werden sich unterhalten haben	werden sich unterhalten haben	würden sich unterhalten haben

427

verachten
to despise

	INDICATIVE	SUBJUNCTIVE	
		PRIMARY	SECONDARY
		Present Time	
	Present	*(Pres. Subj.)*	*(Imperf. Subj.)*
ich	verachte	verachte	verachtete
du	verachtest	verachtest	verachtetest
er	verachtet	verachte	verachtete
wir	verachten	verachten	verachteten
ihr	verachtet	verachtet	verachtetet
sie	verachten	verachten	verachteten
	Imperfect		
ich	verachtete		
du	verachtetest		
er	verachtete		
wir	verachteten		
ihr	verachtetet		
sie	verachteten		
	Perfect	*(Perf. Subj.)*	*(Pluperf. Subj.)*
		Past Time	
ich	habe verachtet	habe verachtet	hätte verachtet
du	hast verachtet	habest verachtet	hättest verachtet
er	hat verachtet	habe verachtet	hätte verachtet
wir	haben verachtet	haben verachtet	hätten verachtet
ihr	habt verachtet	habet verachtet	hättet verachtet
sie	haben verachtet	haben verachtet	hätten verachtet
	Pluperfect		
ich	hatte verachtet		
du	hattest verachtet		
er	hatte verachtet		
wir	hatten verachtet		
ihr	hattet verachtet		
sie	hatten verachtet		
	Future	*(Fut. Subj.)*	*(Pres. Conditional)*
		Future Time	
ich	werde verachten	werde verachten	würde verachten
du	wirst verachten	werdest verachten	würdest verachten
er	wird verachten	werde verachten	würde verachten
wir	werden verachten	werden verachten	würden verachten
ihr	werdet verachten	werdet verachten	würdet verachten
sie	werden verachten	werden verachten	würden verachten
	Future Perfect	*(Fut. Perf. Subj.)*	*(Past Conditional)*
		Future Perfect Time	
ich	werde verachtet haben	werde verachtet haben	würde verachtet haben
du	wirst verachtet haben	werdest verachtet haben	würdest verachtet haben
er	wird verachtet haben	werde verachtet haben	würde verachtet haben
wir	werden verachtet haben	werden verachtet haben	würden verachtet haben
ihr	werdet verachtet haben	werdet verachtet haben	würdet verachtet haben
sie	werden verachtet haben	werden verachtet haben	würden verachtet haben

PRINC. PARTS: verderben, verdarb, verdorben,
             verdirbt
IMPERATIVE: verdirb!, verderbt!, verderben Sie!

verderben
to ruin, spoil, perish

INDICATIVE	SUBJUNCTIVE	
	PRIMARY	SECONDARY
	Present Time	
Present	(*Pres. Subj.*)	(*Imperf. Subj.*)
ich verderbe	verderbe	verdürbe
du verdirbst	verderbest	verdürbest
er verdirbt	verderbe	verdürbe
wir verderben	verderben	verdürben
ihr verderbt	verderbet	verdürbet
sie verderben	verderben	verdürben

Imperfect		
ich verdarb		
du verdarbst		
er verdarb		
wir verdarben		
ihr verdarbt		
sie verdarben	*Past Time*	
Perfect	(*Perf. Subj.*)	(*Pluperf. Subj.*)
ich habe verdorben	habe verdorben	hätte verdorben
du hast verdorben	habest verdorben	hättest verdorben
er hat verdorben	habe verdorben	hätte verdorben
wir haben verdorben	haben verdorben	hätten verdorben
ihr habt verdorben	habet verdorben	hättet verdorben
sie haben verdorben	haben verdorben	hätten verdorben

Pluperfect		
ich hatte verdorben		
du hattest verdorben		
er hatte verdorben		
wir hatten verdorben		
ihr hattet verdorben		
sie hatten verdorben	*Future Time*	
Future	(*Fut. Subj.*)	(*Pres. Conditional*)
ich werde verderben	werde verderben	würde verderben
du wirst verderben	werdest verderben	würdest verderben
er wird verderben	werde verderben	würde verderben
wir werden verderben	werden verderben	würden verderben
ihr werdet verderben	werdet verderben	würdet verderben
sie werden verderben	werden verderben	würden verderben

	Future Perfect Time	
Future Perfect	(*Fut. Perf. Subj.*)	(*Past Conditional*)
ich werde verdorben haben	werde verdorben haben	würde verdorben haben
du wirst verdorben haben	werdest verdorben haben	würdest verdorben haben
er wird verdorben haben	werde verdorben haben	würde verdorben haben
wir werden verdorben haben	werden verdorben haben	würden verdorben haben
ihr werdet verdorben haben	werdet verdorben haben	würdet verdorben haben
sie werden verdorben haben	werden verdorben haben	würden verdorben haben

429

verdichten

to thicken, condense

PRINC. PARTS: verdichten, verdichtete, verdichtet, verdichtet
IMPERATIVE: verdichte!, verdichtet!, verdichten Sie!

	INDICATIVE	SUBJUNCTIVE	
		PRIMARY	SECONDARY
		Present Time	
	Present	*(Pres. Subj.)*	*(Imperf. Subj.)*
ich	verdichte	verdichte	verdichtete
du	verdichtest	verdichtest	verdichtetest
er	verdichtet	verdichte	verdichtete
wir	verdichten	verdichten	verdichteten
ihr	verdichtet	verdichtet	verdichtetet
sie	verdichten	verdichten	verdichteten
	Imperfect		
ich	verdichtete		
du	verdichtetest		
er	verdichtete		
wir	verdichteten		
ihr	verdichtetet		
sie	verdichteten	*Past Time*	
	Perfect	*(Perf. Subj.)*	*(Pluperf. Subj.)*
ich	habe verdichtet	habe verdichtet	hätte verdichtet
du	hast verdichtet	habest verdichtet	hättest verdichtet
er	hat verdichtet	habe verdichtet	hätte verdichtet
wir	haben verdichtet	haben verdichtet	hätten verdichtet
ihr	habt verdichtet	habet verdichtet	hättet verdichtet
sie	haben verdichtet	haben verdichtet	hätten verdichtet
	Pluperfect		
ich	hatte verdichtet		
du	hattest verdichtet		
er	hatte verdichtet		
wir	hatten verdichtet		
ihr	hattet verdichtet		
sie	hatten verdichtet		
		Future Time	
	Future	*(Fut. Subj.)*	*(Pres. Conditional)*
ich	werde verdichten	werde verdichten	würde verdichten
du	wirst verdichten	werdest verdichten	würdest verdichten
er	wird verdichten	werde verdichten	würde verdichten
wir	werden verdichten	werden verdichten	würden verdichten
ihr	werdet verdichten	werdet verdichten	würdet verdichten
sie	werden verdichten	werden verdichten	würden verdichten
		Future Perfect Time	
	Future Perfect	*(Fut. Perf. Subj.)*	*(Past Conditional)*
ich	werde verdichtet haben	werde verdichtet haben	würde verdichtet haben
du	wirst verdichtet haben	werdest verdichtet haben	würdest verdichtet haben
er	wird verdichtet haben	werde verdichtet haben	würde verdichtet haben
wir	werden verdichtet haben	werden verdichtet haben	würden verdichtet haben
ihr	werdet verdichtet haben	werdet verdichtet haben	würdet verdichtet haben
sie	werden verdichtet haben	werden verdichtet haben	würden verdichtet haben

430

PRINC. PARTS: verdienen, verdiente, verdient, verdient
IMPERATIVE: verdiene!, verdient!, verdienen Sie!

	INDICATIVE	PRIMARY SUBJUNCTIVE	SECONDARY
		Present Time	
	Present	*(Pres. Subj.)*	*(Imperf. Subj.)*
ich	verdiene	verdiene	verdiente
du	verdienst	verdienest	verdientest
er	verdient	verdiene	verdiente
wir	verdienen	verdienen	verdienten
ihr	verdient	verdienet	verdientet
sie	verdienen	verdienen	verdienten

	Imperfect
ich	verdiente
du	verdientest
er	verdiente
wir	verdienten
ihr	verdientet
sie	verdienten

		Past Time	
	Perfect	*(Perf. Subj.)*	*(Pluperf. Subj.)*
ich	habe verdient	habe verdient	hätte verdient
du	hast verdient	habest verdient	hättest verdient
er	hat verdient	habe verdient	hätte verdient
wir	haben verdient	haben verdient	hätten verdient
ihr	habt verdient	habet verdient	hättet verdient
sie	haben verdient	haben verdient	hätten verdient

	Pluperfect
ich	hatte verdient
du	hattest verdient
er	hatte verdient
wir	hatten verdient
ihr	hattet verdient
sie	hatten verdient

		Future Time	
	Future	*(Fut. Subj.)*	*(Pres. Conditional)*
ich	werde verdienen	werde verdienen	würde verdienen
du	wirst verdienen	werdest verdienen	würdest verdienen
er	wird verdienen	werde verdienen	würde verdienen
wir	werden verdienen	werden verdienen	würden verdienen
ihr	werdet verdienen	werdet verdienen	würdet verdienen
sie	werden verdienen	werden verdienen	würden verdienen

		Future Perfect Time	
	Future Perfect	*(Fut. Perf. Subj.)*	*(Past Conditional)*
ich	werde verdient haben	werde verdient haben	würde verdient haben
du	wirst verdient haben	werdest verdient haben	würdest verdient haben
er	wird verdient haben	werde verdient haben	würde verdient haben
wir	werden verdient haben	werden verdient haben	würden verdient haben
ihr	werdet verdient haben	werdet verdient haben	würdet verdient haben
sie	werden verdient haben	werden verdient haben	würden verdient haben

verdrießen

to annoy, vex,
displease, grieve

PRINC. PARTS: verdrießen, verdroß, verdrossen, verdrießt
IMPERATIVE: verdrieße!, verdrießt!, verdrießen Sie!

INDICATIVE	SUBJUNCTIVE	
	PRIMARY	SECONDARY
	Present Time	
Present	*(Pres. Subj.)*	*(Imperf. Subj.)*
ich verdrieße	verdrieße	verdrösse
du verdrießt	verdrießest	verdrössest
er verdrießt	verdrieße	verdrösse
wir verdrießen	verdrießen	verdrössen
ihr verdrießt	verdrießet	verdrösset
sie verdrießen	verdrießen	verdrössen
Imperfect		
ich verdroß		
du verdrossest		
er verdroß		
wir verdrossen		
ihr verdroßt		
sie verdrossen		
	Past Time	
Perfect	*(Perf. Subj.)*	*(Pluperf. Subj.)*
ich habe verdrossen	habe verdrossen	hätte verdrossen
du hast verdrossen	habest verdrossen	hättest verdrossen
er hat verdrossen	habe verdrossen	hätte verdrossen
wir haben verdrossen	haben verdrossen	hätten verdrossen
ihr habt verdrossen	habet verdrossen	hättet verdrossen
sie haben verdrossen	haben verdrossen	hätten verdrossen
Pluperfect		
ich hatte verdrossen		
du hattest verdrossen		
er hatte verdrossen		
wir hatten verdrossen		
ihr hattet verdrossen		
sie hatten verdrossen		
	Future Time	
Future	*(Fut. Subj.)*	*(Pres. Conditional)*
ich werde verdrießen	werde verdrießen	würde verdrießen
du wirst verdrießen	werdest verdrießen	würdest verdrießen
er wird verdrießen	werde verdrießen	würde verdrießen
wir werden verdrießen	werden verdrießen	würden verdrießen
ihr werdet verdrießen	werdet verdrießen	würdet verdrießen
sie werden verdrießen	werden verdrießen	würden verdrießen
	Future Perfect Time	
Future Perfect	*(Fut. Perf. Subj.)*	*(Past Conditional)*
ich werde verdrossen haben	werde verdrossen haben	würde verdrossen haben
du wirst verdrossen haben	werdest verdrossen haben	würdest verdrossen haben
er wird verdrossen haben	werde verdrossen haben	würde verdrossen haben
wir werden verdrossen haben	werden verdrossen haben	würden verdrossen haben
ihr werdet verdrossen haben	werdet verdrossen haben	würdet verdrossen haben
sie werden verdrossen haben	werden verdrossen haben	würden verdrossen haben

432

PRINC. PARTS: vereinigen, vereinigte, vereinigt,
vereinigt
IMPERATIVE: vereinige!, vereinigt!,
vereinigen Sie!

vereinigen

to unite, join, assemble

INDICATIVE	SUBJUNCTIVE	
	PRIMARY	SECONDARY

Present Time

	Present	*(Pres. Subj.)*	*(Imperf. Subj.)*
ich	vereinige	vereinige	vereinigte
du	vereinigst	vereinigest	vereinigtest
er	vereinigt	vereinige	vereinigte
wir	vereinigen	vereinigen	vereinigten
ihr	vereinigt	vereiniget	vereinigtet
sie	vereinigen	vereinigen	vereinigten

	Imperfect
ich	vereinigte
du	vereinigtest
er	vereinigte
wir	vereinigten
ihr	vereinigtet
sie	vereinigten

Past Time

	Perfect	*(Perf. Subj.)*	*(Pluperf. Subj.)*
ich	habe vereinigt	habe vereinigt	hätte vereinigt
du	hast vereinigt	habest vereinigt	hättest vereinigt
er	hat vereinigt	habe vereinigt	hätte vereinigt
wir	haben vereinigt	haben vereinigt	hätten vereinigt
ihr	habt vereinigt	habet vereinigt	hättet vereinigt
sie	haben vereinigt	haben vereinigt	hätten vereinigt

	Pluperfect
ich	hatte vereinigt
du	hattest vereinigt
er	hatte vereinigt
wir	hatten vereinigt
ihr	hattet vereinigt
sie	hatten vereinigt

Future Time

	Future	*(Fut. Subj.)*	*(Pres. Conditional)*
ich	werde vereinigen	werde vereinigen	würde vereinigen
du	wirst vereinigen	werdest vereinigen	würdest vereinigen
er	wird vereinigen	werde vereinigen	würde vereinigen
wir	werden vereinigen	werden vereinigen	würden vereinigen
ihr	werdet vereinigen	werdet vereinigen	würdet vereinigen
sie	werden vereinigen	werden vereinigen	würden vereinigen

Future Perfect Time

	Future Perfect	*(Fut. Perf. Subj.)*	*(Past Conditional)*
ich	werde vereinigt haben	werde vereinigt haben	würde vereinigt haben
du	wirst vereinigt haben	werdest vereinigt haben	würdest vereinigt haben
er	wird vereinigt haben	werde vereinigt haben	würde vereinigt haben
wir	werden vereinigt haben	werden vereinigt haben	würden vereinigt haben
ihr	werdet vereinigt haben	werdet vereinigt haben	würdet vereinigt haben
sie	werden vereinigt haben	werden vereinigt haben	würden vereinigt haben

verführen

to seduce

PRINC. PARTS: verführen, verführte, verführt, verführt
IMPERATIVE: verführe!, verführt!, verführen Sie!

INDICATIVE	SUBJUNCTIVE	
	PRIMARY	SECONDARY

Present Time

	Present	*(Pres. Subj.)*	*(Imperf. Subj.)*
ich	verführe	verführe	verführte
du	verführst	verführest	verführtest
er	verführt	verführe	verführte
wir	verführen	verführen	verführten
ihr	verführt	verführet	verführtet
sie	verführen	verführen	verführten

	Imperfect
ich	verführte
du	verführtest
er	verführte
wir	verführten
ihr	verführtet
sie	verführten

Past Time

	Perfect	*(Perf. Subj.)*	*(Pluperf. Subj.)*
ich	habe verführt	habe verführt	hätte verführt
du	hast verführt	habest verführt	hättest verführt
er	hat verführt	habe verführt	hätte verführt
wir	haben verführt	haben verführt	hätten verführt
ihr	habt verführt	habet verführt	hättet verführt
sie	haben verführt	haben verführt	hätten verführt

	Pluperfect
ich	hatte verführt
du	hattest verführt
er	hatte verführt
wir	hatten verführt
ihr	hattet verführt
sie	hatten verführt

Future Time

	Future	*(Fut. Subj.)*	*(Pres. Conditional)*
ich	werde verführen	werde verführen	würde verführen
du	wirst verführen	werdest verführen	würdest verführen
er	wird verführen	werde verführen	würde verführen
wir	werden verführen	werden verführen	würden verführen
ihr	werdet verführen	werdet verführen	würdet verführen
sie	werden verführen	werden verführen	würden verführen

Future Perfect Time

	Future Perfect	*(Fut. Perf. Subj.)*	*(Past Conditional)*
ich	werde verführt haben	werde verführt haben	würde verführt haben
du	wirst verführt haben	werdest verführt haben	würdest verführt haben
er	wird verführt haben	werde verführt haben	würde verführt haben
wir	werden verführt haben	werden verführt haben	würden verführt haben
ihr	werdet verführt haben	werdet verführt haben	würdet verführt haben
sie	werden verführt haben	werden verführt haben	würden verführt haben

434

PRINC. PARTS: vergessen, vergaß, vergessen, vergißt
IMPERATIVE: vergiß!, vergeßt!, vergessen Sie!

to forget, neglect

INDICATIVE	SUBJUNCTIVE	
	PRIMARY	SECONDARY

Present Time

Present	*(Pres. Subj.)*	*(Imperf. Subj.)*
ich vergesse	vergesse	vergäße
du vergißt	vergessest	vergäßest
er vergißt	vergesse	vergäße
wir vergessen	vergessen	vergäßen
ihr vergeßt	vergesset	vergäßet
sie vergessen	vergessen	vergäßen

Imperfect

ich vergaß
du vergaßest
er vergaß
wir vergaßen
ihr vergaßt
sie vergaßen

Past Time

Perfect	*(Perf. Subj.)*	*(Pluperf. Subj.)*
ich habe vergessen	habe vergessen	hätte vergessen
du hast vergessen	habest vergessen	hättest vergessen
er hat vergessen	habe vergessen	hätte vergessen
wir haben vergessen	haben vergessen	hätten vergessen
ihr habt vergessen	habet vergessen	hättet vergessen
sie haben vergessen	haben vergessen	hätten vergessen

Pluperfect

ich hatte vergessen
du hattest vergessen
er hatte vergessen
wir hatten vergessen
ihr hattet vergessen
sie hatten vergessen

Future Time

Future	*(Fut. Subj.)*	*(Pres. Conditional)*
ich werde vergessen	werde vergessen	würde vergessen
du wirst vergessen	werdest vergessen	würdest vergessen
er wird vergessen	werde vergessen	würde vergessen
wir werden vergessen	werden vergessen	würden vergessen
ihr werdet vergessen	werdet vergessen	würdet vergessen
sie werden vergessen	werden vergessen	würden vergessen

Future Perfect Time

Future Perfect	*(Fut. Perf. Subj.)*	*(Past Conditional)*
ich werde vergessen haben	werde vergessen haben	würde vergessen haben
du wirst vergessen haben	werdest vergessen haben	würdest vergessen haben
er wird vergessen haben	werde vergessen haben	würde vergessen haben
wir werden vergessen haben	werden vergessen haben	würden vergessen haben
ihr werdet vergessen haben	werdet vergessen haben	würdet vergessen haben
sie werden vergessen haben	werden vergessen haben	würden vergessen haben

vergewaltigen

to do violence to, violate, rape

PRINC. PARTS: vergewaltigen, vergewaltigte, vergewaltigt, vergewaltigt

IMPERATIVE: vergewaltige!, vergewaltigt!, vergewaltigen Sie!

	INDICATIVE	SUBJUNCTIVE	
		PRIMARY	SECONDARY
	Present	*Present Time* (*Pres. Subj.*)	(*Imperf. Subj.*)
ich	vergewaltige	vergewaltige	vergewaltigte
du	vergewaltigst	vergewaltigest	vergewaltigtest
er	vergewaltigt	vergewaltige	vergewaltigte
wir	vergewaltigen	vergewaltigen	vergewaltigten
ihr	vergewaltigt	vergewaltiget	vergewaltigtet
sie	vergewaltigen	vergewaltigen	vergewaltigten
	Imperfect		
ich	vergewaltigte		
du	vergewaltigtest		
er	vergewaltigte		
wir	vergewaltigten		
ihr	vergewaltigtet		
sie	vergewaltigten	*Past Time*	
	Perfect	(*Perf. Subj.*)	(*Pluperf. Subj.*)
ich	habe vergewaltigt	habe vergewaltigt	hätte vergewaltigt
du	hast vergewaltigt	habest vergewaltigt	hättest vergewaltigt
er	hat vergewaltigt	habe vergewaltigt	hätte vergewaltigt
wir	haben vergewaltigt	haben vergewaltigt	hätten vergewaltigt
ihr	habt vergewaltigt	habet vergewaltigt	hättet vergewaltigt
sie	haben vergewaltigt	haben vergewaltigt	hätten vergewaltigt
	Pluperfect		
ich	hatte vergewaltigt		
du	hattest vergewaltigt		
er	hatte vergewaltigt		
wir	hatten vergewaltigt		
ihr	hattet vergewaltigt		
sie	hatten vergewaltigt	*Future Time*	
	Future	(*Fut. Subj.*)	(*Pres. Conditional*)
ich	werde vergewaltigen	werde vergewaltigen	würde vergewaltigen
du	wirst vergewaltigen	werdest vergewaltigen	würdest vergewaltigen
er	wird vergewaltigen	werde vergewaltigen	würde vergewaltigen
wir	werden vergewaltigen	werden vergewaltigen	würden vergewaltigen
ihr	werdet vergewaltigen	werdet vergewaltigen	würdet vergewaltigen
sie	werden vergewaltigen	werden vergewaltigen	würden vergewaltigen
		Future Perfect Time	
	Future Perfect	(*Fut. Perf. Subj.*)	(*Past Conditional*)
ich	werde vergewaltigt haben	werde vergewaltigt haben	würde vergewaltigt haben
du	wirst vergewaltigt haben	werdest vergewaltigt haben	würdest vergewaltigt haben
er	wird vergewaltigt haben	werde vergewaltigt haben	würde vergewaltigt haben
wir	werden vergewaltigt haben	werden vergewaltigt haben	würden vergewaltigt haben
ihr	werdet vergewaltigt haben	werdet vergewaltigt haben	würdet vergewaltigt haben
sie	werden vergewaltigt haben	werden vergewaltigt haben	würden vergewaltigt haben

PRINC. PARTS: sich verhalten, verhielt sich,
hat sich verhalten, verhält sich
IMPERATIVE: verhalte dich!, verhaltet euch!,
verhalten Sie sich!

sich verhalten

to behave, act; be the case

INDICATIVE	SUBJUNCTIVE	
	PRIMARY	SECONDARY

	Present	(*Pres. Subj.*)	(*Imperf. Subj.*)
		Present Time	
ich	verhalte mich	verhalte mich	verhielte mich
du	verhälst dich	verhaltest dich	verhieltest dich
er	verhält sich	verhalte sich	verhielte sich
wir	verhalten uns	verhalten uns	verhielten uns
ihr	verhaltet euch	verhaltet euch	verhieltet euch
sie	verhalten sich	verhalten sich	verhielten sich

	Imperfect
ich	verhielt mich
du	verhieltest dich
er	verhielt sich
wir	verhielten uns
ihr	verhieltet euch
sie	verhielten sich

	Perfect	(*Perf. Subj.*)	(*Pluperf. Subj.*)
		Past Time	
ich	habe mich verhalten	habe mich verhalten	hätte mich verhalten
du	hast dich verhalten	habest dich verhalten	hättest dich verhalten
er	hat sich verhalten	habe sich verhalten	hätte sich verhalten
wir	haben uns verhalten	haben uns verhalten	hätten uns verhalten
ihr	habt euch verhalten	habet euch verhalten	hättet euch verhalten
sie	haben sich verhalten	haben sich verhalten	hätten sich verhalten

	Pluperfect
ich	hatte mich verhalten
du	hattest dich verhalten
er	hatte sich verhalten
wir	hatten uns verhalten
ihr	hattet euch verhalten
sie	hatten sich verhalten

	Future	(*Fut. Subj.*)	(*Pres. Conditional*)
		Future Time	
ich	werde mich verhalten	werde mich verhalten	würde mich verhalten
du	wirst dich verhalten	werdest dich verhalten	würdest dich verhalten
er	wird sich verhalten	werde sich verhalten	würde sich verhalten
wir	werden uns verhalten	werden uns verhalten	würden uns verhalten
ihr	werdet euch verhalten	werdet euch verhalten	würdet euch verhalten
sie	werden sich verhalten	werden sich verhalten	würden sich verhalten

	Future Perfect	(*Fut. Perf. Subj.*)	(*Past Conditional*)
		Future Perfect Time	
ich	werde mich verhalten haben	werde mich verhalten haben	würde mich verhalten haben
du	wirst dich verhalten haben	werdest dich verhalten haben	würdest dich verhalten haben
er	wird sich verhalten haben	werde sich verhalten haben	würde sich verhalten haben
wir	werden uns verhalten haben	werden uns verhalten haben	würden uns verhalten haben
ihr	werdet euch verhalten haben	werdet euch verhalten haben	würdet euch verhalten haben
sie	werden sich verhalten haben	werden sich verhalten haben	würden sich verhalten haben

437

verhandeln

to negotiate

PRINC. PARTS: verhandeln, verhandelte, verhandelt, verhandelt
IMPERATIVE: verhandle!, verhandelt!, verhandeln Sie!

INDICATIVE	SUBJUNCTIVE	
	PRIMARY	SECONDARY

Present Time

	Present	*(Pres. Subj.)*	*(Imperf. Subj.)*
ich	verhandele*	verhandele*	verhandelte
du	verhandelst	verhandelst	verhandeltest
er	verhandelt	verhandele*	verhandelte
wir	verhandeln	verhandeln	verhandelten
ihr	verhandelt	verhandelt	verhandeltet
sie	verhandeln	verhandeln	verhandelten

	Imperfect
ich	verhandelte
du	verhandeltest
er	verhandelte
wir	verhandelten
ihr	verhandeltet
sie	verhandelten

Past Time

	Perfect	*(Perf. Subj.)*	*(Pluperf. Subj.)*
ich	habe verhandelt	habe verhandelt	hätte verhandelt
du	hast verhandelt	habest verhandelt	hättest verhandelt
er	hat verhandelt	habe verhandelt	hätte verhandelt
wir	haben verhandelt	haben verhandelt	hätten verhandelt
ihr	habt verhandelt	habet verhandelt	hättet verhandelt
sie	haben verhandelt	haben verhandelt	hätten verhandelt

	Pluperfect
ich	hatte verhandelt
du	hattest verhandelt
er	hatte verhandelt
wir	hatten verhandelt
ihr	hattet verhandelt
sie	hatten verhandelt

Future Time

	Future	*(Fut. Subj.)*	*(Pres. Conditional)*
ich	werde verhandeln	werde verhandeln	würde verhandeln
du	wirst verhandeln	werdest verhandeln	würdest verhandeln
er	wird verhandeln	werde verhandeln	würde verhandeln
wir	werden verhandeln	werden verhandeln	würden verhandeln
ihr	werdet verhandeln	werdet verhandeln	würdet verhandeln
sie	werden verhandeln	werden verhandeln	würden verhandeln

Future Perfect Time

	Future Perfect	*(Fut. Perf. Subj.)*	*(Past Conditional)*
ich	werde verhandelt haben	werde verhandelt haben	würde verhandelt haben
du	wirst verhandelt haben	werdest verhandelt haben	würdest verhandelt haben
er	wird verhandelt haben	werde verhandelt haben	würde verhandelt haben
wir	werden verhandelt haben	werden verhandelt haben	würden verhandelt haben
ihr	werdet verhandelt haben	werdet verhandelt haben	würdet verhandelt haben
sie	werden verhandelt haben	werden verhandelt haben	würden verhandelt haben

* 'e' preceding 'l' in these forms is usually omitted in colloquial speech. Some authorities, however, (*Duden: Rechtschreibung* v.g.) say it should be retained.

PRINC. PARTS: verhehlen, verhehlte, verhehlt,
verhehlt
IMPERATIVE: verhehle!, verhehlt!, verhehlen Sie!

verhehlen
to hide, conceal

INDICATIVE		SUBJUNCTIVE	
		PRIMARY	SECONDARY
			Present Time
	Present	*(Pres. Subj.)*	*(Imperf. Subj.)*
ich	verhehle	verhehle	verhehlte
du	verhehlst	verhehlest	verhehltest
er	verhehlt	verhehle	verhehlte
wir	verhehlen	verhehlen	verhehlten
ihr	verhehlt	verhehlet	verhehltet
sie	verhehlen	verhehlen	verhehlten

	Imperfect
ich	verhehlte
du	verhehltest
er	verhehlte
wir	verhehlten
ihr	verhehltet
sie	verhehlten

			Past Time	
	Perfect	*(Perf. Subj.)*	*(Pluperf. Subj.)*
ich	habe verhehlt	habe verhehlt	hätte verhehlt
du	hast verhehlt	habest verhehlt	hättest verhehlt
er	hat verhehlt	habe verhehlt	hätte verhehlt
wir	haben verhehlt	haben verhehlt	hätten verhehlt
ihr	habt verhehlt	habet verhehlt	hättet verhehlt
sie	haben verhehlt	haben verhehlt	hätten verhehlt

	Pluperfect
ich	hatte verhehlt
du	hattest verhehlt
er	hatte verhehlt
wir	hatten verhehlt
ihr	hattet verhehlt
sie	hatten verhehlt

			Future Time	
	Future	*(Fut. Subj.)*	*(Pres. Conditional)*
ich	werde verhehlen	werde verhehlen	würde verhehlen
du	wirst verhehlen	werdest verhehlen	würdest verhehlen
er	wird verhehlen	werde verhehlen	würde verhehlen
wir	werden verhehlen	werden verhehlen	würden verhehlen
ihr	werdet verhehlen	werdet verhehlen	würdet verhehlen
sie	werden verhehlen	werden verhehlen	würden verhehlen

			Future Perfect Time	
	Future Perfect	*(Fut. Perf. Subj.)*	*(Past Conditional)*
ich	werde verhehlt haben	werde verhehlt haben	würde verhehlt haben
du	wirst verhehlt haben	werdest verhehlt haben	würdest verhehlt haben
er	wird verhehlt haben	werde verhehlt haben	würde verhehlt haben
wir	werden verhehlt haben	werden verhehlt haben	würden verhehlt haben
ihr	werdet verhehlt haben	werdet verhehlt haben	würdet verhehlt haben
sie	werden verhehlt haben	werden verhehlt haben	würden verhehlt haben

verkaufen

to sell

PRINC. PARTS: verkaufen, verkaufte, verkauft, verkauft
IMPERATIVE: verkaufe!, verkauft!, verkaufen Sie!

	INDICATIVE	SUBJUNCTIVE	
		PRIMARY	SECONDARY
		Present Time	
	Present	*(Pres. Subj.)*	*(Imperf. Subj.)*
ich	verkaufe	verkaufe	verkaufte
du	verkaufst	verkaufest	verkauftest
er	verkauft	verkaufe	verkaufte
wir	verkaufen	verkaufen	verkauften
ihr	verkauft	verkaufet	verkauftet
sie	verkaufen	verkaufen	verkauften
	Imperfect		
ich	verkaufte		
du	verkauftest		
er	verkaufte		
wir	verkauften		
ihr	verkauftet		
sie	verkauften		
		Past Time	
	Perfect	*(Perf. Subj.)*	*(Pluperf. Subj.)*
ich	habe verkauft	habe verkauft	hätte verkauft
du	hast verkauft	habest verkauft	hättest verkauft
er	hat verkauft	habe verkauft	hätte verkauft
wir	haben verkauft	haben verkauft	hätten verkauft
ihr	habt verkauft	habet verkauft	hättet verkauft
sie	haben verkauft	haben verkauft	hätten verkauft
	Pluperfect		
ich	hatte verkauft		
du	hattest verkauft		
er	hatte verkauft		
wir	hatten verkauft		
ihr	hattet verkauft		
sie	hatten verkauft		
		Future Time	
	Future	*(Fut. Subj.)*	*(Pres. Conditional)*
ich	werde verkaufen	werde verkaufen	würde verkaufen
du	wirst verkaufen	werdest verkaufen	würdest verkaufen
er	wird verkaufen	werde verkaufen	würde verkaufen
wir	werden verkaufen	werden verkaufen	würden verkaufen
ihr	werdet verkaufen	werdet verkaufen	würdet verkaufen
sie	werden verkaufen	werden verkaufen	würden verkaufen
		Future Perfect Time	
	Future Perfect	*(Fut. Perf. Subj.)*	*(Past Conditional)*
ich	werde verkauft haben	werde verkauft haben	würde verkauft haben
du	wirst verkauft haben	werdest verkauft haben	würdest verkauft haben
er	wird verkauft haben	werde verkauft haben	würde verkauft haben
wir	werden verkauft haben	werden verkauft haben	würden verkauft haben
ihr	werdet verkauft haben	werdet verkauft haben	würdet verkauft haben
sie	werden verkauft haben	werden verkauft haben	würden verkauft haben

PRINC. PARTS: verkehren, verkehrte, verkehrt,
verkehrt
IMPERATIVE: verkehre!, verkehrt!, verkehren Sie!

to trade, traffic; frequent,
visit; reverse, pervert

INDICATIVE	SUBJUNCTIVE	
	PRIMARY	SECONDARY
	Present Time	
Present	*(Pres. Subj.)*	*(Imperf. Subj.)*
ich verkehre	verkehre	verkehrte
du verkehrst	verkehrest	verkehrtest
er verkehrt	verkehre	verkehrte
wir verkehren	verkehren	verkehrten
ihr verkehrt	verkehret	verkehrtet
sie verkehren	verkehren	verkehrten

Imperfect
ich verkehrte
du verkehrtest
er verkehrte
wir verkehrten
ihr verkehrtet
sie verkehrten

	Past Time	
Perfect	*(Perf. Subj.)*	*(Pluperf. Subj.)*
ich habe verkehrt	habe verkehrt	hätte verkehrt
du hast verkehrt	habest verkehrt	hättest verkehrt
er hat verkehrt	habe verkehrt	hätte verkehrt
wir haben verkehrt	haben verkehrt	hätten verkehrt
ihr habt verkehrt	habet verkehrt	hättet verkehrt
sie haben verkehrt	haben verkehrt	hätten verkehrt

Pluperfect
ich hatte verkehrt
du hattest verkehrt
er hatte verkehrt
wir hatten verkehrt
ihr hattet verkehrt
sie hatten verkehrt

	Future Time	
Future	*(Fut. Subj.)*	*(Pres. Conditional)*
ich werde verkehren	werde verkehren	würde verkehren
du wirst verkehren	werdest verkehren	würdest verkehren
er wird verkehren	werde verkehren	würde verkehren
wir werden verkehren	werden verkehren	würden verkehren
ihr werdet verkehren	werdet verkehren	würdet verkehren
sie werden verkehren	werden verkehren	würden verkehren

	Future Perfect Time	
Future Perfect	*(Fut. Perf. Subj.)*	*(Past Conditional)*
ich werde verkehrt haben	werde verkehrt haben	würde verkehrt haben
du wirst verkehrt haben	werdest verkehrt haben	würdest verkehrt haben
er wird verkehrt haben	werde verkehrt haben	würde verkehrt haben
wir werden verkehrt haben	werden verkehrt haben	würden verkehrt haben
ihr werdet verkehrt haben	werdet verkehrt haben	würdet verkehrt haben
sie werden verkehrt haben	werden verkehrt haben	würden verkehrt haben

verklagen

to accuse, sue

PRINC. PARTS: verklagen, verklagte, verklagt, verklagt
IMPERATIVE: verklage!, verklagt!, verklagen Sie!

	INDICATIVE	SUBJUNCTIVE	
		PRIMARY	SECONDARY
		Present Time	
	Present	*(Pres. Subj.)*	*(Imperf. Subj.)*
ich	verklage	verklage	verklagte
du	verklagst	verklagest	verklagtest
er	verklagt	verklage	verklagte
wir	verklagen	verklagen	verklagten
ihr	verklagt	verklaget	verklagtet
sie	verklagen	verklagen	verklagten
	Imperfect		
ich	verklagte		
du	verklagtest		
er	verklagte		
wir	verklagten		
ihr	verklagtet		
sie	verklagten		
		Past Time	
	Perfect	*(Perf. Subj.)*	*(Pluperf. Subj.)*
ich	habe verklagt	habe verklagt	hätte verklagt
du	hast verklagt	habest verklagt	hättest verklagt
er	hat verklagt	habe verklagt	hätte verklagt
wir	haben verklagt	haben verklagt	hätten verklagt
ihr	habt verklagt	habet verklagt	hättet verklagt
sie	haben verklagt	haben verklagt	hätten verklagt
	Pluperfect		
ich	hatte verklagt		
du	hattest verklagt		
er	hatte verklagt		
wir	hatten verklagt		
ihr	hattet verklagt		
sie	hatten verklagt		
		Future Time	
	Future	*(Fut. Subj.)*	*(Pres. Conditional)*
ich	werde verklagen	werde verklagen	würde verklagen
du	wirst verklagen	werdest verklagen	würdest verklagen
er	wird verklagen	werde verklagen	würde verklagen
wir	werden verklagen	werden verklagen	würden verklagen
ihr	werdet verklagen	werdet verklagen	würdet verklagen
sie	werden verklagen	werden verklagen	würden verklagen
		Future Perfect Time	
	Future Perfect	*(Fut. Perf. Subj.)*	*(Past Conditional)*
ich	werde verklagt haben	werde verklagt haben	würde verklagt haben
du	wirst verklagt haben	werdest verklagt haben	würdest verklagt haben
er	wird verklagt haben	werde verklagt haben	würde verklagt haben
wir	werden verklagt haben	werden verklagt haben	würden verklagt haben
ihr	werdet verklagt haben	werdet verklagt haben	würdet verklagt haben
sie	werden verklagt haben	werden verklagt haben	würden verklagt haben

PRINC. PARTS: verklären, verklärte, verklärt,
verklärt
IMPERATIVE: verkläre!, verklärt!, verklären Sie!

*to transfigure, glorify,
make radiant*

INDICATIVE	SUBJUNCTIVE	
	PRIMARY	SECONDARY

	Present	(*Pres. Subj.*)	(*Imperf. Subj.*)
		Present Time	
ich	verkläre	verkläre	verklärte
du	verklärst	verklärest	verklärtest
er	verklärt	verkläre	verklärte
wir	verklären	verklären	verklärten
ihr	verklärt	verkläret	verklärtet
sie	verklären	verklären	verklärten

	Imperfect
ich	verklärte
du	verklärtest
er	verklärte
wir	verklärten
ihr	verklärtet
sie	verklärten

Past Time

	Perfect	(*Perf. Subj.*)	(*Pluperf. Subj.*)
ich	habe verklärt	habe verklärt	hätte verklärt
du	hast verklärt	habest verklärt	hättest verklärt
er	hat verklärt	habe verklärt	hätte verklärt
wir	haben verklärt	haben verklärt	hätten verklärt
ihr	habt verklärt	habet verklärt	hättet verklärt
sie	haben verklärt	haben verklärt	hätten verklärt

	Pluperfect
ich	hatte verklärt
du	hattest verklärt
er	hatte verklärt
wir	hatten verklärt
ihr	hattet verklärt
sie	hatten verklärt

Future Time

	Future	(*Fut. Subj.*)	(*Pres. Conditional*)
ich	werde verklären	werde verklären	würde verklären
du	wirst verklären	werdest verklären	würdest verklären
er	wird verklären	werde verklären	würde verklären
wir	werden verklären	werden verklären	würden verklären
ihr	werdet verklären	werdet verklären	würdet verklären
sie	werden verklären	werden verklären	würden verklären

Future Perfect Time

	Future Perfect	(*Fut. Perf. Subj.*)	(*Past Conditional*)
ich	werde verklärt haben	werde verklärt haben	würde verklärt haben
du	wirst verklärt haben	werdest verklärt haben	würdest verklärt haben
er	wird verklärt haben	werde verklärt haben	würde verklärt haben
wir	werden verklärt haben	werden verklärt haben	würden verklärt haben
ihr	werdet verklärt haben	werdet verklärt haben	würdet verklärt haben
sie	werden verklärt haben	werden verklärt haben	würden verklärt haben

verkommen

to decay, go bad

PRINC. PARTS: verkommen, verkam, ist verkommen, verkommt
IMPERATIVE: verkomme!, verkommt!, verkommen Sie!

	INDICATIVE	SUBJUNCTIVE	
		PRIMARY	SECONDARY

	Present	(*Pres. Subj.*)	*Present Time* (*Imperf. Subj.*)
ich	verkomme	verkomme	verkäme
du	verkommst	verkommest	verkämest
er	verkommt	verkomme	verkäme
wir	verkommen	verkommen	verkämen
ihr	verkommt	verkommet	verkämet
sie	verkommen	verkommen	verkämen

	Imperfect
ich	verkam
du	verkamst
er	verkam
wir	verkamen
ihr	verkamt
sie	verkamen

	Perfect	(*Perf. Subj.*)	*Past Time* (*Pluperf. Subj.*)
ich	bin verkommen	sei verkommen	wäre verkommen
du	bist verkommen	seiest verkommen	wärest verkommen
er	ist verkommen	sei verkommen	wäre verkommen
wir	sind verkommen	seien verkommen	wären verkommen
ihr	seid verkommen	seiet verkommen	wäret verkommen
sie	sind verkommen	seien verkommen	wären verkommen

	Pluperfect
ich	war verkommen
du	warst verkommen
er	war verkommen
wir	waren verkommen
ihr	wart verkommen
sie	waren verkommen

	Future	(*Fut. Subj.*)	*Future Time* (*Pres. Conditional*)
ich	werde verkommen	werde verkommen	würde verkommen
du	wirst verkommen	werdest verkommen	würdest verkommen
er	wird verkommen	werde verkommen	würde verkommen
wir	werden verkommen	werden verkommen	würden verkommen
ihr	werdet verkommen	werdet verkommen	würdet verkommen
sie	werden verkommen	werden verkommen	würden verkommen

	Future Perfect	(*Fut. Perf. Subj.*)	*Future Perfect Time* (*Past Conditional*)
ich	werde verkommen sein	werde verkommen sein	würde verkommen sein
du	wirst verkommen sein	werdest verkommen sein	würdest verkommen sein
er	wird verkommen sein	werde verkommen sein	würde verkommen sein
wir	werden verkommen sein	werden verkommen sein	würden verkommen sein
ihr	werdet verkommen sein	werdet verkommen sein	würdet verkommen sein
sie	werden verkommen sein	werden verkommen sein	würden verkommen sein

444

PRINC. PARTS: sich verlieben, verliebte sich,
                hat sich verliebt, verliebt sich
IMPERATIVE: verliebe dich!, verliebt euch!,
                verlieben Sie sich!

sich verlieben
to fall in love

INDICATIVE	SUBJUNCTIVE	
	PRIMARY	SECONDARY
	Present Time	
Present	*(Pres. Subj.)*	*(Imperf. Subj.)*
ich verliebe mich	verliebe mich	verliebte mich
du verliebst dich	verliebest dich	verliebtest dich
er verliebt sich	verliebe sich	verliebte sich
wir verlieben uns	verlieben uns	verliebten uns
ihr verliebt euch	verliebet euch	verliebtet euch
sie verlieben sich	verlieben sich	verliebten sich
Imperfect		
ich verliebte mich		
du verliebtest dich		
er verliebte sich		
wir verliebten uns		
ihr verliebtet euch		
sie verliebten sich	*Past Time*	
Perfect	*(Perf. Subj.)*	*(Pluperf. Subj.)*
ich habe mich verliebt	habe mich verliebt	hätte mich verliebt
du hast dich verliebt	habest dich verliebt	hättest dich verliebt
er hat sich verliebt	habe sich verliebt	hätte sich verliebt
wir haben uns verliebt	haben uns verliebt	hätten uns verliebt
ihr habt euch verliebt	habet euch verliebt	hättet euch verliebt
sie haben sich verliebt	haben sich verliebt	hätten sich verliebt
Pluperfect		
ich hatte mich verliebt		
du hattest dich verliebt		
er hatte sich verliebt		
wir hatten uns verliebt		
ihr hattet euch verliebt		
sie hatten sich verliebt	*Future Time*	
Future	*(Fut. Subj.)*	*(Pres. Conditional)*
ich werde mich verlieben	werde mich verlieben	würde mich verlieben
du wirst dich verlieben	werdest dich verlieben	würdest dich verlieben
er wird sich verlieben	werde sich verlieben	würde sich verlieben
wir werden uns verlieben	werden uns verlieben	würden uns verlieben
ihr werdet euch verlieben	werdet euch verlieben	würdet euch verlieben
sie werden sich verlieben	werden sich verlieben	würden sich verlieben
	Future Perfect Time	
Future Perfect	*(Fut. Perf. Subj.)*	*(Past Conditional)*
ich werde mich verliebt haben	werde mich verliebt haben	würde mich verliebt haben
du wirst dich verliebt haben	werdest dich verliebt haben	würdest dich verliebt haben
er wird sich verliebt haben	werde sich verliebt haben	würde sich verliebt haben
wir werden uns verliebt haben	werden uns verliebt haben	würden uns verliebt haben
ihr werdet euch verliebt haben	werdet euch verliebt haben	würdet euch verliebt haben
sie werden sich verliebt haben	werden sich verliebt haben	würden sich verliebt haben

verlieren

to lose

PRINC. PARTS: verlieren, verlor, verloren, verliert
IMPERATIVE: verliere!, verliert!, verlieren Sie!

	INDICATIVE	SUBJUNCTIVE	
		PRIMARY	SECONDARY

Present Time

	Present	*(Pres. Subj.)*	*(Imperf. Subj.)*
ich	verliere	verliere	verlöre
du	verlierst	verlierest	verlörest
er	verliert	verliere	verlöre
wir	verlieren	verlieren	verlören
ihr	verliert	verlieret	verlöret
sie	verlieren	verlieren	verlören

	Imperfect
ich	verlor
du	verlorst
er	verlor
wir	verloren
ihr	verlort
sie	verloren

Past Time

	Perfect	*(Perf. Subj.)*	*(Pluperf. Subj.)*
ich	habe verloren	habe verloren	hätte verloren
du	hast verloren	habest verloren	hättest verloren
er	hat verloren	habe verloren	hätte verloren
wir	haben verloren	haben verloren	hätten verloren
ihr	habt verloren	habet verloren	hättet verloren
sie	haben verloren	haben verloren	hätten verloren

	Pluperfect
ich	hatte verloren
du	hattest verloren
er	hatte verloren
wir	hatten verloren
ihr	hattet verloren
sie	hatten verloren

Future Time

	Future	*(Fut. Subj.)*	*(Pres. Conditional)*
ich	werde verlieren	werde verlieren	würde verlieren
du	wirst verlieren	werdest verlieren	würdest verlieren
er	wird verlieren	werde verlieren	würde verlieren
wir	werden verlieren	werden verlieren	würden verlieren
ihr	werdet verlieren	werdet verlieren	würdet verlieren
sie	werden verlieren	werden verlieren	würden verlieren

Future Perfect Time

	Future Perfect	*(Fut. Perf. Subj.)*	*(Past Conditional)*
ich	werde verloren haben	werde verloren haben	würde verloren haben
du	wirst verloren haben	werdest verloren haben	würdest verloren haben
er	wird verloren haben	werde verloren haben	würde verloren haben
wir	werden verloren haben	werden verloren haben	würden verloren haben
ihr	werdet verloren haben	werdet verloren haben	würdet verloren haben
sie	werden verloren haben	werden verloren haben	würden verloren haben

PRINC. PARTS: vermehren, vermehrte, vermehrt, vermehrt
IMPERATIVE: vermehre!, vermehrt!, vermehren Sie!

INDICATIVE	SUBJUNCTIVE	
	PRIMARY	SECONDARY
	Present Time	
Present	*(Pres. Subj.)*	*(Imperf. Subj.)*
ich vermehre	vermehre	vermehrte
du vermehrst	vermehrest	vermehrtest
er vermehrt	vermehre	vermehrte
wir vermehren	vermehren	vermehrten
ihr vermehrt	vermehret	vermehrtet
sie vermehren	vermehren	vermehrten

Imperfect

ich vermehrte
du vermehrtest
er vermehrte
wir vermehrten
ihr vermehrtet
sie vermehrten

	Past Time	
Perfect	*(Perf. Subj.)*	*(Pluperf. Subj.)*
ich habe vermehrt	habe vermehrt	hätte vermehrt
du hast vermehrt	habest vermehrt	hättest vermehrt
er hat vermehrt	habe vermehrt	hätte vermehrt
wir haben vermehrt	haben vermehrt	hätten vermehrt
ihr habt vermehrt	habet vermehrt	hättet vermehrt
sie haben vermehrt	haben vermehrt	hätten vermehrt

Pluperfect

ich hatte vermehrt
du hattest vermehrt
er hatte vermehrt
wir hatten vermehrt
ihr hattet vermehrt
sie hatten vermehrt

	Future Time	
Future	*(Fut. Subj.)*	*(Pres. Conditional)*
ich werde vermehren	werde vermehren	würde vermehren
du wirst vermehren	werdest vermehren	würdest vermehren
er wird vermehren	werde vermehren	würde vermehren
wir werden vermehren	werden vermehren	würden vermehren
ihr werdet vermehren	werdet vermehren	würdet vermehren
sie werden vermehren	werden vermehren	würden vermehren

	Future Perfect Time	
Future Perfect	*(Fut. Perf. Subj.)*	*(Past Conditional)*
ich werde vermehrt haben	werde vermehrt haben	würde vermehrt haben
du wirst vermehrt haben	werdest vermehrt haben	würdest vermehrt haben
er wird vermehrt haben	werde vermehrt haben	würde vermehrt haben
wir werden vermehrt haben	werden vermehrt haben	würden vermehrt haben
ihr werdet vermehrt haben	werdet vermehrt haben	würdet vermehrt haben
sie werden vermehrt haben	werden vermehrt haben	würden vermehrt haben

vernichten

to annihilate, exterminate, nullify

PRINC. PARTS: vernichten, vernichtete, vernichtet, vernichtet

IMPERATIVE: vernichte!, vernichtet!, vernichten Sie!

	INDICATIVE	SUBJUNCTIVE	
		PRIMARY	SECONDARY
		Present Time	
	Present	(*Pres. Subj.*)	(*Imperf. Subj.*)
ich	vernichte	vernichte	vernichtete
du	vernichtest	vernichtest	vernichtetest
er	vernichtet	vernichte	vernichtete
wir	vernichten	vernichten	vernichteten
ihr	vernichtet	vernichtet	vernichtetet
sie	vernichten	vernichten	vernichteten
	Imperfect		
ich	vernichtete		
du	vernichtetest		
er	vernichtete		
wir	vernichteten		
ihr	vernichtetet		
sie	vernichteten		
		Past Time	
	Perfect	(*Perf. Subj.*)	(*Pluperf. Subj.*)
ich	habe vernichtet	habe vernichtet	hätte vernichtet
du	hast vernichtet	habest vernichtet	hättest vernichtet
er	hat vernichtet	habe vernichtet	hätte vernichtet
wir	haben vernichtet	haben vernichtet	hätten vernichtet
ihr	habt vernichtet	habet vernichtet	hättet vernichtet
sie	haben vernichtet	haben vernichtet	hätten vernichtet
	Pluperfect		
ich	hatte vernichtet		
du	hattest vernichtet		
er	hatte vernichtet		
wir	hatten vernichtet		
ihr	hattet vernichtet		
sie	hatten vernichtet		
		Future Time	
	Future	(*Fut. Subj.*)	(*Pres. Conditional*)
ich	werde vernichten	werde vernichten	würde vernichten
du	wirst vernichten	werdest vernichten	würdest vernichten
er	wird vernichten	werde vernichten	würde vernichten
wir	werden vernichten	werden vernichten	würden vernichten
ihr	werdet vernichten	werdet vernichten	würdet vernichten
sie	werden vernichten	werden vernichten	würden vernichten
		Future Perfect Time	
	Future Perfect	(*Fut. Perf. Subj.*)	(*Past Conditional*)
ich	werde vernichtet haben	werde vernichtet haben	würde vernichtet haben
du	wirst vernichtet haben	werdest vernichtet haben	würdest vernichtet haben
er	wird vernichtet haben	werde vernichtet haben	würde vernichtet haben
wir	werden vernichtet haben	werden vernichtet haben	würden vernichtet haben
ihr	werdet vernichtet haben	werdet vernichtet haben	würdet vernichtet haben
sie	werden vernichtet haben	werden vernichtet haben	würden vernichtet haben

PRINC. PARTS: verraten, verriet, verraten, verrät
IMPERATIVE: verrate!, verratet!, verraten Sie!

	INDICATIVE	SUBJUNCTIVE	
		PRIMARY	SECONDARY
		Present Time	
	Present	*(Pres. Subj.)*	*(Imperf. Subj.)*
ich	verrate	verrate	verriete
du	verrätst	verratest	verrietest
er	verrät	verrate	verriete
wir	verraten	verraten	verrieten
ihr	verratet	verratet	verrietet
sie	verraten	verraten	verrieten

	Imperfect
ich	verriet
du	verrietest
er	verriet
wir	verrieten
ihr	verrietet
sie	verrieten

			Past Time	
	Perfect	*(Perf. Subj.)*	*(Pluperf. Subj.)*
ich	habe verraten	habe verraten	hätte verraten
du	hast verraten	habest verraten	hättest verraten
er	hat verraten	habe verraten	hätte verraten
wir	haben verraten	haben verraten	hätten verraten
ihr	habt verraten	habet verraten	hättet verraten
sie	haben verraten	haben verraten	hätten verraten

	Pluperfect
ich	hatte verraten
du	hattest verraten
er	hatte verraten
wir	hatten verraten
ihr	hattet verraten
sie	hatten verraten

			Future Time	
	Future	*(Fut. Subj.)*	*(Pres. Conditional)*
ich	werde verraten	werde verraten	würde verraten
du	wirst verraten	werdest verraten	würdest verraten
er	wird verraten	werde verraten	würde verraten
wir	werden verraten	werden verraten	würden verraten
ihr	werdet verraten	werdet verraten	würdet verraten
sie	werden verraten	werden verraten	würden verraten

			Future Perfect Time	
	Future Perfect	*(Fut. Perf. Subj.)*	*(Past Conditional)*
ich	werde verraten haben	werde verraten haben	würde verraten haben
du	wirst verraten haben	werdest verraten haben	würdest verraten haben
er	wird verraten haben	werde verraten haben	würde verraten haben
wir	werden verraten haben	werden verraten haben	würden verraten haben
ihr	werdet verraten haben	werdet verraten haben	würdet verraten haben
sie	werden verraten haben	werden verraten haben	würden verraten haben

449

verrecken

to die, (slang) croak

PRINC. PARTS: verrecken, verreckte, ist verreckt, verreckt

IMPERATIVE: verrecke!, verreckt!, verrecken Sie!

INDICATIVE	SUBJUNCTIVE	
	PRIMARY	SECONDARY

Present Time

	Present	*(Pres. Subj.)*	*(Imperf. Subj.)*
ich	verrecke	verrecke	verreckte
du	verreckst	verreckest	verrecktest
er	verreckt	verrecke	verreckte
wir	verrecken	verrecken	verreckten
ihr	verreckt	verrecket	verrecktet
sie	verrecken	verrecken	verreckten

	Imperfect
ich	verreckte
du	verrecktest
er	verreckte
wir	verreckten
ihr	verrecktet
sie	verreckten

Past Time

	Perfect	*(Perf. Subj.)*	*(Pluperf. Subj.)*
ich	bin verreckt	sei verreckt	wäre verreckt
du	bist verreckt	seiest verreckt	wärest verreckt
er	ist verreckt	sei verreckt	wäre verreckt
wir	sind verreckt	seien verreckt	wären verreckt
ihr	seid verreckt	seiet verreckt	wäret verreckt
sie	sind verreckt	seien verreckt	wären verreckt

	Pluperfect
ich	war verreckt
du	warst verreckt
er	war verreckt
wir	waren verreckt
ihr	wart verreckt
sie	waren verreckt

Future Time

	Future	*(Fut. Subj.)*	*(Pres. Conditional)*
ich	werde verrecken	werde verrecken	würde verrecken
du	wirst verrecken	werdest verrecken	würdest verrecken
er	wird verrecken	werde verrecken	würde verrecken
wir	werden verrecken	werden verrecken	würden verrecken
ihr	werdet verrecken	werdet verrecken	würdet verrecken
sie	werden verrecken	werden verrecken	würden verrecken

Future Perfect Time

	Future Perfect	*(Fut. Perf. Subj.)*	*(Past Conditional)*
ich	werde verreckt sein	werde verreckt sein	würde verreckt sein
du	wirst verreckt sein	werdest verreckt sein	würdest verreckt sein
er	wird verreckt sein	werde verreckt sein	würde verreckt sein
wir	werden verreckt sein	werden verreckt sein	würden verreckt sein
ihr	werdet verreckt sein	werdet verreckt sein	würdet verreckt sein
sie	werden verreckt sein	werden verreckt sein	würden verreckt sein

PRINC. PARTS: verrichten, verrichtete,
verrichtet, verrichtet
IMPERATIVE: verrichte!, verrichtet!,
verrichten Sie!

verrichten

to do, perform, execute

INDICATIVE	SUBJUNCTIVE	
	PRIMARY	SECONDARY
	Present Time	
Present	(*Pres. Subj.*)	(*Imperf. Subj.*)
ich verrichte	verrichte	verrichtete
du verrichtest	verrichtest	verrichtetest
er verrichtet	verrichte	verrichtete
wir verrichten	verrichten	verrichteten
ihr verrichtet	verrichtet	verrichtetet
sie verrichten	verrichten	verrichteten
Imperfect		
ich verrichtete		
du verrichtetest		
er verrichtete		
wir verrichteten		
ihr verrichtetet		
sie verrichteten	*Past Time*	
Perfect	(*Perf. Subj.*)	(*Pluperf. Subj.*)
ich habe verrichtet	habe verrichtet	hätte verrichtet
du hast verrichtet	habest verrichtet	hättest verrichtet
er hat verrichtet	habe verrichtet	hätte verrichtet
wir haben verrichtet	haben verrichtet	hätten verrichtet
ihr habt verrichtet	habet verrichtet	hättet verrichtet
sie haben verrichtet	haben verrichtet	hätten verrichtet
Pluperfect		
ich hatte verrichtet		
du hattest verrichtet		
er hatte verrichtet		
wir hatten verrichtet		
ihr hattet verrichtet		
sie hatten verrichtet	*Future Time*	
Future	(*Fut. Subj.*)	(*Pres. Conditional*)
ich werde verrichten	werde verrichten	würde verrichten
du wirst verrichten	werdest verrichten	würdest verrichten
er wird verrichten	werde verrichten	würde verrichten
wir werden verrichten	werden verrichten	würden verrichten
ihr werdet verrichten	werdet verrichten	würdet verrichten
sie werden verrichten	werden verrichten	würden verrichten
	Future Perfect Time	
Future Perfect	(*Fut. Perf. Subj.*)	(*Past Conditional*)
ich werde verrichtet haben	werde verrichtet haben	würde verrichtet haben
du wirst verrichtet haben	werdest verrichtet haben	würdest verrichtet haben
er wird verrichtet haben	werde verrichtet haben	würde verrichtet haben
wir werden verrichtet haben	werden verrichtet haben	würden verrichtet haben
ihr werdet verrichtet haben	werdet verrichtet haben	würdet verrichtet haben
sie werden verrichtet haben	werden verrichtet haben	würden verrichtet haben

451

versagen

to refuse, fail

PRINC. PARTS: versagen, versagte, versagt, versagt
IMPERATIVE: versage!, versagt!, versagen Sie!

| | INDICATIVE | SUBJUNCTIVE | |
| | | PRIMARY | SECONDARY |

Present Time

	Present	*(Pres. Subj.)*	*(Imperf. Subj.)*
ich	versage	versage	versagte
du	versagst	versagest	versagtest
er	versagt	versage	versagte
wir	versagen	versagen	versagten
ihr	versagt	versaget	versagtet
sie	versagen	versagen	versagten

	Imperfect
ich	versagte
du	versagtest
er	versagte
wir	versagten
ihr	versagtet
sie	versagten

Past Time

	Perfect	*(Perf. Subj.)*	*(Pluperf. Subj.)*
ich	habe versagt	habe versagt	hätte versagt
du	hast versagt	habest versagt	hättest versagt
er	hat versagt	habe versagt	hätte versagt
wir	haben versagt	haben versagt	hätten versagt
ihr	habt versagt	habet versagt	hättet versagt
sie	haben versagt	haben versagt	hätten versagt

	Pluperfect
ich	hatte versagt
du	hattest versagt
er	hatte versagt
wir	hatten versagt
ihr	hattet versagt
sie	hatten versagt

Future Time

	Future	*(Fut. Subj.)*	*(Pres. Conditional)*
ich	werde versagen	werde versagen	würde versagen
du	wirst versagen	werdest versagen	würdest versagen
er	wird versagen	werde versagen	würde versagen
wir	werden versagen	werden versagen	würden versagen
ihr	werdet versagen	werdet versagen	würdet versagen
sie	werden versagen	werden versagen	würden versagen

Future Perfect Time

	Future Perfect	*(Fut. Perf. Subj.)*	*(Past Conditional)*
ich	werde versagt haben	werde versagt haben	würde versagt haben
du	wirst versagt haben	werdest versagt haben	würdest versagt haben
er	wird versagt haben	werde versagt haben	würde versagt haben
wir	werden versagt haben	werden versagt haben	würden versagt haben
ihr	werdet versagt haben	werdet versagt haben	würdet versagt haben
sie	werden versagt haben	werden versagt haben	würden versagt haben

versehren

to wound, hurt, damage

INDICATIVE	SUBJUNCTIVE	
	PRIMARY	SECONDARY
	Present Time	
Present	*(Pres. Subj.)*	*(Imperf. Subj.)*
ich versehre	versehre	versehrte
du versehrst	versehrest	versehrtest
er versehrt	versehre	versehrte
wir versehren	versehren	versehrten
ihr versehrt	versehret	versehrtet
sie versehren	versehren	versehrten

Imperfect
ich versehrte
du versehrtest
er versehrte
wir versehrten
ihr versehrtet
sie versehrten

		Past Time	
Perfect	*(Perf. Subj.)*	*(Pluperf. Subj.)*
ich habe versehrt	habe versehrt	hätte versehrt
du hast versehrt	habest versehrt	hättest versehrt
er hat versehrt	habe versehrt	hätte versehrt
wir haben versehrt	haben versehrt	hätten versehrt
ihr habt versehrt	habet versehrt	hättet versehrt
sie haben versehrt	haben versehrt	hätten versehrt

Pluperfect
ich hatte versehrt
du hattest versehrt
er hatte versehrt
wir hatten versehrt
ihr hattet versehrt
sie hatten versehrt

	Future Time	
Future	*(Fut. Subj.)*	*(Pres. Conditional)*
ich werde versehren	werde versehren	würde versehren
du wirst versehren	werdest versehren	würdest versehren
er wird versehren	werde versehren	würde versehren
wir werden versehren	werden versehren	würden versehren
ihr werdet versehren	werdet versehren	würdet versehren
sie werden versehren	werden versehren	würden versehren

	Future Perfect Time	
Future Perfect	*(Fut. Perf. Subj.)*	*(Past Conditional)*
ich werde versehrt haben	werde versehrt haben	würde versehrt haben
du wirst versehrt haben	werdest versehrt haben	würdest versehrt haben
er wird versehrt haben	werde versehrt haben	würde versehrt haben
wir werden versehrt haben	werden versehrt haben	würden versehrt haben
ihr werdet versehrt haben	werdet versehrt haben	würdet versehrt haben
sie werden versehrt haben	werden versehrt haben	würden versehrt haben

verstehen
to understand

PRINC. PARTS: verstehen, verstand, verstanden, versteht
IMPERATIVE: verstehe!, versteht!, verstehen Sie!

INDICATIVE	SUBJUNCTIVE		
	PRIMARY		SECONDARY
		Present Time	
Present	*(Pres. Subj.)*		*(Imperf. Subj.)*
ich verstehe	verstehe	verstände	verstünde
du verstehst	verstehest	verständest	verstündest
er versteht	verstehe	verstände *or*	verstünde
wir verstehen	verstehen	verständen	verstünden
ihr versteht	verstehet	verständet	verstündet
sie verstehen	verstehen	verständen	verstünden

Imperfect

ich verstand
du verstandest
er verstand
wir verstanden
ihr verstandet
sie verstanden

Perfect	*(Perf. Subj.)*	*(Pluperf. Subj.)*
ich habe verstanden	habe verstanden	hätte verstanden
du hast verstanden	habest verstanden	hättest verstanden
er hat verstanden	habe verstanden	hätte verstanden
wir haben verstanden	haben verstanden	hätten verstanden
ihr habt verstanden	habet verstanden	hättet verstanden
sie haben verstanden	haben verstanden	hätten verstanden

Pluperfect

ich hatte verstanden
du hattest verstanden
er hatte verstanden
wir hatten verstanden
ihr hattet verstanden
sie hatten verstanden

Past Time

Future	*(Fut. Subj.)*	*(Pres. Conditional)*
ich werde verstehen	werde verstehen	würde verstehen
du wirst verstehen	werdest verstehen	würdest verstehen
er wird verstehen	werde verstehen	würde verstehen
wir werden verstehen	werden verstehen	würden verstehen
ihr werdet verstehen	werdet verstehen	würdet verstehen
sie werden verstehen	werden verstehen	würden verstehen

Future Time

	Future Perfect Time	
Future Perfect	*(Fut. Perf. Subj.)*	*(Past Conditional)*
ich werde verstanden haben	werde verstanden haben	würde verstanden haben
du wirst verstanden haben	werdest verstanden haben	würdest verstanden haben
er wird verstanden haben	werde verstanden haben	würde verstanden haben
wir werden verstanden haben	werden verstanden haben	würden verstanden haben
ihr werdet verstanden haben	werdet verstanden haben	würdet verstanden haben
sie werden verstanden haben	werden verstanden haben	würden verstanden haben

verstricken

to entangle, ensnare

	INDICATIVE	SUBJUNCTIVE	
		PRIMARY	SECONDARY

Present Time

	Present	*(Pres. Subj.)*	*(Imperf. Subj.)*
ich	verstricke	verstricke	verstrickte
du	verstrickst	verstrickest	verstricktest
er	verstrickt	verstricke	verstrickte
wir	verstricken	verstricken	verstrickten
ihr	verstrickt	verstricket	verstricktet
sie	verstricken	verstricken	verstrickten

	Imperfect
ich	verstrickte
du	verstricktest
er	verstrickte
wir	verstrickten
ihr	verstricktet
sie	verstrickten

Past Time

	Perfect	*(Perf. Subj.)*	*(Pluperf. Subj.)*
ich	habe verstrickt	habe verstrickt	hätte verstrickt
du	hast verstrickt	habest verstrickt	hättest verstrickt
er	hat verstrickt	habe verstrickt	hätte verstrickt
wir	haben verstrickt	haben verstrickt	hätten verstrickt
ihr	habt verstrickt	habet verstrickt	hättet verstrickt
sie	haben verstrickt	haben verstrickt	hätten verstrickt

	Pluperfect
ich	hatte verstrickt
du	hattest verstrickt
er	hatte verstrickt
wir	hatten verstrickt
ihr	hattet verstrickt
sie	hatten verstrickt

Future Time

	Future	*(Fut. Subj.)*	*(Pres. Conditional)*
ich	werde verstricken	werde verstricken	würde verstricken
du	wirst verstricken	werdest verstricken	würdest verstricken
er	wird verstricken	werde verstricken	würde verstricken
wir	werden verstricken	werden verstricken	würden verstricken
ihr	werdet verstricken	werdet verstricken	würdet verstricken
sie	werden verstricken	werden verstricken	würden verstricken

Future Perfect Time

	Future Perfect	*(Fut. Perf. Subj.)*	*(Past Conditional)*
ich	werde verstrickt haben	werde verstrickt haben	würde verstrickt haben
du	wirst verstrickt haben	werdest verstrickt haben	würdest verstrickt haben
er	wird verstrickt haben	werde verstrickt haben	würde verstrickt haben
wir	werden verstrickt haben	werden verstrickt haben	würden verstrickt haben
ihr	werdet verstrickt haben	werdet verstrickt haben	würdet verstrickt haben
sie	werden verstrickt haben	werden verstrickt haben	würden verstrickt haben

455

versuchen

to attempt, try; tempt;
sample

PRINC. PARTS: versuchen, versuchte, versucht,
versucht
IMPERATIVE: versuche!, versucht!,
versuchen Sie!

	INDICATIVE	SUBJUNCTIVE	
		PRIMARY	SECONDARY
		Present Time	
	Present	*(Pres. Subj.)*	*(Imperf. Subj.)*
ich	versuche	versuche	versuchte
du	versuchst	versuchest	versuchtest
er	versucht	versuche	versuchte
wir	versuchen	versuchen	versuchten
ihr	versucht	versuchet	versuchtet
sie	versuchen	versuchen	versuchten
	Imperfect		
ich	versuchte		
du	versuchtest		
er	versuchte		
wir	versuchten		
ihr	versuchtet		
sie	versuchten		
	Perfect	*(Perf. Subj.)*	*Past Time* *(Pluperf. Subj.)*
ich	habe versucht	habe versucht	hätte versucht
du	hast versucht	habest versucht	hättest versucht
er	hat versucht	habe versucht	hätte versucht
wir	haben versucht	haben versucht	hätten versucht
ihr	habt versucht	habet versucht	hättet versucht
sie	haben versucht	haben versucht	hätten versucht
	Pluperfect		
ich	hatte versucht		
du	hattest versucht		
er	hatte versucht		
wir	hatten versucht		
ihr	hattet versucht		
sie	hatten versucht		
	Future	*(Fut. Subj.)*	*Future Time* *(Pres. Conditional)*
ich	werde versuchen	werde versuchen	würde versuchen
du	wirst versuchen	werdest versuchen	würdest versuchen
er	wird versuchen	werde versuchen	würde versuchen
wir	werden versuchen	werden versuchen	würden versuchen
ihr	werdet versuchen	werdet versuchen	würdet versuchen
sie	werden versuchen	werden versuchen	würden versuchen
	Future Perfect	*(Fut. Perf. Subj.)*	*Future Perfect Time* *(Past Conditional)*
ich	werde versucht haben	werde versucht haben	würde versucht haben
du	wirst versucht haben	werdest versucht haben	würdest versucht haben
er	wird versucht haben	werde versucht haben	würde versucht haben
wir	werden versucht haben	werden versucht haben	würden versucht haben
ihr	werdet versucht haben	werdet versucht haben	würdet versucht haben
sie	werden versucht haben	werden versucht haben	würden versucht haben

456

PRINC. PARTS: verwalten, verwaltete, verwaltet,   **verwalten**
          verwaltet
IMPERATIVE: verwalte!, verwaltet!, verwalten Sie!   *to administer, manage*

INDICATIVE	SUBJUNCTIVE	
	PRIMARY	SECONDARY
	Present Time	
Present	*(Pres. Subj.)*	*(Imperf. Subj.)*
ich verwalte	verwalte	verwaltete
du verwaltest	verwaltest	verwaltetest
er verwaltet	verwalte	verwaltete
wir verwalten	verwalten	verwalteten
ihr verwaltet	verwaltet	verwaltetet
sie verwalten	verwalten	verwalteten

Imperfect
ich verwaltete
du verwaltetest
er verwaltete
wir verwalteten
ihr verwaltetet
sie verwalteten

	Past Time	
Perfect	*(Perf. Subj.)*	*(Pluperf. Subj.)*
ich habe verwaltet	habe verwaltet	hätte verwaltet
du hast verwaltet	habest verwaltet	hättest verwaltet
er hat verwaltet	habe verwaltet	hätte verwaltet
wir haben verwaltet	haben verwaltet	hätten verwaltet
ihr habt verwaltet	habet verwaltet	hättet verwaltet
sie haben verwaltet	haben verwaltet	hätten verwaltet

Pluperfect
ich hatte verwaltet
du hattest verwaltet
er hatte verwaltet
wir hatten verwaltet
ihr hattet verwaltet
sie hatten verwaltet

	Future Time	
Future	*(Fut. Subj.)*	*(Pres. Conditional)*
ich werde verwalten	werde verwalten	würde verwalten
du wirst verwalten	werdest verwalten	würdest verwalten
er wird verwalten	werde verwalten	würde verwalten
wir werden verwalten	werden verwalten	würden verwalten
ihr werdet verwalten	werdet verwalten	würdet verwalten
sie werden verwalten	werden verwalten	würden verwalten

	Future Perfect Time	
Future Perfect	*(Fut. Perf. Subj.)*	*(Past Conditional)*
ich werde verwaltet haben	werde verwaltet haben	würde verwaltet haben
du wirst verwaltet haben	werdest verwaltet haben	würdest verwaltet haben
er wird verwaltet haben	werde verwaltet haben	würde verwaltet haben
wir werden verwaltet haben	werden verwaltet haben	würden verwaltet haben
ihr werdet verwaltet haben	werdet verwaltet haben	würdet verwaltet haben
sie werden verwaltet haben	werden verwaltet haben	würden verwaltet haben

457

verwechseln

to confuse; change by mistake

PRINC. PARTS: **verwechseln, verwechselte, verwechselt, verwechselt**
IMPERATIVE: **verwechsle!, verwechselt!, verwechseln Sie!**

INDICATIVE		SUBJUNCTIVE	
		PRIMARY	SECONDARY
		Present Time	
	Present	*(Pres. Subj.)*	*(Imperf. Subj.)*
ich	verwechsele*	verwechsele*	verwechselte
du	verwechselst	verwechselst	verwechseltest
er	verwechselt	verwechsele*	verwechselte
wir	verwechseln	verwechseln	verwechselten
ihr	verwechselt	verwechselt	verwechseltet
sie	verwechseln	verwechseln	verwechselten
	Imperfect		
ich	verwechselte		
du	verwechseltest		
er	verwechselte		
wir	verwechselten		
ihr	verwechseltet		
sie	verwechselten	*Past Time*	
	Perfect	*(Perf. Subj.)*	*(Pluperf. Subj.)*
ich	habe verwechselt	habe verwechselt	hätte verwechselt
du	hast verwechselt	habest verwechselt	hättest verwechselt
er	hat verwechselt	habe verwechselt	hätte verwechselt
wir	haben verwechselt	haben verwechselt	hätten verwechselt
ihr	habt verwechselt	habet verwechselt	hättet verwechselt
sie	haben verwechselt	haben verwechselt	hätten verwechselt
	Pluperfect		
ich	hatte verwechselt		
du	hattest verwechselt		
er	hatte verwechselt		
wir	hatten verwechselt		
ihr	hattet verwechselt		
sie	hatten verwechselt	*Future Time*	
	Future	*(Fut. Subj.)*	*(Pres. Conditional)*
ich	werde verwechseln	werde verwechseln	würde verwechseln
du	wirst verwechseln	werdest verwechseln	würdest verwechseln
er	wird verwechseln	werde verwechseln	würde verwechseln
wir	werden verwechseln	werden verwechseln	würden verwechseln
ihr	werdet verwechseln	werdet verwechseln	würdet verwechseln
sie	werden verwechseln	werden verwechseln	würden verwechseln
		Future Perfect Time	
	Future Perfect	*(Fut. Perf. Subj.)*	*(Past Conditional)*
ich	werde verwechselt haben	werde verwechselt haben	würde verwechselt haben
du	wirst verwechselt haben	werdest verwechselt haben	würdest verwechselt haben
er	wird verwechselt haben	werde verwechselt haben	würde verwechselt haben
wir	werden verwechselt haben	werden verwechselt haben	würden verwechselt haben
ihr	werdet verwechselt haben	werdet verwechselt haben	würdet verwechselt haben
sie	werden verwechselt haben	werden verwechselt haben	würden verwechselt haben

* 'e' preceding 'l' in these forms is usually omitted in colloquial speech. Some authorities, however, (*Duden: Rechtschreibung* v.g.) say it should be retained.

PRINC. PARTS: verweilen, verweilte, verweilt,
verweilt
IMPERATIVE: verweile!*, verweilt!,
verweilen Sie!

verweilen

to stay, stop, linger, tarry

INDICATIVE	SUBJUNCTIVE	
	PRIMARY	SECONDARY
	Present Time	
Present	*(Pres. Subj.)*	*(Imperf. Subj.)*
ich verweile	verweile	verweilte
du verweilst	verweilest	verweiltest
er verweilt	verweile	verweilte
wir verweilen	verweilen	verweilten
ihr verweilt	verweilet	verweiltet
sie verweilen	verweilen	verweilten

Imperfect
ich verweilte
du verweiltest
er verweilte
wir verweilten
ihr verweiltet
sie verweilten

	Past Time	
Perfect	*(Perf. Subj.)*	*(Pluperf. Subj.)*
ich habe verweilt	habe verweilt	hätte verweilt
du hast verweilt	habest verweilt	hättest verweilt
er hat verweilt	habe verweilt	hätte verweilt
wir haben verweilt	haben verweilt	hätten verweilt
ihr habt verweilt	habet verweilt	hättet verweilt
sie haben verweilt	haben verweilt	hätten verweilt

Pluperfect
ich hatte verweilt
du hattest verweilt
er hatte verweilt
wir hatten verweilt
ihr hattet verweilt
sie hatten verweilt

	Future Time	
Future	*(Fut. Subj.)*	*(Pres. Conditional)*
ich werde verweilen	werde verweilen	würde verweilen
du wirst verweilen	werdest verweilen	würdest verweilen
er wird verweilen	werde verweilen	würde verweilen
wir werden verweilen	werden verweilen	würden verweilen
ihr werdet verweilen	werdet verweilen	würdet verweilen
sie werden verweilen	werden verweilen	würden verweilen

	Future Perfect Time	
Future Perfect	*(Fut. Perf. Subj.)*	*(Past Conditional)*
ich werde verweilt haben	werde verweilt haben	würde verweilt haben
du wirst verweilt haben	werdest verweilt haben	würdest verweilt haben
er wird verweilt haben	werde verweilt haben	würde verweilt haben
wir werden verweilt haben	werden verweilt haben	würden verweilt haben
ihr werdet verweilt haben	werdet verweilt haben	würdet verweilt haben
sie werden verweilt haben	werden verweilt haben	würden verweilt haben

* The most famous imperative in German literature, "Verweile doch du bist so schön" occurs in
Goethe's *Faust* — a command Faust never really gives.

verzehren

to consume; waste, spend

PRINC. PARTS: verzehren, verzehrte, verzehrt, verzehrt
IMPERATIVE: verzehre!, verzehrt!, verzehren Sie!

	INDICATIVE		SUBJUNCTIVE	
			PRIMARY	SECONDARY
				Present Time
	Present		*(Pres. Subj.)*	*(Imperf. Subj.)*
ich	verzehre		verzehre	verzehrte
du	verzehrst		verzehrest	verzehrtest
er	verzehrt		verzehre	verzehrte
wir	verzehren		verzehren	verzehrten
ihr	verzehrt		verzehret	verzehrtet
sie	verzehren		verzehren	verzehrten
	Imperfect			
ich	verzehrte			
du	verzehrtest			
er	verzehrte			
wir	verzehrten			
ihr	verzehrtet			
sie	verzehrten			
				Past Time
	Perfect		*(Perf. Subj.)*	*(Pluperf. Subj.)*
ich	habe verzehrt		habe verzehrt	hätte verzehrt
du	hast verzehrt		habest berzehrt	hättest verzehrt
er	hat verzehrt		habe verzehrt	hätte verzehrt
wir	haben verzehrt		haben verzehrt	hätten verzehrt
ihr	habt verzehrt		habet verzehrt	hättet verzehrt
sie	haben verzehrt		haben verzehrt	hätten verzehrt
	Pluperfect			
ich	hatte verzehrt			
du	hattest verzehrt			
er	hatte verzehrt			
wir	hatten verzehrt			
ihr	hattet verzehrt			
sie	hatten verzehrt			
				Future Time
	Future		*(Fut. Subj.)*	*(Pres. Conditional)*
ich	werde verzehren		werde verzehren	würde verzehren
du	wirst verzehren		werdest verzehren	würdest verzehren
er	wird verzehren		werde verzehren	würde verzehren
wir	werden verzehren		werden verzehren	würden verzehren
ihr	werdet verzehren		werdet verzehren	würdet verzehren
sie	werden verzehren		werden verzehren	würden verzehren
				Future Perfect Time
	Future Perfect		*(Fut. Perf. Subj.)*	*(Past Conditional)*
ich	werde verzehrt haben		werde verzehrt haben	würde verzehrt haben
du	wirst verzehrt haben		werdest verzehrt haben	würdest verzehrt haben
er	wird verzehrt haben		werde verzehrt haben	würde verzehrt haben
wir	werden verzehrt haben		werden verzehrt haben	würden verzehrt haben
ihr	werdet verzehrt haben		werdet verzehrt haben	würdet verzehrt haben
sie	werden verzehrt haben		werden verzehrt haben	würden verzehrt haben

verzeihen

to pardon, forgive, excuse

	INDICATIVE	SUBJUNCTIVE	
		PRIMARY	SECONDARY
		Present Time	
	Present	(*Pres. Subj.*)	(*Imperf. Subj.*)
ich	verzeihe	verzeihe	verziehe
du	verzeihst	verzeihest	verziehest
er	verzeiht	verzeihe	verziehe
wir	verzeihen	verzeihen	verziehen
ihr	verzeiht	verzeihet	verziehet
sie	verzeihen	verzeihen	verziehen

	Imperfect
ich	verzieh
du	verziehst
er	verzieh
wir	verziehen
ihr	verzieht
sie	verziehen

	Perfect	(*Perf. Subj.*)	*Past Time* (*Pluperf. Subj.*)
ich	habe verziehen	habe verziehen	hätte verziehen
du	hast verziehen	habest verziehen	hättest verziehen
er	hat verziehen	habe verziehen	hätte verziehen
wir	haben verziehen	haben verziehen	hätten verziehen
ihr	habt verziehen	habet verziehen	hättet verziehen
sie	haben verziehen	haben verziehen	hätten verziehen

	Pluperfect
ich	hatte verziehen
du	hattest verziehen
er	hatte verziehen
wir	hatten verziehen
ihr	hattet verziehen
sie	hatten verziehen

	Future	(*Fut. Subj.*)	*Future Time* (*Pres. Conditional*)
ich	werde verzeihen	werde verzeihen	würde verzeihen
du	wirst verzeihen	werdest verzeihen	würdest verzeihen
er	wird verzeihen	werde verzeihen	würde verzeihen
wir	werden verzeihen	werden verzeihen	würden verzeihen
ihr	werdet verzeihen	werdet verzeihen	würdet verzeihen
sie	werden verzeihen	werden verzeihen	würden verzeihen

	Future Perfect	(*Fut. Perf. Subj.*)	*Future Perfect Time* (*Past Conditional*)
ich	werde verziehen haben	werde verziehen haben	würde verziehen haben
du	wirst verziehen haben	werdest verziehen haben	würdest verziehen haben
er	wird verziehen haben	werde verziehen haben	würde verziehen haben
wir	werden verziehen haben	werden verziehen haben	würden verziehen haben
ihr	werdet verziehen haben	werdet verziehen haben	würdet verziehen haben
sie	werden verziehen haben	werden verziehen haben	würden verziehen haben

vorkommen

to occur, happen, be found, come forth, visit

PRINC. PARTS: vorkommen, kam vor, ist vorgekommen, kommt vor
IMPERATIVE: komme vor!, kommt vor!, kommen Sie vor!

	INDICATIVE		SUBJUNCTIVE	
			PRIMARY	SECONDARY
			Present Time	
	Present		*(Pres. Subj.)*	*(Imperf. Subj.)*
ich	komme vor		komme vor	käme vor
du	kommst vor		kommest vor	kämest vor
er	kommt vor		komme vor	käme vor
wir	kommen vor		kommen vor	kämen vor
ihr	kommt vor		kommet vor	kämet vor
sie	kommen vor		kommen vor	kämen vor
	Imperfect			
ich	kam vor			
du	kamst vor			
er	kam vor			
wir	kamen vor			
ihr	kamt vor			
sie	kamen vor			
			Past Time	
	Perfect		*(Perf. Subj.)*	*(Pluperf. Subj.)*
ich	bin vorgekommen		sei vorgekommen	wäre vorgekommen
du	bist vorgekommen		seiest vorgekommen	wärest vorgekommen
er	ist vorgekommen		sei vorgekommen	wäre vorgekommen
wir	sind vorgekommen		seien vorgekommen	wären vorgekommen
ihr	seid vorgekommen		seiet vorgekommen	wäret vorgekommen
sie	sind vorgekommen		seien vorgekommen	wären vorgekommen
	Pluperfect			
ich	war vorgekommen			
du	warst vorgekommen			
er	war vorgekommen			
wir	waren vorgekommen			
ihr	wart vorgekommen			
sie	waren vorgekommen			
			Future Time	
	Future		*(Fut. Subj.)*	*(Pres. Conditional)*
ich	werde vorkommen		werde vorkommen	würde vorkommen
du	wirst vorkommen		werdest vorkommen	würdest vorkommen
er	wird vorkommen		werde vorkommen	würde vorkommen
wir	werden vorkommen		werden vorkommen	würden vorkommen
ihr	werdet vorkommen		werdet vorkommen	würdet vorkommen
sie	werden vorkommen		werden vorkommen	würden vorkommen
			Future Perfect Time	
	Future Perfect		*(Fut. Perf. Subj.)*	*(Past Conditional)*
ich	werde vorgekommen sein		werde vorgekommen sein	würde vorgekommen sein
du	wirst vorgekommen sein		werdest vorgekommen sein	würdest vorgekommen sein
er	wird vorgekommen sein		werde vorgekommen sein	würde vorgekommen sein
wir	werden vorgekommen sein		werden vorgekommen sein	würden vorgekommen sein
ihr	werdet vorgekommen sein		werdet vorgekommen sein	würdet vorgekommen sein
sie	werden vorgekommen sein		werden vorgekommen sein	würden vorgekommen sein

PRINC. PARTS: vorstellen, stellte vor,
vorgestellt, stellt vor
IMPERATIVE: stelle vor!, stellt vor!,
stellen Sie vor!

vorstellen

to set in front of, introduce

	INDICATIVE	SUBJUNCTIVE	
		PRIMARY	SECONDARY
		Present Time	
	Present	*(Pres. Subj.)*	*(Imperf. Subj.)*
ich	stelle vor	stelle vor	stellte vor
du	stellst vor	stellest vor	stelltest vor
er	stellt vor	stelle vor	stellte vor
wir	stellen vor	stellen vor	stellten vor
ihr	stellt vor	stellet vor	stelltet vor
sie	stellen vor	stellen vor	stellten vor
	Imperfect		
ich	stellte vor		
du	stelltest vor		
er	stellte vor		
wir	stellten vor		
ihr	stelltet vor		
sie	stellten vor	*Past Time*	
	Perfect	*(Perf. Subj.)*	*(Pluperf. Subj.)*
ich	habe vorgestellt	habe vorgestellt	hätte vorgestellt
du	hast vorgestellt	habest vorgestellt	hättest vorgestellt
er	hat vorgestellt	habe vorgestellt	hätte vorgestellt
wir	haben vorgestellt	haben vorgestellt	hätten vorgestellt
ihr	habt vorgestellt	habet vorgestellt	hättet vorgestellt
sie	haben vorgestellt	haben vorgestellt	hätten vorgestellt
	Pluperfect		
ich	hatte vorgestellt		
du	hattest vorgestellt		
er	hatte vorgestellt		
wir	hatten vorgestellt		
ihr	hattet vorgestellt		
sie	hatten vorgestellt	*Future Time*	
	Future	*(Fut. Subj.)*	*(Pres. Conditional)*
ich	werde vorstellen	werde vorstellen	würde vorstellen
du	wirst vorstellen	werdest vorstellen	würdest vorstellen
er	wird vorstellen	werde vorstellen	würde vorstellen
wir	werden vorstellen	werden vorstellen	würden vorstellen
ihr	werdet vorstellen	werdet vorstellen	würdet vorstellen
sie	werden vorstellen	werden vorstellen	würden vorstellen
		Future Perfect Time	
	Future Perfect	*(Fut. Perf. Subj.)*	*(Past Conditional)*
ich	werde vorgestellt haben	werde vorgestellt haben	würde vorgestellt haben
du	wirst vorgestellt haben	werdest vorgestellt haben	würdest vorgestellt haben
er	wird vorgestellt haben	werde vorgestellt haben	würde vorgestellt haben
wir	werden vorgestellt haben	werden vorgestellt haben	würden vorgestellt haben
ihr	werdet vorgestellt haben	werdet vorgestellt haben	würdet vorgestellt haben
sie	werden vorgestellt haben	werden vorgestellt haben	würden vorgestellt haben

463

wachen

to be awake, keep watch,
guard

PRINC. PARTS: wachen, wachte, gewacht, wacht
IMPERATIVE: wache!, wacht!, wachen Sie!

INDICATIVE	SUBJUNCTIVE	
	PRIMARY	SECONDARY
	Present Time	
Present	*(Pres. Subj.)*	*(Imperf. Subj.)*
ich wache	wache	wachte
du wachst	wachest	wachtest
er wacht	wache	wachte
wir wachen	wachen	wachten
ihr wacht	wachet	wachtet
sie wachen	wachen	wachten
Imperfect		
ich wachte		
du wachtest		
er wachte		
wir wachten		
ihr wachtet		
sie wachten		
	Past Time	
Perfect	*(Perf. Subj.)*	*(Pluperf. Subj.)*
ich habe gewacht	habe gewacht	hätte gewacht
du hast gewacht	habest gewacht	hättest gewacht
er hat gewacht	habe gewacht	hätte gewacht
wir haben gewacht	haben gewacht	hätten gewacht
ihr habt gewacht	habet gewacht	hättet gewacht
sie haben gewacht	haben gewacht	hätten gewacht
Pluperfect		
ich hatte gewacht		
du hattest gewacht		
er hatte gewacht		
wir hatten gewacht		
ihr hattet gewacht		
sie hatten gewacht		
	Future Time	
Future	*(Fut. Subj.)*	*(Pres. Conditional)*
ich werde wachen	werde wachen	würde wachen
du wirst wachen	werdest wachen	würdest wachen
er wird wachen	werde wachen	würde wachen
wir werden wachen	werden wachen	würden wachen
ihr werdet wachen	werdet wachen	würdet wachen
sie werden wachen	werden wachen	würden wachen
	Future Perfect Time	
Future Perfect	*(Fut. Perf. Subj.)*	*(Past Conditional)*
ich werde gewacht haben	werde gewacht haben	würde gewacht haben
du wirst gewacht haben	werdest gewacht haben	würdest gewacht haben
er wird gewacht haben	werde gewacht haben	würde gewacht haben
wir werden gewacht haben	werden gewacht haben	würden gewacht haben
ihr werdet gewacht haben	werdet gewacht haben	würdet gewacht haben
sie werden gewacht haben	werden gewacht haben	würden gewacht haben

464

PRINC. PARTS: wachsen, wuchs, ist gewachsen, wächst
IMPERATIVE: wachse!, wachst!, wachsen Sie!

INDICATIVE	SUBJUNCTIVE	
	PRIMARY	SECONDARY
	Present Time	
Present	*(Pres. Subj.)*	*(Imperf. Subj.)*
ich wachse	wachse	wüchse
du wächst	wachsest	wüchsest
er wächst	wachse	wüchse
wir wachsen	wachsen	wüchsen
ihr wachst	wachset	wüchset
sie wachsen	wachsen	wüchsen

Imperfect
ich wuchs
du wuchsest
er wuchs
wir wuchsen
ihr wuchst
sie wuchsen

		Past Time	
Perfect	*(Perf. Subj.)*	*(Pluperf. Subj.)*
ich bin gewachsen	sei gewachsen	wäre gewachsen
du bist gewachsen	seiest gewachsen	wärest gewachsen
er ist gewachsen	sei gewachsen	wäre gewachsen
wir sind gewachsen	seien gewachsen	wären gewachsen
ihr seid gewachsen	seiet gewachsen	wäret gewachsen
sie sind gewachsen	seien gewachsen	wären gewachsen

Pluperfect
ich war gewachsen
du warst gewachsen
er war gewachsen
wir waren gewachsen
ihr wart gewachsen
sie waren gewachsen

	Future Time	
Future	*(Fut. Subj.)*	*(Pres. Conditional)*
ich werde wachsen	werde wachsen	würde wachsen
du wirst wachsen	werdest wachsen	würdest wachsen
er wird wachsen	werde wachsen	würde wachsen
wir werden wachsen	werden wachsen	würden wachsen
ihr werdet wachsen	werdet wachsen	würdet wachsen
sie werden wachsen	werden wachsen	würden wachsen

	Future Perfect Time	
Future Perfect	*(Fut. Perf. Subj.)*	*(Past Conditional)*
ich werde gewachsen sein	werde gewachsen sein	würde gewachsen sein
du wirst gewachsen sein	werdest gewachsen sein	würdest gewachsen sein
er wird gewachsen sein	werde gewachsen sein	würde gewachsen sein
wir werden gewachsen sein	werden gewachsen sein	würden gewachsen sein
ihr werdet gewachsen sein	werdet gewachsen sein	würdet gewachsen sein
sie werden gewachsen sein	werden gewachsen sein	würden gewachsen sein

465

wagen

to dare

PRINC. PARTS: wagen, wagte, gewagt, wagt
IMPERATIVE: wage!, wagt!, wagen Sie!

	INDICATIVE	SUBJUNCTIVE	
		PRIMARY	SECONDARY
		Present Time	
	Present	*(Pres. Subj.)*	*(Imperf. Subj.)*
ich	wage	wage	wagte
du	wagst	wagest	wagtest
er	wagt	wage	wagte
wir	wagen	wagen	wagten
ihr	wagt	waget	wagtet
sie	wagen	wagen	wagten
	Imperfect		
ich	wagte		
du	wagtest		
er	wagte		
wir	wagten		
ihr	wagtet		
sie	wagten		
		Past Time	
	Perfect	*(Perf. Subj.)*	*(Pluperf. Subj.)*
ich	habe gewagt	habe gewagt	hätte gewagt
du	hast gewagt	habest gewagt	hättest gewagt
er	hat gewagt	habe gewagt	hätte gewagt
wir	haben gewagt	haben gewagt	hätten gewagt
ihr	habt gewagt	habet gewagt	hättet gewagt
sie	haben gewagt	haben gewagt	hätten gewagt
	Pluperfect		
ich	hatte gewagt		
du	hattest gewagt		
er	hatte gewagt		
wir	hatten gewagt		
ihr	hattet gewagt		
sie	hatten gewagt		
		Future Time	
	Future	*(Fut. Subj.)*	*(Pres. Conditional)*
ich	werde wagen	werde wagen	würde wagen
du	wirst wagen	werdest wagen	würdest wagen
er	wird wagen	werde wagen	würde wagen
wir	werden wagen	werden wagen	würden wagen
ihr	werdet wagen	werdet wagen	würdet wagen
sie	werden wagen	werden wagen	würden wagen
		Future Perfect Time	
	Future Perfect	*(Fut. Perf. Subj.)*	*(Past Conditional)*
ich	werde gewagt haben	werde gewagt haben	würde gewagt haben
du	wirst gewagt haben	werdest gewagt haben	würdest gewagt haben
er	wird gewagt haben	werde gewagt haben	würde gewagt haben
wir	werden gewagt haben	werden gewagt haben	würden gewagt haben
ihr	werdet gewagt haben	werdet gewagt haben	würdet gewagt haben
sie	werden gewagt haben	werden gewagt haben	würden gewagt haben

466

wählen

PRINC. PARTS: wählen, wählte, gewählt, wählt
IMPERATIVE: wähle!, wählt!, wählen Sie!

to choose, select, vote

	INDICATIVE	SUBJUNCTIVE	
		PRIMARY	SECONDARY
		Present Time	
	Present	*(Pres. Subj.)*	*(Imperf. Subj.)*
ich	wähle	wähle	wählte
du	wählst	wählest	wähltest
er	wählt	wähle	wählte
wir	wählen	wählen	wählten
ihr	wählt	wählet	wähltet
sie	wählen	wählen	wählten

	Imperfect
ich	wählte
du	wähltest
er	wählte
wir	wählten
ihr	wähltet
sie	wählten

			Past Time	
	Perfect	*(Perf. Subj.)*	*(Pluperf. Subj.)*
ich	habe gewählt	habe gewählt	hätte gewählt
du	hast gewählt	habest gewählt	hättest gewählt
er	hat gewählt	habe gewählt	hätte gewählt
wir	haben gewählt	haben gewählt	hätten gewählt
ihr	habt gewählt	habet gewählt	hättet gewählt
sie	haben gewählt	haben gewählt	hätten gewählt

	Pluperfect
ich	hatte gewählt
du	hattest gewählt
er	hatte gewählt
wir	hatten gewählt
ihr	hattet gewählt
sie	hatten gewählt

			Future Time	
	Future	*(Fut. Subj.)*	*(Pres. Conditional)*
ich	werde wählen	werde wählen	würde wählen
du	wirst wählen	werdest wählen	würdest wählen
er	wird wählen	werde wählen	würde wählen
wir	werden wählen	werden wählen	würden wählen
ihr	werdet wählen	werdet wählen	würdet wählen
sie	werden wählen	werden wählen	würden wählen

			Future Perfect Time	
	Future Perfect	*(Fut. Perf. Subj.)*	*(Past Conditional)*
ich	werde gewählt haben	werde gewählt haben	würde gewählt haben
du	wirst gewählt haben	werdest gewählt haben	würdest gewählt haben
er	wird gewählt haben	werde gewählt haben	würde gewählt haben
wir	werden gewählt haben	werden gewählt haben	würden gewählt haben
ihr	werdet gewählt haben	werdet gewählt haben	würdet gewählt haben
sie	werden gewählt haben	werden gewählt haben	würden gewählt haben

wähnen

to fancy, imagine, think

PRINC. PARTS: wähnen, wähnte, gewähnt, wähnt
IMPERATIVE: wähne!, wähnt!, wähnen Sie!

	INDICATIVE	SUBJUNCTIVE	
		PRIMARY	SECONDARY
		Present Time	
	Present	*(Pres. Subj.)*	*(Imperf. Subj.)*
ich	wähne	wähne	wähnte
du	wähnst	wähnest	wähntest
er	wähnt	wähne	wähnte
wir	wähnen	wähnen	wähnten
ihr	wähnt	wähnet	wähntet
sie	wähnen	wähnen	wähnten
	Imperfect		
ich	wähnte		
du	wähntest		
er	wähnte		
wir	wähnten		
ihr	wähntet		
sie	wähnten		
		Past Time	
	Perfect	*(Perf. Subj.)*	*(Pluperf. Subj.)*
ich	habe gewähnt	habe gewähnt	hätte gewähnt
du	hast gewähnt	habest gewähnt	hättest gewähnt
er	hat gewähnt	habe gewähnt	hätte gewähnt
wir	haben gewähnt	haben gewähnt	hätten gewähnt
ihr	habt gewähnt	habet gewähnt	hättet gewähnt
sie	haben gewähnt	haben gewähnt	hätten gewähnt
	Pluperfect		
ich	hatte gewähnt		
du	hattest gewähnt		
er	hatte gewähnt		
wir	hatten gewähnt		
ihr	hattet gewähnt		
sie	hatten gewähnt		
		Future Time	
	Future	*(Fut. Subj.)*	*(Pres. Conditional)*
ich	werde wähnen	werde wähnen	würde wähnen
du	wirst wähnen	werdest wähnen	würdest wähnen
er	wird wähnen	werde wähnen	würde wähnen
wir	werden wähnen	werden wähnen	würden wähnen
ihr	werdet wähnen	werdet wähnen	würdet wähnen
sie	werden wähnen	werden wähnen	würden wähnen
		Future Perfect Time	
	Future Perfect	*(Fut. Perf. Subj.)*	*(Past Conditional)*
ich	werde gewähnt haben	werde gewähnt haben	würde gewähnt haben
du	wirst gewähnt haben	werdest gewähnt haben	würdest gewähnt haben
er	wird gewähnt haben	werde gewähnt haben	würde gewähnt haben
wir	werden gewähnt haben	werden gewähnt haben	würden gewähnt haben
ihr	werdet gewähnt haben	werdet gewähnt haben	würdet gewähnt haben
sie	werden gewähnt haben	werden gewähnt haben	würden gewähnt haben

PRINC. PARTS: währen, währte, gewährt,
währt,
IMPERATIVE: währe!, währt!, währen Sie!

währen

to last, continue, hold out

	INDICATIVE		SUBJUNCTIVE	
			PRIMARY	SECONDARY
			Present Time	
	Present		*(Pres. Subj.)*	*(Imperf. Subj.)*
ich	währe		währe	währte
du	währst		währest	währtest
er	währt		währe	währte
wir	währen		währen	währten
ihr	währt		währet	währtet
sie	währen		währen	währten

	Imperfect
ich	währte
du	währtest
er	währte
wir	währten
ihr	währtet
sie	währten

			Past Time	
	Perfect		*(Perf. Subj.)*	*(Pluperf. Subj.)*
ich	habe gewährt		habe gewährt	hätte gewährt
du	hast gewährt		habest gewährt	hättest gewährt
er	hat gewährt		habe gewährt	hätte gewährt
wir	haben gewährt		haben gewährt	hätten gewährt
ihr	habt gewährt		habet gewährt	hättet gewährt
sie	haben gewährt		haben gewährt	hätten gewährt

	Pluperfect
ich	hatte gewährt
du	hattest gewährt
er	hatte gewährt
wir	hatten gewährt
ihr	hattet gewährt
sie	hatten gewährt

			Future Time	
	Future		*(Fut. Subj.)*	*(Pres. Conditional)*
ich	werde währen		werde währen	würde währen
du	wirst währen		werdest währen	würdest währen
er	wird währen		werde währen	würde währen
wir	werden währen		werden währen	würden währen
ihr	werdet währen		werdet währen	würdet währen
sie	werden währen		werden währen	würden währen

			Future Perfect Time	
	Future Perfect		*(Fut. Perf. Subj.)*	*(Past Conditional)*
ich	werde gewährt haben		werde gewährt haben	würde gewährt haben
du	wirst gewährt haben		werdest gewährt haben	würdest gewährt haben
er	wird gewährt haben		werde gewährt haben	würde gewährt haben
wir	werden gewährt haben		werden gewährt haben	würden gewährt haben
ihr	werdet gewährt haben		werdet gewährt haben	würdet gewährt haben
sie	werden gewährt haben		werden gewährt haben	würden gewährt haben

469

walten

to rule, govern

PRINC. PARTS: walten, waltete, gewaltet, waltet
IMPERATIVE: walte!, waltet!, walten Sie!

	INDICATIVE	PRIMARY	SUBJUNCTIVE SECONDARY
			Present Time
	Present	*(Pres. Subj.)*	*(Imperf. Subj.)*
ich	walte	walte	waltete
du	waltest	waltest	waltetest
er	waltet	walte	waltete
wir	walten	walten	walteten
ihr	waltet	waltet	waltetet
sie	walten	walten	walteten
	Imperfect		
ich	waltete		
du	waltetest		
er	waltete		
wir	walteten		
ihr	waltetet		
sie	walteten		
			Past Time
	Perfect	*(Perf. Subj.)*	*(Pluperf. Subj.)*
ich	habe gewaltet	habe gewaltet	hätte gewaltet
du	hast gewaltet	habest gewaltet	hättest gewaltet
er	hat gewaltet	habe gewaltet	hätte gewaltet
wir	haben gewaltet	haben gewaltet	hätten gewaltet
ihr	habt gewaltet	habet gewaltet	hättet gewaltet
sie	haben gewaltet	haben gewaltet	hätten gewaltet
	Pluperfect		
ich	hatte gewaltet		
du	hattest gewaltet		
er	hatte gewaltet		
wir	hatten gewaltet		
ihr	hattet gewaltet		
sie	hatten gewaltet		
			Future Time
	Future	*(Fut. Subj.)*	*(Pres. Conditional)*
ich	werde walten	werde walten	würde walten
du	wirst walten	werdest walten	würdest walten
er	wird walten	werde walten	würde walten
wir	werden walten	werden walten	würden walten
ihr	werdet walten	werdet walten	würdet walten
sie	werden walten	werden walten	würden walten
			Future Perfect Time
	Future Perfect	*(Fut. Perf. Subj.)*	*(Past Conditional)*
ich	werde gewaltet haben	werde gewaltet haben	würde gewaltet haben
du	wirst gewaltet haben	werdest gewaltet haben	würdest gewaltet haben
er	wird gewaltet haben	werde gewaltet haben	würde gewaltet haben
wir	werden gewaltet haben	werden gewaltet haben	würden gewaltet haben
ihr	werdet gewaltet haben	werdet gewaltet haben	würdet gewaltet haben
sie	werden gewaltet haben	werden gewaltet haben	würden gewaltet haben

PRINC. PARTS: wälzen, wälzte, gewälzt, wälzt
IMPERATIVE: wälze!, wälzt!, wälzen Sie!

to roll, turn about

INDICATIVE	SUBJUNCTIVE	
	PRIMARY	SECONDARY

Present Time

	Present	(Pres. Subj.)	(Imperf. Subj.)
ich	wälze	wälze	wälzte
du	wälzt	wälzest	wälztest
er	wälzt	wälze	wälzte
wir	wälzen	wälzen	wälzten
ihr	wälzt	wälzet	wälztet
sie	wälzen	wälzen	wälzten

	Imperfect
ich	wälzte
du	wälztest
er	wälzte
wir	wälzten
ihr	wälztet
sie	wälzten

Past Time

	Perfect	(Perf. Subj.)	(Pluperf. Subj.)
ich	habe gewälzt	habe gewälzt	hätte gewälzt
du	hast gewälzt	habest gewälzt	hättest gewälzt
er	hat gewälzt	habe gewälzt	hätte gewälzt
wir	haben gewälzt	haben gewälzt	hätten gewälzt
ihr	habt gewälzt	habet gewälzt	hättet gewälzt
sie	haben gewälzt	haben gewälzt	hätten gewälzt

	Pluperfect
ich	hatte gewälzt
du	hattest gewälzt
er	hatte gewälzt
wir	hatten gewälzt
ihr	hattet gewälzt
sie	hatten gewälzt

Future Time

	Future	(Fut. Subj.)	(Pres. Conditional)
ich	werde wälzen	werde wälzen	würde wälzen
du	wirst wälzen	werdest wälzen	würdest wälzen
er	wird wälzen	werde wälzen	würde wälzen
wir	werden wälzen	werden wälzen	würden wälzen
ihr	werdet wälzen	werdet wälzen	würdet wälzen
sie	werden wälzen	werden wälzen	würden wälzen

Future Perfect Time

	Future Perfect	(Fut. Perf. Subj.)	(Past Conditional)
ich	werde gewälzt haben	werde gewälzt haben	würde gewälzt haben
du	wirst gewälzt haben	werdest gewälzt haben	würdest gewälzt haben
er	wird gewälzt haben	werde gewälzt haben	würde gewälzt haben
wir	werden gewälzt haben	werden gewälzt haben	würden gewälzt haben
ihr	werdet gewälzt haben	werdet gewälzt haben	würdet gewälzt haben
sie	werden gewälzt haben	werden gewälzt haben	würden gewälzt haben

wandern

to wander, hike

PRINC. PARTS: wandern, wanderte,
ist gewandert, wandert
IMPERATIVE: wandre!, wandert!, wandern Sie!

INDICATIVE	SUBJUNCTIVE	
	PRIMARY	SECONDARY
	Present Time	
Present	(*Pres. Subj.*)	(*Imperf. Subj.*)
ich wandere*	wandere*	wanderte
du wanderst	wanderest	wandertest
er wandert	wandere*	wanderte
wir wandern	wandern	wanderten
ihr wandert	wandert	wandertet
sie wandern	wandern	wanderten

Imperfect
ich wanderte
du wandertest
er wanderte
wir wanderten
ihr wandertet
sie wanderten

		Past Time	
Perfect	(*Perf. Subj.*)	(*Pluperf. Subj.*)
ich bin gewandert	sei gewandert	wäre gewandert
du bist gewandert	seiest gewandert	wärest gewandert
er ist gewandert	sei gewandert	wäre gewandert
wir sind gewandert	seien gewandert	wären gewandert
ihr seid gewandert	seiet gewandert	wäret gewandert
sie sind gewandert	seien gewandert	wären gewandert

Pluperfect
ich war gewandert
du warst gewandert
er war gewandert
wir waren gewandert
ihr wart gewandert
sie waren gewandert

		Future Time	
Future	(*Fut. Subj.*)	(*Pres. Conditional*)
ich werde wandern	werde wandern	würde wandern
du wirst wandern	werdest wandern	würdest wandern
er wird wandern	werde wandern	würde wandern
wir werden wandern	werden wandern	würden wandern
ihr werdet wandern	werdet wandern	würdet wandern
sie werden wandern	werden wandern	würden wandern

		Future Perfect Time	
Future Perfect	(*Fut. Perf. Subj.*)	(*Past Conditional*)
ich werde gewandert sein	werde gewandert sein	würde gewandert sein
du wirst gewandert sein	werdest gewandert sein	würdest gewandert sein
er wird gewandert sein	werde gewandert sein	würde gewandert sein
wir werden gewandert sein	werden gewandert sein	würden gewandert sein
ihr werdet gewandert sein	werdet gewandert sein	würdet gewandert sein
sie werden gewandert sein	werden gewandert sein	würden gewandert sein

* 'e' preceding 'r' in these forms is usually omitted in colloquial speech. Some authorities such as
Duden, however, say it should be retained whenever possible.

PRINC. PARTS: waschen, wusch, gewaschen, wäscht
IMPERATIVE: wasche!, wascht!, waschen Sie!

INDICATIVE	SUBJUNCTIVE	
	PRIMARY	SECONDARY
	Present Time	
Present	(*Pres. Subj.*)	(*Imperf. Subj.*)
ich wasche	wasche	wüsche
du wäschst	waschest	wüschest
er wäscht	wasche	wüsche
wir waschen	waschen	wüschen
ihr wascht	waschet	wüschet
sie waschen	waschen	wüschen
Imperfect		
ich wusch		
du wuschest		
er wusch		
wir wuschen		
ihr wuscht		
sie wuschen		
	Past Time	
Perfect	(*Perf. Subj.*)	(*Pluperf. Subj.*)
ich habe gewaschen	habe gewaschen	hätte gewaschen
du hast gewaschen	habest gewaschen	hättest gewaschen
er hat gewaschen	habe gewaschen	hätte gewaschen
wir haben gewaschen	haben gewaschen	hätten gewaschen
ihr habt gewaschen	habet gewaschen	hättet gewaschen
sie haben gewaschen	haben gewaschen	hätten gewaschen
Pluperfect		
ich hatte gewaschen		
du hattest gewaschen		
er hatte gewaschen		
wir hatten gewaschen		
ihr hattet gewaschen		
sie hatten gewaschen		
	Future Time	
Future	(*Fut. Subj.*)	(*Pres. Conditional*)
ich werde waschen	werde waschen	würde waschen
du wirst waschen	werdest waschen	würdest waschen
er wird waschen	werde waschen	würde waschen
wir werden waschen	werden waschen	würden waschen
ihr werdet waschen	werdet waschen	würdet waschen
sie werden waschen	werden waschen	würden waschen
	Future Perfect Time	
Future Perfect	(*Fut. Perf. Subj.*)	(*Past Conditional*)
ich werde gewaschen haben	werde gewaschen haben	würde gewaschen haben
du wirst gewaschen haben	werdest gewaschen haben	würdest gewaschen haben
er wird gewaschen haben	werde gewaschen haben	würde gewaschen haben
wir werden gewaschen haben	werden gewaschen haben	würden gewaschen haben
ihr werdet gewaschen haben	werdet gewaschen haben	würdet gewaschen haben
sie werden gewaschen haben	werden gewaschen haben	würden gewaschen haben

473

wechseln

to change, exchange

PRINC. PARTS: wechseln, wechselte, gewechselt, wechselt

IMPERATIVE: wechsle!, wechselt!, wechseln Sie!

INDICATIVE	SUBJUNCTIVE	
	PRIMARY	**SECONDARY**

Present Time

	Present	*(Perf. Subj.)*	*(Imperf. Subj.)*
ich	wechsele*	wechsele*	wechselte
du	wechselst	wechselest	wechseltest
er	wechselt	wechsele*	wechselte
wir	wechseln	wechseln	wechselten
ihr	wechselt	wechselet	wechseltet
sie	wechseln	wechseln	wechselten

	Imperfect
ich	wechselte
du	wechseltest
er	wechselte
wir	wechselten
ihr	wechseltet
sie	wechselten

Past Time

	Perfect	*(Perf. Subj.)*	*(Pluperf. Subj.)*
ich	habe gewechselt	habe gewechselt	hätte gewechselt
du	hast gewechselt	habest gewechselt	hättest gewechselt
er	hat gewechselt	habe gewechselt	hätte gewechselt
wir	haben gewechselt	haben gewechselt	hätten gewechselt
ihr	habt gewechselt	habet gewechselt	hättet gewechselt
sie	haben gewechselt	haben gewechselt	hätten gewechselt

	Pluperfect
ich	hatte gewechselt
du	hattest gewechselt
er	hatte gewechselt
wir	hatten gewechselt
ihr	hattet gewechselt
sie	hatten gewechselt

Future Time

	Future	*(Fut. Subj.)*	*(Pres. Conditional)*
ich	werde wechseln	werde wechseln	würde wechseln
du	wirst wechseln	werdest wechseln	würdest wechseln
er	wird wechseln	werde wechseln	würde wechseln
wir	werden wechseln	werden wechseln	würden wechseln
ihr	werdet wechseln	werdet wechseln	würdet wechseln
sie	werden wechseln	werden wechseln	würden wechseln

Future Perfect Time

	Future Perfect	*(Fut. Perf. Subj.)*	*(Past Conditional)*
ich	werde gewechselt haben	werde gewechselt haben	würde gewechselt haben
du	wirst gewechselt haben	werdest gewechselt haben	würdest gewechselt haben
er	wird gewechselt haben	werde gewechselt haben	würde gewechselt haben
wir	werden gewechselt haben	werden gewechselt haben	würden gewechselt haben
ihr	werdet wechselt haben	werdet gewechselt haben	würdet gewechselt haben
sie	werden gewechselt haben	werden gewechselt haben	würden gewechselt haben

474

* 'e' preceding 'l' in these forms is usually omitted in colloquial speech. Some authorities, however, (*Duden: Rechtschreibung* v.g.) say it should be retained.

PRINC. PARTS: wecken, weckte, geweckt, weckt
IMPERATIVE: wecke!, weckt!, wecken Sie!

to wake, rouse

INDICATIVE	SUBJUNCTIVE	
	PRIMARY	SECONDARY
	Present Time	
Present	*(Pres. Subj.)*	*(Imperf. Subj.)*
ich wecke	wecke	weckte
du weckst	weckest	wecktest
er weckt	wecke	weckte
wir wecken	wecken	weckten
ihr weckt	wecket	wecktet
sie wecken	wecken	weckten

Imperfect

ich weckte
du wecktest
er weckte
wir weckten
ihr wecktet
sie weckten

Perfect	*Past Time*	
	(Perf. Subj.)	*(Pluperf. Subj.)*
ich habe geweckt	habe geweckt	hätte geweckt
du hast geweckt	habest geweckt	hättest geweckt
er hat geweckt	habe geweckt	hätte geweckt
wir haben geweckt	haben geweckt	hätten geweckt
ihr habt geweckt	habet geweckt	hättet geweckt
sie haben geweckt	haben geweckt	hätten geweckt

Pluperfect

ich hatte geweckt
du hattest geweckt
er hatte geweckt
wir hatten geweckt
ihr hattet geweckt
sie hatten geweckt

Future	*Future Time*	
	(Fut. Subj.)	*(Pres. Conditional)*
ich werde wecken	werde wecken	würde wecken
du wirst wecken	werdest wecken	würdest wecken
er wird wecken	werde wecken	würde wecken
wir werden wecken	werden wecken	würden wecken
ihr werdet wecken	werdet wecken	würdet wecken
sie werden wecken	werden wecken	würden wecken

Future Perfect	*Future Perfect Time*	
	(Fut. Perf. Subj.)	*(Past Conditional)*
ich werde geweckt haben	werde geweckt haben	würde geweckt haben
du wirst geweckt haben	werdest geweckt haben	würdest geweckt haben
er wird geweckt haben	werde geweckt haben	würde geweckt haben
wir werden geweckt haben	werden geweckt haben	würden geweckt haben
ihr werdet geweckt haben	werdet geweckt haben	würdet geweckt haben
sie werden geweckt haben	werden geweckt haben	würden geweckt haben

wehren*

to restrain, check; prevent

PRINC. PARTS: wehren, wehrte, gewehrt, wehrt

IMPERATIVE: wehre!, wehrt!, wehren Sie!

INDICATIVE	SUBJUNCTIVE	
	PRIMARY	SECONDARY

Present Time

	Present	(Pres. Subj.)	(Imperf. Subj.)
ich	wehre	wehre	wehrte
du	wehrst	wehrest	wehrtest
er	wehrt	wehre	wehrte
wir	wehren	wehren	wehrten
ihr	wehrt	wehret	wehrtet
sie	wehren	wehren	wehrten

	Imperfect
ich	wehrte
du	wehrtest
er	wehrte
wir	wehrten
ihr	wehrtet
sie	wehrten

Past Time

	Perfect	(Perf. Subj.)	(Pluperf. Subj.)
ich	habe gewehrt	habe gewehrt	hätte gewehrt
du	hast gewehrt	habest gewehrt	hättest gewehrt
er	hat gewehrt	habe gewehrt	hätte gewehrt
wir	haben gewehrt	haben gewehrt	hätten gewehrt
ihr	habt gewehrt	habet gewehrt	hättet gewehrt
sie	haben gewehrt	haben gewehrt	hätten gewehrt

	Pluperfect
ich	hatte gewehrt
du	hattest gewehrt
er	hatte gewehrt
wir	hatten gewehrt
ihr	hattet gewehrt
sie	hatten gewehrt

Future Time

	Future	(Fut. Subj.)	(Pres. Conditional)
ich	werde wehren	werde wehren	würde wehren
du	wirst wehren	werdest wehren	würdest wehren
er	wird wehren	werde wehren	würde wehren
wir	werden wehren	werden wehren	würden wehren
ihr	werdet wehren	werdet wehren	würdet wehren
sie	werden wehren	werden wehren	würden wehren

Future Perfect Time

	Future Perfect	(Fut. Perf. Subj.)	(Past Conditional)
ich	werde gewehrt haben	werde gewehrt haben	würde gewehrt haben
du	wirst gewehrt haben	werdest gewehrt haben	würdest gewehrt haben
er	wird gewehrt haben	werde gewehrt haben	würde gewehrt haben
wir	werden gewehrt haben	werden gewehrt haben	würden gewehrt haben
ihr	werdet gewehrt haben	werdet gewehrt haben	würdet gewehrt haben
sie	werden gewehrt haben	werden gewehrt haben	würden gewehrt haben

* The reflexive verb, sich wehren, wehrte sich, hat sich gewehrt, wehrt sich means to defend one's self, to resist.

PRINC. PARTS: weichen, wich, ist gewichen, weicht
IMPERATIVE: weiche!, weicht!, weichen Sie!

	INDICATIVE	SUBJUNCTIVE	
		PRIMARY	SECONDARY
		Present Time	
	Present	*(Pres. Subj.)*	*(Imperf. Subj.)*
ich	weiche	weiche	wiche
du	weichst	weichest	wichest
er	weicht	weiche	wiche
wir	weichen	weichen	wichen
ihr	weicht	weichet	wichet
sie	weichen	weichen	wichen

	Imperfect
ich	wich
du	wichst
er	wich
wir	wichen
ihr	wicht
sie	wichen

			Past Time	
	Perfect	*(Perf. Subj.)*	*(Pluperf. Subj.)*
ich	bin gewichen	sei gewichen	wäre gewichen
du	bist gewichen	seiest gewichen	wärest gewichen
er	ist gewichen	sei gewichen	wäre gewichen
wir	sind gewichen	seien gewichen	wären gewichen
ihr	seid gewichen	seiet gewichen	wäret gewichen
sie	sind gewichen	seien gewichen	wären gewichen

	Pluperfect
ich	war gewichen
du	warst gewichen
er	war gewichen
wir	waren gewichen
ihr	wart gewichen
sie	waren gewichen

			Future Time	
	Future	*(Fut. Subj.)*	*(Pres. Conditional)*
ich	werde weichen	werde weichen	würde weichen
du	wirst weichen	werdest weichen	würdest weichen
er	wird weichen	werde weichen	würde weichen
wir	werden weichen	werden weichen	würden weichen
ihr	werdet weichen	werdet weichen	würdet weichen
sie	werden weichen	werden weichen	würden weichen

			Future Perfect Time	
	Future Perfect	*(Fut. Perf. Subj.)*	*(Past Conditional)*
ich	werde gewichen sein	werde gewichen sein	würde gewichen sein
du	wirst gewichen sein	werdest gewichen sein	würdest gewichen sein
er	wird gewichen sein	werde gewichen sein	würde gewichen sein
wir	werden gewichen sein	werden gewichen sein	würden gewichen sein
ihr	werdet gewichen sein	werdet gewichen sein	würdet gewichen sein
sie	werden gewichen sein	werden gewichen sein	würden gewichen sein

weihen

to consecrate, ordain, devote

PRINC. PARTS: weihen, weihte, geweiht, weiht

IMPERATIVE: weihe!, weiht!, weihen Sie!

INDICATIVE	SUBJUNCTIVE	
	PRIMARY	SECONDARY
		Present Time
Present	*(Pres. Subj.)*	*(Imperf. Subj.)*
ich weihe	weihe	weihte
du weihst	weihest	weihtest
er weiht	weihe	weihte
wir weihen	weihen	weihten
ihr weiht	weihet	weihtet
sie weihen	weihen	weihten

Imperfect		
ich weihte		
du weihtest		
er weihte		
wir weihten		
ihr weihtet		
sie weihten		

		Past Time
Perfect	*(Perf. Subj.)*	*(Pluperf. Subj.)*
ich habe geweiht	habe geweiht	hätte geweiht
du hast geweiht	habest geweiht	hättest geweiht
er hat geweiht	habe geweiht	hätte geweiht
wir haben geweiht	haben geweiht	hätten geweiht
ihr habt geweiht	habet geweiht	hättet geweiht
sie haben geweiht	haben geweiht	hätten geweiht

Pluperfect		
ich hatte geweiht		
du hattest geweiht		
er hatte geweiht		
wir hatten geweiht		
ihr hattet geweiht		
sie hatten geweiht		

		Future Time
Future	*(Fut. Subj.)*	*(Pres. Conditional)*
ich werde weihen	werde weihen	würde weihen
du wirst weihen	werdest weihen	würdest weihen
er wird weihen	werde weihen	würde weihen
wir werden weihen	werden weihen	würden weihen
ihr werdet weihen	werdet weihen	würdet weihen
sie werden weihen	werden weihen	würden weihen

		Future Perfect Time
Future Perfect	*(Fut. Perf. Subj.)*	*(Past Conditional*
ich werde geweiht haben	werde geweiht haben	würde geweiht haben
du wirst geweiht haben	werdest geweiht haben	würdest geweiht haben
er wird geweiht haben	werde geweiht haben	würde geweiht haben
wir werden geweiht haben	werden geweiht haben	würden geweiht haben
ihr werdet geweiht haben	werdet geweiht haben	würdet geweiht haben
sie werden geweiht haben	werden geweiht haben	würden geweiht haben

weinen

PRINC. PARTS: weinen, weinte, geweint, weint
IMPERATIVE: weine!, weint!, weinen Sie!

to weep, cry

INDICATIVE	SUBJUNCTIVE	
	PRIMARY	SECONDARY

Present Time

	Present	*(Pres. Subj.)*	*(Imperf. Subj.)*
ich	weine	weine	weinte
du	weinst	weinest	weintest
er	weint	weine	weinte
wir	weinen	weinen	weinten
ihr	weint	weinet	weintet
sie	weinen	weinen	weinten

	Imperfect
ich	weinte
du	weintest
er	weinte
wir	weinten
ihr	weintet
sie	weinten

Past Time

	Perfect	*(Perf. Subj.)*	*(Pluperf. Subj.)*
ich	habe geweint	habe geweint	hätte geweint
du	hast geweint	habest geweint	hättest geweint
er	hat geweint	habe geweint	hätte geweint
wir	haben geweint	haben geweint	hätten geweint
ihr	habt geweint	habet geweint	hättet geweint
sie	haben geweint	haben geweint	hätten geweint

	Pluperfect
ich	hatte geweint
du	hattest geweint
er	hatte geweint
wir	hatten geweint
ihr	hattet geweint
sie	hatten geweint

Future Time

	Future	*(Fut. Subj.)*	*(Pres. Conditional)*
ich	werde weinen	werde weinen	würde weinen
du	wirst weinen	werdest weinen	würdest weinen
er	wird weinen	werde weinen	würde weinen
wir	werden weinen	werden weinen	würden weinen
ihr	werdet weinen	werdet weinen	würdet weinen
sie	werden weinen	werden weinen	würden weinen

Future Perfect Time

	Future Perfect	*(Fut. Perf. Subj.)*	*(Past Conditional)*
ich	werde geweint haben	werde geweint haben	würde geweint haben
du	wirst geweint haben	werdest geweint haben	würdest geweint haben
er	wird geweint haben	werde geweint haben	würde geweint haben
wir	werden geweint haben	werden geweint haben	würden geweint haben
ihr	werdet geweint haben	werdet geweint haben	würdet geweint haben
sie	werden geweint haben	werden geweint haben	würden geweint haben

weisen

to point out, show

PRINC. PARTS: weisen, wies, gewiesen, weist
IMPERATIVE: weise!, weist!, weisen Sie!

INDICATIVE	SUBJUNCTIVE	
	PRIMARY	SECONDARY
	Present Time	
Present	*(Pres. Subj.)*	*(Imperf. Subj.)*
ich weise	weise	wiese
du weist	weisest	wiesest
er weist	weise	wiese
wir weisen	weisen	wiesen
ihr weist	weiset	wieset
sie weisen	weisen	wiesen

Imperfect
ich wies
du wiesest
er wies
wir wiesen
ihr wiest
sie wiesen

	Past Time	
Perfect	*(Perf. Subj.)*	*(Pluperf. Subj.)*
ich habe gewiesen	habe gewiesen	hätte gewiesen
du hast gewiesen	habest gewiesen	hättest gewiesen
er hat gewiesen	habe gewiesen	hätte gewiesen
wir haben gewiesen	haben gewiesen	hätten gewiesen
ihr habt gewiesen	habet gewiesen	hättet gewiesen
sie haben gewiesen	haben gewiesen	hätten gewiesen

Pluperfect
ich hatte gewiesen
du hattest gewiesen
er hatte gewiesen
vir hatten gewiesen
ihr hattet gewiesen
sie hatten gewiesen

	Future Time	
Future	*(Fut. Subj.)*	*(Pres. Conditional)*
ich werde weisen	werde weisen	würde weisen
du wirst weisen	werdest weisen	würdest weisen
er wird weisen	werde weisen	würde weisen
wir werden weisen	werden weisen	würden weisen
ihr werdet weisen	werdet weisen	würdet weisen
sie werden weisen	werden weisen	würden weisen

	Future Perfect Time	
Future Perfect	*(Fut. Perf. Subj.)*	*(Past Conditional)*
ich werde gewiesen haben	werde gewiesen haben	würde gewiesen haben
du wirst gewiesen haben	werdest gewiesen haben	würdest gewiesen haben
er wird gewiesen haben	werde gewiesen haben	würde gewiesen haben
wir werden gewiesen haben	werden gewiesen haben	würden gewiesen haben
ihr werdet gewiesen haben	werdet gewiesen haben	würdet gewiesen haben
sie werden gewiesen haben	werden gewiesen haben	würden gewiesen haben

PRINC. PARTS: wenden,* wandte, gewandt, wendet
IMPERATIVE: wende!, wendet!, wenden Sie!

to turn

INDICATIVE	SUBJUNCTIVE	
	PRIMARY	SECONDARY
	Present Time	
Present	*(Pres. Subj.)*	*(Imperf. Subj.)*
ich wende	wende	wendete
du wendest	wendest	wendetest
er wendet	wende	wendete
wir wenden	wenden	wendeten
ihr wendet	wendet	wendetet
sie wenden	wenden	wendeten

Imperfect
ich wandte
du wandtest
er wandte
wir wandten
ihr wandtet
sie wandten

	Past Time	
Perfect	*(Perf. Subj.)*	*(Pluperf. Subj.)*
ich habe gewandt	habe gewandt	hätte gewandt
du hast gewandt	habest gewandt	hättest gewandt
er hat gewandt	habe gewandt	hätte gewandt
wir haben gewandt	haben gewandt	hätten gewandt
ihr habt gewandt	habet gewandt	hättet gewandt
sie haben gewandt	haben gewandt	hätten gewandt

Pluperfect
ich hatte gewandt
du hattest gewandt
er hatte gewandt
wir hatten gewandt
ihr hattet gewandt
sie hatten gewandt

	Future Time	
Future	*(Fut. Subj.)*	*(Pres. Conditional)*
ich werde wenden	werde wenden	würde wenden
du wirst wenden	werdest wenden	würdest wenden
er wird wenden	werde wenden	würde wenden
wir werden wenden	werden wenden	würden wenden
ihr werdet wenden	werdet wenden	würdet wenden
sie werden wenden	werden wenden	würden wenden

	Future Perfect Time	
Future Perfect	*(Fut. Perf. Subj.)*	*(Past Conditional)*
ich werde gewandt haben	werde gewandt haben	würde gewandt haben
du wirst gewandt haben	werdest gewandt haben	würdest gewandt haben
er wird gewandt haben	werde gewandt haben	würde gewandt haben
wir werden gewandt haben	werden gewandt haben	würden gewandt haben
ihr werdet gewandt haben	werdet gewandt haben	würdet gewandt haben
sie werden gewandt haben	werden gewandt haben	würden gewandt haben

* The weak forms of the past tense **wendete**, and of the past participle **gewendet** are also found.

481

werben

to recruit, woo, court, solicit

PRINC. PARTS: werben, warb, geworben, wirbt
IMPERATIVE: wirb!, werbt!, werben Sie!

INDICATIVE	SUBJUNCTIVE	
	PRIMARY	SECONDARY
	Present Time	
Present	*(Pres. Subj.)*	*(Imperf. Subj.)*
ich werbe	werbe	würbe
du wirbst	werbest	würbest
er wirbt	werbe	würbe
wir werben	werben	würben
ihr werbt	werbet	würbet
sie werben	werben	würben

Imperfect
ich warb
du warbst
er warb
wir warben
ihr warbt
sie warben

	Past Time	
Perfect	*(Perf. Subj.)*	*(Pluperf. Subj.)*
ich habe geworben	habe geworben	hätte geworben
du hast geworben	habest geworben	hättest geworben
er hat geworben	habe geworben	hätte geworben
wir haben geworben	haben geworben	hätten geworben
ihr habt geworben	habet geworben	hättet geworben
sie haben geworben	haben geworben	hätten geworben

Pluperfect
ich hatte geworben
du hattest geworben
er hatte geworben
wir hatten geworben
ihr hattet geworben
sie hatten geworben

	Future Time	
Future	*(Fut. Subj.)*	*(Pres. Conditional)*
ich werde werben	werde werben	würde werben
du wirst werben	werdest werben	würdest werben
er wird werben	werde werben	würde werben
wir werden werben	werden werben	würden werben
ihr werdet werben	werdet werben	würdet werben
sie werden werben	werden werben	würden werben

	Future Perfect Time	
Future Perfect	*(Fut. Perf. Subj.)*	*(Past Conditional)*
ich werde geworben haben	werde geworben haben	würde geworben haben
du wirst geworben haben	werdest geworben haben	würdest geworben haben
er wird geworben haben	werde geworben haben	würde geworben haben
wir werden geworben haben	werden geworben haben	würden geworben haben
ihr werdet geworben haben	werdet geworben haben	würdet geworben haben
sie werden geworben haben	werden geworben haben	würden geworben haben

482

INDICATIVE	SUBJUNCTIVE	
	PRIMARY	SECONDARY
	Present Time	
Present	*(Pres. Subj.)*	*(Imperf. Subj.)*
ich werde	werde	würde
du wirst	werdest	würdest
er wird	werde	würde
wir werden	werden	würden
ihr werdet	werdet	würdet
sie werden	werden	würden
Imperfect		
ich wurde		
du wurdest		
er wurde		
wir wurden		
ihr wurdet		
sie wurden		
	Past Time	
Perfect	*(Perf. Subj.)*	*(Pluperf. Subj.)*
ich bin geworden	sei geworden	wäre geworden
du bist geworden	seiest geworden	wärest geworden
er ist geworden	sei geworden	wäre geworden
wir sind geworden	seien geworden	wären geworden
ihr seid geworden	seiet geworden	wäret geworden
sie sind geworden	seien geworden	wären geworden
Pluperfect		
ich war geworden		
du warst geworden		
er war geworden		
wir waren geworden		
ihr wart geworden		
sie waren geworden		
	Future Time	
Future	*(Fut. Subj.)*	*(Pres. Conditional)*
ich werde werden	werde werden	würde werden
du wirst werden	werdest werden	würdest werden
er wird werden	werde werden	würde werden
wir werden werden	werden werden	würden werden
ihr werdet werden	werdet werden	würdet werden
sie werden werden	werden werden	würden werden
	Future Perfect Time	
Future Perfect	*(Fut. Perf. Subj.)*	*(Past Conditional)*
ich werde geworden sein	werde geworden sein	würde geworden sein
du wirst geworden sein	werdest geworden sein	würdest geworden sein
er wird geworden sein	werde geworden sein	würde geworden sein
wir werden geworden sein	werden geworden sein	würden geworden sein
ihr werdet geworden sein	werdet geworden sein	würdet geworden sein
sie werden geworden sein	werden geworden sein	würden geworden sein

* The past tense form **ward** is sometimes found in poetry.
** In the perfect tenses of the passive voice, the past participle is shortened to **worden** after another past participle.
† When present tense is used as auxiliary in the future.
†† When used as the auxiliary in the passive voice.

werfen
throw, hurl, fling

PRINC. PARTS: werfen, warf, geworfen, wirft
IMPERATIVE: wirf!, werft!, werfen Sie!

	INDICATIVE	SUBJUNCTIVE	
		PRIMARY	SECONDARY
		Present Time	
	Present	(*Pres. Subj.*)	(*Imperf. Subj.*)
ich	werfe	werfe	würfe
du	wirfst	werfest	würfest
er	wirft	werfe	würfe
wir	werfen	werfen	würfen
ihr	werft	werfet	würfet
sie	werfen	werfen	würfen
	Imperfect		
ich	warf		
du	warfst		
er	warf		
wir	warfen		
ihr	warft		
sie	warfen		
	Perfect	*Past Time*	
		(*Perf. Subj.*)	(*Pluperf. Subj.*)
ich	habe geworfen	habe geworfen	hätte geworfen
du	hast geworfen	habest geworfen	hättest geworfen
er	hat geworfen	habe geworfen	hätte geworfen
wir	haben geworfen	haben geworfen	hätten geworfen
ihr	habt geworfen	habet geworfen	hättet geworfen
sie	haben geworfen	haben geworfen	hätten geworfen
	Pluperfect		
ich	hatte geworfen		
du	hattest geworfen		
er	hatte geworfen		
wir	hatten geworfen		
ihr	hattet geworfen		
sie	hatten geworfen		
	Future	*Future Time*	
		(*Fut. Subj.*)	(*Pres. Conditional*)
ich	werde werfen	werde werfen	würde werfen
du	wirst werfen	werdest werfen	würdest werfen
er	wird werfen	werde werfen	würde werfen
wir	werden werfen	werden werfen	würden werfen
ihr	werdet werfen	werdet werfen	würdet werfen
sie	werden werfen	werden werfen	würden werfen
	Future Perfect	*Future Perfect Time*	
		(*Fut. Perf. Subj.*)	(*Past Conditional*)
ich	werde geworfen haben	werde geworfen haben	würde geworfen haben
du	wirst geworfen haben	werdest geworfen haben	würdest geworfen haben
er	wird geworfen haben	werde geworfen haben	würde geworfen haben
wir	werden geworfen haben	werden geworfen haben	würden geworfen haben
ihr	werdet geworfen haben	werdet geworfen haben	würdet geworfen haben
sie	werden geworfen haben	werden geworfen haben	würden geworfen haben

484

PRINC. PARTS: wetzen, wetzte, gewetzt, wetzt
IMPERATIVE: wetze!, wetzt!, wetzen Sie!

to whet, grind, sharpen

	INDICATIVE	SUBJUNCTIVE	
		PRIMARY	SECONDARY
		Present Time	
	Present	*(Pres. Subj.)*	*(Imperf. Subj.)*
ich	wetze	wetze	wetzte
du	wetzt	wetzest	wetztest
er	wetzt	wetze	wetzte
wir	wetzen	wetzen	wetzten
ihr	wetzt	wetzet	wetztet
sie	wetzen	wetzen	wetzten
	Imperfect		
ich	wetzte		
du	wetztest		
er	wetzte		
wir	wetzten		
ihr	wetztet		
sie	wetzten		
		Past Time	
	Perfect	*(Perf. Subj.)*	*(Pluperf. Subj.)*
ich	habe gewetzt	habe gewetzt	hätte gewetzt
du	hast gewetzt	habest gewetzt	hättest gewetzt
er	hat gewetzt	habe gewetzt	hätte gewetzt
wir	haben gewetzt	haben gewetzt	hätten gewetzt
ihr	habt gewetzt	habet gewetzt	hättet gewetzt
sie	haben gewetzt	haben gewetzt	hätten gewetzt
	Pluperfect		
ich	hatte gewetzt		
du	hattest gewetzt		
er	hatte gewetzt		
wir	hatten gewetzt		
ihr	hattet gewetzt		
sie	hatten gewetzt		
		Future Time	
	Future	*(Fut. Subj.)*	*(Pres. Conditional)*
ich	werde wetzen	werde wetzen	würde wetzen
du	wirst wetzen	werdest wetzen	würdest wetzen
er	wird wetzen	werde wetzen	würde wetzen
wir	werden wetzen	werden wetzen	würden wetzen
ihr	werdet wetzen	werdet wetzen	würdet wetzen
sie	werden wetzen	werden wetzen	würden wetzen
		Future Perfect Time	
	Future Perfect	*(Fut. Perf. Subj.)*	*(Past Conditional)*
ich	werde gewetzt haben	werde gewetzt haben	würde gewetzt haben
du	wirst gewetzt haben	werdest gewetzt haben	würdest gewetzt haben
er	wird gewetzt haben	werde gewetzt haben	würde gewetzt haben
wir	werden gewetzt haben	werden gewetzt haben	würden gewetzt haben
ihr	werdet gewetzt haben	werdet gewetzt haben	würdet gewetzt haben
sie	werden gewetzt haben	werden gewetzt haben	würden gewetzt haben

485

widmen

to dedicate, devote

PRINC. PARTS: widmen, widmete, gewidmet, widmet
IMPERATIVE: widme!, widmet!, widmen Sie!

	INDICATIVE	SUBJUNCTIVE	
		PRIMARY	SECONDARY
		Present Time	
	Present	*(Pres. Subj.)*	*(Imperf. Subj.)*
ich	widme	widme	widmete
du	widmest	widmest	widmetest
er	widmet	widme	widmete
wir	widmen	widmen	widmeten
ihr	widmet	widmet	widmetet
sie	widmen	widmen	widmeten
	Imperfect		
ich	widmete		
du	widmetest		
er	widmete		
wir	widmeten		
ihr	widmetet		
sie	widmeten	*Past Time*	
	Perfect	*(Perf. Subj.)*	*(Pluperf. Subj.)*
ich	habe gewidmet	habe gewidmet	hätte gewidmet
du	hast gewidmet	habest gewidmet	hättest gewidmet
er	hat gewidmet	habe gewidmet	hätte gewidmet
wir	haben gewidmet	haben gewidmet	hätten gewidmet
ihr	habt gewidmet	habet gewidmet	hättet gewidmet
sie	haben gewidmet	haben gewidmet	hätten gewidmet
	Pluperfect		
ich	hatte gewidmet		
du	hattest gewidmet		
er	hatte gewidmet		
wir	hatten gewidmet		
ihr	hattet gewidmet		
sie	hatten gewidmet	*Future Time*	
	Future	*(Fut. Subj.)*	*(Pres. Conditional*
ich	werde widmen	werde widmen	würde widmen
du	wirst widmen	werdest widmen	würdest widmen
er	wird widmen	werde widmen	würde widmen
wir	werden widmen	werden widmen	würden widmen
ihr	werdet widmen	werdet widmen	würdet widmen
sie	werden widmen	werden widmen	würden widmen
		Future Perfect Time	
	Future Perfect	*(Fut. Perf. Subj.)*	*(Past Conditional)*
ich	werde gewidmet haben	werde gewidmet haben	würde gewidmet haben
du	wirst gewidmet haben	werdest gewidmet haben	würdest gewidmet haben
er	wird gewidmet haben	werde gewidmet haben	würde gewidmet haben
wir	werden gewidmet haben	werden gewidmet haben	würden gewidmet haben
ihr	werdet gewidmet haben	werdet gewidmet haben	würdet gewidmet haben
sie	werden gewidmet haben	werden gewidmet haben	würden gewidmet haben

PRINC. PARTS: wiederholen, wiederholte, wiederholt, wiederholt
IMPERATIVE: wiederhole!, wiederholt!, wiederholen Sie!

wiederholen

to repeat

INDICATIVE	SUBJUNCTIVE	
	PRIMARY	SECONDARY

	Present	*Present Time*(Pres. Subj.)	(Imperf. Subj.)
ich	wiederhole	wiederhole	wiederholte
du	wiederholst	wiederholest	wiederholtest
er	wiederholt	wiederhole	wiederholte
wir	wiederholen	wiederholen	wiederholten
ihr	wiederholt	wiederholet	wiederholtet
sie	wiederholen	wiederholen	wiederholten

	Imperfect
ich	wiederholte
du	wiederholtest
er	wiederholte
wir	wiederholten
ihr	wiederholtet
sie	wiederholten

	Perfect	*Past Time*(Perf. Subj.)	(Pluperf. Subj.)
ich	habe wiederholt	habe wiederholt	hätte wiederholt
du	hast wiederholt	habest wiederholt	hättest wiederholt
er	hat wiederholt	habe wiederholt	hätte wiederholt
wir	haben wiederholt	haben wiederholt	hätten wiederholt
ihr	habt wiederholt	habet wiederholt	hättet wiederholt
sie	haben wiederholt	haben wiederholt	hätten wiederholt

	Pluperfect
ich	hatte wiederholt
du	hattest wiederholt
er	hatte wiederholt
wir	hatten wiederholt
ihr	hattet wiederholt
sie	hatten wiederholt

	Future	*Future Time*(Fut. Subj.)	(Pres. Conditional)
ich	werde wiederholen	werde wiederholen	würde wiederholen
du	wirst wiederholen	werdest wiederholen	würdest wiederholen
er	wird wiederholen	werde wiederholen	würde wiederholen
wir	werden wiederholen	werden wiederholen	würden wiederholen
ihr	werdet wiederholen	werdet wiederholen	würdet wiederholen
sie	werden wiederholen	werden wiederholen	würden wiederholen

	Future Perfect	*Future Perfect Time*(Fut. Perf. Subj.)	(Past Conditional)
ich	werde wiederholt haben	werde wiederholt haben	würde wiederholt haben
du	wirst wiederholt haben	werdest wiederholt haben	würdest wiederholt haben
er	wird wiederholt haben	werde wiederholt haben	würde wiederholt haben
wir	werden wiederholt haben	werden wiederholt haben	würden wiederholt haben
ihr	werdet wiederholt haben	werdet wiederholt haben	würdet wiederholt haben
sie	werden wiederholt haben	werden wiederholt haben	würden wiederholt haben

487

wiederholen

to bring or fetch back

PRINC. PARTS: wiederholen, holte wieder, wiedergeholt, holt wieder
IMPERATIVE: hole wieder!, holt wieder!, holen Sie wieder!

INDICATIVE	SUBJUNCTIVE	
	PRIMARY	SECONDARY
		Present Time
Present	*(Pres. Subj.)*	*(Imperf. Subj.)*
ich hole wieder	hole wieder	holte wieder
du holst wieder	holest wieder	holtest wieder
er holt wieder	hole wieder	holte wieder
wir holen wieder	holen wieder	holten wieder
ihr holt wieder	holet wieder	holtet wieder
sie holen wieder	holen wieder	holten wieder
Imperfect		
ich holte wieder		
du holtest wieder		
er holte wieder		
wir holten wieder		
ihr holtet wieder		
sie holten wieder		*Past Time*
Perfect	*(Perf. Subj.)*	*(Pluperf. Subj.)*
ich habe wiedergeholt	habe wiedergeholt	hätte wiedergeholt
du hast wiedergeholt	habest wiedergeholt	hättest wiedergeholt
er hat wiedergeholt	habe wiedergeholt	hätte wiedergeholt
wir haben wiedergeholt	haben wiedergeholt	hätten wiedergeholt
ihr habt wiedergeholt	habet wiedergeholt	hättet wiedergeholt
sie haben wiedergeholt	haben wiedergeholt	hätten wiedergeholt
Pluperfect		
ich hatte wiedergeholt		
du hattest wiedergeholt		
er hatte wiedergeholt		
wir hatten wiedergeholt		
ihr hattet wiedergeholt		
sie hatten wiedergeholt		
		Future Time
Future	*(Fut. Subj.)*	*(Pres. Conditional)*
ich werde wiederholen	werde wiederholen	würde wiederholen
du wirst wiederholen	werdest wiederholen	würdest wiederholen
er wird wiederholen	werde wiederholen	würde wiederholen
wir werden wiederholen	werden wiederholen	würden wiederholen
ihr werdet wiederholen	werdet wiederholen	würdet wiederholen
sie werden wiederholen	werden wiederholen	würden wiederholen
		Future Perfect Time
Future Perfect	*(Fut. Perf. Subj.)*	*(Past Conditional)*
ich werde wiedergeholt haben	werde wiedergeholt haben	würde wiedergeholt haben
du wirst wiedergeholt haben	werdest wiedergeholt haben	würdest wiedergeholt haben
er wird wiedergeholt haben	werde wiedergeholt haben	würde wiedergeholt haben
wir werden wiedergeholt haben	werden wiedergeholt haben	würden wiedergeholt haben
ihr werdet wiedergeholt haben	werdet wiedergeholt haben	würdet wiedergeholt haben
sie werden wiedergeholt haben	werden wiedergeholt haben	würden wiedergeholt haben

PRINC. PARTS: wiegen*, wog, gewogen, wiegt
IMPERATIVE: wiege!, wiegt!, wiegen Sie!

wiegen

to weigh

INDICATIVE	SUBJUNCTIVE	
	PRIMARY	SECONDARY
	Present Time	
Present	*(Pres. Subj.)*	*(Imperf. Subj.)*
ich wiege	wiege	wöge
du wiegst	wiegest	wögest
er wiegt	wiege	wöge
wir wiegen	wiegen	wögen
ihr wiegt	wieget	wöget
sie wiegen	wiegen	wögen

Imperfect

ich	wog
du	wogst
er	wog
wir	wogen
ihr	wogt
sie	wogen

		Past Time	
Perfect	*(Perf. Subj.)*	*(Pluperf. Subj.)*
ich habe gewogen	habe gewogen	hätte gewogen
du hast gewogen	habest gewogen	hättest gewogen
er hat gewogen	habe gewogen	hätte gewogen
wir haben gewogen	haben gewogen	hätten gewogen
ihr habt gewogen	habet gewogen	hättet gewogen
sie haben gewogen	haben gewogen	hätten gewogen

Pluperfect

ich	hatte gewogen
du	hattest gewogen
er	hatte gewogen
wir	hatten gewogen
ihr	hattet gewogen
sie	hatten gewogen

	Future Time	
Future	*(Fut. Subj.)*	*(Pres. Conditional)*
ich werde wiegen	werde wiegen	würde wiegen
du wirst wiegen	werdest wiegen	würdest wiegen
er wird wiegen	werde wiegen	würde wiegen
wir werden wiegen	werden wiegen	würden wiegen
ihr werdet wiegen	werdet wiegen	würdet wiegen
sie werden wiegen	werden wiegen	würden wiegen

	Future Perfect Time	
Future Perfect	*(Fut. Perf. Subj.)*	*(Past Conditional)*
ich werde gewogen haben	werde gewogen haben	würde gewogen haben
du wirst gewogen haben	werdest gewogen haben	würdest gewogen haben
er wird gewogen haben	werde gewogen haben	würde gewogen haben
wir werden gewogen haben	werden gewogen haben	würden gewogen haben
ihr werdet gewogen haben	werdet gewogen haben	würdet gewogen haben
sie werden gewogen haben	werden gewogen haben	würden gewogen haben

* **Wiegen** meaning *to rock, sway* is weak. PRINC. PARTS: wiegen, wiegte, gewiegt, wiegt.

wissen

to know (a fact)

INDICATIVE	SUBJUNCTIVE	
	PRIMARY	SECONDARY

Present Time

	Present	*(Pres. Subj.)*	*(Imperf. Subj.)*
ich	weiß	wisse	wüßte
du	weißt	wissest	wüßtest
er	weiß	wisse	wüßte
wir	wissen	wissen	wüßten
ihr	wißt	wisset	wüßtet
sie	wissen	wissen	wüßten

	Imperfect
ich	wußte
du	wußtest
er	wußte
wir	wußten
ihr	wußtet
sie	wußten

Past Time

	Perfect	*(Perf. Subj.)*	*(Pluperf. Subj.)*
ich	habe gewußt	habe gewußt	hätte gewußt
du	hast gewußt	habest gewußt	hättest gewußt
er	hat gewußt	habe gewußt	hätte gewußt
wir	haben gewußt	haben gewußt	hätten gewußt
ihr	habt gewußt	habet gewußt	hättet gewußt
sie	haben gewußt	haben gewußt	hätten gewußt

	Pluperfect
ich	hatte gewußt
du	hattest gewußt
er	hatte gewußt
wir	hatten gewußt
ihr	hattet gewußt
sie	hatten gewußt

Future Time

	Future	*(Fut. Subj.)*	*(Pres. Conditional)*
ich	werde wissen	werde wissen	würde wissen
du	wirst wissen	werdest wissen	würdest wissen
er	wird wissen	werde wissen	würde wissen
wir	werden wissen	werden wissen	würden wissen
ihr	werdet wissen	werdet wissen	würdet wissen
sie	werden wissen	werden wissen	würden wissen

Future Perfect Time

	Future Perfect	*(Fut. Perf. Subj.)*	*(Past Conditional)*
ich	werde gewußt haben	werde gewußt haben	würde gewußt haben
du	wirst gewußt haben	werdest gewußt haben	würdest gewußt haben
er	wird gewußt haben	werde gewußt haben	würde gewußt haben
wir	werden gewußt haben	werden gewußt haben	würden gewußt haben
ihr	werdet gewußt haben	werdet gewußt haben	würdet gewußt haben
sie	werden gewußt haben	werden gewußt haben	würden gewußt haben

PRINC. PARTS: wohnen, wohnte, gewohnt, wohnt
IMPERATIVE: wohne!, wohnt!, wohnen Sie!

to reside, live, dwell

INDICATIVE	SUBJUNCTIVE	
	PRIMARY	SECONDARY

Present Time

	Present	*(Pres. Subj.)*	*(Imperf. Subj.)*
ich	wohne	wohne	wohnte
du	wohnst	wohnest	wohntest
er	wohnt	wohne	wohnte
wir	wohnen	wohnen	wohnten
ihr	wohnt	wohnet	wohntet
sie	wohnen	wohnen	wohnten

	Imperfect
ich	wohnte
du	wohntest
er	wohnte
wir	wohnten
ihr	wohntet
sie	wohnten

Past Time

	Perfect	*(Perf. Subj.)*	*(Pluperf. Subj.)*
ich	habe gewohnt	habe gewohnt	hätte gewohnt
du	hast gewohnt	habest gewohnt	hättest gewohnt
er	hat gewohnt	habe gewohnt	hätte gewohnt
wir	haben gewohnt	haben gewohnt	hätten gewohnt
ihr	habt gewohnt	habet gewohnt	hättet gewohnt
sie	haben gewohnt	haben gewohnt	hätten gewohnt

	Pluperfect
ich	hatte gewohnt
du	hattest gewohnt
er	hatte gewohnt
wir	hatten gewohnt
ihr	hattet gewohnt
sie	hatten gewohnt

Future Time

	Future	*(Fut. Subj.)*	*(Pres. Conditional)*
ich	werde wohnen	werde wohnen	würde wohnen
du	wirst wohnen	werdest wohnen	würdest wohnen
er	wird wohnen	werde wohnen	würde wohnen
wir	werden wohnen	werden wohnen	würden wohnen
ihr	werdet wohnen	werdet wohnen	würdet wohnen
sie	werden wohnen	werden wohnen	würden wohnen

Future Perfect Time

	Future Perfect	*(Fut. Perf. Subj.)*	*(Past Conditional)*
ich	werde gewohnt haben	werde gewohnt haben	würde gewohnt haben
du	wirst gewohnt haben	werdest gewohnt haben	würdest gewohnt haben
er	wird gewohnt haben	werde gewohnt haben	würde gewohnt haben
wir	werden gewohnt haben	werden gewohnt haben	würden gewohnt haben
ihr	werdet gewohnt haben	werdet gewohnt haben	würdet gewohnt haben
sie	werden gewohnt haben	werden gewohnt haben	würden gewohnt haben

wollen

to want, intend

PRINC. PARTS: wollen, wollte, gewollt (wollen when immediately preceded by another infinitive; see sprechen dürfen), will

IMPERATIVE: wolle!, wollt!, wollen Sie!

	INDICATIVE	SUBJUNCTIVE	
		PRIMARY	SECONDARY
		Present Time	
	Present	*(Pres. Subj.)*	*(Imperf. Subj.)*
ich	will	wolle	wollte
du	willst	wollest	wolltest
er	will	wolle	wollte
wir	wollen	wollen	wollten
ihr	wollt	wollet	wolltet
sie	wollen	wollen	wollten
	Imperfect		
ich	wollte		
du	wolltest		
er	wollte		
wir	wollten		
ihr	wolltet		
sie	wollten		
		Past Time	
	Perfect	*(Perf. Subj.)*	*(Pluperf. Subj.)*
ich	habe gewollt	habe gewollt	hätte gewollt
du	hast gewollt	habest gewollt	hättest gewollt
er	hat gewollt	habe gewollt	hätte gewollt
wir	haben gewollt	haben gewollt	hätten gewollt
ihr	habt gewollt	habet gewollt	hättet gewollt
sie	haben gewollt	haben gewollt	hätten gewollt
	Pluperfect		
ich	hatte gewollt		
du	hattest gewollt		
er	hatte gewollt		
wir	hatten gewollt		
ihr	hattet gewollt		
sie	hatten gewollt		
		Future Time	
	Future	*(Fut. Subj.)*	*(Pres. Conditional)*
ich	werde wollen	werde wollen	würde wollen
du	wirst wollen	werdest wollen	würdest wollen
er	wird wollen	werde wollen	würde wollen
wir	werden wollen	werden wollen	würden wollen
ihr	werdet wollen	werdet wollen	würdet wollen
sie	werden wollen	werden wollen	würden wollen
		Future Perfect Time	
	Future Perfect	*(Fut. Perf. Subj.)*	*(Past Conditional)*
ich	werde gewollt haben	werde gewollt haben	würde gewollt haben
du	wirst gewollt haben	werdest gewollt haben	würdest gewollt haben
er	wird gewollt haben	werde gewollt haben	würde gewollt haben
wir	werden gewollt haben	werden gewollt haben	würden gewollt haben
ihr	werdet gewollt haben	werdet gewollt haben	würdet gewollt haben
sie	werden gewollt haben	werden gewollt haben	würden gewollt haben

wühlen

PRINC. PARTS: wühlen, wühlte, gewühlt, wühlt
IMPERATIVE: wühle!, wühlt!, wühlen Sie!

INDICATIVE	SUBJUNCTIVE	
	PRIMARY	SECONDARY
		Present Time
Present	*(Pres. Subj.)*	*(Imperf. Subj.)*
ich wühle	wühle	wühlte
du wühlst	wühlest	wühltest
er wühlt	wühle	wühlte
wir wühlen	wühlen	wühlten
ihr wühlt	wühlet	wühltet
sie wühlen	wühlen	wühlten

Imperfect

ich wühlte
du wühltest
er wühlte
wir wühlten
ihr wühltet
sie wühlten

		Past Time
Perfect	*(Perf. Subj.)*	*(Pluperf. Subj.)*
ich habe gewühlt	habe gewühlt	hätte gewühlt
du hast gewühlt	habest gewühlt	hättest gewühlt
er hat gewühlt	habe gewühlt	hätte gewühlt
wir haben gewühlt	haben gewühlt	hätten gewühlt
ihr habt gewühlt	habet gewühlt	hättet gewühlt
sie haben gewühlt	haben gewühlt	hätten gewühlt

Pluperfect

ich hatte gewühlt
du hattest gewühlt
er hatte gewühlt
wir hatten gewühlt
ihr hattet gewühlt
sie hatten gewühlt

		Future Time
Future	*(Fut. Subj.)*	*(Pres. Conditional)*
ich werde wühlen	werde wühlen	würde wühlen
du wirst wühlen	werdest wühlen	würdest wühlen
er wird wühlen	werde wühlen	würde wühlen
wir werden wühlen	werden wühlen	würden wühlen
ihr werdet wühlen	werdet wühlen	würdet wühlen
sie werden wühlen	werden wühlen	würden wühlen

		Future Perfect Time
Future Perfect	*(Fut. Perf. Subj.)*	*(Past Conditional)*
ich werde gewühlt haben	werde gewühlt haben	würde gewühlt haben
du wirst gewühlt haben	werdest gewühlt haben	würdest gewühlt haben
er wird gewühlt haben	werde gewühlt haben	würde gewühlt haben
wir werden gewühlt haben	werden gewühlt haben	würden gewühlt haben
ihr werdet gewühlt haben	werdet gewühlt haben	würdet gewühlt haben
sie werden gewühlt haben	werden gewühlt haben	würden gewühlt haben

493

wünschen
to wish, desire

PRINC. PARTS: wünschen, wünschte, gewünscht, wünscht
IMPERATIVE: wünsche!, wünscht!, wünschen Sie!

INDICATIVE		SUBJUNCTIVE	
		PRIMARY	SECONDARY
			Present Time
	Present	*(Pres. Subj.)*	*(Imperf. Subj.)*
ich	wünsche	wünsche	wünschte
du	wünschst	wünschest	wünschtest
er	wünscht	wünsche	wünschte
wir	wünschen	wünschen	wünschten
ihr	wünscht	wünschet	wünschtet
sie	wünschen	wünschen	wünschten
	Imperfect		
ich	wünschte		
du	wünschtest		
er	wünschte		
wir	wünschten		
ihr	wünschtet		
sie	wünschten		
			Past Time
	Perfect	*(Perf. Subj.)*	*(Pluperf. Subj.)*
ich	habe gewünscht	habe gewünscht	hätte gewünscht
du	hast gewünscht	habest gewünscht	hättest gewünscht
er	hat gewünscht	habe gewünscht	hätte gewünscht
wir	haben gewünscht	haben gewünscht	hätten gewünscht
ihr	habt gewünscht	habet gewünscht	hättet gewünscht
sie	haben gewünscht	haben gewünscht	hätten gewünscht
	Pluperfect		
ich	hatte gewünscht		
du	hattest gewünscht		
er	hatte gewünscht		
wir	hatten gewünscht		
ihr	hattet gewünscht		
sie	hatten gewünscht		
			Future Time
	Future	*(Fut. Subj.)*	*(Pres. Conditional)*
ich	werde wünschen	werde wünschen	würde wünschen
du	wirst wünschen	werdest wünschen	würdest wünschen
er	wird wünschen	werde wünschen	würde wünschen
wir	werden wünschen	werden wünschen	würden wünschen
ihr	werdet wünschen	werdet wünschen	würdet wünschen
sie	werden wünschen	werden wünschen	würden wünschen
			Future Perfect Time
	Future Perfect	*(Fut. Perf. Subj.)*	*(Past Conditional)*
ich	werde gewünscht haben	werde gewünscht haben	würde gewünscht haben
du	wirst gewünscht haben	werdest gewünscht haben	würdest gewünscht haben
er	wird gewünscht haben	werde gewünscht haben	würde gewünscht haben
wir	werden gewünscht haben	werden gewünscht haben	würden gewünscht haben
ihr	werdet gewünscht haben	werdet gewünscht haben	würdet gewünscht haben
sie	werden gewünscht haben	werden gewünscht haben	würden gewünscht haben

PRINC. PARTS: würzen, würzte, gewürzt, würzt
IMPERATIVE: würze!, würzt!, würzen Sie!

to spice, season

INDICATIVE		SUBJUNCTIVE	
		PRIMARY	SECONDARY
		Present Time	
	Present	*(Pres. Subj.)*	*(Imperf. Subj.)*
ich	würze	würze	würzte
du	würzt	würzest	würztest
er	würzt	würze	würzte
wir	würzen	würzen	würzten
ihr	würzt	würzet	würztet
sie	würzen	würzen	würzten

	Imperfect
ich	würzte
du	würztest
er	würzte
wir	würzten
ihr	würztet
sie	würzten

			Past Time	
	Perfect	*(Perf. Subj.)*	*(Pluperf. Subj.)*
ich	habe gewürzt	habe gewürzt	hätte gewürzt
du	hast gewürzt	habest gewürzt	hättest gewürzt
er	hat gewürzt	habe gewürzt	hätte gewürzt
wir	haben gewürzt	haben gewürzt	hätten gewürzt
ihr	habt gewürzt	habet gewürzt	hättet gewürzt
sie	haben gewürzt	haben gewürzt	hätten gewürzt

	Pluperfect
ich	hatte gewürzt
du	hattest gewürzt
er	hatte gewürzt
wir	hatten gewürzt
ihr	hattet gewürzt
sie	hatten gewürzt

			Future Time	
	Future	*(Fut. Subj.)*	*(Pres. Conditional)*
ich	werde würzen	werde würzen	würde würzen
du	wirst würzen	werdest würzen	würdest würzen
er	wird würzen	werde würzen	würde würzen
wir	werden würzen	werden würzen	würden würzen
ihr	werdet würzen	werdet würzen	würdet würzen
sie	werden würzen	werden würzen	würden würzen

			Future Perfect Time	
	Future Perfect	*(Fut. Perf. Subj.)*	*(Past Conditional)*
ich	werde gewürzt haben	werde gewürzt haben	würde gewürzt haben
du	wirst gewürzt haben	werdest gewürzt haben	würdest gewürzt haben
er	wird gewürzt haben	werde gewürzt haben	würde gewürzt haben
wir	werden gewürzt haben	werden gewürzt haben	würden gewürzt haben
ihr	werdet gewürzt haben	werdet gewürzt haben	würdet gewürzt haben
sie	werden gewürzt haben	werden gewürzt haben	würden gewürzt haben

495

zahlen

to pay

PRINC. PARTS: zahlen, zahlte, gezahlt, zahlt
IMPERATIVE: zahle!, zahlt!, zahlen Sie!

	INDICATIVE	SUBJUNCTIVE	
		PRIMARY	SECONDARY
		Present Time	
	Present	*(Pres. Subj.)*	*(Imperf. Subj.)*
ich	zahle	zahle	zahlte
du	zahlst	zahlest	zahltest
er	zahlt	zahle	zahlte
wir	zahlen	zahlen	zahlten
ihr	zahlt	zahlet	zahltet
sie	zahlen	zahlen	zahlten

	Imperfect
ich	zahlte
du	zahltest
er	zahlte
wir	zahlten
ihr	zahltet
sie	zahlten

			Past Time	
	Perfect	*(Perf. Subj.)*	*(Pluperf. Subj.)*
ich	habe gezahlt	habe gezahlt	hätte gezahlt
du	hast gezahlt	habest gezahlt	hättest gezahlt
er	hat gezahlt	habe gezahlt	hätte gezahlt
wir	haben gezahlt	haben gezahlt	hätten gezahlt
ihr	habt gezahlt	habet gezahlt	hättet gezahlt
sie	haben gezahlt	haben gezahlt	hätten gezahlt

	Pluperfect
ich	hatte gezahlt
du	hattest gezahlt
er	hatte gezahlt
wir	hatten gezahlt
ihr	hattet gezahlt
sie	hatten gezahlt

			Future Time	
	Future	*(Fut. Subj.)*	*(Pres. Conditional)*
ich	werde zahlen	werde zahlen	würde zahlen
du	wirst zahlen	werdest zahlen	würdest zahlen
er	wird zahlen	werde zahlen	würde zahlen
wir	werden zahlen	werden zahlen	würden zahlen
ihr	werdet zahlen	werdet zahlen	würdet zahlen
sie	werden zahlen	werden zahlen	würden zahlen

			Future Perfect Time	
	Future Perfect	*(Fut. Perf. Subj.)*	*(Past Conditional)*
ich	werde gezahlt haben	werde gezahlt haben	würde gezahlt haben
du	wirst gezahlt haben	werdest gezahlt haben	würdest gezahlt haben
er	wird gezahlt haben	werde gezahlt haben	würde gezahlt haben
wir	werden gezahlt haben	werden gezahlt haben	würden gezahlt haben
ihr	werdet gezahlt haben	werdet gezahlt haben	würdet gezahlt haben
sie	werden gezahlt haben	werden gezahlt haben	würden gezahlt haben

PRINC. PARTS: zeichnen, zeichnete, gezeichnet, zeichnet
IMPERATIVE: zeichne!, zeichnet!, zeichnen Sie!

to draw, sign

INDICATIVE	SUBJUNCTIVE	
	PRIMARY	SECONDARY

Present Time

	Present	*(Pres. Subj.)*	*(Imperf. Subj.)*
ich	zeichne	zeichne	zeichnete
du	zeichnest	zeichnest	zeichnetest
er	zeichnet	zeichne	zeichnete
wir	zeichnen	zeichnen	zeichneten
ihr	zeichnet	zeichnet	zeichnetet
sie	zeichnen	zeichnen	zeichneten

	Imperfect
ich	zeichnete
du	zeichnetest
er	zeichnete
wir	zeichneten
ihr	zeichnetet
sie	zeichneten

Past Time

	Perfect	*(Perf. Subj.)*	*(Pluperf. Subj.)*
ich	habe gezeichnet	habe gezeichnet	hätte gezeichnet
du	hast gezeichnet	habest gezeichnet	hättest gezeichnet
er	hat gezeichnet	habe gezeichnet	hätte gezeichnet
wir	haben gezeichnet	haben gezeichnet	hätten gezeichnet
ihr	habt gezeichnet	habet gezeichnet	hättet gezeichnet
sie	haben gezeichnet	haben gezeichnet	hätten gezeichnet

	Pluperfect
ich	hatte gezeichnet
du	hattest gezeichnet
er	hatte gezeichnet
wir	hatten gezeichnet
ihr	hattet gezeichnet
sie	hatten gezeichnet

Future Time

	Future	*(Fut. Subj.)*	*(Pres. Conditional)*
ich	werde zeichnen	werde zeichnen	würde zeichnen
du	wirst zeichnen	werdest zeichnen	würdest zeichnen
er	wird zeichnen	werde zeichnen	würde zeichnen
wir	werden zeichnen	werden zeichnen	würden zeichnen
ihr	werdet zeichnen	werdet zeichnen	würdet zeichnen
sie	werden zeichnen	werden zeichnen	würden zeichnen

Future Perfect Time

	Future Perfect	*(Fut. Perf. Subj.)*	*(Past Conditional)*
ich	werde gezeichnet haben	werde gezeichnet haben	würde gezeichnet haben
du	wirst gezeichnet haben	werdest gezeichnet haben	würdest gezeichnet haben
er	wird gezeichnet haben	werde gezeichnet haben	würde gezeichnet haben
wir	werden gezeichnet haben	werden gezeichnet haben	würden gezeichnet haben
ihr	werdet gezeichnet haben	werdet gezeichnet haben	würdet gezeichnet haben
sie	werden gezeichnet haben	werden gezeichnet haben	würden gezeichnet haben

zeigen

to show, indicate, point out

PRINC. PARTS: zeigen, zeigte, gezeigt, zeigt
IMPERATIVE: zeige!, zeigt!, zeigen Sie!

INDICATIVE		SUBJUNCTIVE	
		PRIMARY	SECONDARY
		Present Time	
	Present	*(Pres. Subj.)*	*(Imperf. Subj.)*
ich	zeige	zeige	zeigte
du	zeigst	zeigest	zeigtest
er	zeigt	zeige	zeigte
wir	zeigen	zeigen	zeigten
ihr	zeigt	zeiget	zeigtet
sie	zeigen	zeigen	zeigten

	Imperfect
ich	zeigte
du	zeigtest
er	zeigte
wir	zeigten
ihr	zeigtet
sie	zeigten

	Perfect	*Past Time*	
		(Perf. Subj.)	*(Pluperf. Subj.)*
ich	habe gezeigt	habe gezeigt	hätte gezeigt
du	hast gezeigt	habest gezeigt	hättest gezeigt
er	hat gezeigt	habe gezeigt	hätte gezeigt
wir	haben gezeigt	haben gezeigt	hätten gezeigt
ihr	habt gezeigt	habet gezeigt	hättet gezeigt
sie	haben gezeigt	haben gezeigt	hätten gezeigt

	Pluperfect
ich	hatte gezeigt
du	hattest gezeigt
er	hatte gezeigt
wir	hatten gezeigt
ihr	hattet gezeigt
sie	hatten gezeigt

	Future	*Future Time*	
		(Fut. Subj.)	*(Pres. Conditional)*
ich	werde zeigen	werde zeigen	würde zeigen
du	wirst zeigen	werdest zeigen	würdest zeigen
er	wird zeigen	werde zeigen	würde zeigen
wir	werden zeigen	werden zeigen	würden zeigen
ihr	werdet zeigen	werdet zeigen	würdet zeigen
sie	werden zeigen	werden zeigen	würden zeigen

	Future Perfect	*Future Perfect Time*	
		(Fut. Perf. Subj.)	*(Past Conditional)*
ich	werde gezeigt haben	werde gezeigt haben	würde gezeigt haben
du	wirst gezeigt haben	werdest gezeigt haben	würdest gezeigt haben
er	wird gezeigt haben	werde gezeigt haben	würde gezeigt haben
wir	werden gezeigt haben	werden gezeigt haben	würden gezeigt haben
ihr	werdet gezeigt haben	werdet gezeigt haben	würdet gezeigt haben
sie	werden gezeigt haben	werden gezeigt haben	würden gezeigt haben

PRINC. PARTS: zerstören, zerstörte, zerstört, zerstört
IMPERATIVE: zerstöre!, zerstört!, zerstören Sie!

INDICATIVE	SUBJUNCTIVE	
	PRIMARY	SECONDARY

Present Time

Present	(*Pres. Subj.*)	(*Imperf. Subj.*)
ich zerstöre	zerstöre	zerstörte
du zerstörst	zerstörest	zerstörtest
er zerstört	zerstöre	zerstörte
wir zerstören	zerstören	zerstörten
ihr zerstört	zerstöret	zerstörtet
sie zerstören	zerstören	zerstörten

Imperfect.
ich zerstörte
du zerstörtest
er zerstörte
wir zerstörten
ihr zerstörtet
sie zerstörten

Past Time

Perfect	(*Perf. Subj.*)	(*Pluperf. Subj.*)
ich habe zerstört	habe zerstört	hätte zerstört
du hast zerstört	habest zerstört	hättest zerstört
er hat zerstört	habe zerstört	hätte zerstört
wir haben zerstört	haben zerstört	hätten zerstört
ihr habt zerstört	habet zerstört	hättet zerstört
sie haben zerstört	haben zerstört	hätten zerstört

Pluperfect
ich hatte zerstört
du hattest zerstört
er hatte zerstört
wir hatten zerstört
ihr hattet zerstört
sie hatten zerstört

Future Time

Future	(*Fut. Subj.*)	(*Pres. Conditional*)
ich werde zerstören	werde zerstören	würde zerstören
du wirst zerstören	werdest zerstören	würdest zerstören
er wird zerstören	werde zerstören	würde zerstören
wir werden zerstören	werden zerstören	würden zerstören
ihr werdet zerstören	werdet zerstören	würdet zerstören
sie werden zerstören	werden zerstören	würden zerstören

Future Perfect Time

Future Perfect	(*Fut. Perf. Subj.*)	(*Past Conditional*)
ich werde zerstört haben	werde zerstört haben	würde zerstört haben
du wirst zerstört haben	werdest zerstört haben	würdest zerstört haben
er wird zerstört haben	werde zerstört haben	würde zerstört haben
wir werden zerstört haben	werden zerstört haben	würden zerstört haben
ihr werdet zerstört haben	werdet zerstört haben	würdet zerstört haben
sie werden zerstört haben	werden zerstört haben	würden zerstört haben

499

ziehen

to draw, pull, tug, extract,
bring up, move, go

PRINC. PARTS: ziehen, zog, gezogen, zieht
IMPERATIVE: ziehe!, zieht!, ziehen Sie!

	INDICATIVE		SUBJUNCTIVE	
			PRIMARY	SECONDARY
			Present Time	
	Present		*(Pres. Subj.)*	*(Imperf. Subj.)*
ich	ziehe		ziehe	zöge
du	ziehst		ziehest	zögest
er	zieht		ziehe	zöge
wir	ziehen		ziehen	zögen
ihr	zieht		ziehet	zöget
sie	ziehen		ziehen	zögen

	Imperfect
ich	zog
du	zogst
er	zog
wir	zogen
ihr	zogt
sie	zogen

			Past Time	
	Perfect		*(Perf. Subj.)*	*(Pluperf. Subj.)*
ich	habe gezogen		habe gezogen	hätte gezogen
du	hast gezogen		habest gezogen	hättest gezogen
er	hat gezogen		habe gezogen	hätte gezogen
wir	haben gezogen		haben gezogen	hätten gezogen
ihr	habt gezogen		habet gezogen	hättet gezogen
sie	haben gezogen		haben gezogen	hätten gezogen

	Pluperfect
ich	hatte gezogen
du	hattest gezogen
er	hatte gezogen
wir	hatten gezogen
ihr	hattet gezogen
sie	hatten gezogen

			Future Time	
	Future		*(Fut. Subj.)*	*(Pres. Conditional)*
ich	werde ziehen		werde ziehen	würde ziehen
du	wirst ziehen		werdest ziehen	würdest ziehen
er	wird ziehen		werde ziehen	würde ziehen
wir	werden ziehen		werden ziehen	würden ziehen
ihr	werdet ziehen		werdet ziehen	würdet ziehen
sie	werden ziehen		werden ziehen	würden ziehen

			Future Perfect Time	
	Future Perfect		*(Fut. Perf. Subj.)*	*(Past Conditional)*
ich	werde gezogen haben		werde gezogen haben	würde gezogen haben
du	wirst gezogen haben		werdest gezogen haben	würdest gezogen haben
er	wird gezogen haben		werde gezogen haben	würde gezogen haben
wir	werden gezogen haben		werden gezogen haben	würden gezogen haben
ihr	werdet gezogen haben		werdet gezogen haben	würdet gezogen haben
sie	werden gezogen haben		werden gezogen haben	würden gezogen haben

PRINC. PARTS: zwingen, zwang, gezwungen, zwingt
IMPERATIVE: zwinge!, zwingt!, zwingen Sie!

to force, compel

INDICATIVE		SUBJUNCTIVE	
		PRIMARY	SECONDARY
		Present Time	
	Present	*(Pres. Subj.)*	*(Imperf. Subj.)*
ich	zwinge	zwinge	zwänge
du	zwingst	zwingest	zwängest
er	zwingt	zwinge	zwänge
wir	zwingen	zwingen	zwängen
ihr	zwingt	zwinget	zwänget
sie	zwingen	zwingen	zwängen
	Imperfect		
ich	zwang		
du	zwangst		
er	zwang		
wir	zwangen		
ihr	zwangt		
sie	zwangen		
		Past Time	
	Perfect	*(Perf. Subj.)*	*(Pluperf. Subj.)*
ich	habe gezwungen	habe gezwungen	hätte gezwungen
du	hast gezwungen	habest gezwungen	hättest gezwungen
er	hat gezwungen	habe gezwungen	hätte gezwungen
wir	haben gezwungen	haben gezwungen	hätten gezwungen
ihr	habt gezwungen	habet gezwungen	hättet gezwungen
sie	haben gezwungen	haben gezwungen	hätten gezwungen
	Pluperfect		
ich	hatte gezwungen		
du	hattest gezwungen		
er	hatte gezwungen		
wir	hatten gezwungen		
ihr	hattet gezwungen		
sie	hatten gezwungen		
		Future Time	
	Future	*(Fut. Subj.)*	*(Pres. Conditional)*
ich	werde zwingen	werde zwingen	würde zwingen
du	wirst zwingen	werdest zwingen	würdest zwingen
er	wird zwingen	werde zwingen	würde zwingen
wir	werden zwingen	werden zwingen	würden zwingen
ihr	werdet zwingen	werdet zwingen	würdet zwingen
sie	werden zwingen	werden zwingen	würden zwingen
		Future Perfect Time	
	Future Perfect	*(Fut. Perf. Subj.)*	*(Past Conditional)*
ich	werde gezwungen haben	werde gezwungen haben	würde gezwungen haben
du	wirst gezwungen haben	werdest gezwungen haben	würdest gezwungen haben
er	wird gezwungen haben	werde gezwungen haben	würde gezwungen haben
wir	werden gezwungen haben	werden gezwungen haben	würden gezwungen haben
ihr	werdet gezwungen haben	werdet gezwungen haben	würdet gezwungen haben
sie	werden gezwungen haben	werden gezwungen haben	würden gezwungen haben

501

INDEX

All the verbs conjugated in this book are listed in this index. In addition, a large number of the many possible prefix verb compounds of basic verbs are also included. Many prefix verbs like *bekommen*—to receive, and *ankommen*—to arrive, have been conjugated in this book and the student may refer to them in their alphabetical order. Those which have not been conjugated are followed by the basic verb in parentheses after it. Thus, *einatmen*—to inhale and *ausatmen*—to exhale, are both followed by *atmen*—to breathe.

To aid the student in identifying them, the pedagogical convention of indicating separable prefix verbs by placing a hyphen (-) between the prefix and the basic verb has been followed. Thus, the infinitive *ankommen*—to arrive, appears in the index as *an-kommen*.

Verbs may have both separable and inseparable prefixes, for example *aus-sprechen*—to pronounce (separable) and *versprechen*—to promise (inseparable). In both cases the student is referred to *sprechen*.

Reflexive verbs have been listed alphabetically under the first letter of the verb itself and not under the reflexive pronoun *sich*.

ENGLISH-GERMAN VERB INDEX

The *to* of the English infinitive has been omitted. In cases of prefix verbs not conjugated in the text, the basic verb has been given in parentheses. Separable prefix verbs have been indicated by a hyphen (-) between the prefix and the basic verb.

A

abandon **verlassen**
abduct **entführen**
(be) able **können**
abound in **strotzen**
accept **an-nehmen** (nehmen)
accompany **begleiten**
accuse **beschuldigen, verklagen**
(become) accustomed **sich gewöhnen**
adjust **richten**
administer **verwalten**
admit **zu-geben** (geben)
advise **raten**
agree **zu-sagen** (sagen)
animate **bescelen**
annihilate **vernichten**
annoy **verdrießen**
answer **antworten, beantworten** (antworten)
appear **erscheinen** (scheinen)
arm **rüsten**
arrive **an-kommen**
ascertain **fest-stellen**
ask (a question) **fragen**
ask for **bitten** (um)
assent **bejahen**
(be) astonished **staunen**
attack **an-greifen** (greifen)

attempt **versuchen**
avenge **rächen**
avoid **meiden, vermeiden** (meiden)
(be) awake **wachen**

B

bake **backen**
bark **bellen**
bathe **baden**
be **sein; sich befinden**
beat **schlagen**
become **werden**
begin **beginnen; an-fangen**
behave **sich betragen** (tragen); **sich benehmen** (nehmen) **sich verhalten**
believe **glauben**
belong **gehören**
bend **biegen**
betray **verraten**
bind **binden**
(give) birth **gebären**
bite **beißen**
blacken **schwärzen**
bleed **bluten**
bless **segnen**
bloom **blühen**
blow **blasen**
boast **sich brüsten**
boil **sieden**

503

book **buchen**
break **brechen**
(eat) breakfast **frühstücken**
breathe **atmen**
brew **brauen**
bribe **bestechen** (stechen)
bring **bringen**
bring back **wiederholen; zurück-**
bringen (bringen)
brush **bürsten**
build **bauen**
burn **brennen**
burst **bersten**
buy **kaufen**

C
calculate **rechnen**
call **rufen**
caress **kosen**
carry **tragen**
carry out **vollziehen** (ziehen); **hin-**
aus-tragen (tragen)
catch **fangen**
change **wechseln**
chatter **schwatzen**
cheat **betrügen**
chew **kauen**
choke **ersticken**
choose **wählen**
circumcise **beschneiden** (schneiden)
clean **putzen; reinigen**
clean away **räumen**
climb **steigen**
close **schließen; zu-machen** (machen)
(catch a) cold **sich erkälten**
come **kommen**
come out **aus-kommen**
command **befehlen; gebieten** (bieten)
commit **begehen** (gehen)
commit (a crime) **verbrechen** (brechen)

comprehend **begreifen** (greifen)
conceal **verhehlen; verbergen** (bergen)
confess **gestehen** (stehen); **beken-**
nen (kennen)
confuse **verwechseln**
conquer **siegen**
consecrate **weihen**
consider **erwägen; bedenken** (denken); **sich überlegen** (legen)
consist (of) **bestehen** (aus) (stehen)
console **trösten**
consume **verzehren**
contain **enthalten**
contradict **widersprechen** (sprechen)
converse **sich unterhalten**
convert **bekehren**
cool **kühlen**
cook **kochen**
cost **kosten**
cover **decken**
create **schaffen**
creep **kriechen**
croak **krächzen**
cross-examine **verhören** (hören)
curse **fluchen**
cut **schneiden**
cut (classes, etc.) **schwänzen**

D
damage **schaden**
dance **tanzen**
dare **wagen**
darken **trüben**
decay **verkommen**
dedicate **widmen**
defy **trotzen**
delay **säumen**
depart **ab-fahren** (fahren)
describe **beschreiben** (schreiben)
designate **bezeichnen**
desire **begehren**

despise **verachten**
destroy **zerstören**
devour **verschlingen** (schlingen)
die **sterben; verrecken**
dig **graben; wühlen**
diminish **ab-nehmen** (nehmen)
disappear **schwinden; verschwinden** (schwinden)
discuss **besprechen** (sprechen)
disfigure **entstellen**
dispute **rechten**
dissolve **lösen**
distinguish **unterscheiden** (scheiden)
disturb **stören**
do **tun**
draw **zeichnen**
dream **träumen**
(get) dressed **sich anziehen**
drink **trinken; saufen**
drive **treiben**
drop **tropfen**
drown **ertrinken** (trinken); **ersaufen**
(saufen)
duck **ducken**

E
earn **verdienen**
eat **essen; fressen**
educate **erziehen** (ziehen)
(feel) embarrassed **sich genieren**
embrace **herzen**
endeavor **trachten**
endure **aus-halten** (halten); **aus-
stehen** (stehen); **ertragen** (tragen)
enjoy **genießen**
enliven **beleben**
entangle **verstricken**
entice **locken**
erect **errichten**
escape **entkommen; entgehen** (gehen); **entfliehen** (fliehen)
estimate **schätzen**

exaggerate **übertreiben** (treiben)
examine **untersuchen**
exclude **aus-schließen** (schließen)
excuse **entschuldigen**
execute (an order) **aus-führen** (führen)
exercise **üben**
exhale **aus-atmen** (atmen)
exhaust **erschöpfen**
exhibit **aus-stellen**
expel **vertreiben** (treiben); **aus-stoßen** (stoßen)
experience **erfahren** (fahren); **erleben** (leben)
explain **erklären**
exploit **aus-nutzen** (nützen)
(become) extinguished **erlöschen**

F
fail **versagen**
fall **fallen**
fear **fürchten**
feel **fühlen**
ferment **gären**
fight **fechten; kämpfen**
fill **füllen**
find **finden**
find out **heraus-finden** (finden); **erfahren** (fahren)
fit **passen**
flash **blitzen**
flee **fliehen**
fling **schmeißen**
flood **fluten**
flow **fließen; rinnen**
fly **fliegen**
foam **schäumen**
fold **falten**
follow **folgen**
forbid **verbieten** (bieten)
force **zwingen**
forget **vergessen**
forgive **vergeben**

freeze frieren
(be) frightened erschrecken

G

gain gewinnen; zu-nehmen (nehmen)
gape glotzen
get kriegen
get into (a vehicle) ein-steigen
  (steigen)
get out of (a vehicle) aus-steigen
  (steigen)
give geben
(be) glad sich freuen
glide gleiten
glitter glänzen
glow glühen
gnaw nagen
go gehen
grasp fassen
greet grüßen
grind mahlen
groan ächzen; stöhnen
grow wachsen
gulp schlingen
gush quellen

H

hang hängen
happen geschehen; passieren; vor-
  kommen; sich zu-tragen (tragen)
hate hassen
have haben
have to (must) müssen
heap schichten
hear hören
heat heizen
help helfen
help one's self sich bedienen
hit hauen; schlagen
hold halten
honor ehren

hop hüpfen
hope hoffen
hurry sich beeilen
hurt schmerzen

I

imagine wähnen; sich vor-stellen
  (stellen)
incite hetzen
include ein-schließen (schließen)
increase vermehren
indicate hin-weisen (weisen); an-
  zeigen (zeigen)
induce bewegen
inhale ein-atmen (atmen)
insist bestehen (auf) (stehen)
insult beleidigen
intend vor-haben (haben)
(be) interested sich interessieren
interpret interpretieren
interrupt unterbrechen
introduce vor-stellen (stellen)
invent erfinden
invite ein-laden

J

joke scherzen
jump springen

K

keep behalten
kill töten, um-bringen (bringen)
kiss küssen
knit stricken
knock klopfen
know wissen; kennen

L

lack entbehren
lament klagen

languish **schmachten**
last **währen**
laugh **lachen**
lay **legen**
lead **führen**
learn **lernen**
lease **pachten**
leave **weg-gehen** (gehen); **ab-fah-**
  ren (fahren) **lassen**
lend **leihen**
let **lassen**
liberate **befreien**
lick **lecken**
lie (be situated) **liegen**
(tell a) lie **lügen**
lift **heben**
lighten **lichten**
like **gefallen, mögen, gern haben**
  (haben)
listen to **lauschen**
live **leben**
load **laden; frachten**
long for **lechzen**
look **blicken, gucken**
loosen **lösen**
lose **verlieren**
love **lieben**
(be) loved **geliebt werden** (passive
  of lieben)
(fall in) love **sich verlieben**

M

make **machen**
make happy **beglücken**
manufacture **her-stellen** (stellen)
marry **heiraten**
(get) married **sich verheiraten** (heiraten)
mean **bedeuten**
measure **messen**
meet **treffen, begegnen, kennen-**
  lernen
melt **schmelzen**

mention **erwähnen**
move **bewegen, rücken, um-ziehen**
muffle **dämpfen**

N

name **nennen**
(be) named **heißen**
need **brauchen**
negotiate **verhandeln**
nibble **naschen**
nod **nicken**
note **merken**
nourish **nähren**

O

object **ein-wenden** (wenden), **aus-**
  setzen (setzen)
obtain **erhalten, bekommen**
offer **bieten**
omit **aus-lassen** (lassen); **unterlas-**
  sen (lassen)
open **öffnen, auf-machen** (machen),
  auf-schließen (schließen)
operate (a business, etc.) **betreiben**
  (treiben)
order **befehlen; bestellen** (goods)
originate **entstehen** (stehen)
overcome **überwinden**
owe **verdanken** (danken)

P

pack **packen**
paint **malen**
pardon **verzeihen**
participate **teil-nehmen** (nehmen)
paste **kleben**
pay **zahlen**
penetrate **dringen**
perceive **spüren, vernehmen** (nehmen), **wahrnehmen** (nehmen)

507

perform **verrichten** (richten); **auf-führen** (führen)
(be) permitted **dürfen**
(be) permitted to speak **sprechen dürfen**
pinch **kneifen**
(take) place **statt-finden**
plague **plagen**
plant **pflanzen**
play **spielen**
plunge **stürzen**
point out **weisen**
polish **schleifen**
possess **besitzen**
pour **gießen**
pout **schmollen**
praise **loben, rühmen, preisen**
pray **beten**
prefer **vor-ziehen** (ziehen)
press **drücken**
print **drucken**
promise **versprechen** (sprechen)
pronounce **aus-sprechen** (sprechen)
prove **beweisen** (weisen), **nach-wei-sen** (weisen)
pull **ziehen**
push **schieben**
put **stellen**

Q
quarrel **streiten**

R
radiate **strahlen**
rage **toben**
rain **regnen**
rape **vergewaltigen**
reach **reichen**
read **lesen**
receive **empfangen, bekommen, er-halten**
recognize **erkennen** (kennen); **an-erkennen** (erkennen)
recommend **empfehlen**

recover **genesen**
recruit **werben**
refer to **sich beziehen auf** (ziehen)
refresh **laben**
refuel (get gasoline) **tanken**
refute **widerlegen** (legen)
reject **verwerfen** (werfen); **zurück-weisen** (weisen)
rejoice **frohlocken**
remain **bleiben**
remove **entfernen**
rent **mieten, vermieten** (mieten)
repair **flicken**
repeat **wiederholen**
reply **entgegnen**
report **berichten**
represent **dar-stellen** (stellen), **ver-treten** (treten)
rescue **retten**
resemble **gleichen**
(be) resentful **grollen**
reside **wohnen**
respect **achten**
rest **ruhen**
restrain **wehren**
reward **lohnen**
ride (a horse) **reiten**
ring **klingen**
rinse **spülen**
roar **brüllen**
roast **rösten, braten**
roll **rollen, wälzen**
rub **reiben**
ruin **verderben**
rule **walten**
run **rennen, laufen**
rustle **rauschen**

S
salvage **bergen**
save **sparen, retten**
say **sagen**
scold **schelten**
scoop **schöpfen**

scratch **kratzen**
season **würzen**
seduce **verführen**
see **sehen, schauen**
seek **suchen**
seem **scheinen**
seize **greifen**
select **aus-suchen** (suchen), **aus-lesen** (lesen)
sell **verkaufen**
send **schicken, senden**
separate **scheiden**
serve **dienen**
set **stecken**
set up **auf-stellen** (stellen)
settle **schlichten**
shift **um-stellen** (stellen)
shine **scheinen, leuchten**
shoot **schießen**
shop **ein-kaufen** (kaufen)
shorten **kürzen**
shout **schreien**
shove **stoßen**
show **zeigen**
sift **sichten**
sigh **seufzen**
(be) silent **schweigen**
sing **singen**
sink **sinken**
sit **sitzen**
sit down **sich setzen**
sketch **entwerfen** (werfen)
slaughter **schlachten**
sleep **schlafen**
slip **schlüpfen**
smear **schmieren**
smell **riechen**
smile **lächeln**
smoke **rauchen**
snatch **haschen**
sneak **schleichen**
snow **schneien**
soar **schweben**
sparkle **sprühen**

speak **sprechen**
spend (money) **aus-geben** (geben)
spend (time) **verbringen** (bringen)
spin **spinnen**
spit **spucken**
split **spalten**
spoil **verwöhnen**
sprout **sprießen**
squirt **spritzen**
stand **stehen**
stand **stehen**
(be) startled **stutzen**
steal **stehlen**
step **treten**
stimulate **reizen**
sting **stechen**
stink **stinken**
stipulate **bedingen**
stir **rühren**
stoop **sich bücken**
stop **auf-halten, stehen-bleiben** (bleiben), **an-halten** (halten), **auf-hören** (hören)
storm **brausen**
stretch **strecken**
stride **schreiten**
strike **streichen**
strive **streben**
struggle **kämpfen, ringen**
study **studieren**
stuff **stopfen**
subjugate **unterwerfen**
succeed **gelingen**
succumb **unterliegen** (liegen)
suck **saugen, lutschen**
suffer **leiden**
suggest **vor-schlagen** (schlagen)
supply **versehen mit** (sehen)
support **stützen, unterstützen** (stützen)
(be) supposed to **sollen**
surprise **überraschen**
survive **überleben** (leben)
swear **schwören**

509

sweat **schwitzen**
sweep **kehren**
swell **schwellen**
swim **schwimmen**
swing **schwingen**
switch **schalten**

T

take **nehmen**
taste **schmecken, kosten**
teach **lehren, unterrichten** (richten)
tear **reißen**
tease **necken**
tell **erzählen**
thank **danken**
thicken **verdichten**
think **denken, sinnen, meinen**
thirst **dürsten**
thrive **gedeihen**
throw **werfen, schmeißen**
tie **schnüren, knüpfen**
torture **quälen**
trade **handeln**
traffic **verkehren**
transfer **versetzen** (sich setzen)
transfigure **verklären**
translate **übersetzen** (sich setzen), **übertragen** (tragen)
travel **fahren, reisen**
treat **behandeln** (handeln)
tremble **beben**
trust **trauen, vertrauen** (trauen)
turn **wenden**
turn out (well or badly) **geraten**

U

understand **verstehen**
(get) undressed **sich ausziehen**

unite **vereinigen**
use **verwenden** (wenden), **gebrauchen** (brauchen), **nutzen**
(be of) use **taugen**

V

(be) valid **gelten**
visit **besuchen**
vomit **sich erbrechen** (brechen), **kotzen**

W

wake **wecken**
walk **spazieren**
wander **wandern**
want **wollen**
wash **waschen**
weep **weinen**
weigh **wiegen**
wet **netzen**
whet **wetzen**
whisper **raunen**
whistle **pfeifen**
win **gewinnen**
wish **wünschen**
woo **freien, buhlen**
work **arbeiten**
wound **versehren**
write **schreiben**
write poetry **dichten**

Y

yawn **gähnen**
yield **weichen, nach-geben** (geben), **ergeben** (geben)

GERMAN-ENGLISH VERB INDEX

A

ab-fahren (fahren) depart
ab-nehmen (nehmen) diminish
achten respect
ächzen groan
anerkennen (kennen) recognize
an-fangen begin
an-greifen (greifen) attack
an-halten (halten) stop
an-kommen arrive
an-nehmen (nehmen) accept
antworten answer
an-zeigen (zeigen) indicate
sich an-ziehen get dressed
arbeiten work
atmen breathe
auf-führen (führen) perform
auf-halten stop
auf-hören (hören) stop
auf-machen (machen) open
auf-schließen (schließen) open
auf-stellen (stellen) set up
aus-atmen (atmen) exhale
aus-führen (führen) execute (an order)
aus-geben (geben) spend (money)
aus-halten (halten) endure
aus-kommen come out, make do
aus-lassen (lassen) omit
aus-lesen (lesen) select
aus-nutzen (nutzen) exploit
aus-schließen (schließen) exclude
aus-sehen (sehen) resemble
aus-setzen (setzen) object
aus-sprechen (sprechen) pronounce
aus-stehen (stehen) endure
aus-steigen (steigen) get out of (a vehicle)
aus-stellen exhibit
aus-stoßen (stoßen) expel
aus-suchen (suchen) select
sich aus-ziehen get undressed

B

backen bake
baden bathe
bauen build
beantworten (antworten) answer
beben tremble
bedenken (denken) consider
bedeuten mean
sich bedienen help one's self
bedingen stipulate
sich beeilen hurry
befehlen order
sich befinden be, feel
befreien liberate
begegnen meet
begehen (gehen) commit
begehren desire
beginnen begin
begleiten accompany
beglücken make happy
begreifen (greifen) comprehend
behalten keep
beißen bite
bejahen assent
bekehren convert
bekennen (kennen) confess
bekommen receive
beleben enliven
beleidigen insult
bellen bark
sich benehmen (nehmen) behave
bergen salvage
berichten report
bersten burst
beschneiden (schneiden) circumcise
beschreiben (schreiben) describe
beschuldigen accuse
beseelen animate
besitzen possess
besprechen (sprechen) discuss
bestechen (stechen) bribe
bestehen (auf) (stehen) insist

511

bestehen (aus) (stehen) consist of
bestellen order (goods)
besuchen visit
beten pray
sich betragen (tragen) behave
betreiben (treiben) operate
betrügen cheat
bewegen move
bewegen induce
beweisen (weisen) prove
bezeichnen designate
sich beziehen auf (ziehen) refer to
biegen bend
bieten offer
binden bind
bitten (um) ask for
blasen blow
bleiben remain
blicken look
blitzen flash
blühen bloom
bluten bleed
braten roast
brauchen need
brauen brew
brausen storm
brechen break
brennen burn
bringen bring
brüllen roar
sich brüsten boast
buchen book
sich bücken stoop
buhlen woo
bürsten brush

D
dämpfen muffle
danken thank
dar-stellen (stellen) represent
decken cover
denken think
512 dichten write poetry

dienen serve
dringen penetrate
drucken print
drücken press
ducken duck
dürfen (to be) permitted
dürsten thirst

E
ein-atmen (atmen) inhale
ein-laden (laden) invite
ein-schließen (schließen) include
ein-steigen (steigen) get into (a vehicle)
ein-wenden (wenden) object
ehren honor
empfangen receive
empfehlen recommend
entbehren lack
entfernen remove
entfliehen (fliehen) escape
entführen abduct
entgegnen reply
entgehen (gehen) escape
enthalten contain
entkommen escape
entschuldigen excuse
entstehen (stehen) originate
entstellen disfigure
entwerfen (werfen) sketch
erfahren (fahren) experience, find out
erfinden invent
ergeben (geben) yield
erhalten obtain
sich erkälten catch a cold
erkennen (kennen) recognize
erklären explain
erleben (leben) experience
erlöschen to become extinguished
errichten erect
erscheinen (scheinen) appear
erschöpfen exhaust

erschrecken to be frightened
ersticken choke
ertragen (tragen) endure
ertrinken (trinken) drown
erwägen consider
erwähnen mention
erzählen tell
erziehen (ziehen) educate
essen eat

F

fahren travel
fallen fall
falten fold
fangen catch
fassen grasp
fechten fight
fest-stellen ascertain
finden find
flicken repair
fliegen fly
fliehen flee
fließen flow
fluchen curse
fluten flood
folgen follow
frachten load (freight)
fragen ask (a question)
freien woo
fressen eat
sich freuen be glad
frieren freeze
frohlocken rejoice
frühstücken eat breakfast
fühlen feel
führen lead
füllen fill
fürchten fear

G

gähnen yawn
gären ferment

gebären give birth
geben give
gebieten (bieten) command
gebrauchen use
gedeihen thrive
gefallen like
gehen go
gehören (hören) belong
geliebt werden be loved
gelingen succeed
gelten be valid
genesen recover
sich genieren feel embarrassed
genießen enjoy
geraten turn out (well or badly)
geschehen happen
gestehen (stehen) confess
gewinnen gain, win
sich gewöhnen to become accustomed
gießen pour
glänzen glitter
glauben believe
gleichen resemble
gleiten glide
glotzen gape
glühen glow
graben dig
greifen seize
grollen be resentful
grüßen greet
gucken look

H

haben have
halten hold
handeln trade
hängen hang
haschen snatch
hassen hate
hauen hit
heben lift
heiraten marry

heißen be named
heizen heat
helfen help
heraus-finden (finden) find out
her-stellen (stellen) manufacture
herzen embrace
hetzen incite
hinaus-tragen (tragen) carry out
hin-weisen (weisen) indicate
hoffen hope
hören hear
hüpfen hop

I

sich interessieren (für) be interested (in)
interpretieren interpret

K

kämpfen struggle
kauen chew
kaufen buy
kehren sweep
kennen know (a person), be familiar with
kennen-lernen meet
klagen lament
kleben paste
klingen ring
klopfen knock
kneifen pinch
knüpfen tie
kochen cook
kommen come
können be able
kosen caress
kosten cost, taste
kotzen vomit
krächzen croak, caw
kratzen scratch
kriechen creep
kriegen get

kühlen cool
kürzen shorten

L

laben refresh
lächeln smile
lachen laugh
laden load
lassen let
laufen run
lauschen listen to
leben live
lechzen long for
lecken lick
legen lay
lehren teach
leiden suffer
leihen lend
lernen learn
lesen read
leuchten shine
lichten thin out, lighten
lieben love
liegen lie (be situated)
loben praise
locken entice
lohnen reward
lösen loosen
lügen tell a lie
lutschen suck

M

machen make
mahlen grind
malen paint
meiden avoid
meinen think
merken note
messen measure
mieten rent
mögen like
müssen have to (must)

N

nach-geben (geben) yield
nach-weisen (weisen) prove
nagen gnaw
nähren nourish
naschen nibble
necken tease
nehmen take
nennen name
netzen wet
nicken nod
nutzen use

O

öffnen open

P

pachten lease
packen pack, grab
passen fit
passieren happen
pfeifen whistle
pflanzen plant
plagen plague
preisen praise
putzen clean

Q

quälen torture
quellen gush

R

rächen avenge
raten advise
rauchen smoke
räumen clear away
raunen whisper
rauschen rustle
rechnen calculate
rechten dispute
regnen rain

reiben rub
reißen tear
reiten ride (a horse)
rennen run
retten rescue
reichen reach
reisen travel
reinigen clean
reizen stimulate
richten adjust
riechen smell
ringen struggle
rinnen flow
rollen roll
rösten roast
rücken move
rufen call
ruhen rest
rühmen praise
rühren stir
rüsten arm

S

sagen say
saufen drink
saugen suck
säumen delay
schaden damage
schaffen create
schalten switch
schätzen estimate
schauen see
schäumen foam
scheiden separate
scheinen seem
schelten scold
scherzen joke
schichten heap
schicken send
schieben push
schießen shoot
schlachten slaughter
schlafen sleep

515

schlagen beat
schleichen sneak
schleifen polish
schlichten settle
schließen close
schlingen gulp
schlüpfen slip
schmachten languish
schmecken taste
schmeißen fling
schmelzen melt
schmerzen hurt
schmieren smear
schmollen pout
schneiden cut
schneien snow
schnüren tie
schöpfen scoop
schreiben write
schreien scream
schreiten stride
schwanken sway
schwänzen cut classes
schwärzen blacken, slander
schwatzen chatter
schweben soar
schweigen be silent
schwellen swell
schwimmen swim
schwinden disappear
schwingen swing
schwitzen sweat
schwören swear
segnen bless
sehen see
sein be, have (with 'sein' verbs)
senden send
sich setzen sit down
seufzen sigh
sichten sift
sieden boil
siegen conquer
singen sing
sinken sink

sinnen think
sitzen sit
sollen be supposed to, should
spalten split
sparen save (money)
spazieren walk
spielen play
spinnen spin
sprechen speak
sprechen dürfen be allowed to speak
sprießen sprout
springen jump
spritzen squirt
sprühen sparkle
spucken spit
spülen rinse
spüren perceive
statt-finden take place
staunen be astonished
stechen sting
stecken set, stick
stehen stand
stehen-bleiben (bleiben) stop
stehlen steal
steigen climb
stellen put
sterben die
stinken stink
stöhnen groan
stopfen stuff
stören disturb
stoßen shove
strahlen radiate
streben strive
strecken stretch
streichen strike
streiten quarrel
stricken knit
strotzen abound in
studieren study
stürzen plunge
stutzen be startled
stützen support
suchen seek

T

tanken refuel
tanzen dance
taugen be of use
teil-nehmen (nehmen) participate
toben rage
töten kill
trachten endeavor
tragen carry
trauen trust
träumen dream
treffen meet, hit
treiben drive
treten step
trinken drink
trocknen dry
tropfen drip
trösten console
trotzen defy
trüben darken
tun do

U

üben exercise
überleben (leben) survive
sich überlegen (legen) consider
überraschen surprise
übersetzen (sich setzen) translate
übertragen (tragen) translate
übertreiben (treiben) exaggerate
überwinden overcome
um-bringen (bringen) kill
um-stellen shift
um-ziehen move
unterbrechen interrupt
sich unterhalten (halten) converse
unterlassen (lassen) omit
unterliegen (liegen) succumb
unterscheiden (scheiden) distinguish
unterstützen (stützen) support
untersuchen (suchen) examine
unterwerfen (werfen) subjugate

V

verachten despise
verbieten (bieten) forbid
verbrechen (brechen) commit a
  crime
verbringen (bringen) spend (time)
verdanken (danken) owe
verderben ruin
verdichten thicken
verdienen earn
verdrießen annoy
vereinigen unite
verführen seduce
vergeben forgive
vergessen forget
vergewaltigen rape
sich verhalten behave
verhandeln negotiate
verhehlen conceal
sich verheiraten (heiraten) get married
verhören (hören) cross-examine
verkaufen sell
verkehren traffic
verklagen accuse
verklären transfigure
verkommen decay
verlassen abandon
sich verlieben fall in love
verlieren lose
vermehren increase
vermeiden (meiden) avoid
vernehmen (nehmen) perceive
vernichten annihilate
verraten betray
verrecken die
verrichten perform
versagen fail
verschlingen (schlingen) devour
verschwinden (schwinden) disappear
versehen (sehen) supply
versehren wound
versetzen (sich setzen) transfer

versprechen (sprechen) promise
verstehen understand
verstricken entangle
versuchen attempt
vertreiben (treiben) expell
vertreten (treten) represent
verwalten administer
verwechseln confuse
verweilen linger
verwenden (wenden) use
verwerfen (werfen) reject
verwöhnen (sich gewöhnen) spoil, pamper
verzehren consume
verzeihen pardon
vollziehen (ziehen) carry out
vor-haben (haben) intend
vor-kommen occur
vor-schlagen (schlagen) suggest
vor-stellen (stellen) introduce
sich vor-stellen (stellen) imagine
vor-ziehen (ziehen) prefer

W

wachen be awake
wachsen grow
wagen dare
wählen choose
wähnen imagine
währen last
wahr-nehmen (nehmen) perceive
walten rule
wälzen roll
wandern wander
waschen wash
wechseln change
wecken wake
weg-gehen (gehen) leave
wehren restrain
weichen yield

weihen consecrate
weinen weep
weisen point out
wenden turn
werben recruit
werden become
werfen throw
wetzen whet
widerlegen (legen) refute
widersprechen (sprechen) contradict
widmen dedicate
wiederholen repeat
wieder-holen bring back
wiegen weigh
wissen know (a fact)
wohnen reside
wollen want
wühlen dig
wünschen wish
würzen season

Z

zahlen pay
zählen (like zahlen but umlauted) count
zeichnen draw
zeigen show
zerstören destroy
ziehen pull
zu-geben (geben) admit
zu-machen (machen) close
zu-nehmen (nehmen) gain (weight)
zurück-bringen (bringen) bring back
zurück-weisen (weisen) reject
zu-sagen (sagen) agree
zu-sehen (sehen) look on
sich zu-tragen (tragen) happen
zwingen force

INDEX OF VERB FORMS
IDENTIFIED BY INFINITIVES

A

aß essen

B

band binden
barg bergen
barst bersten
bat bitten
befahl befehlen
befiehlt befehlen
befohlen befehlen
begann beginnen
begonnen beginnen
betrog betrügen
bewog bewegen
bin sein
birgt bergen
birst bersten
biß beißen
bist sein
blies blasen
blieb bleiben
bog biegen
bot bieten
brach brechen
brachte bringen
brannte brennen
bricht brechen
briet braten
buk backen

D

dachte denken
darf dürfen
drang dringen

E

empfahl empfehlen
empfiehlt empfehlen
empfing empfangen
empfohlen empfehlen
erschrak erschrecken
erschrickt erschrecken
erschrocken erschrecken
erwog erwägen

F

fand finden
ficht fechten
fiel fallen
fing fangen
flog fliegen
floh fliehen
floß fließen
focht fechten
fraß fressen
frißt fressen
fror frieren
fuhr fahren

G

galt gelten
gab geben
gebeten bitten
gebiert gebären
gebissen beißen
geblieben bleiben
gebogen biegen
geboren gebären
geborgen bergen

geborsten	bersten	geronnen	rinnen
geboten	bieten	gerungen	ringen
gebracht	bringen	gerufen	rufen
gebrochen	brechen	gesandt	senden
gebunden	binden	geschah	geschehen
gedacht	denken	geschieden	scheiden
gedrungen	dringen	geschienen	scheinen
geflogen	fliegen	geschliffen	schleifen
geflohen	fliehen	geschlossen	schließen
geflossen	fließen	geschlungen	schlingen
gefochten	fechten	geschmissen	schmeißen
gefroren	frieren	geschmolzen	schmelzen
gefunden	finden	geschnitten	schneiden
gegangen	gehen	geschoben	schieben
gegoren	gären	gescholten	schelten
gedieh	gedeihen	geschossen	schießen
gefiel	gefallen	geschrieben	schreiben
geglichen	gleichen	geschrieen	schreien
geglitten	gleiten	geschritten	schreiten
gegolten	gelten	geschwiegen	schweigen
gegossen	gießen	geschwollen	schwellen
gegriffen	greifen	geschwommen	schwimmen
gehoben	heben	geschwunden	schwinden
geholfen	helfen	geschwungen	schwingen
geklungen	klingen	gesessen	sitzen
gekrochen	kriechen	gesoffen	saufen
gelang	gelingen	gesogen	saugen
gelegen	liegen	gesonnen	sinnen
geliehen	leihen	gesotten	sieden
gelitten	leiden	gesponnen	spinnen
gelogen	lügen	gesprochen	sprechen
gelungen	gelingen	gesprossen	sprießen
gemieden	meiden	gesprungen	springen
genannt	nennen	gestanden	stehen
genas	genesen	gestiegen	steigen
genommen	nehmen	gestochen	stechen
genoß	genießen	gestohlen	stehlen
gepfiffen	pfeifen	gestorben	sterben
gequollen	quellen	gestrichen	streichen
gerieben	reiben	gestritten	streiten
geriet	geraten	getroffen	treffen
gerissen	reißen	gesungen	singen
geritten	reiten	gesunken	sinken
520 gerochen	riechen	getan	tun

getrieben **treiben**
getrunken **trinken**
gewann **gewinnen**
gewesen **sein**
gewichen **weichen**
gewiesen **weisen**
gewogen **wiegen**
gewonnen **gewinnen**
geworben **werben**
geworden **werden**
geworfen **werfen**
gewußt **wissen**
gezogen **ziehen**
gezwungen **zwingen**
gibt **geben**
gilt **gelten**
ging **gehen**
glich **gleichen**
glitt **gleiten**
griff **greifen**
grub **graben**
gor **gären**
goß **gießen**

H

half **helfen**
hast **haben**
hat **haben**
hieb **hauen**
hielt **halten**
hieß **heißen**
hilft **helfen**
hing **hängen**
hob **heben**

I

ist **sein**
ißt **essen**

K

kam **kommen**
kann **können**

kannte **kennen**
klang **klingen**
kroch **kriechen**

L

lag **liegen**
las **lesen**
lief **laufen**
lieh **leihen**
ließ **lassen**
liest **lesen**
litt **leiden**
log **lügen**
lud **laden**

M

mag **mögen**
maß **messen**
mied **meiden**
mißt **messen**
mochte **mögen**

N

nahm **nehmen**
nannte **nennen**
nimmt **nehmen**

P

pfiff **pfeifen**
pries **preisen**

Q

quillt **quellen**
quoll **quellen**

R

rang **ringen**
rann **rinnen**
rannte **rennen**

rieb reiben
rief rufen
riet raten
riß reißen
ritt reiten
roch riechen

S

sah sehen
sandte senden
sang singen
sank sinken
sann sinnen
saß sitzen
schalt schelten
schied scheiden
schien scheinen
schilt schelten
schlang schlingen
schlief schlafen
schliff schleifen
schloß schließen
schlug schlagen
schmilzt schmelzen
schmiß schmeißen
schmolz schmelzen
schnitt schneiden
schob schieben
scholt schelten
schoß schießen
schrie schreien
schrieb schreiben
schritt schreiten
schuf schaffen
schwamm schwimmen
schwand schwinden
schwang schwingen
schwieg schweigen
schwillt schwellen
schwoll schwellen
schwur schwören
sieht sehen
sind sein

soff saufen
sog saugen
sott sieden
spann spinnen
sprach sprechen
sprang springen
spricht sprechen
sproß sprießen
stach stechen
stahl stehlen
stak stecken
stand stehen
starb sterben
stieg steigen
sticht stechen
stiehlt stehlen
stieß stoßen
stirbt sterben
strich streichen
stritt streiten

T

tat tun
traf treffen
trank trinken
trat treten
trieb treiben
trifft treffen
tritt treten
trug tragen

U

überwand überwinden
überwunden überwinden
unterbrach unterbrechen
unterbricht unterbrechen
unterbrochen unterbrechen

V

verdarb verderben
verdirbt verderben
verdorben verderben

verdroß **verdrießen**
vergaß **vergessen**
vergißt **vergessen**
verlor **verlieren**
verstand **verstehen**
verzieh **verzeihen**

W

wandte **wenden**
war **sein**
wäre **sein**
warb **werben**
ward **werden**
warf **werfen**
weiß **wissen**

wich **weichen**
wies **weisen**
will **wollen**
wirbt **werben**
wird **werden**
wirft **werfen**
wirst **werden**
wog **wiegen**
wurde **werden**
wusch **waschen**
wußte **wissen**

Z

zog **ziehen**
zwang **zwingen**

auftreten - appear

Barron's How to Prepare for College Board Achievement Test Series

This series can be used to supplement textbooks, clear up difficult areas, highlight significant facts, diagnose weak spots, and test progress. The model tests, with answers fully explained, prepare the student on subject matter and test-taking techniques.

- ☐ BIOLOGY, $6.95
- ☐ CHEMISTRY, $6.95
- ☐ ENGLISH, $4.95
- ☐ EUROPEAN HISTORY AND WORLD CULTURES, $6.95
- ☐ FRENCH, $7.95
- ☐ GERMAN, $4.50
- ☐ LATIN, $4.50
- ☐ MATH LEVEL I, $5.50
- ☐ MATH LEVEL II, $6.95
- ☐ PHYSICS, $5.95
- ☐ SOCIAL STUDIES/ AMERICAN HISTORY, $6.95
- ☐ SPANISH, $4.95

All prices subject to change without notice.

The leading SAT Study Guide

Revised Tenth Edition
Samuel C. Brownstein and Mitchel Weiner
672 pp. $6.95 pa. $19.00 cl.
Complete preparation for the SAT,
PSAT/NMSQT, ACT, and College Board
Achievement Tests

6 Model Examinations: Practice your skills
and preview your results. With sample
questions that help you discover your weak
spots and develop your strengths.
Includes: VERBAL APTITUDE TEST
MATHEMATICAL APTITUDE TEST
TEST OF STANDARD WRITTEN ENGLISH

Self-Instructional Study Plans: Specially
designed study programs for the three parts of
the examination. These are systematic methods
of reviewing and improving your score.

Math Review: 950 practice questions on
arithmetic, fractions, decimals, percent,
geometry, coordinate geometry

Verbal Review: 1000 questions on vocabulary /
125 sentence completion drills;
100 word relationship practice items/
175 reading comprehension questions

Grammar Refresher: The fundamentals of basic
English, as required by most colleges.
With practice exercises that strengthen
skills in grammar and usage.

Also: With typical CEEB Achievement Tests
in the following subjects:
English Composition
(including the new Essay Portion),
Math Level 1, Biology, Physics, Chemistry,
French, German, Spanish

Also available:

BASIC TIPS ON THE SAT
Brownstein & Weiner; pa., $2.95
Brief preparatory course for the SAT
with a model test; answers explained.

At your local bookseller or order direct adding
10% postage plus applicable sales tax.

BARRON'S
113 Crossways Park Drive, Woodbury, N.Y. 11797

NOW YOU HAVE A CHOICE
Profiles of American Colleges

BARRON'S PROFILES OF AMERICAN COLLEGES, VOLUME I: Descriptions of the Colleges *12th Edition.*

In-depth descriptions of over 1500 colleges and universities recognized by the regional accrediting associations. With information on student life, campus environment, programs of study, costs and financial aid, admissions requirements and standards. Special College Selector groups all colleges into 7 categories from most competitive to those requiring only a high school diploma — shows each student which colleges are most likely to accept him.
1024 pp., $9.95 paper; $23.95 cloth

BARRON'S PROFILES OF AMERICAN COLLEGES, VOLUME 2: Index to Major Areas of Study *11th Edition.*

Arranged in chart form, this book provides quick reference to programs of study available at more than 1500 schools. Covers 100 standard majors and general degree programs, plus individual listings of innovative and unusual offerings.
264 pp., $9.95 paper; $17.95 cloth

PROFILES OF AMERICAN COLLEGES — REGIONAL EDITIONS *(Paper Only)*

Contain the same informative profiles as the comprehensive edition.
THE MIDWEST 288 pp., $5.75
THE NORTHEAST 320 pp., $5.75
THE SOUTH 304 pp., $5.75
THE WEST 160 pp., $4.95

BARRON'S GUIDE TO THE TWO-YEAR COLLEGES, VOLUME I: College Descriptions *7th Edition.*

Here are all the latest details about more than 1,400 two-year programs, including both two-year colleges and two-year programs at four-year colleges. Advice about career opportunities and transfer options precedes the fact-filled listings.
352 pp., $6.95 paper; $11.00 cloth

BARRON'S GUIDE TO THE TWO-YEAR COLLEGES, VOLUME 2: Occupational Program Selector *7th Edition.*

Presented in chart form, this handy guide covers over 150 different programs of study at two-year colleges.
112 pp., $6.95 paper; $11.95 cloth

BARRON'S GUIDE TO THE MOST PRESTIGIOUS COLLEGES

Planned with the discriminating student in mind, this new guide contains profiles of 190 colleges with high entrance standards. Includes a self-evaluation chart.
272 pp., $5.95 paper

BARRON'S GUIDE TO THE BEST, MOST POPULAR, AND MOST EXCITING COLLEGES

Profiles of 300 schools most students would like to attend if they could: those with nationwide academic reputations, large student bodies, innovative programs, or all of the above. Includes self-evaluation chart.
416 pp., $5.95 paper

BARRON'S COMPACT GUIDE TO COLLEGES

Small enough to carry in your pocket, this convenient reference gives you college characteristics at a glance. It covers over 300 leading schools, providing concise profiles and pertinent data. Entries are arranged alphabetically, one to a page.
352 pp., $2.95 paper